ANALECTA DIVIONENSIA

ANECDOTES
DU PARLEMENT DE BOURGOGNE
OU
HISTOIRE SECRÈTE DE CETTE COMPAGNIE
DEPUIS 1650
PAR

CLAUDE MALTESTE
CONSEILLER AUDIT PARLEMENT

SUIVIES DES

PRINCIPALES DÉLIBÉRATIONS DE LA CHAMBRE DE VILLE
AU TEMPS DE LA FRONDE (2e et dernière partie)

PUBLIÉES POUR LA PREMIÈRE FOIS PAR

CHARLES MUTEAU
Conseiller à la Cour impériale,
Membre du Conseil général de la Côte-d'Or et de l'Académie de Dijon.

DIJON
J.-E. RABUTOT, IMPRIMEUR-ÉDITEUR

MDCCCLXVI

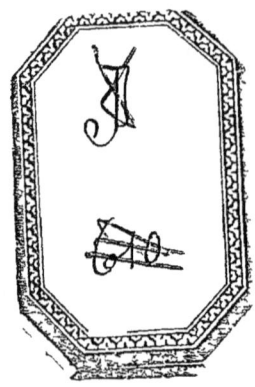

ANALECTA

DIVIONENSIA

ANALECTA DIVIONENSIA

DOCUMENTS

INÉDITS POUR SERVIR

A L'HISTOIRE DE FRANCE

ET PARTICULIÈREMENT A CELLE

DE BOURGOGNE

TIRÉS DES ARCHIVES ET DE LA BIBLIOTHÈQUE DE DIJON

DIJON
J.-E. RABUTOT, IMPRIMEUR-ÉDITEUR.
MDCCCLXIV

ANECDOTES
DU PARLEMENT DE BOURGOGNE
OU
HISTOIRE SECRÈTE DE CETTE COMPAGNIE
DEPUIS 1650
PAR

CLAUDE MALTESTE

CONSEILLER AUDIT PARLEMENT

SUIVIES DES

PRINCIPALES DÉLIBÉRATIONS DE LA CHAMBRE DE VILLE
AU TEMPS DE LA FRONDE (2ᵉ et dernière partie)

PUBLIÉES POUR LA PREMIÈRE FOIS PAR

CHARLES MUTEAU

Conseiller à la Cour impériale,
Membre du Conseil général de la Côte-d'Or et de l'Académie de Dijon.

INTRODUCTION

L'introduction placée en tête du mémoire de M. A. Millotet nous dispense de revenir ici sur l'historique de la Fronde à Dijon ; elle suffira même pour faire apprécier l'intérêt et la lumière que jette sur cette époque d'intrigues, sur la part que prit à ces désordres civils la Cour souveraine de Bourgogne, le journal inédit, presque inconnu, de Malteste, auquel le titre d'anecdotes donne véritablement une trop modeste apparence. Reste donc seulement à dire de notre conseiller ce que nous avons pu découvrir.

Claude Malteste, né à Dijon en 1620, était fils de François Malteste, avocat au parlement, « très habile homme, et qui avait peu de personnes qui l'égalassent dans sa profession (1) », le même dont il raconte l'élection comme maire, en 1651 (2). Il avait pour frère Jacques Malteste, savant théologien, qui devint doyen de la

---

(1) Mémoires de Millotet, p. 116.
(2) François Malteste, né vers 1579, mort le 5 février 1659, a laissé les ouvrages suivants : 1° Epître latine et trois épigrammes en la même langue (dans l'indice armorial de Geliot, p. 370 et suivantes) ; 2° trois poésies françaises, chacune d'environ cent vers, imprimées dans un recueil de pièces burlesques intitulé : la Perdrix et l'Orange, question posée au carnaval de l'an 1645; Dijon, Palliot, 1645, in 8° (aux pages 9, 13 et 28; 3° Dissertatio forensis. Fideicommissum arbitrio monachi relictum; ibid. 1658, in-4° de 48 pages; 4° Dissertatio forensis. Rex sagittarius

Sainte-Chapelle, et brilla dans les conférences ouvertes à Paris par l'archevêque de Reims. Plusieurs membres de sa famille avaient, avant son père, honoré son nom, et l'un de ses ancêtres notamment, Antoine Malteste, lieutenant-général du bailliage de Charollais en 1557, deux fois emprisonné par les huguenots, s'était fait remarquer par son courage autant que par son amour pour l'étude (1). Après Claude, devaient encore se distinguer comme conseillers au parlement : Etienne, son fils et son successeur, Jacques, son petit-fils, et Jean-Louis, son arrière petit fils. Ce dernier surtout, plus connu sous le nom de marquis de Villey, se fit remarquer dans la lutte de sa compagnie contre les élus des états de Bourgogne lors de l'affaire Varenne, et on lui doit plusieurs publications (2).

Elevé par un père aussi indépendant par caractère que par profession, aussi lettré que savant jurisconsulte, Claude Malteste, bien doué lui-même, ne pouvait à son tour que réussir, soit comme écrivain, soit comme magistrat. Aussi ce double et incontestable mérite lui fut-il reconnu par ses contemporains; et s'il faut expliquer l'oubli dans lequel il semble être tombé, on ne le peut réellement qu'en l'attribuant à cette circonstance

---

tributorum immunitatem postulat, ibid., 1658, de 39 pages. « Un chevalier du jeu de l'arc de Dijon, qui avait abattu l'oiseau, donna occasion à cet ingénieux amusement; » 5° Des vers français sur la mort d'Etienne Pérard, imprimés en 1658, in 4°, à Dijon, à la page 15 du recueil publié en l'honneur de Pérard, par Bréchillet.

(1). C'est sans doute par suite des services d'Antoine Malteste qu'a vait été introduite dans les armes de sa famille « l'honorable marque due certainement à quelque puissante considération, » que Palliot reproche à Claude Malteste d'en avoir trop modestement retranchée. V. Palliot, le Parlement de Bourgogne, p. 322.

(2) Entr'autres: 1° Esprit de l'Esprit des lois; 1749 in-4°, et in 8°; — 2° Remontrances du parlement de Bourgogne au roi, touchant l'affaire de M. de Varenne; Dijon, 1762, in 12 (avec le président de Brosses); 3° Œuvres diverses d'un ancien magistrat; Londres (Lausanne), 1784, in-8°, avec un portrait de l'auteur, gravé par Aubin.

qu'aucun de ses ouvrages n'a été jusqu'ici imprimé. L'abbé Papillon lui-même, l'historien des auteurs de Bourgogne, ne lui a consacré que quelques lignes pour signaler son curieux journal et sa traduction en trois volumes in-4° du Nouveau-Testament, traduction qu'il serait bien difficile probablement de retrouver aujourd'hui. Sa vie, cependant, méritait davantage : pourvu d'une charge de conseiller le 12 mai 1643 par suite de la promotion de Bernard des Barres à une présidence à mortier, il honora pendant trente années ces fonctions, qu'il n'abandonna que pour les résigner en faveur de son fils et auxquelles il survécut environ dix-sept années dans la retraite (1).

Claude Malteste est heureusement tout entier dans son œuvre ; son caractère, son intelligence, son jugement, son esprit, ses tendances politiques y apparaissent en effet aussi sincères qu'ils peuvent se montrer dans un travail de cette sorte, memento de chaque jour, écrit en toute liberté et sans contrainte, pour conserver à l'auteur ses propres souvenirs (2). Rien ne saurait, à coup sûr, le faire mieux connaître que cette série de récits, de scènes, de portraits et de réflexions, reproduction fidèle, dans un style un peu brutal quelquefois, mais sentant infiniment son terroir bourguignon, d'un intérieur de parlement qui était divisé par les coteries de partis, les jalousies et les ambitions personnelles.

L'intendant Bouchu, dans la liste qu'il envoya à Colbert, en 1663, de tous les officiers du parlement, « avec leurs bonnes et mauvaises qualités », mit à la suite du nom de Malteste, cette note : « D'un esprit rude et arrêté ; assez capable, peu affectionné au service du Roi. » Il y avait du vrai dans cette appréciation, mais la qualification « assez capable », me paraît

---

(1) Il mourut d'apoplexie, le 29 mai 1696.
(2) Voir son journal, p. 102.

moins justifiée que la rudesse et la tenacité. Je crois encore qu'il eût été plus conforme à la vérité de dire qu'il était peu courtisan, peu flatteur, plutôt que peu affectionné au service du Roi. Nulle part, en effet, je n'ai vu qu'il ne fût point dévoué à la royauté, qu'il soutenait au contraire avec Millotet contre les menées du prince de Condé, lorsque de son côté ce même Bouchu, à l'exemple de son père, travaillait si fort pour le parti de ce dernier. Pour le juger ainsi, l'intendant se sera évidemment, sans le vouloir peut-être, mis lui-même en cause; il aura, comme il arrive trop souvent, confondu le souverain avec ses agents et pris pour une opposition au premier la critique des seconds et de leurs actes souvent blâmables. Cette tendance à une confusion, qui nuit si fort aux gouvernements, en ce qu'elle fait remonter jusqu'au chef suprême la responsabilité d'une administration qu'il n'exerce que par des intermédiaires peu disposés d'habitude à faire la lumière quand leur intérêt est en jeu, a seul pu l'aveugler. C'est un mal, en effet, qui ne date certainement pas de ce siècle, et si, depuis la Fronde, il s'est singulièrement aggravé, surtout par une centralisation qui en a multiplié les causes en multipliant les emplois, il n'existait pas moins à cette époque, à un assez haut point déjà, pour qu'il soit permis de croire que l'opinion de Bouchu n'était peut-être pas exempte de toute partialité. Pour Malteste, les parlements étaient « un milieu entre les rois et les peuples pour porter au souverain les plaintes des sujets et aux sujets les commandements du maistre (1) »; Bouchu ne devait point assurément voir les choses de la même manière ; il ne pouvait admettre de pareil milieu, si ce n'était dans l'administration dont il était le premier représentant dans la province ; les intendants étaient les antagonistes nés des juridictions souveraines, et c'est

---

(1) Malteste, p. 231.

même pour cela qu'ils étaient « mal voulus dans le parlement et dans les autres compagnies (1) ». Comment Bouchu aurait-il pu ne pas voir un homme peu affectionné au Roi dans un conseiller luttant sans cesse pour la grandeur et la dignité de sa compagnie, « contre le soin que l'on a de toujours complaire aux grands (2) », contre les empiétements et les caprices des gouverneurs, à côté surtout des autres membres du parlement qui, oublieux de leurs devoirs, faiblissaient si vite, selon leur coutume, devant leurs moindres désirs, et montraient une facilité « dont la postérité devait s'étonner » à leur rendre, « au conspect de la province », des honneurs qui ne leur étaient pas dus? Ne s'est-il pas laissé entraîner aussi, en dehors des préventions que devait lui inspirer une franchise indépendante qui ne se démentait jamais, par le souvenir des mauvais rapports qui avaient existé entre le premier président son père et Malteste?

Ce qui est incontestable, c'est que Malteste était peu courtisan, mais attaché au souverain, et avant tout, consciencieux, loyal et juste. Il se gênait peu pour critiquer en face les plus hauts personnages et exiger vis-à-vis d'eux « l'exécution des lois en usage (3) », et il agissait ainsi en toutes circonstances aussi ouvertement qu'il le fait dans son journal, où, par exemple, à propos de la nomination de la Marguerie à la charge de premier président, il rappelle que bien que, le sacrifice de Berthaud eut rendu recommandable l'intendant aux yeux du cardinal, celui-ci « qui, ne donnait rien gratuitement (4) », l'a contraint de payer cette faveur (5).

---

(1) Millotet, mémoires, p. 89.
(2) Malteste, p. 169.
(3) Malteste, p. 319. Il fut un de ceux qui voulaient qu'on informât des vies et mœurs de la Marguerie.
(4) p. 317.
(5) Millotet, p. 223, porte à vingt mille écus la somme que remit la Marguerie à Mazarin en cette circonstance.

Mais du moins il était impartial, et nous le voyons blâmer aussi bien que les défauts de ses adversaires, ceux de ses amis, et entre autres « le naturel violent » des avocats-généraux, avec lesquels il était ordinairement d'accord; et c'est cette impartialité qui lui inspirait les idées de conciliation que de temps à autre il manifestait dans les questions les plus irritantes, comme celles concernant les mesures à prendre contre le château (1).

Au surplus, la façon seule dont il juge les scènes turbulentes auxquelles il a assisté, de quelque part qu'elles proviennent, la juste sévérité qu'il met à condamner les abus (2), la vigueur avec laquelle il trace de main de maître certains portraits ou relève les ridicules de ses collègues; l'intérêt dont il sait remplir ses nombreuses anecdotes, tout cela doit lui faire reconnaître un jugement plein de fermeté et de droiture, et assurément le faire considérer comme un homme plus qu'assez capable. Où trouver des faits mieux et plus naturellement contés que les affaires du comte de Beaumont (3), de Sarlabous (4), de Duval (5), le complot ourdi par Millotet contre la Planchette (6); que les scènes entre Bouhier l'aîné et Fyot à propos du projet de démolition du château (7), entre Legoux et le premier président et ce dernier et le président Robelin au sujet de la déclaration du roi contre les princes (8) ? Où trouver des réflexions plus sages, plus libérales à la fois et plus dévouées à l'honneur de la compagnie que celles qui accompagnent le récit de certaines délibéra-

(1) Malteste, p. 141.
(2) L'infidélité des registres, par exemple, p. 191.
(3) p. 8 et suivantes.
(4) p. 304.
(5) p. 330 et suivantes.
(6) p. 165.
(7) p. 183.
(8) p. 208.

tions, soit en ce qui touche au sujet même de ces délibérations, soit en ce qui touche aux mobiles des différentes opinions émises? des critiques plus vives et souvent plus plaisantes que celles qu'il lance à certains personnages, à la Marguérie « l'objet du mépris du parlement et de la province (1); au comte de Vienne « l'une des grosses bêtes de somme qui soit au monde (2); au conseiller Legoux « qui ne peut opiner qu'en colère et avec des invectives contre le premier qui se rencontre en son chemin (3); » à Baudinot de Célore, comme Legoux « abîmé dans le parti des princes (4); » à Moisson, véritable enfant terrible, découvrant niaisement les secrets de son parti, « n'opinant jamais que d'une façon brutale et chevaline, en grondant, qui est son langage ordinaire, et assez bête pour avouer qu'il opinait de telle ou telle façon sans savoir pourquoi (5); » à de Mongey, plein d'une suffisance sans égale, mais qui, la mémoire lui manquant, « oublie une partie de son rôle et de ce qu'on lui a donné pour dire (6); » à toute la jeunesse de la compagnie enfin, qui « ne sait pourquoi elle prend tel ou tel avis et ne se conduit que par celui qui crie le plus fort (7)? » Où rencontrer des portraits plus vigoureusement tracés que ceux du duc d'Épernon (8), de Millotet (9), et de l'ennemi capital de ce dernier, du premier président Bouchu, qui, « ne parlait jamais de la chambre de ville dont le chef était le but de sa vengeance enragée (10) et dont les emportements, les discours bilieux

(1) p. 330.
(2) p. 333.
(3) p. 230.
(4) p. 244.
(5) p. 208.
(6) p. 230.
(7) p. 229.
(8) p. 298.
(9) p. 102.
(10) p. 101.

et colériques, de passion et de haine, la chaleur envenimée » trahissaient si souvent les sentiments?

Le manuscrit sur lequel a été imprimé le texte que nous donnons, fait partie d'un volume qui appartient à la bibliothèque publique de Dijon, où il est inscrit sous le numéro 449, in-folio. Ce manuscrit, qui est de la fin du XVIIe siècle, a pour titre : *Recueil de pièces diverses*, concernant la ville et le parlement de Dijon et plusieurs autres villes de Bourgogne; il renferme le journal de Breunot, de la page 1 à la page 307, et les anecdotes de Malteste, de la page 310 à la page 525.

SOMMAIRE

DES ANECDOTES DU PARLEMENT

1649-1651.

Brulart est reçu en l'office de président, circonstances qui accompagnent sa réception; son interdiction.

1651.

Le duc de Vendôme et le Parlement. — De la Marguerie, intendant de Bourgogne. — Arrestation du comte de Beaumont; discours et conduite du conseiller Saumaise de Chasans, dont les fils sont compromis dans cette affaire. — Privilége de noblesse obtenu par Messieurs des Comptes. — Mesures de sûreté publique prises par le Maire. — Assemblées faites près d'Autun contre le service du Roi; le comte de Bussy. — Le Parlement de paris demande arrêt contre Mazarin. — Vivacité du premier président et du conseiller Saumaise. — Députation en Cour pour remercier le Roi de l'élargissement des princes. — Propos injurieux contre le Roi. — Entreprises de Roncherolles contre Seurre. — Lettres contre Mazarin, du Prince de Condé à Bouchu et du Parlement de Paris à la Compagnie. — Délibération concernant Mazarin; diversité d'opinions. — La Déclaration d'innocence des princes est enregistrée. — Nouvelle délibération concernant Mazarin; arrêt contre lui; surprise de la ville. — Remercîments du prince de Condé au sujet de l'enregistrement de la déclaration et de l'arrêt contre Mazarin. — Brulart est rétabli dans sa charge de Président. — Arrêt contre l'élection de Millotet, comme Maire, et ordre de l'enregistrer; discussion à ce sujet; Millotet à l'audience; sa démission; publication de l'arrêt en sa présence; il lui est interdit de parler ; son attitude. — Rétablissement des anciens Echevins ; le conseiller Millière. — L'avocat Bourelier est élu Maire provisoire. — Fin de cette *tyrannique et violente comedie*. — Echange par le prince de Condé de son gouvernement de Bourgogne contre celui de Guyenne. — Désordres et pillages à Bourbon-Lancy. — Demande d'exécution de l'arrêt du Conseil relatif à l'élection d'un Maire autre que Millotet ; discussion à ce sujet ; animation et tumulte ; le premier président et le président Robelin en viennent aux mains ; fin de cette affaire. — Nouveau tumulte ; Les conseillers Legoux et Millière et le premier président. — Compte rendu par Millière d'une mission qui lui a été confiée ; moqueries de Messieurs de la Tournelle. — Réflexions sur le malheur, pour une compagnie, d'avoir un chef comme Bouchu. — Suite de la délibération contre Millotet ; opposition formée à l'exécution de l'arrêt du conseil par l'avocat Calon ; tumultes et désordres occasionnés par cette opposition et la violence du premier président ; De Frasans, porté à la Mairie contre Millotet ; origine des deux partis ; lettres de cachet du Roi. — Election de l'avocat Malteste. — Arrêt de prise de corps contre Lejeune.   Retraite à Saint-Maur du prince de Condé mécontent. — Manifeste de ce prince contre la Cour. - Règlement des Chambres. — Affaire Lejeune. — Des Roches chez Bassan ; blasphèmes et mauvais propos ; chaleureuse délibération à ce sujet. — Rejet de la jussion relative aux lettres de noblesse de Messieurs des Comptes. — Le prince de Condé et la Cour ; le château de Dijon et la ville ; division au Parlement. — Boutteville et le syndic des contributions. — Lettres du Roi, du duc d'Epernon, de la Vrillière et du prince de Condé au Parlement. — Le Parlement, le Vicomte Maieur et le château de Dijon. — Nouvelle lettre du Roi au Parlement. — Délibération relative à la garde de la ville ; lettres du Roi au Parlement et au marquis de Tavanes à ce sujet. — Rétablissement des anciens échevins. — Autre lettre du Roi à la Compagnie, *la plus obligeante qu'un roi puisse écrire à ses sujets.* — Honneurs à rendre au duc d'Epernon ; son arrivée, son entrée au Parlement, son discours *mal peigné*. — Le conseiller Millière à Saint-Jean-de Losne. — Mort d'Arnault, commandant du château. — L'entrée du château refusée à Messieurs du Parlement délégués pour informer de ce qui s'y passe. — Honneurs à rendre au duc de Candale.   Ouverture du Parlement. — Mesures de sûreté contre le château ; il tire sur la ville, est assiégé et réduit. — Le premier président. — Les Échevins demandent la démolition du château ; le Parlement délibère dans le même sens ; débats violents qui ont lieu sur ce point. — M. de Nagu, enfant de neuf ans, est reçu chevalier d'honneur. — Lettres de cachet adressées l'une à la Compagnie, l'autre au conseiller de Gand, relativement à l'enregistrement de la déclaration contre Condé.

1652.

Diverses délibérations concernant l'enregistrement de la déclaration contre le Prince. — Millotet, le premier président, le conseiller Legoux. Désordres dans la province. Lettre du roi concernant l'arrêt contre Mazarin. — Nourriture des pauvres. — Rentrée de Mazarin en Cour. — Réponses à la demande de démolition du château. — Prétention du duc d'Epernon à la juridiction des gens de guerre. — Lettres de jussion du Roi pour l'enregistrement de la déclaration contre le prince de Condé. — Les Parlements, leurs fonctions et leurs devoirs. — Paquets remis à Millotet par le commis de la poste. — Publication indiscrète par un imprimeur de la ville des différents avis sur la question de l'enregistrement de la déclaration. — Arrêt contre les avocats généraux ; effronterie du premier président. — Le Roi approche de Dijon. — Bossuet, conseiller clerc. — Le courrier de Paris. — Procès criminel de Legrand ; sa condamnation à mort, son exécution. — Election du syndic de ville Chevalier ; discussions qui s'en suivent. — Désordres des troupes qui sont près de Bellegarde. — Le faux capucin. — Le courrier de Paris dévalisé près de Saint-Seine. — Lieutenance-générale du duc d'Orléans ; le premier président et le duc d'Epernon. Le syndic Deschamps rétabli ; le duc d'Epernon et le Parlement. — Requête des quatre suppositions du premier président. — Le conseiller Catin et les gens de guerre.

1653.

Seurre et Montbard en intelligence pour surprendre le château de Montfort ; procès criminel à ce sujet ; le duc d'Epernon et le premier président, leur inimitié. Le prince de Condé et le cardinal Mazarin. — Portrait du duc d'Epernon. — Mademoiselle d'Artigues. — Aventure du premier président avec Roncherolles ; son retentissement au Parlement. Affaires Sarlabous ; le conseiller de Mongey. — Le duc d'Epernon et le trésorier de Mucie. — Le premier président à Paris ou l'a mandé la reine ; son retour à Dijon. — Le duc d'Epernon assiége Bellegarde. — Pension obtenue par Millotet ; son confrère G. Quarré se brouille avec lui. — Mort du premier président Bouchu ; Laisné de la Marguerie lui succède, son portrait ; ce qui le fait choisir ; ce que lui coûte sa charge.

1654.

Installation du nouveau premier président; conclusions extraordinaires de G. Quarré; le président Brulart, le président Fyot.

1658.

Fidélité des Registres de cette époque; à quoi elle tient. — Affaire Duval; enlèvement d'une demoiselle de Venarey; procès criminel; rôle fâcheux qu'y joue Brulart, successeur de la Marguerie à la première présidence.

ANECDOTES

DU

PARLEMENT DE DIJON

PAR Mᵉ CLAUDE MALTESTE

CONSEILLER AUDIT PARLEMENT.

(Octobre 1650 — Aoust 1652)

Au mois de décembre 1649, Mᵉ Nicolas Brulart, conseiller au grand Conseil, obtint des provisions de la charge de Président en ce Parlement de M. Denis Brulart son père, laquelle luy estoit donnée en survivance, à la charge qu'il serviroit en ladite charge de conseiller au grand Conseil ou ailleurs pendant dix années, avant lequel tems il ne pouroit entrer en l'exercice de ladite charge. Ces lettres, ayant esté présentées audit Parlement, y furent enregistrées le 5 juillet 1650.

Le 15 octobre suivant, ledit sieur Nicolas Brulart présenta à la Chambre des vacations certaines lettres signées en commandement et scellées, par lesquelles le Roy le dispensoit du service de dix années qui luy estoit prescript par les premières lettres, et vouloit S. M. qu'encore qu'il n'eust au tems desdites lettres servy au grand Conseil que quatre années, il pust estre receu en l'office de Président toutes et quantes fois que ledit sieur son père feroit sa démission. Messieurs qui servoient en la Chambre des vacations assemblèrent Messieurs qui se trouvèrent à la Ville. M. le duc de

Vendosme, Gouverneur pour le Roy en Bourgogne, et M. de la Marguerie, Intendant de ladite Province, entrèrent au Palais pour favoriser le sieur Brulart par leur suffrages.

Tous les parens retirés, l'on se trouva environ vingt ou vingt-cinq. Lesdites lettres furent leues qui contenoient une clause fort extraordinaire, car le Roy adressoit ces lettres au Parlement, et vouloit qu'il s'assemblast au cas qu'il fust en vacations pour les enregistrer. Il passa, les opinions prises, qu'elles le seroient, et il n'y eut d'advis contraire que cinq de Messieurs, sçavoir : Messieurs les conseillers Malteste, Gagne, de Cirey, de Chaumelis et de Gand, qui disoient que, le Parlement n'estant pas en séance, on ne pouvoit toucher à ces lettres ; que tout acte de réception d'un officier, mesme d'un sergent, debvoit se faire en plein Parlement ; que les lettres de continuation se présentent au Parlement pendant sa séance pour estre enregistrées, et affin que chacun sçache que le Parlement continuera ; qu'il falloit en user de mesme à l'égard de ces lettres, et que si elles n'avoient pu estre obtenues avant la levée du Parlement, il falloit en remettre la vérification après la Saint Martin, ou bien advertir tous Messieurs qui estoient en leurs maisons de campagne ; que le Roy mandoit qu'on l'assemblast pour un tel sujet ; ainsy que de quelque costé qu'on prist l'affaire, il estoit impossible d'ordonner l'enregistrement de ces lettres par le défaut de pouvoir et par le manquement de formalité. L'on adjouta plusieurs raisons tirées de la conséquence et de l'importance de ceste affaire, et de la nouveauté de ceste clause ; mais il passa au contraire par des raisons excellentes pour opiner au fond.

Ensuitte, après la Saint Martin, le 18 novembre suivant, M. Brulart père fit la démission, et ledit sieur Nicolas Brulart fut installé en l'exercice de sa charge de Président. L'on croyoit que c'estoit une affaire faite lorsqu'on eut advis que ces lettres de dispenses enregistrées, comme je l'ay dit, pendant les vacations, estoient subreptices. Ce bruit se trouva vray; car M. Millotet, Advocat général, retournant de Paris, demanda l'assemblée des Chambres le 29 décembre de l'année 1650, et y estant dit qu'estant à Paris il avoit esté chargé par M. Chateauneuf, Garde des sceaux de France, de certaines lettres qu'il mettoit sur le bureau pour s'acquitter de ce dont il estoit chargé. L'on en fit la lecture, et il se trouva que le Roy déclaroit qu'il avoit esté adverty que le sieur Nicolas Brulart avoit obtenu subrepticement certaines lettres de dispense de service, qu'elles n'avoient point esté scellées par l'ordre dudit sieur Garde des sceaux; qu'à ce sujet il les annuloit et cassoit, avec deffenses au Parlement d'y avoir égard, ny d'installer ledit sieur Brulart en ladite charge de Président, et au cas qu'il y seroit, y fust pourveu par ledit sieur Garde des sceaux et ordonné au Procureur Général d'envoyer promptement l'original desdites lettres. En mesme tems l'on leut l'opposition formée par M. Brulart père à l'enregistrement de ces lettres.

La Cour ordonna que le tout seroit communiqué au Procureur Général. Le lendemain, sur ses conclusions, l'on ordonna audit sieur Procureur Général d'envoyer à M. le Garde des sceaux une copie collationnée desdites lettres, tirée sur la copie qui en estoit sur le registre, attendu que l'original n'estoit plus au greffe, et quant à l'opposition du sieur Brulart père, qu'il se pourvoiroit au Conseil.

Le 3 janvier, la Compagnie résolut d'escrire à M. le Garde des sceaux une lettre touchant ceste affaire, dans laquelle on couleroit avec adresse quelques mots en faveur dudit sieur Brulart.

Le 16 dudit mois, M. le duc de Vendosme, Gouverneur de ceste Province, vint au Parlement après l'audiance. Les Chambres assemblées, et luy ayant pris sa place dit qu'il avoit ordre d'aller en Cour, et que avant de partir il venoit en la Compagnie pour luy offrir son service. Ce compliment finy, M. Bouchu, Premier Président, voulant, suivant la coustume, luy respondre pour le remercier, ledit sieur de Vendosme se leva de sa place et se retira sans attendre que ledit sieur Premier Président luy fist le compliment ordinaire, lequel néantmoins avoit desjà commencé à dire : *Monsieur, la Compagnie vous est beaucoup obligée.* Comme il s'aperçut que ledit sieur de Vendosme ne laissoit de se retirer, il n'en dit pas davantage. Or, comme c'estoit un excès de civilité de la part dudit sieur de Vendosme de venir dans la Compagnie avant de partir pour Paris, ce fut aussy une injure considérable par luy faite à la Compagnie de ne vouloir pas entendre ce qu'elle vouloit luy dire par la bouche de son chef. Le motif du sieur de Vendosme ne fut pas d'offenser par ceste retraitte la Compagnie, mais seulement le Premier Président duquel il s'estoit déclaré ennemy. Néantmoins comme ce n'estoit pas le lieu de faire injure à son ennemy, parce qu'il estoit difficile que le Parlement n'en souffrist et ne le ressentist, il arriva que tous Messieurs de la Compagnie qui estoient présens se tinrent offensés par ce procédé, et ledit sieur Premier Président ayant mis en délibération ce qui estoit à faire sur ceste injure, il fut résolu que l'on n'iroit point par députés dire adieu audit sieur de Vendosme, qui debvoit partir le lendemain pour aller en Cour. Ce qui fut exécuté, quoique le mesme jour de relevée Messieurs de Villers et Milletot, Syndics de la Cour, eussent fait assembler extraordinairement la Compagnie, car c'estoit veille de feste et par conséquent l'on n'entroit que par commissaires, pour luy dire que sur le midy le secrétaire de M. de Vendosme avoit esté en leur logis de sa part, et qu'ensuitte ils avoient esté au logis du Roy voir ledit sieur de Vendosme, qui leur avoit donné charge de dire à la Compagnie qu'il s'estonnoit de la résolution par elle prise le matin ; que son procédé n'avoit deu donner lieu à un tel arresté ; que chacun sçavoit bien qu'il n'avoit eu d'autre intention que d'éviter de recevoir une response par la bouche de M. le Premier Président, son ennemy ; qu'il estoit hors de toute apparence de croire qu'il eust eu la pensée de faire injure à la Compagnie, puisqu'il n'estoit entré au Parlement que pour luy faire un compliment et luy rendre une civilité qu'il n'estoit pas obligé de luy rendre; que pour luy il méprisoit les honneurs que la Compagnie pouvoit luy rendre, mais que sçachant qu'elle en doit au Gouverneur qui tient la place du Roy dans la Province, il estoit asseuré que Sa Majesté n'oublieroit pas de se ressentir de l'injure que le Parlement faisoit de guayté de cœur au Gouverneur.

Après ce propos et raport fait, ledit sieur de Villers demanda que la Compagnie eust à délibérer quelle response il feroit de sa part à M. de Vendosme. Sur cela M. le Premier Président prit la parole, et par un long discours tascha d'entretenir les esprits dans la chaleur du matin, craignant qu'ils ne se rendissent au compliment qui estoit fait à la Compagnie de la part dudit sieur de Vendosme, qui faisoit une démarche et tesmoignoit en cela qu'il apréhendoit de rompre avec la Compagnie. Il remonstra avec véhémence à son ordinaire tout ce qui s'estoit passé entre ledit sieur de Vendosme et luy depuis dix mois; les violences et les opressions qu'il avoit soufertes, les desseins que l'on avoit formés sur la charge qui avoit esté promise à plusieurs, lesquels seroient trompés pour la pluspart, puisqu'elle ne pouvoit estre possédée que par un seul; qu'un homme de la Compagnie avoit voulu luy faire peur que s'il n'alloit en Cour on luy feroit mal ses affaires; qu'on ne s'estoit pas adressé à luy pour cela, mais à l'un de ses enfans qui repartit : *C'est ce qui y fera aller mon père;* qu'il a esté à la Cour et a raconté aux plus grands tout ce qui s'estoit passé icy, lesquels ont tous en levant les épaules plaint notre misère; qu'au retour il s'arresta à Montbard où il seroit encore, s'il n'eust esté obligé de venir icy pour faire cognoistre l'imposture de ses ennemis qui faisoient courir le bruit qu'il n'osoit y venir, et qu'il estoit relégué à Montbard; qu'il aimeroit beaucoup mieux y estre que de se voir embarassé tous les jours dans des démeslés avec M. de Vendosme, et dans la nécessité demeurant en sa place de faire recevoir une injure à la Compagnie par sa présence ; qu'il ne luy seroit pas séant de la quitter par ceste seule raison que son visage n'agrée point à M. de Vendosme ; qu'il n'y a que le Roy qui la luy puisse oster par son authorité et non par sa justice, puisqu'il n'a rien fait que pour son service, pour le bien des peuples, et pour l'honneur et l'authorité de la Compagnie, à laquelle ses intérests et sa fortune estans joins, il feroit gloire de luy obéir et de se retirer si elle le vouloit, lorsque M. de Vendosme viendroit au Parlement ; que si elle trouvoit bon qu'il y demeurast, il ne la quitteroit point, et que s'il le falloit, il estoit résolu de périr glorieusement en homme d'honneur ; qu'au surplus il ne croyoit pas qu'il y eust lieu de repasser sur la résolution du matin ; qu'au lieu d'un compliment, ledit sieur de Vendosme nous envoyoit des menaces ; et que pour luy il ne mettroit pas en délibération aucune chose.

Néantmoins estant pressé et recognoissant bien que l'on demeureroit ferme à exécuter l'arrest, il prit les advis. Quelqu'uns de ceux qui le matin avoient pris dans la chaleur de l'injure toute fraische l'advis auquel il avoit passé, y ayans fait réflexion, changèrent d'opinion et se vouloient contenter de ce que les Syndics avoient dit ; mais il passa que l'arrest seroit entretenu et que les Syndics iroient à M. de Vendosme luy dire que la Compagnie avoit grand déplaisir de s'estre veue réduitte à faire ce qu'elle avoit fait ; qu'elle n'avoit pu séparer en ceste rencontre son intérest de celuy de M. le Premier Président, et que quand il luy plairoit de venir à la Compagnie et d'entendre sa response par la bouche de celuy qui présideroit, elle ne manqueroit point à luy rendre ce qu'elle a coustume de rendre à Messieurs les Gouverneurs. Cela fut exécuté le mesme soir par Messieurs les Syndics, à quoy M. de Vendosme dit qu'il n'avoit rien à respondre.

Or, il faut remarquer que ceste résolution dont j'ay parlé, prise le matin, fut conclue fort promptement, et pendant que les premières impressions de l'action occupoient encore l'esprit, de sorte que les plus modérés et ceux qui ne haissoient point M. de Vendosme, se trouvans émus ou par la communication de la chaleur des autres ennemis dudit sieur de Vendosme qui estoient en grand nombre, ou par ceste façon d'agir extraordinaire qui estoit injurieuse par son incivilité, ne purent avoir le loisir de se recueillir pour remonstrer l'importance de ce que l'on faisoit, et la disproportion de l'injure que l'on alloit faire de propos délibéré à M. de Vendosme et de celle qu'on avoit receue de luy, sans qu'il eust pourtant aucun dessein ny intention d'en faire une à la Compagnie, comme chacun l'avouoit; tellement qu'il passa, comme j'ay dit, presque tout d'une voix, et l'arrest fut retenu avant que les premiers mouvemens de colère fussent appaisés, et il ne faut pas s'estonner si l'on s'y opiniastra le soir; la raison en est évidente : la chose estoit trop fraische, et le Premier Président marqua que l'on seroit blasmé de légèreté; que l'on imputeroit ce changement à des menaces, de sorte qu'il passa encore à l'exécution de la résolution du matin.

Le 21 dudit mois, Messieurs les Syndics de la Cour dirent que M. de la Marguerie estoit venu en leurs logis pour leur dire qu'ayant sceu que le Parlement désiroit qu'il fist voir la commission qu'il avoit du Roy pour exercer dans la Province la charge d'Intendant de justice, il la leur aportoit pour la faire voir à la Compagnie ; qu'eux l'ayant prise, la représentoient à la Cour pour après la lecture ordonner sur icelle ce que de raison. Lecture en ayant esté faite en pleine assemblée des Chambres, l'on reconnut qu'elle estoit conforme à la déclaration du mois de juillet 1648, accordée par le Roy au Parlement de Paris, par laquelle on révoquoit les Intendans establis en plusieurs provinces du Royaume, à l'exception de ceux qui estoient en quatre desdites provinces, du nombre desquelles estoit la Bourgogne où les Intendans furent conservés, quoique inutiles, parce que M. le Prince de Condé, Gouverneur, le voulut ainsy pour s'en servir en mille rencontres où tout autre qu'un homme dévoué au Gouverneur, comme l'est un Intendant, n'auroit pas agy à sa fantaisie; laquelle déclaration néantmoins régloit le pouvoir des Intendans qui serviroient dans lesdites provinces à aider les Gouverneurs de leurs conseils, et pour le fait des gens de guerre leur ostant toute juridiction contentieuse.

Or, quoique ces lettres fussent en ceste forme, quelqu'uns y vouloient aporter des modifications pour expliquer nettement quelques clauses conceues en termes qui pouvoient soufrir interprétation contre le Parlement, et en ce faisant estoient d'advis de les enregistrer. D'autres les vouloient enregistrer, mais sans modifications, comme n'en estant besoin, les clauses estans claires et se raportans à la Déclaration de 1648, qui est fort expresse. Les troisièmes croyoient qu'il ne falloit pas les enregistrer; qu'il suffisoit de les avoir veues et de retenir sur le registre qu'elles avoient esté présentées, mais qu'il ne falloit pas mettre sur notre registre des lettres contraires à nostre jurisdiction, d'autant plus que la Compagnie estoit en résolution de demander au Roy la supression des Intendans pour la Bourgogne. Ceux qui estoient d'advis d'aporter des modifications à ces lettres en ordonnant l'enregistrement, voyans qu'il ne passoit pas à leur sentiment, prirent le dernier advis, et il passa qu'on retiendroit sur le registre qu'elles avoient esté présentées, et qu'après la lecture l'on avoit donné ordre à Messieurs les Syndics de les rendre, après en avoir fait faire une copie qui demeureroit au greffe.

Le 26 dudit mois de janvier, l'on eut advis au Parlement que, sur une heure après minuit, le Comte de Beaumont, frère du Comte de Tavannes, qui ravagea la Bourgogne l'année passée et tint contre le Roy dans Seurre, avoit esté arresté au logis où pend pour enseigne le Cheval Blanc, et conduit prisonnier au Chasteau par l'ordre du sieur Intendant de justice, qui s'estoit fait assister pour ceste capture par le Maire et le Syndic de la Ville, accompagnés de trente bourgeois armés. Ceux du party de M. le Prince servans à la Tournelle s'échauffèrent tout à l'heure et commencèrent à crier contre l'Intendant, qui faisoit une prison du Chasteau, qu'il debvoit estre venu à la Compagnie pour l'advertir de la capture qu'il avoit faite et pour monstrer l'ordre qu'il en avoit du Roy, autrement que nous estions tous exposés à l'opression et à la violence.

Ce bruit commença à la grand-Chambre par le Premier Président, qui dit qu'il falloit sçavoir comment la chose s'estoit passée, que peut-estre Messieurs de la Tournelle sçavoient quelque chose, qu'il y falloit envoyer et leur dire que c'estoit à eux d'y mettre ordre. A cest effect l'on y envoya M. le Conseiller Bernard affin qu'il y pourveust. Messieurs de la Tournelle y ayans opiné, les uns disans qu'il falloit mander le Syndic pour sçavoir comme l'affaire s'estoit passée, les autres qu'il falloit envoyer un Commissaire au logis du Cheval-Blanc pour tirer déclaration de l'hoste et de tous ceux du logis de ce qui s'estoit passé et en dresser procès-verbal pour, estant raporté, y estre pourveu, et ces advis estoient pris par les plus modérés; M. de Gand et d'autres disoient qu'il falloit que le Syndic allast trouver M. l'intendant et sceust de luy quel ordre il avoit pour faire arrester ledit sieur de Beaumont, ce qui ne plut pas à plusieurs qui crurent qu'il n'estoit pas de la dignité de la Compagnie d'envoyer un député à l'Intendant qui estoit obligé de venir rendre compte à la Compagnie de ses actions, et dirent que c'estoit une affaire des Chambres assemblées; qu'ils demandoient qu'elles le fussent, ce qui ayant esté consenty et toutes les Chambres assemblées, l'on mit en délibération ce qui estoit à faire sur l'advis de cest emprisonnement.

Plusieurs furent d'advis de mander à l'Intendant qu'il vinst au Palais pour dire l'ordre qu'il avoit d'arrester ledit Comte de Beaumont; d'autres disoient qu'il falloit y envoyer M. le Syndic, qu'il s'ouvriroit plus volontiers à un homme seul qu'en pleine assemblée; les autres disoient qu'auparavant il falloit acquérir la preuve de ceste capture par un procès-verbal qui en seroit dressé par un Commissaire, affin que l'on eust de quoy l'envoyer au Roy lorsque l'on feroit plainte de ces violentes exécutions. Le premier advis estoit ouvert par M. Arviset, Doyen des Conseillers; le second estoit celuy de M. le Premier Président, et le troisième estoit proposé par M. Le Goux.

L'intention des derniers estoit, en faisant ce procès-verbal, d'avoir une pièce qui pust vériffier que M. de Vendosme et M. l'Intendant estoient gens violens, pour qu'en joignant ceste plainte à toutes les autres qu'on avoit à faire au Roy, l'on eust de quoy les procurer. Ils croyoient alors que cest emprisonnement avoit esté fait par de simples soubçons et défiances qu'avoit eus ledit Intendant contre ledit sieur de Beaumont; et jugeans de son peu d'esprit et de capacité par sa mauvaise mine et par le peu d'apparence que ce jeune Comte se mesloit d'affaires et de party, ils tenoient pour certain qu'il se trouveroit innocent, et par conséquent mal pris et arresté prisonnier, d'où ils inféroient qu'il falloit avoir par escrit la preuve de ceste capture.

Le Premier Président n'estoit pas de cest advis, quoiqu'il fust pris par ceux de son party, parce qu'il craignoit de choquer le Conseil, qui a coustume d'apuyer les Intendans. Ceste mesme raison fit qu'il ne prit pas l'advis de M. Arviset, qui alloit à user d'une grande authorité sur l'Intendant, lequel ne manqueroit pas de s'en plaindre au Roy et à son Conseil. Il est vray qu'il ne contredit pas ces sentimens, comme il a coustume de faire ceux qui ne luy plaisent pas, soit qu'il fust bien aise qu'il y passast, soit qu'il craignist d'irriter ceux qui les avoient ouverts et suivis.

Ceux qui avoient le plus d'attachement à M. de Vendosme et d'aversion pour M. le Premier Président prirent l'advis de M. Arviset, croyant que c'estoit celuy qui debvoit plus choquer le Conseil dont la colère se feroit sentir plutost sur le chef de la Compagnie qu'ils n'aimoient pas, que sur le gros auquel on ne se prendroit pas pour ces sortes d'affaires. Il passa que l'Intendant seroit invité par un commis au greffe d'entrer au Palais. Ce commis s'y estant acheminé sur le midy trouva M. l'Intendant dans le lit, qui luy dit qu'il prioit la Compagnie de l'excuser pour ce jour-là, parce qu'il avoit pris médecine.

La Cour n'entroit que par Commissaires ce jour-là de relevée, et le greffier fit son raport à Messieurs servans audit Commissaire en la grand-Chambre. En mesme tems M. le Conseiller Perret dit qu'entrant au Palais, on luy avoit mis en main une requeste par la lecture de laquelle il recognoissoit qu'elle estoit présentée par Madame la Comtesse de Beaumont, mère dudit Comte, fait prisonnier la nuit, par laquelle elle exposoit l'innocence de son fils, et que dans ceste opression elle ne pouvoit recourir qu'à la Cour à ce qu'il luy plust ordonner que son fils seroit tiré du Chasteau et mis en la conciergerie du Palais; à cest effect d'enjoindre au commandant du Chasteau de le remettre es mains des huissiers de la Cour pour estre fait le procès à son fils par Commissaire de ladite Cour, s'il estoit coupable.

Ceste requeste et la response dudit sieur Intendant obligèrent Messieurs de faire assembler la Compagnie extraordinairement. Sur les cinq heures, le Commissaire finy, Messieurs entrés jusqu'au nombre de quarante-deux, M. le Premier Président dit que trois choses nées d'un mesme sujet avoient obligé d'assembler la Compagnie : la première, la response faite par M. l'Intendant; la seconde, ladite requeste, et la dernière estoit le désir de M. le Conseiller Saumaise de Chasans de parler à la Compagnie de plusieurs circonstances de ceste affaire qui le concernoient; qu'il estoit là présent pour en instruire la Compagnie par le récit du détail de ce qui le touchoit qu'il avoit dit en gros à M. le commissaire.

Sur quoy, M. de Saumaise ayant pris la parole dit qu'encore qu'il eust sujet de se louer de la bonté de M. l'Intendant et de prendre une confiance entière en sa prud'hommie; néantmoins il croyoit debvoir dire à la Compagnie ce qui s'estoit passé la nuit dernière dans sa maison et en la personne de ses enfants, qui avoit connexité avec l'emprisonnement, du moins avec le sujet de la capture dudit Comte de Beaumont. « Vous sçaurés donc, dit-il, Messieurs, qu'entre une heure et deux du matin, l'on a fait grand bruit, heurtant à la porte de mon logis; je cotte l'heure précise, parce que j'estois sur mon lit, ma bougie allumée; la porte estant ouverte, l'on m'a raporté qu'un homme du Comte de Beaumont demandoit le Chevalier de Chasans, mon fils. L'on l'a fait monter en sa chambre, et il l'a prié de la part de son maistre de luy rendre un papier qu'il luy avoit mis en main le soir. Mon fils le fit sans faire réflexion et le rendit; je voulus voir ce papier; mais mon valet, ouvrant mon rideau pour me le donner, fit cheoir ma bougie, ce que je suportai impatiemment, et ne vis point à ce sujet le papier que mon fils rendoit à cest homme qu'il croyoit estre envoyé par le Comte de Beaumont, et je me contentay de sçavoir si ce n'estoit point un dessein de duel. L'on m'asseura que mon fils ne se levoit point. Le reste de la nuit s'est passé sans bruit. Ce matin, mon fils est venu dans ma chambre et m'a dit que le Comte de Beaumont estoit arresté prisonnier; qu'il craignoit qu'on ne le trouvast saysy du papier qu'il avoit rendu à son homme; et luy ayant demandé ce qu'il contenoit, il m'a dit qu'il estoit conceu en ces termes : « Nous, soussignés, cons-« tituons..... nostre Procureur spécial pour présenter en « nostre nom requeste au Roy et luy remonstrer que deux « ou trois cens fuseliers s'estans attroupés dans le Niver-

« nois, où ils ont tout pillé, font mine de vouloir entrer en
« Bourgogne, ce qui ne se peut empescher qu'en opposant
« la force légitime à leurs violences, et que pour ce sujet la
« noblesse de Bourgogne, soussignée, suplie Sa Majesté de
« luy permettre de s'assembler pour tailler en pièces ces fu-
« seliers qui se nomment les *troupes ambulantes*, et délivrér
« par ce moyen la Bourgogne de sa ruine inévitable. »

« Je connus, ajouta M. de Saumaise, par le discours de ce jeune homme innocent que sa simplicité l'avoit engagé avec ses deux frères dans une affaire innocente en effet, mais qui pouvoit estre suspectée. Je manday mes deux autres fils, et leur ayant commandé de me dire tout ce qui s'estoit passé en la signature de cest acte en forme de procuration, j'appris d'eux qu'en soupant la veille avec ledit Comte de Beaumont et quelques autres de leurs camarades, ledit Comte leur fit voir une lettre du Comte de Tavanes son frère, par laquelle il luy mandoit les courses et les voleries que faisoient ces troupes ambulantes, et que pour les arrester l'on avoit jugé à propos de présenter requeste au Roy, et pour ce, faire envoyer une procuration de laquelle il luy envoyoit un modèle pour le faire signer à tout autant de gentilshommes qu'il pouroit; qu'il en avoit envoyé de pareilles en divers endroits. Qu'ensuitte, ledit Comte leur ayant présenté ceste procuration, ils l'auroient signée innocemment.

« Ceste imprudence, continua-t-il, d'une jeunesse sans expérience me fit pitié. Je la voulus disculper, et mon jugement ne me fournit autre voye que celle d'une requeste à l'Intendant, par laquelle mes trois fils et leurs camarades, qu'il ne nomma pas, mais qui sont Morisot et Tasniot, fils de M. Morisot, Conseiller aux Requestes du Palais, et Petit, controlleur des guerres, le suplioient de croire que s'ils avoient signé ceste procuration ç'avoit esté innocemment; et que pour ne point tomber dans le soubçon, ils révoquoient ce pouvoir et luy déclaroient qu'estans serviteurs et fidelles sujets du Roy, ils vouloient vivre et mourir en son obéissance, l'interpelloient de faire sçavoir au Roy ceste déclaration, de leur en donner acte ou copie de leur requeste. Elle fut portée par eux à l'Intendant sur les neuf heures du matin, lequel ils rencontrèrent au lit, et qui les receut avec civilité, et après les avoir ouys et leur requeste, il leur dit qu'il n'y avoit rien à craindre pour eux, qu'ils pouvoient demeurer dans la maison de leur parens, se tenans tousjours dans l'obéissance et la fidélité deue à Sa Majesté; qu'il envoyeroit leur requeste au Roy, mais qu'il ne pouvoit leur donner acte de leur déclaration ny copie de leur requeste.

« M'ayans, dit-il, raporté ceste response, je jugeay que je debvois me servir des moyens que l'ordonnance a donnés pour de telles occasions, qui est de se pouvoir adresser au Lieutenant Général, ce que je fis faire à ces jeunes gens par une requeste qui contenoit la mesme chose que celle qu'ils avoient présentée à M. l'Intendant, y adjoutant le refus qu'il avoit fait de donner acte ou copie, et supliant par la conclusion ledit Lieutenant Général de leur accorder l'un ou l'autre : ce qu'il a fait. Or, affin, Messieurs, que ceste simplicité de jeunesse soit plus connue, j'ay creu que je debvois vous la dire affin qu'ayans à pourvoir sur l'emprisonnement dudit Comte, vous soyés instruits du fait et des circonstances qui sont venues à ma cognoissance; après quoi, je me retire si vous le trouvés bon, n'estant pas juste que j'opine en une affaire où mes enfans sont meslés. »

S'estant ensuitte retiré, et la Compagnie ayant dit qu'il s'abstiendroit de la cognoissance de ceste affaire, l'on fit lecture de la requeste de Madame de Beaumont, et l'on opina tant sur icelle que sur la response de l'Intendant. M. Perret, raporteur, fut d'advis de dresser procès-verbal de ceste capture.

M. Arviset dit que l'Intendant s'estant purgé n'avoit pu venir; qu'il falloit entretenir la délibération du matin, et puisque rien ne pressoit, remettre à lundy; que l'Intendant entreroit au Palais ce jour-là et instruiroit la Cour du motif de ceste capture, et que sur ce qu'il diroit l'on parleroit avec certitude. M. de Berbisey dit qu'il falloit envoyer chés l'Intendant M. le Syndic. M. Le Goux dit qu'il falloit envoyer pour une seconde fois le Greffier chés l'Intendant pour luy dire de la part de la Compagnie qu'elle l'attendoit de pied ferme et qu'il vinst, quoiqu'il fust sept heures du soir. Cest advis eut ses approbateurs parmy la jeunesse qui suivoit M. Le Goux, comme son chef et souvent sans avoir ouy quel advis il avoit pris. M. le Président Joly dit qu'il estoit d'advis qu'on fist arrest à informer de ces menées pour tesmoigner nostre zèle pour le service du Roy. Messieurs les Présidens Robelin et Fyot louèrent la vigilance de l'Intendant, dirent que ces soussignés-là debvoient estre suspects, et furent d'advis que l'on attendroit l'Intendant jusqu'au lundy.

M. le Premier Président commença à opiner par ces termes : Que pour luy, il n'avoit jamais rien veu de si ridicule que ceste procuration impertinente en sa substance et signée par de jeunes gens qui n'avoient point de terres en Nivernois ; qu'il trouvoit ceste affaire ridicule et qu'au fond il ne se plaignoit point qu'on eust arresté un gentilhomme, mais de ce que l'on l'avoit mis au Chasteau qui n'estoit pas une prison ; que si ce prisonnier avoit esté fait par l'authorité de Monseigneur le Vicomte Majeur, c'est M. Millotet que M. le Premier Président haïssoit et qu'il apelloit ainsy par raillerie, il debvoit le mettre dans la prison de la Ville ; que si ç'avoit esté fait par l'ordre de M. l'Intendant, il falloit le mettre dans la conciergerie du Palais ; que tous les prisonniers de M. de Machaut, *qui estoit un diable,* y avoient tousjours esté mis ; que c'estoit un crime d'avoir fait une prison du Chasteau, puisque ce ne pouvoit estre qu'une prison privée ; que l'autre sujet de plainte estoit qu'on vouloit faire le procès à un gentilhomme domicilié dans la province ; que la Compagnie s'en acquitteroit aussy bien que l'Intendant, qu'elle estoit unie et fortement attachée au service du Roy, quoique l'on taschast d'en donner d'autres impressions à la Cour, mais que c'estoit inutilement, et que la Reyne luy avoit dit en son dernier voyage en Cour qu'elle n'avoit point de robbe en France qui luy fust plus chère que la nostre. Ouy, Messieurs, adjouta-t-il, elle me l'a dit, quoique vous disiés que je ne l'ay pas veue. Et après un long discours, il fut de l'advis de M. Le Goux.

On reprit les advis, et M. le Raporteur, après une assés longue incertitude, fut d'advis qu'il seroit informé des assemblées illicites. L'on eut peine à s'accorder, car les uns disoient que l'on alloit mettre l'allarme par cest arrest, et que le peuple des provinces croiroit qu'il y a plus de bruit qu'il n'y en a en effect; d'autres trouvoient inconvénient à dresser cest arrest, car l'on n'estoit adverty que de ces soussignés, et non d'aucune assemblée. A la fin, lassés de la longueur de la délibération, ennuiés et pressés de sortir, car il estoit près de huit heures du soir, chacun consentit à cest arrest d'informer, à ce que l'on escrivist au Roy touchant ceste affaire, et que M. l'Intendant fust invité d'entrer au Palais lundy, 30 dudit mois.

Or, avant que de passer à la suitte de ceste délibération, je remarquay que plusieurs sans intérest trouvèrent estrange que M. le Premier Président eust pris soin de persuader que le sujet de ceste capture estoit ridicule. Premièrement les honnestes gens et ceux qui n'avoient aucune passion ne la jugeoient pas telle; outre que si quelqu'un avoit sujet d'estre délicat et deffiant, en ce qui concerne le service du Roy, c'estoit le Premier Président pour la raison de son debvoir et de sa charge, d'autant plus que par son intérest propre il falloit paroistre tel et ne pas donner cest advantage à ses ennemis de pouvoir dire avec vérité à la Cour qu'il s'estoit moqué de la vigilance de l'Intendant en ceste rencontre, que chacun jugeoit ne debvoir pas estre mesprisée par les Ministres. L'on disoit donc que sa prudence luy avoit manqué en ceste occasion, et l'on s'en estonnoit car il en avoit assés pour voir ce que j'ay remarqué. D'où provient donc ceste faute ? Quant à moy, je l'attribue au déplaisir de voir ceste affaire découverte et exécutée par M. Millotet, Vicomte Mayeur, son ennemy capital auquel il envioit l'honneur d'avoir coupé racine à une menée dangereuse contre le service du Roy ; et ne sçachant comment luy oster cest advantage, il ne manqua pas de se servir de ce qui estoit de ridicule en ceste affaire, sçavoir l'apparence et le dehors, pour diminuer le bon ofice dudit sieur Millotet envers le Roy et la province. Or, il ne faut pas s'estonner que ceste rage ait prévaleu dans son esprit sur les raisons solides et sur son propre intérest, car ceux qui le cognoissent et qui l'ont veu agir ont remarqué en diverses rencontres que quand sa teste a esté préoccupée par l'une des deux passions qui le maitrisent absolument, sçavoir la vengeance et la colère, il a tousjours perdu la raison et s'est laissé aller à ces deux aveugles inconsidérément, n'ayant jamais pu résister à la colère qui le surmonte aisément, ny au désir de vengeance qui est sa déesse, et dans laquelle il met toute sa satisfaction.

Le lundy 30 janvier, M. l'Intendant estant entré au Palais dez les huit heures, les Chambres se sont assemblées et M. le Premier Président luy a dit que la Cour l'avoit invité de prendre sa place pour sçavoir le sujet de la capture dudit Comte de Beaumont, prisonnier au Chasteau, affin qu'estant instruitte de ceste affaire par sa bouche, elle pust user contre luy et ses complices de l'authorité du Roy qu'elle avoit en dépost pour punir le crime qu'ils peuvent avoir commis contre le bien public et le service du Roy. M. l'Intendant a dit qu'il avoit arresté ledit Comte par ordre du Roy ; qu'il seroit venu dez samedy matin en advertir la Compagnie s'il n'en avoit esté empesché par quelqu'incommodité ; que le secret qu'il debvoit aux affaires du Roy, et en celle cy très importante, luy servoit d'excuse envers la Compagnie s'il ne luy disoit le détail de ceste affaire ; qu'elle n'estoit pas une simple procuration comme elle avoit esté raportée à la Cour; qu'elle contenoit beaucoup d'autres chefs qu'il estoit obligé de taire et suplioit la Cour de ne pas désirer qu'il les dist; qu'il seroit mesme à désirer que l'emprisonnement fust secret, parce qu'on auroit plus facilement aresté les complices qui sont en grand nombre dans la Province et personnes qualiffiées, et qu'il asseuroit la Cour que ceste affaire est un crime d'Estat autant qualiffié qu'il se puisse; que les Ministres en avoient quelque cognoissance obscure, et que les gens du Roy du Parlement de Paris en avoient fait des réquisitions sur lesquelles il y avoit eu arrest il y a quinze jours à informer des menées et pratiques; que par bonheur il avoit découvert l'affaire en ceste ville par la capture dudit Comte qu'il avoit mis au Chasteau, d'autant que son frère, bailly de Dijon, pouvoit facilement corrompre les geoliers des autres prisons, et que la conciergerie du Palais n'estoit pas assés seure pour empescher toute communication avec ledit Comte, comme il est nécessaire qu'elle le soit pour découvrir entièrement des pratiques si dangereuses et si contraires au repos public.

Ce discours finy, comme M. le Premier Président commençoit à demander les advis pour voir ce qui estoit à faire sur le discours de M. l'Intendant, M. Quarré, Advocat général, a demandé d'entrer, et estant derrière le bureau a dit que la Province avoit esté troublée plusieurs fois depuis un an; qu'encore que chacun de son costé eust fait son possible pour la délivrer des périls où elle avoit esté engagée, et qu'eux mesmes pour s'acquitter de leurs charges eussent fait des réquisitions dans les occurences, il estoit arrivé néantmoins qu'elles avoient esté malheureuses et éludées peut estre par une providence particulière de Dieu qui a voulu seul nous garantir d'une ruine totale par sa bonté sans le secours des hommes; que c'estoit à ceste miséricorde qu'il falloit attribuer la prise de guerre et la défaitte du Comte de Turenne qui s'en venoit en Bourgogne prendre son quartier d'hyver et son póste dans l'Abbaye de Cisteaux, suivant les advis très certains que l'on avoit eus de la Cour; qu'estans délivrés de ces dangers extresmes par la miséricorde de Dieu, il en paroissoit de moindres, mais qui ne laissoient d'estre à craindre et qu'il falloit dissiper par nos soins; qu'il ne doutoit point que M. l'Intendant n'en eust adverty la Cour, mais qu'ayant sceu que les fils de M. le conseiller Saumaise, le sieur Tasniot, fils de M. Morisot, conseiller aux Requestes, et le sieur Petit, estoient engagés dans ceste ligue contre le service du Roy, il estoit obligé de requérir prise de corps contre eux, et que leurs parens n'en connussent point.

Ayant finy, M. le Premier Président, ennemy capital dudit sieur Quarré, et eschauffé par deux ou trois paroles proférées par ledit sieur, luy dit en colère que la Cour feroit droit sur les réquisitions, mais que cependant il l'advertissoit que son zèle qui paroissoit fort ardent au service du Roy ne l'estoit pourtant pas beaucoup; qu'il faisoit plusieurs réquisitions et cependant qu'il ne faisoit aucunes poursuittes; qu'il estoit venu si souvent à la Compagnie luy aporter des advis mais faux, tel que celuy qu'il a dit estre certain que M. de Turenne venoit prendre son poste à Cisteaux, ce qui est faux, et le peut dire avec vérité pour avoir appris des principaux Ministres que le dessein dudit Comte de Turenne estoit d'hyverner en Bassigny et dans la haute Bourgogne, qui est le baillage de Chastillon et l'Auxois. M. Quarré luy a répliqué qu'il avoit appris ce qu'il avoit dit de personne de très grande condition, désignant M. de Vendosme; après quoy il s'est retiré.

Ensuitte, tous les parens desdits accusés se sont levés de leurs places, et M. le Premier Président entr'autres, mais le dernier de tous, et ayant pris le bureau, il a dit qu'il avoit creu pouvoir demeurer en sa place, s'agissant d'une affaire publique et importante; mais que M. l'Advocat général ayant nommé des particuliers dont l'un est son parent, sça voir ledit sieur de Tasniot, il n'avoit qu'à protester pour M. l'Abbé de Cisteaux, son frère, d'avoir réparation de l'injure qui luy avoit esté faite derrière le bureau par ledit sieur Advocat général, qui avoit asseuré la Compagnie que ledit sieur de Turenne venoit prendre son quartier d'hyver dans Cisteaux, s'il n'eust esté deffait par l'armée du Roy, et qu'il estoit fort estrange que ledit sieur Quarré ne se contentast pas de luy faire injure en offensant son frère, mais qu'il osast dire que les poursuittes des crimes estoient éludées par la Compagnie dont la fidélité est connue.

Après ce discours il se retira, et Messieurs qui demeurèrent opinèrent sur la récusation des sieurs parens desdits Saumaise, Tasniot et Petit. M. Arviset dit que nous debvions plus à l'Estat et à la patrie qu'à nous mesmes ; que dans les guerres civiles l'on voyoit souvent les pères contre les fils et les familles divisées ; par conséquent que l'on pouvoit en ceste rencontre légitimer pour juges les parens qui seroient sans doute sévères contre leurs parens coupables, puisque l'on doit plus à soy mesme qu'à ses proches ; qu'il jugeoit pourtant raisonnable de dire que les parens au degré du règlement s'en absticndront, c'est à dire pères, frères, oncles, neveux et cousins germains. M. Jaquot fut de l'advis de M. Arviset et dit qu'il y estoit confirmé par une raison particulière ; sçavoir, que si nous récusions messieurs, nous avouerions que l'arrest de samedy dernier avoit esté mal donné ; ainsy que par la nécessité de conserver cest arrest, il falloit qu'ils fussent tous juges de ceste affaire.

Je dis que l'on avoit à opiner sur deux chefs : le premier, touchant l'affaire générale et ce qui estoit à faire sur le discours de M. l'Intendant, et le second concernant les conclusions des gens du Roy qui se déclaroient parties contre cinq particuliers qui avoient grand nombre de parens dans la Compagnie ; qu'en ce qui estoit du premier, il n'y avoit pas de difficulté que tous Messieurs debvoient cognoistre ; que pour le second, il n'y avoit pas non plus de doute que les parens n'en pouvoient estre juges; qu'encore qu'on deut à son pays plus qu'à ses proches, il ne s'en suivoit pas qu'on pust estre leurs juges estans accusés de crimes d'Estat; qu'il paroissoit estrange de vouloir traitter le crime dont il s'agissoit comme une simple discipline; qu'il n'y avoit ny loy ny ordonnance sur laquelle on pust fonder ceste différence entre ce crime et les autres qui se traittent à la Tournelle, où l'on ne reçoit jamais les parens des accusés jusqu'au cinquième degré; qu'il ne falloit pas apréhender de donner sujet de casser l'arrest de samedy qui estoit général, donné sans partie instigante ny accusée, et qu'aujourd'huy toutes ces choses s'y rencontroient; qu'encore que les conclusions des gens du Roy ne fussent pas suffisantes pour nous faire décrèter, elles debvoient pourtant servir d'interdit; or, d'abord qu'il y en a un, tous les parens se retirent. Je fus donc d'advis que tous Messieurs rentreroient pour l'affaire générale, et que lorsqu'il faudroit opiner sur les conclusions des gens du Roy, ils se retireroient estans parens jusqu'au cinquième degré. M. le Président Joly blasma les gens du Roy d'avoir commmencé par des récusations; que ce n'estoit pas à eux et que nostre conscience nous dit assés ce que nous debvions faire; qu'il ne doute pas qu'on ne les récuse eux mesmes. Les opinions prises une seconde fois, il passa à mon advis.

Messieurs estans rentrés, et M. le Premier Président ayant demandé les advis sur ce qu'il falloit faire touchant la capture dudit sieur Comte de Beaumont, prisonnier au Chasteau, M. de Gand dit qu'il y avoit des affaires qui debvoient estre secrettes; mais une ligue découverte, une conspiration de gens surpris, qu'il ne voyoit pas la nécessité de la tenir cachée à un Parlement qui doit faire le procès à ces coupables. M. Le Goux dit qu'il estoit fascheux que le secret que M. l'Intendant debvoit en ceste affaire nous en dérobast la cognoissance qui nous en appartenoit naturellement; qu'il falloit le soufrir puisqu'on disoit qu'il y alloit du service du Roy, mais qu'il ne pouvoit dissimuler son déplaisir que l'on fist une prison du Chasteau; que la Conciergerie est fort seure; que tous les prisonniers de M. de Machaut y ont tousjours esté; que c'estoit la porte ouverte à une opression publique; qu'il estoit par conséquent d'advis que l'on ordonnast que M. le Comte de Beaumont seroit amené sous bonne et seure garde au Chasteau de ceste ville en la Conciergerie du Palais pour luy estre son procès fait et parfait.

M. le Premier Président s'eschauffa fort contre l'Intendant sur cest article. L'Intendant voulut soutenir son procédé par les exemples passés. Le Premier Président dit qu'aucun n'avoit esté prisonnier au Chasteau que par ordre du Roy. L'Intendant respondit en avoir et que la Compagnie le verroit; qu'il ne prétendoit rien en l'instruction du procès, et qu'il donneroit ample cognoissance de ceste affaire aux commissaires quand il auroit receu les ordres du Roy.

En ceste assemblée M. le Conseiller de Saumaise fit un grand discours d'une heure et plus pour la justification de ses fils. Un chacun avoua qu'il avoit bien parlé et éloquemment avec une force de paroles et une beauté de figures et de pensées très agréable. Il seroit trop ennuieux d'escrire tout ce discours; suffit qu'il le finit en asseurant la Cour qu'il avoit mené luy mesme ses fils en la Conciergerie du Palais, où il les avoit constitués prisonniers quoiqu'innocens, et qu'il avoit escrit de ceste affaire à M. de la Vrillière, Secrétaire d'Estat, avec prière de faire cognoistre leur innocence au Roy en son Conseil.

Ceste délibération finit par l'arresté d'attendre la response du Roy aux lettres de la Compagnie et à M. l'Intendant, et cependant que ledit Comte de Beaumont demeureroit au - Chasteau.

Or ceste assemblée fut un peu moins impétueuse que les autres; l'on se formalisa de ce que l'on mettoit des prisonniers au Chasteau, mais sans raison en ceste rencontre. Les personnes sans intérest le jugeoient ainsy, et ceux mesmes qui prirent l'advis d'en tirer le sieur de Beaumont avouèrent depuis qu'il y avoit quelque raison de l'y mettre, à cause de la facilité qu'il y a de communiquer avec ceux qui sont dans la Conciergerie; et l'on ne se plaignoit pas de la capture, car l'on ne pouvoit soubçonner que ce fust par violence ou soubçon mal fondé, puisqu'il paroissoit un acte signé qui ne disoit rien de bon. M. le Premier Président fut des plus eschauffés. Son imprudence continua à faire peu d'estat de ceste affaire, mesme en présence de l'Intendant, et après tout l'on jugea qu'il ne debvoit pas s'offenser de ce qu'avoit dit M. Quarré, car l'abbaye de Cisteaux n'estant pas une place forte, M. de Turenne pouvoit y entrer malgré l'Abbé, et l'on sçait qu'il n'y a pas de plaisir de recevoir un amy qui vient avec une suitte si grande et si mal disciplinée, comme d'Allemands et de soldats mal payés et qui n'ont pour solde que la licence et l'impunité de leurs voleries et de leurs crimes. L'on blasma aussy M. Quarré d'avoir eschappé le mot *éludées* qui sembloit marquer connivence de la part de la Compagnie, et sans doute il l'entendoit ainsy, car il estoit en colère et contre la Compagnie et contre le Premier Président; mais les amis jugeoient qu'il debvoit adoucir ce terme par quelque mot qui rejetast le soubçon sur autre que sur tout le corps. Quant à l'Intendant, il parut en ceste assemblée homme d'esprit fort médiocre et peu présent. M. de Saumaise le joua élégamment et luy en donna sans qu'il s'en aperceust. Le Premier Président le pressa souvent, et il ne s'en démesla pas avec souplesse ny avec grand jugement.

Ceste affaire terminée, Messieurs les parens estans sortis, l'on opina si l'affaire desdits accusés seroit traittée en la Tournelle ou en la grand-Chambre, ou aux Chambres assemblées. Il passa, sans grand discours, qu'elle seroit traittée en la Tournelle, car la difficulté n'estoit pas grande, les règlemens et les préjugés décidant nettement ce point.

Les Présidens et Messieurs des Comptes avoient obtenu des lettres de noblesse, par lesquelles le Roy vouloit que lesdits officiers fussent nobles, pourveu qu'ils eussent servy vingt ans en la Chambre des Comptes ou qu'ils décédassent en leurs charges, sans qu'il fust besoin pour acquérir noblesse d'avoir eu père et ayeul officiers. Ces lettres furent par eux présentées au Parlement et aportées par les Syndics de la Chambre des Comptes qui prièrent la Cour de les enregistrer.

Deux mois s'écoulèrent sans qu'on y pust toucher définitivement. Enfin, après avoir esté communiquées au Syndic du pays, au Syndic de la Ville, examinées par les commissaires, veu aussy les requestes d'opposition formées à l'enregistrement d'icelles par les correcteurs et auditeurs de ladite Chambre, non compris dans lesdites patentes, ensemble celle formée de vive voix par les trésoriers estans entrés pour ce sujet en la grand-Chambre tendante à ce que ces lettres fussent rebutées; veu que lesdites gens des Comptes s'y donnoient des qualités qui ne leur appartiennent pas, sçavoir de Conservateurs du Domaine, et ayans juridiction souveraine des finances ordinaires et extraordinaires, l'affaire mise en délibération le 1er février 1651, après une longue contestation née de la multiplicité des advis, il a passé que l'on diroit : « La Cour sans s'arrester à l'opposition formée par les correcteurs et auditeurs, faisant droit en celle des trésoriers, ordonne que les lettres patentes présentées par les officiers de la Chambre des Comptes seront réformées, et les clauses contenant qu'ils sont Conservateurs du Domaine et qu'ils ont juridiction souveraine des finances ordinaires et extraordinaires seront retranchées. A cest effect, lesdites lettres leur seront rendues pour après estre pourveu sur l'enregistrement d'icelles, ainsy qu'il appartiendra. » Il y eut un autre advis ouvert par M. Arviset, Doyen, qui estoit de les enregistrer, à la charge qu'ils n'auroient autre cognoissance des finances ordinaires et extraordinaires que conformément à l'édit de réunion de la Cour des Aydes au Parlement, vériffié en ladite Chambre. Il passa à l'autre advis comme plus seur pour la Compagnie, et c'estoit l'opinion de M. Milletot, Syndic. M. le Premier Président et tous ceux de son party estoient de l'advis de M. Arviset; ledit sieur Premier Président se donna beaucoup de peine pour faire passer lesdites lettres.

Après ceste affaire, ledit sieur Premier Président dit qu'il avoit appris par le cry public et par le son de la trompette que Monseigneur le Maire de Dijon et ce brave Syndic, le Procureur David, avoient fait une ordonnance par laquelle deffenses estoient faites à toutes personnes, de quelque qualité qu'elles fussent, d'aller par la Ville après les neuf heures du soir; que ceste ordonnance estoit un piége tendu pour les ennemis de M. le Maire et pour ceux à qui sa fantaisie voudra faire injure; que cela est facile à voir en ce qu'elle est faite sans sujet; que la Ville est, dieu mercy! dans une grande tranquilité; que tout y est fort attaché au service du Roy; que c'est donc mal à propos que le Vicomte Mayeur veut faire croire le contraire, et veut donner l'allarme à la Cour affin de la jetter dans la déffiance contre la Compagnie; qu'on parle aussy de certains cadenas des portes et des barres de fer rompus; qu'il faut sçavoir la vérité de ceste affaire et le motif de ceste ordonnance publiée, et parce qu'il estoit plus de midy, l'on remit l'assemblée à cinq heures du soir après le commissaire. Tous Messieurs se trouvèrent à ceste heure, et par requeste le Syndic n'avoit pas esté adverty de venir au Palais; l'on envoya un huissier le chercher qui ne le trouva pas, de sorte que l'assemblée fut remise au vendredy matin 3 dudit mois.

A ce jour, le Syndic venu au Palais derrière le bureau, M. le Premier Président luy dit le sujet pour lequel il estoit mandé, et luy ordonna d'aporter à la Cour ladite délibération et les procès verbaux dressés des cadenas et barres de fer trouvés rompus aux portes de la Ville, et des bresches qui estoient aux murailles. Le Syndic mit sur le bureau copie de ladite délibération, et dit que les procès verbaux n'estoient pas en sa puissance, mais entre les mains du sieur Galoche, Eschevin, qui avoit eu charge de les dresser. L'on luy commanda d'aller quérir Galoche et de luy dire de la part de la Cour qu'il eust à aporter lesdits procès verbaux. Galoche venu dit qu'il ne les avoit pas encore dressés, mais qu'il avoit visité par ordre de la Chambre les portes et murailles, et avoit trouvé des bandes de fer, des barreaux et des cadenas rompus, et des pierres enlevées. Lesdits Galoche et Syndic retirés, lecture faite de ladite délibération qui contenoit que la Chambre advertie que plusieurs personnes avoient esté veues attroupées et armées à heures indeues faisoit deffenses, etc..., comme il a esté raporté par M. le Premier Président, lequel prit les advis pour sçavoir ce qui estoit à dire sur ceste délibération.

M. Arviset dit qu'il trouvoit ceste délibération conceue en termes ordinaires, faite par gens qui en avoient le pouvoir, qui avoient creu la debvoir faire pour le service du Roy, et partant qu'il estoit d'advis de la laisser comme elle estoit, car encore qu'elle ne portast pas précisément que l'on pouvoit aller la nuit par la Ville avec du feu, il ne falloit pas néantmoins la réformer, parce que c'estoit une exception de nécessité qui estoit par conséquent sous-entendue; que s'ils abusoient de leur pouvoir, et s'ils employoient ceste ordonnance pour faire affront à un honneste homme, il seroit d'advis de les chastier avec sévérité; mais que jusqu'à ce qu'ils eussent tesmoigné ceste intention, il falloit les laisser dans l'exercice libre de leur jurisdiction de police dont ils sont les premiers juges, et la Cour par apel.

M. de Gand dit que le Maire et les Eschevins avoient manqué au respect qu'ils debvoient à la Compagnie; qu'il ne se trouveroit pas qu'ils eussent jamais fait aucune ordonnance de ceste importance et qui dust estre publiée qu'auparavant ils ne l'eussent fait sçavoir au Parlement pour avoir l'authorité de la Compagnie, et la joindre à leurs ordonnances qui ne sont rien sans cest apui.

M. Le Goux s'eschauffa non seulement sur ceste ordonnance qu'il soutenoit avoir esté faite par gens sans pouvoir, mais encore sur ce qu'on disoit que le Maire avoit fait emprisonner un paysan de Bonnencontre et un laquais du Comte de Beaumont dans le Chasteau, disant qu'il qualifieroit tousjours violence un emprisonnement au Chasteau jusqu'à ce qu'il y eust un arrest ou ordonnance qui luy apprist que ce debvoit estre une prison; que nous avions tant de sujets de plaintes qu'il falloit les porter au Roy.

M. Perret s'estendit sur le mesme sujet, et adjouta que le Chasteau debvoit estre tenu doresnavant pour la prison du Maire de Dijon; que la Chambre de Ville entreprenoit trop; qu'il falloit la tenir dans les bornes et apprendre à ceux qui la composent qu'ils ne sont que des juges pédanés; qu'il ne falloit pas douter qu'ils ne se servissent de leur délibération pour faire injure; qu'il en jugeoit parce qu'ils firent au mois d'octobre, lorsque faisans la patrouille et s'estans cachés sous la porte au Lyon, ils se jettèrent sur M. Jaquot, Maistre des Comptes, luy portèrent le pistolet à la gorge, et l'ayant regardé sous le nez dirent: *Laissons le passer, ce n'est pas nostre homme;* qu'un chacun sçait que l'on se servoit de l'authorité qu'a le Maire sur les armes pour faire maltraiter M. de Guillon, Procureur général, ennemy de M. Millotet, Advocat général, et Vicomte Mayeur, et par ces raisons il estoit d'advis de députer en Cour pour faire plaintes de tous ces désordres et d'expliquer ceste ordonnance mal conceue.

M. le Premier Président qui ne parloit jamais de la Chambre de Ville qu'en colère, parce que le chef estoit son ennemy capital, dit qu'il falloit examiner qui avoit fait ceste ordonnance, pourquoy elle estoit faite, et en quels termes elle estoit couchée ; qu'il ne se trouveroit point que la Chambre de Ville eust jamais entrepris chose pareille, sinon en disant que c'estoit en exécution des arrests de la Cour; que leur authorité estoit arrestée par le moindre de tous les hommes en apellant de leurs jugemens ; qu'ils ne pouvoient rien faire sans un arrest qui confirmast leur jurisdiction et leur donnast pouvoir de faire de telles délibérations ; qu'au reste elle estoit faite pour les raisons qu'il avoit dites à l'assemblée précédente, et pour faire injure aux plus considérés de la Ville; qu'on les avoit entendus disans qu'ils se feroient bien, et qu'on trouvoit sur leurs registres qu'un Syndic nommé Michel avoit arresté prisonnier le fils du Premier Président Brulart ; que c'estoit assés dire pour luy faire cognoistre qu'ils en vouloient à luy et à son fils; que c'estoit le sujet pour lequel ils avoient mis dans leur ordonnance toute sorte de personnes de quelque qualité, etc...; au reste qu'elle estoit impertinente et couchée en termes tels qu'on ne pouvoit la soutenir, et par conséquent il estoit d'advis de la casser.

Les advis pris pour la seconde fois, il ne se trouva personne d'advis de casser ceste délibération, et M. le Premier Président mesme n'en fut pas ceste seconde fois, mais bien du sentiment de la plus grande partie, qui estoit de faire arrest portant deffense d'aller par la Ville après les neuf heures du soir sans feu, et deffenses de porter armes et injonction au Syndic, de faire des patrouilles, et au greffier de la Mairie d'aporter derrière le greffe de la Cour les informations faites par les Eschevins touchant les assemblées de nuit, et qu'il seroit continué d'en informer par les commissaires de la Cour et par iceux procès-verbaux dressés de l'estat des portes, corps de gardes et murailles de ladite Ville ; c'est à quoy il passa.

Le 8 dudit mois l'on leut, les Chambres assemblées, le procès verbal dressé par Messieurs Milletot et Le Goux, conseillers à la Cour et commissaires députés, de l'estat des portes et murailles de la Ville, où le Syndic avoit dit qu'il s'estoit trouvé des bresches, des barres de fer rompues, des cadenas enlevés et des verroux forcés. Par la lecture de ceste pièce faite en présence de M. Quarré, Advocat général, et du Syndic de la Ville apellés pour indiquer les lieux, l'on reconnut que ces ruptures, ces ruines et ces efforts estoient en des endroits qui faisoient assés cognoistre que ceux qui les avoient faites estoient des voleurs de nuit, ou que cela estoit arrivé par l'âge des pièces de fer et par le tems; en sorte qu'après ceste recognoissance, il ne resta aucune crainte dans l'esprit d'un chacun, et tous avouèrent que le Maire et les Eschevins avoient tort de faire du bruit pour ces vétilles et pour des ruines par eux mesmes reconnues, il y avoit six semaines, et qui pouvoient estre répétées en moins d'un jour.

M. le Premier Président s'eschauffa beaucoup sur ce sujet. Ce qui excitoit sa bile estoit que M. Quarré, Advocat général, avoit requis qu'il fust informé contre ceux qui avoient commis ces efforts aux portes et murailles de ceste Ville, et Messieurs avoient suivy ceste pensée, les uns de bonne foy, les autres pour confondre l'Advocat Général et la Chambre de Ville, espérant que l'on cognoistroit par l'information que tout ce désordre estoit fait par des larrons et par des garces. Ledit sieur Premier Président fut d'un advis tout contraire, et dit qu'il estoit assés vériffié par le procès verbal que ces efforts et ces excès, comme les avoit nommés M. Quarré en ses conclusions, commis aux portes, n'estoient que l'ouvrage des larrons, et par conséquent qu'il ne falloit point d'information, ou que s'il falloit informer c'estoit contre ceux qui avoient fait courir le bruit par une malice diabolique qu'il y avoit dans la Ville des habitans traistres au Roy, et contre ceux qui faisoient tout leur possible pour faire croire en Cour qu'il y a de grandes factions dans la Province, et que les esprits y sont fort divisés, ce qui est faux et calomnieux; que tout au contraire l'on sçait qu'il n'y a point en France de Province plus paisible que la Bourgogne; que l'on sçait-bien que toutes ces suppositions s'imaginent pour empescher la délivrance de ces pauvres Princes prisonniers, et pour mettre le Roy en deffiance de la fidélité du Parlement de la Province. Il passa à l'advis d'informer suivant les conclusions des gens du Roy, et parce que le Syndic, comparoissant par devant Messieurs les Commissaires, avoit protesté que la comparution ne luy pust nuire, l'on le manda pour sçavoir quel sujet il avoit eu de faire ces protestations, s'il ne sçait pas l'authorité de la Compagnie et le respect qui luy est deu par toute la Chambre de Ville, et pour luy ordonner de faire réparer incessamment ce qui manquoit aux portes et aux murailles. Cela luy debvoit estre prononcé par M. le Premier Président, lequel se laissant emporter à la colère, au lieu de prononcer un arrest au Syndic, fit avec luy un dialogue d'un quart d'heure et luy parla de sa place comme il auroit fait au milieu de la rue jusqu'à l'apeller insolent, tellement que tous Messieurs jugèrent qu'il avoit failly contre la gravité qu'il doit avoir en sa place, et en attribuèrent la cause à la présence dudit Syndic duquel il ne pouvoit parler qu'en colère, et bien moins en souffrir la vue et entendre ses responses niaises et ridicules sans s'emporter au dernier point.

Le 14 dudit mois, M. Quarré, Advocat général, vint à la Tournelle dire que M. l'Intendant luy avoit donné advis que le comte de Bussy faisoit assemblée de gens au chasteau de Chaseul près de la ville d'Autun, et fortiffioit ceste place; que ledit sieur Intendant luy avoit mis en main une copie de la délibération de la Chambre de Ville d'Autun, qui contenoit ledit advis; qu'il l'aportoit à la Compagnie, et requéroit qu'il en fust informé par commissaires, et qu'il estoit près d'y aller si la Compagnie le jugeoit à propos. Ledit sieur retiré, l'on fit arrest suivant les conclusions duquel on envoya advertir les autres Chambres.

Le Premier Président eut le déplaisir de voir que ledit sieur

Advocat général eust donné le premier advis de ceste assemblée de gens. Il y avoit deux jours que luy mesme l'avoit, et son dessein estoit d'en advertir la Compagnie et d'y faire aporter l'ordre nécessaire, sur l'advis qu'il en avoit donné. Il fut encore fasché de ce qu'on avoit fait arrest à la Tournelle; car, par ce moyen, l'on luy ostoit tout moyen de mériter en ceste occasion; et si elle estoit importante au service du Roy et au repos public, l'honneur en estoit entier à la Tournelle et au sieur Quarré, Advocat général. C'est pourquoy ledit sieur Premier Président, adverty de ce qui s'estoit fait à la Tournelle, demanda l'assemblée des Chambres où M. l'Intendant se trouva. Tous Messieurs estans en leurs places, ledit sieur Premier Président dit qu'il avoit appris, il y a trois jours, par un bruit de ville, que deux eschevins d'Autun avoient esté députés de leur communauté pour venir icy donner une allarme; que le comte de Bussy avoit deux cens chevaux dans Chaseul, proche d'Autun, et fortiffioit ce chasteau; qu'ayant sceu le nom de l'eschevin, il l'avoit mandé, et s'estant enquis de luy soigneusement de toutes les circonstances, il avoit reconnu que les eschevins d'Autun avoient pris peur légèrement, ou plutost qu'ils vouloient prendre ceste occasion pour se venger du comte de Bussy qui commandoit la compagnie de chevau légers de M. le Prince, et avoit tous les ans la ville d'Autun pour son quartier d'hyver; qu'une marque infaillible que cest advis estoit une imposture se pouvoit tirer de ce qu'ayant dit à cest eschevin que la Cour y envoieroit dés commissaires, il l'avoit suplié de n'y en point envoyer, parce qu'il ne s'y trouveroit rien. Qu'ayant esté informé de ceste affaire, il en avoit parlé à la Compagnie dez hier, laquelle avoit trouvé bon de remettre à aujourd'huy, et que M. l'Advocat général, adverty de ce qu'il vouloit faire, l'avoit prévenu; que Méssieurs de la Tournelle ne debvoient pas faire arrest, puisqu'ils sçavoient bien que l'on debvoit proposer ceste affaire en chambres assemblées. Ensuitte, il représenta la procuration donnée à cest eschevin par la Chambre de Ville d'Autun, qui contenoit cest advis.

Après ce discours, M. l'Intendant dit qu'il estoit venu à la Compagnie pour luy dire que trente ou quarante cavaliers, déserteurs de l'armée de M. de la Ferté Senneterre, avoient touché au village de Norges, à trois lieues de ceste ville; qu'un d'eux s'estant écarté avoit esté arresté prisonnier; qu'il se nomme La Chaise et luy avoit avoué qu'il estoit déserteur de l'armée du Roy, mais que c'estoit par une extresme nécessité où il se voyoit réduit, et que la misère avoit contraint ses camarades et luy de quitter l'armée contre leur debvoir; qu'ils se retiroient en leur pays, et alloient passer par l'Autunois. Il dit de plus que deux paysans de Norges, qui estoient venus luy donner cest advis, luy avoient dit, avec beaucoup de naïveté, qu'estans dans une écurie de Norges, ils avoient ouy lesdits cavaliers, disans qu'ils vouloient gagner Autun, et qu'y estans, ils feroient éclater l'affaire qui les avoit amenés en ce pays; qu'il avoit creu, pour entretenir la bonne intelligence qu'il désire de conserver avec la Compagnie, debvoir luy donner cest advis, affin qu'elle y mist ordre.

Les opinions prises, M. Arviset, Doyen des conseillers, fut d'advis d'informer suivant les conclusions des gens du Roy, et dit qu'il vouloit croire que ces advis là se trouveroient faux, et mesme qu'ils se détruisoient par les cognoissances particulières que l'on avoit de l'estat de la place Chaseul, maison basse qui n'appartient au comte de Bussy que pour une moitié, l'autre appartenant au sieur de Villiers, gentilhomme fort pacifique, et qui n'avoit point esté meslé dans les derniers troubles; qu'il vouloit croire aussy que s'il s'estoit fait une assemblée chés ledit comte, c'estoit au sujet de l'accouchement de sa femme; en un mot, qu'il se vouloit payer de tout ce que disoient Messieurs, pour monstrer l'impertinence de cest advis, mais que toutes ces considérations ne nous pouvoient dispenser d'en informer, pour estre éclaircis pleinement de la vérité qui nous debvoit estre plus claire que le jour en ces matières, et que l'on pouvoit faillir en craignant l'ombre mesme du désordre et des troubles ; dans une saison où de si grands s'élevoient, qu'il n'y avoit point d'apparence que nous dussions en estre seuls exempts, et que ce qui paroit d'abord une assemblée innocente et hors de tout soubçon en devient quelquefois, sans beaucoup de peine et tout à coup, une très dommageable et très dangereuse.

Il passa de la sorte jusqu'à M. le Président Joly. Ce n'est pas que plusieurs ne fissent valoir tout ce que j'ay raporté en l'opinion de M. Arviset, pour monstrer que l'advis donné par ceux d'Autun estoit ridicule ; et ces Messieurs estoient Messieurs de Gand, Le Goux, Perret, Baudinot, de Chasans et Bretagne de Nansoutil, qui tous prenoient à tasche de diminuer les advis qui venoient que les serviteurs de M. le Prince vouloient remuer, soit qu'ils eussent envie de leur donner le loisir de faire leur party, en négligeant les advertissemens que l'on en recevoit et méprisant d'y mettre ordre, soit qu'ils craignissent que s'ils soufroient que l'on portast à la Cour que les serviteurs de M. le Prince formoient quelque party dans la Bourgogne, ils ne se trouvassent compris dans la participation de ses conseils en l'opinion des ministres, ce qu'ils craignoient non pas tant pour le mal qui leur en pouvoit arriver (car que peut-on faire à des conseillers?) que parce que les ministres prendroient ombrage facilement contre M. le Premier Président, créature de M. le Prince, et qu'on soubçonnoit aisément d'estre d'intelligence avec ceux de la province qui voudroient faire du bruit. Ces Messieurs craignant donc pour M. le Premier président, auquel ils estoient extresmement unis, faisoient leur possible pour éluder ces advis, et ne prenoient l'opinon d'informer que parce qu'ils croyoient que la procédure justifieroit le comte de Bussy. M. Le Goux fut d'advis de blasmer l'eschevin d'Autun qui n'avoit pas aporté à la Compagnie ceste nouvelle, et qu'on luy dit qu'il debvoit advertir ses confrères qu'ils debvoient avoir député au Parlement pour ce sujet; que la procuration par eux passée audit eschevin pour venir à Dijon aporter ceste peur disoit qu'il en donneroit à M. l'Intendant et à tous autres, ce qui estoit injurieux à la Compagnie de n'avoir esté comprise dans cest acte, ou si elle y estoit comprise, de l'estre sous le mot de tous autres.

M. le Président Joly dit que ces advis n'estoient pas circonstanciés, qu'ils estoient vagues et par conséquent n'estoient pas suffisans pour faire arrest à informer contre un gentilhomme de condition et de la province. M. le Président Frémiot dit la mesme chose et qu'il ne doutoit pas que ledit sieur comte de Bussy, adverty de ceste imposture, ne se pourveust pour les dommages intérests.

M. le Premier Président dit qu'il arriveroit en ceste affaire ce que l'on avoit veu en celle touchant les efforts faits aux portes et murailles de la ville; que, sur le raport des eschevins et du syndic, tout estoit perdu, la ville avoit failly d'estre prise par une brèche d'un pied de large, et par faute d'un barreau qui avoit esté rompu à la fenestre d'un corps de garde hors de la ville; que l'on avoit reconnu la malice des eschevins par le procès verbal de Messieurs les commissaires; qu'il en seroit de mesme en celle-cy; qu'au raport des eschevins d'Autun, le comte de Bussy a grand nombre d'hommes, le chasteau se fortiffie, qui est maison basse et sans deffense; qu'il vouloit bien demeurer d'accord qu'il falloit estre en deffiance, *omnia tuta time;* mais qu'il estoit fascheux d'estre jetté dans la deffiance et dans la crainte par des meschans et donneurs de faux advis; qu'il n'estoit pas besoin de mander l'eschevin d'Autun pour le blasmer, car il luy en avoit dit assés; que l'excuse de ces eschevins estoit l'ordre de M. de Vendosme, qui leur avoit recommandé de s'adresser à l'Intendant, mais que M. de Vendosme n'avoit pas entendu priver le Parlement de la cognoissance qu'il doit avoir et qu'il ne pouvoit faire. Il finit en disant qu'il vouloit avec Messieurs qu'on informast et présentement, puisque tous jugeoient l'affaire si importante; qu'il falloit y envoyer deux commissaires qui partiroient incessamment, ce qui fut résolu; et l'on commit Messieurs de Villers et Bernard, conseillers.

Le mercredy 15 dudit mois, les Chambres assemblées, M. le Premier Président a dit qu'il falloit informer du logement des susdits gens de guerre, dans Norges, sans ordre du Roy, et de ce qu'ils avoient touchant le dessein de leur voyage; l'on n'a pas hésité à cela.

Ensuitte M. de Villers a dit que le commis de la poste l'avoit fait apeller en la Chambre des huissiers et luy avoit mis en main un paquet dont l'adresse estoit au Procureur général, lequel n'estant pas à la Ville, on avoit dit audit commis qu'il debvoit s'adresser à M. le Syndic du Parlement; qu'il avoit receu dudit commis ledit paquet et le représentoit à la Compagnie, sans pourtant avoir voulu s'en charger, puisqu'il ne s'adresse pas à luy, l'adresse estant à M. le Procureur général du Parlement de Dijon, et au dessus, pour les expresses affaires du Roy, et en marge, Fouquet, qui est le nom de M. le Procureur général du Parlement de Paris. L'on s'est bien douté de ce qui y estoit contenu, et, parce que l'on a jugé que c'estoit une affaire délicate, l'on a dit qu'il falloit rendre ce paquet au commis et luy dire qu'il le portast à son adresse ou à l'Advocat général, ce qui estoit juste et dans l'ordre.

Après ceste affaire l'on en a proposé une autre concernant l'emprisonnement du sieur comte de Beaumont, détenu prisonnier au chasteau. Car, encore que l'affaire fut renvoyée à la Tournelle, les juges avoient creu qu'estant question de pourvoir sur l'eslargissement dudit Comte, requis par luy, il falloit auparavant qu'il fust en nostre puissance. Car en vain ordonnerions-nous qu'il fust eslargy si l'arrest ne pouvoit estre exécuté. Or, comme il ne pouvoit estre en nostre puissance qu'on ne l'amenast aux prisons de la Cour, il estoit préalable de faire arrest, par lequel il sera ordonné que ce prisonnier sera amené en la conciergerie du Palais, ce que les juges ne voulurent pas entreprendre sans sçavoir de toute la Compagnie si elle approuveroit cest arrest, et si elle avoueroit tout ce qui se feroit en conséquence pour faire rendre l'obéissance deue aux arrests. Ce fut pour ce sujet que l'on résolut de proposer aux Chambres assemblées quel remède l'on pouroit aporter à cest emprisonnement dans le chasteau, qui estoit contre la seureté publique et contre l'authorité de la Cour.

M. Arviset dit qu'il ne voyoit pas sur quoy l'on avoit à délibérer, si ce n'estoit sur l'affaire du comte de Beaumont ; cela estant, qu'il estoit d'advis de laisser faire Messieurs de la Tournelle qui en estoient les juges. M. de Gand dit qu'il croyoit que Messieurs de la Tournelle avoient fait prudemment de renvoyer aux Chambres assemblées à pourvoir sur ces emprisonnemens ; c'est à toute la Compagnie de maintenir la juridiction ; que pour luy il trouvoit l'une et l'autre extresmement blessées ; qu'il estoit d'advis d'y parer par un arrest d'injonction au commandant dans le chasteau, de remettre ce prisonnier entre les mains des huissiers de la Cour pour estre par amené, sous bonne et seure garde, dans la conciergerie du palais. Et c'estoit l'advis de M. Baudinot qui avoit opiné avant lesdits sieurs Arviset et de Gand. Car j'avois omis de dire que M. de Souvert, commissaire de ceste affaire en la Tournelle, s'estoit mis au bureau comme raporteur et avoit opiné le premier. Il fut d'advis d'entendre en premières et secondes responses ledit comte de Beaumont dans le chasteau, et sur les réquisitions qu'il feroit d'estre transmarché aux prisons de la Cour, l'on y pourvoieroit. Sa raison estoit qu'il seroit plus à propos de prononcer en ceste affaire sur les réquisitions du prisonnier que de le faire d'office, comme il sembloit qu'on vouloit le faire. M. Baudinot, qui estoit près de luy au bureau, fut d'advis d'enjoindre au commandant du chasteau de remettre le prisonnier ès mains des huissiers et qu'on se feroit bien obéir; qu'il y en avoit plusieurs moyens qu'on sçavoit bien et qu'on diroit en tems et lieu. M. de Gand adjouta qu'encore qu'on ne pust se faire obéir, il n'estoit pas inutile de faire cest arrest qui serviroit tousjours à maintenir nostre juridiction. M. Le Goux dit qu'il ne falloit pas se prendre au commandant du chasteau qui n'estoit qu'un simple ministre en ce rencontre, mais à l'Intendant qui estoit l'auteur de cest emprisonnement, et partant qu'il falloit ordonner audit Intendant de restablir ce prisonnier dans la conciergerie du palais.

Je dis que l'advis de M. de Souvert estoit bon à prendre à la Tournelle en opinant sur l'affaire particulière, que l'autre advis touchoit de mesme à l'affaire, outre qu'il (1) croyoit que, par ce dernier advis, l'on commettoit un arrest de la Cour contre une lettre de cachet; que, pour bien juger, il falloit estre informé; que Messieurs de la Tournelle avoient voulu sçavoir dudit sieur Intendant quel ordre il avoit du Roy; que l'on avoit employé pour cela M. Quarré, advocat général, lequel avoit raporté à la Compagnie que l Intendant luy avoit fait voir une lettre de cachet du 21 janvier dernier, par laquelle le Roy luy commandoit de mettre ledit Comte prisonnier au chasteau, et luy avoit dit que le sieur La Londe, commandant audit chasteau, en avoit une portant deffense de se désaisir dudit Comte qu'en vertu d'ordre nouveau; cela estant, que la Compagnie, qui avoit choisy ceste voye pour s'esclaircir de l'ordre, debvoit tenir pour certain le raport que luy avoit fait l'Advocat général, et en ce cas qu'il n'y avoit qu'à faire des remonstrances au

---

(1) *Sic* pour je. C'est ainsi que souvent nous retrouverons Malteste parlant de son propre avis employer d'abord la première personne, puis, oubliant que c'est de lui qu'il s'agit, reprendre la troisième comme s'il était question d'un de ses collègues.

Roy et diligemment, ou que, si l'on doutoit de cest ordre de l Intendant, il n'y avoit qu'à luy ordonner de le représenter; que pour luy il croyoit ce qu'avoit dit M. l'Advocat général et estoit d'advis des remonstrances par la raison que l'arrest, suivant l'advis de M. Baudinot, seroit inutile et feroit voir la foiblesse de la Compagnie; que s'il pouvoit avoir effect il en seroit d'advis, nonobstant les lettres de cachet contraires, parceque l'arrest seroit fondé sur les ordonnances qui doivent estre la règle de nos sentimens, et n'auroit rien de contraire qu'une lettre de cachet à laquelle les parlemens ne doivent avoir aucun égard, suivant les mesmes ordonnances. M. Lantin disoit qu'il estoit d'advis d'ordonner que ledit sieur Comte seroit amené ès prisons de la Cour, sans faire aucune injonction au commandant du chasteau; que cest arrest luy estant signifié et sa response veue, l'on y pourvoieroit. M. le Président Joly dit que tous les advis ouverts touchoient trop à l'affaire particulière dudit Comte qui ne debvoit estre traittée que par les juges de la Tournelle, lesquels n'avoient assemblé la Cour que pour la consulter; que pour respondre à la consultation, il ne falloit dire autre chose, sinon, en général, que très humbles remonstrances seroient faites sur les fréquens emprisonnemens faits au chasteau, et pour le surplus que Messieurs de la Tournelle y pourvoieroient comme ils le trouveroient à propos, et que la Compagnie maintiendroit ce qu'ils feroient.

M. le Premier Président dit que ces emprisonnemens faits par les ordres des Intendans et de qui que ce soit, à la réserve du Roy, pour des soubçons conceus contre des personnes de qualité et domiciliées, estoient des violences et une tirannie extresme; que l'on soufroit au Roy d'en user ainsy parce qu'il estoit le maistre, mais qu'il n'appartenoit pas à autre qu'à luy ny à Gouverneur, ny à Intendant, ny à qui que ce fust; qu'il estoit estrange que, depuis un an qu'a duré le Gouvernement de M. de Vendosme, l'on eust veu trente-cinq constitués prisonniers au chasteau, sur de simples soubçons, sans lettre de cachet, et qui ont esté mis dehors sans aucune formalité de justice; que Berthaud, qui estoit si criminel parce qu'il venoit icy demander de l'argent deu à M. Perrault, fut pris sans formalité et eslargy de mesme; que pour la question proposée, il luy sembloit qu'il falloit faire un retenu général sur les registres; que la Cour ne pouvant soufrir que l'on fasse une prison du chasteau de Dijon ordonnera à ceux qui y feront mettre des prisonniers de justiffier de l'ordre en vertu duquel ils l'ont fait; que, s'ils en ont un, l'on se pourvoiera par remonstrances, et que s'il n'y en a point la Cour ordonnera que lesdits prisonniers seront amenés dans la conciergerie du palais; que cest arresté général n'est pas tant utile à la conservation de l'authorité de la Compagnie qu'à la seureté publique. Chacun approuva ceste pensée, il y passa et l'on demeura d'accord que Messieurs de la Tournelle feroient arrest à l'affaire dudit comte de Beaumont.

Le lendemain 16 dudit mois, l'on fit arrest à la Tournelle portant que ledit Comte de Beaumont seroit amené par un huissier sous bonne et seure garde en la conciergerie du Palais; à cest effect ordre au capitaine La Londe, commandant au Chasteau, de le remettre ès mains de l'huissier. Cest arrest signifié à La Londe, il fit une response respectueuse, qu'il sçavoit le respect deu à la Cour, mais qu'il avoit ordre contraire du Roy et de M. de Vendosme, et prioit la Cour de le dispenser d'obéir à ses arrests.

Le 18 dudit mois, ceste response de La Londe veue, l'on luy ordonna de justifier incessamment de l'ordre qu'il disoit avoir du Roy, à peine qu'il y seroit pourveu.

Or parce que j'ay parlé cy dessus d'un paquet renvoyé à M. l'Advocat général le 15 de ce mois, je diray ce que j'ay appris qu'il contenoit. Le Parlement de Paris avoit fait arrest contre le cardinal Mazarin, et avoit résolu d'en donner advis aux autres Parlemens, affin qu'ils fissent le mesme. Ce paquet contenoit cest advis dans une lettre dudit Parlement de Paris à celuy de Dijon avec une copie de leur arrest. Comme l'on vit ce paquet, chacun se douta de l'affaire, car l'on en avoit advis par les lettres de la poste. M. Quarré ouvrit ce paquet, leut sa lettre et porta celle du Parlement à M. Milletot, Syndic de la Cour, qui la refusa. Depuis, il en parla à M. le Premier Président et la luy offrit; il la refusa de mesme en disant qu'elle ne s'adressoit point à luy. Sur ce, ledit sieur Quarré dit qu'il la laisseroit au parquet, et qu'il ne vouloit pas la présenter à la Compagnie derrière le bureau, parce qu'il n'estoit pas porteur des lettres du Parlement de Paris, mais du Roy seul ; qu'il les rendroit lorsque la Compagnie le luy ordonneroit et non autrement.

Le 23 de ce mois au matin, les Chambres estans assemblées, Messieurs Villers et Bernard, retournés de la ville d'Autun, ont fait raport de la procédure qu'ils ont faite ensuitte de l'arrest de la Cour, et lecture a esté faite des procès verbaux par eux dressés concernant cest advis donné par les Eschevins d'Autun, qu'il se faisoit des assemblées dans la maison du Comte de Bussy à deux lieues d'Autun, et qu'il la fortiffioit. Il résulte de toute ceste procédure que les Eschevins ont fait du bruit sans sujet ; que le Comte de Bussy n'a fait aucune fortiffication à Chaseul, maison basse, mais seulement a fait abattre deux noyers qui empeschoient la liberté de la veue depuis sa chambre. Il estoit certain que ledit Comte estoit party pour Paris huit jours avant l'arrivée desdits commissaires à Autun, et qu'il n'avoit esté visité que par le sieur de Saint Micaut et quelques amis en petit nombre et à divers voyages. L'on avoit de plus vérifiié que la délibération de la Chambre de Ville estoit fausse, en ce qu'elle portoit que les Syndics de la Ville avoient donné cest advis, ce que les Syndics désavouèrent ; que l'acte de ladite délibération avoit esté dicté au secrétaire de la Ville par deux Eschevins, luy ayans fait entendre que c'estoit la résolution de toute la chambre, et mesme ils avoient fait escrire que le Maire estoit présent à ladite délibération, quoiqu'il n'y fust pas.

Ces vérités acquises et connues de la sorte, les voix prises, M. de Villers, premier raporteur, a dit qu'il falloit qu'il y eust beaucoup de malice de la part des Eschevins d'Autun, ou beaucoup de légèreté d'avoir donné l'allarme à toute la Province sans sujet; que M. Bernard et luy avoient pris grand soin de découvrir s'ils avoient fait un si grand bruit par animosité et par ressentiment contre le Comte de Bussy, et qu'ils pouvoient asseurer que ceste affaire n'estoit pas un effect de leur malignité, mais de leur légèreté, et particulièrement du nommé Roux qui avoit voulu trouver occasion pour venir en ceste Ville aux dépens de la communauté; qu'à la vérité, il avoit couru un bruit que ledit Comte faisoit assemblée de gens en sa maison; que les Eschevins d'Autun avoient fondé leur délibération sur ce bruit incertain sans s'en informer plus exactement; qu'ils avoient tort, mais que le mal n'estant plus à craindre, les affaires ayans changé par la liberté des Princes, il la falloit laisser sans poursuitte et pardonner au zèle indiscret de ces Eschevins.

M. Bernard, second raporteur, a dit qu'encore que le mal fust passé et que nous eussions sujet d'espérer plus de calme qu'on avoit veu depuis un an, si est-ce qu'il croyoit important d'envoyer ces procès verbaux au Roy pour luy faire cognoistre que la Province est fort paisible et fort attachée à son service, et que tous les bruits qu'on fait courir de menées et de pratiques contre le bien de l'Estat sont faux. Par ces raisons il estoit d'advis de joindre ces procès verbaux à ceux qui avoient esté dressés par Messieurs Milletot et Le Goux, et à l'information faite à Norges par Messieurs Valon et Baudinot, lesquelles pièces jointes ensemble tesmoignent de la vigilance du Parlement, la tranquilité où est la Province, et la malice de ceux qui font courir des bruits qui ne tendent qu'à la diffider auprès du Roy.

M. de Gand dit qu'il y avoit trop de malice ou trop d'imprudence au procédé des Eschevins d'Autun pour estre dissimulés ; que l'une ou l'autre les ayant engagés dans une imposture qui décrie la Province, il croyoit que ces quatre Eschevins méritoient bien un adjournement personnel.

M. Le Goux dit qu'il falloit décrèter seulement contre l'auteur de ceste allarme qui estoit le nommé Roux. M. Bouhier fut d'advis de décrèter contre le secrétaire qui avoit délivré un extrait d'un acte faux en deux ou trois points.

M. de Saumaise de Chasans dit qu'il luy sembloit fort à propos de donner à cognoistre à ces Eschevins d'Autun, par un adjournement personnel, la faute qu'ils avoient faite et la supposition en laquelle ils s'estoient engagés ; que nous cognoissions que ces calomnies se formoient dans les Chambres de Ville ; que nous avons veu celle de la Chambre de Ville de Dijon, et que nous en voyons présentement une de celle d'Autun ; qu'il falloit punir les fabricateurs et donner en mesme tems advis au Roy de l'estat de la Province, non point par une simple lettre, mais par une députation solemnelle à la teste de laquelle il falloit mettre le chef de la justice qui sçauroit bien représenter au Roy tout ce que l'on a fait pour son service, et les suppositions malicieuses de ceux qui ont persécuté tant de gens de bien depuis un an. Sur cela, il s'est eschauffé par le souvenir des réquisitions faites contre ses fils, et a dit qu'il vouloit croire que le zèle indiscret de Messieurs les gens du Roy les avoit emportés aux occasions passées ; que leur religion avoit esté surprise par ces imposteurs et par ces fabricateurs de suppositions qui ne tendoient qu'à donner de la deffiance à la Reyne contre le chef de la justice, et à détrosner et faire réléguer avec luy sept ou huit de Messieurs les Anciens, *cum angelis ejus* ; qu'on disoit que ces suppositions trouvoient de l'apuy dans la Compagnie, qu'il ne pouvoit le croire ; que nous estions trop gens de bien et que nous avions trop d'honneur et d'union ensemble ; qu'il estoit donc faux que ces impostures fussent apuyées céans; qu'il ne croyoit pas mesme qu'elles fussent entrées dans l'esprit de Messieurs les Advocats généraux qui se repentoient sans doute desjà de leur zèle, et d'avoir fait tant de réquisitions précipitées, ou qui s'en repentiroient avec le tems; qu'il ne doutoit pas que les imposteurs ne creussent que le tems dureroit comme il estoit plus longuement qu'il n'a duré, mais qu'ils ont esté trompés par la vicissitude si ordinaire en ce beau royaume d'inconstance et de changement; qu'ils nous ont fait souffrir beaucoup depuis un an, croyans estre les maistres; qu'ils se trompoient pourtant, et qu'il pouvoit dire qu'au tems de l'eslection des Eschevins nouveaux, d'une manière extraordinaire, les anciens Eschevins estans venus au Parlement en faire plainte, la délibération finie, comme il sortoit du Palais, un homme de condition luy dit : *Si le Parlement avoit cassé l'eslection, il se trouveroit deux mille hommes pour maintenir l'arrest et le faire exécuter*, et que depuis ce mesme homme luy dit : *Si le Parlement avoit cassé l'eslection, les habitans se seroient égorgés, et qu'il remercioit Dieu de ce que l'affaire avoit passé autrement.* Ledit sieur de Chasans continuant dit que, si cela fust arrivé, ces Messieurs les gens du Roy qui sont si vaillans auroient esté à la teste et y seroient peut estre demeurés, mais que le tems estoit venu qu'on n'avoit pas à les craindre, et que Dieu vengeroit leur malice et la persécution soufferte par les gens de bien; que Messieurs les gens du Roy, ayans mesme du repentir des choses passées, seroient eux mesmes d'advis à présent de punir ces suppositions, et qu'il vouloit croire qu'ils prendroient des conclusions généreuses sur les procès verbaux dressés à Autun, et par ceste raison il estoit d'advis de les leur communiquer.

M. le Premier Président a dit qu'il avouoit qu'il luy estoit impossible de repasser sur les misères souffertes depuis un an, sans faire paroistre quelques étincelles de ce feu qui luy estoit naturel; qu'il voudroit qu'il fust éteint et avoir la modération que M. Millotet luy recommande par la requeste qu'il présenta l'autre jour à la Compagnie, mais que nos maux estoient tels qu'il ne pouvoit en parler sans émotion; qu'ils commencèrent dèz le moment que l'on sceut la détention de Messieurs les Princes; que la Compagnie fut d'abord divisée sur ce qu'il y avoit à faire, les uns voulans qu'on allast prendre Seurre, ce que les gens du Roy disoient estre très facile; qu'au mois de février l'on vit quatre bourgeois de Seurre emprisonnés et tenus dans un cachot au Chasteau, et à la fin eslargis sans aucune formalité; qu'après la prise de Seurre qui s'estoit rendue au seul nom du Roy, nous avions esté rafraischis par le brigandage des troupes de M. de Vendosme et par la levée d'un droit sur les rivières de Loire et de Saône qui avoit ruiné la Province et le plus pernicieux qui eust esté establý; que les preuves de l'un et de l'autre estoient acquises par les informations qui en estoient au greffe; qu'à la fin du mois de juin, l'on avoit veu l'eslection des Eschevins d'une façon violente et extraordinaire, une sédition excitée par le Maire esleu pour nous couper la gorge, et que l'information en estoit entière; qu'au mois de juillet, l'on avoit emprisonné Berthaud criminel, disoit-on, de lèze Majesté, qu'il avoit esté ouy par commissaires de la Cour, et ensuitte eslargy sans formalité. Ensuitte il a poursuivy tout ce qui s'est fait pendant la Chambre des Vacations, entr'autres la vente du sel blanc faite dans Dijon par l'authorité de M. de Vendosme, que c'est le seul bien qui ait esté fait au peuple; qu'il sçait bien que si le Parlement s'en fust meslé, il auroit esté en abomination auprès du peuple; que luy mesme estant à Paris l'a dit au Conseil du Roy; que ce n'estoit plus à la Cour d'y pourvoir, mais au Roy mesme. A la fin il est venu à ces divers advis, tous faux raportés à la Compagnie depuis un mois, et entr'autres celuy des Eschevins d'Autun; que Roux, l'un d'eux, estant en son logis et luy ayant demande pourquoy il s'estoit adressé à l'Intendant et non au Parlement, il luy dit que

Son Altesse M. de Vendosme leur avoit fait commandement d'en user de la sorte; qu'il avoit répliqué à cest Eschevin que Son Altesse (il se servoit de ce mot par moquerie) qui estoit venu en ce pays pour restablir un chacun dans l'exercice de sa charge n'entendoit pas d'abaisser celle du Parlement; que ces Eschevins n'avoient agy que par animosité; qu'il falloit faire cognoistre à la Reyne que toutes les deffiances qu'on luy soufle aux oreilles sont fausses; car il ne suffit pas que le mal soit passé, mais il faut le faire cognoistre à la Reyne qui ne le cognoit pas et craint qu'il n'y ait de grands partis formés en ceste Province; qu'en effect ces bruits n'ont esté semés que pour retarder la liberté des Princes. Enfin son advis fut d'envoyer ces pièces au Roy et de décrèter adjournement personnel contre Roux avec le retenu que *comparendo retineatur*.

Les advis pris pour la seconde fois, M. de Villers fut d'advis de décrèter contre Roux seul; M. Bernard contre Roux et Vestu qui avoient dicté au secrétaire la délibération qui avoit fait tout le bruit. M. de Gand fut d'advis de décrèter contre tous les Eschevins pour leur apprendre à porter au Parlement le respect qu'ils luy doivent, et ne retourner plus à mettre le Parlement dans la bassesse sous prétexte de Son Altesse; qu'il falloit leur apprendre que nous considérons les Intendans comme des phantosmes, et que ce n'est ny aux Gouverneurs, ny aux Intendans à se mesler de telles affaires qui sont de la jurisdiction du Parlement. Toutes les opinions prises, il a passé à décrèter d'adjournement personnel contre Roux et Vestu et retenu que *comparendo retineantur*.

Après cela, M. Valon raporta l'information par luy faite et par M. Baudinot au lieu de Norges touchant ce logement des gens de guerre inconnus, dont l'Intendant vint parler à la Compagnie le 14 de ce mois. Par l'information il estoit vériffié que trente ou quarante cavaliers avoient logé sans ordre au village de Norges le 13 du courant; que c'estoient gens bien faits; que quelques uns estoient malades; qu'ils ne firent aucun désordre et qu'ils se contentèrent de vivre chés leurs hostes; qu'ils disoient entre eux qu'estans arrivés à Autun, ils lèveroient la teste et ne craindroient rien parce qu'ils approchoient de leur pays; que deux paysans du village avoient esté envoyés le mesme soir à Dijon pour donner advis à Madame Blondeau de ce logement; qu'y estans arrivés, elle leur commanda d'aller trouver l'Advocat Monin, lequel les conduisit chés M. le Maire qui les menna chés M. l'Intendant, auquel ils ne parlèrent pas estans demeurés dans la salle, et M. le Maire entra dans la chambre de M. l'Intendant. Les deux paysans dirent qu'ils estoient entrés la nuit dans la Ville par une bresche.

Tous Messieurs furent d'advis de joindre ceste information aux procès verbaux, et de porter le tout au Roy. M. Bretagne de Nansoutil dit que M. le Maire avoit fait tant de bruit d'une barre de fer rompue, et qu'il ne prenoit pas garde à une bresche par où l'on entroit facilement dans la Ville. M. le Premier Président dit de mesme que Monseigneur Millotet, Vicomte Majeur, vouloit faire croire que la Ville avoit esté presque surprise faute d'un barreau de fer dans un corps de garde, et qu'il laissoit dans les murailles une bresche par laquelle des paysans nous disent qu'ils entrent la nuit dans la Ville; qu'il s'estonnoit de ce que le mesme Monseigneur le Maire se mesloit de ce qui se passoit à Norges, luy qui n'est reconnu que dans l'enceinte des murailles de la Ville; que M. l'Intendant est venu nous dire que tout estoit perdu; que ces paysans luy avoient parlé et l'avoient asseuré que ces cavaliers alloient à Autun où ils feroient éclater leur dessein, et que nous voyons tout le contraire par l'information.

Ensuitte l'on proposa de députer en Cour pour remercier le Roy de la liberté de Messieurs les Princes, et pour se resjouir avec eux de leur eslargissement. M. de Villers estoit d'advis de députer un de Messieurs les Présidens et quatre de

Messieurs les Conseillers. M. Bernard a esté d'advis de députer M. le Premier Président s'il en vouloit prendre la peine. M. Le Goux a dit qu'il suffisoit de députer deux de Messieurs les anciens Conseillers présens à la délibération qui prendroient deux de Messieurs qui estoient à Paris pour leur faire compagnie. M. le Premier Président a fait un peu de difficulté d'accepter ceste députation, et a dit qu'il retournoit tout fraischement de ce pays là ; qu'il valoit mieux députer un de Messieurs les Présidens ; qu'il avoit quelques raisons qui l'empeschoient de l'accepter, lesquelles il ne pouvoit dire à la Compagnie. Ce refus n'estoit que feinte ; ses amis l'ayans pressé, il a consenty. Ensuitte l'on a pris le tableau pour sçavoir qui de Messieurs les Anciens iroient à ceste députation. Messieurs de Gand et Millière ont accepté, les plus Anciens s'estans excusés.

J'omettois de dire que M. Berbis a dit que ce n'estoit pas la coustume de députer Messieurs les Premiers Présidens ; que l'un des sujets de la députation estoit pour se resjouir avec M. le Prince de sa liberté, et que l'on ne députoit jamais à Messieurs les Princes M. le Premier Président. Néantmoins il a passé que ledit sieur Premier Président seroit député. Il le souhaitoit soit pour, parlant au Roy de la part de la Compagnie, remonstrer tout ce qu'avoit fait M. de Vendosme pendant son séjour en Bourgogne ; soit que, voulant aller à Paris voir M. le Prince, il fust bien aise d'estre défrayé et d'épargner l'argent de sa bourse comme quelques uns le croyoient. Quoy qu'il en soit, la partie estoit si bien faite que chacun se pressoit à qui le nommeroit le premier.

En ceste mesme assemblée, l'on résolut qu'il seroit publié monitoire des propos injurieux tenus dans la Ville, qu'il y avoit des traistres au Roy et qui vouloient livrer la Ville. Quelques uns, et entr'autres M. Le Goux, disoient qu'ils ne voyoient pas la nécessité de publier ce monitoire ; que personne ne se plaignoit ; que si ces discours avoient esté tenus, ce n'estoit pas en telle sorte que l'on ait voulu par là exciter

[Février 1651] — 48 —

une sédition. Nonobstant ces raisons, M. le Premier Président insistant à ce monitoire, il y passa avec peu de contradiction et l'on commença à voir renaistre dez ce jour le crédit dudit sieur Premier Président qui avoit esté diminué par la prison de M. le Prince, et qui se restablit en un instant par son eslargissement.

Le mesme jour de relevée, le Parlement assemblé extra-ordinairement, M. le Premier Président a dit que les habitans de Seurre avoient député à la Compagnie pour l'advertir qu'hier sur une heure en nuit, le sieur de Roncherolles, Gouverneur de la place, arriva aux portes de la Ville qui estoient fermées; que pour se les faire ouvrir, il dit qu'il estoit valet du sieur de Roncherolles qui aportoit des ordres du Roy; que le commandant ayant fait ouvrir la porte, quatre hommes se jettèrent dans la Ville, entre lesquels fut reconnu ledit Roncherolles; que les Eschevins estans allés en son logis luy demandèrent l'ordre qu'il disoit avoir du Roy; que ledit Commandant leur dit qu'ils debvoient se contenter, qu'il leur dit qu'il en avoit un; que sur ces paroles ayans pris ombrage sur ce qu'ils avoient appris que ledit sieur de Roncherolles avoit accompagné M. le Cardinal Mazarin sortant de Paris, et mesme qu'il avoit esté blessé en passant à une porte de la Ville, et partant craignans que ledit sieur de Roncherolles, affectionné audit Cardinal, ne voulust s'emparer de leur ville, ils avoient pris les armes et ne les quitteroient pas qu'ils n'eussent ordre du Roy ou de la Compagnie. Ce que dessus ayant apparu par un procès verbal envoyé par les Eschevins de ceste Ville, M. Quarré, Advocat général, ayant requis qu'il pleust à la Cour d'y envoyer deux commissaires, lesquels il accompagneroit si la Cour le jugeoit à propos, l'affaire mise en délibération, il passa que l'on y enverroit deux commissaires et M. l'Advocat général, pour empescher qu'il n'arrivast du bruit dans ceste place, soit de la part du commandant, sous prétexte de l'authorité royale qu'il avoit en main, soit de la part des habitans qui sçachans la liberté de M. le Prince, leur Seigneur, et que Roncherolles estoit créature du Cardinal Mazarin, ennemy dudit sieur Prince, et estans les plus forts dans la place, pouroient s'emporter facilement à oster par force au commandant les clefs de la Ville, ce qui causeroit sans doute du désordre parmy eux. Ce fut le sujet que l'on eut d'envoyer deux commissaires, et en mesme tems l'on escrivit à M. le Marquis de Tavanes, lieutenant du Roy, qu'il prist garde à ceste place.

Comme l'on achevoit ceste délibération, un courier arriva de la part de M. le Prince. Il avoit des lettres de son maistre à M. le Premier Président et un paquet pour la Compagnie. Il fut aporté et mis entre les mains de M. le Syndic de la Compagnie par M. le Premier Président. L'on creut que c'estoit un paquet du secrétaire d'Estat, on l'ouvrit et l'on reconnut à l'ouverture que c'estoit un paquet du Parlement de Paris, ce qui émut un peu les esprits, et l'on commença à dire qu'il ne falloit pas lire ceste lettre que l'on en eust délibéré. Les opinions prises, M. Arviset fut d'advis de ne point lire ces lettres et de les envoyer au Roy; qu'elles tendoient à une union qu'il falloit fuire; que nous estions aussy bons serviteurs du Roy qu'eux et autant zèlés pour le bien public. M. Berbisey l'aisné fut au contraire d'advis de lire ces lettres puisque le paquet estoit ouvert, et que nous n'estions plus dans l'estat de prendre l'advis de l'envoyer au Roy, n'estant pas fermé; qu'il ne voyoit pas ce qui estoit à craindre par la lecture de ces lettres qui venoient d'un Parlement attaché au service du Roy; que nous ferions injure au Parlement de Paris si nous ne lisions pas les lettres qu'il nous escrit, et que la Compagnie ne s'engageoit en aucune façon par la lecture de ces lettres à faire ce qu'ils désiroient que nous fissions. Il passa que ces lettres seroient leues. Elles portoient en substance que l'on reconnoistroit par les arrests enclos et joints à la lettre le soin que prenoit le Parlement de Paris de soulager les peuples de tant de misères qui l'accablent, et dont le Cardinal Mazarin est la source; et que, comme l'on croit que nous ressentons dans nostre province les effects de sa mauvaise administration, l'on espère aussy que nous ne manquerons pas au zèle et à l'afection que nous debvons au public par l'honneur de nos charges, et en particulier nous sommes (portoit la lettre) vos bons frères et amis les gens tenans la Cour de Parlement. Il y avoit un arrest joint du 9 février, par lequel il est enjoint audit Cardinal Mazarin et à tous ses domestiques ou parens estrangers de vuider le royaume dans quinze jours, etc .. Cest arrest est assés public.

Après la lecture de ces pièces, l'on mit en délibération ce qui estoit à faire, s'il falloit faire un arrest pareil à celuy du Parlement de Paris, et s'il falloit leur faire response. M. Arviset dit qu'il ne falloit faire ny arrest ny response; que le Cardinal Mazarin n'estoit pas dans nostre ressort; que quand il y seroit, nous y pourvoierions; que ce qui est bon en un tems ne l'est pas en un autre, et que quant à la responce ce seroit establir un commerce de lettres qui tesmoigneroit une union que la Reyne n'agréeroit pas. M. de Gand fut de cest advis. M. de Berbisey l'aisné dit qu'il ne falloit point faire d'arrest, mais qu'il falloit faire response à leur lettre pour leur faire sçavoir que nous n'avons pas besoin d'estre excités par eux pour veiller à la conservation de l'authorité royale et au bien public; que nous avons fait connoistre au Roy l'afection que nous avons à l'un et à l'autre, et que Sa Majesté n'en doute pas; qu'on les prie de croire que, quand nous le jugerons à propos, nous ferons avec vigueur ce qu'ils ont creu debvoir faire dans la dernière occasion; et dit qu'il falloit souscrire la lettre comme ils avoient souscrit la leur, et nous dire leurs bons frères et amis. M. Bretagne de Nansoutil dit que nous ne pouvions faire avec raison ce que Messieurs du Parlement de Paris avoient fait, parce que nous n'avions pas les connoissances qu'ils marquoient par leur arrest leur estre acquises; que la volonté de la Reyne, aportée au Parlement par les gens du Roy, estoit le motif de l'arrest; que ceste volonté de la Reyne ne nous estoit pas envoyée. Au surplus il fut d'advis de faire response. M. de Chasans dit qu'il falloit mettre en poche ceste lettre et cest arrest, et n'en parler jamais et ne faire aucun registre de la présente délibération. M. le Premier Président dit que si le Parlement de Rouen avoit fait un arrest conforme à celuy de Paris, c'estoit parce que ledit Cardinal estoit au Hâvre de grâce dans leur ressort; qu'au reste il croyoit que la Reyne avoit dit au Parlement de Paris qu'elle avoit esloigné M. le Cardinal Mazarin sans aucune espérance de retour, mais qu'il ne pensoit pas qu'elle luy eust dit qu'elle trouveroit bon qu'on mist dans l'arrest, *permis aux communes de courre dessus, etc.;* que si ledit Cardinal venoit dans le ressort du Parlement, par exemple à Seurre, et qu'il voulust y brouiller contre le service du Roy et le repos public, il seroit d'advis en ce tems là de faire des arrests propres pour le mal dont nous serions menacés, mais qu'à présent il estoit inutile et sans raison; qu'au surplus il ne voyoit pas d inconvénient de faire response à la lettre du Parlement de Paris, et en estoit d'advis. Il passa que l'on ne feroit ny arrest ny response.

L'on a sceu depuis ceste assemblée que ce courier envoyé par M. le Prince n'estoit venu que pour aporter ce paquet. Les confidens de M. le Premier Président le disoient, et l'on a pas ouy dire qu'il fust venu pour d'autres affaires. Il est mesme venu deux couriers peu de jours après pour le mesme sujet, qui ont fait connoistre que M. le Prince désiroit avec passion que l'on fist un arrest pareil à celuy du Parlement de Paris, et ont donné en mesme tems sujet de croire que ce premier courier n'estoit venu que pour ceste seule affaire, quoique M. le Premier Président eust dit en sa place, lorsqu'on ouvrit le paquet du Parlement de Paris, que l'on ne luy donnoit aucun advis de ce paquet par les lettres qu'il avoit receues, ce que chacun jugea peu vraisemblable; car quelle apparence qu'un courier de M. le Prince soit chargé d'un paquet de lettres de la part du Parlement de Paris sans la permission de celuy qui l'envoye ; et la suitte a fait connoistre qu'il y avoit fort peu d'apparence à ce qu'avoit dit M. le Premier Président, lequel fit assembler les Chambres le 1er mars suivant, et remonstra les motifs qui avoient porté la Compagnie à le députer en Cour avec Messieurs de Gand et Millière ; qu'ils s'estoient disposés à partir; qu'il avoit mesme demandé à Messieurs les Syndics les Mémoires de la Compagnie qui n'estoient pas encore dressés, et qu'il croyoit que lesdits sieurs avoient eu d'autres affaires qui les avoient empeschés de travailler à celle là ; qu'ils avoient par ceste raison remis leur départ à aujourd'huy, mais qu'il estoit arrivé des nouvelles par le courier ordinaire qu'un chacun sçavoit, lesquelles l'obligeoient d'assembler la Compagnie; qu'il ne doutoit pas que plusieurs de Messieurs n'eussent receu la mesme nouvelle que luy, sçavoir, que la députation ne seroit pas agréable si les députés ne portoient un arrest pareil à celuy du Parlement de Paris, aux lettres duquel on n'avoit fait aucune response, dont on s'estonnoit en Cour; que cela l'obligeoit de proposer à la Compagnie, si elle trouve bon, qu'ils partent incessamment ou qu'ils différent leur voyage, ou qu'ils n'y aillent point du tout ; qu'ils sont prests d'obéir, mais qu'ils ne veulent rien faire sans ordre de la Compagnie.

Les advis pris, M. Arviset dit qu'il trouvoit bon que Messieurs les députés différassent leur voyage, et qu'on attendist les postes prochaines qui pouroient aporter quelques nouvelles. M. de Gand dit que l'advis de M. Arviset estoit fort prudent, mais qu'il ne suffisoit pas pour respondre à la proposition qui nous marquoit assés qu'il ne falloit point songer à exécuter la députation si l'on ne vouloit faire un arrest; qu'à la vérité l'on avoit résolu de ne le pas faire, et qu'il en estoit encore d'advis pour demeurer ferme dans nostre debvoir, mais qu'il croyoit qu'on pouvoit s'accommoder et donner une partie de ce qu'on désiroit de nous.

Partant il estoit d'advis de faire arrest par lequel il seroit fait deffense au Cardinal Mazarin d'entrer dans la province sans ordre du Roy ; deffense aux Gouverneurs des places et aux Maires des Villes de l'y recevoir, etc. M. Arviset reprenant la parole a dit qu'il ne croyoit pas qu'on deust opiner sur ce qu'avoit dit M. de Gand, mais seulement sur le départ de Messieurs les députés ; que néantmoins puisque ledit sieur de Gand avoit parlé de faire arrest, il croyoit debvoir dire, opinant sur ce chef, qu'il ne falloit point faire d'arrest ; qu'il n'y avoit pas de nécessité d'en venir là ; qu'il ne voyoit pas sur quoy l'on pouvoit faire cest arrest ; que personne ne le demandoit ; qu'il ne sçavoit point en quoy ceste députation pouvoit déplaire si l'on ne portoit pas un arrest ; qu'on alléguoit des lettres escrites par des particuliers qui n'estoient pas considérables, et qu'il en avoit veu d'autres où l'on ne parloit pas de cela. Par ces raisons, il estoit d'advis de ne point faire d'arrest. M. de Gand a expliqué que son intention n'avoit pas esté de proposer un arrest semblable à celuy de Paris ; qu'il s'estoit assés expliqué et qu'il croyoit que Messieurs connoissoient que sa pensée estoit seulement de faire un arrest innocent pour contenter ceux qui en désireroient un.

M. de Chasans a dit qu'on pouvoit faire un arrest quoiqu'il ne pust avoir pour fondement que la notoriété publique qui rendoit constant et certain l'esloignement du Cardinal Mazarin ; que nous avions résolu une députation au Roy pour le remercier de la liberté de Messieurs les Princes qui n'estoit venue à nostre cognoissance que par une notoriété de fait ; qu'on n'en avoit encore receu aucune lettre ; que si la notoriété avoit suffy pour faire un arrest de députation, pourquoy ne suffiroit-elle pas pour faire un arrest contre le Cardinal Mazarin notoirement esloigné de la Cour, et qui debvoit sortir de France suivant la volonté du Roy ? qu'il vouloit bien épargner le nom du Cardinal et faire arrest portant deffense à tous estrangers qui auroient commandement dans les armées du Roy d'entrer en Bourgogne sans ordre de Sa Majesté; qu'au reste, la députation ne pouvoit estre retardée sans perdre sa grâce et sans un intérest très grand de la Compagnie qui debvoit se purger des suppositions qu'on luy a faites en la personne du chef qu'on a voulu diffider.

M. le Premier Président, répétant la proposition comme il l'avoit faite, a dit qu'il estoit vray qu'on avoit escrit à plusieurs et à luy entr'autres qu'on ne les escouteroit pas s'ils ne portoient en Cour un arrest pareil à celuy du Parlement de Paris; qu'il estoit pourtant prest d'obéir à la Cour et qu'il partiroit; qu'il retarderoit ou qu'il n'iroit point du tout si l'on le trouvoit bon, mais qu'il n'avoit pas voulu se hasarder à estre mal receu sans advertir la Compagnie de l'estat des affaires.

Les advis pris pour la seconde fois, M. Jaquot a dit qu'on pouvoit motiver l'arrest contre le Cardinal Mazarin sur ce qui s'estoit passé à Seurre et sur le raport de Messieurs les commissaires que l'on y avoit envoyés, et sur la lettre de M. Bretagne qui nous apprend que l'on a eu advis de quelques troupes de gens de guerre qui rouloient par la campagne pour se jetter dans Seurre; qu'elles n'avoient pourtant pas paru aux portes de la Ville. M. Le Goux a dit que l'on ne pouvoit pas prendre le sentiment de faire arrest pour aucune raison de nécessité ny sur aucun exemple; que lorsque le Marquis d'Ancre fut condamné, l'on n'eut point d'invitation à faire un arrest pareil à celuy qui fut rendu à Paris; qu'il n'y avoit aucune nécessité; que le Cardinal Mazarin n'estoit pas dans la province; qu'il n'y avoit aucune information, aucune pièce authentique; que la volonté du Roy ne nous estoit pas connue; qu'ainsy il estoit d'advis qu'on ne fist point d'arrest qu'après avoir connu la volonté du Roy sur ce sujet. M. Perret dit que le repos public estoit un motif suffisant pour faire l'arrest; qu'on avoit sujet de craindre que M. de Mazarin ne revinst dans la province et ne se jettast dans Seurre ; qu'il falloit donc y pourvoir par l'arrest.

Je dis qu'il n'y avoit aucune apparence de fonder l'arrest sur ce qui s'estoit passé à Seurre, car il n'y avoit rien à craindre de ceste ville dans laquelle les habitans estoient les maistres. Le Maire y commandoit, la garnison estoit désarmée, et le commandant pour le Roy n'y avoit aucune authorité ; qu'avec tout cela Messieurs nos commissaires y estoient, outre que le sieur de Roncherolles, commandant, n'estoit pas dans ceste place le Lieutenant de M. de Mazarin, mais Gouverneur pour le Roy ; qu'il ne falloit pas non plus faire arrest par crainte qu'il vinst en ceste province, car s'il y venoit par ordre du Roy, l'on ne feroit pas bien de l'en chasser, et personne certainement n'en seroit d'advis, de sorte que l'on ne pouvoit prendre l'advis de faire arrest contre luy, qu'au cas qu'il vinst dans la province pour y faire des menées contre le service du Roy, et que ç'avoit esté le sentiment de Messieurs à la dernière assemblée ; qu'au reste l'arrest qu'on proposoit par l'advis de M. de Gand estant si différent de celuy de Paris, il ne falloit pas le faire, car il ne contenteroit pas, puisqu'on en vouloit un tout pareil ; que si l'on croyoit qu'il deust contenter, c'estoit une marque qu'il n'estoit pas beaucoup esloigné de celuy de Paris, ce que pourtant l'on tesmoignoit vouloir éviter ; que pour moy, j'estois d'advis de ne se point unir par ceste conformité d'arrest, puisque l'on n'avoit point voulu faire de response à leur lettre, crainte de tesmoigner union avec eux ; que le refus de faire l'arrest n'offenseroit pas le Roy, car il ne nous l'a pas demandé, ny Messieurs les Princes ; qu'aussy n'ont-ils aucune raison pour le souhaiter ; qu'il n'y a donc que le Parlement de Paris qui s'en formaliseroit, et qu'il estoit facile de se peu soucier de leur colère et de ne les point voir allans à Paris ; partant que j'estois de l'advis de M. Le Goux pour couper racine aux propositions qui pouroient en estre renouvelées.

M. de Chaumelis dit qu'en l'assemblée du 23 il avoit esté d'abord de l'advis de faire arrest, mais que Messieurs avoient dit tant de raisons et si fortes contre ceste opinion, qu'il l'avoit quittée, et partant qu'il ne pouvoit la reprendre puisque les choses estoient en mesme estat, et qu'il n'y avoit pas d'apparence de changer une délibération sur des lettres de particuliers qui ne se voyoient pas. M. le Premier Président a esté d'advis de différer.

L'on a pris les advis une troisième fois, et M. de Gand a dit qu'il avouoit ingénuement les causes du retardement de leur voyage, qui estoit que l'on mandoit à M. le Premier Président que la députation ne seroit point agréable si l'on ne portoit l'arrest; ainsy qu'il falloit chercher le moyen de contenter ceux qui désiroient cest arrest sans offenser le Roy ny la Reyne; par conséquent il estoit d'advis de faire l'arrest comme il l avoit proposé, mais puisque Messieurs ne le trouvoient pas à propos, il vouloit bien prendre l'advis de différer jusqu'à ce qu'on eust déclaration de la volonté du Roy ou autre chose équivalente, et qui pust suffire pour remettre l'affaire en délibération. M. Arviset avoit esté d'un sentiment différent, sçavoir de dire que l'on ne parleroit plus de faire arrest en ceste matière que l'on n'eust connoissance de la volonté du Roy, comme nous avons accoustumé de l'avoir en toute autre sorte d'affaires. Il passa à l'advis de M. de Gand.

Le lendemain 2 du mesme mois, M. le Premier Président fit assembler les Chambres où Messieurs se trouvèrent jusqu'au nombre de soixante et un. Chacun estant en sa place, M. le Premier Président dit que la constellation qui avoit troublé toute l'Europe depuis plusieurs années avoit agité la France depuis quelque tems; que le plus grand mouvement avoit esté pendant les années 1648 et 1649; car l'on avoit veu pour lors le Roy accompagné des Princes de la maison royale sortir de Paris, dont le Parlement jettant la cause de tous les désordres sur le Premier Ministre, M. le

Cardinal Mazarin, avoit donné contre luy des arrests tels que chacun le sçavoit, quoiqu'il fust à la suitte du Roy et son Conseil; que depuis ce tems là, ledit sieur Cardinal ayant continué dans l'employ de Premier Ministre, les peuples, agités d'un esprit de révolte et de sédition, n'avoient point cessé de tesmoigner leur déplaisir de le voir dans ceste première place; et que ces démonstrations de haine et d'aversion estoient venues à tel point que le Roy, par l'advis de la Reyne régente, avoit consenty à son esloignement; que ç'avoit esté par une résolution prise au Conseil du Roy où estoient les Princes qui consentoient qu'on luy payast ses pensions et qu'on le laissast jouir de ses bénéfices, et qu'il pust se retirer en Savoie ou chés les Suisses; que la Reyne ne le chassoit ny ne le banissoit pas de son royaume; qu'elle n'entendoit pas qu'il fust permis de luy courir sus, et qu'il ne s'agissoit pas de luy faire son procès, mais de luy ordonner de sortir de France suivant la volonté du Roy, qu'on sçavoit luy avoir esté portée par le sieur de Beringhen; que le Parlement de Paris avoit fait arrest conformément à ceste volonté du Roy; que M. le Prince luy avoit tesmoigné par plusieurs lettres qu'il désiroit un mesme arrest de ceste Compagnie; qu'il luy avoit envoyé pour ce sujet jusqu'à quatre couriers; qu'il avoit eu le pouvoir dez les premières lettres de se servir de son nom, mais qu'il n'avoit pas jugé à propos de le faire d'abord ny de l'hasarder; que par malheur les deux paquets du Parlement de Paris entre les mains (1), le premier adressé aux gens du Roy luy avoit esté aporté, et qu'il l'avoit renvoyé à M. Quarré, le second luy fut mis en main par le courier qui arriva le 23; qu'il le receut avant que de sçavoir d'où il venoit, qu'il le présenta à la Compagnie ne croyant pas qu'il fust du Parlement de Paris; qu'on sçait ce qui se passa en ceste assemblée, en sorte qu'il n'est pas besoin de le raconter;

(1) *Sic.*

que depuis ceste assemblée il a receu trois autres lettres ; que par toutes ces lettres, M. le Prince le presse de proposer à la Compagnie de faire un arrest, et luy a marqué que la députation du Parlement ne seroit pas agréable sans cela ; qu'il n'a pas oublié de sa part, faisant response à M. le Prince, de luy dire toutes les raisons que l'on avoit dites pour faire cest arrest, et de le prier qu'il ne pressast pas la Compagnie de le faire. Il m'a rescrit, dit il, pour respondre à ceste dernière lettre, et me tesmoigne tousjours qu'il est important d'avoir cest arrest. Je vais mettre ces lettres entre les mains de M. le Syndic pour ma descharge, ayant le pouvoir de les faire voir, et après que la lecture en aura esté faite, vous aviserés, Messieurs, ce qui sera à faire, et si nous qui sommes députés de vostre part debvons partir ou non.

Ce discours finy, l'on a leu deux lettres de M. le Prince à M. le Premier Président, toutes deux de Paris, l'une du 23, l'autre du 26 février dernier. En substance elles disoient la mesme chose, et les mots mesmes estoient peu différens. Elles portoient qu'il estoit bien aise de la joye que l'on avoit tesmoignée dans Dijon de sa liberté, mais qu'il s'estonnoit que le Parlement eust tant tardé à faire arrest pareil à celuy du Parlement de Paris ; qu'il estoit important de l'avoir ; que M. d'Orléans et luy le désiroient ; que le Parlement de Paris avoit entrepris ceste affaire avec chaleur, et qu'il croyoit que M. le Premier Président employeroit la sienne pour faire passer l'affaire en sa Compagnie ; que si elle ne faisoit point d'arrest, il ne falloit pas que les députés vinssent en Cour, parce qu'asseurément ils seroient mal receus de M. d'Orléans, du Parlement, du peuple et de toute la France ; en un mot, que ceste affaire importoit à l'Estat, et qu'il l'obligeroit beaucoup de le faire donner, ce qu'il espéroit, puisque les Parlemens de Rouen, Thoulouse, Bourdeaux et autres avoient desjà fait un arrest pareil à celuy qu'il désiroit.

Ces lettres ne disoient autre chose, et il n'y estoit parlé

que ce fust de la volonté du Roy et de la Reyne, ny que l'arrest fust nécessaire pour le bien du service du Roy, et je suis certain d'avoir retenu les mots principaux et importans.

Après la lecture de ces deux lettres rendues à M. le Premier Président, il prit les advis. M. Arviset dit que l'affaire proposée estoit fort difficile; qu'il falloit nécessairement déplaire ou à la Reyne ou à M. le Prince; qu'il y avoit beaucoup à apréhender de quelque costé qu'on se tourne; qu'en faisant l'arrest on offensoit M. le Cardinal Mazarin, Premier Ministre, auprès de la Reyne, lequel n'estoit point exilé, mais qu'on luy avoit ordonné seulement de se retirer; qu'il falloit donc luy en donner le loisir; que la Reyne luy ayant commandé de le faire, et luy obéissant à ses ordres, il estoit inutile de faire un arrest pour chasser un homme qui s'en va; que si le Roy vouloit qu'on fist cest arrest, il seroit facile d'envoyer à la Compagnie une déclaration de sa volonté; mais que n'en voyant aucune, et d'autre costé que ceste affaire est pressée par M. le Prince, il ne pouvoit deviner à quoy tendoit ceste demande; qu'il avoit sur cela beaucoup de pensées qui estoient plutost à taire qu'à dire, parce qu'elles sont peut estre vaines, fausses, imaginaires, de sorte qu'il voyoit grand danger à faire cest arrest; que de le refuser à M. le Prince qui le désire si fortement, lequel a envoyé pour ce seul sujet quatre couriers, il se trouvoit bien empesché. Et enfin, il a dit qu'il vouloit bien accorder cest arrest, mais qu'il en craignoit les suittes.

M. de Gand a proposé l'arrest qu'il avoit proposé la veille, et dit qu'en ces affaires perplexes et délicates il estoit tousjours fort seur de suivre la voye mitoyenne, et partant qu'il estoit d'advis de faire l'arrest innocent qu'il proposa hier.

M. Bernard a dit qu'il estoit d'advis d'escrire à M. le Prince le déplaisir qu'a la Compagnie de ne luy pouvoir accorder cest arrest qu'il demande, et qu'elle a jugé à propos de luy en faire sçavoir les raisons; et il a adjouté que si M. le Prince tesmoigne à la Compagnie nonobstant ces raisons qu'il désire un arrest, qu'alors nous adviserons ce qui sera à faire.

M. Le Goux a dit qu'il n'estoit point d'advis de faire d'arrest que l'on n'eust la déclaration de la volonté du Roy sur ce sujet par les raisons déduites aux assemblées précédentes. M. Malteste a dit qu'il estoit du sentiment de M. Le Goux, en y adjoutant que l'on escriroit à M. le Prince les raisons pour lesquelles la Compagnie n'a pu faire arrest comme il le désiroit, et qu'il ne falloit pas craindre qu'il trouvast mauvais que l'on n'eust pas déféré à sa lettre, puisque souvent nous ne déférons pas aux jussions envoyées de la part du Roy, sur lesquelles nous disons souvent très humbles remonstrances, ou *ne se peut;* et qu'en ceste occasion, il croit qu'on debvoit remonstrer à M. le Prince pour quelles raisons l'on ne pouvoit le satisfaire.

M. de Chasans a dit qu'il reconnoissoit que l'affaire estoit très importante ; qu'il y avoit péril des deux costés ; qu'il falloit regarder le moindre de celuy où l'on périroit le plus tard ; qu'il croyoit qu'on pouvoit faire l'arrest proposé par M. de Gand ; qu'il pouvoit estre fondé sur plusieurs motifs, entr'autres la volonté du Roy qui est notoire touchant la sortie du Cardinal, et qu'il ne falloit pas craindre ayans la garantie de deux grands Princes qui désirent cest arrest, et lesquels font la meilleure partie du Conseil nécessaire de la régence.

M. de Thésut a dit qu'il n'avoit point veu d'affaire si importante que celle cy depuis qu'il portoit la robe, et partant qu'elle méritoit bien que l'on y songeast et que l'on remist à demain, et cependant que chacun priast Dieu.

M. le Premier Président a dit qu'il jugeoit en 1649 les affaires importantes, lorsque le Roy et les Princes estans à Saint Germain, et le Parlement de Paris contraire à leurs intentions, il n'y avoit aucune apparence de favoriser la cause du Parlement de Paris qui estoit pourtant apuyée de plusieurs; mais qu'à présent que tout est réuny, que le Roy, tous les Princes et le Parlement sont joints estroitement, il ne voyoit pas l'importance de ceste affaire, comme Messieurs vouloient qu'on la vist; qu'en refusant l'arrest demandé, il falloit supposer que Messieurs les Princes qui le désiroient estoient d'un party contraire au Roy; que ces pensées estoient de pures chimères, et qu'il ne falloit pas croire que cela pust arriver, n'y ayant personne plus intéressé à la conservation de la monarchie que les Princes du sang; qu'on ne pouvoit rien dire contre l'advis de faire arrest, sinon qu'il est inutile d'en faire un; qu'il en demeure d'accord, mais que l'on ne croit pas à la Cour qu'il soit inutile, et qu'il estime que la raison qu'a M. le Prince de le souhaiter est le repos et la tranquilité de l'Estat, sur ce que les peuples se sont émeus et entretiennent leur chaleur par le séjour que le Cardinal fait en France, et croit qu'on ne les apaisera jamais entièrement qu'en le faisant sortir du royaume, et en faisant connoistre aux peuples qu'il n'y doit plus retourner; que c'est ce qui a obligé les Parlemens de Rouen et de Paris à faire arrest, et ce qui porte M. le Prince à désirer la mesme chose de ceste Compagnie affin que les peuples des Provinces sçachent que l'intention du Roy est que M. de Mazarin ne retourne plus, et par ces raisons il estoit d'advis de dire : La Cour, advertie de l'ésloignement du Cardinal Mazarin par l'ordre exprès du Roy, a fait deffenses audit Cardinal d'entrer en Bourgogne, et aux Gouverneurs et Maires de l'y recevoir.

Les advis pris pour une seconde fois, M. Arviset a dit qu'il trouvoit l'advis de M. Bernard judicieux, et en estoit; M. de Gand a persisté au sien; M. Le Goux de mesme à celuy qu'il avoit ouvert. Plusieurs de Messieurs estoient de cest advis, entr'autres Messieurs Lantin, Bouhier puisné, Malteste, de Chaumelis, de La Mare, Le Belin, Bouhier l'aisné, et Messieurs Joly, Frémiot et Fiot, Présidens. M. de Thésut l'aisné a dit qu'il avoit desjà dit n'avoir point veu d'affaire si importante; qu'il croyoit que le Roy ne désiroit point ceste affaire, tout au contraire que c'estoit contre sa volonté, et que l'on pouvoit le juger par l'estat des affaires.

Les opinions prises, il a fallu se réduire à deux sentimens. M. Le Goux et ceux de son advis, qui estoient en moindre nombre, se sont réduits à l'advis de M. Arviset, lequel a (1) un nouveau sentiment opinant pour la troisième fois, sçavoir, d'escrire à M. le Prince les raisons qui empeschoient la Compagnie de faire arrest en ceste affaire, et luy envoyer ceste lettre par un courier exprès, par lequel on escriroit en mesme tems à M. de La Vrillière pour sçavoir de luy la volonté du Roy sur ceste affaire; et que, les responses receues de l'un et de l'autre par le courier, on adviseroit à celuy qui se pouroit faire pour la satisfaction de M. le Prince. M. de Gand estant demeuré ferme en son opinion, toutes les voix prises, et déduction faite de celles des incompatibles qui n'en font qu'une, il a passé à l'advis de M. Arviset, auquel il s'est trouvé 29 et à l'autre 26. Or, encore qu'il n'ait passé que de fort peu de voix, il ne faut pas conclure que l'affaire fust fort douteuse, et les 29 avoient un grand advantage sur les autres, sçavoir, qu'ils n'avoient pris ce sentiment de refuser de faire l'arrest que parce qu'il n'estoit pas juste de le faire; qu'ils croyoient que le Roy le trouveroit mauvais, et que ce seroit par ce moyen s'engager dans le party que sembloient former Messieurs les Princes contre la Reyne régente.

Les 26 d'advis contraire reconnoissoient assés la justice de ces raisons, et disoient qu'il falloit ployer et s'accommoder. Les autres tesmoignoient qu'ils estoient bien aises qu'il passast à l'advis de ne point faire d'arrest, et qu'ils

---

(1) *Sic.* Nous verrons plus d'une fois Malteste employer ainsi le présent pour le passé, entraîné sans doute par une exactitude de souvenir qui rendait actuelles à son esprit les choses qu'il raconte.

trouvoient ce sentiment juste, mais qu'ils se sentoient obligés par des interests particuliers à prendre l'advis de faire arrest, et sans doute que si l'on considère que la première fois qu'on opina sur ce sujet, lorsque les lettres du Parlement de Paris furent leues, il passa tout d'une voix que l'on ne feroit point d'arrest, et que Messieurs de Gand, Perret, et le Premier Président en dirent des raisons excellentes, il faut confesser que, rien n'estant survenu depuis ceste délibération que le tesmoignage de la volonté de M. le Prince, ce n'a pu estre un fondement suffisant pour changer d'advis, moins en ceste matière qu'en aucune autre. Et par ainsy, les 29 surpassans de peu le nombre de 26 ont cest advantage que leur advis a esté trouvé juste peu de jours auparavant par les mesmes 26, et que les plus sensés en ont avoué depuis la justice, et ont esté bien aises qu'il ait passé.

Il faut encore remarquer que M. le Premier Président ne s'estoit point ouvert sur cest arrest à l'assemblée précédente, et qu'il ne l'a fait que pour apuyer les lettres de M. le Prince, et que M. Bernardon, qui se laissa aller à l'advis de faire arrest, dit en opinant qu'il ne falloit pas craindre d'offenser la Reyne, parce que si tost qu'elle le trouveroit mauvais, on le révoqueroit, et que l'on verroit facilement que nous ne donnions cest arrest qu'à regret.

Or, quoique les 29 aient les advantages que j'ay marqués, si est-ce que l'on disoit qu'il eust esté à souhaiter qu'il y eust moins de voix de l'advis contraire; car s'il eust passé d'un commun consentement ou à peu près, M. le Prince ne pouroit s'en plaindre et se persuaderoit facilement qu'on auroit agy par esprit de justice, au lieu qu'apprenant la contradiction qui s'est présentée et qu'il n'a passé que de peu, il se portera facilement à croire qu'on a refusé de luy donner cest arrest par aversion pour sa personne plutost que par esprit de justice.

J'ay omis de raporter les advis de Messieurs Joly et Fiot,

Présidens. Le premier dit qu'on ne pouvoit faire l'arrest comme il estoit demandé et qu'il n'y avoit pas d'apparence de condamner sans formalité un homme à qui l'année dernière la Compagnie avoit rendu visite par une députation solennelle de deux Présidens et de douze Conseillers, et qu'il luy sembloit que tout ce que l'on pouvoit faire estoit d'ordonner que par Messieurs nos députés la Reyne seroit remerciée de l'esloignement de M. le Cardinal Mazarin.

M. le Président Fiot dit qu'il estoit fort combattu en ceste occasion par l'afection qu'il avoit au service de M. le Prince et par le respect qui estoit deu à ses volontés. Qu'aussy ne manqueroit-il point de luy donner des preuves de l'un et de l'autre en toute rencontre où il le pouroit faire, sans manquer à son debvoir et à sa conscience, et qu'en celle cy il seroit volontiers d'advis de faire arrest si sa conscience luy dictoit qu'il fust juste de le faire; mais que tout au contraire il se confirmoit merveilleusement dans l'advis de M. Le Goux, reconnoissant que ce seroit faire un pas qui nous engageroit trop si nous consentions à un arrest tel qu'on nous le demande; et néantmoins pour rendre à M. le Prince toutes les déférences qui luy sont deues il estoit d'advis de luy escrire les raisons de nostre refus; et en mesme tems escrire aussy à M. de La Vrillière pour le prier de sçavoir de la Reyne sa volonté sur ce sujet; et escrire à la Compagnie, affin qu'ayans la volonté du Roy en forme, nous puissions satisfaire M. le Prince, ou bien, si ce n'estoit pas sa volonté, nous en fussions pleinement éclaircis. Ce fut cest advis que M. Arviset prit, en opinant pour la troisième fois, et auquel il passa.

Le mercredy 8 mars du matin, les Chambres estans assemblées pour la vériffication du bail des Gabelles, le Greffier a adverty la Compagnie que M. Guillon, Procureur général, demandoit d'entrer. La Compagnie ayant trouvé bon d'interrompre l'examen des clauses du bail qui se faisoit sur le bureau pour ouyr ce que le Procureur général avoit à dire et M. le Premier Président ayant dit au Greffier de le faire entrer, qu'il l'en advertit, ledit sieur Guillon derrière le bureau a dit qu'il venoit rendre raison à la Cour de son voyage en ceste Province, et du sujet qui l'avoit obligé de quitter la poursuitte du procès qu'il a au Conseil contre les Advocats généraux ses collègues pour le règlement de leurs charges, qui est que M. de La Vrillière, Secrétaire d'Estat, le fit advertir mercredy dernier premier du courant, qu'il avoit quelque ordre à luy donner de la part du Roy; qu'ayant esté trouver ledit sieur de La Vrillière, iceluy luy mit en main une déclaration de l'innocence de Messieurs les Princes pour estre registrée en ce Parlement, et luy tesmoigna que, d'autres paquets qu'on avoit adressés au Procureur général se trouvans perdus, il falloit qu'il aportast luy mesme ceste déclaration; qu'ensuitte il fut prendre congé de M. le Garde des Sceaux, qui luy commanda d'asseurer de sa part la Compagnie de son afection et du soin qu'il auroit en toutes occasions de conserver ses intérests; qu'il fut aussy prendre congé de M. le Duc d'Orléans, qui luy tesmoigna de souhaitter un arrest de ce Parlement contre le Cardinal Mazarin, pareil à celuy du Parlement de Paris, et qu'il estimoit que le Parlement n'en feroit pas difficulté, puisqu'il estoit nécessaire pour l'union de la maison royalle et pour le bien de l'Estat; qu'il avoit aussy veu M. le Prince avant son départ, auquel ayant dit le sujet de son voyage Son Altesse luy donna une lettre pour la Compagnie, par laquelle il vous prie, Messieurs, d'enregistrer la déclaration de son innocence, que le Roy luy a accordée, et de faire un arrest contre Mazarin pareil à celuy de Paris; que M. le Prince l'avoit chargé de tesmoigner à la Compagnie combien il désiroit cest arrest, et qu'il croyoit qu'elle reconnoistroit assés par la lettre qui luy est escrite qu'il souhaitte cest arrest avec grande chaleur, et que, pour ne point retarder l'enregistrement de la déclaration d'innocence de Messieurs les Princes, il requéroit qu'elle fust présentement registrée; et à l'instant il a mis sur le bureau ladite déclaration avec une lettre du Roy à la Compagnie au sujet de l'enregistrement de ceste déclaration, et une lettre de M. le Prince pour le mesme sujet.

Ledit Procureur général retiré, l'on a fait la lecture de la lettre du Roy, qui mandoit au Parlement de registrer promptement la déclaration d'innocence qu'il avoit donnée aux Princes. L'òn a ensuitte leu la déclaration, que je ne raporteray pas, parce qu'elle est une pièce publique; et enfin, l'on a leu la lettre de M. le Prince, dont la substance estoit qu'ayant obtenu du Roy une déclaration d'innocence il avoit désiré qu'elle fust envoyée au Parlement pour la registrer, ce qu'il espéroit que l'on feroit, comme aussy un arrest contre le Cardinal Mazarin, tel que le Parlement de Paris l'avoit fait avec zèle et chaleur pour le bien de l'Estat et le repos du royaume, en présence de M. le Duc d'Orléans et plusieurs autres personnes considérables dans le royaume, pour le bien duquel il croyoit que le Parlement n'avoit pas moins de chaleur, et qu'il feroit cest arrest sans différer davantage. Souscrite : *Vostre bien humble serviteur*, LOUIS DE BOURBON.

Ces pièces leues et les opinions prises, Messieurs Milletot et de Villers, Syndics, estans au bureau au sujet du bail des Gabelles, ont opiné les premiers; et ledit sieur Milletot a esté d'advis d'enregistrer la déclaration d'innocence de Messieurs les Princes, pour estre publiée à la première audiance. M. de Villers a dit qu'il croyoit que la forme estoit de communiquer au Procureur général, qui debvoit y conclure par escrit, et non pas de vive voix, derrière le bureau, comme il avoit fait, et que les conclusions veues on ordonneroit l'enregistrement de ladite déclaration, ce qui n'avoit aucune difficulté.

M. Arviset a dit qu'il ne pouvoit estre de l'advis de M. de Villers, puisque le Procureur général avoit conclu sur les lettres, en les aportant à la Compagnie; que cela estoit suffisant et que telles conclusions estoient retenues sur le registre, c'est pourquoy il estoit d'advis de M. Milletot.

M. Millière a dit qu'il luy sembloit qu'on debvoit adjouter à l'advis de Messieurs qu'il seroit escrit en marge du registre de janvier 1650, qui contenoit la lettre de cachet envoyée par le Roy à la Compagnie touchant la détention de Messieurs les Princes ; que le 8 mars de la mesme année la Compagnie avoit receu, de la part du Roy, une lettre et une déclaration d'innocence de Messieurs les Princes qui annuloit et cassoit ladite lettre de cachet, et que la déclaration avoit esté enregistrée au registre de la Cour par arrest du mesme jour, et publiée à l'audiance publique. M. Bouhier l'aisné a esté d'advis, adjoutant à celuy de M. Millière, de bastonner la lettre de cachet du 19 janvier 1650, et que c'estoit la forme qu'observoient les Parlemens pour éteindre le souvenir d'une pièce qui se trouvoit escrite sur les registres d'où l'on ne pouvoit la tirer.

M. de Chasans a dit que l'ordre des Parlemens estoit de laisser les registres entiers, affin de conserver la foy ; mais que, quand on vouloit anéantir une pièce qui s'y trouvoit tout au long, l'on mettoit en marge le remède ; qu'il falloit en user ainsy en ceste rencontre, en mettant la déclaration en marge et bastonnant ladite lettre de cachet.

M. le Premier Président a dit qu'il ne falloit point d'autres conclusions du Procureur général que celles qu'il avoit données derrière le bureau, qui estans retenues sur le registre seroient en lieu où elles se conserveroient, et que celles qui se donnent par escrit se perdent souvent et s'égarent ; qu'il ne falloit point se mettre tant en peine d'oster toute mémoire de la lettre de cachet du 19 janvier 1650 ; qu'il la trouvoit autant advantageuse à M. le Prince que ceste déclaration qui estoit sur le bureau, laquelle néantmoins estoit si fort extraordinaire, qu'il ne croyoit pas que l'on en eust jamais veu de pareille ; que les Princes qui avoient esté prisonniers estans eslargis s'estoient contentés d'estre délivrés de la prison sans se mettre en peine d'avoir des lettres; que d'autres en avoient eu, mais que c'estoit d'abolition, et qu'il ne s'estoit jamais veu de déclaration d'innocence où le Roy avouoit d'estre trompé et qu'il eust fait arrester à tort des Princes; qu'au surplus ceste déclaration s'enregistroit dans les registres des édits, et la lettre de cachet du 19 janvier 1650 estoit dans le registre des délibérations; qu'il ne croyoit pas nécessaire de la bastonner, et qu'il estoit de l'advis de M. Millière.

Les voix prises pour la seconde fois, Messieurs les Syndics ont persisté à l'advis d'enregistrer simplement; M. Jaquot a dit qu'il falloit bastonner ceste lettre de cachet que le Roy cassoit par sa déclaration, quoiqu'il fust assés extraordinaire de parler de la sorte; et que si on ne la bastonnoit et que l'on mist seulement en marge qu'elle est cassée par une déclaration postérieure, cela sembleroit plutost une annotation du greffier qu'un arrest de la Compagnie. Il a esté passé à cest advis qu'il falloit bastonner la lettre de cachet du 19 janvier 1650.

Ceste délibération finie, M. le Premier Président a dit qu'il falloit délibérer sur la dernière partie de la lettre de M. le Prince, par laquelle il nous marquoit sa passion d'avoir un arrest contre Mazarin; sur quoy M. Milletot a dit qu'il estoit d'advis d'escrire à M. le Prince la joye de la Compagnie et la satisfaction que luy a donnée ceste déclaration d'innocence, et au surplus ne rien faire que le courier envoyé au Roy de la part de la Cour ne soit retourné. M. de Villers a dit qu'il avoit tousjours esté d'advis de faire l'arrest, mais qu'il ne pouvoit le prendre présentement, parce que la Compagnie s'est engagée de n'en point faire qu'elle ne sceust la volonté du Roy sur ce sujet; qu'ils ont escrit pour cela à M. de la Vrillière, duquel ils attendent response demain; qu'ils ont aussy escrit à M. le Prince qu'il estoit impossible à la Compagnie de faire l'arrest qu'il désiroit, qu'auparavant elle n'eust les fondemens légitimes et nécessaires pour faire un arrest; que l'on seroit blasmé de légèreté et d'inconstance, et que ce seroit se moquer du Roy, à qui on a escrit de ceste affaire pour sçavoir sa volonté, si l'on faisoit l'arrest sans attendre sa response et pendant que le courier qui l'aporte est en chemin et prest d'arriver; qu'il ne voyoit pas quel inconvénient on pouvoit alléguer contre le retardement de peu de jours, et que nous nous trouverions fort embarrassés si le Roy nous escrivoit une volonté contraire à nostre arrest qui seroit partout blasmé de précipitation; partant il estoit d'advis d'attendre le retour du courier.

M. Arviset a dit qu'il vouloit bien faire l'arrest, qu'il s'y engageoit, mais qu'il falloit attendre le retour du courier pour agir seurement et dans l'ordre. M. Millière a dit qu'on ne pouvoit, à son jugement, faire l'arrest quant à présent à cause du courier qui n'estoit pas de retour et qu'il estoit d'advis d'attendre.

M. Jaquot a dit que, puisque Messieurs demeuroient d'accord de faire l'arrest, il luy sembloit à propos d'y opiner présentement sans retarder davantage, et qu'il falloit le donner à la prière de M. le Prince; qu'il ne seroit pas accordé de bonne grâce si on attendoit le retour du courier; que nous ne pouvions avoir de volonté plus claire qu'elle estoit dans sa lettre; et partant estoit d'advis de le faire.

M. Le Goux a esté de l'advis de Messieurs les Syndics et plusieurs de Messieurs.

M. de Chasans a dit que, l'arrest estant demandé en mesme tems qu'on enregistre la déclaration de son innocence, il croyoit qu'on pouvoit luy accorder l'arrest par la raison de ceste conjonction, laquelle survenant de nouveau donnoit un sujet suffisant pour ne s'arrester point aux résolutions des assemblées précédentes, et pour ne point attendre le courier; qu'il n'y avoit plus rien à craindre puis que celuy qui demandoit cest arrest est reconnu innocent par une déclaration très advantageuse que nous venions de recevoir et de registrer; qu'au reste, il falloit faire quelque chose pour ce Prince à qui la Compagnie avoit tant d'obligation et pour qui l'on n'avoit rien fait jusqu'à présent. « Ouy, Messieurs, dit il, vous l'avés abandonné ; M. de Machaut a fait une proposition en sa place le jour que l'on sceut la détention de M. le Prince et personne n'y a respondu ; mais il est encore tems, nous pouvons le servir, il désire de nous un arrest, donnons le luy..... Ne doutés pas, Messieurs, qu'il n'ait du ressentiment de ce qui s'est passé et de ce que vous n'avés pas fait un pas pour luy pendant son malheur ; effaçons ce déplaisir par un arrest. Je sçais bien que nous n'en n'avons pas tous les fondemens légitimes ; que l'advis de Messieurs qui ne veulent pas le faire est juste à la rigueur ; mais, Messieurs, si nous voulons tousjours nous tenir si fermes, nous perdrons tout ; le soleil ne suit pas tousjours un chemin droit, sa voye est oblique ; autrement, il brusleroit ta terre, et toutes choses nous enseignent qu'il faut biaiser comme les chemins, les rivières et mille autres choses de ceste nature. Il suffit que la droiture soit dans le cœur. Les moyens d'agir peuvent estre obliques ; je dis bien plus, ils doivent l'estre ; autrement, vous perdez tout par la fermeté. Je trouverois bien de différer, si nous debvions espérer autre chose que ce que nous sçavons. M. le Prince nous escrira qu'il nous a fait sçavoir ce qu'il désire pour le bien de l'Estat ; M. de la Vrillière vous dira qu'ayans sceu la volonté de M. le Prince, il ne falloit pas se mettre en peine davantage de sçavoir celle du Roy, puisque les Princes sont unis estroitement avec luy. Faisons donc, Messieurs, et agissons pour ce Prince à qui nous sommes tant obligés et que vous avés abandonné jusqu'à présent. »

Sur ce mot que ledit sieur de Chasans avoit dit deux fois plusieurs s'eschauffèrent, entr'autres M. Bouhier l'aisné, et l'on commença à luy dire qu'il avoit tort de parler de la sorte. Sa gayeté fut un peu émoussée par ce soulèvement ; il voulut s'expliquer, mais en s'embarrassant, et fut contraint de finir.

M. de Thésut l'aisné dit que les sentimens de M. de Chasans estoient bons et qu'il seroit à souhaiter qu'il les eust fait paroistre il y a un an; que si les propositions d'agir pour M. le Prince eussent esté faites, chacun s'y seroit porté, mais que l'on n'en a jamais parlé; que, pour l'affaire présente, il estoit d'advis de résouldre l'arrest, mais de ne le dater qu'après l'arrivée du courier qu'on avoit envoyé au Roy. M. le Président Fiot a dit qu'il croyoit qu'il n'y avoit personne dans la Compagnie qui n'eust grande afection pour M. le Prince, ou qui ne la deust avoir, qu'aussy n'avoit-on point manqué à ce que l'on debvoit pour son service; qu'il ne falloit pas dire qu'on l'eust abandonné, et que si les propositions avoient esté faites de parler pour sa liberté à la Reyne, il s'y seroit porté, mais que jamais l'on n'en a parlé pendant sa détention; que pour l'affaire qui se traittoit, il vouloit bien estre d'advis de faire l'arrest, comme le demandoit M. le Prince, et le tenir pour résolu dez à présent, mais qu'il falloit attendre le retour du courier pour le dater.

M. le Président Robelin a dit qu'il ne sçavoit pas en quelle occasion l'on avoit abandonné M. le Prince, que nous n'en n'avions eu aucune pour le servir; que l'on a ouy dire, et que tous Messieurs le sçavoient et l'ont entendu, à un des plus afectionnés à M. le Prince, que ceux qui avoient en recommandation son véritable intérest n'aprouvoient pas les mouvemens qui se faisoient pour sa délivrance, qu'il ne falloit pas l'attendre par ceste voye là, mais que la seule bonté du Roy et de la Reyne.... (Ledit sieur Robelin vouloit parler de M. le Premier Président qui avoit tenu ce discours en Chambres assemblées et en sa place); que cela estant, il ne croyoit pas que l'on eust eu aucun moyen de le servir pendant sa prison, que l'on n'en avoit jamais fait aucune ouverture et qu'il donneroit volontiers son bien et sa vie pour son service; qu'en ceste occasion mesme il se porteroit très volontiers à luy donner satisfaction, si les choses estoient entières, mais qu'on s'estoit engagé à ne rien faire qu'on ne sceust la volonté du Roy; que nous serions dans un estrange embarras si, après avoir fait l'arrest, le courier nous aportoit que la Reyne ne désire pas qu'on le fasse et que le Roy le veut pas; qu'il n'y avoit pas beaucoup à attendre, puisque le courier debvoit retourner dans un jour ou deux; et partant il estoit d'advis de différer jusqu'à son retour.

M. le Premier Président a dit qu'il ne falloit pas s'eschauffer lorsqu'on disoit que l'on n'avoit rien fait pour M. le Prince, estant vray que M. de Machaut ayant parlé de députer à la Reyne pour le Prince l'on n'avoit rien dit; qu'au contraire la Compagnie avoit résolu peu de jours après de députer M. de Souvert à la Cour, ce que l'on avoit fait comme important et beaucoup plus qu'en 1649, parce que ceste députation estoit pour se resjouir de la détention de M. le Prince; que quelque tems après ceste prison, les lettres que M. de Turenne luy escrivoit ayans esté surprises, Messieurs les Advocats généraux estoient venus luy en faire un crime et avoient demandé que son procès luy fust fait, parce que M. de Turenne luy avoit escrit une lettre qui ne disoit autre chose sinon qu'estant chef du Parlement de Bourgogne, lequel avoit obligation à M. le Prince, il l'invitoit de faire agir la Compagnie auprès du Roy pour la liberté de M. le Prince; que depuis ce tems l'on n'avoit rien fait, et qu'il est vray que M. le Prince a dit que le Parlement de Bourgogne est la seule Compagnie du Royaume qui n'ait rien fait pour sa liberté; qu'il ne croit pas néantmoins qu'il ait du ressentiment des choses passées, et qu'il n'est pas besoin de l'adoucir ny de luy accorder l'arrest contre le Cardinal Mazarin pour marquer la volonté de le servir, puisqu'il ne le désire pas pour son intérest, mais pour l'union des Princes et de la Maison Royalle, et pour le bien du Royaume, ne songeant point à se venger du Cardinal Mazarin; et parce que quelqu'uns de Messieurs disoient qu'il falloit attendre le retour du courier envoyé à M. le Prince, il croyoit estre obligé de dire que l'on avoit desjà parlé de ceste affaire quatre fois, et qu'un chacun avoit assés connu que M. le Prince désiroit cest arrest; qu'il ne parleroit pas du paquet du Parlement de Paris que M. Quarré, Advocat général, suprimoit, ce qu'il n'avoit pu faire, puisqu'il s'adressoit à la Compagnie, qui vouloit bien soufrir ceste injure.....

Sur ces paroles, M. le Président Robelin luy a dit que M. Quarré disoit partout qu'il avoit offert ce paquet à M. le Premier Président dans la Chambre des Huissiers en présence de deux de Messieurs; que si cela est comme le dit M. Quarré, ledit sieur Premier Président n'avoit qu'à le recevoir et l'aporter à la Compagnie.

Ledit sieur Premier Président a nié que M. Quarré luy eust présenté ce paquet; que seulement il luy en avoit parlé, et qu'il avoit respondu qu'il n'avoit pas à luy donner conseil, qu'il en a de meilleurs et plus affidés que luy, et qu'il ne veut avoir aucun commerce avec ledit sieur Quarré, qui ne se soucie pas de moy, adjouta-t-il, comme je ne me soucie pas de luy, et a prié M. Robelin de ne luy plus parler de M. Quarré.

Ce dialogue finy, il a repris son discours, et a dit que l'on avoit parlé quatre ou cinq fois de faire arrest; qu'il en avoit eu cinq couriers de M. le Prince depuis le 23 du mois passé; que chacun connut ce jour là que, le paquet du Parlement de Paris estant envoyé par un courier exprès de M. le Prince, il falloit qu'il y prist part; que la seconde fois la proposition fut faite sur l'advis que l'on eut que les députés ne seroient pas bien receus sans cest arrest; qu'il estoit facile à connoistre que cela venoit de M. le Prince; car qui auroit pu recevoir mal les députés? qu'il ne voulut pas hasarder ouvertement le nom de M. le Prince ces deux fois là, parce qu'il ne vit pas la Compagnie disposée à luy donner contentement; que depuis il l'a dit et nommé tout haut, et fait voir ses lettres;

que luy mesme en escrit à la Compagnie par la lettre qui a esté leue, et a chargé M. le Procureur général d'en parler; qu'il en receut encore un courier exprès hier au soir à sept heures; qu'il en feroit bien voir les lettres si l'on le désiroit; que ce courier luy a aporté la volonté de M. le Prince sur l'arrest de la Compagnie du 2 du courant; qu'il a sceu par le mesme courier qui luy fut dépesché incontinent après l'arrest fait, et qui est retourné pour luy aporter, comme il a dit, les intentions de M. le Prince, lesquelles estans connues par tant de lettres, il ne voyoit pas pourquoy attendre le retour du courier de la Compagnie, lequel ne pouvoit rien aporter de nouveau; et par ainsy il estoit d'advis de faire l'arrest présentement et de l'envoyer en diligence à M. le Prince.

Les opinions prises une seconde fois, et quelques raisons ayans esté redites et rebattues, il passa à faire arrest sans attendre le retour du courier, lequel on avoit envoyé à M. de La Vrillière pour sçavoir la volonté du Roy sur ceste affaire, et néantmoins par ceste délibération l'on résolut de faire arrest sans attendre la volonté du Roy.

Il y passa de peu de voix. Messieurs les Syndics, Messieurs Arviset, Le Goux, de Chaumelis, de La Mare, Le Belin, Bouhier, Berbis, Malteste, Lantin, Sayve, Conseillers, et Fiot, Président, et autres jusqu'au nombre de vingt-cinq, furent d'advis contraire à l'arrest, lequel estant conclu, l'on proposa de mander le Procureur général pour le faire conclure derrière le bureau sur ceste affaire.

M. le Premier Président résista à ceste proposition : l'on y délibéra. Messieurs les Syndics furent d'advis de le mander, et qu'estant derrière le bureau, M. le Premier Président luy dist que la Compagnie avoit résolu d'opiner sur le récit qu'il luy avoit fait de la volonté des Princes pour cest arrest, et qu'il eust à requérir ce qu'il voudroit.

Ledit Procureur général dit que, s'il eust esté à la Ville lorsqu'on aporta un paquet du Parlement de Paris, il n'eust pas manqué de rendre à la Compagnie les lettres qui estoient pour elle dans ce paquet et de requérir ce qu'il fera présentement, sçavoir qu'il plaise à la Cour de faire arrest tel que M. le Duc d'Orléans, Lieutenant général de l'Estat, et M. le Prince, Chef du Conseil, ont tesmoigné désirer avec passion; et partant il requiert qu'il soit ordonné au Cardinal Mazarin de vuider le Royaume.

Les conclusions du Procureur général ouïes, et les opinions prises, le Premier Président prononça l'arrest comme il s'ensuit : « La Cour, les Chambres assemblées, deument advertie que le Roy et la Reyne régente ont esloigné de leurs Personnes et de leurs Conseils le sieur Cardinal Mazarin, avec ordre de sortir du Royaume; ouy sur ce, le Procureur général du Roy a ordonné audit Cardinal Mazarin, conformément à la volonté de Leurs Majestés, de vuider le Royaume incessamment, fait inhibition et deffenses aux Gouverneurs, Maires, etc., de le recevoir à peine de désobéissance. »

Ceste délibération finie, l'on proposa d'escrire à Messieurs du Parlement de Paris, et de leur envoyer une copie de nostre arrest. Messieurs Le Goux, Lantin, Malteste, Chaumelis, de La Marc, Le Belin, n'en vouloient point. Il passa au contraire. Le Premier Président fut d'advis seulement d'escrire sans envoyer copie de l'arrest, disant qu'il estoit inutile et qu'il falloit escrire. Il passa que l'on escriroit à M. le Prince, à qui l'on enverroit une copie de l'arrest, et que par le mesme courier l'on escriroit au Parlement de Paris, auquel on enverroit copie de l'arrest signée du Greffier.

Le mesme jour de relevée, sur la proposition faite par M. le Premier Président que, l'arrest estant fait, les députés ne debvoient plus apréhender d'estre mal receus, et par conséquent qu'ils pouvoient partir si la Compagnie le trouvoit bon, il fut résolu qu'ils partiroient au plus tost que leur commodité le permettroit.

Ce changement de volonté si prompt, sans nouveau sujet

et sans raison nouvelle, surprit toute la Ville, qui avoit loué la résolution du Parlement à ne point faire d'arrest contre le Mazarin, quoique M. le Prince le désiroit avec passion, et le demandoit avec un empressement si extraordinaire, qu'il donnoit sujet à soubçonner quelque mauvais dessein contraire à la Régente, laquelle tenant le Roy et son sceau, et ayant pour soy la justice et la raison, les gens d'honneur et attachés au service du Roy et au bien de l'Estat se tenoient unis estroitement à elle, et craignoient de luy donner de la deffiance dans un tems auquel il sembloit que les Princes se liguoient contre elle. Ce fut pour ceste raison que l'on rebuta trois fois la proposition de faire arrest quoiqu'il ne passa que de peu de voix aux deux dernières assemblées. A la fin, deux de Messieurs estans arrivés de Paris, tous deux du party de M. le Prince, et M. le Premier Président en ayant gagné quelques autres, il fut résolu de faire arrest comme je l'ay dit. A la vérité, tous ceux qui en furent d'advis n'en concevoient pas l'importance, et quelqu'uns mesme ne voyoient pas l'impertinence où on s'en gageoit. M. le Premier Président, Messieurs de Chasans, Perret, Thésut, Lens et quelques autres voyoient bien à quoy cest arrest aboutissoit; mais c'estoit gens attachés à M. le Prince, et quelqu'uns d'eux estoient ses créatures qui entretenoient les autres par divers moyens, comme il est accoustumé en pareille rencontre. Ceux qui estoient d'advis de ne point faire l'arrest qu'après le retour du courier n'osoient dire leurs pensées, parce que les Princes n'estoient point déclarés contre le Roy; au contraire, ils paroissoient fort attachés à son service, et il auroit esté téméraire de dire quelque parole qui marquast que l'on eust ceste mauvaise opinion de leur conduitte. De sorte qu'à la honte du Parlement et au mespris de l'authorité du Roy il passa que l'on feroit arrest par l'attachement que l'on avoit à M. le Prince, et par la foiblesse et la poltronnerie de ceux qui avoient coustume de suivre le party du plus fort.

Le samedy 11ᵉ dudit mois, les Chambres assemblées, M. de Villers, Syndic de la Compagnie, a dit que l'Huissier Molée, qu'il avoit envoyé en Cour pour y porter des lettres de la Compagnie à M. le Prince et à M. de La Vrillière, estoit venu en son logis ce matin, et luy avoit mis en main une lettre de M. le Prince; que luy ayant demandé s'il avoit rendu à M. de La Vrillière celle qu'il luy avoit donnée de la part de la Compagnie, il luy auroit dit ouy, et que M. de La Vrillière ne luy avoit point donné la response, mais qu'il l'avoit donnée de bouche à M. le Conseiller Baudinot, qui estoit chargé de l'aporter à la Compagnie. Ledit sieur Villers a adjouté qu'il n'avoit pas interrogé l'Huissier sur plusieurs choses qui estoient à luy demander, et que, s'il plaisoit à Messieurs de le mander, ils sauroient par sa bouche ce qu'il avoit à dire à la Compagnie, et le reste qui pouroit luy estre demandé.

Ensuitte, il a ouvert et leu la lettre de M. le Prince à la Compagnie, qui porte en substance que la députation, que le Parlement a résolu d'envoyer au Roy et à la Reyne pour le remercier de sa liberté, est une marque de l'afection que la Compagnie a pour luy, dont il est fort obligé à tous, et qu'il en aura du souvenir, et quelques autres complimens après lesquels il vient au refus que l'on faisoit de faire l'arrest dont j'ay parlé cy dessus, et dit qu'il luy semble que Messieurs s'arrestent à chercher des asseurances de la volonté de la Reyne, qui sont évidentes et connues de toute la France par la response qu'elle fit aux gens du Roy du Parlement de Paris que ce Parlement avoit envoyés pour apprendre sa volonté, auxquels elle donna charge d'asseurer leur Compagnie qu'elle avoit esloigné de sa personne le Cardinal Mazarin sans espoir de retour; qu'ensuitte, le Parlement de Paris s'estoit porté avec chaleur à faire arrest en présence de M. le Duc d'Orléans, qui l'avoit approuvé, et qu'après cest arrest la Reyne avoit envoyé M. de Béringhen porter ordre au Cardinal Mazarin de sortir de France;

que, toutes ces choses estans connues, il croyoit que l'on ne différeroit pas davantage à faire cest arrest important au bien de l'Estat.

Ceste lettre leue, M. le Premier Président a dit que l'Huissier Molée estoit venu descendre en son logis avant qu'il fust levé, et luy avoit donné deux lettres: l'une de M. le Prince, l'autre de M. le Conseiller Baudinot; qu'elles seroient leues, si Messieurs le trouvoient bon: elles l'ont esté. Celle de M. le Prince estoit fort courte, et disoit qu'il n'avoit pu comprendre les raisons de Messieurs de la Compagnie, sur les quelles ils se tenoient si fermes à refuser cest arrest; qu'il croyoit qu'après qu'ils auroient considéré ce qu'il leur en escrivoit ils le rendroient, et prioit ledit sieur Premier Président d'y employer sa chaleur, ce qu'espérant, etc....

Celle de M. Baudinot à M. le Premier Président estoit presque en ces termes : « Monsieur, je partis dimanche dernier de ceste ville, par ordre de Son Altesse, pour me rendre en diligence à Dijon affin de contribuer ce qui seroit en moy pour faire l'arrest contre ce Mazarin; je rencontray à la première poste l'Huissier Molée, qui me dit qu'il portoit des lettres à S. A. pour luy faire sçavoir les causes du retardement qu'on aportoit à faire cest arrest, et une à M. de La Vrillière pour sçavoir la volonté du Roy sur ce sujet. Je creus que je debvois retourner icy pour prendre les ordres plus précis de S. A. sur ceste affaire. Je luy présentay les lettres de la Compagnie. Il me dit qu'il en parleroit le lendemain au Conseil à la Reyne. Depuis, le lendemain, il me dit qu'il n'avoit point de response à nous faire par escrit. De là, j'allay chez M. de La Vrillière, qui me dit qu'il en parleroit à la Reyne; et le lendemain, il me dit qu'il n'avoit point de response à nous faire par escrit, et que, M. le Prince estant restably dans ses gouvernemens comme il avoit paru, on debvoit se contenter de sa volonté. Il adjouta que les Parlemens de Bordeaux, Rouen, Thoulouse, qui avoient fait un arrest pareil, n'avoient pas consulté le Roy sur ce sujet ny receu ordre de le faire ; qu'ils n'avoient eu autre connoissance que celle qu'avoit le Parlement de Dijon, qui debvoit se contenter de recevoir la volonté du Roy par M. le Prince ; que ledit sieur de La Vrillière l'avoit chargé de ceste response, mais que comme l'Huissier seroit plus tost à Dijon que luy, parce qu'il ne pouvoit venir en postes qui sont rompues, mais sur mes chevaux à journées réglées, j'ai creu, Monsieur, dit-il, que je debvois vous le faire sçavoir par ce courier pour vous en servir comme vous le jugerez à propos. J'ay beaucoup d'autres choses à vous dire lorsque j'auray l'honneur de vous voir, etc. (1)

Ces lettres leues, on est demeuré d'accord qu'il n'y avoit rien à faire, et qu'il falloit attendre que M. Baudinot de Célore fust arrivé pour faire le récit de ce dont il estoit chargé de la part de M. de La Vrillière, lequel on retiendroit sur le registre.

Ceste lettre découvrit ce que l'on tenoit pour certain, que M. le Prince avoit commandé aux Conseillers du Parlement qui estoient à Paris de retourner promptement à Dijon pour faire l'arrest contre le Cardinal Mazarin. En effect, M. Rigoley, Conseiller aux Requestes, et M. de Thésut-Lens revinrent de Paris, et M. le Procureur général avec eux pour ce seul sujet. L'on connut encore par toutes ces lettres que la Reyne n'avoit pas consenty à cest arrest, et que, si le Secrétaire d'Estat eust agy fidèlement, nous aurions eu un ordre du Roy contraire à la volonté de M. le Prince ; mais comme il craignoit de désobliger M. le Prince en faisant au Parlement une response conforme aux intentions de Sa Majesté, ou de s'engager en un mauvais pas, si par sa lettre il favorisoit l'intention de M. le Prince, il prit cest expédient de faire response verbale, qui fut sans doute

---

(1) Malteste fait ici pour Baudinot de Célore ce que nous avons déjà remarqué qu'il fait pour lui-même lorsqu'il se met en scène : il emploie tantôt la première, tantôt la troisième personne.

suggérée par M. le Prince, et il en chargea M. le Conseiller Baudinot, attaché aux intérests de M. le Prince par son alliance avec M. Lenet, Conseiller d'Estat et créature dudit Prince. Tout cela fut un peu déplaisant aux honnestes gens de la Compagnie, faschés de se voir engagés contre leur gré au party de M. Prince sans estre secourus par ceux qui debvoient se tenir ferme au party du Roy, et chacun déploroit la servitude et la dépendance entière de M. le Prince où nous allions tomber.

Après la lecture de ces lettres, M. le Premier Président, Messieurs Millière et de Gand, Conseillers députés, se mirent au bureau et prirent congé de la Compagnie, avec offres de se servir en général et en particulier.

Le 22 mars, l'on receut la lettre de M. le Prince, qui remercioit la Compagnie en termes fort civils de l'arrest qu'elle avoit rendu contre le Cardinal Mazarin; qu'il tenoit cela pour une marque d'afection en son endroit et un évident tesmoignage de l'amour qu'elle avoit pour le bien de l'Estat, puisque l'on découvroit tous les jours de nouvelles menées du Cardinal, contraires au repos public et au bien de la France.

Le ... du mesme mois, Roux et Vestu, Eschevins d'Autun, ayans comparu suivant l'arrest, et ledit Roux passé le guichet et mis par-devant Commissaire, l'affaire communiquée au Procureur général et veue sur le bureau, on mit les parties hors de Cour et de procès, et néantmoins on les condamna aux despens. L'arrest fut rendu à la Tournelle. Ils disoient en sollicitant qu'en une autre saison ils auroient bien prouvé ce qu'ils avoient mis en leur délibération; que le Comte de Bussy avoit invité plusieurs gentilshommes de signer une procuration pareille à celle dont j'ay parlé cy devant, et qu'il s'estoit fait des assemblées en sa maison; que, Messieurs les Commissaires estans à Autun, ils leur avoient dit le soir qu'ils donneroient des tesmoins, mais que la nouvelle de la délivrance de M. le Prince ayant esté sceue dans Autun le mesme soir, les habitans estoient venus en leurs logis pour leur deffendre de faire ceste preuve par la crainte d'irriter M. le Prince contre leur communauté; que ceste considération leur avoit empesché de prouver ceste pratique connue à tout le pays, et dont ils avoient creu debvoir donner advis à M. l'Intendant, comme d'une affaire qui concernoit le service du Roy et le repos des peuples; qu'ils n'estoient donc ny coupables ny imprudens, et que la conjoncture des tems les rendoit criminels. Un chacun creut facilement ce qu'ils disoient; car l'on avoit des connoissances d'ailleurs qui rendoient ce discours vraisemblable.

Le 2 may, les Chambres assemblées, M. Millotet, Advocat général, a demandé d'entrer, et derrière le bureau a dit qu'au mois de décembre dernier il avoit esté contraint pour obéir aux ordres de M. de Chateauneuf, Garde des Sceaux, d'aporter une lettre patente par laquelle le Roy interdisoit à M. Brulart, Président en ce Parlement, l'entrée du Palais et l'exercice de sa charge; qu'à présent, ledit sieur Brulart luy ayant fait voir un arrest du Conseil du Roy, par lequel il estoit restably dans la fonction de sa charge, il avoit désiré d'en estre le porteur et de le présenter luy mesme à la Compagnie, ce qu'il venoit faire avec joye; et pour ne point retarder la conclusion de ceste affaire et l'enregistrement de cest arrest, il concluoit à ce qu'il pleust à la Cour d'en ordonner l'enregistrement.

Ledit sieur Millotet retiré, cest arrest fut leu, dont l'énoncé estoit fort long et contenait toutes les pièces concernant ceste affaire, et le dispositif n'avoit que deux lignes, sçavoir que le Roy en son Conseil levant l'interdiction portée par lesdites lettres a restably et restablit ledit sieur Brulart en l'exercice de sa charge. Ensuitte il fut ordonné qu'il seroit enregistré. Chacun s'estonna de ce que cest arrest ne jugeoit pas la difficulté de l'affaire, sçavoir si les lettres de dispense obtenues par le sieur Brulart estoient subrepticesou non, et qu'il levoit seulement l'interdiction dudit sieur Brulart.

Le mesme jour, le sieur Bourée, pourveu de la charge de M. de Saumaise, demandant à la Cour qu'il luy pleust luy donner arrest à informer, le sieur Jacob qui avoit traité de l'office de M. Sayve présenta requeste exposant qu'il avoit traité dès longtems dudit office avec ledit Sayve ; qu'il en avoit obtenu des provisions qui avoient esté surprises ; que c'estoit la cause pour laquelle il ne pouvoit présentement les présenter ; demandoit du tems pour le faire, cependant qu'il pleust à la Cour de surseoir de donner audit sieur Bourée arrest à informer, puisque ledit sieur Bourée ne pouvoit luy contester la préséance, ayant les advantages qu'il avoit sur luy en ceste rencontre ; que M. Jacob son père estoit lieutenant en la chancellerie de Semur, et son ayeul maternel enquesteur au mesme bailliage ; que le père de M. Bourée estoit seulement advocat à Beaune ; et par ces raisons demandoit la préséance et tems pour représenter ses provisions qui luy avoient esté surprises.

Ledit sieur Bourée adverty de ceste requeste en donna une par laquelle il dit que ledit sieur Jacob ne disoit pas la vérité lorsqu'il alléguoit que ses provisions estoient scellées et qu'elles avoient esté surprises ; qu'il sembloit qu'il voulust l'en accuser, et que s'il s'estoit ouvert un peu plus il demanderoit réparation de ceste injure, mais qu'il estoit mpossible qu'elles eussent esté surprises puisqu'elles n'estoient pas scellées, dont il avoit une preuve concluante, sçavoir qu'elles avoient esté rebutées au sceau à cause de la procuration surannée, ce qui l'avoit obligé d'en demander une nouvelle à M. Sayve, laquelle fut signée seulement le 21 d'avril, ce qui faisoit connoistre que les provisions ne pouvoient estre scellées, du moins qu'elles n'estoient pas de date antérieure aux siennes.

Les opinions prises, M. Arviset, Raporteur, a dit que M. de Migieux, Président aux Requestes du Palais et beaufrère dudit Bourée, estant venu le solliciter et y ayant trouvé ledit sieur Jacob, il auroit dit qu'en cas que dans huit jours ledit Jacob aportast des provisions antérieures à celles dudit Bourée, ledit Bourée consentoit que ledit Jacob eust la préséance sur luy ; que ce consentement presté par ledit sieur de Migieux luy donnoit sujet de dire qu'il estoit d'advis que l'on donnast l'arrest à informer des vie et mœurs dudit sieur Bourée sans préjudice de la préséance prétendue par ledit sieur Jacob, et qu'on retint sur le registre qu'au cas que ledit Jacob aportast dans huit jours des provisions de date antérieure à celles dudit Bourée, il seroit libre d'examiner pour lors à qui la préséance debvoit estre donnée.

Quelqu'uns de Messieurs, comme Messieurs Le Goux, Berbis, Malteste, Gaigne et autres, croyoient qu'il ne falloit avoir aucun égard à la requeste présentée par le sieur Jacob; qu'il estoit inouy que celuy qui avoit des provisions d'un office fust arresté par celuy qui ne faisoit pas voir qu'il en eust, si ce n'estoit un des fils d'un de Messieurs de la Compagnie auxquels seuls l'on donnoit ce privilége, mais qu'il leur estoit si particulier qu'aucun autre de quelque qualité qu'il fust ne l'avoit jamais obtenu ; et par conséquent ils estoient d'advis de donner l'arrest à informer au sieur Bourée, et par conséquent d'exclure le sieur Jacob de la préséance par luy prétendue. Ils adjoutoient les raisons contenues dans la requeste dudit Bourée, et soutenoient que le consentement presté en présence de M. le Raporteur par M. de Migieux n'estant pas dans leur requeste, laquelle au contraire tendoit à faire débouter ledit Jacob de ses prétentions, il falloit seulement considérer le contenu aux requestes des parties, et non point un consentement extra-judiciel. Il passa à l'advis de M. le Raporteur Arviset.

Le 10 de ce mois, les Chambres assemblées, l'on leut la requeste et les provisions dudit sieur Jacob datées du 26 avril dernier. Sa requeste n'estoit pas conceue aux termes ordinaires, car elles ne doivent contenir autre chose, sinon qu'ayant esté pourveu par le Roy d'un office de conseiller il suplie la Cour de procéder à sa réception. Ledit Jacob avoit adjouté qu'il suplioit la Cour de procéder à sa réception et de luy donner la préséance sur ledit Bourée, et ensuitte avoit étalé toutes les raisons pour lesquelles il prétendoit qu'elle luy debvoit estre adjugée.

Messieurs Maillard, Le Goux, Malteste et Berbis furent d'advis de luy faire retourner sa requeste, parce qu'elle n'estoit pas dans les termes accoustumés, et qu'encore qu'il y eust eu souvent contestation pour pareille préséance, ceux entre qui elles avoient esté formées ne les avoient pourtant jamais demandées par requeste, mais seulement en parloient à Messieurs en les sollicitant, comme estant un droit qu'on ne peut pas s'arroger, ny par conséquent le demander par un libelle, mais bien un rang que la Cour donne en jugeant que l'un doit estre receu sur les raisons qui peuvent servir à l'un et à l'autre.

L'on passa par un expédient pour ne pas perdre ceste assemblée, d'ordonner la communication au Procureur général des provisions dudit Jacob sans préjudice de la préséance, et le Greffier fut commandé de luy dire qu'il retirast sa requeste et qu'il en joignist une autre toute simple à ses provisions.

Ceste affaire conclue, M. le Président Fiot dit que, la veille estant au commissaire, le sieur Barain, commandant au Chasteau, luy avoit aporté un paquet de la part de M. le Prince, dans lequel il luy dit qu'il se trouveroit un arrest du Conseil, dont M. le Prince souhaitoit fort l'exécution ; qu'il le prit en l'asseurant qu'il en parleroit à la Compagnie ; qu'il l'avoit dit à Messieurs qui estoient au commissaire qui avoient jugé que l'affaire debvoit estre remise au lendemain ; que M. le Syndic avoit en main l'arrest, et que s'il plaisoit à la Compagnie l'on en feroit la lecture pour ensuitte délibérer de ce qui estoit à faire.

M. Milletot Syndic s'estant mis au bureau, l'arrest fut leu, lequel énonçoit l'eslection faite à la Saint Jean dernière de la personne de M. Millotet pour Vicomte Mayeur de la Ville de Dijon. L'apellation émise par M. Guillon, Procureur général, fondée sur l'incompatibilité de ces deux charges d'Advocat général et de Maire, et sur les brigues que M. Millotet avoit faites pour parvenir à ceste charge, l'eslection des Eschevins faite en présence de M. de Vendosme par violences et contre les priviléges de la Ville, l'arrest du Conseil qui maintient le sieur Millotet par provision et ordonnoit au Procureur général d'envoyer les motifs de son opposition et plusieurs autres pièces sur lesquelles, et le Procureur général du Parlement ouy, le Roy casse l'eslection de la personne de M. Millotet pour Maire et tous les Eschevins et le Syndic, leur ordonne de remettre les marques de la magistrature, commet deux conseillers du Parlement, Messieurs Millière et Le Goux, pour exécuter cest arrest et pour restablir en la magistrature les Eschevins de l'année 1649; veut qu'estans assemblés ils choississent entre eux un de leur corps pour faire la charge de Maire jusqu'à la Saint Jean prochaine, et que l'ancien Procureur Syndic soit restably; et ledit arrest fait mention d'un autre par lequel Derequeleyne est restably en la charge de secrétaire de la Ville; ces deux arrests en date du 29 avril 1651.

Il y avoit une commission jointe sous le contre scel par laquelle il estoit enjoint au Parlement de tenir la main à l'exécution de cest arrest du Conseil d'en haut donné en présence du Roy et de la Reyne régente, et signé Phélippeaux. La Commission porte encore qu'il sera régistré au Parlement, publié à l'audiance et par les carrefours de la Ville.

Cest arrest leu et les opinions prises par M. le Président Robelin, M. Milletot fut d'advis de communiquer cest arrest au Procureur général.

M. Millière dit qu'ordonner la communication c'estoit donner des parties au Roy; que c'estoit retarder l'exécution de ces arrests; que celuy cy estoit obtenu par le Procureur général contre l'un des Advocats généraux, et que l'autre n'estoit pas à la Ville, et partant qu'il estoit d'advis d'ordonner qu'il seroit exécuté. M. Le Goux dit qu'il ne falloit point de communication et qu'on pouvoit présentement l'enregistrer.

M. Lantin dit qu'il falloit faire deux choses avant d'en ordonner l'exécution, sçavoir de le faire signiffier aux parties intéressées et de le communiquer. M. Perret dit qu'il ne falloit communiquer que l'arrest de provision obtenu l'année passée par M. Millotet, qui ne l'ayant pas esté, celuy cy ne debvoit pas l'estre. M. Berbis dit qu'il y avoit grande différence entre ces deux arrests; que celuy de l'année passée n'estoit point adressé à la Compagnie et que celuy cy l'estoit, et partant qu'il falloit le communiquer.

Il passa à communiquer à un substitut pour délibérer de relevée, toutes affaires cessantes.

Le mesme jour de relevée, les conclusions du substitut Jeannon estans veues, par lesquelles il requéroit que l'arrest fust exécuté, comme l'on vouloit opiner, M. Millotet d'entrer. Quelqu'uns faisoient difficulté et s'opiniastroient à luy refuser l'entrée, mais à la fin il passa qu'on l'entendroit.

Estant donc derrière le bureau, il dit que plusieurs le blasmeroient de précipitation sitost qu'il auroit fait connoistre son dessein qui est de se démettre de la magistrature sur l'advis qu'il a eu par le bruit commun que c'estoit la volonté du Roy; que l'on dira qu'il debvoit attendre qu'elle luy fust connue par les formes ordinaires, et que l'arrest du Conseil qui la contient luy fust signiffié, mais que sans craindre le blasme, il avoit creu qu'estant asseuré par divers moyens que le Roy vouloit qu'il se démist de la magistrature, particulièrement par une lettre de cachet qui luy avoit esté mise en main et adressée aux Procureur et Advocats généraux, il debvoit sans hésiter prévenir la formalité d'une signiffication de cest arrest, et se dépouiller gayement d'un pesant fardeau qu'il n'avoit point recherché, qui luy avoit

esté procuré par les suffrages de treize cens habitans, et
qu'il avoit accepté pour le service du Roy, pour le soulagement du peuple et pour le bien de tous les particuliers;
qu'un chacun sçait combien ceste eslection fut solemnelle,
libre et innocente et par conséquent l'apellation injuste et
mal fondée; qu'il luy auroit esté facile de le faire voir au
Conseil s'il eust esté ouy; qu'il ne vouloit pas combattre
ny deffendre sa place par ceste raison quoiqu'essentielle et
d'une nécessité absolue en toute affaire qu'il vouloit obéir
aveuglément à la volonté du Roy, du moins à cest arrest
qui en porte les marques, pour signaler son obéissance à
tout ce qui vient de sa part, et faire connoistre que l'attachement qu'il a à ceste charge ne vient pas de son intérest.

Ce n'est pas, dit-il, qu'il ne soit d'une dangereuse conséquence, mesme pour le service du Roy et la seureté publique, de préjuger qu'un officier du Roy ne puisse estre
magistrat populaire et que si on en exclut les Advocats gé-
nénéraux, qui ne sont que requérans, l'on donne ássés à
connoistre que Messieurs qui sont juges en doivent estre
exclus à plus forte raison, suivant la pensée et l'intention
de ceux qui ont fait rendre cest arrest; qu'il avoit accepté
ceste charge dans un tems d'orage et de division, à l'exemple de ces excellens hommes du Parlement qui l'avoient
portée si dignement pendant les troubles des guerres civiles; qu'il ne s'en estoit pas acquité si dignement, mais
qu'ayant aporté une bonne et droite intention, des mains
nettes et un esprit sans intérest, il avoit employé son indus-
trie et ses forces dans toutes les rencontres pour servir le Roy
et le public; qu'il avoit ceste satisfaction toute entière, qu'il
n'en estoit pas expulsé pour avoir failly contre le service
du Roy ny pour avoir mal respondu aux espérances des
habitans qui luy avoient donné leurs voix; qu'il estoit certain de l'un et de l'autre et qu'il pouroit en donner des
preuves, s'il ne se réservoit à les dire en un autre lieu plus
public; qu'il diroit seulement à la Compagnie que dans le peu

de tems qu'il avoit esté dans la magistrature il avoit diminué les charges de la Ville de six mille livres de rente; qu'il avoit reconnu les abus et les malversations qui s'y commettoient pendant les magistratures précédentes; que, M. de Vendosme luy ayant fait un présent considérable, il avoit remis à la Ville les effets de ceste libéralité de M. le Gouverneur en son endroit; qu'il estoit contraint de se louer en ceste occasion non pour en tirer vanité, mais pour se conserver son honneur, et qu'il estoit redevable de ce discours véritable à sa réputation; que s'il avoit fait quelque chose pour sa deffense légitime, à quoy il a esté forcé par ses ennemis, il n'a jamais eu la pensée de manquer au respect qu'il doit à la Cour à laquelle il vient rendre ceste defférence de luy remettre sa magistrature, ayant sceu qu'elle avoit ordre de tenir la main à l'exécution de l'arrest du Conseil; qu'à la vérité, il avoit presté le serment de ne la rendre qu'à ceux qui la luy avoient donnée, et qu'il auroit pu demander qu'il luy fust permis de la dépouiller au lieu où il l'avoit prise, mais qu'il avoit préféré la gloire de l'obéissance qui doit estre plus forte comme elle est naturelle; que le serment ne peut subsister s'il ne s'accorde avec le debvoir, et que pour le lieu il n'en peut désirer un plus auguste ny plus remply de majesté; et partant il a suplié un de Messieurs de vouloir recevoir la démission volontaire qu'il fait de la magistrature, laquelle il dépose à la Compagnie pour en disposer comme bon luy semblera, qu'il en auroit aporté luy-mesme toutes les marques s'il avoit pu, mais qu'il a donné ordre qu'elles fussent à la porte du Palais pour les rendre à qui la Cour l'ordonneroit; cependant, qu'il avoit aporté les clefs des tours de la Ville qu'il remettoit sur le bureau pour marque de sa démission.

Ce discours finy, ledit sieur Millotet s'est retiré, et l'on a opiné sur ce qui estoit à faire touchant l'arrest.

M. le Syndic a dit qu'il estoit d'advis qu'il fust exécuté suivant sa forme. M. Bretaigne puisné a esté d'advis de faire très humbles remonstrances, et cependant que l'exécution de l'arrest sursoieroit. M. Le Goux a dit qu'il falloit faire un arrest pareil à celuy du Conseil et prendre occasion de la démission de M. Millotet.

M. le Président Joly a dit qu'il falloit faire valoir ceste démission de M. Millotet qui se dépouilloit librement d'une charge à laquelle il avoit esté appelé par les voix légitimes et ordinaires, et partant estoit d'advis de dire « ayant égard à la démission volontaire dudit Millotet » ordonner que le surplus de l'arrest sera exécuté à l'égard des Eschevins et Syndic.

Comme l'on a repris les voix et que quelqu'uns de Messieurs prenoient l'advis de M. le Président Joly et adjoutoient que cest arrest du Conseil ne seroit ny régistré ny publié en audiance, pour ne pas soufrir ces marques de l'usurpation du Conseil sur l'authorité du Parlement, Messieurs les Syndics, Messieurs Maillard, Bretaigne puisné, Malteste, de La Mare, de Chaumelis, Le Belin, Berbis en estoient, M. Bernardon a dit qu'il ne falloit pas se servir de ces termes *ayant égard*, mais qu'on pouvoit dire : « ouy le sieur Millotet, qui a fait sa démission volontairement derrière le bureau, ordonne que l'arrest du Conseil sera exécuté. »

Après quelques redites, il a passé à cest advis et qu'il seroit leu et publié en audiance et registré ; et néantmoins qu'on retiendroit d'en faire des remonstrances ; et parce qu'il estoit tard, l'on advisa d'envoyer à M. Millotet le greffier de la Cour, pour l'inviter de reprendre la magistrature pour ce soir, ce qu'il fit pour tesmoigner à la Cour le respect qu'il luy portoit.

Le lendemain, 11 mai, Messieurs de la grand Chambre ayant sceu que M. Millotet se trouveroit à l'audiance et parleroit luy firent dire qu'il ne se levast point et qu'il obéist à la Cour. Il se trouva à l'audiance où cest arrest fut publié, et après la lecture il dit : « Messieurs, puisque la Cour m'a defendu de parler, je me tais. » M. le Président Joly luy dit : « La volonté du Roy doit nous suffire. »

Le mesme jour de relevée, Messieurs Millière et Le Goux furent à la Chambre de Ville, pour, suivant l'arrest, remettre en possession les Eschevins de l'année précédente, et assister à l'eslection de l'un d'eux pour Maire le reste de l'année. M. Millière harangua et assés mal; *ineptissime dixit*, comme je l'ay sceu de M. Le Goux.

Les Eschevins restablis et le Syndic, et l'eslection faite de l'Advocat Bourelier pour Maire, ceste comédie violente et tyrannique finit. Les auteurs, qui l'avoient conceue et rédigée en la forme que je l'ay dite, estoient Messieurs Perreau, secrétaire de M. le Prince et Président à la Chambre des Comptes à Paris, M. Lenet et Guillon Procureur général, et surtout M Bouchu, Premier Président du Parlement de Dijon, tous quatre créatures de M. le Prince, et ennemis déclarés et personnels de M. Millotet, tous quatre fort lasches et par conséquent très vindicatifs. Le dernier avoit fourny les mémoires, comme estant le mieux instruit de ce qui s'estoit passé à Dijon et des formes du Palais et des registres.

Le Procureur Derequeleyne, secrétaire de la Ville et destitué par M. Millotet, et l'Advocat Guillaume, Conseil de la Ville et aussi dégradé par l'authorité du sieur Millotet, estans à Paris en ce mesme tems avoient eu sans doute grande part en ceste affaire.

Ces six hommes pourtant n'estoient que les petits forgerons qui travailloient sous l'authorité d'un puissant cyclope ennemy déclaré dudit sieur Millotet, et il est à croire que tous croyoient faire audit Millotet le plus sanglant affront et l'injure la plus signalée qu'il se pust. Il arriva tout au contraire que ledit sieur Millotet s'en moqua par une générosité qui luy est propre et qu'il fait paroistre dans les traverses qui luy arrivent fréquemment; et d'autre costé le peuple a admiré sa vertu, a condamné l'arrest du Conseil.

a reconnu son innocence, et chacun a crié contre la tyrannie et la violence. Ses ennemis furent désarmés par le discours qu'il tint aux Chambres assemblées, et ceux qui en ont ouy le récit ont admiré sa générosité et sa judicieuse résolution. Enfin il est plus glorieux et moins chargé, et l'on peut dire qu'il estoit juste qu'un homme de bien quittast la magistrature en mesme tems que la tyrannie s'est élevée au plus haut point qu'elle ait jamais esté, puisqu'elle a eu le crédit d'avoir pour exécuteur de ses passions le Parlement qui doit estre l'âme de la justice, et pour lieu de son triomphe l'audiance publique où l'on ne doit lire que des volontés du Roy saintes et advantageuses à l'Estat.

Le mercredy 17 dudit mois, M. Bouchu, Premier Président, a dit aux Chambres assemblées qu'il s'estoit estonné que M. Millière, qui estoit de retour de Paris depuis un mois, n'eust pas encore fait la relation de son voyage et rendu compte à la Compagnie de sa députation, si ce n'est qu'il n'ait creu que n'ayant rien fait pour la Compagnie il n'y avoit rien à luy dire. « Il est vray que ledit sieur Millière a dit qu'il avoit attendu mon arrivée, croyant qu'ayant esté le chef de la députation, c'estoit aussy à moy à vous en rendre compte; puisqu'il l'a voulu ainsy, je vous diray que nous partismes d'icy, Messieurs Millière, de Gand et moy, le 13 mars dernier; les chemins estoient mauvais et la saison si fascheuse que nous ne pusmes arriver que le 22. Ce mesme jour nous vismes M. le Prince en particulier, duquel, estans députés de ceste Compagnie, nous fusmes receus favorablement; dez le lendemain nous cherchasmes le moyen de saluer le Roy et la Reyne et nous nous informasmes du jour auquel il leur plairoit de nous ouyr. Ce ne put estre avant la feste de l'Annonciation, à cause de l'incommodité de la Reyne qui fit sa première sortie de la chambre, depuis son retour de Bordeaux, la veille de ceste feste. Or, ce jour estant donné à la dévotion, nous ne pusmes saluer leurs Majestés avant le 26 de mars.

« Ce jour, estans allés au Palais Royal et pensans que leurs Majestés nous écouteroient dans la chambre où elles ont coustume de recevoir les députés du Parlement de Paris, nous demeurasmes quelque tems dans l'antichambre de la Reyne attendans M. de la Vrillière qui debvoit nous introduire, lequel estant arrivé nous fusmes introduits en la chambre de la Reyne où le Roy se trouva présent dans une chaise. Nous fismes nostre compliment à leurs Majestés et leur tesmoignasmes la joye de ceste Compagnie au sujet de la liberté rendue à M. le Prince, laquelle avoit resjouy toute la Ville de Dijon qui en avoit rendu des tesmoignages. Nous ne jugeasmes pas à propos de parler des deux autres chefs de nostre députation. Nous fusmes receus de la Reyne assés favorablement.

« Le lendemain nous saluasmes M. le duc d'Orléans, et un jour après M. le Prince.

« J'oubliois à dire que nous parlasmes à la Reyne des calomnies et mauvais bruits que l'on avoit fait courir contre les fidèles serviteurs du Roy qui sont en ceste Compagnie et dans la province, et qu'il n'y en avoit aucune plus attachée à son service.

« Nous vismes ensuitte M. de Chasteauneuf auquel nous avions dessein de faire connoistre et au Conseil du Roy aussy la malice des ennemis de ceste Compagnie; mais la Reyne luy ayant osté les sceaux le lundy saint pour les donner à M. Molé, Premier Président du Parlement de Paris, nous projetions de le voir; mais cela n'ayant guère duré, et les sceaux ayans esté rendus à M. le Chancelier Séguier, nous l'avons salué de la part de la Compagnie.

« Que n'ayant eu (1) jusqu'à ce moment là le tems de faire aucune affaire, et dans le moment qu'ils pensoient y travailler, ils receurent une lettre de Messieurs les Syndics

---

(1) Malteste, suivant son habitude, reprend ici son récit en employant la troisième personne.

qui portoit qu'ayans rendu les debvoirs au Roy et à Messieurs les Princes, ils pouroient retourner quand bon leur sembleroit, la Compagnie ne jugeant pas que les affaires qu'elle avoit en Cour méritassent un plus long séjour ; que pour luy, il avoit finy son séjour à Paris comme député dez le lendemain des complimens faits, et que, ceste lettre de Messieurs les Syndics receue, M. Millière se disposa à partir ; qu'il voudroit que leur voyage eust esté plus utile, mais qu'il n'avoit pu faire davantage ; qu'il croyoit estre obligé de dire que l'on escrivoit beaucoup de choses à Paris et de Paris en ceste Ville, dont il craignoit que les suittes ne fussent fascheuses ; par exemple, ce qu'on avoit mandé, *que l'on avoit bu à la santé du nouveau Gouverneur, fust-il le diable* ; si cela est vray, je m'en raporte, dit-il ; si cela n'est pas, il ne le faut pas soufrir, ny de pareils discours non plus que ce que l'on dit qui s'est fait dans une maison de ceste Ville où l'on a poignardé le portrait de M. le Prince défunt. »

Ce discours finy, M. le Président Robelin a remercié de la part de la Cour M. le Premier Président de la peine qu'il a eue et du zèle à servir la Compagnie ; ensuitte l'on a fait arrest à informer des discours cy-dessus.

« Ce jour 23 dudit mois écheut dans les féries de la Pentecoste, et pour ceste raison M. le Premier Président ayant demandé Messieurs pour s'assembler en sa maison et s'y estans trouvés au nombre de trente, il dit qu'il avoit receu par le courier, ou par le Commandant du chasteau une lettre de M. le Prince pour la Compagnie, laquelle fut leue et portoit en substance que les raisons qui avoient obligé la Reyne au changement de Gouverneur de la Guienne l'avoient aussy porté à se démettre de celuy de Bourgogne, pour prendre celuy de la Guienne pour par ce moyen appaiser les peuples et mettre le repos dans l'une des plus considérables provinces du royaume ; qu'encore que par ce moyen les affaires de la province ne fussent plus entre ses mains, il conserveroit néantmoins l'intention de servir la Compagnie en général et en particulier. M. le Premier Président dit qu'il en avoit reconnue par laquelle il luy commandoit d'asseurer tous ses amis de la Compagnie de sa protection et de son service; qu'il croyoit que nous estions du nombre et par conséquent que ce compliment s'adressoit à nous. Cela fait, on résolut que Messieurs les Syndics escriroient à M. le Prince une lettre de civilité responsive à celle que l'on venoit de lire.

Ensuitte on leut un arrest fait par Messieurs servant au comissaire contre les désordres des gens de guerre, dont je n'ay pu retenir la teneur, n'en sçachant par précisément les termes; mais c'est une pièce publique facile à recouvrer.

Le 14 juin de la mesme année, M. Millière raporta à la Tournelle une requeste des habitans d'un village appelé Chalmoux et autres circonvoisins proche de Bourbon Lancy, par laquelle ils exposoient que plusieurs Compagnies du ré giment de Conty, autrement de Bourgogne, faisant le nombre de quatorze cens hommes, avoient logé dans leurs paroisses sans ordre du Roy ny attache du Gouverneur, et que non contens de vivre à discrétion ils avoient pillé les maisons, tué tout le bestial, bruslé les meubles et les maisons, violé les femmes et tué les hommes, demandoient qu'ils en fust informé et que faisant droit sur procès verbal joint à leur requeste dressé par le juge de Bourbon, il pleust à la Cour faire arrester les chefs de ces troupes qui debvoient passer par Dijon. Plusieurs furent d'advis de leur accorder les fins de ceste requeste, et presques tous Messieurs se trouvèrent présens; néantmoins on creut qu'il valoit mieux assembler les Chambres puisqu'il falloit pourvoir à l'exécution des arrests faits ès Chambres assemblées.

L'on envoya pour ce sujet à la grand Chambre M. Millière, qui raporta que Messieurs de la grand Chambre ne croyoient pas qu'il fust nécessaire de s'assembler, que l'arrest contre les gens de guerre estoit fait, qu'il ne falloit que l'exécuter. M. Millière ayant raporté ceste response à la

Tournelle, l'on dit que ce n'estoit pas assès qu'il y eust un arrest fait, qu'il falloit pourvoir en exécution sur la capture des officiers et pour cela qu'il falloit mander le Maire et le Syndic, armer dix dizaines et se saisir des commandans, que cela debvoit estre fait par arrest des Chambres assemblées pour estre plus solemnel.

L'on renvoya pour une seconde fois M. Millière, qui raporta à la Tournelle que Messieurs de la grand Chambre avoient dit qu'il estoit tard, que l'affaire ne pressoit pas et qu'on pouvoit la remettre à l'après disné. Messieurs de la Tournelle respondirent qu'il n'estoit pas trop tard; que souvent l'on estoit demeuré au palais jusqu'à midy pour des affaires de petite conséquence au prix de celle qui se présentoit, laquelle d'ailleurs estoit pressée en ce que ces troupes estoient attendues ce soir et qu'il falloit du tems pour délibérer et pour mettre à exécution l'arresté.

L'on renvoya donc une troisième fois M. Millière, lequel raporta que M. le Premier Président estoit opiniastré à ne la donner que l'après disné, et sur cela chacun se sentit offensé de ce procédé injurieux en ce que l'on ne refuse jamais l'assemblée à deux de Messieurs qui la demandent, bien moins à une Chambre entière; et sur cela l'on prit la résolution d'y aller.

L'on y alla et on trouva les sièges vuides; tous s'estoient retirés, à la réserve de deux ou trois qui dirent que M. le Premier Président se retirant avoit dit que Messieurs feroient ce qui leur plairoit, mais que pour luy il avoit affaire et estoit contraint de sortir; et sur cela estoit sorty, et après luy la pluspart estoient sortis. Messieurs des enquestes furent mandés et ayant pris leurs places, M. le Président Fiot servant en la grand Chambre estant entré et ayant ouy les plaintes de Messieurs de la Tournelle, il dit que l'on n'avoit pas rompu l'assemblée par mespris, mais parce que l'on ne croyoit pas l'affaire pressée et que l'heure estant tardive l'on pouvoit la remettre à la relevée. La Compagnie eut pu en

maintenant son authorité pourvoir à tout sans attendre la grand Chambre, mais pourtant l'on prit l'advis de modération et l'on remit l'assemblée à l'après disné. Plusieurs furent d'advis de tesmoigner à Messieurs de la grand Chambre qu'ils n'avoient pas deu agir de la sorte et qu'ils ne pouvoient refuser l'assemblée.

Le mesme jour, à la grand-Chambre l'on présenta un arrest du Conseil pour en demander l'exécution. Il portoit que l'on procéderoit à l'eslection d'un Maire à la manière accoustumée, autre toutefois que le sieur Millotet, Advocat général, et que les habitans qui ne payeroient pas 4 francs de taille tous les ans seroient exclus de donner leur voix.

Cest arrest avoit esté sollicité par les ennemis du sieur Millotet, dont le principal et capital estoit M. le Premier Président; de dire précisément qu'il l'eust sollicité, je ne puis, mais il est certain que le Procureur Derequeleine estoit allé à Paris pour ce sujet, et que M. Millière Conseiller et l'un des commissaires nommé par ledit arrest, cousin germain de M. Bouchu, Premier Président, avoit envoyé à M. le Prince les procès verbaux dressés par luy et par M. Le Goux, ensemble diverses requestes des nouveaux magistrats et des responses de M. Millotet, outre que l'on sçait l'animosité de M. le Premier Président contre M. Millotet, et son esprit vindicatif; et l'on ne présumoit pas qu'une telle affaire eust pu s'entreprendre sans le luy avoir communiqué. Or cest arrest estoit impertinent, car le vœu énonçoit l'arrest du Conseil qui avoit cassé l'eslection de M. Millotet, ensuitte les procès verbaux de l'exécution, le refus de M. Millotet de restituer les clefs qui estoient demeurées chés luy, et par ces raisons le Roy vouloit en exécutant sondit arrest qu'il fust procédé à l'eslection d'un nouveau Maire et des Eschevins à la manière accoustumée d'une personne capable, autre toutefois que le sieur Millotet. Et parce que les vignerons d'ordinaire faisoient le Maire, ce qui n'est pas juste, le Roy veut conformément à un arrest de 1611, que ceux qui ne paieront pas 4 francs de taille par an, soient exclus de donner leur voix.

L'on ordonna l'enregistrement dudit arrest, quoique deux de Messieurs demandassent l'assemblée des Chambres pour y opiner.

Le mesme jour de relevée, les Chambres assemblées au sujet des désordres commis par les gens de guerre, M. Millotet demanda d'entrer. Estant derrière le bureau, il dit que l'on avoit veu le matin deux arrests dont l'un ostoit son bien et l'autre son honneur; qu'il ne vouloit point parler du premier puisqu'il mesprisoit ses biens et qu'il vouloit courir au plus important et à celuy qui attaquoit son honneur. Et ensuitte il fit un long discours fort élégant dans lequel il remonstra l'injustice de cest arrest qui ne pouvoit estre fondé que sur les défauts de la personne ou sur l'incompatibilité de sa charge d'Advocat général; que le premier moyen désiroit une preuve de ses crimes et de ses malversations, que le second estoit ridicule en ce que c'estoit exclure par ce moyen tous les officiers du Parlement; que cest arrest luy estant injurieux, il ne pouvoit croire qu'il provinst du propre mouvement du Roy, qu'il falloit attendre qu'il fust esleu pour déclarer l'incompatibilité, et que d'avoir prononcé par advance, c'estoit une marque d'une partie très animée; qu'il requéroit qu'il pleust à la Cour ordonner au Procureur général de nommer qui estoit la partie, affin qu'il pust se pourvoir. Il dit de plus que cest arrest au chef de ceux qui auroient voix estoit injuste en sa nouveauté, et que s'il subsistoit, ce seroit inutilement que l'on auroit traitté les Procureurs et enharré leurs voix, puisque la plupart d'eux ne payoient pas 4 francs de taille.

Ce discours finy, et ledit Millotet retiré, l'on commença à s'eschauffer sur le sujet de la Mairie. La Compagnie estoit partagée, les uns tenant pour le Premier Président, les autres pour le sieur Millotet; de sorte qu'il se fit grand bruit, chacun soutenant son party tumultueusement.

Il arriva pendant ce tintamarre que M. le Président Robelin dit qu'il falloit informer des brigues et que tous Messieurs Présidens et Conseillers debvoient se purger par sermens qu'ils n'avoient pas brigué. M. le Premier Président dit qu'il le falloit, et puis parlant à M. Robelin il dit : « Il est vray que j'ay mandé une vingtaine de Procureurs, et les ay invités de donner leurs voix à M. de Frasans. » Sur ces mots, ledit sieur Président Robelin dit : « Messieurs, il ne faut point informer des brigues, voilà M. le Premier Président qui avoue avoir brigué. » — « Cela est faux, » repartit le Premier Président, et s'en vint au bureau où il demanda justice des paroles tenues par M. le Président Robelin, qui l'accusoit calomnieusement de briguer. Il avoua qu'il avoit mandé des Procureurs, lesquels il avoit invités de donner leurs voix à M. de Frasans, qui estoit son parent et son amy.

Sur cela, grand bruit. M. le Président Robelin se leva de sa place et se mit au bureau, et dit qu'il apeloit brigue ce que M. le Premier Président avouoit avoir fait ; et, s'estant retiré, il rencontra ledit sieur Premier Président dans la gallerie de la Tournelle, qui luy dit : « Vous avés brigué vous mesme. » « Cela est faux, » luy dit le Président Robelin. Sur ces paroles, M. le Premier Président leva la main pour frapper ledit sieur Président Robelin. Il se rencontra quelqu'un qui se mit entre eux deux.

M. le Président Robelin en vint faire plainte, mais le bruit estoit si grand qu'il ne fut pas entendu, et n'ayant pu obtenir audiance, sa colère s'appaisa et il reprit sa place.

Ce tumulte appaisé, il en recommença un autre. Le sujet fut que M. Le Goux ne put soufrir que l'on eust envoyé à Paris les procès verbaux dont j'ay parlé sans luy en avoir parlé ; il assura la Compagnie qu'il n'en avoit rien sceu et qu'il ne l'auroit pas voulu faire sans en advertir la Compagnie ; qu'il s'estoit enquis du commis à la magistrature si c'avoit esté par son ordre, lequel l'avoit assuré que non ; qu'il ne sçavoit qui ce pouvoit estre, mais qu'il pouvoit asseurer qu'il ne l'avoit pas fait. M. Millière parla pour se justifier, et dit qu'il sembloit que M. Le Goux vouloit l'insimuler (1) d'avoir envoyé ces procès verbaux; qu'il ne l'avoit point fait et n'en avoit envoyé aucun; qu'il estoit vray qu'il avoit receu deux lettres de M. le Prince au sujet de cest arrest, et que faisant response il luy avoit mandé la désobéissance de M. Millotet; que M. le Prince par sa lettre du 5 juin luy avoit rescrit qu'il feroit bien obéir M. Millotet, mais qu'il n'avoit envoyé ny requestes ny procès verbaux.

M le Premier Président dit que quiconque les avoit envoyés avoit fort bien fait. Sur cela il s'éleva une huée de plusieurs, disant que cela ne valoit rien; que c'estoit faire injure à la Compagnie et à M. Le Goux et qu'il falloit pénétrer ceste affaire. Ce bruit dura assés longuement. M. Le Goux se mit au bureau, raconta ce qu'il avoit fait en exécutant cest arrest et demanda que sa déclaration fust retenue. A la fin, après beaucoup de bruit, chacun reprit sa place.

M. le Premier Président ayant opiniastré qu'il falloit commencer par les désordres des soldats, les opinions furent prises sur ce sujet. Il y eut diversité d'advis, mais ce ne fut pas à faire un arrest général, car chacun demeuroit d'accord et d'y mettre toutes les clauses qui pouroient s'imaginer pour réprimer ceste licence, à la réserve de permettre aux communes de s'armer. Le Premier Président ne voulut pas consentir à ceste clause, mais quant à la requeste particulière, dont j'ay fait mention; plusieurs estoient d'advis de donner prise de corps contre ceux qui estoient dénoncés audit procès verbal, et outre ce d'arrester deux ou trois des chefs pendant huit jours, cependant que les troupes sortiroient de la Province. Ny M. le Premier Président, ny l'Intendant ne vouloient ceste dernière clause; néantmoins il

---

(1) L'accuser, du latin *insimulare*.

passa. C'estoit à M. Millière raporteur de faire retenir l'arrest suivant son advis, à quoy il en avoit passé, sçavoir d'arrester comme j'ay dit deux ou trois des commandans.

Le jeudi 15 dudit mois, M. Millière a dit qu'il avoit envoyé dez les quatre heures deux huissiers, pour arrester prisonniers les dénommés dans le procès verbal, qui luy avoient raporté que lesdits capitaines s'estoient retirés dez hier au soir au chasteau avec leurs bagages. Messieurs de la Tournelle se sont moqués de son procédé et luy ont dit qu'il falloit user d'une plus grande diligence, *que c'estoit prendre les lièvres au tambour;* et on luy a demandé s'il avoit fait arrester deux chefs pour respondre des désordres. Il a dit que non et que cela n'estoit pas dans le retenu de l'arrest. Tous Messieurs ont dit au contraire que si.

Sur cela, grand bruit dans la Tournelle. Ledit sieur Millière avoit esté commis par le Premier Président et M. Jaquot avec luy, pour ensemble tenir la main à l'exécution dudit arrest, concernant les désordres des gens de guerre, ces deux hommes choisis par le Premier Président pour ne rien faire, car ce sont personnages despendant de luy et attachés à ses volontés. Ils s'acquittèrent fort bien de ceste commission, car ils soupèrent chés M. Millière avec l'Intendant, et ils résolurent, à parler suivant les apparences, de donner loisir à ces commandans de se retirer au chasteau, et par ainsy esluder la justice et rendre l'authorité de la Cour ridicule; et tout cela se faisoit pour complaire à M. le Premier Président, qui ne vouloit pas qu'on punist des soldats, parce qu'ils estoient des troupes de M. le Prince.

C'est un grand malheur pour une Compagnie, voire mesme pour une Province, lorsque le chef d'un Parlement n'est point afectionné au bien public et qu'il préfère les intérests des Grands à la justice, parce qu'il est presque impossible qu'un Parlement fasse bien quand le chef n'agit pas en homme d'honneur; car, encore qu'il ne doive pas estre le maistre, si est ce qu'il l'est fort souvent, et quand il ne le seroit pas, il a tousjours une très grande authorité par l'attachement que les uns ont à la pratique qu'il distribue, les autres par une douceur naturelle qui ne veut point se commettre, et d'autres par respect des puissances à la Cour, qui sont les apuis du Premier Président, comme de M. le Prince qui est le créateur dudit sieur Bouchu. C'est ceste grande authorité qui le rend fort dans le Palais, car de soy il est hai à cause de son humeur altière et violente et de son incivilité grossière, ce qui dégouste tout ce qui est de généreux dans ceste Compagnie d'estimer cest homme qui est réduit à prendre pour ses amis intimes les moindres de la Compagnie et les plus chétifs hommes de la Ville, tous gens ou partisans ou dévoués à M. le Prince, et au reste ignorans et en mauvaise estime.

Je sens bien que l'on dira que je parle avec passion et que je fais assés connoistre que je ne suis pas son amy. Je responds à cela que je ne suis pas son ennemy, ny son intime; j'ay tousjours eu inclination à l'honnorer, et si j'avois creu pouvoir nouer une amitié ferme avec luy, je l'aurois fait, et il ne m'auroit pas esté difficile; mais, ayant reconnu qu'on ne pouvoit estre son amy qu'en suivant en toutes rencontres ses sentimens, j'ay jugé qu'aimant ma liberté je ne debvois pas me mettre en peine de faire un amy que je courois risque tous les jours de perdre en opinant à ma place. C'est ce mesme amour de la liberté et le debvoir de ma conscience qui m'ont fait commettre souvent avec luy en prenant des advis contraires aux siens, et de ceste fréquente contradiction est née une indifférence entre nous qui ne m'empesche pas de le visiter quand je dois et qui ne sauroit suffire pour le faire déclarer mon ennemy, et Dieu me garde de luy vouloir du mal. Je suis ennemy de la tyrannie qu'il a establie, je ne sçaurois soufrir qu'il s'attire toute l'authorité qui doit estre dans le corps.

Et qui pouroit s'empescher d'avoir propension pour M. Millotet qui est le but de la vengeance enragée de cest

homme et sur lequel il est acharné; il faut pour n'en avoir aucun sentiment estre passionné comme luy. Ce n'est pas d'autre costé que j'excuse le procédé de M. Millotet; il a souvent un zèle indiscret, il manque de prudence, il croit à la passion qu'il a còntre le Premier Président, mais il n'est pas méchant. Ce n'est pas un homme d'une malice noire, mais d'humeur à suivre légèrement les mouvemens d'une passion qui se termine à dire un bon mot, ou chés luy ou derrière le bureau. Et pour confirmer que si j'ay de la passion, elle ne me fait pas dire des choses fausses, c'est que je ne vois personne qui n'en dise autant et qui n'ait les mesmes sentimens que ceux que j'escris sur ce papier pour me conserver le souvenir des choses qui se passent dans le Palais pendant une saison la plus fascheuse et la plus difficile qui se puisse éprouver et qui ait esté sentie en France de mémoire d'homme vivant.

Ensuitte, l'on a tenu l'audiance à la grand-Chambre où l'on a publié l'arrest du Conseil dont j'ay parlé. Quelqu'uns vouloient assembler les Chambres avant l'audiance pour donner sujet à M. Millotet de former opposition à la publication de cest arrest, mais Messieurs de la grand-Chambre se sont pressés de monter à l'audiance et ont remis l'assemblée à l'issue.

J'ay appris qu'à l'audiance l'on avoit leu l'arrest du Conseil; que M. Millotet avoit voulu se lever et parler; que M. le Premier Président, après avoir pris les voix, luy avoit dit : « Advocat général, pourvoyez vous au Roy, pour le sujet de vostre opposition; » ensuitte de quoy un advocat nommé Calon, intime amy dudit sieur Millotet, et pour tascher d'arrester la publication de cest arrest, a dit qu'il s'opposoit de la part des habitans intéressés, qu'il en déduiroit les moyens s'il y avoit une partie qui l'ouyt, et qu'il prioit la Cour de le recevoir ou de luy en donner acte. M. le Premier Président s'estant levé et ayant pris les opinions, l'on a ordonné que cest advocat seroit ouy par devant M. Jaquot à l'issue de l'audiance pour représenter la procuration qu'il avoit des habitans. Il a esté ouy; je ne sçais point encore ce que contiennent ses responses.

A l'issue, les Chambres assemblées, M. Millotet est venu se plaindre de la publication de l'arrest et particulièrement de ce que M. le Premier Président, son ennemy capital, avoit prononcé l'arrest par lequel la Cour a ordonné la publication de celuy du Conseil; et s'est plaint de ce que la Cour n'avoit pas pourveu sur l'opposition par luy formée la veille aux Chambres assemblées.

Ledit sieur Millotet retiré, l'on a pressé de faire mettre en délibération ceste affaire. M. le Premier Président en a fait refus et a dit que la grand-Chambre y avoit pourveu et que ce n'estoit point une affaire de la connoissance des Chambres assemblées. Messieurs de la Tournelle ont soutenu le contraire avec grande chaleur. Après un grand bruit, il a fallu cesser parce que le Premier Président n'a point voulu mettre en délibération aucune chose concernant ceste affaire.

Sur cela, M. le Procureur général a demandé d'entrer; estant derrière le bureau, il a dit qu'il requéroit qu'il fust informé des brigues et monopoles qui se faisoient pour ceux qui aspirent à la magistrature. M. Quarré, Advocat général, a demandé aussy d'entrer et a requis qu'il fust informé des propos séditieux tenus par les soldats contre le respect deu au Roy. La contestation estoit si grande entre Messieurs, qu'on ne songea pas à opiner sur ces réquisitions. La Compagnie estoit divisée en deux parties, de sorte que chacune estoit eschauffée et s'attachoit à son voisin pour crier et soutenir son party. A la fin, il fallut se séparer et l'on leut une requeste de M. Millotet contre M. le Premier Président, ce qui obligea les parens de l'un et de l'autre de se retirer; mais auparavant l'on fit grand mouvement pour faire arrest par lequel on excluoit Frasans de la Mairie pour ceste année.

Ceste proposition avoit pour but le repos de toute la Ville, car M. Millotet exclu par un arrest du Conseil ne se rendoit pas et vouloit estre Maire parce qu'il ne pouvoit souffrir que Frasans le fust, et sans doute M. Millotet auroit pu se faire nommer nonobstant cest arrest; le peuple estoit pour luy et il est constant qu'il avoit plus des trois quarts des suffrages de la Ville. Il luy estoit donc facile ou de se faire ou de faire qui bon luy sembleroit. Il ne vouloit pas quitter la poursuitte pour soy mesme, que le sieur Frasans advocat ne la quittast. Pour l'y obliger, ceux du Parlement qui aimoient la paix se portoient à en exclure le sieur Frasans par un arrest. M. le Premier Président s'opposoit à cest arrest et soutenoit qu'il falloit auparavant informer des brigues, et puis sur l'information faire l'arrest d'exclure. L'on disoit au contraire qu'il ne falloit point d'information, parce qu'on ne vouloit pas exclure ledit sieur de Frasans pour raison de brigues, mais pour éviter le désordre dans la Ville et une sédition; que le party de M. Millotet, qui estoit très fort, ne consentiroit point à l'eslection de M. de Frasans, et par conséquent qu'il estoit à craindre que l'on en vinst aux mains. M. le Président Fyot, parent de M. de Frasans, proposa de remettre ceste délibération au lendemain, et que cependant il verroit ledit sieur de Frasans et tascheroit de luy faire quitter la pensée de la magistrature. L'on remit au lendemain.

Le 16 dudit mois, l'on a proposé à la grand-Chambre de faire arrest touchant les brigues, les monopoles et les paroles séditieuses. M. Maillard a dit qu'il falloit pour cela assembler les Chambres. M. le Premier Président a fait refus de les assembler et a commencé à prendre l'advis de M. le Doyen.

M. Maillard s'est mis au bureau et a dit qu'il demandoit l'assemblée des Chambres et s'en alloit à la Tournelle en advertir Messieurs. Il y est venu, et sur le récit qu'il y a fait l'on a envoyé le Syndic de la Tournelle à la grand Chambre demander l'assemblée. M. de Villers Syndic y est allé, et M. le Premier Président l'a refusée, ce qu'estant raporté par M. de Villers, Messieurs de la Tournelle sont allés prendre leurs places à la grand-Chambre, et ont mandé Messieurs des enquestes.

L'on n'a pas esté assis que le bruit a commencé, que de Frasans seroit maire, qu'il ne le seroit pas. Après quelques légères contestations, chacun ayant fait silence, M. le Président Fiot a dit que le sieur de Frasans avoit eu peine à donner les mains et de quitter la poursuitte de la magistrature parce que ses amis l'y avoient engagé et qu'il sembleroit qu'il le fist par crainte de n'y pas réussir, et néantmoins que, ses amis l'ayant trouvé bon, il déclaroit qu'il se départoit de la pensée de la magistrature pourveu que M. Millotet en fist autant. Sur cela, chacun a dit que ny l'un ny l'autre ne le seroient, et l'on a proposé d'assembler les amis de part et d'autre pour chercher un homme qui fust agréable au deux partis et que l'on pust faire Maire. L'assemblée a finy sur ceste proposition que ceux du party de Frasans ont agréée parce qu'ils n'espéroient pas de pouvoir faire un Maire par la pluralité des suffrages; et ceux du party du sieur Millotet parce qu'encore qu'ils pussent faire Maire M. Millotet, du moins le faire eslire par le plus grand nombre de voix, néantmoins ce n'auroit pu estre sans grand bruit et sans causer un grand tumulte de choisir un autre zélé de leur party qui voulust l'estre et soufrir la contradiction du party contraire; ils n'en trouvoient point qui voulust s'embarasser contre une faction dont le Premier Président estoit le chef, et ils jugeoient qu'il estoit plus advantageux d'en trouver un à qui ils se fieroient et qui ne dépleust pas au party contraire, et ils croyoient que M. de Frasans accepteroit quelqu'un de ceux qu'ils nommeroient puisqu'il verroit bien que, le rebutans, M. Millotet estoit assés puissant pour le faire eslire malgré qu'il en eust.

Or, l'origine de ces deux partis vient de la persécution de M. le Prince contre Messieurs Millotet et Quarré Advocats généraux en faveur de M. Lenet, Procureur général. M. le Premier Président suportoit M. le Procureur général à cause de M. le Prince. Les Advocats généraux estoient au désespoir de se voir persécutés avec tant d'injustice, et de perdre leurs charges par la violence d'un Prince et l'injustice du Premier Président qui exécutoit aveuglément ce que le Procureur général obtenoit au Conseil pour le règlement des charges du parquet. Les Advocats généraux ne pouvoient se venger contre M. le Prince; ils n'avoient aucune occasion de le faire contre le Premier Président, lorsque les brouilleries de Paris arrivèrent en 1648.

Ce fut pour lors que commença d'éclater leur animosité; la division se mit dans la Compagnie, les uns favorisant les desseins du Parlement de Paris, les autres ceux des Ministres. Ces divisions formèrent les deux partis, celuy du Premier Président qui estoit pour les Ministres et celuy des Advocats généraux qui estoit pour la juste liberté des peuples. Ils s'augmentèrent pendant la guerre de Paris en 1649; ils éclatèrent hautement en 1650, au temps où M. le Prince de Condé fut arresté prisonnier, et s'eschauffèrent de telle sorte qu'il n'y avoit personne dans la Ville qui n'eust pris party. M. le Prince estant en liberté eschangea le Gouvernement de Bourgogne avec celuy de Guienne. Cest eschange rendit le courage au party de M. Millotet qui forma le dessein d'estre Maire par l'apréhension que M. de Frasans ne le fust, parcequ'il estoit du party de M. le Prince qui avoit grand crédit en Bourgogne nonobstant l'eschange des Gouvernemens et qui estoit encore maistre du chasteau de Dijon, ce qui obligeoit M. Millotet et ses amis de dire qu'ils ne seroient pas en seureté dans la Ville si le chasteau estoit à M. le Prince et s'ils soufroient que l'on esleut un Maire de ce party là qui seroit par conséquent leur ennemy capital.

D'autre costé, M. le Premier Président voyant ce changement de Gouverneur, ne sçachant en quelle posture il seroit dans l'esprit du nouveau Gouverneur, et croyant avec vraisemblance qu'il se serviroit des conseils de ceux du party de M. Millotet, il ne vouloit pas mettre en leurs mains la magistrature craignant leurs violentes passions. Voilà en sommaire la source des divisions de ceste Ville.

Comme l'on estoit dans les apréhensions de tumulte au sujet de l'eslection du sieur de Frasans, il arriva le 17 de ce mois par le courier ordinaire une lettre de cachet par laquelle le Roy faisoit sçavoir aux Maire et Eschevins de la Ville qu'il vouloit qu'on procédast en l'eslection du Maire suivant les formes ordinaires, et qu'on fist choix d'une personne capable, autre toutefois que les sieurs Millotet et Frasans. Ceste nouvelle fut publique dez le jour mesme. Il y en eut grande joye parmy ceux du party de M. Millotet, et l'on tenoit qu'elle avoit esté obtenue par M. le duc d'Espernon, nouveau Gouverneur de Bourgogne ; en effect ce fut son secrétaire qui estoit pour lors à Dijon qui la receut et qui la rendit au commis de la magistrature.

Je ne mets pas icy l'eslection du Maire faite le 20 juin, ny ce qui s'y passa, parce que c'est une affaire détachée de ce qui se passe dans le palais dont j'escris le journal; néantmoins, je suis obligé d'en dire deux mots pour l'intelligence de ma matière principale. Les sieurs Millotet et Frasans estans exclus, ceux du party de M. Millotet cherchoient un homme qui leur fust affidé et qui fust agréable au peuple. Ils jettèrent l'œil sur M. Malteste, ancien advocat au Parlement, de grande réputation et d'une probité et prudence reconnues. Il estoit l'amy de Messieurs Millotet, Quarré et autres de mesme party, et estoit engagé dans leur amitié par M. Malteste, Conseiller au Parlement, son fils, intime amy de M. Quarré. D'autre costé, M. le Premier Président voyant l'exclusion de M. de Frasans proposa M. Bourelier, advocat au Parlement, homme d'honneur et d'esprit, mais bien au dessous de la réputation du premier. Il arriva que tous deux se déclarèrent en mesme tems et à mesme heure ; M. Malteste ne vouloit que prester son consentement sans se donner la peine de rechercher la magistrature, mais ayant appris que M. le Premier Président duquel il n'estoit pas bon amy briguoit ouvertement pour Bourelier, il creut, s'estant déclaré, qu'il y alloit de son honneur; de sorte qu'il commença à se faire voir, et il réussit si bien que le lendemain le sieur Bourelier fut contraint de céder.

Cecy arriva les 18 et 19, deux jours avant l'eslection auquel jour le sieur Malteste fut esleu par les suffrages de dix huit cens soixante habitans, lequel nombre ne s'estoit point rencontré jusquà présent aux eslections précédentes.

Ceste eslection pacifia la Ville, et, comme il n'y avoit rien à dire en la personne du Maire esleu, il arriva que les deux partis demeurèrent en paix quoique celuy de M. le Premier Président eust du déplaisir de ce qui s'estoit passé, et que celuy de M. Millotet eust d'abord quelque reffroidissement pour le Maire qu'ils avoient désiré parce qu'il ne se portoit pas assés chaudement, ce leur sembloit, à suivre leurs desseins remplis de passions et d'animosités; surtout le mesme peuple qui estoit de ce party là ne pouvoit soufrir les eschevins esleus et en imputoit la faute au Maire quoiqu'il luy eust esté impossible d'en user autrement; mais ceste populace qui n'a pas l'usage de la raison ne pouvant gouster ny concevoir les considérations qu'il falloit prendre en ce sujet se deffioit du Maire, et par malheur il arriva une affaire qui augmenta la deffiance.

Cinq charettes de bled venant d'Is sur-Tille et allant à Nuits passèrent sur le fossé. Le portier les ayant arrestées vint à M. le Maire qui luy commanda de les laisser passer. Des femmes de basse condition s'estans attroupées autour de ces charettes creurent qu'il falloit qu'elles entrassent dans la Ville; et comme le bled estoit cher, qu'elles n'avoient point d'argent pour en acheter, elles creurent qu'elles pouroient trouver occasion de le piller et de l'avoir pour rien, en sorte que contre l'ordre du Maire elles contraignirent les charetiers de faire entrer les charettes dans la Ville, et au lieu de les amener devant la maison de M. le Maire elles les conduisirent chés M. Millotet.

Ceste action fit grand désordre dans la Ville; le Maire y survint, fit tirer ces charettes de la maison de M. Millotet et les conduisit aux halles sans qu'il y eust un grain de bled perdu; et, comme il s'estoit dit plusieurs choses en colère par divers particuliers, le Maire et les Eschevins en ayans dressé procès verbal, Messieurs de la grand-Chambre l'ayans demandé, il fut aporté par le secrétaire; et à ce sujet les Chambres estant assemblées, M. le Premier Président fit un grand discours sur ceste émotion arrivée le samedy précédent 8 juillet, parlant avec honneur du Maire et avec un esprit animé de M. Millotet, quoiqu'il n'eust fait en ceste occasion que ce que l'on doit attendre d'un homme de bien. Il omit de parler de ce qui avoit esté fait par ces canailles devant sa maison, qui crioient en conduisant ces charettes de bled, et passant devant son logis que c'estoit la maison de *ce gros b...*, *de ce voleur*, qu'il falloit la piller et la brusler, en sorte qu'il eust si grande peur qu'il envoya quérir le Maire et luy demanda qu'il eust à pourvoir à la seureté des habitans.

Ensuitte de ce discours, le procès verbal dressé par le Maire et les Eschevins fut leu; et, les opinions prises, l'on fit un arrest fort long pour informer des propos à sédition. L'on décréta prise de corps contre un nommé Lejeune qui avoit insolenté deux Eschevins, l'on mesla plusieurs autres choses fort esloignées à dessein d'embarasser tousjours les affaires, et ce fut par le conseil et l'advis de M. le Premier Président qui monstra qu'il ne perdoit aucune occasion de ruiner le party de M. Millotet, et il creut en trouver un bon moyen en faisant arrest par lequel on visiteroit les greniers pour reconnoistre le bled qui pouvoit y estre. Il creut par là qu'il se rendroit agréable au peuple; mais plus il travailloit à le destacher de M. Millotet, plus il s'unissoit à luy. L'autre moyen qu'il proposa fut d'ordonner qu'il seroit informé contre les partisans. Il passa à ordonner ces deux points, mais il n'y gagna rien; le peuple estoit tousjours opiniastré contre luy et s'aigrissoit loin de s'adoucir.

Le mardy 11 juillet, il estoit arrivé nouvelle que M. le Prince estoit sorty de Paris mal content, et s'estoit retiré à Saint-Maur. Ceste retraitte allarmoit la ville de Dijon, particulièrement à cause du Chasteau qui estoit audit Seigneur Prince. M. le Premier Président, qui sceut et voyoit l'espouvante où on estoit, fit voir aux Chambres une lettre de M. de La Vrillière, Secrétaire d'Estat, par laquelle il luy donnoit advis de ceste sortie de M. le Prince au sujet de quelques advis qui luy avoient esté donnés par des esprits malicieux que la Reyne vouloit l'arrester; qu'il ne falloit point craindre aucun mouvement, et que ceste affaire s'accommoderoit en peu de jours.

Le vendredy 14 de ce mois, M. Milletot, Syndic, est venu à la Tournelle dire que le sieur Arnaud, commandant au Chasteau pour M. le Prince, luy avoit mis en main une lettre adressée à la Compagnie; qu'on l'avoit leue à la grand-Chambre, et qu'il l'aportoit pour la lire. Elle a esté leue à la Tournelle, et il s'est trouvé que c'est un manifeste contre la Cour. L'on n'a point dit pour lors qu'il fallust faire response. Je ne mets pas icy le contenu en ce manifeste, parce qu'il est trop long et public.

Le lundy 17, les Chambres furent assemblées au sujet d'une information ordonnée à la grand-Chambre contre le sieur Thomas, esleu Recteur du Saint-Esprit de Dijon. Messieurs de la Tournelle prétendoient que ceste information debvoit estre faite par la Tournelle. Le fait estoit que ledit Thomas avoit esté esleu Recteur audit hospital, de laquelle eslection apel comme d'abus relevé à la grand-Chambre où l'on prétendoit le faire déclarer incapable de ce bénéfice. Or, comme il n'y avoit pas de moyens suffisans, le Procureur général Guillon fut suscité de venir à la grand-Chambre requérir qu'il fust informé de plusieurs crimes prétendus commis par Thomas.

Il y eut arrest conforme aux réquisitions du Procureur général, de quoy Messieurs de la Tournelle estans advertis, ils demandèrent l'assemblée des Chambres où estans, les parens du sieur Thomas retirés, l'affaire mise en délibération, M. Arviset fut d'advis que l'affaire, quoique criminelle, appartenoit à la grand-Chambre, parce qu'elle estoit incidente au civil et nécessaire pour le jugement de l'apellation formée en la réception et installation dudit Thomas ; que les instances de faux, instruites criminellement, se jugeoient à la grand-Chambre et mesme aux enquestes. M. Jacob fut de cest advis.

M. de Villiers, au contraire, que l'affaire criminelle n'estoit point incidente au civil ; qu'il n'y avoit aucune connexité ; que les crimes dont on l'accusoit avoient esté commis avant l'eslection ; qu'après que l'information en auroit esté faite à la Tournelle, Messieurs de la grand-Chambre s'en serviroient *per modum productionis*. M. Maillard fut de cest advis.

M. Pernet dit qu'encore que l'affaire ne fust pas incidente, que néantmoins elle estoit connexe en ce que l'opposition, qui appartenoit à Messieurs de la grand Chambre, ne se pouvoit juger sans ceste information ; qu'il entendoit qu'elle se debvoit faire à la grand-Chambre ; qu'un officier voulant se faire recevoir doit informer de ses vie et mœurs, et que s'il amenoit des tesmoins qui déposassent de sa mauvaise vie, on le rebuteroit sur ceste information seule, quoique non décrètée ; que par la mesme raison, sur une simple information, l'on jugera de la capacité de Thomas, et qu'ensuitte, s'il échet d'instruire le procès entièrement, l'on le renvoieroit à la Tournelle.

M. Malteste a dit qu'à considérer l'affaire de la façon dont elle estoit proposée par Messieurs de la grand-Chambre, il n'y avoit difficulté quelconque qu'il ne fallust la renvoyer à la Tournelle, parce qu'ils demeuroient d'accord qu'ils ne feroient qu'informer, et que le reste de l'instruction appartient à la Tournelle ; de là il s'ensuit qu'il faut tout renvoyer à la Tournelle : car, pour juger de la capacité de Thomas, il faut instruire le procès ; une information ne condamne personne : l'on ne sçauroit déclarer qu'il est incapable qu'on ne juge qu'il est convaincu ; or, pour la conviction, il faut instruire le procès jusqu'au jugement définitif, lequel estant rendu, Messieurs de la grand Chambre s'en serviront pour le jugement de l'opposition pendante pardevant eux ; et pour reconnoistre s'il est capable ou non, qu'il ne falloit pas se servir de l'exemple d'un officier de la capacité duquel on juge sur une simple information, parce qu'il doit faire preuve de sa bonne conduitte et de ses bonnes mœurs, tellement que, si les tesmoins ne parlent pas à son advantage, on le renvoye, car il n'a pas satisfait à ce qu'il debvoit ; au lieu que Thomas n'est point tenu de faire preuve de sa probité. C'est au Procureur général qui l'accuse de prouver qu'il est méchant homme, ce qui ne se peut que par l'instruction entière du procès.

M. le Président Brulart a dit que le crime de Thomas estoit d'avoir la rectorerie de l'hospital ; qu'estant receu, il falloit une conviction de crime pour la luy faire perdre ; qu'on ne pouvoit décréter que sur une information ; que le décret ne dépouilloit pas l'accusé des qualités qui luy estoient acquises, de sorte qu'il ne voyoit pas comment l'on pouvoit, sur une information, juger de l'incapacité de Thomas, et que l'entière instruction appartenoit à Messieurs de la Tournelle ; il falloit leur renvoyer le tout. M. Fiot a esté d'advis contraire, et M. Robelin de l'advis de M. de Villers.

Nous estions en tout vingt-quatre ; il y en avoit quinze de l'advis de M. de Villers et neuf de l'advis de M. le Doyen. L'on reprit une seconde fois les voix, et chacun demeura ferme dans son opinion ; Messieurs Arviset et Fiot faisoient leur possible pour toucher Messieurs par des raisons foibles et de pitié, et en criant ils obligèrent de reprendre une troisième fois les voix. M. le Président Robelin fut assés bon pour le faire, et il arriva que quelqu'uns de Messieurs, lassés et émeus des crieries de Messieurs de la grand-Chambre, changèrent d'advis et dirent qu'à juger la thèse il falloit renvoyer l'affaire à la Tournelle ; mais qu'en ceste occasion l'information estant commencée, l'on pouvoit la laisser à la grand-Chambre, en disant : *pour certaines causes et considérations*. M. Bretagne de Nansoutil changea le premier d'advis, et fut suivy de trois ou quatre des jeunes, en sorte qu'il passa à laisser à la grand-Chambre ceste affaire *pour certaines causes et considérations* contre l'advis de Messieurs de Villers, Maillard, Malteste, Bossuet, De Chaumelis, Berbis Conseillers, et Brulart et Robelin Présidens.

Le 19 de ce mois, les Chambres assemblées, M. Milletot a dit qu'il estoit pressé par le sieur Arnaud de proposer à la Compagnie de faire response à la lettre de M. le Prince. M. le Premier Président a dit qu'il falloit y délibérer, et a demandé l'advis à M. Arviset, qui a demandé qu'on fist la lecture de la lettre de M. le Prince, laquelle faite, il a dit qu'il ne croyoit pas nécessaire d'escrire à M. le Prince, parce que ceste lettre, par luy escrite, ne désiroit aucune response, et que néantmoins si on vouloit escrire un compliment il ne s'en esloigneroit pas. M. Millière a esté d'advis de mander à M. de Gand ou à M. Catin de voir M. le Prince de la part de la Compagnie, et de ne point escrire.

M. Maillard a esté d'advis d'escrire au Roy pour purger la Compagnie de la calomnie noire que l'on luy imposoit d'avoir rendu arrest contre Mazarin par complot et monopole, et de ne rien escrire à M. le Prince. M. Le Goux a dit que lorsque Messieurs auroient dit ce qu'on pouvoit escrire à M. le Prince, il pourroit prendre leurs advis, et que cependant il luy sembloit qu'on ne debvoit pas escrire. M. Perret a dit qu'une lettre de civilité ne pouvoit pas estre criminelle. Messieurs Blanot et Lantin, Conseiller aux Requestes, dirent qu'il ne falloit point faire de response. M. Bretagne de Nansoutil dit que, M. le Prince désirant response, il n'y avoit aucun inconvénient d'en faire une ; qu'il n'estoit point hors de France ; qu'il estoit seulement dans sa maison à Saint-Maur, et que peut estre il estoit présentement à Paris ; que s'il y a du mal, c'est d'avoir ouvert sa lettre et de ne l'avoir pas envoyée au Roy ; mais que, cela ayant esté fait, il ne voyoit aucune raison pour ne pas escrire.

M. Malteste a dit que l'on avoit bien fait d'ouvrir la lettre, parce que M. le Prince estoit tousjours dans l'obéissance du Roy, et qu'il n'estoit pas nécessaire par conséquent de l'envoyer à la Cour ; mais qu'il ne s'ensuit pas qu'il falloit faire response, parce que pour cela il faut considérer la lettre, laquelle n'a pas esté envoyée pour en avoir response ; et partant n'estoit pas d'advis d'escrire. M. Lantin, Conseiller au Parlement, a dit que Messieurs les Anciens debvoient s'expliquer nettement, que M. le Doyen estoit de deux advis ; que pour luy, il eust souhaitté qu'il choisist, affin de le pouvoir suivre, et que, puisque M. le Doyen opinoit ambiguëment, il ne croyoit pas debvoir se déterminer davantage. Messieurs Delamarre, Bossuet, de Cirey, de Chaumelis, Le Belin, Berbis, Milletot ont esté d'advis de ne point escrire.

M. Bouhier a dit que, régulièrement, il ne falloit point de response à la lettre de M. le Prince ; mais qu'en en désirant une, il ne voyoit aucun inconvénient d'escrire un compliment. Tous Messieurs les Anciens ont esté de mesme advis.

M. Brulart a dit qu'on ne trouveroit pas mauvais en Cour que le Parlement eust fait une response escrite, mais bien que l'on eust receu une lettre de M. le Prince sans en donner advis, et partant qu'il luy sembloit qu'il falloit l'envoyer à la Cour avec une copie de la response que le Parlement faisoit à M. le Prince. M. le Premier Président a dit que M. le Prince n'estoit point déclaré criminel de lèze Majesté ; que nous sçavions l'affaire par la lettre de M. de La Vrillière ; qu'il s'estoit retiré à Saint Maur sur une deffiance qui seroit éclaircie dans peu de jours, et partant qu'il ne voyoit pas le grand danger qui estoit à luy escrire une lettre de civilité ; qu'on sçavoit bien qu'il ne falloit pas respondre à toute sa lettre, parce que nous ne debvons pas entrer en connoissance de ses affaires qui ne nous concernent pas, et fut d'advis d'escrire. Les opinions prises pour la seconde fois, M. le Doyen a esté nettement d'advis de faire response. M. de Villers, au contraire, de donner à M. Catin, estant à Paris, ordre de voir M. le Prince au sujet de ceste lettre. Il a passé que l'on feroit une response qui seroit veue sur le bureau et qui ne contiendroit qu'un compliment, ceux qui estoient d'advis de ne rien escrire ayans esté contraints de se réduire à l'un des advis.

Ensuitte, M. le Premier Président s'est levé et a dit qu'il n'y avoit plus qu'à parler de l'affaire de M. le Procureur général contre Messieurs les Advocats généraux, et qu'il se retiroit. M. Bossuet a dit qu'il falloit parler des séances de Messieurs et régler les Chambres; qu'il n'estoit pas juste qu'il y eust à la Tournelle neuf de Messieurs du bureau du Commissaire, et qu'il n'y en eust que sept en la grand-Chambre. Ceste proposition a eschauffé M. le Premier Président, qui ne vouloit pas la mettre en délibération. On a crié qu'on la luy feroit mettre; sur cela, grand bruit qui a duré plus d'une heure. A la fin, on a pris expédient de dire sur la requeste du Procureur général, *monstré à partie*.

Ensuitte, l'on a leu les responses de Philibert Lejeune, prisonnier comme j'ay dit ci-dessus. Interrogé par M. Jaquot et M. Bretagne de Nansoutil, lesquels luy avoient fait des interrogats inutiles et impertinens, et mis dans ses responses le nom de M. Malteste, qui estant présent à l'assemblée ne le put souffrir, ses amis le secondèrent; en sorte que les Commissaires furent maltraités de paroles par la plupart de Messieurs, et bourrés de telle façon qu'ils ne sçavoient comment se démesler. Après quoy, le prisonnier fut eslargy à la charge de se représenter à toutes assignations.

Les Chambres assemblées le lendemain, M. le Président Robelin a dit que l'on avoit plusieurs fois invité Messieurs de la Compagnie qui sçavent quelque chose des blasphesmes horribles prononcés par Desroches chés Bassan, Académiste, d'en déposer la vérité pardevant M. le Commissaire; que, sur le refus de le faire, l'on avoit proposé de le leur ordonner; que l'affaire avoit tousjours esté remise sur la créance qu'ils prendroient la peine de déposer; mais que ne le faisant, il croyoit debvoir proposer à la Compagnie qu'il luy pleust de leur enjoindre de se retrouver pardevant M. le Commissaire pour y déclarer ce qu'ils sçavent, ou s'ils ne sçavent rien.

M. Pernet, d'un ton de voix fort élevé, a dit que ceste proposition avoit esté jugée en la grand-Chambre, et qu'il avoit esté dit que Messieurs n'iroient point déposer, crainte qu'ils ne perdissent la qualité de juges; quant à luy, qu'il avoit souvent déclaré qu'au tems porté par le monitoire il n'estoit point à la Ville, tant s'en faut qu'il fust chés Bassan; qu'il estoit prest de jurer, derrière le bureau, qu'il ne sçavoit rien de ce qui y estoit contenu; que le serment qu'il presteroit en présence de toute la Compagnie seroit aussy solemnel pour le moins que celuy qu'il iroit prester pardevant le Commissaire, et que par ce moyen il pouroit se conserver juge de ceste affaire, comme il entendoit de l'estre. M. du Bassin s'est eschauffé de la mesme façon.

Les opinions prises en leur présence, eux estans en leurs places et opinans, M. le Doyen a dit qu'aux affaires ordinaires il ne falloit pas permettre que Messieurs qui sont juges perdissent ceste qualité pour aller déposer, quoique l'on alléguast qu'ils fussent tesmoins *de visu*; mais qu'en celle cy, d'une très grande importance, il estoit d'advis que tous y allassent. Messieurs de Gand et Millière ont esté du mesme advis. M. Jacob a dit qu'il falloit laisser à la religion de Messieurs s'ils iroient déposer ou non; que, quant à ceux qui disoient ne rien sçavoir, il n'estoit pas besoin de les contraindre de se déclarer devant M. le Commissaire; que, pour les autres qui sçavent quelque chose, il falloit qu'ils y allassent.

M. de Berbisey l'aisné, de mesme advis ; Messieurs Massol, de Villers, Maillard et Bernard, de l'advis de M. le Doyen ; M. Bretagne de Nansoutil a dit qu'il falloit laisser fulminer le monitoire, et que Messieurs ne se laisseroient pas excommunier ; qu'allans en révélation ils seroient obligés de déposer, et que les censures ecclésiastiques suffiroient pour les y obliger. M. Le Goux a dit qu'il falloit que ceux qui sont cités par les tesmoins jà ouys fussent contraints de déposer, parce qu'autrement on pouroit soubçonner la Compagnie de connivence, et que M. le Commissaire sçachant leurs noms ne pouvoit se dispenser de les nommer à M. l'Advocat général pour les ouyr.

Messieurs du Bassin, Perret, Baudinot et Garnier ont harangué hautement qu'ils vouloient se conserver juges ; qu'ils ne vouloient pas en perdre la qualité par la fantaisie de Messieurs les Advocats généraux, et qu'asseurant la Compagnie qu'ils ne sçavent rien, il estoit inutile de les obliger à se trouver pardevant M. le Commissaire.

M. Bouhier l'aisné a dit qu'il croyoit que Messieurs estans assignés pour déposer debvoient le faire comme ceux qui ne sont pas de la Compagnie ; que la seule différence est qu'il ne le doivent pas faire sans la permission de la Cour ; que, si elle leur permet, ils doivent obéir à l'assignation ; que ce n'est point à eux de dire qu'ils veulent demeurer juges ; que c'est à la Compagnie d'adviser si l'on doit apréhender de manquer de juges ; que ceste seule crainte ou autre raison pareille peut mouvoir la Compagnie de deffendre à Messieurs d'obéir à l'assignation ; mais que si elle leur permet, il faut qu'ils y aillent. M. de Mongey a dit qu'il falloit laisser fulminer le monitoire, et que Messieurs iroient en révélation s'ils croyoient y estre obligés. M. Berbis a dit que le monitoire seroit un moyen suffisant si Messieurs n'avoient une opinion de leur descharge dans un retenu qu'ils disent estre au registre de la grand-Chambre, par lequel la Cour les a dispensés d'aller en révélation à ce qu'ils disent ; de sorte qu'il faut que la Compagnie prononce nettement qu'ils doivent déposer. M. le Président Fiot a dit qu'encore que Messieurs déposans ne dissent rien, il ne seroit pas inutile qu'ils eussent déposé, parce que leur silence détruiroit la déposition de ceux qui les ont cités comme présens, et qu'il croyoit que Messieurs ne pouvoient se dispenser sous prétexte de se conserver juges, parce que ce n'estoit pas à eux à tesmoigner ceste volonté, mais à la Compagnie, sur le petit nombre de juges ou sur d'autres raisons ; que la coustume du Palais est que Messieurs assignés pour déposer en demandent la permission à la Cour qui la leur octroie ou leur refuse, comme elle juge à propos ; mais qu'en ceste rencontre, il s'agit non pas de permettre à Messieurs qui veulent y aller, mais d'ordonner à Messieurs qui ne veulent pas déposer ; que c'est une chose estrange, particulièrement en ce sujet où il s'agit de la gloire du nom de Dieu et de la Vierge.

Les opinions prises pour une seconde fois, Messieurs du Bassin, Berbisey puisné, de Mongey, Perret, Baudinot et Garnier ayans crié beaucoup et fait du bruit avec beaucoup d'insolence et de brutalité, et quelqu'uns ayans proposé pour acommoder tout de retenir que ceux de Messieurs qui iroient déposer et qui disoient ne rien sçavoir pouroient demeurer juges ; M. Jacob entr'autres ayant fait ceste proposition, elle a esté rebutée par la pluspart de Messieurs. Ces Messieurs que j'ay nommés vouloient pourtant qu'on la mist en délibération ; d'autres ont dit que c'estoit perdre du tems en choses inutiles.

Les opinions prises pour la troisième fois, il a passé à l'advis de M. le Doyen, qui estoit que ceux de Messieurs qui seroient assignés pour déposer iroient le faire en ceste occasion où l'on n'apréhendoit pas de manquer de juges, et mesme que ceux qui disent ne rien sçavoir iroient le déclarer pardevant le Commissaire.

Il s'est présenté une autre affaire au sujet de la Chambre

des Vacations. Comme le Greffier a pris le tableau pour en faire la liste, ayant commencé par M. le Premier Président, M. Arviset a dit qu'il avoit receu lettre de sa part, par laquelle il luy faisoit sçavoir sa maladie; qu'il ne pouvoit se rendre à Dijon pour ce jour là; mais que, si Dieu luy rendoit la santé, il feroit son service à la Chambre des Vacations, et pour ce sujet il choisissoit la première semaine. M. Robelin a dit que c'estoit aux présens de choisir; que les absens perdoient ce droit là; que, si M. le Doyen luy eust parlé de ceste proposition, il luy auroit cédé volontiers; mais que, n'ayant pas daigné luy en parler, il ne pouvoit consentir à ce choix que la Compagnie n'eust prononcé s'il estoit suivant l'ordre observé de tout tems.

Sur ce, s'estant retiré, et les parens de part et d'autre, aux termes du règlement, M. Jaquot a dit que M. le Premier Président estant empesché de se trouver à l'Assemblée par une maladie qui le retient à Montbard, il croyoit qu'il seroit dur de le priver du choix qu'on ne pouvoit luy contester s'il estoit présent. M. Le Goux a dit qu'il falloit laisser à Messieurs les Présidens de régler leurs séances ou qu'il falloit s'informer de ce qui s'estoit fait du passé en pareilles rencontres. M. Berbis a dit qu'en la personne d'un Conseiller l'affaire ne recevoit point de doute, et qu'absent de la Ville, quoique détenu de maladie, il perd son droit d'entrée dans la Chambre des Vacations; que pour Messieurs les Présidens, il faut demeurer d'accord que, s'ils estoient absens pour autre raison que de maladie, l'on ne debvroit pas leur conserver leur droit d'option pour les semaines; que si, en ceste occasion, il y a lieu de laisser le choix à M. le Premier Président, c'est parce que son absence, à raison de sa maladie hors de la Ville, n'a esté considérée; que néantmoins si on veut laisser cela à Messieurs les Présidens, il ne tiendra pas en luy. M. le Président Fremiot a dit que cest ordre de semaines se fait entre Messieurs les Présidens, qui s'en accordent entre eux, comme bon leur semble, à l'amiable;

qu'on n'a jamais eu de querelle pour cela, et que si un de Messieurs les Présidens receus depuis luy vouloit des premières semaines, il les luy céderoit volontiers. M. le Président Robelin estant rentré et en sa place, M. le Président Fiot luy a dit que la Compagnie trouvoit bon de conserver le choix à M. le Premier Président, parce que son absence estoit forcée, et à raison d'une maladie qui le retenoit à Montbard.

Le 10 de juillet, Messieurs des Comptes, voyans leurs lettres de noblesse rebutées par le Parlement pour les raisons que j'ay escrites cy dessus, obtinrent lettres de jussion par lesquelles ils réformoient ce qui estoit contenu dans leurs lettres qui avoit choqué l'authorité de la Compagnie. Ces lettres mises sur le bureau, M. Milletot, Syndic, proposa de faire retirer Messieurs les parens de Messieurs des Comptes au terme du réglement, pères, frères, beaux frères, oncles, neveux et cousins germains de leurs chefs. Tous les parens en ces divers degrés s'estans retirés et Messieurs qui restèrent ayans jugé qu'ils ne debvoient pas cognoistre de la vérification de ces lettres, ce qui resta de juges rebuta ceste jussion et ordonna qu'ils satisferoient aux Arrests précédens et ce faisant qu'ils feroient réformer leurs lettres.

Le Parlement estant levé au mois d'aoust, et Messieurs n'entrans plus au Palais qu'au Commissaire, il arriva une affaire qui donna sujet d'assembler extraordinairement tous Messieurs qui se trouvèrent à la Ville. J'ay parlé cy dessus de la sortie de M. le Prince de la Cour et de sa retraitte à Saint-Maur au sujet de ce qu'il avoit escrit à la Compagnie, et quoique ceste histoire ne soit pas de mon sujet, si est ce que je suis obligé de dire ce qui se passoit en Bourgogne pour faire entendre les résolutions du Parlement; encore que M. le Prince fust à Paris et qu'il eust veu le Roy une fois, néantmoins on sçavoit bien qu'il n'estoit pas en bonne intelligence avec le Roy ny avec la Reyne; la désunion estoit publique, mais on n'osoit pas le dire ouvertement parce que, la Cour ne se déclarant point ny de part ny d'autre, chacun estoit obligé de demeurer dans le silence, attendant la fin de ces brouilleries. Il y auroit eu imprudence de parler de M. le Prince comme d'un rebelle aux volontés du Roy; ç'auroit esté le plus court chemin de se perdre et on auroit infailliblement fait éclater par ce moyen une guerre qui couvoit encore. L'imprudence n'estoit pas moins grande de se fier aux gens de M. le Prince et à leurs actions, de sorte qu'il falloit estre sur ses gardes et dans la deffiance continuelle contre tous ceux de son party, mais avec telle adresse que la deffiance ne parust pas crainte, non pas de déplaire à M. le Prince, mais d'offenser la Cour qui tesmoignoit assés par lettres et par sa conduitte qu'elle vouloit lever à M. le Prince toute la meffiance qu'il avoit et luy oster tout sujet de se mécontenter de la Reyne et tout prétexte de rompre et de brouiller. C'est pourquoy dans Dijon le Maire estoit obligé de soufrir qu'Arnaud commandant au chasteau fist des préparatifs extraordinaires dans la place, qu'il y jetast quantité de munitions qui ne se fesoient à autre dessein que d'estre en estat de se passer de la Ville et de la pouvoir incommoder en cas de guerre. Et de son costé, il n'osoit se retrancher contre la place, de sorte que les gens de M. le Prince se servoient du nom du Roy et de son authorité contre le Roy mesme; et le Maire et ceux du party du Roy n'osoient se servir de sa mesme authorité contre le nom et le party de M. le Prince, crainte de fascher le Roy et d'estre blasmés à la Cour d'avoir donné prétexte à M. le Prince d'une rupture entière, voire mesme d'estre désavoués et parconséquent exposés tout nus, c'est-à-dire sans protection, à la violence et à la fureur de M. le Prince.

Tout ce que pouvoit faire le Maire estoit des corps de garde la nuit en quatre endroits de la Ville sous prétexte de quelques menaces faites par des paysans et des vignerons à M. le Premier Président, ou bien des rondes et des patrouilles, et mettre plusieurs surveillans aux environs du chasteau pour sçavoir ce qui y entroit et sortoit. Quant au Parlement, il estoit partagé. Ceux qui estoient attachés fortement et aveuglément aux volontés du Roy ne parloient de mesme qu'en secret des désordres et n'osoient se déclarer non plus que le Maire et par les mesmes raisons. Ceux du party de M. le Prince parloient hautement et disoient que M. le Prince n'avoit aucun dessein de brouiller, qu'il estoit fort attaché au service du Roy, et que s'il n'alloit tous les jours au Palais Royal, c'estoit pour n'y trouver les seuretés nécessaires à sa personne. Qui ne voit qu'il estoit facile à ceux cy de parler hardiment et que les autres n'osoient parler? Ces différences paroissoient en toutes rencontres comme on peut le recognoistre cy dessus, et elles parurent visiblement en l'affaire qui donna sujet à l'assemblée des Chambres.

Les Esleus du pays avoient eu advis que Boutteville commandant à Seurre pour M. le Prince avoit envoyé des billets en diverses paroisses, par lesquels il ordonnoit aux Syndics de se trouver à Seurre incessamment pour fournir ce qui seroit deu par eux à la manière accoustumée, sur quoy les Esleus ordonnèrent au Syndic du pays de donner requeste à la Cour, qu'il luy pleust de donner Arrest de deffense au Gouverneur de Seurre de faire aucune levée ny imposition sur les sujets du Roy ; auxdits sujets du Roy de payer aucuns deniers en vertu desdits billets et à tous sergens aucuns exploits de contrainte. Le Syndic obéit, et la requeste présentée, Messieurs furent mandés et s'estans tous assemblés après le commissaire, la requeste leue, communiquée au Procureur Général Guillon, il requit qu'il fust ordonné au Syndic de joindre des billets pour estre pourveu sur le tout ainsy que de raison.

Les opinions prises, M. Milletot, Syndic raporteur de la requeste, a dit que cest arrest estoit important; et, estant de notre debvoir de veiller à la seureté et à la liberté de la Province qui estoit offensée par ces billets, il croyoit pour y mettre ordre qu'il falloit faire Arrest conforme aux fins de la requeste. M. le Doyen a dit que ceste affaire estoit vraiment importante, qu'il n'appartenoit point aux Gouverneurs des places d'imposer aucuns deniers sur les sujets du Roy; que ce droit estoit réservé au Roy seul, et partant estoit d'advis de faire deffense suivant l'advis de M. le Syndic et d'en escrire au Roy. M. de Gand a dit que le pas estoit très glissant et l'affaire autant délicate qu'aucune autre qui se fust présentée il y a longtems; qu'il falloit néantmoins marcher droit; qu'il auroit esté à désirer que le Syndic des Estats eust joint à sa requeste les billets dont il fait mention, que nous pourions frapper le coup plus seurement, mais que cest advis nous venant de la part des Esleus, il ne doit pas estre considéré comme s'il venoit de la part d'un simple particulier; que c'est un Corps composé de trois ordres estably pour veiller aux affaires de la Province, qui n'agit pas en ceste rencontre sans certitude de ce qu'il fait exposer; et parconséquent qu'il n'y a rien à hésiter, d'autant plus qu'en ces sortes d'affaires qui vont au service du Roy et au repos public il faut agir hardiment, et parconséquent qu'il ne voit pas lieu de douter à suivre les fins de la requeste et en escrire au Roy. M. Millière à esté de mesme advis. M. Jaquot dit qu'il s'estonnoit que le Syndic des Estats n'eust joint quelques billets, qu'il seroit nécessaire d'en voir quelqu'uns avant de faire arrest, et partant qu'il estoit d'advis d'informer du contenu de la requeste.

M. Berbisey l'aisné a dit qu'il estoit de l'advis de M. le Doyen, y adjoutant que l'on escriroit à M. le Prince qu'il mist ordre à empescher ces levées et aussy à M. le duc d'Espernon puisque nous avons maintenant l'honneur de l'avoir pour Gouverneur. M. Massol a esté de l'advis de M. le Doyen. M. de Villers a dit que pour luy il jugeoit nécessaire de voir les billets avant de faire arrest et que c'estoit son advis de différer. M. Bonnard a esté de l'advis de M. le Doyen.

M. Bretagne de Nansoutil a dit qu'il luy sembloit qu'on pouvoit faire un arrest général de deffenses à tous Gouverneurs de faire levées, etc,.... mais que de comprendre nommément le sieur de Boutteville dans un arrest sur une simple requeste, il ne luy sembloit pas juste; et partant estoit d'advis de faire un arrest général, d'informer du contenu en la requeste à l'égard de Boutteville, et d'escrire au Roy, à M. le Prince et à M. le duc d'Espernon.

M. du Bassin a dit que l'on donnoit souvent des advis faux, qu'il n'y avoit que deux jours qu'il se publioit par toute la Ville que le sieur de Boutteville avoit voulu surprendre la citadelle de Chalon, et qu'à présent on veut dire qu'il impose sur les paroisses; que la fausseté du premier advis luy faisoit croire que l'autre l'estoit de mesme; et partant il estoit d'advis d'ordonner que les billets seroient joints pour y estre pourveu lundy, et cependant d'escrire au Roy, à M. le Prince et à M. le duc d'Espernon.

M. Le Goux a esté de l'advis de M. de Villers; M. Perret de celuy de M. du Bassin; Messieurs Pérard, Garnier, Morin de mesme advis; Messieurs de Chaumelis, Malteste, de Cirey, Le Belin, Berbis, Valon de l'advis de M. le Doyen.

M. Bouhier l'aisné a dit qu'il falloit faire deux arrests : l'un général portant deffenses comme Messieurs l'avoient dit; l'autre sur la requeste, qu'il seroit informé du contenu en icelle, et les billets cependant représentés, et pour ce qui estoit d'escrire qu'il estoit de l'advis de tous Messieurs. Messieurs les Présidens de l'advis de M. le Doyen.

Les voix reprises pour une seconde fois, M. Milletot a pris l'advis ouvert par M. Bouhier et qu'il seroit escrit au Roy et à M. d'Espernon; Messieurs le Doyen, de Gand et Millière de mesme advis. M. Jaquot a pris l'advis de M. de Villers en escrivant au Roy, à M. le Prince et à M. d'Espernon; M. de Berbisey de mesme. M. le Président Fiot a dit qu'il ne croyoit pas que M. le Prince agréast la lettre qu'on luy en escriroit; que s'il sçavoit qu'il l'eust agréable, il en seroit d'advis, mais que dans le doute il n'estoit pas d'advis de le faire. Il a passé à l'advis de Milletot de plus des deux tiers. Les contredisans estoient Messieurs Jaquot, Berbisey, du

Bassin, Bretagne, Perret, Le Goux, Morin, Pouffier, de Souvert et quelques autres de bas bout, peu habiles et de petit sens.

Le 26 dudit mois, la Cour fut extraordinairement assemblée pour faire l'ouverture d'un paquet du Roy, adressé à la Compagnie. Messieurs qui se trouvèrent à la Ville estans entrés, M. le Président Robelin dit qu'il avoit receu un paquet ouvert parce que l'addresse en estoit faite à M. le Premier Président qui, n'estant pas à la Ville, l'avoit envoyé ouvert; qu'il y avoit dedans une lettre du Roy à la Compagnie, dont la lecture estant faite, on a reconnu qu'elle estoit escrite au sujet des brouilleries qui estoient à la Cour; elle portoit en substance que le Roy ayant pris la résolution de faire cognoistre sa volonté précise touchant l'esloignement du Cardinal Mazarin et sur la conduitte de M. le Prince de Condé, S. M. en avoit fait dresser un escrit qu'elle avoit fait lire en présence des députés du Parlement, Chambre des Comptes, Cour des Aydes et Corps de Ville de Paris; qu'elle l'envoyoit à ceste Compagnie affin qu'elle en fust informée de sa part et qu'elle prist garde à ce qui se passeroit dans la Province et y mist ordre ou il arriveroit que M. le Prince de Condé continueroit dans ses mauvois desseins et dans sa désobéissance. Ensuitte l'on fit lecture de ce discours que le Roy envoyoit, il n'y avoit personne qui ne l'eust desjà leu. Cela fait, il fut résolu d'escrire au Secrétaire d'Estat, et que, s'il se passoit quelque chose dans la Province, la Cour y pourvoieroit.

Le 2 du mois de septembre, M. le Président Fiot estant le plus ancien des Présidens qui estoient à la Ville fit assembler chez luy Messieurs qui estoient pour lors à la Ville pour faire ouverture d'une lettre de M d'Espernon à la Compagnie. Ce n'estoit qu'un compliment sur l'impatience qu'il avoit d'estre en Bourgogne et sur la satisfaction que le Roy et la Reyne avoient tesmoignée du soin que la Compagnie aportoit à tenir la Province paisible. Ensuitte, M. Milletot

Syndic monstra une lettre qu'il avoit receue de M. de la Vrillière sur le mesme sujet. Après la lecture de ces deux lettres, on se retira sans autre délibération ; car il n'y avoit rien à résouldre, ces deux lettres estans des responses à celles que la Compagnie avoit escrites.

Le 4 dudit mois de septembre, Messieurs qui se sont trouvés à la Ville, invités de se rendre chés M. le Président Fiot et y estans assemblés sur les neuf heures, au nombre de 28 en soutanne et manteau long, Messieurs assis, M. le Président Fiot a dit que la veille, sur l'heure de disner, M. Arnaud, commandant au chasteau, estoit venu en son logis et luy avoit mis en main un paquet pour la Compagnie, dont il n'avoit osé faire l'ouverture, et avoit creu debvoir faire assembler Messieurs pour le faire. Ayant ensuitte remis à M. Milletot Syndic ce paquet, comme l'on recognut qu'il venoit de la part de M. le Prince, chacun hésita à dire qu'on en fist l'ouverture. M. le Président n'osoit y faire délibérer. Cependant M. Pouffier qui estoit proche M. Milletot prit ce paquet et l'ouvrit.

Estant ouvert, quelqu'un dit qu'il ne falloit pas l'ouvrir que la Compagnie ne l'eust dit, qu'il falloit sçavoir si on le liroit. Cela mis en délibération, il passa qu'on liroit la lettre qui y estoit contenue puisque le paquet estoit ouvert, ce qui fut fait ; et l'on cognut qu'elle contenoit ce que l'on avoit desjà veu imprimé, sçavoir une response au discours que le Roy avoit fait lire en sa présence contre M. le Prince, duquel j'ay parlé cy dessus. Or, parce que ceste pièce est publique, je n'en diray pas davantage. A ceste lettre il avoit joint la déclaration de M. le duc d'Orléans faite pour la justification de M. le Prince et envoyée au Parlement de Paris. C'estoit un imprimé collationné à l'original par un secrétaire du Roy.

Ces deux pièces veues, M. le Président mit en délibération ce qui estoit à faire. M. de Gand dit qu'il croyoit qu'il falloit escrire à M. le Prince comme l'on avoit fait auparavant en semblable rencontre, que la résolution prise pour lors debvoit servir de règle pour celle cy, et partant estoit d'advis d'escrire audit seigneur Prince, en ces termes : « que la Compagnie avoit receu sa lettre et l'avoit leue ; qu'elle luy estoit obligée de l'honneur qu'il luy avoit pleu de luy faire en luy communiquant ses intentions et sa conduitte ; que ceste lettre avoit esté trouvée pleine de choses si considérables et si respectueuses envers sa Majesté que la Compagnie a creu la luy debvoir envoyer; que ç'avoit esté sa résolution et d'attendre sur ce sujet les ordres de S. M. pour y obéir aveuglément. » Il y adjouta que l'on cognoissoit par la substance de ceste lettre qu'il venoit de dicter qu'il estoit d'advis d'envoyer au Roy le paquet de M. le Prince comme on l'avoit receu avec une copie de la responce que la Compagnie feroit à M. le Prince, affin que le Roy n'ignorast rien de ce qui se passoit parmy nous et du commerce qu'a la Compagnie avec M. le Prince.

Messieurs Millière et Pouffier furent du mesme advis. M. Milletot y adjouta que la lettre qui seroit escrite à M. le Prince par les Syndics seroit enfermée dans le paquet du Roy que l'on adresseroit à M. de la Vrillière. M. de Célore Baudinot dit qu'il estoit bien d'advis d'escrire à M. le Prince, mais non pas au Roy, parce qu'il avoit cognoissance parfaite du contenu de ceste lettre; qu'estant inutile de l'envoyer, il ne falloit pas non plus luy escrire et qu'il suffiroit de faire response à M. le Prince en ces termes : « que la Compagnie se sentoit fort obligée de l'honneur qu'il luy faisoit de l'informer de ses bonnes intentions, qu'elle n'en avoit jamais douté, parce qu'elles avoient tousjours esté cognues à la Compagnie ; qu'elle le prioit de continuer dans l'afection pour le bien de l'Estat qu'il avoit fait paroistre jusqu'icy. » Messieurs Richard et Potet furent de l'advis de M. de Gand. M. du Bassin dit qu'il estoit d'advis d'escrire à M. le Prince, comme l'avoit dit M. de Célore, et d'escrire au Roy qu'on avoit receu une lettre de M. le Prince sans en dire davantage. M. Perret a dit que s'il falloit envoyer au Roy ce que

M. le Prince a escrit, c'estoit seulement par copie et non point l'original, et c'estoit son advis. Messieurs Lantin, de la Toison, Malteste ont esté de l'advis de M. de Gand. Messieurs Pérard, Berbisey et Garnier de l'advis de M. de Célore.

M. de Mongey a dit qu'il estoit de l'advis de M. de Gand, adjoutant que la lettre qui seroit escrite au Roy par la Compagnie contiendroit de très humbles remonstrances au Roy pour la réunion de la maison royalle; que le Parlement de Paris en avoit fait et par conséquent que ceste Compagnie pouvoit user de la mesme voye, l'occasion s'en présentant, puisqu'elle avoit autant d'intérest au repos de l'Estat que le Parlement de Paris; qu'il n'y avoit rien tant à souhaitter et que l'on ne pouvoit espérer la paix générale que celle là ne fust faite. M. Berbis a dit qu'il n'y avoit personne qui n'eust les mesmes sentimens que M. le préopinant, mais qu'à considérer le lieu, le tems et le petit nombre de Messieurs, il ne croyoit pas qu'on pust faire arrest de très humbles remonstrances. Bien plus, il disoit qu'on ne pouvoit rien résouldre et qu'il falloit se contenter de la lecture de la lettre; partant il estoit d'advis de différer pendant quelque tems, que l'on advertiroit tous Messieurs de se trouver à la Ville pour y opiner sur une affaire si importante.

M. Maillard a esté de l'advis de M. de Gand. Messieurs Valon puisné et Villers de l'advis de M. de Berbis. M. le Président Joly a dit que si en opinant sur la proposition qui a esté faite l'on ne pouvoit prendre aucun advis qui n'engageast la Compagnie, sans doute il faudroit remettre la délibération à un autre jour; mais n'estant question que de faire response à une lettre, nous pouvions le faire et qu'il ne falloit pas plus de solemnité que nous en faisions, et par ainsy qu'il falloit opiner au fond; que pour luy il ne voyoit rien de plus prudent que ce qui avoit esté proposé par M. de Gand, car par ce moyen nous satisfaisions M. le Prince en luy rendant response et nous nous acquittions de ce que la Compagnie doit au Roy en luy envoyant le paquet de M. le Prince et nostre response. M. le Président Fiot a dit la mesme chose en substance et a esté de l'advis de M. de Gand.

Les opinions prises pour une seconde fois, M. de Gand a dit qu'autrefois la Compagnie ne recevoit aucune lettre que du Roy ou de ceux à qui le Roy confioit le maniement des affaires de la Province, qu'il a veu changer ceste pratique et que puisqu'il faut s'accommoder aux mœurs du tems il vouloit bien faire response, mais telle qu'il l'avoit dite, et y adjouter ce qu'avoit dit M. Milletot. M. Millière a dit qu'il n'y avoit aucun inconvénient de recevoir des lettres des particuliers, pourveu qu'ils ne fussent déclarés criminels de lèze Majesté; que l'on en recevoit du Parlement de Dole et d'autres que l'on n'envoyoit pas au Roy, mais qu'à la vérité en ceste requeste il jugeoit très juste d'envoyer ce paquet au Roy.

Chacun a persisté en son advis. M. le Président Fiot a dit qu'il ne falloit pas se régler au Parlement de Paris, qu'il falloit seulement considérer l'authorité que les Parlemens doivent avoir et ne rien entreprendre au delà; que le Parlement de Paris deffendra comme il poura ce qu'il a fait depuis quelques années, outre que le lieu où il est luy donne beaucoup d'advantages et d'occasions de se mesler de certaines affaires qui ne seroient pas d'ailleurs de sa cognoissance; ainsy que de faire au Roy des remonstrances sur ces affaires sous prétexte que le Parlement de Paris les a faites, c'est se mouler sur une règle fausse; qu'à la vérité, le Roy ne pouvoit s'en offenser, mais que ce n'estoit pas nostre debvoir ny une nécessité sur ce qui se traittoit présentement; et partant estoit d'advis de M. de Gand auquel il passa de dix neuf contre neuf, tous les advis contraires s'estans rassemblés et réunis à l'advis d'escrire au Roy et luy envoyer copie de la lettre de M. le Prince, et d'escrire audit sieur Prince sans dire la substance de ce qu'ils vouloient estre escrit.

Il faut remarquer que tous ceux du party de M. le Prince estoient pour lors à la Ville, et ne manquèrent pas de se trouver en ceste assemblée parce que vraisemblablement ils furent advertis du sujet. Ceux du party contraire ne le sçavoient pas, et partant quelqu'uns négligèrent d'y venir. Dans une autre saison ceste absence auroit pu nuire, et il auroit peut estre passé un advis qui auroit engagé la Compagnie; mais on connut bien que les approches de la majorité agissoient et qu'un chacun jugeoit que M. le Prince n'estoit pas près de retourner en Bourgogne et peut estre n'auroit point de crédit à la Cour.

Le 13 dudit mois, la Cour fut assemblée extraordinairement par M. le Président Robelin pour l'ouverture des lettres du Roy au sujet de la déclaration de sa majorité à laquelle M. le Prince ne s'estoit point trouvé et n'avoit pas esté dedans Paris, en faveur duquel néantmoins le Roy avoit fait publier en sa présence une déclaration d'innocence pour essayer de le ramener à son debvoir.

Ces lettres leues, les Advocats généraux derrière le bureau ont dit par M. Millotet qu'elles leur donnoient occasion de faire sçavoir à la Cour le juste soubçon qu'avoient les habitans des nouvelles fortifications qui se faisoient au chasteau et des grandes munitions qui y entroient de jour à autre, qu'il falloit y pourveoir et les empescher; sur quoy la Compagnie résolut de mander le Vicomte mayeur pour estre informé plus exactement de l'estat de la Ville et de ce qui se faisoit au chasteau et pour sçavoir de luy les advis qu'il avoit concernant le service du Roy et la seureté de la Ville.

Le Maire venu, M. le Président Robelin luy ayant fait entendre ce que désiroit de luy la Compagnie, il a dit que depuis qu'il est en charge il a tousjours veillé avec soin au repos de la Ville et qu'il ne s'y passoit rien contre le service du Roy; que les brouilleries continuelles de la Cour et les mécontentemens que M. le Prince a tesmoignés de tout ce qui s'y est fait l'ont tenu tousjours en haleine et dans la deffiance des préparatifs extraordinaires qui se font au chasteau et des fortifications qui s'y font sous prétexte d'une délivrance de menus ouvrages faite par les trésoriers généraux dont l'exécution avoit esté donnée au sieur trésorier Moreau; que ceste délivrance n'a servy que de prétexte au sieur Arnaud pour faire plusieurs ouvrages qu'il n'a osé mettre dans un procès verbal; et que ce qu'il dit est si vray que Chaussier, maistre charpentier en ceste Ville, à qui les ouvrages ont esté délivrés, n'avoit pas encore levé au Greffe la copie de ce procès verbal; d'ailleurs, qu'il sçait qu'on y a mis des huiles et des graisses et que l'on y fait de nouvelles embrasures qui ont leurs ouvertures et leur aspect sur la Ville; qu'il y en a deux ouvertes en dedans et cinq autres marchandées; qu'il a fait deffense aux massons, ouvriers et pierriers de fournir ny faire aucunes choses pour lesdites embrasures et fortifications, et que l'ordonnance en fut publiée le lendemain qu'il eust cest advis; qu'il y a quelque tems qu'un fondeur de la Ville nommé Blondeau avoit entrepris et fait marché avec M. Arnaud pour fondre quatre pièces de canon; qu'il en avoit arresté le moule et fait deffense au fondeur de passer ontre; que quelque tems après, il fut adverty que le Procureur Moreau avoit donné à Guiot une copie du manifeste de M. le Prince pour l'imprimer, qu'il envoya saisir les exemplaires, rompre les planches, et fit deffense à l'imprimeur de passer outre; qu'il voulut punir par ce moyen l'imprimeur de la Ville qui ne doit rien entreprendre sans la permission du magistrat et empescher que la déclaration de M. le Prince ne fust imprimée dans Dijon où celle du Roy ne l'avoit pas esté; qu'il avoit dressé de bons procès verbaux de tout ce qu'il avoit fait, qu'il avoit envoyés à la Cour où l'on avoit approuvé son procédé; qu'il n'avoit rien fait sans la participation de M. l'Intendant qui en pouroit asseurer la Cour, et que pour les advis du dehors ledit sieur Intendant le pouvoit dire à la Compagnie, puisqu'un habitant de Seurre estant venu à luy la veille luy en raconter toutes les nouvelles, il l'avoit envoyé audit Intendant.

Après quelques autres propos libres et hardis tenus dans une Compagnie où l'on trembloit encore au seul nom de M. le Prince, ledit Vicomte mayeur fut remercié par la Cour et invité de continuer ses soins pour la conservation de la Ville; et, l'affaire mise en délibération, il y eut quelques advis de mander Chaussier entrepreneur desdits ouvrages; d'autres, d'ordonner au Greffier des Trésoriers de remettre derrière le Greffe de la Cour le marché desdits ouvrages. La plus grande partie et à laquelle il passa fut de députer MM. Jacotot et de Thésut pour aller au chasteau voir et recognoistre l'estat de la place, les nouvelles fortifications et embrasures qu'on y avoit faites, et si c'estoit par l'ordre du Roy.

J'ay raporté succinctement les opinions et n'ay pas nommé ceux qui les avoient prises ou ouvertes parce que je n'estois pas présent à l'assemblée, et je ne les ay retenues que sur la relation d'un mien amy qui n'a pas voulu se donner la peine de m'en dire davantage.

Le 14 dudit mois, la Cour assemblée extraordinairement, Messieurs Jacotot et de Thésut l'aisné ont fait raport de ce qu'ils avoient fait au chasteau où ils avoient esté la veille sur le midy, suivis de deux huissiers de la Cour et sans Greffier, et ont dit qu'on leur avoit ouvert la porte sitost qu'ils avoient paru au bout du pont; que M. Arnaud estoit venu les recevoir au corps de garde avec civilité, et les avoit conduits dans la salle où ils luy avoient dit qu'ils avoient ordre de la Cour de luy faire cognoistre que les habitans avoient pour suspect les fortifications extraordinaires qu'il commençoit au chasteau; que ces soubçons et ces deffiances raisonnables estans aportées au Parlement, la Compagnie avoit creu qu'elle debvoit s'éclaircir de la vérité et sçavoir si c'estoit par ordre du Roy qu'il y faisoit travailler; qu'à cela le sieur Arnaud leur avoit respondu qu'estant venu en ceste Ville pour commander au chasteau, il avoit eu ordre de Monseigneur le Prince de munir la place et de la tenir en bon estat; que d'ailleurs il avoit pris soin de tesmoigner à M. le Maire qu'il vouloit vivre en bonne intelligence avec tous les habitans suivant l'ordre qu'il en avoit de M. le Prince, mais que le Maire n'avoit pas respondu de son costé avec civilité; qu'il avoit tousjours usé d'une extresme rigueur en son endroit jusqu'à faire deffenses aux ouvriers de la Ville comme menuisiers, couvreurs, vitriers et autres de travailler aux réparations du chasteau contenues dans la délivrance des trésoriers; qu'ayant eu advis qu'on manquoit de poudre à la Ville, il avoit envoyé en offrir à M. le Maire qui se moqua de ses offres et en a fait raillerie; que le huitième de ce mois ayant préparé un feu d'artifice au chasteau en réjouissance de la majorité du Roy, et ayant fait inviter M. le Maire à s'y trouver, il avoit fait response qu'il en parleroit à la Chambre; que si M. le Maire et les habitans se plaignent de ce qu'il a fait au chasteau, il a plus grand sujet de se plaindre de ce qu'on a fait à la porte du chasteau une muraille qui couvre la Ville et fait un angle contre le chasteau; que d'autre costé l'on a fait une palissade entre le chasteau et la porte Saint Nicolas qui ne peut estre qu'à dessein de se fortiffier contre le chasteau, et que pour lever toutes deffiances aux habitans il estoit prest de leur faire voir la place; ce qu'ayans accepté il les avoit conduits au ravelin du dehors où ils avoient veu huit ou dix chambres pour loger des soldats et un creux carré en un coin qu'ils croyoient préparé pour fondre du canon; que de là ils les avoit menés dans une tour où ils avoient veu une embrasure nouvelle large de 14 pieds; qu'il leur avoit dit qu'il avoit dans la place quarante cinq pièces de canon, environ cent cinquante bombes qui y estoient du tems de M. de Vendosme, qu'il avoit plusieurs mousquets et des poudres; qu'hors le pain et le vin, il prenoit tout à la Ville; qu'à la vérité, il avoit fait fondre du canon sans lettre du Roy, mais qu'ayant dessein d'en faire un présent au Roy il avoit creu pouvoir en fondre sans lettre; qu'ayans veu une partie du chasteau, il offrit de leur faire voir le reste qui estoit tout semblable à ce qu'ils avoient veu; qu'ils avoient adjouté foy à ce qu'il dit et l'avoient remercié de sa civilité, et que luy les avoit priés de lever les deffenses faites par le Maire aux ouvriers de la Ville de parachever ce qu'ils avoient commencés, en les priant d'asseurer la Compagnie qu'il ne commenceroit pas la guerre, et qu'il seroit tousjours très attaché au service du Roy.

Après ce récit, les opinions prises sur ce qui estoit à faire, M. Jacotot dit que, si M. le Maire avoit fait deffenses à tous ouvriers, mesme aux menuisiers et vitriers, d'aller travailler au chasteau et d'achever les ouvrages délivrés par Messieurs les Trésoriers, il luy sembloit qu'il y avoit un peu de rigueur; qu'il ne seroit pas d'advis de toucher aux deffenses concernant les fortifications, mais que pour les autres, si elles ont esté faites, qu'il faudroit y pourveoir. M. de Thésut l'aisné a esté de mesme advis et opiné avec autant d'ambiguité. MM. Millière, Jaquot, Berbisey l'aisné et M. Bernardon de mesme advis.

M. Le Goux a dit que le Vicomte mayeur avoit fait de son costé ce qu'il avoit pu pour la seureté de la Ville, qu'il falloit que le Parlement y adjoutast son authorité en faisant deffenses à M. Arnaud de faire aucunes fortifications au chasteau, et à tous autres gouverneurs de places.

M. Perret a esté de l'advis de M. Jacotot. Messieurs de Mongey, Morin, Berbisey puisné de l'advis de M. Le Goux.

Messieurs Bretagne puisné, Bossuet, Fiot, Bernard puisné, Lantin puisné, Richard, Malteste, lequel a dit que les deffenses faites par le Maire estoient de deux sortes, à ce qu'il apprenoit par les discours de Messieurs les commissaires : les unes concernoient les fortifications, les autres estoient au regard des ouvrages faits audit chasteau; que pour les premiers le Maire les ayant avoués, l'on pouvoit examiner si elles estoient justes ou non; que pour luy, elles estoient nécessaires et qu'il voyoit tous Messieurs de ce sentiment;

quant aux dernières, qu'il ne comptoit pas qu'elles eussent esté faites; qu'il falloit le sçavoir avant de les casser; qu'il n'y avoit aucune apparence qu'elles eussent esté faites par la mesme ordonnance qui contient les premières, car il seroit ridicule de deffendre ce qui est desjà fait; qu'il n'y a point aussy d'apparence qu'elles le fussent par une plus ancienne ordonnance, car le Maire en l'exécutant auroit empesché le parachevement des ouvrages; et partant n'estoit pas d'advis de casser des deffenses qui n'estoient pas; au surplus il croyoit juste l'advis de M. Le Goux, croyant qu'il ne falloit rien marchander en une occasion où il s'agissoit de nostre propre seureté. MM. de la Marre, Bossuet, Berbis, Maillard, Valon de mesme advis.

M. l'Intendant a dit que, puisque M. Arnaud tesmoignoit qu'il cesseroit de faire travailler au chasteau si le Parlement le désiroit, il ne falloit pas faire un arrest particulier pour luy, mais qu'on en pouvoit faire un général de deffenses aux Gouverneurs de place de fortiffier sans ordre du Roy. Messieurs Desbarres, Fiot et Robelin Présidens ont suivy ce sentiment, et tous Messieurs l'ont suivy comme le meilleur, autant utile que si M. Arnaud estoit nommé, et duquel néantmoins il ne pouvoit s'offenser, ce qu'ils ont creu debvoit estre évité, puisqu'il traittoit civilement et avec beaucoup de complimens; et le Président Desbarres a adjouté qu'il falloit estre ennemy de la civilité pour ne pas traitter civilement avec M. Arnaud.

Messieurs Le Goux, Malteste, Berbis, Maillard, de la Marre et quelques autres estoient fermes dans leur advis, jugeans qu'il falloit authoriser le Maire par un arrest qui authorisast ses deffenses; qu'il ne falloit pas confondre les gouverneurs de places de qui l'on ne craignoit rien avec ceux de qui l'on avoit de justes deffiances et qu'il estoit ridicule d'agir par complimens avec un homme qui n'espargnoit aucun soin pour nous ruiner et pour nous perdre. Il passa à l'advis de M. l'Intendant et que l'on feroit sçavoir à M. Arnaud que la

Compagnie se promettoit de sa conduitte qu'il ne donneroit aucune deffiance aux habitans et qu'il cesseroit de fortiffier.

Le 16 du mesme mois, la Compagnie assemblée extraordinairement pour lire les lettres du Roy, l'ouverture en ayant esté faite, S. M remercioit la Compagnie de ce qu'elle luy avoit envoyé la lettre que M. le Prince avoit escrite au Parlement, dont il a esté parlé cy dessus. Ensuitte, M. l'Intendant a dit que le Vicomte mayeur a receu ordre de M. d'Espernon pour faire la garde, que c'estoit une preuve qu'il y avoit à craindre et qu'il falloit sçavoir du Vicomte mayeur de quelle façon il feroit ceste garde et s'il avoit entière confiance aux chefs des paroisses; qu'il falloit aussy adviser à ce qui estoit à faire dans la Province parce qu'il avoit advis de la Cour que les troupes de M. le Prince estoient licenciées et que M. de Manicamp leur en avoit porté l'ordre; qu'elles filoient partie à Stenay et en Bourgogne, et le reste estoit allé joindre les troupes de l'Archiduc; que si la Cour n'envoyoit pas les ordres nécessaires, c'est qu'elle avoit une entière confiance au Parlement sur lequel on se reposoit.

Les opinions prises, M. Jacotot a esté d'advis de mander le Maire pour sçavoir de luy l'estat de la Ville et comment il mettroit ordre à la garde. M. de Thésut de mesme et le reste; en sorte qu'il a passé d'une voix à l'advis ouvert par l'Intendant.

Le Vicomte mayeur entré, M. le Président Robelin luy a dit ce qui avoit esté résolu; à quoy ledit Vicomte mayeur a respondu qu'il avoit receu ordre de M. d'Espernon pour faire la garde, qu'il avoit assemblé la Chambre et y avoit fait ouverture de la lettre qui contenoit cest ordre, qu'il avoit esté résolu conformément à ce commandement de la faire de jour et de nuit, qu'il alloit ensuitte faire assembler les capitaines pour leur faire sçavoir ceste résolution affin qu'ils y missent ordre; que pour ce qui est de l'asseurance des soldats, il estoit contraint d'avouer que l'obéissance n'estoit pas telle qu'il eust esté à désirer; qu'il avoit reconnu en deux rencontres depuis qu'il estoit en charge, que ce désordre provenoit des différentes afections des habitans connues à tous Messieurs, dont les uns ne vouloient obéir qu'à celuy cy et les autres à celuy là; que néantmoins il les feroit fort bien obéir quoique le nombre des contumaces fust grand; qu'il emploieroit l'authorité qu'il a sur les armes dont il est le chef, mais qu'il avoit bien voulu dire ceste division à la Compagnie affin que rien ne luy fust imputé.

Cela dit, s'estans retirés, l'on opina. Messieurs Jacotot, de Thésut, Jacob, Berbisey furent d'advis de luy laisser commencer la garde, et que si on recognoissoit le désordre tel qu'il l'avoit descrit, l'on y pourvoieroit. M. Malteste dit qu'il croyoit nécessaire absolument de pourveoir incessamment à ce désordre qui ne provenoit que de la juste deffiance des habitans contre certains capitaines qui estoient de la dépendance de M. le Prince; que pour luy, il avoit les mesmes apréhensions et qu'il n'obéiroit point à ceux que l'on sçavoit avoir fourny le chasteau de vivres et de munitions; que la garde ne se commençoit pas contre les Espagnols, mais contre le chasteau; qu'il n'y avoit donc aucune raison de donner le commandement aux créatures de M. le Prince; et partant estoit d'advis de pourveoir aux changemens d'officiers ou de deffendre qu'on fist garde, parce qu'il valoit mieux n'en point faire que de mettre les armes à la main à des officiers suspects. Sur cela, plusieurs ont dit que c'estoit à M. le Gouverneur de pourveoir à cela et non point au Parlement, qu'il falloit remettre ceste délibération et parachever celle que l'on avoit commencée au sujet des Villes de la Province.

Pendant que l'on avoit mandé le Maire par ceste délibération, l'on examinoit ce qui estoit à faire pour la seureté des places. Messieurs Jacotot et de Thésut proposèrent d'envoyer des commissaires à Saint Jean-de-Losne et à Verdun pour prendre garde qu'il ne s'y fist rien contre le service du Roy; M. de Mongey disoit aussy qu'il falloit envoyer à

Seurre. M. Malteste dit qu'il falloit pourveoir aux places qui nous donnoient de justes sujets de crainte, sçavoir Seurre, Saint Jean de-Losne, Verdun et le chasteau de Dijon; que l'on avoit desjà fait arrest pour en empescher les nouvelles fortifications; qu'il restoit d'empescher que les Gouverneurs n'en augmentassent les garnisons; et partant estoit d'advis de leur faire deffenses d'augmenter le nombre au delà de ce qui estoit porté par les Estats du Roy et enjoindre aux habitans d'y tenir la main et de s'opposer par toutes voyes à ce qu'on voudroit faire contre ces deffenses. M. Maillard dit qu'il estoit d'advis de M. Malteste en mettant deffenses d'augmenter les garnisons plus qu'elles ne le sont à présent; que le nombre porté par les Estats du Roy estoit trop grand et que ce seroit le moyen de mettre des garnisons plus fortes que les habitans. M. l'Intendant et Messieurs les Présidens furent de mesme advis.

L'on reprit les voix et il y passa que Messieurs Bernard et Millière iroient à Saint-Jean-de Losne pourveoir à la seureté de la place, et Messieurs Bossuet, Bretagne et Quarré Advocat général iroient à Verdun, et qu'on se contenteroit pour Seurre de donner l'arrest au Maire qui estoit en ceste Ville, pour le faire publier dans Seurre; et, parce qu'il estoit midy, l'on se sépara avec indication de l'assemblée pour les deux heures.

L'après-midi du mesme jour, Messieurs assemblés, l'on proposa de pourveoir à la garde de la Ville et à ce qu'il fust pourveu qu'elle se fist par gens de qui l'on n'avoit aucune deffiance. Sur ceste proposition, M. le Président Fiot parent et amy de M. de Frasans, capitaine de Nostre-Dame, qui estoit suspect, dit qu'il ne falloit point parler de changement des capitaines, qu'on soubçonnoit à tort M. de Frasans qui estoit bon serviteur du Roy et ne tenoit rien de M. le Prince; que si M. de Frasans n'estoit pas agréable à quelqu'uns, il l'estoit à d'autres. D'autres au contraire disoient qu'il n'y avoit point d'apparence de se commettre à la garde des créatures de M. le Prince. Enfin il se fit un grand bruit qui finit en abandonnant pour l'heure ceste proposition et en mettant sur le tapis une autre qui alloit à faire un Conseil composé d'un nombre de Messieurs qui pourveoiroient aux affaires pour ne plus assembler la Compagnie si fréquemment. Ceste pensée fut receue de tous, et l'on nomma pour députés Messieurs Robelin et Fiot Présidens, M. l'Intendant, Messieurs Jacotot, de Thésut, Bernardon, Bouhier, Maillard et Le Goux, lesquels pouroient apeler le Maire quand ils le jugeroient à propos.

Le 26 dudit mois, le Parlement assemblé extraordinairement, on leut les lettres du Roy, par lesquelles il mandoit à la Compagnie de faire continuer la garde dans la Ville et de se barricader contre le chasteau. Il y avoit une pareille lettre à M. le marquis de Tavanes, lieutenant du Roy au baillage de Dijon, qui portoit la mesme ordonnance. L'on délibéra sur ces lettres. M. Jaquot estoit d'advis de différer l'exécution de ces barricades, disant qu'il ne falloit pas irriter M. Arnaud; qu'il en avoit usé jusqu'alors avec civilité ; qu'il avoit donné sa parole de ne point commencer la guerre contre la Ville; qu'il estoit dans l'obéissance du Roy; que ce seroit s'attirer des bombes et des canonades; et partant estoit d'advis de différer d'autant plus que M. d'Espernon debvoit estre icy dans peu de tems. M. de Berbisey l'aisné de mesme advis.

M. Maillard disoit qu'il falloit obéir ponctuellement aux ordres du Roy, que nous serions ridicules si nous mesprisions nos seuretés, et si, faute de nous servir de cest ordre, nous nous laissions surprendre; qu'on ne pouvoit pas douter qu'il falloit obéir au Roy et qu'ayans un ordre si exprès nous serions coupables d'hésiter pour l'exécution; et partant estoit d'advis de commencer les barricades.

Messieurs du Bassin, de Mongey, Berbisey puisné, Perret, Baudinot, Pérard, de Thésut, Ragy furent de l'advis de M. Jaquot. Messieurs Duguet, Gagne, Lantin, Malteste, de la Marre, Potet, de Chaumelis, Le Belin, Berbis de l'advis de M. Maillard, et laissant à M. le marquis de Tavanes la liberté d'exécuter dès aujourd'hui ou de retarder. Messieurs les Présidens furent de cest advis, et ensuitte l'on dit que Messieurs Jaquot et Berbisey iroient au chasteau faire entendre à M. Arnaud l'ordre que l'on avoit du Roy affin qu'il n'osast en empescher l'exécution, et l'on demeura d'accord que, quelque response qu'il fist, on exécuteroit les barricades s'il estoit jugé à propos par M. le marquis de Tavanes.

Pendant ceste délibération, M. Quarré, Advocat général, vint derrière le bureau et présenta un arrest du Conseil, par lequel le Roy cassoit les Eschevins de la Ville de Dijon esleus à la Saint Jean dernière, et establissoit en leur place les Eschevins de l'année précédente.

L'on remit au lendemain pour opiner sur cest arrest, et l'on acheva la délibération que j'ay racontée qui fut longue et fort débattue, car les Conseillers attachés à M. le Prince ne pouvoient soufrir ces retranchemens, soit qu'ils voulussent conserver à ces troupes l'entrée libre dans la Ville, ce que j'ay peine à croire; soit qu'ils fussent persuadés par M. Arnaud, qui estoit homme d'esprit et fort adroit, qu'il n'entreprendroit jamais rien contre la Ville; ou qu'ils creussent qu'il ne soufriroit pas des retranchemens à la veue de sa place et que les voyant commencer il tireroit sur la Ville. Aussy disoient ils que c'estoit rompre les premiers et qu'on luy donnoit beau jeu; les autres au contraire disoient que ce n'estoit pas rompre que d'exécuter les ordres du Roy, que si M. Arnaud estoit dans l'obéissance, il en soufriroit l'exécution et qu'on le croyoit trop sage pour rompre sur ce prétexte.

M. Baudinot zélé pour le party de M. le Prince s'emporta en opinant d'une telle façon que toute la Compagnie en fut merveilleusement surprise, car il dit que la lettre du Roy estoit fondée sur des advis faux; que l'on prenoit plaisir dans la Compagnie de ruiner les affaires de M. le Prince et que l'on le poussoit; que ce n'estoit pas la recognoissance qui luy estoit deue pour les bienfaits dont nous luy estions tous redevables; qu'il pouvoit asseurer la Cour qu'il ne se faisoit point de levées de gens de guerre en Bourgogne; qu'il ne s'estoit point délivré de commission pour cela; que M. Arnaud ne faisoit aucune fortification dans le chasteau; que s'il estoit entré des Suisses dans Seurre, il estoit libre aux commandans de mettre dans leurs places tels hommes qu'ils jugeoient à propos; que Seurre estoit à M. le Prince qui n'estoit point déclaré criminel; qu'il ne demandoit autre chose sinon qu'il luy fust permis de demeurer dans son Gouvernement, et plusieurs autres choses qui m'ont échappé à cause du long tems....

M. Malteste opinant à son tour a dit que si jamais l'on avoit eu besoin de l'union c'estoit vraiment en ce tems où il ne falloit que la division parmy nous pour perdre la Compagnie et la Ville; qu'il falloit donc se réunir et oublier toutes les querelles passées et qu'il falloit s'opposer à ceux qui voudroient les fomenter; qu'en son particulier il invitoit Messieurs de quitter l'esprit de désunion et de prendre celuy de la paix. Et quant à l'affaire qui estoit sur le tapis, il n'y voyoit pas de difficulté puisqu'elle estoit réglée par un ordre du Roy; qu'à la vérité, il y auroit beaucoup à songer si on vouloit commencer les retranchemens contre le chasteau par nostre mouvement seul et par nostre prévoyance pour nostre seureté; qu'il faudroit essayer de le faire trouver bon à M. Arnaud, crainte de ses canons et de ses bombes; mais l'entreprenant par l'ordre du Roy, il n'y avoit rien à craindre puisqu'il est le maistre commun auquel M. Arnaud doit une entière obéissance; que c'est un moyen pour recognoistre s'il est fidèle au Roy, car en ce cas il soufrira qu'on exécute ses ordres; qu'il ne falloit pas douter qu'il ne le fist puisqu'on asseure qu'il est attaché au service du Roy, et qu'à la vérité il y a peu d'apparence qu'il tire le canon pour empescher ces retranchemens puisqu'il romproit le premier, à quoy il songeroit deux fois; et que le plaisir de casser nos tuiles ne vaut pas le danger auquel il s'exposeroit en empeschant l'exécution de cest ordre lequel est fondé sur des advis très certains, bien loin d'estre faux comme on l'a dit; qu'il n'y a personne qui ne sçache les munitions et les fortifications extraordinaires que M. Arnaud a faites depuis qu'il est au Chasteau, lesquelles ne sont que contre la Ville, car Dieu mercy nous n'apréhendons pas une armée espagnole si elle ne vient à la faveur du chasteau ; que l'on a veu le Comte Galas dans la province avec une armée de quarante mille combattans à la porte de Dijon et prest à l'assiéger; que néantmoins le chasteau estoit dégarny, et les Gouverneurs quoique zélés au service du Roy ne firent pas les empressés pour y mettre des vivres et des munitions, parce qu'estans du mesme party que la Ville ils s'asseuroient de tout ce qui estoit dans l'enceinte de ses murailles; d'où l'on pouvoit conclure que ces grands préparatifs n'estans pas fondés dans la crainte des ennemis estrangers, et la Ville estant unie estroitement à l'obéissance du Roy, se faisoient pour résister au Maistre et Souverain et pour incommoder une Ville qui estoit dans son obéissance ; que M. Arnaud ne se contentoit pas de ces préparatifs qui sembloient pouvoir estre excusés par une exacte vigilance à munir sa place ; qu'il avoit mesme des correspondances avec les Comtois et les Suisses ; qu'il avoit demandé permission aux derniers de faire des levées dans leur pays, ce que l'ambasseur de France avoit empesché, et qu'il avoit demandé des hommes à une place du Comté qui luy avoit fait response qu'il ne pouvoit pas luy en envoyer attendu qu'il les avoit envoyés à Seurre; que la lettre du Roy estoit fondée sur ces advis ou de pareils, tous certains et connus et non point faux; qu'il pouvoit l'asseurer avec plus de raison que ce que l'on avoit asseuré qu'il n'y avoit point de commissions délivrées. Comment est ce qu'on peut asseurer une telle proposition? Il faut pour cela estre non-seulement dans la confidence de M. Arnaud, mais encore qu'il ne puisse rien faire qu'on ne le sçache; qu'au reste, il n'estimoit pas bienséant à un Conseiller d'estre confident de celuy qui donne de justes deffiances à toute la Ville; que tous les habitans en murmurent et ne sçauroient soufrir ces communications si estroites; qu'il faut estre exempt de tout soubçon et se conduire de telle sorte que le Roy ny ses sujets ne puissent prendre ombrage de nos actions, *non omne quod licet honestum est.* Enfin, pour résoudre il fut d'advis d'ordonner que l'ordre du Roy seroit exécuté et néantmoins de laisser à M. de Tavanes lieutenant du Roy la liberté de l'exécuter promptement ou de retarder et d'en choisir le tems, le lieu et les moyens ainsy qu'il adviseroit.

M. de la Marre fut de cest advis. M. de Chaumelis dit qu'il en estoit aussy, mais qu'il ne pouvoit assés admirer l'imprudence de M. Baudinot de Célore qui osoit blasmer de faux les advis qui estoient donnés au Roy par Messieurs de la Compagnie; qu'il falloit qu'il apprist à parler dans une assemblée d'honnestes gens; qu'il ne se trouvera que jamais parole si hardie ait esté dite dans un Parlement et qu'elle méritoit répréhension. M. Le Belin a dit la mesme chose et en termes plus aigres, et a fait voir que les advis n'estoient point faux par ce qui s'estoit fait à Seurre où les habitans avoient esté désarmés par la garnison, qui estoit une marque infaillible de rébellion; qu'on ne pouvoit dire après cela que M. Arnaud fust serviteur du Roy, puisqu'on désarme les sujets de S. M. et que la communication estroite qu'il a avec les Comtois n'est point une marque de sa fidélité. M. de Berbis a dit qu'il n'a jamais ouy asseurer un mensonge avec plus de hardiesse et a testonné M. Baudinot aussy vertement que les précédens.

M. Bouhier l'aisné a dit que le mot de faux estoit de dure digestion et que c'estoit mal récompenser Messieurs les Commissaires qui avoient pris peine de travailler pour le public, mais qu'il se verroit un jour que ces advis estoient bons; car outre ce qui en a esté dit, l'on feroit voir des commissions pour lever des gens de guerre et que peut estre M. Arnaud scroit assigné quelque jour pour recognoistre son escriture. M. Bernardon a repris de mesme M. Baudinot. M. de Thésut l'aisné a dit que c'est advis de M. Baudinot debvoit estre retenu et envoyé au Roy; qu'il falloit faire cognoistre à S. M. qu'un conseiller de Parlement avoit dit en sa place qu'elle estoit mal informée de ses affaires; que son conseil donnoit créance à des advis faux et sans fondement; qu'elle se trompoit de croire que M. Arnaud ne fust pas dans son debvoir; qu'elle avoit tort de blasmer M. de Bouteville d'avoir mis des Suisses dans Seurre parce qu'il luy est permis d'en user de la sorte, que Seurre est à M le Prince et non pas au Roy. M. le Président Brulart a repris avec véhémence le discours de M. Baudinot, de sorte que ce petit homme a esté traitté comme il le méritoit.

Il a dit souvent qu'on prenoit plaisir à luy faire injure, que chacun le piquoit à son tour, qu'il n'avoit point dit ce qu'on luy faisoit dire. Tous les susnommés se soulevans luy soutenoient le contraire, de sorte qu'il se fist grand bruit et M. Baudinot passa mal son tems.

M. le Président Fiot, parent de M. Baudinot, le voulut excuser, disant que M. Arnaud l'avoit charmé par ses beaux discours et luy avoit persuadé ce qu'il luy avoit dit; que cognoissant M. Baudinot il pouvoit dire à la Compagnie qu'il n'avoit pas péché par malice, mais par erreur produitte par l'adresse de M. Arnaud qui estoit si charmant qu'il gagnoit les esprits par ses discours, ce qu'il avoit esprouvé en deux ou trois rencontres, et sçavoit par expérience le danger qu'il y avoit de le fréquenter; que M. Baudinot feroit bien de ne le plus voir affin de n'estre plus séduit; que les advis donnés au Roy n'estoient point faux et que Messieurs les commissaires n'en avoient point donné que de vrais et importans.

Les opinions prises pour une seconde fois, chacun persistant en son advis touchant la proposition sur laquelle on délibéroit, M. de Célore Baudinot a dit qu'il n'avoit eu aucun dessein d'offenser personne de la Compagnie; qu'il ne croyoit pas que les advis fussent donnés par Messieurs les commissaires; qu'il ne pensoit pas non plus mal faire de voir M. Arnaud qui estoit un fort honneste homme, ny debvoir se priver de sa conversation pour satisfaire le caprice de quelques bizarres; mais cognoissant que la Compagnie ne le trouvoit pas bon et après avoir ouy ce que Messieurs avoient dit, il protestoit de ne plus aller au chasteau. Il passa que les ordres du Roy seroient exécutés et qu'on laisseroit à M. de Tavanes d'adviser au tems, au lieu et aux moyens de l'exécution.

Le 27 dudit mois, Messieurs Jaquot et Berbisey l'aisné ayans esté au chasteau pour voir M. Arnaud et pour luy faire sçavoir l'ordre du Roy assemblèrent la Compagnie pour faire leur relation; et M. Jaquot dit que M. Arnaud les avoit receus avec civilité et remercioit la Compagnie de l'honneur qu'elle luy faisoit; qu'ayant veu l'ordre du Roy, il avoit dit qu'il n'avoit pas esté envoyé par le mouvement propre de S. M.; qu'il avoit sans doute esté demandé par les ennemis de la paix, qui taschoient d'aigrir les affaires; qu'il ne voyoit pas la nécessité de faire ces barricades sinon pour luy faire injure; qu'il n'y avoit point de troupes dans la Province qui deussent donner de l'ombrage; que ce qui estoit au chasteau ne pouvoit donner de la peur; qu'il avoit ordre exprès de vivre en bonne intelligence avec Messieurs de Dijon; qu'il le feroit tandis qu'on ne l'attaqueroit pas et ne recevroit point de troupes qu'il ne luy fust commandé précisément; que Messieurs du Parlement qui avoient esté si sages jusques à présent seroient les auteurs de la rupture en ordonnant ces barricades et qu'ils exciteroient un feu non seulement dans la Province mais dans tout le royaume, qui ne s'éteindroit pas sitost; qu'il nous en resteroit du déplaisir sans pouvoir y mettre remède; qu'il suplioit Messieurs de considérer toutes ces choses et les suittes de ce qu'on alloit commencer, qu'il ne pouvoit soufrir sans perdre son honneur; que M. d'Espernon debvoit estre icy dans peu de jours qui sçauroit mieux les intentions de la Cour; qu'il prioit Messieurs de différer jusqu'à son arrivée, ou d'envoyer à la Cour un courier pour en recevoir les ordres précis, et que quand le courier en raporteroit un second ordre il le soufriroit; qu'un délaiment de peu de jours ne pouvoit nuire et seroit pourtant fort utile parce qu'il empescheroit une rupture, outre que pendant ce tems là l'on peut avoir advis de quelqu'accommodement qui se mesnage tousjours par M. le duc d'Orléans.

Ce raport fait, quelqu'uns dirent qu'il falloit opiner sur ce qui estoit à faire; d'autres disoient que la résolution estoit formée dez la veille. Après plusieurs paroles de chaleur, l'on prit les voix. MM. Jaquot et Berbisey furent d'advis de différer jusqu'à l'arrivée de M. d'Espernon. M. Jaquot fut d'advis de suivre la résolution prise la veille. M. Maillard fut de mesme advis. Messieurs Moisson, de Mongey, Berbisey le jeune, Perret et M. le Président Desbarres furent fortement de l'advis de M. Jaquot. M. Baudinot ne se trouva pas à l'assemblée; il eut peur pour s'estre veu si mal mené la veille, et quitta la Ville. Messieurs de la Marre, Malteste, de Chaumelis, Le Belin, Berbis, de Thésut l'aisné et l'Intendant furent de l'advis de M. Jacotot. M. le marquis de Tavanes dit qu'il falloit obéir aux ordres du Roy, qu'il estoit résolu de les faire exécuter et que, si la Compagnie vouloit différer, il la prioit de luy donner sa descharge par escrit. Messieurs Brulart, Joly, Fiot et Fremiot Président furent du mesme sentiment, et il passa.

Ceste délibération finie, Messieurs Berbis et Le Belin, commissaires députés par le Roy pour exécuter l'arrest du conseil touchant le changement des Eschevins de la Ville, se mirent au bureau; et après la lecture de l'arrest M. Berbis dit que, cest arrest du conseil luy ayant esté aporté, il fut surpris de s'y voir nommé pour l'exécution, ne croyant pas estre connu au conseil; mais que l'ayant leu, il n'avoit pas voulu en commencer l'exécution qu'auparavant il ne l'eust fait voir à la Compagnie par defférence, qu'il croyoit luy debvoir estre rendue par tous les officiers qui la composent, quoique à la vérité il sceust que plusieurs de Messieurs avoient exécuté des commissions du conseil dommageables à la Province et à la foule du peuple sans en parler à la Cour, voire mesme contre ses deffenses ; qu'il ne vouloit point suivre ces exemples, mais au contraire se tenir dans le respect que Conseiller doit à la Cour ; qu'au fond de l'affaire le chemin estoit frayé par ce qui se fit il y a quatre mois ; que l'on présenta un arrest du Conseil qui cassoit les eslections des Eschevins et de M. Millotet, Maire ; que tous Messieurs avoient dit qu'il falloit obéir aux ordres du Roy, à la réserve de deux ou trois du nombre desquels j'avoue que j'estois, dit-il, parce que je ne pouvois souffrir ce procédé extraordinaire sans aucun sujet ; mais qu'en ceste occasion il croyoit important au service du Roy de restablir les choses comme elles avoient esté l'année passée et de mettre dans les charges publiques des personnes à qui le Roy eust une entière confiance ; qu'on pouvoit faire ce changement sans noter d'infamie ceux qu'on dépossédera puisqu'on ne les tient pas suspects au service du Roy, mais seulement que S. M. ne veut personne dans ces places qui ait de l'attachement à M. le Prince, duquel les Eschevins pour la plupart font gloire de se dire les créatures ; et partant il fut d'advis de dire que cest arrest seroit exécuté. M. Le Belin fut de mesme advis, Messieurs Jacotot et Jaquot de mesme.

M. de Berbisey l'aisné dit que ces changemens ne nous donneroient pas le calme qu'on devroit rechercher ; que c'est renouveler les vieilles querelles ; que le Roy et son conseil ne cognoissoient ny les vieux ny les nouveaux Eschevins, et que ces advis venoient de ceste Ville et de ceux qui fomentoient les divisions ; qu'il vouloit bien estre d'advis d'exécuter cest arrest, mais qu'il estoit de la générosité de la Cour de prendre en protection ces Eschevins cassés pour estre suspects au service du Roy, et remonstrer à S. M. qu'ils ont tousjours vécu en bons et fidels sujets; que s'ils avoient manqué à leur debvoir, principalement en ce point, la Cour ne leur auroit pas pardonné; qu'au reste, il s'estonnoit de ce procédé qui blessoit l'authorité de la Compagnie et les privilèges de la Ville; que leur eslection avoit esté faite à la manière accoustumée et sans bruit, que le Maire les avoit agréés; que toute la Ville estoit gouvernée en paix sous leur magistrature; qu'ils estoient surveillés par un Maire qui n'auroit rien soufert contre le service du Roy ny le bien public, et néantmoins qu'on aportoit un arrest du conseil qui troubloit le calme où nous estions, sous des prétextes suggérés au conseil du Roy par des personnes animées et factieuses; et par ces raisons estoit d'advis de faire des remonstrances au Roy sur cest arrest pour la justification de ces Eschevins et pour conserver les privilèges de la Ville.

M. Maillard a dit que cest arrest n'offensoit point les Eschevins, parce que le Roy ne déclaroit point qu'ils luy fussent suspects mais seulement que les autres luy estoient connus et plus afectionnés comme n'ayans aucun attachement à M. le Prince; que l'arrest ne blessoit pas plus les privilèges de la Ville que celuy qui fut présenté à la Compagnie au mois de may dernier, et que celuy là ruinoit la juridiction du Parlement qui n'est point blessé par celuy cy, car par celuy du mois de may le Conseil jugeoit sans ouyr les parties, une apellation pendante céans; et néantmoins qu'il ne vit pas faire tant de bruit pour lors et que chacun consentit à l'exécution avec joye parce que l'on faisoit injure à M. Millotet; et par la mesme règle il estoit d'advis qu'on exécutast celuy cy pour réparer l'injure faite l'année passée.

M. du Bassin a esté d'advis en peu de mots et sans beaucoup de raisonnemens de faire des remonstrances au Roy et cependant surseoir l'exécution de l'arrest.

M. de Mongey a dit qu'il avoit tousjours esté du sentiment d'exécuter et d'obéir aux ordres du Roy; qu'il vouloit suivre ce sentiment en ceste rencontre, luy estant indifférent qui l'on fist Eschevin, ne cognoissant ny les cassés ny les restablis.

M. Perret, qui estoit amy particulier du Procureur Derequeleine secrétaire de la Ville, dit en son opinion plusieurs mémoires que ce secrétaire luy avoit fournis pour s'opposer à cest arrest ou pour rendre odieux ces Eschevins restablis, en repassant sur tout ce qu'ils avoient fait pendant leur magistrature contre l'authorité de la Cour et ensuitte la différence de l'eslection des Eschevins de l'année 1649 qui avoit esté faite par force et par l'authorité de M. de Vendosme contre les formes et les privilèges ; et partant fut de l'advis de M. du Bassin.

M. Malteste quoique fort attaché au party qui avoit obtenu cest arrest ne voulut pas le deffendre hautement et se contenta de dire qu'il falloit prendre la mesme résolution sur cest arrest que sur celuy du mois de may, sçavoir d'en consentir l'exécution et néanlmoins de faire des remonstrances pour empescher qu'à l'avenir on en obtinst de pareilles. M. de la Marre fut de mesme sentiment.

M. de Chaumelis dit que ces arrests estoient fascheux et difficiles à supporter, mais qu'à considérer la conjoncture des affaires présentes il falloit vouloir tout ce que le Roy désiroit sans s'informer des motifs qui le mouvoient à agir, affin qu'il ne nous pust rien imputer; et par ainsy il luy sembloit que cest arrest debvoit estre exécuté.

M. Valon puisné estoit de l'advis de M. du Bassin. M. de Courtivron fut de l'advis de Messieurs les commissaires, M. de Thésut de mesme, Messieurs l'Intendant, marquis de Tavanes, les Présidens Brulart, Joly et Fremiot de mesme. M. Desbarres de l'advis de M. du Bassin, et il déclama fort contre ceux qui avoient obtenu ces arrests, qu'ils-estoient des esprits de division et de désordre, qu'après avoir changé les Eschevins l'on alloit changer les capitaines, que ces conseils alloient à bouleverser la Ville, que c'estoient les mesmes qui avoient donné ces beaux advis à la Cour qui nous avoient attiré des troupes pour achever de ruiner nostre Province.

M. le Président Fiot dit que ces arrests du Conseil devenoient bien fréquens, qu'ils estoient d'une mauvaise introduction et qu'il avoit peine à les soufrir; qu'il ne pouvoit soufrir qu'il en restast aucune mémoire sur nos registres; qu'il estoit extraordinaire que les commissaires pour l'exécution fussent nommés par le Roy, puisque la Cour les avoit tousjours commis; qu'aussy Messieurs Berbis et Le Belin avoient raporté cest arrest à la Cour pour avoir son agrément; qu'il estoit d'advis qu'on leur permist de l'exécuter, mais qu'on n'en retinst rien. M. Robelin fut de mesme advis. L'on reprit les opinions pour la seconde fois, il passa à l'advis ouvert par M. le Président Fiot.

Au commencement de ceste assemblée, M. Bretagne puisné Conseiller entra avec les lettres du Roy qu'il aportoit, ayant esté envoyé en Cour par Messieurs les députés du Conseil dont j'ay parlé cy-dessus en la diée du 16 du courant de relevée; son arrivée favorisa beaucoup les propositions que l'Intendant et ceux de son party vouloient faire passer, desquelles je viens de faire le récit; car la lettre du Roy qu'il aporta commandoit expressément qu'on se retranchast contre le chasteau et enjoignoit au Parlement de tenir la main exactement à l'exécution des arrests du Conseil concernant le changement des Eschevins et des capitaines. Ceste lettre au reste estoit la plus obligeante qu'un Roy pust escrire à ses sujets, pleine d'une confiance entière en la fidélité de la Compagnie et d'une defférence absolue à tout ce qu'elle ordonneroit, et finissoit par des promesses de récompenses et d'accorder tout ce qu'on pouvoit demander.

Ensuitte, l'on leut des lettres patentes de continuation du Parlement pour les affaires publiques seulement et une lettre du Roy portant créance à M. le Conseiller Bretagne, lequel dit que le Roy et la Reyne luy avoient commandé expressément de dire à la Compagnie qu'elle tinst la main à tout ce qui estoit dans la lettre, et raconta les caresses que la Reyne luy avoit faites et l'afection qu'elle avoit tesmoignée pour ceste Compagnie, dont la fidélité seroit tousjours louée, et qu'elle la feroit valoir auprès du Roy en toutes occasions.

Ceste députation faite par Messieurs du Conseil seuls sans en rien communiquer au reste de la Compagnie assemblée, mais seulement à quelques particuliers qui estoient de leur party, dépleut extresmement à Messieurs Jaquot, Berbisey, de Mongey, du Bassin, Perret, Desbarres Président. Le premier et le dernier avoient grand déplaisir de n'estre pas du Conseil et d'ignorer toutes les choses qu'ils voyoient connues à de plus jeunes ; c'est pourquoy ils tesmoignèrent ne faire pas grand estat de tout ce que raportoit M. Bretagne ; mais néantmoins ceste lettre du Roy si obligeante et si advantageuse qui estoit l'effet de la députation les estourdissoit merveilleusement et ne servit pas peu pour faire passer qu'on exécuteroit les arrests du Conseil dont j'ay parlé, car ceux qui en estoient d'advis se trouvoient fort apuyés et enhardis à soutenir ces arrets.

Qui lira ce journal jugera facilement que la division estoit grande dans la Compagnie et dans la Ville. J'ay dit ailleurs la source de ces désordres qui estoient merveilleusement augmentés par la retraitte de M. le Prince qui se préparoit à une guerre contre le Roy. Ceux qui estoient à luy parloient hardiment parce qu'ils se voyoient le cul sur la selle et que les ministres n'osoient, ce sembloit, le déclarer criminel ; outre qu'ils se disoient bons serviteurs du Roy quoique serviteurs de M. le Prince. Les autres qui estoient ennemis de M. le Prince ou bien indifférens ruinoient son party autant qu'ils pouvoient, et décrioient ses desseins et publioient que ses amis n'estoient pas bons serviteurs du Roy ; de sorte que les amis de M. le Prince craignoient que les autres ne leur jouassent d'un mauvais tour auprès du Roy et du Gouverneur, et qu'ayans toute l'authorité par le moyen du Maire, des Eschevins et des capitaines qui estoient par ce changement du party du Roy et ennemis de M. le Prince, on ne leur fist un mauvais party dans la Ville. Ils tesmoignèrent ceste crainte après ces changemens et donnèrent à cognoistre qu'ils ne se fioient qu'en la probité et la modération du Maire et qu'ils se deffioient beaucoup de l'humeur violente des capitaines et de quelques Eschevins. Ceux du party contraire disoient qu'il n'y avoit point d'apparence de laisser en charge des créatures de M. le Prince qui taschoient de souslever les peuples et qui avoient une porte ouverte pour entrer dans la Ville; que ceux de son party estoient assés enragés pour hasarder de se perdre en perdant la Ville et la faisant souslever pour M. le Prince; que l'on tascheroit d'engager dans ceste pensée les vignerons et la canaille, et qu'un soir on pouvoit jetter cinq cens hommes et davantage dans la Ville, par le moyen du chasteau, qui viendroient égorger tous les serviteurs du Roy et mettroient le feu en quelques endroits et pouroient piller un quartier.

Ainsy chacun estoit en deffiance de son compagnon et vouloit avoir le dessus. Mais il fut facile aux derniers de l'avoir, parce que M. d'Espernon n'aimoit pas M. le Prince et que la Cour ne vouloit pas se servir de ceux qui avoient tant soit peu d'attachement à ses intérests.

Quoique le 2 octobre fust un dimanche, M. le Président Robelin fit assembler la Compagnie pour délibérer des honneurs qu'on rendroit à M. d'Espernon qui estoit attendu le lendemain. L'on fit lecture des registres contenant ce qui s'estoit fait pour M. de Vendosme et l'on résolut d'en faire autant. Il faut avouer que chacun jugeoit que c'estoit trop; mais quand le Doyen eust ouvert l'advis, personne n'en voulut ouvrir un contraire parce qu'il auroit esté inutile. M. le Président Desbarres dit que c'estoit trop et qu'il s'estonnoit que personne n'y prist garde M. Fiot dit presque de mesme, et fut néantmoins de l'advis commun.

Le 5 dudit mois, M. d'Espernon voulant entrer au palais pour saluer la Compagnie, elle fut assemblée. Il y vint avec

M. le marquis d'Uxelles et M. l'Intendant. Il fit un compliment assés mal peigné, et je jugeay qu'il s'estoit embarassé, car il usa de redites fréquentes et ne pouvoit sortir de ce petit discours qui ne tendoit qu'à des asseurances de service et d'afection et à des louanges de la Compagnie au service du Roy qu'il feroit valoir de tout son possible. M. le Président Robelin luy respondit assés élégamment.

J'oubliois de dire qu'on mit en délibération si on luy donneroit des carreaux, l'un sur son siége, l'autre sous ses pieds. Il passa que les ayans donnés à M. de Vendosme, quoiqu'il n'en fust rien retenu, qu'on les luy donneroit de mesme et qu'on n'en retiendroit rien. M. de la Marre n'en fut pas d'advis, mais seulement d'exécuter le contenu au registre.

Ensuitte, M. Millière qui avoit esté envoyé à Saint Jean de Losne fit relation de tout ce qu'il y avoit fait pour le service du Roy, qui consistoit en plusieurs informations et procès verbaux dressés par luy de plusieurs choses venues à sa cognoissance et en ce qu'il avoit fait rendre la moitié des clés de la Ville aux habitans par le lieutenant de M. Arnaud, lequel les leur avoit ostées par souplesse. Il raconta comme il avoit asseuré au service du Roy le chasteau de la Perière et que les habitans de Saint Jean de Losne estoient les maistres de leur Ville. Après ceste relation, la Compagnie se sépara.

Le 14 octobre, M. Arnaud commandant au chasteau y estant décédé la nuit précédente, M. le Président Robelin assembla la Compagnie pour adviser s'il y avoit quelque chose à faire à ce sujet. L'on proposa d'y envoyer des commissaires pour dresser inventaire des munitions, et cependant comme l'on avoit eu advis que le Procureur Moreau y avoit esté la nuit à l'heure de la mort dudit Arnaud, on le manda pour sçavoir ce qu'il y avoit négocié. Estant entré, M le Président Robelin prit le serment de luy, et luy demanda s'il avoit esté au chasteau. Il dit que la veille, sur les neuf heures du matin, ayant esté adverty que M. Arnaud estoit malade dangéreusement, il y alla par la permission de M. le Maire ; qu'y estant, il le trouva en bon estat et creut mesme qu'il estoit hors de péril, qu'il n'y demeura que demie heure et ne s'entretint que de sa maladie ; que sur les dix heures et demie du soir, ayant eu encore advis que ledit sieur Arnaud estoit tombé en apoplexie, il demanda à M. le Maire permission d'y aller, qui luy permit et luy donna son homme pour l'accompagner ; qu'estant arrivé au chasteau, il trouva M. Arnaud mourant qui avoit perdu toute cognoissance, la parole et l'ouye ; qu'estant mort sur environ la minuit, il dressa un mémoire de ses meubles pour les conserver à sa veuve et pour en empescher la dissipation ; qu'il n'y fit autre chose et n'escrivit aucune lettre.

Cela dit, il se retira et l'on résolut d'envoyer deux commissaires au chasteau. Ceste pensée avoit esté suggérée par M. d'Espernon qui croyoit que la présence de deux Conseillers pouroit mettre la division parmy les soldats qu'on ne croyoit pas tous fort afectionnés à M. le Prince, et que dans la conjoncture présente, n'y ayant personne de commandement qui pust succéder à M. Arnaud, on pouroit ébranler leur fidélité. Il ne vouloit pas y envoyer parce qu'il ne doutoit pas qu'on luy en refuseroit l'entrée, et il aima mieux hasarder l'authorité du Parlement que la sienne, outre qu'il n'avoit pas un prétexte d'y envoyer comme l'avoit le Parlement. D'ailleurs, M. d'Espernon n'osoit agir ouvertement contre M. le Prince qui avoit le moyen d'user de représailles en Guienne où sont la belle maison de Cadillac et toutes les grandes seigneuries de M. d'Espernon. J'ay appris que Messieurs Maillard et Berbis Conseillers et M. Quarré Advocat général furent le mesme jour se présenter à la porte du chasteau, mais on leur en refusa l'entrée.

Le 25 dudit mois, le Parlement extraordinairement assemblé, M. le Président Joly a dit que Messieurs Maillard et Berbis avoient désiré de rendre compte à la Compagnie de ce qu'ils avoient fait ensuitte de leur députation pour aller au chasteau et que M. Maillard désiroit en mesme tems de parler de la garde; sur quoy M. Maillard a raconté qu'ayans esté, M. Berbis et luy, et M. Quarré Advocat général avec eux, se présenter au chasteau pour exécuter les ordres de la Cour, seroit survenu un commissaire des guerres nommé Maignat qui leur auroit dit qu'il n'estoit pas besoin de revestir l'inventaire des poudres et autres munitions du chasteau au sujet de la mort de M. Arnaud qui ne changeoit rien au chasteau, et les pria de n'insister pas davantage à entrer dans la place; que sur ce refus ils s'estoient retirés et en avoient dressé un procès verbal; qu'au reste, il croyoit debvoir dire touchant la garde ce qui s'estoit passé chés M. le Maire par l'ordre de M. d'Espernon pour tenir la Ville en seureté, sçavoir que M. le Maire, sçachant que la garde estoit foible tant à cause du grand nombre de malades que pour ce qu'on estoit obligé de faire huit corps de garde, avoit proposé d'inviter Messieurs du Parlement d'y envoyer et d'y faire aller les bas privilégiés; que M. d'Espernon avoit dit qu'il ne vouloit rien faire que par l'agrément de la Compagnie et donné charge au Maire de mesnager ceste affaire avec Messieurs les privilégiés; qu'à cest effect, l'on avoit dressé un projet d'une délibération que l'on exécuteroit si la Compagnie l'avoit agréable.

On la leut; elle portoit que M. le duc d'Espernon seroit prié d'ordonner que tous les privilégiés iroient à la garde, à la réserve de Messieurs les Présidens, Conseillers, Advocats et Procureur généraux, Greffier en chef et les Commis du Parlement, les Présidens, Maistres, Correcteurs, Auditeurs, Procureur et Advocats généraux, Greffier de la Chambre des Comptes, Messieurs les Trésoriers, le Greffier, l'Advocat et Procureur du Roy du bureau, et les deux anciens huissiers du Parlement, les audianciers, secrétaires controsleurs et référendaires du sceau qui néantmoins seroient tous invités d'y envoyer un homme.

Les opinions prises par M. le Président Robelin, M. Jaco-

[Octobre 1651]

tot, Doyen par la mort de M. Arviset, a dit qu'il falloit voir les registres pour sçavoir en quel cas l'on y avoit esté et comment. M. de Gand a esté de mesme advis.

M. Millière a dit qu'il falloit remettre ceste déliberation à la Saint-Martin lorsque la Compagnie seroit entière, et qu'elle estoit trop importante pour la traitter en l'absence de plusieurs de Messieurs et des premiers du corps, car il s'agissoit de nos privilèges et de l'authorité de nos charges. M. Jaquot de mesme advis.

M. Maillard a esté d'advis d'aller à la garde pour l'exemple et pour faire marcher tous ces mesmes officiers; M. du Bassin de l'advis de M. Millière.

M. Le Goux a dit qu'il ne falloit point chercher dans les registres ce qui s'estoit fait cy devant touchant la garde parce que l'on n'y trouveroit que des retenus qui ruinent nos charges et que, s'il faut les chercher, il est d'advis que ce soit pour les tirer des registres affin d'en oster la mémoire; qu'il ne pouvoit non plus estre d'advis de soufrir ceste délibération des capitaines qui nous veulent assujettir à la garde pour continuer l'opression où la Compagnie a esté par le passé, à laquelle n'ont pas peu contribué les extraits des registres don nés méchamment..... M. de Mongey a répété ce mot de *méchamment*, et M. Le Goux a dit *ouy méchamment, quoi qu'en disent Messieurs qui sont près de moy,* car l'on ne doit donner aucun extrait qu'avec permission de la Cour, et il entendoit parler de M. de Mongey père et de M. de Berbisey l'aisné, oncle dudit de Mongey fils..

Ledit sieur de Mongey a dit qu'il ne falloit que lire ceste pièce informe, ce papier volant pour juger de l'intention de ceux qui l'avoient faite, qui estoit sans doute d'envoyer tous Messieurs à la porte. Il l'a leue et n'a trouvé autre chose qu'une invitation à Messieurs d'y aller. Sur quoy il a dit qu'il n'appartenoit pas aux capitaines de nous inviter; que nous sçavions aussy bien qu'eux la nécessité qu'il y avoit d'aller à la porte; que le chasteau n'estoit pas à craindre, n'y ayant que fort peu d'hommes ; què dans la Ville tout estoit fort uny au service du Roy ; qu'il engageroit sa teste qu'il n'y avoit personne dans la Ville qui ne voulust mourir pour le service de S. M.; qu'il estoit prest d'aller ou d'envoyer à la garde lorsque le péril imminent seroit déclaré par M. le Gouverneur, mais qu'il ne vouloit pas qu'il despendist du Maire ny des capitaines de le déclarer et nous envoyer à la porte. M. Pérard, que véritablement l'on avoit sujet d'estre empesché à donner un nom à cest escrit ou projet de délibération et que c'estoit proprement un papier volant.

Sur ce mot, M. le Président Robelin s'est mis en colère parce qu'estant capitaine de sa paroisse, il ne pouvoit soufrir qu'on traittast de la sorte un extrait de leur délibération ; chacun a entrepris de railler M. Pérard qui se servoit de ce mot de papier volant. On luy demande s'il croyoit que ce fust le sujet de la délibération de sçavoir si cest escrit debvoit estre apelé papier volant ou non; et, la raillerie finie, il a dit : Puisque ce mot déplait je l'apeleray papier informe puisqu'il n'est pas signé, et diray qu'il est injurieux à la Compagnie et que c'est une entreprise du Magistrat et des capitaines qu'il ne faut pas soufrir ; qu'il doit estre rompu et deffenses d'en faire de pareils.

M. de la Toison venant à son tour d'opiner a dit que ceste délibération des capitaines avoit esté exécutée ou du moins qu'on s'estoit mis en debvoir de l'exécuter chés luy, et qu'un nommé Pérancy dizenier estant venu demander un défaut l'avoit traitté si insolemment et avec tant de mespris qu'il croyoit la Compagnie intéressée à venger ceste injure, qu'en son particulier il la remettoit. M. de Migieux, qu'il avoit esté adverty à quarante lieues d'icy qu'il falloit venir pour assister à la garde, qu'il estoit venu pour payer de sa personne, mais qu'il ne voyoit pas le péril si pressant qu'il fallust y aller présentement; et partant estoit de l'advis de M. Millière.

M. de Thésut l'aisné a esté d'advis d'envoyer à M. le Gouverneur pour le remercier de l'honneur qu'il avoit fait à la Compagnie de ne point déclarer le péril imminent qu'après l'avoir concerté avec elle, et mesme luy dire qu'elle est preste à prendre les armes s'il le juge nécessaire.

L'on a repris les voix pour une seconde fois. M. le Doyen a dit qu'il ne falloit pas se flatter en ce rencontre où nous voyions une porte de la Ville ouverte à nos ennemis, et que, si M. le Gouverneur vouloit user de son authorité, nous serions contraints d'aller à la garde; que s'il a ceste bonté de ne vouloir rien ordonner que de concert avec la Compagnie, il faut aussy qu'elle tesmoigne ressentiment de cest honneur et qu'elle le remercie de ceste civilité, et par mesme moyen luy dire que s'il croyoit nécessaire que Messieurs aillent à la garde, on est prest d'obéir; qu'à la vérité il avoit esté d'advis de voir les registres, mais qu'ayant ouy Messieurs il change de sentiment.

M. de Gand a dit qu'il estoit contraint d'avouer que ceste délibération des capitaines luy estoit insupportable et qu'il croyoit que Messieurs de la Compagnie qui sont capitaines avoient esté séduits par les bourgeois qui sont dans ces charges, qui n'ont d'autre but que de ruiner la dignité du Parlement.

Ce discours a fasché M. le Président Robelin qui estoit capitaine; il s'est levé de sa place et a dit qu'il estoit malade et prioit la Compagnie de l'excuser. L'on a bien veu qu'il ne l'estoit pas et qu'il sortoit de dépit de voir balloter les capitaines. Messieurs les anciens ont trouvé mauvais ce procédé, et les jeunes ont continué de parler des capitaines nouveaux dont M. Maillard capitaine de Nostre Dame, irrité, est sorty et a dit qu'il estoit aussy malade. Ces sorties un peu promptes et supportables à des capitaines, mais mal séantes à des Présidens et Conseillers, ont donné sujet à M. Joly de proposer qu'on délibérast que ces Messieurs ne cognoistroient jamais des affaires de la garde, puisqu'ils se retiroient volontairement lorsqu'on en parloit. Sur cela quelqu'un de

Messieurs est allé prier M. Maillard de rentrer, il l'a fait et M. Robelin ensuitte; et l'on a continué la première délibération.

M. de Gand reprenant la parole a dit qu'il ne croyoit pas avoir offensé Messieurs de la Compagnie qui sont capitaines en disant qu'ils pouvoient avoir esté séduits par les bourgeois capitaines, parce que leur délibération qui avoit esté leue blessant les privilèges de la Compagnie, il vouloit croire qu'elle avoit esté inspirée à Messieurs que l'on avoit séduits. Ensuitte, il prit l'advis de M. le Doyen. M. Millière persista à remettre ceste délibération à la Saint Martin; M. Jacob de mesme; M. Le Goux, qu'il ne voyoit sujet de trouver à redire à ceste délibération des capitaines; que bien loin de blesser les privilèges de la Compagnie, elle tendoit à les restablir puisque l'on invitoit Messieurs d'y envoyer; que ces termes estoient bien esloignés de ceux du tems passé qui estoient de commandement précis et inventés à la honte et à la confusion de tout le Corps, et fut de l'advis de M. Jacotot.

M. de Mongey dit au contraire que ceste délibération estoit injurieuse et qu'il n'appartenoit pas aux capitaines de comprendre Messieurs dans leurs délibérations; qu'il estoit néantmoins d'advis de la députation et qu'il en seroit en toutes occasions, quoique M. Berbis eust dit il y a environ trois semaines que c'estoit un advis contraire au service du Roy que de députer à M. d'Espernon pour le prier d'advancer son voyage en ceste Ville. M. Berbis a répliqué, et le sieur de Mongey s'est eschauffé d'une telle manière et sans sujet que je croyois qu'il fust hors de son sens. Il parloit tousjours brutalement, mais à ceste fois il parut qu'il l'estoit parfaitement.

M. Malteste a dit qu'il pouvoit asseurer la Cour que le Maire et les capitaines n'avoient eu aucun dessein de l'offenser et qu'il s'estonnoit qu'on trouvast mauvais qu'ils invitassent Messieurs d'aller à la garde en leur remonstrant la nécessité, puisque c'estoit au Maire de veiller à la seureté de la Ville, d'autant plus que l'année passée le Maire qui estoit M. de Mongey (père de celuy dont j'ay parlé) avoit soutenu à la Compagnie que c'estoit à luy de déclarer le péril imminent, et que l'ayant fait il se feroit bien obéir par Messieurs, et que la Compagnie s'estoit contentée pour lors de dire des raisons pour se maintenir contre l'entreprise du Magistrat sans dire aucune injure, au lieu qu'en ceste rencontre il n'entend aucunes bonnes raisons et plusieurs invectives ; qu'il n'y avoit qu'à respondre que l'on ne voyoit pas encore la nécessité d'y aller ; que véritablement c'estoit son sentiment, mais néantmoins qu'il estoit d'advis de conférer avec M. le Gouverneur et qu'il y auroit advantage d'aller à la garde volontairement et d'en éviter l'ordonnance.

M. Berbis a dit qu'il croyoit que c'estoit à M. le Gouverneur de déclarer le péril imminent pourveu qu'il en eust communiqué auparavant à la Compagnie ; qu'estant déclaré, il falloit fermer le Palais et prendre l'épée ; que ceste invitation des capitaines venoit comme de la part de M. d'Espernon qui jugeoit nécessaire qu'on y allast et qu'il ne vouloit pas pourtant le commander par defférence à la Compagnie ; que ceste invitation ne debvoit donc pas estre receue comme injurieuse ; que pour luy, il la trouvoit très advantageuse, puisque disans qu'on ne veut pas y aller, le Maire ne le commandera pas, ny M. le Gouverneur. Il passa à ce sentiment ; et ensuitte M. le Président Joly et Messieurs de Thésut et de Gand Conseillers furent trouver M. le duc d'Espernon le soir mesme.

Le lundy 30 dudit mois, M. le Président Robelin fit assembler extraordinairement les Chambres ; et, tous Messieurs mandés, il proposa que l'on avoit advis de l'arrivée de M. le duc de Candale en ceste Province, et partant qu'il estoit à propos d'adviser aux honneurs qu'on luy rendroit. M. le Doyen a dit qu'il estoit Gouverneur comme M. d'Espernon son père par une clause fort extraordinaire, laquelle ne portoit pas seulement le gouvernement en survivance ou en absence, mais mesme M. son père présent, et partant qu'on debvoit luy rendre les mesmes honneurs qu'à son père. M. de Gand a esté de mesme advis. M. Millière a dit que l'on avoit mis différence entre les honneurs rendus à M. le duc d'Enguien, maintenant M. le Prince, lorsqu'il eut la commission du gouvernement en chef. Il s'est laissé aller à l'advis des préopinans; il y a passé tout d'une voix. M. l'Intendant a dit qu'il ne falloit pas s'estonner de la clause extraordinaire contenue aux lettres de provision du gouvernement parce que ç'avoit esté une condition essentielle de la démission que M. d'Espernon donna du gouvernement de Guyenne et sans laquelle il ne l'eust pas donnée, et partant estoit de l'advis commun. M. le Président Fiot a dit qu'il restoit à sçavoir si M. le duc d'Espernon le trouveroit bon; M. l'Intendant a dit qu'ouy et qu'il en remercieroit la Compagnie. Cela fait, on s'est levé, car il n'y avoit qu'à suivre ce qui s'estoit fait pour M. son père peu de tems auparavant.

Messieurs ont esté assemblés par M. le Président Robelin pour recevoir M. le duc de Candale qui a désiré de saluer la Compagnie. Il est entré et a fait un compliment appris mot à mot. M. le Président luy ayant respondu de mesme, il s'est levé sans plus de discours et la Compagnie s'est séparée peu satisfaite de ce duc qui parut jeune homme. Et ensuitte M. le Président Robelin a proposé que ce duc debvoit faire peu de séjour en ceste Ville et qu'il seroit à propos d'adviser au nombre de Messieurs qui doivent l'aller saluer avant son départ. Chacun estoit las de tant de complimens, et l'on commença à murmurer contre M. le Président qui engageoit la Compagnie mal à propos à rendre des honneurs qui abaissoient sa dignité par la facilité qu'on avoit de les prodiguer. L'un dit que rien ne pressoit, l'autre dit qu'il falloit attendre le tems de son départ, les autres se levoient pour rompre l'assemblée; à la fin, on dit qu'on verroit les registres et qu'on pratiqueroit ce qui s'estoit fait pour M. de Vendosme.

Je ne sçais si l'on ne s'estonnera pas de la facilité de ceste

Compagnie à rendre des honneurs excessifs à M. de Candale. Plusieurs du Corps les jugeoient tels et n'en disoient rien; au contraire, ils estoient d'advis en leur place qu'on les rendist. D'ou vient cela? estoit-ce par foiblesse et faute de courage à refuser nettement un honneur qui ne fust pas deu? Je ne le pense pas, mais plutost que ces complaisances venoient de l'interest et du dessein que chaque party avoit de gagner les bonnes grâces du Gouverneur pour, par son moyen, supplanter ses enncmis; ceux du party de M. le Prince n'estoient pas apprentis à faire des démarches à la ruine de l'authorité du Corps. Ceux du party contraire qui avoient tenu ferme en plusieurs rencontres se relaschoient en celle cy, parce qu'ils estoient bien auprès de M. d'Espernon, et ne vouloient pas hasarder son amitié en prenant un advis inutile dans une affaire qui n'alloit pas au bien public. J'ay dit inutile, parce qu'il auroit esté difficile d'empescher qu'il ne passast à la pluralité qu'on rendroit ces honneurs, l'ouverture en estant faite; de sorte que les uns pour gagner les bonnes grâces du Gouverneur, les autres pour ne pas les perdre ne faisoient pas leur debvoir; et c'est un des maux qu'a produits la division de la Compagnie, car, estant partagée en deux factions, l'on n'a plus songé qu'à obtenir l'advantage l'un sur l'autre......

Le 14 novembre, l'ouverture du Parlement a esté faite par M. le Président Joly et par M. Quarré, Advocat général. M. le duc d'Espernon s'est trouvé à ceste cérémonie.

Le mesme jour de relevée, M. le Président Joly a dit que tous Messieurs avoient ouy le matin pendant la séance le canon du chasteau qui déclaroit la guerre à la Ville; que ce bruit, qui avoit esté ouy dez le jour précédent et sept ou huit fois la nuit, donnoit sujet à l'assemblée pour adviser à la seureté de la Ville et à nostre deffense; que M. le Gouverneur en sortant du Palais avoit assés tesmoigné qu'il estoit tems d'aller à la garde et que le péril estoit imminent; qu'il ne restoit qu'à délibérer sur l'ordre que la Compagnie trouveroit bon de tenir en ceste occasion. M. Desbarres a pris les voix; et M. Jacotot Doyen a dit qu'il estoit d'advis qu'on y envoyast un soldat et qu'il seroit libre à Messieurs qui estoient valides d'y aller si bon leur sembloit. M. de Gand a fait un grand discours pour prouver qu'il n'y falloit point aller par députés; et après avoir examiné les inconvéniens qui se rencontroient à y aller en personne sans commandement, ou n'y allant pas d'y envoyer seulement un valet sous la dizaine, il s'est enfin résolu qu'il valoit mieux y aller si l'âge ou la santé le permettoient; et il a esté fort long à raconter tout ce qu'il avoit veu depuis qu'il estoit au Palais touchant ceste matière. M. Millière a esté d'advis d'y aller par députés.

M. Robelin est entré pendant que M. Millière opinait, et l'ayant ouy opiner il s'est mis au bureau et a dit qu'estant capitaine il doutoit s'il pouvoit cognoistre de ceste affaire. Ceste proposition mise en délibération, il a esté dit que luy et tous Messieurs qui auroient ces charges de capitaines pouroient cognoistre des délibérations touchant la garde et le fait des armes. Après quoy, M. le Président Robelin estant rentré, il a continué de prendre les opinions, et il a passé jusqu'à Messieurs les Présidens sans beaucoup de difficulté que l'on iroit à la garde par députés.

M. le Président Desbarres a dit qu'il ne croyoit pas qu'il y eust nécessité d'aller à la garde en personne; que nous ne pouvions empescher ceux qui sont dans le Chasteau de tirer le canon; qu'il n'y avoit point d'armée à nos portes; ainsy, qu'il suffiroit d'y envoyer un valet, et que c'estoit s'abaisser à la dernière fonction que de s'en aller dans un corps-de-garde avec des savetiers. M. Fiot a harangué longuement pour montrer l'importance de la délibération, et qu'il ne falloit pas s'obliger légèrement par un arrest à faire la garde en personne. Les opinions prises pour une seconde fois, il y a eu si grand nombre d'advis différens qu'il seroit trop long de les raporter exactement, veu mesme qu'il n'est pas important en ceste matière de sçavoir l'advis d'un chacun.

M de Gand a dit que M. d'Espernon luy avoit dit qu'il ne falloit pas y aller par députés, parce que ceste façon causeroit du désordre dans les gardes. Ceste citation déplent à plusieurs qui vouloient qu'on y allast par députés. M. de Villers disoit qu'il falloit seulement y envoyer un soldat. M. Jaquot disoit que l'on y iroit de jour et que l'on y enverroit de nuit un soldat; d'autres qu'on y iroit par députés en personne de jour et de nuit, et que la Compagnie recevroit les excuses des malades ou empeschés d'un empeschement légitime. A la fin, après avoir pris les opinions quatre fois, il a esté résolu que l'on iroit par députés et que la liste seroit faite par Messieurs les Syndics, qui prendroient soin d'advertir ceux qui seroient en tour d'aller à la garde; ceste délibération fut très longue et très ennuyeuse

Il ne sera pas inutile de dire icy en détail ce qui donna lieu à ceste garde extraordinaire. Le Chasteau de Dijon tenoit pour M. le Prince de Condé qui estoit en Guienne, où il armoit contre le Roy. M. le Duc d'Espernon estoit dans Dijon, où il préparoit fort lentement ce qu'il falloit pour assiéger ceste place. Cependant chacun taschoit de négotier avec celuy qui y commandoit ou de corrompre les soldats de la garnison. La Planchette, qui avoit succédé à M. Arnaud dans le commandement du Chasteau, surprit dans sa place une femme chargée de poignards et de bayonnettes; et ayant, à ce qu'il dit, recouvré des billets semés parmy ses soldats, il reconnut qu'on vouloit entreprendre sur sa personne. Un nommé Duchesne, soldat de la garnison, à qui l'on avoit confié l'entreprise, la luy avoit découverte et le chef de ceste entreprise, ce qui donna sujet à ce commandant d'arrester quelques soldats et d'en chasser d'autres. Ce fut le 10 du courant; M. d'Espernon en fut adverty le mesme jour. L'on croit qu'il sçavoit ce dessein, dont l'on faisoit auteur M. Millotet (1), et il y a apparence que M. d'Espernon et M. l'Intendant le

(1) On peut voir dans le Mémoire de Millotet, p. 130 et suivantes, le rôle qu'il joua en effet dans cette affaire.

sçavoient, et que M. Millotet estoit ministre de ce dessein, les deux autres ne voulant pas paroistre, parce qu'il estoit incertain s'il réussiroit. Or, l'on a conjecturé qu'ils sçavoient ce dessein, parce que M. Millotet estoit fort confident avec M. d'Espernon ; lequel, comme j'ay dit, estant adverty que La Planchette vouloit faire justice de ses soldats, arresta prisonnier dans la Ville le Major du Chasteau, qui y venoit pour prendre l'ordre de luy. Incontinent qu'il fut arresté, il luy fit escrire une lettre à La Planchette en ces termes : « Monsieur, j'ay esté arresté par l'ordre de M. d'Espernon sur ce qu'il a sceu que vous aviés fait prisonniers des soldats de vostre garnison, de qui vous vouliés faire justice sans son authorité. Il désire que vous luy renvoyiez ces soldats avec les billets que vous avés pour preuve de la conspiration faite contre vostre personne, et il vous fera justice s'ils sont coupables et me mettra en liberté, ce que je n'espère pas autrement. J'attendray vostre response. »

Ceste lettre fut donnée à un sergent de Maire pour la porter au Chasteau sur les huit heures du soir, d'où il revint sur les onze heures avec deux lettres du nommé La Planchette, l'une à M. d'Espernon, l'autre à ce Major. Celle cy portoit : « Je crois que Messieurs de Dijon vous ont retenu pour mieux faire la Saint-Martin, car je n'en vois pas d'autre sujet. J'escris néantmoins à M. d'Espernon sur tous les points de vostre lettre, et j'espère qu'il vous mettra en liberté incontinent qu'il l'aura receue. Cependant tenés-vous joyeux, etc..... » L'autre, escrite à M. d'Espernon, disoit qu'il n'y avoit aucun prisonnier dans le Chasteau ; que les soldats qu'il répétoit estoient dans le service, et que le seul criminel estoit un nommé Millotet, qui avoit envoyé une femme chargée de poignards dans le Chasteau pour l'assassiner ; prioit M. d'Espernon de luy faire obtenir justice de ce crime, et demandoit que deux Commissaires du Parlement eussent à s'acheminer au Chasteau pour ouyr ceste femme et voir les billets qu'il avoit pour la preuve de ceste conspiration ; qu'il respectoit au reste les ordres de M. d'Espernon, mais qu'il ne pouvoit faire autre chose, et le suplioit de luy renvoyer le Major qui est une personne publique et que l'on a arresté allant prendre l'ordre de luy. M. d'Espernon ayant leu ceste lettre commanda au Maire de retrancher à ceste garnison les vivres qu'on leur fournissoit par jour en payant, ce qui fut exécuté.

Le samedy et le dimanche se passèrent sans bruit. Le lundy, sur les quatre heures du soir, ils laschèrent trois ou quatre volées de canon, ce qui émeut un peu la Ville. L'on se retrancha promptement avec des cuves et des tonneaux; ils continuèrent leurs canonades sur les toits et contre les cheminées de la Ville, abattirent quelques tuiles la nuit, de trois ou quatre volées. Il y eut force mousquetades tirées de part et d'autre. Le mardy matin, ils continuèrent de tirer avec mesme succès. Nos bourgeois faisoient merveilles avec leurs arquebuses de cible, et l'on tient pour certain qu'ils ont tué un homme d'importance. Le mardy après disner, la batterie cessa; et tout le mercredy, les mousquetades continuèrent, et deux ou trois volées de fauconneaux sur de la cavalerie à la campagne.

Le bruit de ceste artillerie n'estoit pas grand et l'effect encore moindre; de sorte que les habitans, bien loin de s'en estonner, estoient faschés qu'elle eust cessé si vite, et l'on commença à se moquer du Chasteau, s'il ne se servoit que du canon et non de bombes. Depuis la place rendue, il s'est vérifié que nos arquebusiers n'avoient tué personne.

Le 16 dudit mois, les Chambres assemblées, M. le Président Joly a dit que M. d'Espernon debvoit assister à l'ouverture des audiances, et proposa de luy donner des carreaux, suivant la résolution prise au mois d'octobre. Quelqu'uns de Messieurs avoient douté de ceste résolution, et partant il avoit esté obligé d'assembler la Compagnie pour y pourvoir. Les opinions prises, M. Jacotot a dit que l'on avoit résolu au mois d'octobre de faire à M. d'Espernon les mesmes honneurs que l'on avoit faits à M. de Vendosme, et par conséquent que l'on debvoit donner des carreaux à l'audiance, parce qu'il avoit esté résolu à l'égard de M. de Vendosme qu'on les luy donneroit et au conseil et à l'audiance, et néantmoins que l'on n'en retiendroit rien; que l'affaire mise en délibération au mois d'octobre dernier pour M. d'Espernon, il avoit passé à cest advis sans contredit.

M. Millière a dit que l'on debvoit s'arrester au retenu et qu'il estoit incertain s'il avoit passé à ce que disoit M. Jacotot; Messieurs Jaquot et Berbisey de l'advis de M. le Doyen.

M. de Villers a dit que, si la résolution estoit prise, il n'y avoit rien à opiner. M. Bretagne de Nansouthil a dit qu'il estoit d'advis qu'on mist sur le registre que la proposition se trouvoit résolue dans une assemblée du mois d'octobre, et qu'elle seroit exécutée et retenue; M. du Bassin de l'advis de M. de Villers.

M. Le Goux a dit que ceste proposition n'avoit point esté résolue pour M. de Vendosme; que plusieurs de Messieurs asseuroient qu'elle ne l'avoit point esté au mois d'octobre dernier, et partant qu'il falloit en délibérer; que M. le Prince n'estant que duc d'Enguien, quoiqu'il fust Gouverneur par commission, ne les avoit jamais eus; que défunt M. le Prince s'y estoit tousjours opposé, soutenant qu'ils n'appartenoient qu'au premier Prince du sang; et partant estoit d'advis d'opiner si l'on donneroit lesdits carreaux. Il a esté suivy d'un grand nombre de Messieurs, sçavoir: Messieurs Lantin, Bouhier puisné, Malteste, Bossuet, de la Mare, de Chaumelis, Le Belin et Brulart, et plusieurs autres, en sorte qu'il passoit à cest advis; mais, comme l'on achevoit, le Greffier a adverty que M. d'Espernon estoit à la salle; chacun s'est levé, ne debvant estre receu que par Messieurs de la grand-Chambre; et l'on a dit que si on les luy donnoit, il falloit les retenir suivant l'advis de M. de Nansouthil.

J'oubliois de dire que l'on s'est servy d'un extrait des registres du Parlement de Bourdeaux par lequel il se voit que l'on les luy donnoit, mais l'on respondoit à cela que nous n'avions pas suivy ce qui s'est fait à Bourdeaux. D'autres disoient que nous avions résolu l'année précédente de les donner à M. de Vendosme, lequel néantmoins n'estoit pas venu à l'audiance parce qu'il vouloit passer par le petit degré du premier huissier comme faisoit M. le Prince, et la Compagnie vouloit que venant à l'audiance il fist le tour du parquet comme les Conseillers, mais cela n'estoit pas véritable; car jamais M. de Vendosme n'avoit prétendu passer par ce petit degré, et s'il n'estoit venu à l'audiance c'est qu'il vouloit avoir des carreaux qu'on luy refusoit; et cela estoit certain.

M. le Président Joly s'est fort eschauffé sur ce que Messieurs nioient que la Compagnie eust résolu au mois d'octobre de donner des carreaux à M. d'Espernon séant à l'audiance, et a soutenu que cela estoit et que la résolution n'en estoit pas extraordinaire puisqu'on pouvoit voir sur nos registres que M. de Brion et M. d'Aumale les avoient eus; que ces exemples n'estoient pas à citer, mais qu'il y estoit contraint par les doutes que Messieurs faisoient d'une chose résolue.

M. le Président Brulart a dit que l'on vouloit donner des carreaux à l'audiance sans le retenir sur le registre et néantmoins qu'on les exposoit aux yeux de toute la Province qui assisteroit à ceste audiance, qu'à son advis ces deux choses estoient incompatibles. Comme il achevoit d'opiner, M. d'Espernon estoit à la grande salle; l'on s'est levé tumultuairement comme je l'ay dit, et les carreaux luy ont esté donnés à l'audiance, quoiqu'il n'y en eust point de résolution comme il se peut cognoistre par le retenu fidèle que j'ay fait de toutes ces délibérations.

La postérité s'estonnera de la facilité de la Compagnie à donner ces honneurs à M. le duc d'Espernon qu'elle a refusés à M. le duc d'Enguien Prince du sang, et qu'elle n'a jamais donnés à Messieurs de Brion et de Bellegarde qui estoient de mesme naissance que M. d'Espernon; d'autant plus que cest honneur rendu au conspect de toute la Province eslève un Gouverneur au dessus du Parlement qui debvroit estre jaloux de se maintenir en égalité avec luy, puisqu'il a assés d'autres moyens pour prendre advantage sur un corps composé de membres qui se trahissent souvent l'un l'autre et accomodent l'intérest du corps au leur particulier ; sur quoy je me sens obligé de dire par quels moyens ces propositions se mennoient à bout.

Le plus grand ressort est la foiblesse de tous les membres, le soin que l'on a de complaire aux grands, et le peu de cas que l'on fait de la grandeur de la Compagnie. Personne ne s'imagine que sa propre fortune despend de l'eslévation du corps et chacun croit se pouvoir sauver sans le secours de sa dignité et de sa charge. L'on met l'intérêt des offices à s'eslever beaucoup contre les foibles et à s'anéantir avec les grands, c'est à dire qu'on prend le contre pied de l'establissement de nos charges dont le désir de s'entretenir avec le Gouverneur fait un effect merveilleux en ces rencontres. Il y en a qui recherchent peu son amitié mais qui craignent son inimitié. Les premiers se soucient fort peu de l'honneur du Parlement pourveu qu'il fassent leurs affaires, et les derniers sont assés foibles pour n'oser se soutenir. Je n'en ay point veu qui aient eu la vigueur de refuser ces carreaux ouvertement. M. Le Goux et ceux qui l'ont suivy ont agy assés honnestement, mais ils n'ont pas eu toute la force qui seroit à désirer. Enfin plusieurs ont esté foibles et timides, et le reste lasche et esclave suivant leur ancienne façon d'agir; mais pour ne rien omettre, les divisions de la Compagnie partagée en deux factions ont beaucoup servy à cest abaissement. Les deux partis ne vouloient pas choquer M. d'Espernon : ceux du party de M. le Prince vouloient gagner ses bonnes grâces, et les autres ne vouloient pas les hasarder ; néantmoins ces derniers furent plus hardis, car ils prirent tous l'advis de M. Le Goux et tesmoignèrent nettement répugnance à accorder cest honneur, de sorte que chacun négligeant l'intérest de la Compagnie ne considéroit presque que le sien propre. J'ay desjà remarqué ailleurs que ceste division produisoit de mauvais effects, et sans doute a beaucoup abattu la dignité et le crédit du Parlement, et le ruinera à la fin parce qu'elle ne cessera pas sitost, si Dieu n'y met sa main souveraine.

Le 22 dudit mois, le Parlement fut assemblé extraordinairement sur les trois heures; et chacun ayant pris sa place, les Advocats généraux entrés derrière le bureau, M. Millotet dit qu'il avoit demandé l'assemblée des Chambres pour présenter à la Compagnie deux lettres qui luy avoient esté mises en main par M. le duc d'Espernon, l'une adressée audit sieur d'Espernon et l'autre au Parlement, l'une ouverte et l'autre fermée; que celle qui est ouverte et escrite à M. d'Espernon estoit de La Planchette commandant au chasteau, et qu'il jugeoit que le cachet de celle qu'il tenoit en main pour le Parlement estoit du mesme La Planchette; que M. d'Espernon les ayant mandés pour remettre la lettre qui s'adresse à la Compagnie, il avoit voulu par civilité qu'ils aportassent en mesme tems celle qui luy a esté escrite affin de conserver l'union entre luy et la Compagnie, et les avoit chargés de dire à la Cour qu'il n'auroit point ouvert la lettre qui luy a esté escrite, s'il n'en avoit receu une pour le Parlement qu'il a creu debvoir envoyer à la Compagnie par le respect qu'il luy doit; qu'il remettoit ces deux lettres sur le bureau pour, après lecture d'icelles, prendre toutes les conclusions qu'ils jugeroient à propos.

S'estans retirés, M. le Président Robelin a pris les voix sur ce qui estoit à faire en ceste rencontre. M. le Doyen a dit que M. d'Espernon usoit d'une grande civilité en nostre endroit et qu'il falloit correspondre en luy envoyant la lettre de la Compagnie fermée par des députés. M. Millière a esté de mesme advis. M. Jaquot a dit qu'il falloit, auparavant que de délibérer sur la lettre fermée, lire celle qui estoit ouverte, et qu'après la lecture on adviseroit à ce qui estoit à faire. Il a passé tout d'une voix. On la leut ensuitte, elle estoit adressée à M. d'Espernon et signée La Planchette. Il se plaignoit du retranchement des vivres et du commerce, et de ce que l'on avoit arresté le major; prioit M. d'Espernon de le luy rendre.

Ceste lettre leue, l'on a opiné si on liroit l'autre. M. le Doyen a dit qu'il estoit d'advis de députer à M. d'Espernon pour le remercier de sa civilité et pour luy porter la lettre fermée de la Compagnie et l'ouvrir avec luy s'il le jugeoit à propos. M. Millière a dit que la Compagnie ne recevoit et ne lisoit point de lettres d'un particulier, et partant qu'il hésitoit à recevoir celle de La Planchette, outre qu'estant ennemy de l'estat, il seroit peut estre nécessaire de l'envoyer au Roy. Néantmoins, parce que M. d'Espernon estoit à la Ville, il croyoit qu'il falloit suivre l'advis de M. le Doyen. M. Jacotot fut d'advis de l'envoyer au Roy. M. Le Goux dit qu'il estoit d'advis que la Compagnie ouvrist sa lettre et puis l'envoyast à M. d'Espernon comme il avoit fait de la sienne. Tous les jeunes gens furent de cest advis. M. Berbis dit que Messieurs posoient un fondement qu'il ne jugeoit pas bon pour apuyer leur advis, que la Compagnie ne recevoit point de lettre de particuliers; qu'il estoit vray qu'on ne lisoit point de lettres escrites aux particuliers, mais que, lorsqu'elles s'adressoient à la Compagnie, l'on avoit coustume de les lire; qu'il s'en trouveroit beaucoup d'exemples et mesme d'un nommé le capitaine La Fortune, commandant dans Seurre en 1597, qui escrivoit au Parlement; ainsy qu'on ne debvoit pas hésiter à ouvrir ceste lettre pour estre escrite par un particulier et moins l'envoyer au Roy fermée, puisqu'elle peut contenir telle chose qui mérite une prompte expédition, et qu'il se peut faire qu'il déclare qu'il est prest de se rendre; et par conséquent il la faut ouvrir dans la Compagnie à qui elle s'adresse et ensuitte la porter à M. d'Espernon.

M. de Gand a dit qu'il ne pouvoit soufrir qu'on fist passer pour anciennes des maximes toutes nouvelles; qu'il y avoit

[Novembre 1651]

plus de vingt ans qu'il estoit dans la Compagnie et qu'il avoit tousjours ouy dire qu'elle ne recevoit point de lettres de particuliers; qu'il ne s'en trouvera aucune sur les registres et que ce que l'on allègue du capitaine La Fortune estoit dans un tems auquel on ne cognoissoit point de Roy.

Messieurs Berbis et de la Mare ont relevé ceste faute en l'histoire et luy ont fait cognoistre que la Ville de Dijon estoit réduite en l'obéissance du Roy de 1595. Ceste vérité l'a un peu embarassé, d'où estant revenu il a continué disant qu'il falloit porter ceste lettre fermée à M. d'Espernon qui avoit les ordres nécessaires pour réduire le chasteau à l'obéissance du Roy; M. de Thésut de mesme advis.

M. le Président Fiot a dit qu'il falloit ouvrir la lettre parce que, la portant fermée ou l'envoyant au Roy, c'estoit dire à M. d'Espernon qu'il n'avoit pas bien fait d'ouvrir la sienne. Ceste proposition ayant esté rebattue pour une seconde fois avec assés de chaleur, M. le Doyen a persisté d'envoyer ceste lettre fermée pour rendre à M. d'Espernon tout le respect que méritoit sa civilité envers la Compagnie. Les autres disans qu'on luy rendoit assés de defférence de l'envoyer ouverte, il a passé qu'elle seroit ouverte.

La lecture en ayant esté faite, elle portoit une invitation à Messieurs du Parlement de maintenir l'union entre la Ville et le chasteau et d'empescher par leur authorité le désordre d'une guerre. Il se plaignoit de la rupture du commerce et du retranchement des vivres, des barricades qu'on avoit faites sur leur fossé et des corps de gardes qui estoient aux avenues de sa place et dedans et dehors de la Ville pour empescher qu'il n'y entrast ny hommes ny vivres; que l'on ne s'est pas contenté de ceste rigueur, mais que l'on a voulu mettre la division entre les commandans et la garnison dudit chasteau; que l'on avoit offert dix mille livres pour les empoisonner et qu'il y en avoit trente mille promises à ceux qui les poignarderoient. Suplie Messieurs d'adviser aux maux que la guerre peut produire, et que s'il y faut périr, ils le feront en gens d'honneur. Signé La Planchette.

Ceste lettre leue, on résolut de la porter à M. d'Espernon pour luy estant communiquée sçavoir son sentiment. Ensuitte, M. le Président Robelin députa M. Fiot Président et Messieurs Jacotot, de Thésut, de Gand et Millière Conseillers. Je me fais équivoque en raportant l'advis de M. Jaquot qui fut de prier M. d'Espernon de venir prendre sa place pour faire l'ouverture de ceste lettre.

Le 23 de ce mois, la Cour assemblée extraordinairement, le Vicomte mayeur entra derrière le bureau, et dit qu'il venoit par l'ordre exprès de M. d'Espernon aporter à la Compagnie la lettre qu'il avoit receue de la part de La Planchette commandant au chasteau, affin que la Compagnie l'ayant veue pust mieux se résoudre sur ce qui estoit à faire en ceste occasion; et qu'en mesme tems il croyoit estre obligé de rendre compte de l'estat de la Ville et de dire que la garde bourgeoise se faisoit très négligemment, que les habitans se rendoient coutumaces et désobéissans, que les exécutoires ne servoient point et qu'il advertissoit la Compagnie de ce désordre affin qu'elle y remédiast par sa prudence, la priant de le tenir pour son très humble serviteur.

Ayant finy et mis sur le bureau la lettre de La Planchette, il se retira; et l'on leut ceste missive par laquelle il se plaignoit du retranchement des vivres, demandoit qu'on continuast de leur en donner ou qu'ils se serviroient de l'ordre exprès qu'ils avoient de s'en faire donner, estans en estat d'en obtenir.

Ensuitte de la lecture de ceste lettre, M. le Président Fiot fit raport à la Compagnie de sa députation auprès de M. le duc d'Espernon au sujet de la lettre escrite au Parlement par La Planchette; et dit qu'estans entrés en la chambre de M. d'Espernon, ils le trouvèrent au lit; qu'il voulut ouyr la lecture de ceste lettre, et que pendant qu'on la lisoit il remarquoit exactement les impertinences de La Planchette, qui demandoit union avec le Parlement et la Ville, et qui ne le traittoit que de Monsieur au lieu de l'apeler Monseigneur; que l'ayant ouye, il leur dit qu'il la verroit plus exactement et leur rendroit response le lendemain; que s'estans rendus en son logis le matin, il leur avoit tesmoigné déplaisir de l'insolence de La Planchette et de son impudence à mentir, mais qu'il espéroit en avoir raison et de faire faire justice de ces révoltés contre leur Prince; qu'il avoit tous les ordres nécessaires du Roy pour ceste entreprise; qu'il le feroit sommer de se rendre cest après-disner et en mesme tems deffenses de la part du Roy et de la sienne de tirer sur la Ville; qu'il avoit appris que Messieurs les Advocats généraux debvoient faire des réquisitions contre La Planchette; qu'il désiroit qu'on les suivist, et mesme qu'il avoit fait ouyr des soldats sortans du Chasteau asseurans qu'on y buvoit à la santé du Roy Condé; qu'il livreroit La Planchette au Parlement pour en faire justice, et qu'il croyoit qu'il n'y avoit point de response à faire; qu'il remercioit Messieurs de l'honneur qu'on luy faisoit, et prioit la Compagnie de s'asseurer de son service; et qu'il finit par des complimens très civils et pleins de grands respects pour la Compagnie. Ensuitte, on résolut de faire dresser des procès-verbaux de ce qui s'estoit passé entre le Chasteau et la Ville, pour instruire le procès de La Planchette. Les gens du Roy vinrent en faire des réquisitions.

Ensuitte de ceste affaire, l'on proposa d'aller à la garde des portes. J'ay desjà remarqué une assemblée du 14 du courant sur ceste matière, qui fut beaucoup tumultuaire. Celle cy ne le fut pas moins, et l'on estoit partagé en tant d'opinions et si différentes, qu'on ne pouvoit se résoudre ny trouver à quel advis il passoit. A la fin, on dit que Messieurs les Présidens, Conseillers et gens du Roy iroient à la garde des portes et aux corps-de-garde de nuit; qu'à cest effect seroient faites quatre colonnes, et qu'il en iroit huit tous les jours qui seroient advertis par un huissier, et qu'il seroit permis néantmoins d'y envoyer un soldat.

Le lendemain de ceste assemblée, 24 du courant, La Planchette s'advise sur le midy de tirer le canon sur la Ville et de jetter des bombes qui firent grand désordre; le 25, les bombes cessèrent; le 26, la Ville fut persécutée par environ trente hommes, qu'ils firent sortir : ce qui obligea le Maire de presser M. l'Intendant et M. d'Uxelles de commencer le siége. Il commença donc le 26 au soir. Le lundy 27, Messieurs résolurent de cesser le Parlement et qu'on n'entreroit que sur une heure après midy tous les jours pour les affaires de la guerre.

Le Chasteau de Dijon ayant esté réduit à l'obéissance du Roy dez le 8 du courant, M. le Duc d'Espernon en ayant pris possession et la guerre finie par ce moyen, les Chambres du Parlement s'assemblèrent le 11 de ce mois, où M. le Premier Président, retourné de Montbard pendant le siége, se trouva à la feste et dit que l'on s'estoit assemblé samedy dernier de relevée, mais que la Compagnie s'estant trouvée réduite au nombre de vingt-deux, l'on avoit différé à aujourd'huy pour délibérer sur quelques propositions qu'aucuns de Messieurs disoient avoir à faire; que c'estoit à eux de dire ce qu'ils avoient à proposer. Ayant finy, personne n'a pris la parole; il s'est fait un grand silence, et chacun se considéroit. L'on est demeuré quelque tems en cest estat. A la fin, M. de Villers a dit que c'estoit à Messieurs les Syndics à proposer, et que, puisqu'ils ne vouloient rien dire, il ne craindroit pas de dire qu'il y avoit deux choses à délibérer : l'une de députer à M. d'Espernon pour le remercier du soin qu'il a eu de délivrer la Ville de ce Chasteau rebelle, et l'autre d'adviser à ce qui estoit à faire pour le surplus, et qu'il y avoit plus à penser qu'à dire. Sur cela, les opinions prises, il a passé d'une voix qu'un Président et trois Conseillers anciens iroient faire compliment à M. d'Espernon sur la prise du Chasteau.

Ceste résolution prise, M. le Premier Président a dit qu'il n'y avoit rien à faire; quelqu'uns ont dit que si chacun craignoit de faire l'ouverture de demander la démolition du Chasteau, de peur de déplaire à M. d'Espernon, c'estoit à Messieurs les gens du Roy de faire les propositions concernant le bien public et le repos de la Ville. Sur cela, M. le Premier Président a pris les voix.

M. le Doyen a dit qu'il n'estoit pas besoin de mander les gens du Roy pour sçavoir d'eux s'ils avoient quelques propositions à faire touchant le bien public, et qu'il falloit adviser sur celles qui seroient faites dans la Compagnie. M. Millière a esté d'advis de mander les gens du Roy. M. Le Goux de mander M. Quarré seul. M. Malteste a dit qu'il ne falloit pas mander les gens du Roy, parce qu'il n'y avoit aucune proposition à faire sur laquelle on pust demander leurs conclusions, mais qu'il estoit d'advis qu'on délibérast sur les moyens de se garantir à l'avenir du malheur d'où nous ne faisions que sortir. M. Lantin et M. de la Mare de mesme advis. M. de Chaumelis, qu'il falloit délibérer sur la démolition du Chasteau et députer au Roy sur ce sujet. M. Berbis a esté de mesme advis; M. de Gand que c'estoit véritablement aux promoteurs de l'interest public ou aux Vicomte Mayeur et Eschevins de commencer le branle ; M. de Thésut de mesme advis ; M. le Président Fiot de mesme; M. Robelin de l'advis de M. le Doyen ; M. le Premier Président de l'advis de M. Millière.

Les voix prises pour la seconde fois, il a passé qu'on s'assembleroit de relevée pour délibérer sur la proposition qui a esté faite et que les gens du Roy seroient mandés pour y donner leurs conclusions.

M. le Président Fiot a fait récit de ce qui s'estoit passé en la députation auprès de M. d'Espernon pour luy faire compliment sur la prise du Chasteau. Ensuitte, M. le Premier Président a dit qu'à environ une heure et demie quatre Eschevins avoient esté en son logis, et luy avoient dit qu'ils estoient députés de la Chambre de Ville auprès de luy, pour le prier de sçavoir de la Compagnie si elle agréeroit qu'ils vinssent luy faire la proposition touchant la démolition du Chasteau; qu'il leur avoit respondu que la Compagnie leur avoit tousjours donné entrée lorsqu'ils y estoient venus pour y proposer quelqu'affaire; qu'il ne sçait s'ils sont au Palais ny près d'exécuter ce qu'ils luy ont dit. Sur quoy, M. Valon a dit que ces mesmes Eschevins l'avoient fait apeler à la Chambre des Huissiers et luy avoient dit qu'ils avoient esté au logis de M. le Premier Président pour le prier de proposer à la Compagnie de demander au Roy la démolition du Chasteau de ceste Ville, ou qu'elle agréast qu'ils en fissent la proposition; qu'ils venoient encore luy dire la mesme chose, affin qu'il le raportast à la Compagnie.

Ensuitte, l'on a opiné pour sçavoir ce qui estoit à faire. M. Jacotot a dit qu'il falloit mander ces Eschevins pour ouyr la proposition qu'ils avoient à faire. D'autres ont dit qu'il estoit inutile de les attendre, la proposition estant faite; qu'il ne restoit qu'à mander les gens du Roy pour donner leurs conclusions sur ceste proposition, et c'estoit l'advis de Messieurs Lantin, Malteste et de la Mare qui disoient qu'on debvoit le faire ensuitte de la résolution du matin. M. le Premier Président a dit qu'il n'avoit pas passé à cest advis, mais seulement à l'advis de M. Le Goux de différer l'assemblée après disner, et que cependant Messieurs les gens du Roy advertis pouroient venir faire telles réquisitions qu'ils jugeroient à propos.

Je croyois, et je crois encore que la résolution du matin estoit telle que je l'ay retenue, et un grand nombre de Messieurs croyoient de mesme; mais M. le Premier Président opiniastrant le contraire, l'on n'a pas voulu faire plus de bruit. Son intention estoit d'engager les gens du Roy à déplaire à M. d'Espernon, en faisant de leur mouvement des réquisitions pour la démolition du Chasteau; ou, en n'en faisant point, les charger de la haine envers le peuple d'avoir manqué à leur debvoir. Ceux qui soutenoient l'advis contraire vouloient, en les mandant pour conclure sur ceste proposition, les jetter dans la nécessité de conclure à ceste démolition, et leur fournir par ce moyen une excuse auprès de M. d'Espernon pour reprendre la suitte de la délibération. M. Bouhier l'aisné dit qu'il falloit mander les Eschevins et faire entrer M. Quarré Advocat général, pour ouyr leurs propositions et ensuitte luy demander ses conclusions. Il a passé à cest advis.

Les Eschevins entrés, et M. Quarré en sa place derrière le bureau, l'Advocat Galoche, le plus ancien Eschevin, accompagné des sieurs Calon, Grusot et Forestier, Advocats aussy Eschevins, fut invité par M. le Premier Président de dire ce qu'ils avoient ordre de proposer à la Cour. Galoche respondit, en peu de mots assés mal tissus, qu'ils n'avoient autre chose à dire sinon qu'ils estoient députés de la part de la Chambre de Ville pour prier la Cour de demander au Roy la démolition du Chasteau de Dijon.

S'estans retirés, M. Quarré Advocat général vint derrière le bureau, a dit qu'ayant ouy la proposition faite par les Eschevins de Ville, députés de leur Chambre, touchant la démolition du Chasteau de Dijon, il venoit pour conclure sur ceste proposition qu'on pouvoit résoudre en considérant à quoy le Chasteau estoit utile; qu'on pouvoit dire avec certitude et vérité qu'il estoit important au service du Roy d'en demander la démolition, puisque, durant les troubles arrivés en France depuis plusieurs années, il avoit tousjours tenu contre son service; que nous l'avons veu deux fois en deux ans, et que Messieurs les Anciens peuvent parler de ce qu'il a fait contre le Roy pendant la ligue, et comme il a servy de prison aux meilleurs serviteurs de S. M., Conseillers de ce Parlement; qu'encore que M. le duc d'Espernon soit très fidèle au Roy, l'on doit néantmoins craindre que, n'y pouvant pas faire son séjour ordinaire, et celuy qu'il y laissera venant à mourir, il ne s'y rencontre un second La Planchette, qui foudroiera la Ville fidèle au Roy de bombes et de coups de canon; qu'il n'est pas moins inutile à la

Ville, qui n'en est pas rendue plus forte ; au contraire, il a appris des gens qui entendent la guerre que si les ennemis assiégeoient Dijon, ils l'attaqueroient du costé du Chasteau, comme le plus foible ; de sorte qu'il ne voit pas raison d'hésiter sur ceste proposition, qui a esté faite par les députés de la Chambre de Ville, très utile au service du Roy, importante à la seureté de la Ville et nécessaire pour le repos général de tous habitans ; et a conclu à ce qu'il pleust à la Cour dire qu'attendu l'importance et la nécessité de ceste démolition, très humbles remonstrances seront faites au Roy pour l'obtenir ; que M. le duc d'Espernon sera prié d'apuyer de son crédit ceste demande, et que la Chambre des Comptes, le Trésorier, le Clergé et la Chambre de Ville, et mesme les Esleus du pays, si la Cour le juge à propos, soient invités de se trouver à la salle d'audiance pour adviser aux moyens nécessaires pour parvenir à ce démolissement.

Ensuitte les opinions prises, M. Jacotot a dit qu'à la vérité le chasteau estoit une rude épine à la Ville et à ceste Compagnie, qu'il estoit à souhaitter qu'on le démolist, qu'il estoit persuadé de la bonté des raisons qu'on alléguoit sur ce sujet, mais qu'il croyoit qu'avant que de tenter aucune autre voye il falloit tascher de mesnager l'agrément de M. le duc d'Espernon ; et pour cest effect estoit d'advis de donner charge au Vicomte mayeur de ceste affaire. M. Millière a dit qu'il falloit faire effort pour obtenir la démolition du chasteau, mais qu'il estoit à propos d'y agir de concert avec les Compagnies de la Ville ; et partant estoit d'advis de les assembler dans la salle dorée suivant la forme ordinaire pour adviser ensemble aux moyens d'obtenir ceste démolition. M. Berbisey l'aisné a esté d'advis des conclusions des gens du Roy. M. Moisson a dit qu'il falloit prier ces Messieurs, qui avoient fait venir les troupes en Bourgogne et fait prendre le chasteau, d'en poursuivre la démolition, et qu'ayans obtenu l'un, ils pouroient venir à bout de l'autre.

Il dit ces mots en grondant et fort en colère sans qu'on sceust à quel sujet; et il entendoit parler de Messieurs Berbis, Maillard et Le Belin qui estoient amis de l'Intendant et qu'on disoit avoir pressé le siège du chasteau. Ceste façon d'opiner brutale et chevaline dépleut à la Compagnie et mesme à M. Le Goux son amy, lequel opinant dit qu'il remercioit ceux qui avoient pressé le siège du chasteau et qui avoient rendu un si bon office à la Ville et à la Province; et au fond de l'affaire, il estoit d'advis de nouer la partie pour la résolution de députer au Roy qui est le maistre et duquel seul despend tout le succès de l'affaire, et que, ce dessein pris, les Compagnies assemblées pourront aller à M. d'Espernon luy demander sa protection en ceste rencontre. M. Lantin a dit que la volonté du Roy et son ordre estoient les seuls moyens de parvenir au but qu'on se proposoit, que de luy seul despendoit le remède à tous nos maux, et partant qu'il falloit résoudre d'aller droit à luy et ensuitte recourir à M. d'Espernon pour le prier de consentir la démolition du chasteau et de trouver bon qu'on la demandast au Roy, croyant nécessaire absolument pour y parvenir d'avoir l'agréement de M. d'Espernon sans lequel on ne feroit rien; et n'estoit pas d'advis de la demander à la Cour qu'on ne se fust accomodé avec M. le Gouverneur.

M. Garnier a esté de mesme advis; M. le Président Joly de l'advis de M. le Doyen; M. Fremiot de celui de M. Millière. M. le Président Desbarres a dit qu'il voyoit tant de raisons de part et d'autre qu'il ne sçavoit quel party prendre, et partant n'estoit d'aucun advis. M. le Président Fiot a dit qu'il n'hésitoit pas en ceste affaire et que son sentiment estoit de demander avec vigueur ceste démolition au Roy, qu'il falloit faire arrest avant que d'assembler les Compagnies parce qu'il falloit leur porter quelque résolution et que l'assemblée ne se faisoit que pour adviser aux moyens; et après avoir exagéré l'importance et la nécessité de ceste affaire, il a suivy les conclusions des gens du Roy. M. Robelin a esté de l'advis de M. le Doyen, et M. le Premier Président de celuy de M. Millière sans avoir dit aucunes raisons ny combattu les advis contraires, donnant à cognoistre qu'il ne désapprouvoit pas ceste démolition et les voyes qu'on vouloit suivre. Tous ceux que je n'ay pas nommés ont suivy les conclusions des gens du Roy.

Les opinions prises pour la seconde fois, M. Jacotot a pris l'advis d'assembler les Compagnies; M. Millière a esté de l'advis de suivre les conclusions des gens du Roy. Il a esté suivy du plus grand nombre de la Compagnie et il ne s'est trouvé de sentiment contraire que Messieurs du Bassin, de Mongey, Garnier, Pouffier, de Sauvert, Bernardon, Le Compasseur, de Gand, de Thésut.

Ensuitte de ceste délibération, l'on a proposé de nommer des députés pour se trouver à la salle dorée avec ceux des autres Compagnies. La difficulté a esté qui les nommeroit. M. le Premier Président prétendoit que ce debvoit estre par l'ordre du tableau; Messieurs les Anciens estoient de mesme advis.

Messieurs les jeunes soutenoient au contraire que c'estoit à la Compagnie de choisir et de nommer. M. Lantin disoit que ceste difficulté estoit terminée par un règlement général du 13 janvier 1649, qui portoit qu'aux députations d'honneur, c'est-à-dire où il ne falloit faire qu'un compliment, l'on suivroit l'ordre du tableau, et qu'aux autres députations où il s'agiroit de négotier, il seroit au choix de la Compagnie de nommer tel qu'elle jugeroit propre à la négociation. M. le Premier Président disoit que l'on n'avoit jamais opiné pour la nomination d'un député, que cest honneur avoit tousjours esté defféré aux Anciens. Enfin, après une longue contestation sans résolution, l'on pria M. le Président Fiot de se charger de ceste commission qu'il accepta; et ensuitte, Messieurs les Anciens faisant refus de l'accepter, l'on pria instamment les trois anciens Messieurs Jacotot, de Thésut et Millière, M. de Gand s'estant excusé, et avec eux Messieurs

Milletot et Valon Syndics pour se trouver le lendemain à l'assemblée.

Le mardy 12 dudit mois, M. Valon Syndic advertit les Chambres que M. le Président Fiot disoit avoir chose importante à dire à la Compagnie et en demandoit à ce sujet l'assemblée. Tous Messieurs estans en la grand Chambre, ledit sieur Président Fiot a dit qu'ayant eu l'honneur d'estre député de la Cour, pour adviser aux moyens d'obtenir la démolition du chasteau, il croyoit estre obligé de dire à la Cour ce qu'il avoit appris depuis la dernière assemblée touchant ceste affaire; qu'on ne pouvoit pas douter de son zèle et de son afection en ceste rencontre, qu'il l'avoit assés tesmoigné la veille en opinant; que ce mesme zèle continuoit et le portoit à raconter à la Compagnie ce qu'un personnage de condition luy avoit dit hier au soir en s'entretenant de ceste matière, sçavoir : que l'on auroit grande peine à réussir en ceste poursuitte, que M. d'Espernon avoit ordre du Roy de gárder la place et de la réparer, que le Roy et son Conseil considéroient ceste Ville comme frontière et mal fortiffiée, et partant qu'il estoit important de conserver le chasteau, que M. d'Espernon ne pouvoit apuyer ceste demande, ayant des ordres du Roy tout contraires, qu'elle est nécessaire pour la seureté des bons serviteurs du Roy, que la place est au Roy qui aimera beaucoup mieux démolir les fortiffications de Seurre qui est du domaine de M. le Prince, que c'est le dessein de S. M. qui n'agréera pas une demande qui choque sa résolution; qu'il a connu par ce discours que M. le Gouverneur n'apuieroit pas le dessein de ceste Compagnie qui aura peine à réussir, estant dépourveu de ceste assistance; et prie Messieurs d'y faire réflexion et d'adviser sérieusement à ce qu'il avoient à faire.

Un bruit sourd s'est eslevé contre ce discours; et s'augmentant, l'on a dit qu'il n'y avoit rien à résoudre; que la délibération d'hier debvoit estre exécutée; qu'il falloit sçavoir qui estoit ce donneur d'advis; qu'il estoit mal informé puisque l'on sçavoit d'ailleurs qu'il y avoit ordre pour la démolition et que M. de la Vrillière l'avoit escrit à un sien amy ; que M. l'Intendant en avoit souvent parlé et mesme avoit voulu en faire la proposition aux Estats de Beaune par Brescillet Eschevin de ceste Ville, et depuis avoit blasmé partout cest Eschevin de n'en avoir pas eu la hardiesse, lequel s'excusoit sur ce qu'il n'estoit pas tems, le chasteau n'estant pas pris.

M. Bouhier l'aisné a entrepris M. le Président Fiot et l'a traitté fort rudement, luy disant qu'il n'avoit pas deu faire ce récit ny se charger de ce discours ; que celuy qui le luy avoit fait estoit ennemy de la Province et de la Compagnie ; qu'il falloit luy ordonner de le nommer pour après décréter de prise de contre luy ; qu'on voyoit bien que M. le Président Fiot n'avoit eu autre intention en raportant cest advis que de rompre la résolution du jour précédent ; que c'estoit la créance de la Compagnie, et que si luy mesme en estoit pris à serment il en demeureroit d'accord ; que son advis estoit qu'on ne le députast point puisqu'il avoit un sentiment, et qu'il s'estoit chargé de porter un tel discours à la Compagnie qui debvoit le rebuter puisqu'il paraissoit n'avoir pour auteur que *On*. Ceste chaleur de M. Bouhier fut accompagnée de toute la vigueur de la jeunesse qui soutint avec opiniastreté l'arrest du jour précédent. Les Anciens et les Présidens ne disoient mot. M. le Premier Président rioit sous son bonnet ; l'on se leva, et les députés allèrent à la salle dorée.

Le mesme jour de relevée, M. le Président Fiot a dit que le matin ils s'estoient trouvés en la salle de l'audiance et que Messieurs les députés de la Chambre des Comptes, du Trésor et le Vicomte mayeur avec quatre Eschevins s'y estoient rendus ; que tous avoient tesmoigné une grande chaleur pour la poursuitte de ceste affaire et dans la mesme résolution que la Compagnie d'aller au Roy ; qu'en opinant sur ce qui estoit à faire l'on est tombé d'accord qu'il falloit s'adresser d'abord à M. d'Espernon pour implorer sa protection, mais que l'on a trouvé une difficulté sur laquelle les députés ont creu debvoir consulter leur Compagnie, sçavoir si tous ces députés parleroient par un seul à M. d'Espernon ou si chaque corps auroit son député et feroit sa harangue qui est le sujet de l'assemblée ; l'autre difficulté est au sujet des ecclésiastiques, mais on a donné charge au Vicomte de voir M. le Doyen Baillet.

Les opinions prises, M. Jacotot disoit que chaque Compagnie debvoit faire un discours à M. d'Espernon, que cela auroit plus d'effect et plus de grâce ; M. Millière au contraire, que c'estoit au Président de porter la parole pour tous. Enfin, le plus grand nombre a creu qu'en ceste occasion il valoit mieux que tous les corps suivissent, et que n'ayant qu'à demander son secours, il suffisoit qu'un seul luy demandast au nom de tous, et néantmoins que, si Messieurs des Comptes ou les Trésoriers vouloient en user autrement, il ne falloit pas rompre pour cela, mais au contraire s'accomoder à leur volonté.

Le mercredy 13 dudit mois, les Chambres assemblées extraordinairement, M. le Président Fiot dit que Messieurs les députés des corps de la Ville, sçavoir de la Chambre des Comptes, du Trésor et de la Chambre de Ville s'estoient assemblés hier sur les trois heures en la salle de l'audiance et qu'ils avoient résolu d'aller voir M. d'Espernon tous au nombre qu'ils estoient, luy seul portant la parole pour tous ; que Messieurs du clergé leur avoient mandé qu'ils ne pouvoient s'y trouver à cause des séances qui n'estoient pas réglées, mais qu'ils se rendoient en la grande salle du Logis du Roy pour accompagner Messieurs les députés auprès de M. d'Espernon ; qu'ils avoient esté sur les cinq heures en son logis, où l'ayans rencontré dans la chambre où il disne, il porta la parole pour tous les corps de la Ville ; et ensuitte il a raconté tout ce qu'il luy dit qui estoit fort bon au sujet et fort à propos pour obtenir sa faveur et son apuy en ceste rencontre. A quoy M. d'Espernon respondit qu'il avoit une afection singulière pour la Province et pour la Ville ; qu'il respectoit beaucoup le Parlement et toutes les Compagnies, mais qu'en ceste rencontre il ne pouvoit les servir; qu'il ne pouvoit dissimuler plus longtems l'ordre qu'il avoit du Roy de garder la place pour son service, de la réparer et de la tenir en bon estat; qu'il sçavoit que c'estoit sa volonté et qu'il pouvoit asseurer que la députation qu'on vouloit faire seroit mal receue à la Cour; qu'ayant receu ceste response il s'estoit retiré en dessein de la faire sçavoir aux Compagnies; que si Messieurs joignoient ceste response à ce qu'il avoit dit la veille, ils verroient facilement que l'advis venoit de bonne part et qu'ils avoient eu raison de le proposer; que néantmoins il en avoit esté très mal traitté, mais que ce qui luy avoit esté dit le touchoit sensiblement, venant d'une personne qu'il honore et avec laquelle il fait profession d'amitié; qu'il laisse à Messieurs de prendre telle pensée qu'il leur plaira. M. le Premier Président a remercié de la part de la Compagnie M. le Président Fiot.

Ensuitte les opinions prises, M. Jacotot a esté d'advis de nommer les députés au Roy; il a esté suivy de tous Messieurs les Conseillers. M. le Président Fiot a dit qu'il estoit bien d'advis de faire la députation, mais qu'auparavant il seroit à propos de sonder encore si l'on pouroit mesnager quelque chose avec M. d'Espernon, lequel avoit quelque raison de se plaindre que l'on eust entamé ceste affaire sans la luy communiquer; qu'il en avoit tesmoigné son déplaisir au Vicomte mayeur qui avoit fait faire la proposition sans son consentement et sans l'advertir; qu'il sembloit mesme qu'on auroit mieux fait de l'inviter de venir prendre sa place pour y délibérer avec la Compagnie; que c'estoit une affaire publique dont il debvoit avoir cognoissance le premier; de sorte qu'il jugeoit nécessaire de le voir encore une fois avant de députer. M. Robelin a esté de mesme advis. M. le Premier Président a dit que, la première fois qu'on opina sur ceste affaire, il estoit d'advis avec un petit nombre de Messieurs d'assembler les députés des Compagnies pour faire ce que propose M. Fiot, mais qu'ayant passé à l'advis contraire il ne reste présentement qu'à exécuter la délibération, et partant a esté d'advis de M. Jacotot.

Ensuitte, il a fallu nommer les députés. La Compagnie d'une voix commune a résolu que l'on nommeroit un Président et deux Conseillers. La difficulté a esté qui les nommeroit. Après une assés longue contestation, les opinions ont esté prises, et il a passé à la pluralité que M. le Président Fremiot iroit à ceste députation; pour les Conseillers, Messieurs de Souvert et Bretagne de Nansouthil ont eu le plus grand nombre de suffrages, tellement que les députés ont esté nommés par la Compagnie et non par M. le Premier Président, ny pris suivant l'ordre du tableau, quoique Messieurs les Présidens et les Anciens soutinssent avec opiniastreté qu'il le falloit faire en ceste manière. Il n'y eut pas moins de chaleur qu'à l'assemblée du lundy précédent.

Le samedy 16 dudit mois, M. le Président Fremiot s'estant excusé de faire le voyage à la Cour sur la saison et ses incommodités, Messieurs Joly et Brulart furent invités d'accepter la députation. L'ayans tous deux refusée, il restoit M. le Président Desbarres plus ancien en ordre que les précédens, lequel ne se seroit pas excusé et s'offroit presque; mais tous Messieurs avoient une telle aversion pour sa personne que l'on n'osa insister pour le nommer; seulement quelqu'uns de Messieurs les Anciens le nommèrent. M. de Villers nomma M. Berbis. M. Le Goux nomma M. Quarré Advocat général. Ces deux eurent plusieurs voix. M. le Premier Président nomma M. Berbis. On reprit les voix, et il y passa tout d'une voix.

Le lundy 18 dudit mois, l'on a donné un plein pouvoir à Messieurs les députés pour négotier comme ils jugeroient à propos pour obtenir la démolition du chasteau. Ensuitte, l'on a advisé aux moyens de trouver de l'argent pour leur voyage. Ceste affaire faite, M. Jacotot s'est mis au bureau et a fait lecture des lettres de provision de la charge de chevalier d'honneur obtenue par M. de Nagu, jeune enfant âgé de neuf ans, à la charge de n'y estre receu et de ne l'exercer que lorsqu'il aura atteint l'âge. La Cour luy a donné acte de représentation de ces lettres pour estre pourveu sur l'enregistrement d'icelles lorsqu'il aura atteint l'âge, sauf à luy de se pourveoir pour le paiement de ses gages ainsi qu'il verra estre à faire. Il y a passé tout d'une voix à l'exemple de ce qui s'en est fait pour M. de Flait, lieutenant du Roy au Masconnois, il y a quelques années.

Le vendredy 22 dudit mois, la Cour n'entroit que par commissaire, et Messieurs les Advocats généraux vinrent à la grand-Chambre dire qu'ils avoient ordre de la Cour de demander assemblée des Chambres pour des affaires importantes. Messieurs de la grand-Chambre ne voulurent pas l'accorder que les Advocats généraux ne dissent le sujet de l'assemblée ; et l'on leur fit entendre qu'ils debvoient auparavant en avoir conféré à M. le Premier Président et que quand la Compagnie seroit assemblée ils luy rendroient les lettres du Roy qu'ils avoient pour elle. On leur manda de les mettre sur le bureau de la grand-Chambre; ils donnèrent deux lettres de cachet du Roy, l'une à la Compagnie, et l'autre à M. Robelin. Ensuitte, Messieurs servant au commissaire furent assemblés, auxquels M. le Premier Président dit que sur les huit heures, M. de Gand estant au bureau où il faisoit raport d'un procès, Messieurs les Advocats généraux demandèrent d'entrer; et quoique l'ordre soit de ne pas interrompre les raporteurs, l'on avoit néantmoins fermé la bouche à M. de Gand pour entendre Messieurs les gens du Roy. Ensuitte, il a raconté ce que j'ay dit cy-dessus avec une chaleur envenimée, de telle sorte que plusieurs avoient honte pour luy de l'ouyr parler de la sorte.

Ce discours de passion et de haine finy, on leut les deux lettres de cachet par lesquelles le Roy advertit la Compagnie de la déclaration qu'il a fait expédier contre M. le Prince, mande qu'il l'envoie et que l'on ait à l'enregistrer. Quant à celle escrite à M. Robelin, il dit que le secrétaire d'Estat avoit creu que M. le Premier Président estoit encore à la campagne, et le prie de la recevoir. M. le Premier Président dit que puisqu'elle s'adressoit à M. Robelin, c'estoit à luy de la prendre, mais qu'il avoit sujet de trouver mauvais que Messieurs les Advocats généraux n'eussent pas pris la peine de la luy aporter à son logis.

M. Robelin a dit qu'ils y avoient esté et que, ne l'ayans pas trouvé, ils n'avoient pas voulu laisser ceste lettre à un valet. M. le Premier Président a demandé ce qui estoit à faire. M. le Doyen a dit qu'il falloit mander tous Messieurs pour le lendemain, affin d'adviser ensemble ce qui estoit à faire; que le service du Roy ne demandoit pas tant de diligence ; que le Parlement estant levé, l'affaire méritoit bien d'estre traittée tous Messieurs assemblés; et partant estoit d'advis de différer après les festes de Noël. M. de Villers a dit qu'il falloit que tous Messieurs qui sont à la Ville fussent mandés pour sçavoir si l'on différeroit ou non et qu'il estoit à propos qu'on ne touchast point à l'affaire qu'avec toute la Compagnie. Il a passé qu'on advertiroit tous Messieurs pour le lendemain matin.

Le samedy 23 dudit mois, Messieurs assemblés extraordinairement jusqu'au nombre de quarante et un, M. le Premier Président a répété ce qu'il avoit dit le jour précédent et qu'il croyoit que la lettre de cachet debvoit estre leue encore une fois, parce que quelqu'uns de Messieurs n'estoient pas la veille à l'assemblée. On l'a fait; après quoy, M. le Premier Président dit qu'il ne voyoit pas qu'il n'y eust rien à faire. Ses confidens disoient la mesme chose. M. Valon Syndic a dit que le greffier l'avoit adverty que Messieurs les gens du Roy l'avoient fait apeler pour luy dire qu'ils demeureroient au parquet et qu'il les y vinst apeler si la Compagnie assemblée avoit besoin d'eux. Il est incertain s'ils avoient parlé au greffier en ces termes, mais l'on jugeoit qu'ils avoient désiré de luy qu'il les advertist lorsque la Compagnie seroit assemblée, affin de venir présenter la déclaration. Néantmoins M. le Premier Président et ceux qui favorisoient M. le Prince ne vouloient l'entendre de la sorte, et prenant au pied de la lettre ce qu'avoit dit M. Valon, disoient qu'on pouvoit se lever et qu'il n'estoit pas besoin de mander les gens du Roy puisque la Compagnie n'avoit rien à leur dire; que s'ils avoient à parler, c'estoit à eux de venir. D'autres disoient qu'il n'y avoit pas grand inconvénient de les advertir que l'on estoit assemblé. M. Jaquot a demandé tout bas au greffier ce que ces Messieurs luy avoient dit, et ensuitte il l'a raporté à la Compagnie conformément à ce qu'avoit dit M. Valon.

Les opinions prises, M. le Doyen a dit qu'il falloit envoyer le greffier au parquet advertir les gens du Roy de l'assemblée des Chambres. M. Millière dit qu'il ne falloit pas se presser de vériffier la déclaration; que ce n'estoit pas une affaire d'un jour extraordinaire; qu'il falloit assembler tous Messieurs et indire pour cela un jour certain; qu'il estoit d'advis de remettre après Noël; et parceque le lendemain des Innocens c'estoit audiance et mardy suivant de mesme, il croyoit qu'on debvoit remettre au mercredy 3 de janvier pour délibérer sur ceste déclaration et mander à cest effect tous Messieurs. De cest advis estoient Messieurs Jaquot, de Berbisey, Le Goux, Catin, de Mongey, Perret, Berbisey puisné, Pérard, Fleutelot, Jacob, Bossuet, Bouhier l'aisné, Pouffier, Bernardon, Le Compasseur, et Messieurs Joly, Fremiot et Fiot Présidens; M. le Premier Président de l'advis de M. Jacotot Doyen; Messieurs Massol, de Villers, Maillard, Potet Conseillers, Potet Président aux requestes, Bernard puisné, Malteste, de Migieux, Lantin, de Chaumelis, Le Belin, Milletot, de Gand, de Thésut l'aisné et Messieurs Brulart et Robelin Présidens. En sorte que les incompatibles retranchés, il y eut partage; et ceux qui estoient de l'advis de M. Millière rompirent l'assemblée, ce que le Premier Président soufrit parce qu'il estoit de mesme party. Ceux de l'advis contraire ne faisoient pas grand bruit parce qu'ils craignoient le retour de M. le Prince, de sorte que l'affaire demeura remise de nécessité.

Le mercredy 3 janvier 1652, les Chambres assemblées suivant le retenu du 23 décembre précédent, M. le Premier Président a raconté ce qui s'estoit passé aux assemblées des 22 et 23 du mois passé, parce que plusieurs de ces Messieurs ne s'y estoient pas trouvés. Il exagéra l'empressement des Advocats généraux à aporter ces lettres la veille de Noël, leurs fautes contre les formes du Palais blessées en ce qu'ils n'avoient pas communiqué ces lettres à M. le Premier Président avant que de les présenter, et de ce que, contre les formes anciennes, ils avoient prétendu avoir droit d'assembler la Compagnie ; que Messieurs de la grand-Chambre avoient jugé qu'ils avoient péché en ces deux points, et que Messieurs servans aux autres Chambres avoient eu le mesme sentiment et avoient approuvé qu'on retinst qu'il leur seroit remonstré qu'ils avoient failly en ces deux points ; que M. le Syndic et luy avoient pris soin de faire dresser le registre de tout ce qui s'estoit passé, mais qu'ils avoient reconnu que depuis la levée de la Cour Messieurs les Advocats généraux avoient donné au greffier un long plaidé pour l'insérer sur le registre, qui ne tendoit qu'à faire le procès à la Compagnie ; que c'estoit le seul but qu'ils avoient ; et partant qu'il jugeoit à propos de lire ce retenu des deux précédentes assemblées pour adviser ensuitte si l'on y soufriroit ce que Messieurs les gens du Roy avoient donné au greffier pour y insérer.

Ceste lecture faite, j'y ay remarqué plusieurs choses mal retenues ; premièrement il est faux que la Compagnie ait approuvé ce que dit M. le Premier Président, que les Advocats généraux sont obligés de communiquer avec luy des affaires du Roy avant que d'en parler à la Compagnie. Je ne sçais pas le sentiment de la grand-Chambre, mais je sçais qu'au bureau des enquestes l'on n'est pas de cest advis.

L'on avouoit que les gens du Roy vivant en bonne intelligence avec le Premier Président en avoient tousjours usé de la sorte; mais qu'ils y fussent obligés par une loy du palais, chacun demeuroit d'accord que cela n'estoit pas; et néantmoins le Premier Président avoit fait dresser le registre de mesme que si toute la Compagnie ayant opiné sur ceste matière eust approuvé la proposition; et quand mesme les trois bureaux du commissaire l'auroient agréée, l'on n'auroit pu la retenir comme un réglement de la Compagnie qu'il auroit fallu assembler pour cela et prendre les opinions.

L'on ne fit ny l'un ny l'autre; et si on laissa passer ceste fausseté, c'est qu'il auroit fallu avoir querelle contre le Premier Président et tous les ennemis des Advocats généraux, et le sujet ne sembla pas assés important. Au reste, si ce registre se trouve contraire ou peu conforme à celuy-cy, je puis asseurer que le mien est véritable, et que celuy du Palais ne l'est pas; et il ne faut pas s'en estonner, la mesme fausseté paroistra en plusieurs autres endroits, parce qu'il est dressé par une mesme main, sçavoir le Premier Président qui est le maistre des registres et des greffiers, parce qu'il ne se rencontre personne qui veuille lutter contre luy et contester à chaque moment sur l'infidélité des registres.

Ceste lecture finie, l'on prit les opinions pour sçavoir si l'on soufriroit ce que les gens du Roy y avoient mis.

Mais je suis contraint d'interrompre ceste narration pour mettre ce que j'avois oublié. M. le Premier Président, ayant ouvert l'assemblée par le récit du retenu de la précédente, dit qu'il falloit voir si tous Messieurs estoient présens. Le greffier leut le tableau. Il s'en trouva douze ou treize absens, la pluspart avec juste cause; sur quoy, M. le Premier Président proposa d'adviser à ce qui estoit à faire. Quelqu'uns vouloient qu'on différast, attendant le retour des absens. D'autres disoient qu'il n'y avoit aucune apparence de différer au sujet d'un si petit nombre; sur cela, le Premier Président fit lire le registre comme je l'ay dit, et ensuitte l'on opina. M. Jacotot fut d'advis de retrancher du registre ce que les Advocats généraux avoient adjouté. M. Le Goux fut d'advis de commettre deux de Messieurs pour revoir les registres et les dresser. Il passa à l'advis de M. Jacotot.

Le greffier advertit que Messieurs les Advocats généraux demandoient d'entrer. M. le Premier Président proposa qu'il falloit leur dire qu'ils avoient deu aporter les lettres pour la Compagnie à la grand-Chambre. L'on dit que cela leur avoit esté dit et qu'il suffisoit de le retenir. Les amis du Premier Président pressoient cela, et l'on y adjouta qu'ils avoient deu en conférer avec luy avant que d'en parler à la Compagnie. Le Premier Président ne vouloit pas qu'on leur parlast de ce dernier chef en croyant qu'il ne passeroit pas à l'autre. Il dit qu'ils avoient dit deux ou trois fois qu'ils avoient ordre de la Cour et du Roy de demander l'assemblée des Chambres, qu'il falloit les obliger de faire voir cest ordre, parce que la Compagnie prendroit mieux ses mesures. On agréa ceste proposition.

Estans donc entrés derrière le bureau, M. Millotet dit qu'il y avoit quelque tems qu'on l'avoit chargé d'un paquet pour la Compagnie dans lequel ils avoient trouvé des lettres de déclaration contre Messieurs les Princes de Condé et de Conty, Duchesse de Longueville, les Ducs de La Rochefoucauld, de Richelieu et autres leurs adhérens, que le Roy déclaroit criminels de lèze Majesté; qu'ayant pleu à la Cour de différer jusqu'à présent, ils l'aportoient sur le bureau pour y estre pourveu par la Cour ainsy qu'elle le jugeroit à propos, et que leur estant communiquées, ils y concluroient et attendroient au parquet les ordres de la Cour.

Il y a meslé une autre affaire et a dit qu'ayant appris la dernière fois qu'il vint au Palais qu'il y avoit des ordonnances de M. le duc d'Espernon qui portoient injonction aux communautés de payer la taille à peine d'y estre contraintes par logement de gens de guerre, ils avoient creu pouvoir en apprendre des nouvelles certaines du secrétaire de de M. le Gouverneur qui les avoit asseurés qu'il n'y en avoit aucune, qu'elles estoient imprimées et par conséquent toutes pareilles, et leur en donna une d'où l'on peut cognoistre la teneur des autres; qu'ils l'avoient prise pour la faire voir à la Compagnie, que M. d'Espernon luy mesme les avoit asseurés qu'il n'en avoit donné aucune et que s'il se trouvoit des exploits qui portassent ces mots, il n'en estoit pas responsable et n'empeschoit pas qu'on ne fist le procès aux sergens.

M. le Premier Président luy dit ce qui avoit esté résolu, à quoy M. Millotet respondit que, le paquet qui leur avoit esté mis en main s'adressant à la Compagnie, ils avoient creu qu'il estoit de nécessité de l'assembler pour le rendre, et qu'ils n'en avoient point d'ordre plus précis; et se voulant retirer, M. Le Goux l'a prié d'entendre ce qu'il avoit à luy dire touchant ces ordonnances de M. d'Espernon; qu'il estoit bien aise d'estre éclaircy par sa bouche de ce dont il doutoit; que c'estoit luy qui avoit raporté qu'il avoit parlé d'ordonnances, en quoy il avoit malicieusement fait cera port, et que Messieurs qui estoient lors présens pouvoient se souvenir qu'il ne parla que d'exploits et non pas d'ordonnances; qu'il creut debvoir advis à Messieurs les gens du Roy zélés pour le bien public de ce désordre qui alloit à introduire les fuseliers pour lever la taille, mais qu'au lieu d'en profiter ils l'avoient raporté et luy en avoient fait pièce et qu'il ne les craignoit pas. M. Millotet a dit qu'il n'avoit fait aucun raport et que ce n'estoit pas son métier, et s'est retiré. M. Le Goux a dit qu'il falloit informer contre ceux qui preschoient au coin des rues et que, puisque le sieur Millotet l'attaquoit, il le mettroit bien à bout.

Ces Messieurs retirés et les opinions prises, M. Pouffier commissaire a dit qu'il estoit fascheux à une Compagnie, qui avoit connu M. le Prince et l'avoit veu Gouverneur, de le déclarer criminel de lèze majesté, mais que la volonté du Roy estant si précise il ne voyoit pas de moyen de s'en dispenser;

que le Parlement de Paris l'avoit fait et néantmoins que le bruit d'un accommodement estoit publié par l'entremise de M. le duc d'Orléans, et n'estant pas fort important au service du Roy, il estoit d'advis de différer pour quelque tems l'enregistrement de ces lettres. M. Valon qui estoit près de luy ayant dit qu'il falloit communiquer aux gens du Roy, M. Pouffier a pris cest advis. M. Jacotot de mesme.

M. Millière a esté d'advis de différer qui estoit le premier advis de M. Pouffier ; ses raisons estoient qu'il n'y avoit aucun sujet qui obligeast de presser ceste affaire, qu'en 1616 pareilles lettres avoient esté présentées contre défunt M. le Prince de Condé et que la Cour avoit différé deux mois avant que les vériffier, et par ainsy il estoit d'advis de différer, et néantmoins pour tesmoigner respect aux lettres du Prince, qu'il vouloit bien qu'on les communiquast. Messieurs Jaquot, Massol, de Villers et Maillard furent de mesme advis.

M. Le Goux dit que l'ordonnance de communiquer engageoit à vériffier ensuitte ces lettres, qu'il n'en estoit pas d'advis quant à présent, parce qu'il y avoit à craindre les courses de la garnison de Seurre qui brusleroit nos villages et désoleroit la Compagnie, et partant fut d'advis de dire : *différé quant à présent*. Il fut suivy de la jeunesse que l'on avoit sollicitée, à la réserve de Messieurs Bretagne puisné, Duguet, Malteste, Lantin, de la Mare et autres qui n'estoient pas du party de M. le Prince.

Messieurs de Gand et de Thésut l'aisné furent d'advis de communiquer. M. le Premier Président ne dit pas son advis pour ceste fois ; il tesmoigna qu'on ne seroit pas criminel en différant, qu'on l'avoit fait en 1616 et d'autres fois aussy. L'on reprit les opinions et l'on compta. Il y eut vingt-deux voix à communiquer. M. le Premier Président en fut d'advis pour lors, recognoissant bien qu'il n'y passeroit point.

La difficulté fut grande pour former l'arrest et pour sçavoir quelle cause l'on donneroit de la dilation. Ceux qui avoient pris ce sentiment avoient peine de s'accorder ; les uns disoient qu'il falloit le motiver sur l'espérance d'un accommodement, les autres sur les apréhensions des courses de la garnison de Seurre. Messieurs Bouhier et Le Goux fort attachés à M. le Prince et qui ne vouloient pas qu'on le creust prenoient pour prétexte de leurs sentimens qu'il falloit par arrest de différer engager le Roy auquel nous demandions la démolition du chasteau à nous l'accorder s'il désiroit la vériffication de ceste déclaration. L'on jugeoit ce moyen de réussir très incertain et trop hardy, et il y a apparence qu'eux mesmes le croyoient tel, mais ils ne sçavoient comment prétexter leur advis. M. Le Goux, qui vouloit donner à cognoistre qu'il n'estoit pas du party du Prince, dit qu'il falloit informer des courses de la garnison de Seurre et faire le procès au commandant. L'on rebuta ceste proposition. M. Le Belin qui estoit d'advis de communiquer les lettres respondit à M. Le Goux qu'il ne falloit pas informer, crainte qu'ils ne bruslassent nos villages. A la fin, il passa à différer sans en dire les motifs ny les raisons.

Ceux qui vouloient communiquer se servoient, outre la raison de respect deu à ce qui vient du Roy, d'une considération d'intérest commun touchant la démolition du chasteau pour laquelle on avoit envoyé député au Roy, disant que cest arrest ruinoit le dessein et que M. d'Espernon feroit cognoistre par là que le party de M. le Prince estoit fort au Parlement. Le retenu du registre 1616 frayoit ce chemin; car les lettres présentées contre M. le Prince furent aportées au mois d'octobre 1616. L'on en ordonna la communication aux gens du Roy qui y conclurent deux jours après. Messieurs qui estoient pour lors à la Ville estans assemblés remirent la vériffication au 15 de novembre parce que pendant les vacations il y en avoit plusieurs absens. Depuis, la vérification en fut différée, mais sans arrest, jusqu'en décembre suivant. La pensée de la plupart de ceux qui avoient esté d'advis de communiquer estoit, après les conclusions, de ne s'assembler d'un mois après, et par ainsy de différer mais sans arrest.

L'on tient pour certain que l'on sollicita les Conseillers pendant les festes de Noël et qu'on fit partie pour ceste affaire. M. le Premier Président ne fut pas à la Ville pendant ces féries; il alla à Montbard. L'on dit qu'il n'y avoit point d'affaires; peut estre que ce fut pour éviter le soubçon d'avoir eu part à ceste monopole ou plutost à ceste faction.

Le lundy 8 janvier, la Chambre de Ville ayant fait une délibération touchant les pauvres et le nettoiement des boues et donné un moyen de nourrir les pauvres jusqu'aux moissons attendu la nécessité extresme, la Cour a résolu d'assembler les Compagnies de la Ville à la salle de l'audiance pour délibérer sur ces moyens auxquels tous debvoient contribuer. Pendant ceste séance Messieurs les Advocats généraux vinrent présenter une lettre du Roy à la Compagnie et se retirèrent. L'on n'interrompit point la délibération, mais estant achevée, on la leut. Elle estoit escrite au sujet de la députation pour la démolition du chasteau. Le Roy disoit l'avoir apprise et qu'il donnoit advis par advance qu'elle seroit inutile, qu'il ne disposeroit point du gouvernement de la place qu'à son retour à Paris, cependant qu'il n'estoit pas nécessaire que les députés partissent, et invitoit ensuitte la Compagnie de rendre justice aux sujets du Roy et de les maintenir en obéissance. L'on remit à délibérer à lendemain parce qu'il estoit tard.

Le lendemain 9 dudit mois, les Chambres assemblées, le Premier Président dit que les gens du Roy avoient aporté la veille une lettre de cachet sur laquelle Messieurs avoient jugé qu'il falloit délibérer. M. Millière a opiné le premier, et, ayant omis de parler du premier chef de la lettre concernant la députation au Roy pour la démolition du chasteau, a pris sujet sur le second chef de dire que, le Roy nous invitant de rendre justice aux sujets de la Province et de les maintenir en son obéissance, il falloit adviser aux désordres qui oprimoient les communautés et les particuliers, et députer à cest effect des commissaires qui en dresseroient des mémoires que l'on enverroit à nos députés en Cour pour en faire des remonstrances et des plaintes.

M. Le Goux a dit que les maux de la Province estoient trop pressans et trop grands pour aller chercher le remède à la Cour, qu'il falloit y pourveoir par l'authorité du Parlement et informer des désordres des gens de guerre pour après décréter les informations et faire justice aux peuples oprimés; qu'à la vérité, ce seroit aux gens du Roy de faire des réquisitions de ces désordres, mais que leur silence ne doit pas nous servir de prétexte pour demeurer oisifs et sans mouvement. M. Perret a dit que les peuples sont accablés d'une telle opression par les gens de guerre et par la levée extraordinaire des tailles qu'il est à craindre qu'ils ne se portent au désespoir s'ils ne se sentent secourus, et partant que le seul moyen de les contenir dans leur debvoir, comme la lettre du Roy mande qu'on le fasse, est de faire cesser les désordres et punir ceux qui les commettent; et partant prit l'advis de M. Le Goux.

M. de Thésut Ragy et M. Bretagne puisné furent de l'advis de M. Millière et de mettre dans les mémoires ordres aux députés de demander la révocation des Intendans de justice.

M. Malteste dit que les maux de la Province estoient extresmes; que les gens de guerre y commettoient des extorsions effroyables; que trois Compagnies du régiment de Bourgogne avoient exigé en quinze jours deux mille livres des habitans d'un village près d'Arnay-le-Duc et en sortant y avoient mis le feu qui avoit bruslé vingt-deux maisons; que la levée des tailles par gens de guerre estoit la ruine de la Province; car, outre les inconvéniens de leur faire toucher tout ce qui se lève dans le pays, c'est qu'ils rançonnent sous ce prétexte; que l'on sçavoit qu'un nommé Ichard major du régiment de Navarre avoit ordre de lever la taille en trente-cinq paroisses du bailliage de Beaune; qu'il falloit donc faire deffenses de lever la taille de ceste sorte, informer contre les gens de guerre, et ordonner aux communautés d'aporter les ordonnances et les exploits en vertu desquels ils avoient payé.

M. Lantin dit qu'il falloit mettre ordre tout de bon à tous ces maux, mais qu'encore qu'ils fussent de notoriété il estoit important de les sçavoir par ceux qui doivent prendre soin des affaires du pays, et pour ce estoit d'advis de mander les Esleus du pays pour sçavoir ce qu'ils avoient appris de ces désordres et quel remède ils y aportoient. M. de Chaumelis dit que l'une des causes des maux de la Province estoit le logement des gens de guerre dans les villages; qu'il falloit pourveoir à ce qu'ils fussent mis dans les villes; et que l'incendie arrivé dans les villages près d'Arnay-le-Duc méritoit une punition contre les commandans.

M. de Gand a dit qu'il estoit bien d'advis avec Messieurs de pourveoir aux maux de la Province, mais que, si nous voulions y aporter remède seuls, nous aurions de la peine d'en venir à bout, outre qu'il y avoit à considérer que les Esleus et les gens du Roy n'en faisans aucunes plaintes, M. le Gouverneur auroit sujet de se plaindre si l'on faisoit les arrests que Messieurs proposoient sans luy en parler; que l'intérest de la Compagnie estoit de maintenir la bonne intelligence avec M. le Gouverneur, et que l'on procureroit facilement du soulagement à la Province si les deux puissances agissoient de concert; que c'estoit son advis et de s'informer auparavant auprès des Esleus de la vérité des plaintes et des désordres dont on avoit parlé. M. de Thésut l'aisné a esté de mesme sentiment. M. le Président Fiot a dit qu'il avoit tousjours esté d'advis de vivre en bonne intelligence avec M. le Gouverneur, qu'il estoit encore de ce sentiment et en seroit toujours, que les advis de Messieurs alloient à rompre avec luy, et après une longue déclamation sur ce sujet il a esté de l'advis de M. Lantin. M. le Premier Président a dit que si tout ce qui a esté dit par Messieurs est véritable, la Province est ruinée absolument et qu'il falloit en sçavoir la vérité par les Esleus. Il a passe a cest advis.

Les Syndics du pays estans mandés et derrière le bureau, M. le Premier Président leur dit que, la Cour ayant esté advertie de plusieurs désordres qui se commettent, elle les avoit mandés pour sçavoir s'ils en avoient appris quelque chose. Le Procureur Deschamps a dit qu'il n'en sçavoit rien ; le Procureur Moreau a dit qu'il estoit vray que les soldats du régiment de Bourgogne avoient exigé deux mille livres et brûslé vingt-deux maisons dans Thoreille, près d'Arnay-le-Duc; qu'il y en avoit eu un procès-verbal dressé par le juge; que les habitans estans venus en ceste ville, il avoit dressé requeste pour la présenter à la Cour, mais qu'ils ne l'avoient pa voulu crainte des frais et s'estoient adressés à M. l'Intendant; qu'il ne sçavoit pas encore ce qui avoit esté appointé. Ces Syndics du pays retirés, auxquels M. le Premier Président ordonna de s'informer des Esleus ce qu'ils sçavoient touchant les désordres de la Province et d'en advertir la Cour, l'on a levé.

Le vendredy 12 dudit mois, les Chambres assemblées, M. le Premier Président répéta assés ennuyeusement ce qui s'estoit passé aux assemblées précédentes et qu'en exécution des ordres de la Cour les Procureurs Syndics du pays avoient aporté à la Cour par ordre des Esleus une délibération qu'ils avoient faite pour faire plainte à M. d'Espernon des désordres qui se commettoient dans la Province et qu'en mesme tems le Procureur Moreau avoit remis au greffe le procès-verbal dressé par le juge de Thoreille de l'incendie qui y estoit arrivé par le fait des gens de guerre. L'on a leu la délibération des Esleus que chacun a jugé contenir des désordres auxquels il falloit mettre remède.

M. Valon Syndic a dit qu'il avoit appris de M. Comeau, lieutenant criminel au bailliage de ceste Ville, que M. d'Espernon l'avoit commis pour informer de l'incendie arrivé à Thoreille, qu'il n'avoit pas voulu en accepter la commission, craignant de déplaire au Parlement, quoique M. l'Intendant luy eust dit qu'il estoit commis par M. d'Espernon qui en avoit droit comme colonel général de l'infanterie française.

Les opinions prises, M. Millière a dit que la commission donnée à M. Comeau estoit une entreprise sur l'authorité de la Cour, que les ordonnances limitoient le pouvoir des Intendans de justice et des prévosts des bandes à la cognoissance des crimes commis de soldat à soldat ou dans l'armée, et que les délits commis contre les bourgeois dans les garnisons estoient de la cognoissance des juges royaux. Il a leu les articles 338 et suivans jusqu'au 343 de l'ordonnance de 1629 et les articles d'autres ordonnances sur mesme fait, pour monstrer que le crime commis à Thoreille est de la juridiction du Parlement, et a esté d'advis qu'il en seroit informé et néantmoins qu'auparavant que de faire exécuter l'arrest on le feroit sçavoir à M. d'Espernon et qu'on luy feroit cognoistre la nécessité où est la Compagnie d'en user de la sorte.

M. Jaquot a dit qu'avant de faire arrest il falloit voir M. d'Espernon et luy remonstrer que la juridiction de la Cour estoit blessée par la commission qu'il avoit donnée au sieur Comeau; Messieurs de Berbisey, Villers et Maillard de mesme advis; M. Moisson de celuy de M. Millière. M. Le Goux a dit qu'il ne suffisoit pas d'informer, mais qu'il estoit nécessaire de faire deffense de léver la taille par gens de guerre. Il a esté suivy de quelqu'uns. Messieurs Malteste, Lantin, de la Mare, de Chaumelis ont esté de l'advis de M. Millière; M. Le Belin de celuy de M. Jaquot, et les anciens de mesme, sçavoir Messieurs de Gand et de Thésut. Les Présidens ont pris le mesme advis.

M. de Gand a dit que c'estoit faire injure que d'ordonner l'information et puis aller voir M. d'Espernon; que si on vouloit entretenir l'amitié et la correspondance il falloit s'écouter avant que de faire injure. M. de Thésut a dit que l'on avoit veu de fréquentes entreprises sous le règne de M. de Machaut, cy-devant Intendant de Bourgogne, auxquelles on ne s'estoit pas beaucoup opposé; que nous pouvions maintenant mettre ordre et empescher celles qui se feroient, mais qu'il falloit le faire avec bienséance et civilité; que l'on avoit eu de fréquentes conférences avec Messieurs de Biron et de Bellegarde pour la conservation de l'authorité de la Compagnie; que l'on en avoit eu avec Messieurs les Princes et avec M. de Vendosme, et que si ce dernier n'avoit tenu parole il falloit croire que M. d'Espernon n'en useroit pas de mesme, que nous avions sujet de l'espérer.

M. le Premier Président s'est trouvé dans une disposition colérique et billeuse qui l'a emporté sans sujet à repasser sur tout ce qui s'estoit fait du tems de M. de Vendosme; il a dit que l'on avoit eu souvent des conférences avec Messieurs les Gouverneurs, que luy-mesme avoit esté souvent député pour la conservation de la juridiction du Parlement, mais que l'on n'avoit pas tousjours hésité de se maintenir avec vigueur; que sous le gouvernement de M. de Bellegarde, M. le marquis de Raguy ayant levé un régiment qui fit de grands désordres dans la Province, la Cour en informa et décrétant donna adjournement personnel contre des seigneurs de Bourgogne; que l'huissier Mangonneau fut signifier le décret dans le logis du Roy où estoit M. de Bellegarde qui le fit emprisonner au chasteau; que l'on informa et décréta en ceste occasion sans conférence précédente, et que chacun sçait que M. de Bellegarde donna satisfaction à la Compagnie, apréhendant qu'elle n'en portast ses plaintes au Roy; que si elle l'eust fait, M. de Bellegarde estoit perdu; que ces conférences sous M. de Vendosme n'avoient servy qu'à rendre ridicule l'authorité du Parlement; que l'on avoit veu establir un droit sur les rivières de Somme et de Loire sans édit et sans vériffication; que l'on avoit veu Montesson, premier capitaine de son régiment, exiger six mille livres en peu de jours de deux ou trois petites villes; que ces violences avoient esté suivies de la vente publique du sel de Salins dans le logis du Roy et qu'après tous ces désordres, estourdie par les conférences, la Compagnie avoit receu un affront du mesme M. de Vendosme qui fut capable de telles actions ; que nous ne debvions rien craindre de pareil de M. d'Espernon dont la civilité estoit naturelle, et celle de l'autre estoit feinte et trompeuse ; qu'il estoit donc bien d'advis de la conférence avec tous Messieurs, mais qu'il ne sçavoit de quoy l'on pouvoit conférer ; qu'il s'estonnoit qu'aucun ne l'eust dit ; qu'il ne croyoit pas qu'on voulust contester sur la juridiction de la Cour et faire un procès réglé pour cela, puisqu'il n'y avoit point de difficulté ; que la cognoissance de ces crimes nous appartenoit ; que ne sçachant donc de quoy l'on proposoit d'entrer en conférence il attendroit que Messieurs le dissent pour prendre cest advis.

Les opinions prises pour la seconde fois, M. Millière et ceux qui l'avoient suivy persistans en l'advis d'ordonner l'information, les autres opiniastrans au contraire à entrer en conférence sur tous les désordres contenus dans la délibération des Esleus, M. Millière et les autres ont repris cest advis avec ceste résolution qu'on feroit sçavoir à M. d'Espernon que la Compagnie, croyant estre obligée de pourveoir à tous les maux, estoit aussy dans le dessein d'employer son authorité pour en délivrer la Province, et qu'elle n'avoit rien voulu faire qu'en communiquant avec luy, pour, par le concours des deux puissances, agir plus efficacement, et qu'a près la response l'on résoudroit l'information et l'on adviseroit au reste des affaires. Cela fait, M. le Président Fiot et Messieurs de Thésut, Millière et Valon Conseillers ont esté nommés pour aller voir M. d'Espernon.

Le 16 dudit mois, M. le Premier Président a receu un paquet du Roy dans lequel il s'est trouvé une lettre pour la Compagnie, donnée à Poitiers le 3 de ce mois, par laquelle le Roy dit qu'il a eu advis de l'arrest du 29 décembre donné au Parlement de Paris contre son cousin le cardinal Mazarin, qu'il ne veut point qu'on délibère sur ceste matière qu'auparavant Sa Majesté n'ait fait sçavoir ses intentions et la résolution qu'elle prendra après l'arrivée de Messieurs le Garde des Sceaux et Surintendant de finances et après avoir ouy les députés du Parlement de Paris. Ceste lettre fut peu considérée et l'on dit aux enquestes qu'il ne falloit rien faire contre Mazarin, mais qu'on ne pouvoit soufrir Mazarin.

Le mercredy 24 dudit mois, les Chambres assemblées, M. le Premier Président a dit que l'assemblée de la Compagnie avoit esté indite à ce jour pour délibérer sur deux affaires : la première concernant la nourriture des pauvres et les moyens de les secourir dans la misère extresme à laquelle ils sont réduits, et l'autre pour ouyr la response donnée par M. d'Espernon à Messieurs les députés au sujet de diverses plaintes faites contre les gens de guerre et d'autres désordres qui ruinent la Province; qu'il estoit survenu un nouveau sujet d'assemblée, sçavoir les lettres du Roy par l'une desquelles il donnoit advis du retour de Mazarin en France avec deffense de rien délibérer sur ceste matière, et par l'autre il ordonnoit qu'on procédast à l'enregistrement de la déclaration contre M. le Prince; que le paquet où estoient ces lettres luy ayant esté adressé, il avoit trouvé une lettre pour les gens du Roy, laquelle il leur avoit envoyée par le greffier Donet, et qu'ils estoient venus derrière le bureau dire qu'elle portoit un ordre exprès de poursuivre l'enregistrement de ceste déclaration, ce qu'ils venoient faire pour obéir aux ordres du Roy, lesquels ils aportoient sur le bureau et qu'ils y avoient jetté leur lettre; qu'il restoit à la Compagnie d'adviser par quelle affaire on commenceroit; que si l'on s'engageoit à opiner sur les moyens de nourrir les pauvres, l'on ne pouvoit l'achever de la matinée et que l'on retarderoit les autres affaires qui regardoient l'authorité de la Compagnie et le service du Roy; qu'il sembloit qu'on pouroit remettre au lendemain jour férié l'affaire des pauvres pour, dans une assemblée extraordinaire, régler ce qui restoit à faire par députés de chaque Chambre si la Compagnie entière ne vouloit s'assembler.

Cela dit, il a pris les advis. M. le Doyen a dit que les pauvres avoient besoin d'un prompt secours, que la faim estoit un mal cruel, et partant qu'il falloit achever présentement la délibération sur ceste matière. M. Millière a dit qu'on pouvoit remettre au lendemain pour expédier promptement les autres; M. Jaquot de mesme, M. de Berbisey de l'advis de M. le Doyen.

Chacun ayant pris party à l'un ou l'autre des advis suivant sa fantaisie, je ne répéteray pas en détail l'advis d'un chacun, estant peu important; seulement je diray que M. le Premier Président dit qu'il avoit proposé de remettre au lendemain pour terminer avec promptitude ce qui estoit à résoudre sur d'autres matières plus importantes, et qu'il avoit adjouté que ce seroit par députés, parce que, si l'on ne disoit autre chose sinon que la Compagnie seroit assemblée au lendemain pour cela, chacun s'en dispenseroit, et partant qu'il falloit obliger un certain nombre de Messieurs de s'y trouver, avec la liberté aux autres de s'y trouver s'ils vouloient; qu'il estoit d'advis pour cela de résoudre que Messieurs les Présidens s'y trouveroient, et Messieurs les Conseillers qui entrent au Commissaire avec ceux qui avoient assisté à la visite des pauvres, lesquels tous auroient nécessité de s'y trouver, et que les autres auroient la liberté de s'y trouver s'ils vouloient en prendre la peine, et qu'il entendoit de donner plein pouvoir à ceux qui seroient en ceste assemblée et de suivre ce qui seroit par eux résolu; que si Messieurs agréoient ceste pensée, il adjouteroit de commencer la délibération sur les autres affaires par les lettres du Roy, parce que ce qui estoit à démesler avec M. d'Espernon ne concernoit que l'authorité de la Compagnie et sa juridiction, outre que le courier ordinaire partant ce jour là, il jugeoit à propos de résoudre sur ces lettres ce que l'on feroit pour en advertir promptement Messieurs nos députés qui sont en Cour.

Chacun a consenty à cest advis. L'on a donc leu ensuitte les lettres du Roy : l'une estoit du 14 janvier 1652, à Poitiers, par laquelle le Roy énonçoit sa lettre du 3 du mesme mois, dont j'ay retenu la substance en la précédente diée, et disoit que le Garde des Sceaux estant arrivé à la Cour et ayant ouy les députés du Parlement de Paris, il nous faisoit sçavoir que son cher et bienaimé cousin le Cardinal Mazarini luy ayant fait offre d'un secours d'hommes considérable pour l'assister à s'opposer aux progrès du prince de Condé, et ayant pris soin de mettre sus à ses despens des troupes en bon nombre, il auroit eu fort agréables ses offres et auroit mandé au mareschal d'Hoquincourt et autres officiers de ses armées de conduire ces troupes, et avoit trouvé bon que le Cardinal Mazarini vint en Cour, puisqu'il le désiroit, pour se justiffier des calomnies qui avoient donné lieu à tant d'arrests et attiré ensuitte une déclaration du Roy contre luy sans l'avoir ouy; et parce que S. M. sçavoit que les factieux et ceux du party de M. le Prince se prévaudroient de l'entrée de ce Cardinal en France et de son retour à la Cour pour troubler l'Estat et augmenter les divisions, le Roy dit qu'il deffend de mettre en délibération aucune chose concernant ledit Cardinal, et d'empescher par l'authorité que nous avons que les sujets ne s'émeuvent point dans notre ressort et qu'il ne s'y fasse rien au préjudice de son service.

La seconde lettre est du 15 du courant, qui porte que le Roy ayant sceu le retardement que nous avons apporté à l'enregistrement de la déclaration qu'il a envoyée contre M. le Prince, il faisoit sçavoir que ce retardement luy estoit désagréable, comme contraire à son service, et qu'à ceste occasion il avoit voulu escrire la présente pour nous commander de procéder incessamment à l'enregistrement de ceste déclaration.

Les Advocats généraux en avoient receu une pareille, qu'ils avoient mise sur le bureau et qui fut leue. M. de La Vrillière, Secrétaire d'Estat, avoit escrit à Messieurs les Syndics pour response à celle qu'ils luy avoient escrite suivant la résolution du 3 du courant, et leur mandoit que le Roy avoit eu fort désagréable la résolution de la Compagnie, qu'il avoit eu ordre d'en escrire à la Compagnie et à M. le Premier Président, lequel, à ce qu'il croyoit, ne manqueroit pas de faire son debvoir en ceste rencontre, et que la Compagnie obéiroit aux ordres du Roy.

L'on a leu aussy une lettre de Messieurs nos députés datée de Poitiers du 18 du courant, par laquelle ils donnoient advis de leur arrivée et qu'ils se disposoient à travailler sérieusement à l'affaire pour laquelle ils estoient envoyés.

Après la lecture de ces lettres, M. le Premier Président a pris les advis. M. Valon Syndic estoit au bureau, et il a dit qu'il croyoit qu'on ne pouvoit pas maintenant se dispenser de toucher à la déclaration du Roy contre M. le Prince; que la Compagnie, par l'arrest du 3 de ce mois, avoit jugé à propos de différer pour de bonnes considérations; que le Roy en ayant esté adverty ordonnoit à la Compagnie d'enregistrer; que cest ordre luy sembloit si précis qu'il estoit nécessité d'obéir, et ce faisant, d'ordonner la communication des lettres. M. Bouhier, qui estoit au bureau, a esté de mesme advis; M. Bretagne et M. Jacotot de mesme. M. Millière a dit qu'il estoit de cest advis, mais qu'il n'entendoit pas s'engager par l'arrest à communiquer; Messieurs Jaquot, Berbisey l'aisné, de Villers, Maillard et Moisson de mesme sentiment.

M. Le Goux a dit que l'arrest à différer avoit esté résolu sur de si bonnes considérations qu'elles subsistoient encore pour le maintenir et pour y persister; qu'une lettre de cachet ne pouvoit pas suffire en ceste rencontre pour nous faire changer de résolution; que le chemin estoit frayé, parce qu'il se voyoit sur le registre de 1616, lorsqu'une pareille déclaration fut envoyée contre M. le Prince défunt, qu'alors la Compagnie différa d'y toucher jusqu'à ce qu'elle eust une jussion en forme et bien scellée; et partant estoit d'advis de différer. Mais comme il s'estoit passé beaucoup de choses depuis le départ de nos députés, desquelles il importoit qu'ils fussent advertis, il croyoit qu'on debvoit leur en donner advis affin de s'en servir pour l'advancement de nos affaires. Messieurs Catin, de Mongey, Berbisey puisné de mesme. M. Potet l'aisné de l'advis de M. Valon. M. Perret a dit qu'il y avoit présentement moins d'apparence de vériffier la déclaration contre M. le Prince qu'il n'y en avoit lorsqu'on fit arrest à différer, et qu'on avoit advis que Messieurs du Parlement de Paris qui l'avoient vériffiée, ayans appris l'entrée en France de M. le Cardinal Mazarini, avoient ordonné que l'exécution de ceste déclaration surseoieroit, et fut de l'advis de M. Le Goux. Messieurs Fevret, Baudinot, Pérard, Garnier et quelques autres jeunes de mesme advis; Messieurs de Cirey, de Chaumelis et Bouhier de mesme. Messieurs Lantin, Bossuet, Malteste, de la Mare, Le Belin, Milletot, Pouffier, Bernardon de l'advis de M. Valon.

M. de Gand a dit qu'il prioit Messieurs de trouver bon qu'il dist que les ordres du Roy méritoient bien d'estre considérés quoiqu'ils fussent dans une lettre de cachet; que l'on n'y defféroit pas en matière d'édit, mais qu'aux affaires particulières et pareilles à celle qui se présente l'on n'avoit jamais fait de difficulté d'avoir égard aux lettres de cachet, et fut d'advis de communiquer. M. de Thésut a dit qu'il avoit esté d'advis de différer, parce qu'il croyoit qu'on debvoit beaucoup à M. le Prince qui a esté notre Gouverneur, mais que les ordres du Roy estans précis et réitérés, il falloit communiquer. Messieurs les Présidens Brulart et Joly de mesme.

M. Desbarres a dit que l'ordonnance deffendoit d'avoir égard aux lettres de cachet en quelque matière que ce fust, et qu'il estoit inouy de dire que ce fust seulement lorsqu'il s'agissoit d'édits; et par ainsy fut d'advis de différer. Messieurs Fiot et Robelin d'advis de communiquer.

M. le Premier Président a dit : *il passe à communiquer*, et n'a dit autre chose. Messieurs qui n'en estoient pas d'advis ont dit qu'il falloit compter. M. le Premier Président a dit :

Eh bien, Messieurs, nous compterons, et a pris les opinions pour la seconde fois. M. Valon a persisté dans son sentiment. M. Bouhier puisné et jeune homme qui n'avoit osé ouvrir l'advis de différer l'a pris à ceste fois. M. Millière a dit qu'il n'entendoit pas s'engager en communiquant. M. Jaquot a pris l'advis de différer. M. Moisson a dit, *en grondant, qui est son langage ordinaire*, qu'il ne sçavoit pas bonnement, la première fois, sur quoy l'on opinoit; qu'il changeoit d'advis et prenoit celuy de M. Jaquot. Quelqu'un a dit : c'est celuy de M. Bouhier. M. Le Goux a dit : ouy, de Monsieur Bouhier, ou, si vous voulez, c'est le mien ; je l'ay ouvert, et je ne crains point. Ces termes ont fait paroistre qu'il fait gloire de peu de chose, et qu'il veut qu'on sçache qu'il est chef du party de M. le Prince dans le Parlement.

Je ne puis passer plus avant sans faire réflexion sur le discours de M. Moisson, qui fut assés beste pour dire qu'il avoit opiné sans sçavoir pourquoy ; et il y avoit peu d'apparence, car la proposition n'estoit pas fort difficile à comprendre, et elle avoit esté faite assés *hautement* ; et l'on a sujet de s'estonner que la première fois, ayant eu dessein de prendre un advis de différer, il ait esté assés faible pour n'oser ouvrir ce sentiment, et que voulant changer d'opinion la seconde fois il ait eu si peu d'esprit que de se servir d'une si mauvaise couleur pour authoriser son changement, qui pouvoit passer sans que l'on y prist garde, ou que l'on ne l'eust pas trouvé mauvais car il est libre de changer.

Pour revenir à la délibération, elle s'acheva sans discours. Il est seulement à remarquer que M. le Premier Président ayant pris la voix de M. Robelin, second Président, qui faisoit le trente-sixième de l'advis à communiquer, il dit sans donner son advis : *Ne vous l'avois je pas dit qu'il passoit à communiquer?* M. le Président Robelin luy a dit : *Mais, Monsieur, ne dites-vous pas votre sentiment?* M. le Premier Président, irrité d'ailleurs contre ledit sieur Robelin, luy a dit en mettant la main au bonnet par moquerie : *Monsieur, je suis du vostre. — Monsieur, vous ne sçauriés en prendre un meilleur,* a réparty M. Robelin. Ce petit dialogue a fait beaucoup paroistre le silence de M. le Premier Président, qui estoit assés embarrassé en ces rencontres. Il avoit volonté de favoriser M. le Prince, mais il craignoit d'ailleurs d'offenser le Roy et les ministres, et l'on jugeoit que la lettre qu'il avoit receue de la Cour n'estoit pas remplie de caresses et de termes qui luy fussent advantageux, puisqu'il ne la faisoit pas paroistre.

Geste délibération finie, l'on en commença une autre touchant la response de M. d'Espernon à nos députés. L'on en leut le premier article concernant la juridiction du Parlement au sujet de l'incendie arrivé à Thoreille. M. d'Espernon prétendoit que c'estoit à luy comme Colonel de l'infanterie françoise d'en cognoistre, et alléguoit plusieurs ordonnances et mesme des loix du Code pour establir sa juridiction, et pour monstrer qu'il en estoit en possession. Il citoit des exemples : entr'autres, il disoit que M. le Premier Président, chef de nostre Parlement, ayant esté offensé mal à propos par un soldat du régiment de Navarre pendant le siège du Chasteau, luy avoit présenté requeste pour avoir justice de l'insolence de ce soldat, et qu'il luy avoit fait le procès et l'avoit condamné aux galères pour un an, et inféroit de cest exemple sa juridiction reconnue par le chef mesme du Parlement, qui la luy contestoit présentement. L'on opina sur cest article pour résoudre ce que l'on debvoit respondre et ce qui estoit à faire. M. le Doyen dit qu'il falloit maintenir nostre juridiction et remonstrer à M. le Gouverneur que c'estoit à nous d'informer de cest incendie, et par ceste raison il jugeoit nécessaire d'avoir conférence avec luy.

J'ay omis de dire que M. le Président Fiot fit récit fort long de ce qu'il avoit fait en sa députation vers M. d'Espernon, et que luy ayant porté les plaintes du Parlement il avoit désiré d'avoir du loisir pour y respondre, et les avoit demandées par escrit ; qu'encore qu'il n'eust point de charge de les luy donner, il avoit creu néantmoins, les ayant dans sa poche, qu'il ne pouvoit les luy refuser; que les ayant eues, il y avoit respondu par escrit qu'il luy avoit donné depuis peu de jours, lequel il représentoit à la Compagnie pour estre veu, et que M. d'Espernon en le luy donnant luy avoit tesmoigné vouloir satisfaire le Parlement ; qu'il croyoit que ces raisons seroient trouvées bonnes, et prioit Messieurs les députés et luy de les voir avant que de les donner à la Compagnie et de luy faire la grâce de luy en dire leurs sentimens affin que s'il y avoit quelque chose à changer il le fist, et qu'il croyoit que si le Parlement vouloit qu'on l'écoutast, les affaires se termineroient aisément en un mot ; qu'il tesmoignoit de vouloir entrer en conférence.

Ce discours finy et l'article leu comme je l'ay dit, M. le Doyen opina, et ensuitte M. Millière se donna la peine d'examiner les ordonnances citées, et fut d'advis de la conférence, et Messieurs qui le suivoient, jusqu'à M. Le Goux qui dit que venant au Palais il avoit leu ces ordonnances, mais qu'elles estoient toutes à l'advantage des juges ordinaires ; et par ainsy estant persuadé de la bonté de nostre cause et ayant rendu le respect à M. d'Espernon de ne rien ordonner en ceste affaire qu'auparavant on ne luy eust fait sçavoir, il estoit d'advis de faire droit sur le procès-verbal de Thoreille, et de décréter prise de corps si Messieurs n'aimoient mieux ordonner seulement l'information.

Peu de Messieurs le suivirent, entr'autres Messieurs Lantin, Malteste et De la Mare. Messieurs Lantin, Brulart, Joly et quelques autres establirent bien la juridiction de la Cour ; d'autres se mirent en peine d'apuyer ceste conférence proposée, sçavoir Messieurs de Gand et Fiot Présidens ; mais il seroit superflu de raporter au long ce qui fut dit.

Le Premier Président dit qu'à suivre la délibération de la

dernière assemblée il ne seroit pas besoin de conférence, mais que l'on s'y trouvoit engagé, et en mesme tems à un procès pour nostre juridition ; que nous y serions bien fondés à examiner les ordonnances, ce qu'il avoit fait ; mais qu'il ne seroit jamais d'advis de mettre nostre authorité en compromis, ou que s'il faut plaider c'est à nos advocats de la deffendre, c'est-à-dire aux Advocats généraux ; qu'il ne veut pas entrer dans l'examen de ceste cause ; qu'il respondra seulement à cest exemple, qu'on allègue de luy-mesme pour fonder la juridiction de M. le Colonel, lequel n'a point veu, disoit-il, ceste response, car il n'auroit pas soufert qu'on respondist à la Compagnie comme l'on a fait, et cest escrit a esté dressé par un officier du bailliage ; mais quoy qu'il en soit, je vous raconteray ce qui me touche : « Un soldat fit insolence devant mon logis ; il fut arresté par mes domestiques et par mes voisins. J'envoyay chercher son Capitaine que l'on ne trouva pas, et comme ceste affaire fit bruit par la Ville, M. d'Uxelles l'ayant sceue m'envoya le Major du régiment et le Prévost, qui me dirent qu'ils venoient répéter ce soldat pour en faire justice. Je leur dis que je les priois de ne le point chastier, mais seulement de l'obliger à les conduire devant le logis de celuy qui l'avoit incité à ceste insolence ; ils me respondirent qu'ils vouloient le punir. Je leur fis rendre ce soldat. Je fus le soir me plaindre à M. d'Espernon, et le priay qu'on ne fist point justice de ce soldat, que je ne me souciois pas de la pierre, mais que je cherchois seulement le bras. Il me respondit que quand la pierre seroit cassée le bras ne paroistroit plus. »

« Le mesme jour, le Prévost des bandes vint en mon logis me demander ma plainte. Je luy dis la mesme chose que j'avois tousjours dite. A la fin, estant pressé, je mis dans son procès-verbal l'histoire et la prière que je luy faisois de ne point punir ce soldat qui estoit innocent. Je me suis crotté huit jours durant pour obtenir d'eux ceste grâce. Voilà en quoy j'ay reconnu la juridiction de M. d'Espernon et ce qui a donné sujet de citer cest exemple, pour prouver qu'il doit cognoistre des différends qui naissent entre le soldat et le bourgeois. Il est vray que je suis le plus malheureux bourgeois de Dijon, et que j'ay esté offensé plusieurs fois de gayeté de cœur et maltraitté depuis peu par un de Messieurs qui est sur les rangs, qui arresta mon valet de chambre à la porte de la Ville comme un espion, quoiqu'il le connust fort bien, et l'envoya à M. l'Intendant. Il debvoit l'amener à la conciergerie du Palais, puisqu'il avoit l'honneur d'estre de la maison du premier bourgeois de Dijon, et il n'eut pas la satisfaction qu'il espéroit de sa malice, car M. d'Espernon se moqua de ceux qui avoient arresté ce valet. »

Ceste chaleur dissipée, l'on se leva, car il estoit midy, en disant qu'il falloit conférer avec M. d'Espernon sans luy donner aucun escrit. M. Maillard, à qui s'adressoit le discours de M. le Premier Président, prit la parole et luy dit qu'il avoit tort de se plaindre de sa conduitte en ceste occasion, qu'il n'avoit rien fait qu'en homme d'honneur, et que si son valet luy avoit raporté la vérité il avoueroit qu'il luy a obligation. Après quelques paroles de chaleur, la Compagnie s'est dispersée.

Le jeudi 25 dudit mois, le Parlement assemblé extraordinairement, M. le Président Joly a fait raport de ce qui avoit esté résolu en l'assemblée des corps de la Ville tenus dans la salle de l'audiance pour parvenir à la nourriture des pauvres, où l'on avoit proposé divers moyens examinés avec soin et prudence, comme de faire emprunt pour fournir à ceste nourriture ou d'assigner à chaque corps un certain nombre de pauvres, mais que l'on avoit remarqué des inconvéniens au premier moyen touchant la distribution de l'argent qui se feroit, et qu'à l'égard du second l'on avoit peine de faire recevoir par les ecclésiastiques le nombre qui arriveroit à leur part à cause qu'ils se prétendent exempts de toutes charges et qu'ils ont obtenu des arrests du Conseil qui ont mis les affaires en confusion à leur égard, et qu'après un examen de plusieurs propositions l'on avoit résolu que, le nombre des pauvres estant de mille, il falloit faire une recherche par toute la Ville de ceux qui voudroient se charger de leur nourriture et du nombre que chacun en voudroit nourrir; que si l'on pouvoit réussir par ceste cotte volontaire, l'on éviteroit de grandes longueurs de cottes contraintes et forcées; et qu'affin que chacun pust prendre ses mesures, l'on avoit advisé ce qui seroit nécessaire pour la nourriture journalière d'un homme et qu'on avoit limité à une livre et demie de pain par jour avec un potage. Les opinions prises, il passa que ceste délibération seroit exécutée, et l'on nomma des Commissaires pour aller avec dix députés des autres Corps chercher par les paroisses ceux qui voudroient contribuer à ceste nourriture.

Le samedy 27 dudit mois, M. Valon Syndic vint aux Chambres dire que Messieurs les gens du Roy avoient raporté la déclaration contre M. le Prince avec leurs conclusions, et que l'on s'assembleroit pour ce sujet au premier jour. Messieurs des enquestes le trouvoient bon; mais comme il en parla à la grand-Chambre, M. le Premier Président dit qu'il falloit sçavoir de Messieurs quel jour ils voudroient s'assembler. M. Valon fut à la Tournelle où M. Robelin dit qu'ils estoient prests de s'assembler quand Messieurs de la grand-Chambre les apelleroient. M. le Premier Président renvoya dire s'ils vouloient quitter leur audiance. Ils firent response qu'ouy. Après une contestation assés longue, ils vinrent à la grand-Chambre. Chacun vouloit jetter sur son compagnon la cause du délaiement ou de l'empressement. M. Robelin vouloit faire en sorte que le Premier Président en fust chargé seul; luy au contraire avoit dessein de s'en deffaire comme d'une affaire où il seroit nécessité de déplaire au Roy ou à M. le Prince.

Les Chambres assemblées, quelqu'uns de Messieurs les jeunes ne s'y estans pas trouvés, l'on dit qu'il falloit remettre et faire sçavoir à Messieurs qui seroient à la Ville de se trouver au jour assigné qui fut le mercredy suivant; sur cela l'on se leva.

Le mercredy 31 dudit mois, les Chambres assemblées, plusieurs affaires estans proposées sçavoir touchant la nourriture des pauvres, les désordres des gens de guerre, et la déclaration du Roy contre le Prince de Condé, comme l'on hésitoit par laquelle on debvoit commencer, M. Valon Syndic s'est mis au bureau et a proposé de faire lecture de ceste déclaration pour procéder à l'enregistrement. On l'a leue et ensuitte la lettre de cachet du Roy dont j'ay parlé cy-dessus et les conclusions des gens du Roy qui requéroient l'enregistrement; sur quoy les opinions prises, M. Valon a dit que la volonté du Roy sembloit bien précise pour la vériffication de ces lettres et néantmoins que l'affaire estant importante et la volonté de S. M. n'estant connue que par une lettre de cachet, la Compagnie pouvoit encore différer la vériffication de ces lettres; que l'ordonnance deffendoit aux juges d'avoir égard aux lettres de cachet en fait de justice; que c'estoit la disposition de l'ordonnance de Louis XII en 1510 et de celle de François Ier en 1525 et de celle d'Henri III aux Estats de Blois; que, parmi les Romains, l'on n'avoit égard qu'aux lettres scellées suivant une loy du code; ainsy, que quand S. M. nous feroit sçavoir sa volonté par une lettre scellée, nous la recevrions; qu'en 1616, lorsqu'on présenta de pareilles lettres contre M. le Prince défunt au mois d'octobre, elles ne furent vériffiées que le 7 de décembre après une lettre de jussion; que l'on pouvoit encore mettre en considération que M. le Prince a esté Gouverneur de la Province et que le délaiement ne nuirait pas aux affaires du Roy; et par ces considérations il fut d'advis de différer.

M. Milletot Syndic dit que le Roy tesmoignant que le retardement que l'on aportoit à la vériffication estoit préjudiciable à son service, et la Reyne s'en estant plainte à nos députés qui sont en Cour, il croyoit que l'on ne pouvoit se dispenser de la vériffier, et en fut d'advis.

Tous Messieurs, à la réserve de dix ou douze que je nommeray cy-après, furent de l'advis de M. Valon.

M. Le Goux, en opinant, dit qu'il estoit du sentiment de M. Valon, mais que, pour tesmoigner qu'on ne vouloit pas estre du party contraire au Roy, il estoit d'advis d'envoyer à la poste pour avoir des paquets du Parlement de Paris adressés à ceste Compagnie, que le commis de la poste debvoit représenter pour, opinant sur iceux et rebutant les propositions d'union, faire cognoistre que le délaiement n'est point un effect de party.

M. de Gand dit que, si l'on avoit différé en 1616, l'on avoit eu raison parce que la guerre alors n'estoit qu'une division dans la famille Royalle où les estrangers n'estoient point meslés; qu'en celle-cy les Espagnols sont de la partie et qu'il y a traitté fait avec eux, et fut d'advis de vériffier. Il adjouta que les ordonnances qui parlent de lettres de cachet ne s'entendent que pour les édits et pour les affaires contentieuses et non point pour les affaires d'Estat.

M. le Premier Président a dit que le respect deu au Roy et à la famille Royalle estoit un puissant motif pour différer, et que ce délaiement n'estoit aporté que pour la révérence qu'on doit au Roy dont les Princes sont si proches; qu'en 1616, l'on ne s'estoit pas pressé de vérifier les lettres contre M. le Prince défunt; que M. le duc d'Orléans et M. le comte de Soissons ayans pris les armes contre le Roy, on leur avoit fait la guerre sans envoyer de déclaration contre eux; que si la Compagnie vouloit des lettres de jussion, quant à luy il debvoit defférer aux lettres qu'il avoit receues, et partant qu'il estoit d'advis de registrer ces lettres. Il prenoit hardiment cest advis après avoir dit des raisons excellentes pour le contraire auquel il voyoit qu'il passoit d'un grand nombre de voix, n'y ayant eu de l'advis de M. Milletot que Messieurs Maillard, Potet l'aisné, Bretagne, Potet puisné, Malteste, Le Belin, de Gand Conseillers, et Brulart, Joly et Robelin Présidens.

Ceux qui prirent l'advis contraire furent poussés par des mouvemens différens. Messieurs Millière, Jaquot, Berbisey, de Mongey, du Bassin, Le Goux, Bouhier, Perret, Baudinot, Garnier et quelques autres estoient fort attachés à M. le Prince, du moins pour empescher qu'il ne luy arrivast aucun mal ny à ceux qui l'avoient suivy; quelqu'uns d'entre eux comme Messieurs Baudinot et de Mongey n'auroient pas hésité à se déclarer pour luy contre le Roy s'ils y avoient veu jour. D'autres, comme Messieurs Bouhier et Le Goux, n'auroient pas voulu favoriser ses desseins à la ruine de la Province et contre le service du Roy, mais ils croyoient ceste déclaration peu importante et estoient bien aises de tesmoigner au Prince, du moins dans ceste rencontre, qu'ils avoient afection à son service. Quant à Messieurs Valon, Jacotot, de Chaumelis, Lantin, de la Mare, j'estime qu'ils avoient pris ce sentiment par la crainte du retour de M. le Prince sur lequel il échéoit de frapper personnellement sans aucun fruit pour la Province et sans nécessité pour les affaires du Roy, à ce qu'ils croyoient. Il en est de mesme de Messieurs Bernardon, de Thésut l'aisné, Fremiot et Fiot.

Pour ce qui est de ceux qui estoient d'advis de l'enregistrement, quelqu'uns estoient ennemis de M. le Prince comme Messieurs Maillard, Le Belin, Robelin et Brulart. Les autres, sçavoir Messieurs Potet, Bretagne, Malteste et Joly, l'avoient fait pour ne pas manquer au respect deu aux ordres du Roy, quoiqu'à vray dire tous eussent sujet de ne pas vouloir du bien au Prince comme à celuy qui avoit ruiné la Province, quoiqu'il ne les eust pas offensés en particulier; et en ceste occasion ils prenoient cest advis comme estans engagés de longue main à un party contraire à M. le Prince, à la réserve de M. le Président Joly, lequel, comme j'estime, le fit pour ne donner aucun mécontentement à la Cour à cause des offices de Greffier du Parlement qui estoient dans sa famille.

Ceste affaire terminée, on leut l'escrit que M. d'Espernon avoit donné pour response aux plaintes des Esleus du pays, par lequel il déclaroit qu'on ne lèveroit plus la taille par gens de guerre, qu'il avoit estably un quartier à Pouilly près de Seurre, et quelques autres articles de pareille nature. Délibération prise sur ces points, on résolut de s'arrester à l'article concernant nostre juridiction. Il fut dit plusieurs choses touchant l'administration des deniers du pays. M. Le Goux, à son ordinaire, en parla beaucoup; le tout aboutit à rien. On se leva.

Le lundy 5 du mois de février, M. Valon Syndic aporta aux Chambres une lettre de Messieurs nos députés à la Cour, par laquelle ils nous faisoient sçavoir que la Reyne leur avoit donné une audiance particulière et qu'elle avoit eu la patience d'écouter une seconde fois leurs raisons, auxquelles elle avoit respondu qu'elles estoient bonnes en une autre saison; que les affaires estoient calmes, mais qu'à présent ils debvoient se contenter; que le Roy ne disposoit point du gouvernement du chasteau, attendant que les troubles soient passés; qu'ensuitte elle leur avoit dit en riant que le Roy estoit fasché contre le Parlement qui différoit de vériffier la déclaration contre M. le Prince; qu'il s'estonnoit de ce délaiement aporté par un Parlement qui avoit tousjours esté si fidèle à son service et qui ne s'estoit jamais engagé aux sottises que les autres Parlemens avoient faites, *ce sont ses mots*; qu'ils n'avoient pu dire les raisons du délaiement pour n'avoir receu aucune nouvelle de la Compagnie; qu'elle avoit tesmoigné désirer les sçavoir pour excuser auprès du Roy la Compagnie et pour luy rendre service en ceste occasion.

Le 9 dudit mois, la Compagnie a esté assemblée pour résoudre sur le différend qu'elle avoit avec M. d'Espernon touchant la juridiction sur les gens de guerre. Il prétendoit en qualité de colonel général de l'infanterie qu'il avoit droit de cognoistre de tous les crimes commis par les gens de pied dans la Province; qu'il estoit en possession, du consentement de tous les Parlemens du royaume dans le ressort desquels il avoit eu commandement. Le Parlement prétendoit au contraire de réduire la cognoissance de M. le colonel général à la discipline militaire et aux délits de moindre importance, mais que quand il s'agissoit de faits troublant le repos de la province, c'estoit aux juges royaux et au Parlement; que l'incendie arrivé à Thoreille estoit de ceste nature. Il fut dit plusieurs raisons pour establir la prétention du Parlement par Messieurs Millière, Le Goux, Joly Président et par M. le Premier Président. Il en fut dit aussy pour la détruire et pour favoriser la juridiction de M. d'Espernon par Messieurs Jacotot, de Gand, de Thésut, Fiot et Robelin Présidens. Il passa à faire arrest qu'il seroit informé par le lieutenant d'Arnay-le-Duc de ce qui s'estoit passé à Thoreille. Messieurs Lantin, de la Mare, de Chaumelis, Malteste et autres furent de l'advis de M. Jacotot.

Le vendredy 16 dudit mois, les Chambres assemblées, l'on a continué la lecture du billet de M. d'Espernon sur les démeslés qui estoient entre luy et le Parlement. Après avoir ouy l'article concernant la levée des tailles par les gens de guerre et la promesse faite par M. d'Espernon de ne plus la faire lever de ceste façon, l'on a résolu de se contenter de sa parole et de ne faire aucun arrest de deffense. M. Le Goux fut d'advis de deffendre aux communautés de payer leurs cottes qu'aux receveurs particuliers et injonction à ceux-cy d'aporter l'argent des tailles au receveur général, auquel il estoit d'advis de faire deffense de payer aucune somme qu'en vertu d'un mandement des Esleus.

Ensuitte, le dernier chapitre de ce mémoire concernant le désordre des gens de guerre, l'on a commencé d'en faire diverses plaintes et, les opinions prises, il y en a eu de différentes. M. Jacotot a esté d'advis d'exécuter l'arrest donné au sujet de Thoreille et de ne dire mot au reste parce qu'il faudroit informer contre les soldats du quartier de Pouilly qui sont en faction et s'exposent tous les jours pour le service du Roy et qu'il y auroit danger qu'ils ne quittassent le quartier. M. Millière a esté d'advis de s'instruire de ces désordres, d'en dresser des mémoires et puis de faire arrest ensuitte. M. Le Goux a esté d'advis de faire arrest général à informer contre les gens de guerre. Il a esté suivy de la jeunesse. M. Malteste a esté d'advis d'y comprendre ceux de Seurre et de faire arrest séparé contre eux. Messieurs Lantin et de la Mare ont esté de ce sentiment. Messieurs du Bassin, Perret, et la jeunesse qui les suit, n'ont pas voulu gouster cest advis; ils disoient qu'un arrest général comprenoit ceux de Seurre. On répliquoit qu'ils estoient criminels de lèze-Majesté et qu'il falloit les séparer des autres. M. Le Goux s'est remis à cest advis quoique assés froidement et l'a dit d'un son de voix fort bas contre son ordinaire. Les autres n'ont pas voulu le suivre jusqu'à M. Bouhier l'aisné, lequel, de dépit que cest advis estoit apuyé vertement par Messieurs Malteste, Lantin et de la Mare, ne voulut prendre aucun advis.

Le procédé de Messieurs Millière, Jaquot, du Bassin, Berbisey, Perret, Bouhier et autres fut remarqué pour une déclaration formelle qu'ils ne vouloient pas nuire à ceux de Seurre, et l'on conjectura que leur vigueur à informer contre les troupes du Roy pouvoit venir de la créance qu'elles pouroient se débander et changer de party pour avoir l'impunité de voler.

Le Premier Président fit merveille et d'un ton élevé déclama fortement contre les troupes du Roy; il étala leurs voleries et leurs rançonnemens, n'oublia rien de ce qui pouvoit eschauffer les esprits et fut d'un advis particulier, sçavoir de faire une enqueste par la Province de ce que les troupes avoient pris depuis qu'elles y sont establies en garnison. A la vérité, il y avoit sujet de crier et de se mettre en colère contre ces troupes, mais il n'y en avoit pas moins à l'estre contre celles de Seure, et néantmoins il ne s'en eschauffoit pas beaucoup. Il passa après plusieurs reprises à l'advis de dresser des mémoires et de s'instruire des désordres commis par les gens de guerre, avant que de faire arrest à informer contre eux. Ce fut l'advis de M. le Doyen. Il y passa parce que ceux qui vouloient informer contre la garnison de Seurre estans contraints de quitter cest advis prirent celuy de M. le Doyen, ne voulans pas autoriser l'impunité dans Seurre ny donner lieu à la désertion des troupes du Roy.

Le mardy 27 dudit mois, les Chambres assemblées, on leut les lettres du Roy en forme de jussion en parchemin et scellées en datte du 10 du courant à Saumur, par lesquelles il mandoit précisément et ordonnoit à la Compagnie de vériffier la déclaration contre M. le prince de Condé; que le retard qu'on y aportoit équivaloit à un refus, et qu'il luy estoit désagréable et contraire à son service. M. Valon Syndic a esté d'advis de communiquer ceste jussion aux gens du Roy; M. Jacotot a esté d'advis de délibérer sur icelles sans en ordonner la communication; M. Le Goux a dit qu'il estoit d'advis de s'informer si les autres Parlemens l'avoient vériffiée avant que de l'enregistrer; M. le Premier Président a dit qu'il receut dimanche dernier un paquet du Roy, dans lequel il trouva une lettre pour la Compagnie, une pour les gens du Roy et les lettres de jussion qui ont esté leues; que lundy matin, estant au Palais, il creut que ces lettres de jussion debvoient estre envoyées aux gens du Roy pour en faire la poursuitte; qu'elles avoient esté présentées à M. Millotet, qui les avoit refusées sur ce qu'elles n'estoient pas adressées à eux et que, le Greffier Saumaise les ayant raportées, elles estoient demeurées au Greffe; que M. Millière avoit eu ordre de donner advis aux Chambres du refus fait par les gens du Roy, qui estoient chargés de la poursuitte de ceste affaire par le debvoir de leurs charges et par l'ordre exprès du Roy; que, puisqu'ils les avoient refusées, il n'estoit pas d'advis de les leur communiquer. On reprit les opinions, et il passa qu'elles seroient communiquées aux gens du Roy pour au lendemain délibérer sur l'enregistrement.

Le mercredy 28 février, les Chambres assemblées suivant la résolution prise la veille, et M. de la Marguerie Intendant de Justice y estant venu, la déclaration du Roy contre M. le Prince et les lettres de jussion ont esté leues, et ensuitte, les opinions prises, M. Valon Syndic, qui estoit au bureau, a dit que c'estoit avec regret qu'il se voyoit obligé de parler de la déclaration du Roy contre M. le Prince, et que sa qualité de Syndic le mist en pas de faire l'ouverture sur ce sujet; que M. Arviset, son beau-père, Doyen du Parlement, l'avoit occupée, il y a quelques années, pour y étaler les louanges de M. le Prince sur les lettres de provision obtenues de S. M. du Gouvernement de Bourgogne pour les grands services rendus par luy à l'Estat; en sorte que le lieu où il a esté loué avec honneur doit estre présentement le lieu où l'on le déclarera criminel; qu'il ne voyoit plus aucun moyen de différer et que la jussion estoit si précise qu'il ne restoit qu'à obéir; qu'à la vérité, le crime de M. le Prince estoit d'avoir eu trop de bonheur et d'avoir esté gratifié de S. M. de plusieurs charges, places et gouvernemens importans, et que par ce changement nous cognoissons l'inconstance des affaires humaines; que s'il nous estoit permis de pénétrer dans les affaires du tems, nous pourions prendre quelque pensée de différer; mais qu'en qualité d'officiers du Roy et de fidelles sujets, il croyoit qu'il y avoit nécessité d'ordonner l'enregistrement de ceste déclaration.

M. de Mongey, qui s'estoit mis au bureau à dessein d'ouvrir un advis contraire à celuy de M. le Syndic, prévoyant bien qu'il seroit d'advis d'enregistrer, dit que la fidélité de la Compagnie et de ceux qui la composent estoit connue du Roy, qui l'avoit louée hautement et en avoit donné tesmoignage souvent à ceste Compagnie qui n'a laissé passer aucune occasion d'en renouveler les asseurances à S. M., principalement dans ces derniers troubles; que si l'enregistrement de ceste déclaration estoit jugé nécessaire pour la prouver, il n'y a personne, à son jugement, qui ne s'y portast librement et qui n'en eust esté d'advis dès la première fois; mais qu'elle luy paroissoit peu importante au service du Roy, outre que les affaires ne paroissoient pas pour le présent disposées à entériner ces lettres.

Il avouoit que, lorsqu'on opina sur ceste affaire, il reconnut que Messieurs ne désiroient que des lettres de jussion, et par conséquent qu'estans venues, il n'y avoit qu'à registrer; que c'estoient toutes les formalités que nos prédécesseurs avoient désirées en 1615, et que nous n'en pouvions demander davantage; mais que si nos prédécesseurs avoient différé pour M. le Prince défunt, lequel n'estoit point connu d'eux par aucun bienfait à la province et à eux en particulier, nous debvions beaucoup plus à M. le Prince, qui a esté nostre Gouverneur; d'ailleurs, que ce seroit impliquer M. le duc d'Orléans si l'on vériffioit présentement la déclaration, laquelle estant faite contre M. le Prince et ses adhérens, chacun sçait que M. le duc d'Orléans s'est déclaré pour M. le Prince et a avoué hautement, dans le Parlement de Paris, sa conduitte et ses desseins; de sorte que, par la déclaration ouverte de M. le duc d'Orléans, M. le Prince n'est plus chef de party comme il l'estoit il y a six semaines, qu'il est présentement attaché aux desseins et aux pensées de M. d'Orléans, lequel n'estant pas criminel, M. le Prince ne sçauroit estre déclaré tel, d'autant plus que le Parlement de Paris approuve et authorise leurs desseins; et ayans vériffié la déclaration contre M. le Prince, ils ont ordonné le sursoy depuis que M. d'Orléans s'est joint à M. le Prince; et par ces raisons, jugeant que nous n'estions plus en estat de vériffier ceste déclaration, il estoit d'advis d'ordonner de très humbles remonstrances au Roy sur l'importance d'icelle.

M. Jacotot a dit que chacun se porteroit avec regret à vériffier ladite déclaration, mais qu'il n'y avoit rien à regarder que la volonté du Roy nostre maistre, à laquelle nous debvons faire gloire d'obéir, et qu'en ce point consistoit nostre honneur, nostre debvoir et le seul moyen d'agir avec la satisfaction de nostre conscience; et a esté de l'advis de M. Valon.

M. Millière a dit que ce pas estoit glissant, mais qu'il ne croyoit pas fort important au service du Roy de vériffier ceste déclaration qu'auparavant on ne sceust comme en avoient usé les autres Compagnies du royaume; et partant estoit d'advis de différer, attendant les responses des autres Parlemens, auxquels il estoit d'advis qu'on escrivit sur ce sujet.

M. Jaquot a dit que c'estoit avec raison que M. de Mongey avoit dit que tous Messieurs estoient bien intentionnés au service du Roy; qu'ils l'avoient tousjours tesmoigné, et qu'en ceste rencontre il estoit d'advis qu'on le témoignast; qu'il ne restoit qu'à sçavoir en quoy consistoit le service du Roy; que c'estoit sans doute à maintenir les peuples en son obéissance et empescher qu'ils ne soient oprimés; que l'enregistrement de la déclaration n'estoit point nécessaire pour le premier et pouroit nuire au second; que la province estoit calme et les peuples dans la soumission; qu'ils couroient risque d'estre pillés et bruslés si l'on déclaroit criminels ceux qui sont dans Seurre; que le repos de la province estoit asseuré sous la conduitte prudente de M. d'Espernon, et que le Parlement ne manqueroit point d'user de toute son authorité pour maintenir la tranquilité des peuples, de sorte que n'y ayant rien à craindre, il semble inutile de presser la vériffication de ces lettres. Ce fut l'advis de M. de Mongey.

M. de Villers dit qu'il ne voyoit pas sujet d'hésiter après tant de délais, et que le Roy estant le maistre et nous les sujets, il estoit facile de cognoistre nostre debvoir.

M. Le Goux a dit que la fidélité généreuse et désintéressée de la Compagnie au service du Roy avoit souvent tiré approbation de la bouche mesme du souverain, et que les lettres de jussion en marquoient un tesmoignage glorieux, mais qu'il estoit fascheux pour la Compagnie que le Roy eust esté si mal informé de ce qui s'estoit passé au sujet de ceste déclaration, comme il tesmoignoit l'estre par ces lettres; que c'estoit sans doute un effet de la haine des ennemis de ceste Compagnie, mais que la peine et la honte en tomberoient sur leurs visages et sur leurs nez; que quant à ces lettres, il ne voyoit pas l'importance d'un si prompt enregistrement; que rien ne remuoit dans la province contre le service du Roy; qu'il n'y avoit aucun gentilhomme qui eust pris le party de M. le Prince depuis que ceste déclaration est présentée; que toutes les villes sont soumises; de sorte que l'on ne peut pas désirer qu'elle soit vériffiée pour étouffer un party qui n'est pas formé et auquel, s'il y avoit la moindre disposition, nous serions les premiers à l'écraser dans sa naissance; qu'on ne peut pas douter de nostre fidélité, quoique nous différions cest enregistrement; que nous n'avons pas suivy les mouvemens des autres Parlemens; que nous n'avons pas diverty le fond des tailles; que nous ne les avons pas fait toucher par autres que par les receveurs ordinaires; que nous n'avons pas estably le faux tonnage publiquement; en un mot, que nous n'avons rien fait contre le service du Roy ny de la foule des peuples; que nous n'avons pu soufrir les voleries des gens de guerre, les incendies, et rançonnemens par eux commis dans la province et qu'en cela nous avons fait cognoistre nostre fidélité; que si nous différons, elle ne doit pas estre révoquée en doute, puisque ce n'est que par le respect qu'on porte aux Princes du sang qui méritent d'estre traittés avec douceur et comme les enfans de la maison; et partant estoit d'advis de différer, et que cependant l'on s'informeroit de ce qu'avoient fait les autres Parlemens en ceste rencontre.

M. Berbis dit qu'entrant au Palais, il avoit résolu d'opiner du bonnet pour tesmoigner par son silence le déplaisir qu'il avoit de vériffier ceste déclaration, mais que les raisons dites par quelqu'uns de Messieurs l'obligeroient de parler et de dire avec liberté que la Compagnie se feroit un grand préjudice et à la province, si elle ne vériffioit ces lettres, et qu'en les rebutant l'on ne feroit rien pour M. le Prince, puisqu'il n'y a point de party formé pour luy en Bourgogne; que Messieurs de Souvert et Nansouthil pouvoient dire que la Reyne estoit un peu émeue lorsqu'elle parla du délaiement aporté à cest enregistrement; que M. de la Vrillière leur en a parlé souvent et avec tant de raisons qu'ils ne pouvoient répliquer et estoient contraints de dire qu'ils croyoient qu'on l'auroit vériffiée depuis le premier refus; qu'on ne sçauroit cotter aucun inconvénient en l'advis d'enregistrer, car cela ne fait aucun mal à M. le Prince, et que ce n'est pas par ceste vérification que l'affaire se doit décider; au lieu qu'en différant, l'on s'engageoit à un arrest qui ne pouvoit estre soutenu par raison, et qu'on ruinoit l'estime en laquelle estoit la Compagnie auprès du Roy et de la Reyne, et que nous donnions à croire que le party de M. le Prince estoit fort en Bourgogne; que nous donnions l'hardiesse au peuple par nostre exemple et par nos délaiemens à oser prendre party contre le Roy, puisque ceux qui sont contre luy ne sont pas criminels à nostre jugement; que s'il y avoit eu jamais une saison en laquelle l'obéissance du Roy deust estre entière, c'estoit en celle-cy où il sembloit que les peuples ne craignoient pas de se souslever; qu'encore que le Roy eust refusé la démolition du chasteau, il ne falloit pas s'emporter à luy refuser une chose juste, et luy dénier justice parce qu'il différoit de nous la faire; que ce prétexte n'estoit point bon et ne seroit jamais approuvé; et partant estoit de l'advis de M. Valon.

M. de Gand a dit que nostre fidélité estoit connue et estimée, et qu'il ne falloit pas perdre ceste occasion où nous pouvions nous en conserver l'estime; que nous n'avions pas tousjours esté d'advis d'attendre l'exemple des autres Parlemens pour agir; qu'on pouvoit se souvenir de la députation faite à Saint-Germain, lors du siége de Paris, qui fut fort agréable au Roy, et que si nous eussions voulu pour lors attendre l'exemple des autres Parlemens, nous ne l'aurions jamais faite; qu'il ne seroit pas à souhaitter que l'on eust suivy en plusieurs rencontres l'exemple des autres Parlemens; qu'il semble que l'on prenne le tems auquel les armes semblent estre en balance pour refuser au Roy çe qu'il désire de nous; qu'il voit bien que c'est la prudence de Messieurs, mais que la sienne ne sera que d'obéir au Roy; que la considération de M. le duc d'Orléans ne doit point empescher l'enregistrement pour ce que, s'il n'y a point de déclaration contre luy, l'on sçait que le Roy ne l'envoye pas à la chaude ny si promptement; qu'il a coustume de donner du tems à ses sujets pour se recognoistre auparavant que de lancer la foudre; de sorte qu'il ne faut s'arrester à ceste raison; que les fils de France sont d'une considération plus relevée que les princes du sang; qu'ils se disoient autrefois fils de France par la grâce de Dieu; qu'il avoit eu souvent l'honneur de parler à M. le Prince et pour affaires importantes; qu'il estimoit ses grandes qualités, mais qu'il avoit à obéir au Roy; et partant il estoit de l'advis de M. Valon.

M. l'Intendant a dit peu de chose, et si bas que je n'ay pu ouyr. M. le Président Desbarres a dit qu'il falloit mesnager les princes du sang; que les rois sont quelquefois en colère contre eux, et que dans leur colère ils commandent des choses qu'il ne faut pas écouter; que si l'on avoit suivy avec chaleur le dessein de François Ier, qui estoit de perdre les princes du sang, nous n'aurions pas aujourd'huy pour Roy la branche de Bourbon; que les Parlemens debvoient adoucir les affaires au lieu de les aigrir avec empressement; qu'il n'agit point par party; qu'il n'a que le service du Roy pour objet de ses sentimens; qu'il ne prétend pas de servir M. le Prince, mais de faire le service du Roy en différant; que le mal est si violent qu'il ne peut durer; et que, les affaires accommodées, nous resterons chargés de la haine d'avoir vériffié seuls une déclaration inutile au service du Roy.

M. le Président Fiot a dit que son honneur, son debvoir, sa conscience, le serment qu'il avoit fait au Roy comme officier et la qualité de sujet l'engageoient à luy obéir, et a esté d'advis de vériffier. M. le Président Robelin de mesme, et a peu parlé.

M. le Premier Président a dit qu'il ne voyoit pas les grands inconvéniens qu'il y avoit à différer, ny que ce délaiement pust attirer des troupes dans la province; que le retard aporté jusqu'à présent avoit esté fondé sur le respect deu au sang royal; que la vérification de ces lettres debvoit estre plutost poursuivie au Parlement de Paris qu'aux autres où l'enregistrement ne seroit que de notification; que nous ne prétendions pas de faire le procès à M. le prince; que le seul Parlement de Paris est juge des Princes du sang, et qu'encore que le Roy nous en adresseroit la commission, il ne seroit pas d'advis de la recevoir qu'après des remonstrances au Roy, parce que l'on a esté trop maltraitté par le Parlement de Paris, qui a cassé la procédure faite contre des personnes de moindre condition, et vouloit en outre maltraitter les juges en leurs personnes; de sorte que cest enregistrement demandé par lettres de jussion n'estant que pour la notification, il ne sembloit pas fort important au service du Roy de publier une chose assés connue; qu'il falloit avouer que nous estions dans une saison fascheuse et à la veille d'une ruine entière, et que le plus grand mal estoit que personne ne parloit plus de la paix; que les estrangers estoient ravis de joye de nous voir plongés dans les désordres où nous sommes; que les princes du sang sont d'un party contraire au Roy, et qu'il n'y a personne qui puisse s'interposer si les Parlemens ne le font; qu'il croit ceste entremise nécessaire pour remède à nos maux, et partant qu'il seroit d'advis de former une députation au Roy pour le prier de donner la paix à son royaume, et escrire aux autres Parlemens pour faire la mesme chose; que ceste union n'alloit point à faire arrest contre M. le Cardinal ou qui que ce fust, mais pour le bien général de l'Estat et le repos du royaume; que c'estoit son advis, et cependant de différer l'enregistrement de la déclaration, duquel il seroit d'advis par la seule raison de la volonté du Roy s'il n'estoit touché d'autres considérations utiles au bien de l'Estat.

Les opinions prises pour la seconde fois, M. Valon a persisté en son advis; M. de Mongey a pris l'advis de M. le Premier Président, M. Jacotot celuy de M. Valon; Messieurs Millière, Jaquot, Berbisey l'aisné, Massol d'advis de différer; ils ont esté suivis de Messieurs Bernard, Bretagne de Nansouthil, du Bassin, Le Goux, Catin, La Boutière, Berbisey puisné, de Mucie, de Thésut Ragy, Morin, Bernard, Gaigne, de la Thoison, Perreney, Fleutelot, Fevret, de Chorey, Bourée, Baudinot, Pérard, Baillet, Jacob, de Migieux, Bouhier l'aisné et puisné, Pouffier, le Président Desbarres et le Premier Président, Garnier conseiller, et un ou deux que j'ay oubliés. De l'advis de M. Valon, il y eut Messieurs Jacotot, de Villers, Maillard, Potet, Malteste, Richard, Duguay, Bretagne puisné, Potet puisné, Lantin l'aisné, Bossuet, de La Mare, Chaumelis, Le Belin, Berbis, de Souvert, Bernardon, de Gand, de Thésut l'aisné, M. l'Intendant, Messieurs les Présidens Joly, Frémiot, Fiot et Robelin.

Les voix prises pour la troisième fois, pour sçavoir s'il passoit à faire des remonstrances suivant le premier advis de M. de Mongey, il y en eut peu qui l'aient pris; ou si l'on suivroit celuy du Premier Président, il a esté suivy de mesme d'un petit nombre, et il a passé à la pluralité de différer simplement. Tous ceux qui avoient suivy les deux advis raportés cy-dessus s'y sont réunis ensuitte.

Le Président Desbarres a dit que l'on avoit parlé de certaines lettres escrites à la Compagnie et qu'il falloit sçavoir ce qu'elles estoient devenues. Le Premier Président a pris les opinions, il a passé presque tout d'une voix que le commis de la poste seroit mandé pour sçavoir s'il avoit veu des lettres adressées à la Compagnie et à qui il les avoit rendues. M. le Premier Président a dit qu'il louoit la prudence de ceux qui avoient retenu ces lettres, et qu'il ne servoit de rien de les rechercher, et n'en estoit pas d'advis.

Voilà la fin d'une délibération très importante, et il ne s'est guère veu qu'une Compagnie ait aporté tant d'opiniastreté à rebuter des lettres de ceste nature après avoir receu deux ordres exprès pour les registrer : l'un par une lettre de cachet, l'autre par des lettres de jussion, et après avoir sceu que la Reyne en avoit tesmoigné du déplaisir et mécontentement à nos députés estans à Poitiers; d'autant plus qu'après le refus fait de vériffier ensuitte de la lettre de cachet, Messieurs les Syndics avoient escrit, suivant la pensée de la Compagnie, à nos députés à Poitiers, que si l'on envoyoit une jussion, l'on pouvoit procéder à la vérification de la déclaration, et que le Roy avoit envoyé ceste lettre sur la créance qu'elle auroit effect infailliblement; mais ces raisons ne touchoient point ces Messieurs ligués et unis dans un party formé.

J'avoue que les principaux, sçavoir M. Bouhier l'aisné et Le Goux, ne sont pas gens à vouloir faire prendre les armes pour M. le Prince contre le Roy, mais qu'ils ont voulu luy tesmoigner qu'ils l'honoroient personnellement; ce qui m'en fait juger ainsy est qu'ils sont riches et que, dans les derniers mouvemens du chasteau et de Saint-Jean-de-Losne, ils se sont acquittés dignement de la commission qu'ils avoient à l'advantage de la Province. Une partie des autres ne sçait pourquoy ils ont pris cest advis, car ce sont jeunes gens qui se conduisent par celuy qui crie plus fort. Le reste est composé de personnes qui ont peu d'honneur et point de mérite, qui ne seroient pas faschés que M. le Prince fust Roy; mais tous généralement souhaittent qu'il ait l'advantage sur le Roy, qu'il soit restably au Conseil plus puissant et mesme qu'il revienne en Bourgogne, affin qu'il puisse y restablir ses créatures et détruire tous les ennemis particuliers qui sont de sa despendance. L'on dit que la hardiesse qu'ils ont tesmoignée vient de la créance qu'ils ont que le party du Roy est abattu et qu'il sera dans peu de jours en la puissance des Princes et peut estre qu'il ne sera plus Roy, et ceste créance a esté connue par le discours d'un d'entre eux. Ceux qui ont esté de l'advis du Syndic se moquent de ceste créance et sont résolus de périr avec leur Roy, estans persuadés qu'il ne faut espérer aucun repos qu'en restablissant l'authorité royalle.

Pour ne rien obmettre, j'escriray encore que M. de Mongey avoit préparé un grand discours pour ouvrir le pas, et l'on a ouy ses amis qui disoient : *La mémoire luy a manqué, il a oublié une partie de son rôle et de ce qu'on luy avoit donné pour dire,* ce qui doit faire cognoistre la suffisance du personnage.

L'on s'est aussy ébahy de la fureur de M. Le Goux qui ne peut opiner qu'en colère et avec des invectives contre le premier qui se rencontre en son chemin. Il débuta par une raillerie sur le nez camus de l'Intendant; car c'est de luy qu'il vouloit parler au commencement de son opinion que j'ay raportée. Ensuitte, il tascha de faire tomber à propos tout ce qui avoit esté fait par M. d'Espernon et par M. de Vendosme, sans néantmoins les nommer et avec des figures que j'ay retenues. Ce faux tonnage dont il parla veut reprendre ce que fit M. de Vendosme qui vendit publiquement du sel de Salins; en un mot, il vériffia qu'il avoit profité de la lescive que luy fit M. le Prince en 1649, lorsqu'estant venu en Bourgogne après le siége de Paris et ayant tesmoigné mécontentement de la conduitte de M. Le Goux, son oncle Baillet, Doyen de la Sainte Chapelle, le menna au Logis du Roy pour y faire la révérance à M. le Prince et l'asseurer de son service, lequel luy respondit que s'il vouloit estre son serviteur à l'avenir, il falloit qu'il le luy tesmoignast en suivant les advis que proposoit M. le Premier Président. Ceste parole agréable à un homme libre a gagné M. Le Goux à M. le Prince. Pour ne point mentir, quelquefois il n'est pas d'humeur à le favoriser, mais on cognait que l'afection du Prince prédomine et que si elle est cachée en quelques rencontres, c'est par la bizarre humeur du personnage inconstant, soubçonneux, ombrageux, vain, afectant d'ouvrir un advis nouveau et d'estre considéré par la jeunesse comme chef de party; au reste, il est homme de bien qui n'a jamais esté partisan, qui voudroit le soulagement du peuple et l'exaltation de la Compagnie, et a de l'esprit et de l'intelligence aux affaires.

Il ne faut pas finir sans faire réflexion sur ce que dit le Premier Président. Il y a sujet de s'estonner qu'ayant esté d'advis aux assemblées précédentes sur ce sujet de vériffier ceste déclaration lorsqu'il n'y avoit qu'une lettre de cachet, il eust changé de sentiment après une jussion ; l'on disoit qu'il en avoit ordre de M. le Prince qui l'engageoit à cest advis à peine de perdre son amitié ; l'on adjoustoit qu'asseurément il tenoit le party du Roy abattu, que les Princes seroient bientost les maistres de sa personne et de l'Estat parce qu'il leur venoit des forces de tous costés et que le Roy en avoit peu. D'autres disoient qu'il se pouvoit faire qu'il se creust perdu par l'authorité de M. d'Espernon auprès du Cardinal Mazarin auquel le Premier Président avoit rendu de mauvais offices et par ce moyen qu'il estoit contraint de se déclarer pour M. le Prince duquel seul il pouvoit espérer subsistance, ou, s'il ne l'avoit pas, qu'il périroit glorieusement en tesmoignant gratitude à son bienfaiteur. Il auroit esté excusable s'il n'avoit esté d'advis que de différer, mais chacun s'est estonné de son imprudence ou de sa témérité à proposer en la place qu'il tient et au tems où nous sommes une jonction de Parlemens, luy qui avoit résisté avec tant de chaleur en 1648, lorsqu'elle estoit demandée par le Parlement de Paris pour les intérests communs des Parlemens et pour mettre ordre à la dissipation des finances, et l'on ne doute pas qu'il ne vist bien l'importance de cest advis qui alloit à obliger le Roy de chasser Mazarin et à se déclarer pour M. le Prince au cas que le Roy refusast ce moyen d'accommodement.

Il est vray que les Parlemens sont un milieu entre les Rois

et les peuples pour porter au souverain les plaintes des sujets et aux sujets les commandemens du maistre; mais personne n'a jamais dit que, les guerres estans allumées entre le Roy et les Princes de son sang, les Parlemens dussent estre neutres et s'interposer pour la paix, leur debvoir en cela estant commun avec les peuples de se joindre au Roy pour contraindre le party contraire à se soumettre. Ce n'est pas qu'estans attachés au service du Roy, ils ne doivent le porter à recevoir avec clémence les princes qui viennent se soumettre et leur faire considérer leur sang ; mais ceste voie d'agir est bien différente d'une députation solemnelle au Roy de la part de tous les Parlemens pour le prier de donner la paix à l'Estat, comme s'il estoit cause de la guerre et si elle n'estoit pas plutost imputable aux princes, sujets qui soulèvent les peuples contre luy et troublent le repos de l'Estat pour leurs mécontentemens particuliers.

Il fut néantmoins de cest advis par deux fois et soutint qu'il estoit utile et juste, mais il ne fut pas suivy. Quelqu'uns de son party n'ont pas trouvé cest advis judicieux et ont creu que c'estoit un bon moyen pour se faire république dans peu de tems. Les sages l'ont blasmé et jugent que cest advis nuira à sa fortune si le Roy vient à bout de ses desseins. M. d'Espernon et ses autres ennemis en profiteront et ne manquent pas de le faire sçavoir à la Cour. Le succès des armes du Roy décidera s'il a esté prudent ou non. L'on peut dire présentement qu'il n'a pas tesmoigné afection au service du Roy comme sa charge l'y oblige, et il est seul la cause du retardement aporté à l'enregistrement de la déclaration, car la pluspart de ceux qui ont pris cest advis sont de sa despendance, comme Messieurs Millière, Jaquot, Berbisey, Pouffier et quelques autres, tous gens de peu de mérite, de peu d'honneur et valets très soumis aux volontés de ce personnage. Je mets de ce nombre de Mongey qui a, outre ces qualités, d'autres qui ne sont pas de moindre cas pour un party, car il est insolent, sans honte, impudent, brutal et n'a guère à perdre. Quant à ceux qui estoient de l'advis de l'enregistrement, il est certain qu'aucun d'eux n'espéroit de profiter en ceste affaire, qu'ils voyoient bien qu'ils déplairoient à M. le Prince et sçavoient l'estat des affaires aussy bien que les autres. Il est de mesme très certain que ce n'est point par haine qu'on luy portast; car il auroit esté peu prudent de la tesmoigner en ceste rencontre, outre que plusieurs comme Messieurs les Présidens Joly, Frémiot et Fiot, Messieurs Bernardon, de Gand, de Thésut, n'avoient aucun sujet de luy vouloir mal et ils le favorisoient autant qu'il leur estoit possible. Quant aux autres, ils passoient pour ennemis de M. le Prince, sçavoir Messieurs Berbis, de Villers, Maillard, Le Belin, Chaumelis, Lantin, Malteste, Bretagne et de la Mare, Conseillers. A la vérité, ils ont encouru sa haine dez le tems qu'il estoit Gouverneur en refusant de vériffier des édits et d'obéir à ses volontés injustes. Depuis, pendant sa prison, ils ont tasché de ruiner son party en Bourgogne pour y maintenir l'authorité du Roy, et c'est l'esprit qui les anime présentement à soutenir le party du Roy, quoiqu'ils sçachent que l'on est mal récompensé et que M. le Prince faisant sa paix les persécutera; mais ils mesprisent leurs intérests pour satisfaire à leur debvoir et je ne fais pourtant pas difficulté que l'on les apelle ennemis de M. le Prince comme ils nomment ceux de l'advis contraire partisans et ligueurs pour le mesme prince, et le peuple en parle ainsy jugeant que personne n'agit que par intérest et non par aucune raison de debvoir et de conscience.

Du mardy 27 dudit mois, les Chambres assemblées, M. Valon a fait lecture du procès-verbal dressé par luy des responses du commis de la poste qui disoit avoir receu quatre paquets de lettres adressées à M. le Procureur général, sçavoir deux de M. le duc d'Orléans et deux du Parlement de Paris; qu'il les avoit remis à M. Millotet. L'on résolut de le mander pour sçavoir ce qu'il avoit fait de ces lettres.

Le mercredy 28 dudit mois, la Compagnie assemblée, l'on

manda M. Millotet. Il vint et M. Quarré avec luy. M. le Premier Président ayant demandé audit sieur Millotet ce qu'il avoit fait de ces lettres qu'il avoit receues pour la Compagnie, M. Quarré prit la parole et dit qu'il receut, il y a environ trois mois, un paquet qui s'adressoit à M. le Procureur général; que l'ayant ouvert et y ayant trouvé des lettres pour la Compagnie, il les avoit portées à M. Milletot Syndic qui ne voulut pas se charger de les présenter; que le lendemain, en la Chambre des huissiers, il les présenta à M. le Premier Président qui les refusa, ce qu'ayant veu, il n'osa pas se hasarder de les présenter derrière le bureau, crainte de déplaire au Roy. M. le Premier Président l'a interrompu avec chaleur et luy a demandé en quel tems il luy avoit présenté ces lettres; il luy a respondu qu'il y avoit environ trois mois. — Il y en a plus de huit, a dit M. le Premier Président. — Ensuitte, M. Millotet a dit qu'il avoit receu quatre paquets, qu'il ne les avoit pas ouverts, qu'il ne sçavoit pas s'il y avoit des lettres pour la Compagnie et qu'il les avoit envoyées au Roy.

Ces Messieurs retirés, l'on a opiné. M. Valon a dit que M. Millotet n'avoit pas bien fait, mais qu'à considérer la saison, il falloit dissimuler; que le Roy aura du mécontentement du délaiement apporté à l'enregistrement de la déclaration, que si l'on blasmoit les Advocats généraux en ceste occasion, ils publieroient que c'est en haine de ce qu'ils sont attachés au service du Roy. M. Bretagne de mesme advis. M. Jacotot a esté d'advis de retenir sur le registre ce qu'avoient dit ces Messieurs. M. Millière a dit qu'il falloit leur faire une lescive pour leur apprendre qu'ils ne doivent pas retenir les lettres adressées à la Compagnie. M. Bernard l'aisné a dit qu'il falloit adjouter à l'advis de M. Millière d'escrire à M. le duc d'Orléans et au Parlement de Paris pour s'excuser si on ne leur a fait response. M. Bretagne de Nansouthil a esté de mesme advis, et il a dit qu'on ne gagneroit rien à faire lescive à Messieurs les Advocats généraux, qu'ils estoient endurcis et accoustumés à ces réprimandes.

M. Le Goux, avec sa chaleur accoustumée, a dit qu'il n'auroit pas déplaisir de l'action de Messieurs les Advocats généraux si elle estoit comme ils le disent, mais qu'on sçait par la Ville que les paquets ont esté ouverts et que l'Intendant les a veus; qu'on trouvera ceste vérité si l'on en informe. Il a esté d'advis, non pas d'une réprimande, mais d'ordonner à Ponier, commis de la poste, de porter doresnavant à un substitut les lettres qui s'adresseront au Procureur général. M. Lantin a soutenu le procédé des Advocats généraux; M. Berbis de mesme.

M. le Premier Président, à son ordinaire, a déclamé que M. Quarré le venoit charger volontairement de l'iniquité de M. Millotet et renouveloit une affaire du tems du siége de Paris, et que la Compagnie vouloit bien soufrir ceste injure d'un Advocat général qui venoit avouer d'avoir suprimé des lettres qui s'adressoient à elle; que quant à M. Millotet c'estoit chose merveilleuse qu'il s'attribuast l'authorité de décider si les lettres de la Compagnie debvoient estre envoyées au Roy; qu'il avoit la hardiesse de dire qu'ayant mis en délibération ce qu'ils feroient des lettres de M. le duc d'Orléans et du Parlement, ils avoient trouvé à propos de les envoyer fermées au Roy comme si c'estoit des lettres des ennemis de l'Estat; que le Roy mesme estoit tous les jours au Parlement de Paris; qu'il l'invite de s'opposer par ses arrests à l'entrée du duc de Nemours en France qui y amène une armée de dix mille hommes estrangers, et qu'après cela M. Millotet poura traitter ce Parlement comme un ennemy de l'Estat; qu'il est inutile de parler de lescives; qu'il s'en trouvera quatorze sur le registre qui n'ont rien servy; que pour luy, il croit qu'il ne faut pas escrire, car il sembleroit qu'on cherche des lettres et qu'il ne voit pas ce qu'on pouroit escrire, et fut de l'advis de M. Le Goux; et parce que M. de la Mare en opinant avoit dit que l'on avoit souvent suprimé des lettres et que l'on avoit aprouvé les supressions ou qu'on les avoit dissimulées et qu'il falloit faire de mesme, qu'il estoit aussy d'advis de résoudre qu'on ne recevroit aucune lettre de M. le duc d'Orléans ou du Parlement de Paris pendant les mouvemens présens. M. le Premier Président releva fort cest advis et s'attacha à M. de la Mare, mais avec modération.

Les opinions prises pour la seconde fois, la chaleur continuant, Messieurs Millière, Nansouthil et Le Goux et le Premier Président s'eschauffans l'un l'autre, il passa à l'advis de M. Jacotot de retenir sur le registre et de leur dire qu'ils doivent rendre à la Compagnie les lettres qui s'adressent à elle. Le Premier Président et ceux de sa cabale enrageoient qu'il passast à cest advis.

Le délibération finie et chacun se retirant eschauffé contre son camarade du party contraire, le Premier Président dit qu'il falloit achever la délibération; qu'il restoit à pourveoir sur les désordres des gens de guerre et voir si on ne vouloit pas informer contre ceux de Seurre, comme le disoient quelqu'uns de Messieurs. Cest emportement du Premier Président estoit causé par quelques paroles qui s'estoient dites dans la chaleur et entr'autres par M. Lantin qui ne put soufrir ce que dit M. Bouhier puisné, jeune homme vain, lequel, en murmurant au bas bout contre ceux qui n'avoient pas voulu informer contre les gens de guerre, dit que ces Messieurs-là estoient la cause de la ruine de la Province. M. Lantin qui avoit esté de cest advis dit qu'il n'avoit jamais refusé d'informer des désordres des gens de guerre, mais qu'il avoit esté d'advis de faire un arrest séparé contre ceux de Seurre, et que Messieurs ne l'ayans pas voulu et M. Millière mesme ayant dit qu'il avoit des raisons qui l'empeschoient de faire arrest contre la garnison de Seurre, il n'avoit pas creu pouvoir prendre le sentiment d'informer contre les uns et non contre les autres ou contre les deux par un seul arrest, les crimes estans différens, et qu'il estoit encore dans ceste pensée et qu'on fist arrest contre les deux.

Ce fut ce discours qui eschauffa M. le Premier Président, et Messieurs ayans repris leurs places l'on opina avec chaleur, et il passa à informer des désordres commis par les gens de guerre, des voleries, concussions et rançonnemens, des sommes exigées par eux des communautés, etc., et par un arrest séparé, des courses de la garnison de Seurre, etc., avec deffense de trafiquer avec les habitans de ceste ville et d'y porter des vivres.

Chacun raconta les désordres du pays où l'on avoit habitude. M. Le Goux a dit de toutes façons ; meslant ce qu'il pouvoit sçavoir avec certitude avec ce qui se disoit par bruit commun, il asseuroit beaucoup de choses qui n'estoient pas vraies, par exemple ce qu'il dit que les lettres receues par les Advocats généraux avoient esté ouvertes et leues en présence de l'Intendant ; je suis très certain du contraire et que ces paquets sont encore fermés entre les mains de M. Quarré. Le bruit commun de la Ville est que M. Le Goux apprend les nouvelles qu'il débite de ce que fait M. l'Intendant par le moyen d'une femme qu'il voit familièrement, il adjoute foy à ce qu'elle luy dit et souvent elle est mal informée. Quant au Premier Président, qui se déclare si ouvertement contre M. d'Espernon, qui pousse les affaires avec vigueur depuis quelque tems et qui agit depuis un mois d'une façon toute différente de celle qu'il avoit observée auparavant, il ne sera pas inutile que j'escrive icy le véritable motif qui l'a obligé de changer de ton, ce que je feray hardiment, estant asseuré de ce que je diray, et j'en laisseray tirer la conséquence.

M. d'Espernon, après la prise du chasteau, envoya en Cour un sien gentilhomme nommé Rangueuil, auquel il confioit son secret, et luy donna des instructions pour ce qu'il y avoit à faire. Elles estoient escrites dans un quart de feuille de papier. Ce gentilhomme en estant retourné n'eut pas le soin de brusler ce papier, et l'ayant laissé dans sa poche il le perdit par les rues. Il fut ramassé par une servante qui le donna à un jeune homme qui ne creut pas d'abord que ce fust chose importante et le fit voir parce qu'il estoit escrit partie en chiffres, partie en caractères vulgaires. Il se rencontra que ceux qui le virent estoient parens du Premier Président qui se saisirent de ce billet escrit de la main du secrétaire de M. d'Espernon et le portèrent à M. le Premier Président lequel leut un article qui ne put luy plaire, car il estoit conceu en ces termes : « Vous ferés cognoistre que le Premier Président du Parlement de Dijon est mal intentionné pour le service du Roy, et en parlerés particulièrement à la Reyne et sobrement à M. de Villeroy, à M. de Chateauneuf et à M. de la Vrillière qui estans ses amis le croiront plus malaisément. Il le leur faut dire néantmoins, mais adroitement et sans afectation. » Cest escrit est encore en sa puissance et l'on a veu agir ce personnage plus ouvertement qu'auparavant. N'y a-t-il pas raison de croire que c'est un effect du billet ?

Le vendredy 8 mars, M. Valon Syndic vint aux Chambres dire que l'on avoit dit à la grand-Chambre qu'un imprimeur de ceste ville avoit imprimé une liste de Messieurs divisée en deux colonnes : l'une de ceux qui ont esté d'advis de vériffier la déclaration du Roy contre M. le Prince, l'autre de ceux qui ont esté d'advis de différer ; que ceste action méritant chastiment, chacun avoit dit qu'il falloit en pénétrer l'auteur et sçavoir la vérité du fait ; que quelqu'un ayant dit que M. Gagne en avoit veu une copie imprimée, on s'en estoit enquis de luy et qu'il avoit asseuré la Compagnie qu'il n'en avoit point veu de copie, mais qu'il avoit ouy dire par la Ville qu'il y en avoit, et qu'ensuitte treize de Messieurs de la grand-Chambre avoient dit qu'il falloit que tous Messieurs se purgeassent par serment de ce qu'ils sçavoient de ceste affaire, et que six avoient creu que ceste forme de prester serment estoit inouie et qu'il suffisoit de tascher de découvrir l'affaire à sa source. Aux autres Chambres, l'on a esté d'advis d'informer et quelqu'uns des autres advis. Il est vray que j'ay appris que M. Gagne disoit avoir veu ceste liste entre les mains d'un de Messieurs. Je ne sçais encore autre chose de ceste affaire.

Le samedy 9 dùdit mois, les Chambres assemblées, M. le Premier Président a dit qu'il s'agissoit d'exécuter l'arrest rendu contre les gens du Roy, et de sçavoir comment cela se feroit. Les opinions prises, M. Jacotot a esté d'advis qu'ils fussent découverts; M. Millière de mesme advis et plusieurs autres jusqu'à M. Bretagne puisné. Quelqu'uns ont dit que cela despendoit des termes de l'arrest. L'on en a fait lecture, chacun est demeuré d'accord qu'il falloit qu'ils fussent découverts. On les a mandés par le Greffier, ils ont fait refus de venir parce que l'on vouloit qu'ils fussent découverts. L'on a renvoyé le Greffier pour leur dire d'obéir à peine d'interdiction. M. Berbis, parent de M. Quarré, a quitté sa place pour l'inviter d'obéir, ils n'ont pas voulu le faire.

L'on a opiné sur leur désobéissance. M. Jacotot a esté d'advis de les interdire jusqu'à ce qu'ils aient obéi et donné requeste pour leur restablissement. M. de Nansouthil a esté d'advis de retenir sur le registre leur désobéissance et ne leur rien dire; M. Bouhier l'aisné, de les interdire jusqu'à ce qu'ils aient obéi ; M. Millière, de les interdire pour six mois; le Premier Président de cest advis. Les opinions prises trois fois, il a passé à l'advis de M. Jacotot. Leurs amis ont pris l'advis, auquel il a passé, pour leur conserver le pouvoir de rentrer quand ils voudroient. C'estoit chose estrange de voir l'effronterie du Premier Président qui, demeurant en sa place, quoiqu'ennemy juré, n'avoit d'autre but que de leur faire injure. Il estoit fort bien servy par le plus grand nombre de la Compagnie qui haïssoit les gens du Roy et s'abandonnoit en ceste occasion à la passion du Premier Président.

Du mardy après Pasques, 2 avril, M. le Premier Président assembla dans sa maison Messieurs qui estoient à la

Ville, la pluspart estant à la campagne pendant les féries. On se trouva jusqu'à vingt en ceste assemblée à laquelle il dit que le samedy saint il receut une lettre de cachet du Roy pour la Compagnie au sujet de la vérification de la déclaration donnée contre M. le Prince; qu'il creut que ceste affaire n'estoit pas de telle importance qu'il fust besoin d'assembler extraordinairement la Compagnie un jour de dévotion; qu'il se contenta d'escrire à M. de la Vrillière la réception de ceste lettre, que le Parlement estoit en férie, qu'il ne rentroit que le 15 du mois, auquel tems il présenteroit la lettre du Roy; qu'il se seroit contenté de ceste response par laquelle il prenoit sur soy le délaiement, si le bruit de la Ville qu'il avoit receu lettre du Roy, qu'on ne voyoit pas, ne l'eust obligé d'assembler Messieurs pour se descharger de ceste lettre en contentant l'impatience du peuple de Dijon par la lecture de la lettre qu'il avoit receue pour la Compagnie, laquelle adviseroit après à ce qu'elle auroit à faire en ceste occurrence.

La lettre du Roy fut leue qui ne contenoit qu'une injonction de vériffier ceste déclaration et des reproches du délaiement qui y avoit esté aporté. Les opinions prises, on dit qu'il falloit différer après la rentrée et cependant que Messieurs les Syndics debvoient escrire à M. de la Vrillière. Quelqu'uns dirent qu'il suffisoit que M. le Premier Président eust escrit; il y passa. J'ay appris de ceux qui y estoient, car je n'eus pas la commodité de m'y trouver, que comme l'on lisoit la lettre du Roy qui disoit que nous estions les derniers à vérifier ceste déclaration, Messieurs Bouhier l'aisné et Le Goux dirent qu'il y avoit plus de quatre Parlemens qui ne l'avoient pas fait.

Le mercredy 17 avril, les Chambres furent assemblées et personne n'y manqua d'un et d'autre party, parce que le Greffier avoit eu soin d'escrire à tous Messieurs pour se trouver à ceste assemblée. Nous nous trouvasmes tous au nombre de soixante-trois, sçavoir six Présidens et cinquante-sept Conseillers. L'assemblée commença par la lecture de la lettre de cachet, ensuitte M. Valon Syndic dit que si l'on avoit différé jusqu'à ceste heure la vérification poursuivie, c'estoit pour de bonnes raisons, mais qu'il n'y avoit plus d'apparence de différer davantage, que les lettres de jussion et deux lettres de cachet; que le Roy debvoit recevoir de nous ceste obéissance qu'il attendoit avec raison, estant le maistre et nous sujets.

M. Perret qui s'estoit mis au bureau pour ouvrir un advis contraire à celuy du Syndic, prévoyant qu'il seroit d'advis de vériffier, dit que si la Compagnie avoit différé la vérification de ces lettres, ç'avoit esté pour de bonnes considérations et qu'à présent il en trouvoit de pressantes qui l'obligeoient à suivre la mesme pensée; que le premier délaiement avoit eu pour motif le respect qu'on doit aux Princes du sang et l'exemple de ce qui s'estoit fait en 1611 dans ceste mesme Compagnie. Le second avoit esté fondé sur la déclaration de M. le duc d'Orléans qui se rendit chef du party dont M. le Prince estoit chef auparavant; qu'à présent il falloit considérer que nous n'estions pas juges compétens de ces lettres; que le Parlement de Paris les ayant enregistrées avoit ordonné depuis le sursis, et que, par ce moyen, n'estans pas vériffiées au premier Parlement du royaume, nous ne debvions pas entreprendre de le faire; que si nous ne songions à procurer la paix au royaume, il ne falloit pas l'attendre et qu'il y auroit prudence à s'interposer ou du moins n'aigrir pas les affaires par ceste vérification, et fut d'advis de différer.

M. Jacotot, Doyen de la Cour, fut de l'advis de M. Valon; Messieurs Millière, Jaquot, Berbisey, de Massol, Moisson, Bretagne l'aisné furent de l'advis de M. Perret.

M. Le Goux dit que ces lettres de jussion et de cachet estoient sollicitées et qu'on sçavoit par qui; que la vérification de ces lettres n'estoit pas la décision de l'affaire; qu'il falloit craindre qu'elle ne nous attirast les troupes du duc de

Lorraine et que, les armées des Princes estans sur les frontières de la Province, il falloit prendre conseil de différer pour ne point irriter ces défluxions. Il fut suivy de Messieurs de Mongey, Berbisey puisné, Baudinot, de Thésut Lens et Ragy frères, Bouhier l'aisné et puisné, d'une grande partie des Conseillers aux requestes et de quelques autres de peu de mérite. Au contraire, Messieurs de Villers, Maillard, de Mucie, Potet l'aisné et puisné, Lantin puisné, Duguet, Guiet et Blanot, Conseillers aux requestes, furent d'advis du Syndic.

M. Malteste dit qu'encore que la vérification ne deust pas guérir les maux qu'on soufre en ceste Province, si est-ce qu'il falloit la vériffier, et c'estoit pour respondre à M. Le Goux qui disoit que, si nous debvions estre délivrés des concussions et des désordres des gens de guerre, il seroit d'advis de la vérification. M. Malteste adjouta qu'il ne falloit pas craindre les troupes ennemies, que les Lorrains venoient en France pour le service du Roy et qu'il falloit hasarder ses biens pour son service, puisque nous luy debvions mesme nos vies; qu'en ceste affaire il ne falloit pas considérer ces inconvéniens ny douter de nostre compétence dont on ne douta pas en 1614, et qu'il est ridicule d'en former le doute; que la règle qu'il falloit suivre en ceste affaire estoit qu'il y avoit deux partis en France, l'un du Roy, l'autre des Princes ses sujets auxquels il n'appartenoit pas de faire la guerre, et par conséquent ils estoient criminels; que nous debvions, en vériffiant, monstrer que c'est nostre créance et enseigner aux peuples ce qu'ils debvoient faire. M. Lantin l'aisné opina courageusement que nous laissions la liberté aux gentilshommes de la Province de prendre le party des Princes par nos délaiemens, qu'ils en tiroient ceste conséquence que nous ne tenions pas ce party injuste puisqu'on ne les déclaroit pas criminels; Messieurs Bossuet, de La Mare, Chaumelis et Le Belin de mesme advis. M. Berbis dit qu'il sçavoit pas si ces lettres de cachet et la jussion avoient esté poursuivies à la Cour, mais qu'il sçavoit bien qu'en parlant à la Reyne avec Messieurs de Souvert et de Nansouthil elle leur tesmoigna grand déplaisir du délaiement qu'aportoit la Compagnie et que M. de la Vrillière leur en tesmoignoit tousjours grande passion, et partant ne croyoit pas qu'on peust différer davantage; Messieurs Milletot, Pouffier, Bernardon, de Souvert de mesme advis. Messieurs de Gand, de Thésut appuyèrent fortement cest advis. Le dernier dit qu'il estimeroit estre un perfide s'il refusoit ceste obéissance que le Roy demande à ses sujets et officiers, que son serment l'oblige à luy rendre ceste soumission; Messieurs les Présidens Joly, Frémiot, Fiot et Robelin d'advis de vérifier.

M. Desbarres fut d'advis contraire. M. le Premier Président n'osa pas prendre cest advis directement; il en ouvrit un autre qui avoit le mesme effect et qu'il prétendoit pouvoir sauver par sa nouveauté. Ce fut de députer au Roy qui n'estoit qu'à quatre journées de Dijon pour sçavoir sa volonté sur ce sujet, et que, s'il le vouloit absolument, il faudroit obéir; que le retardement ne seroit pas long; que ceste députation serviroit à rendre raison des délaiemens que la Compagnie avoit aportés à ceste vérification et à lever les soubçons que les ennemis vouloient donner à S. M., que ceste Compagnie estoit partagée pour M. le Prince.

Les opinions prises pour la seconde fois, M. de Villers a dit que ceste députation estoit inutile; qu'il n'y avoit rien à remonstrer au Roy. « Eh quoy! ira-t-on luy demander la paix? Ce n'est pas luy qui fait la guerre : c'est M. le Prince qui la luy fait. » Messieurs qui estoient d'advis de différer se sont fort eschauffés contre le mot de perfidie que lascha M. de Thésut. L'affaire fut si preste d'estre concleue qu'il se trouva trente un d'advis de vérifier contre trente deux d'advis de différer, lesquels néantmoins ayans quitté cest advis prirent celuy qu'avoit ouvert le Premier Président; et M. de Thésut l'aisné, qui estoit de l'autre advis, changea et prit ce sentiment auquel il passa.

L'on vit en ceste assemblée, comme aux précédentes, l'union de ces Messieurs qui estoient du party de M. le Prince. Il parut qu'ils avoient concerté ensemble et que M. Perret a pris place au bureau à dessein d'ouvrir l'advis de différer; mais quoiqu'il eust le loisir de songer à ce qu'il vouloit dire, son discours ne fut pas élégant, car pour ses raisons elles ne valoient rien, mais le défaut venoit de la mauvaise cause qu'il deffendoit. Il en est de mesme de M. Le Goux et des autres qui estoient abîmés dans ce party des Princes. Je ne crains point de tesmoigner que j'estois de celuy du Roy, car il n'y a personne raisonnable qui n'en soit et qui ne blasme ceux qui sont d'un contraire. Après la députation résolue et qu'elle seroit composée d'un Président et de deux Conseillers, il fut question de les nommer. L'on nomma M. le Premier Président qui s'excusa par incommodité. Chacun l'en pressa, ses amis croyans qu'il estoit nécessaire pour leur party qu'il fist le voyage. M. Moisson du Bassin opinant après M. de Nansouthil, estant amy du Premier Président et de son party, l'invita à son tour à faire le voyage en Cour, ce que M. le Premier Président refusant tousjours, ledit sieur Moisson luy dit : « Monsieur, vous nous avés fait espérer que vous l'accepteries. » Ce mot fut remarqué et l'on jugea que ceste proposition de députation avoit esté concertée. Le Premier Président fit une grimace sur ce mot qui fut remarquée comme s'il luy eust reproché d'avoir descouvert leur cabale. Quelqu'uns disoient que M. du Bassin avoit parlé de la sorte parce que M. le Premier Président, faisant la proposition de députer, avoit dit qu'il seroit le premier à l'accepter; mais on creut que ces offres ne suffisoient pas à M. du Bassin pour parler de la sorte. Le Premier Président ayant refusé, l'on nomma M. le Président Fiot et Messieurs Jaquot et Souvert, Conseillers, pour aller dire au Roy les causes de nos délaiemens, luy demander sa dernière volonté touchant la vérification des lettres de M. le Prince.

Le jeudy, 18 dudit mois, sur l'advis qui vint à M. d'Espernon que le Roy quittoit Gien et venoit à Auxerre, M. le Premier Président assembla extraordinairement la Compagnie pour délibérer sur ce qui estoit à faire à cause de l'approche de S. M. Quelqu'uns furent d'advis d'envoyer en poste à Auxerre un de Messieurs avec une lettre à M. de la Vrillière pour sçavoir si le Roy feroit séjour en ce lieu et si nos députés y pouvoient aller. Cest advis plaisoit au Premier Président qui avoit fait la proposition de telle sorte qu'on ne sçavoit ce qu'il vouloit dire. Il parut fort embarassé de ceste approche du Roy et tous ceux de sa faction aussy. Il craignoit qu'il ne vinst en ceste ville, et ne sçavoit si la députation seroit bien receue. M. Le Goux qui fut de cest advis dit qu'il falloit y envoyer un de Messieurs parce qu'il y avoit quelque chose à négotier; enfin, l'on vit une partie des plus zélés à ce party qui prenoient ce sentiment.

L'intrigue estoit que l'Intendant de justice estoit allé à la Cour dont ces Messieurs eurent grande inquiétude, et vouloient, pour parer à ses coups, y envoyer un des leurs; car s'il eust passé à cest advis, M. Perret, qui est vigoureux, estoit botté pour le voyage.

D'autres du mesme party et M. Bretagne-Nansouthil, qui estoit auteur de cest advis, disoient qu'il falloit faire une nouvelle députation, que celle qui avoit esté résolue la veille estoit pour affaires et que celle qu'il falloit résoudre présentement estoit pour s'acquitter d'un debvoir envers S. M. qui entroit dans la Province, et par conséquent debvoit estre plus solennelle; et fut d'advis que M. le Premier Président et un de Messieurs les Présidens avec quatre Conseillers fussent députés pour ce sujet. M. le Premier Président ne s'excusoit plus; il eust bien voulu aller faire le compliment, mais la députation ne prit pas feu. M. Moisson fut d'advis d'envoyer un huissier en poste à Auxerre.

D'autres qui estoient du party du Roy vouloient que les députés nommés la veille partissent en diligence vers le Roy pour luy faire compliment et en mesme tems luy dire ce qui avoit esté résolu la veille. Enfin, il passa que l'on envoyeroit un huissier à M. de la Vrillière pour sçavoir le tems du séjour du Roy à Auxerre, et si S. M. agréeroit d'y recevoir la députation du Parlement. Le Premier Président disoit que les députés nommés la veille ne debvoient pas se hâter de partir, car la chose n'estoit pas pressée. Ce mot fut remarqué par ses ennemis pour conclure qu'il vouloit esloigner la vérification, ce que l'on sçavoit bien d'ailleurs, et que vraisemblablement il n'avoit proposé ceste députation que comme un moyen excellent pour différer indirectement ceste vérification tant désirée par la Cour.

Le 19 dudit mois, les Chambres furent assemblées au sujet des monnoies dont le prix incertain et excessif mettoit toutes choses en désordre. La pistolle d'Espagne qui valoit dix livres par les ordonnances avoit cours parmy le peuple pour onze livres six sols; les louis d'or qui estoient de mesme prix passoient pour douze livres. Les louis d'argent d'un écu passoient pour dix sols de plus, et l'escu d'or au lieu de cinq livres quatre estoit à cinq livres quatorze. Les autres espèces de France ou estrangères n'estoient point augmentées parce que les maistres des monnoies les fondoient. Ce grand abus qui se glissa peu à peu et commença par la facilité qu'il y a de prendre ces espèces sans peser ou pour la commodité d'avoir de l'or fut authorisé pendant les troubles par un arrest du Parlement de Paris, sous prétexte d'en arrester le cours en attendant que le Roy y pourveust par une déclaration, ce qu'il fit au mois de mars; mais elle estoit si mal conceue que les peuples ne pouvoient la recevoir. Elle portoit que les monnoies seroient réduittes à leur ancien cours à compter du premier juillet 1652 et cependant deffenses de les exposer à plus haut prix : sçavoir, la pistolle et le louis que douze livres, l'escu d'or à cinq livres quatorze et le louis d'argent à trois livres six sols, décrioit les quarts d'écus pesans et les réaux de Mexique quoique pesans. Cest édit vériffié à la Cour des monnoies à Paris avec quelques modifications fut envoyé au général des monnoies de Dijon pour y estre publié. Il le présenta au Parlement où, estant leu et les opinions prises, quelqu'uns vouloient permettre la publication sous les modifications de la cour des monnoies qui retranchoit le décry des quarts d'escus. D'autres vouloient qu'on fist un arrest conforme à celuy du Parlement de Paris; d'autres disoient qu'il falloit ordonner que dez à présent les pistolles ne vaudroient que dix livres, et de mesme des autres espèces; d'autres dirent que tous les advis avoient des inconvéniens, qu'il estoit difficile de mettre ordre à ce grand abus ordinaire pendant les guerres civiles, et qu'il falloit mieux le soufrir encore pour quelques tems et cependant que chacun échapperoit comme il pouroit : c'est à quoy il passa et que deffenses seroient faites aux officiers de la monnoie de publier ceste déclaration.

Le lundy 22 dudit mois, les Chambres furent assemblées au sujet de l'affaire des Advocats généraux. J'ay dit cy-devant l'interdiction fulminée contre eux, lesquels s'estans pourveus et ayans escrit au cardinal Mazarin pour le service duquel ils avoient encouru la colère du Parlement, l'on rendit arrest au conseil du Roy, par lequel il estoit enjoint au Parlement d'envoyer les motifs de l'interdiction, et cependant que les Advocats généraux continueroient l'exercice de leurs charges; ces Messieurs creurent qu'ils estoient restablis de droit et qu'il n'estoit pas besoin de demander à la Cour l'exécution de leur arrest. M. Valon Syndic dit à la Compagnie qu'ils avoient esté en son logis luy offrir copie de cest arrest, qu'il leur avoit fait entendre qu'il ne se chargeroit que de l'original, lequel ils n'avoient pas voulu luy remettre en main et qu'ils s'estoient retirés en dessein de luy faire signifier. L'on eut advis en mesme tems qu'ils estoient au parquet et M. le Doyen dit qu'ils luy avoient mis en main l'arrest du Conseil et prioient Messieurs de soufrir qu'en l'exécutant ils rentrassent en l'exercice de leurs charges.

Les opinions prises, M. le Doyen estoit d'advis de les restablir et de ne pas se commettre avec le conseil en une affaire de peu d'importance. M. Millière dit qu'il falloit ordonner aux gens du Roy de se retirer avant que de passer outre; cela fut suivy presque tout d'une voix. Leurs amis ne pouvoient soufrir qu'ils vinssent d'haute lutte rentrer en l'exercice de leurs charges, et il n'y en avoit pas un qui ne préferast l'honneur de la Compagnie à leur satisfaction. Leurs ennemis crièrent beaucoup contre cest arrest et leurs amis ne pouvoient le digérer; les premiers prenans le sentiment de les faire retirer croyoient qu'ils s'opiniastreroient à venir à l'audiance et se préparoient à leur faire une injure san glante. Leurs amis creurent qu'ils obtiendroient d'eux de céder à la Compagnie, et que ceste voye estoit la plus propre à la fléchir et à ramener les plus passionnés. Ils suivirent ce conseil et quittèrent le parquet en dessein d'adviser aux moyens de parvenir à leur restablissement.

Le mercredy 24 dudit mois, les Advocats généraux, ayans reconnu que s'ils se servoient de l'arrest du Conseil ils n'obtiendroient pas du Parlement leur restablissement et qu'ils auroient leurs amis contraires aussy bien que leurs ennemis et peut estre avec plus de vigueur, prirent un autre conseil, sçavoir de donner requeste où il n'y auroit aucune mention de cest arrest; en voicy la substance : que la Cour ayant présupposé que par mespris ils avoient envoyé au Roy des lettres adressées à la Compagnie sans l'en advertir, elle auroit résolu qu'ils seroient blasmés, et ensuitte interdits; que la Cour est pleinement informée, que ce qu'ils ont fait l'a esté par la nécessité de leurs charges, et qu'obéissans au Roy ils n'avoient pas creu déplaire à la Compagnie; c'est pourquoy ils la suplioient de trouver bon qu'ils continuassent l'exercice de leurs charges.

M. le Doyen, raporteur de la requeste, dit qu'ils avoient asseuré de n'avoir point poursuivy ny demandé cest arrest, qu'ils s'estoient contentés d'escrire ce qui s'estoit passé; qu'ils ne vouloient pas s'en servir et qu'ils demeureroient tousjours dans le respect deu à la Compagnie ; et, les voix prises sans qu'on ait veu l'arrest ny leu, mais seulement M. le Doyen en ayant dit la teneur en peu de mots dez le lundy précédent, il a passé que ces Messieurs rentreroient dans l'exercice de leurs charges.

Messieurs Millière, Jaquot, Le Goux et Perret trouvèrent à redire à leur requeste; mais le Premier Président ayant dit qu'il la trouvoit bien et qu'il estoit d'advis de les restablir puisqu'ils se soumettoient à la Compagnie, tous ces gens là se turent. M. le Premier Président déclama fort contre cest arrest, qu'il falloit qu'il fust assoupy au Greffe et que l'on en fist plainte au Roy; qu'il n'y avoit personne qui ne fust de ce sentiment parce que cest arrest ruinoit la discipline du Palais en soustrayant les gens du Roy des mercuriales ; que tous les membres de la Compagnie de la teste jusqu'aux pieds estoient soumis; qu'il estoit inouy que le Roy et son conseil prissent cognoissance d'une correction domestique ; que si les Advocats généraux n'avoient pas sollicité cest arrest, il falloit que la Compagnie eust un puissant ennemy à la Cour qui avoit dressé cest arrest si injurieux ; qu'il est vray qu'on luy escrivoit de la Cour (et il désigna M. de la Vrillière) que nous n'avions aucune juridiction en ce cas sur les Advocats généraux ; qu'il falloit faire sçavoir au Roy que le contraire est d'une pratique inviolable. Il passa donc qu'ayant égard à leur requeste, ils seroient restablis et que leurs amis leur diroient d'aporter une autre fois à la Compagnie les lettres qu'ils recevroient pour elle, et qu'ils seroient invités de donner à M. le Syndic cest arrest pour estre assoupy à la syndiquerie, et que Messieurs nos députés feroient plainte au Roy de cest arrest.

Cela fut résolu d'une voix. Il est certain que les Advocats généraux n'auroient jamais esté restablis s'ils s'estoient servis de cest arrest; leurs amis estoient les plus opiniastres à le rebuter et ne se seroient point rendus. D'ailleurs, s'ils avoient voulu l'exécuter et employer l'authorité de M. d'Espernon à qui il estoit enjoint par l'arrest de tenir la main à l'exécution, estans de leur naturel violens, il seroit arrivé grand désordre dans la Ville desjà divisée ouvertement, et où il falloit peu pour en venir aux mains. Le mal de l'affaire est qu'une partie de leurs amis auroit esté contre eux, ce qui les obligea de céder et de donner quelque chose au repos public. L'affaire s'estant passée comme je l'ay dit, ils furent satisfaits et sceurent bon gré à leurs amis qui avoient mesnagé l'honneur de la Compagnie et le leur, de telle sorte que le Parlement estoit satisfait par leur defférence, et eux fort contens que le peu qu'ils en avoient rendu eust fait réussir leur restablissement avec facilité et bonne grâce. Or, parce que l'arrest du Conseil est extraordinaire et qu'il ne se verra point sur nos registres, j'ay creu debvoir le conserver sur le mien.

Extrait des Registres du conseil d'Estat.

« Le Roy ayant esté informé de l'arrest que la Cour de Parlement de Dijon a donné sans observer les ordres prescrits par les ordonnances contre les Advocats généraux de S. M. en ladite Cour, portant interdiction de leurs charges à cause de l'obéissance qu'ils ont rendue aux ordres de S. M. du 17 février dernier qui leur avoient esté donnés pour luy envoyer les dépesches qui leur seroient adressées de la part des Princes ou autres sur le sujet des occurences présentes sans les ouvrir ny en donner cognoissance à personne, et d'autant que ledit Parlement n'a point droit de procéder en affaire de ceste nature contre lesdits Advocats genéraux; que c'est une entreprise sur l'authorité de S. M. et qu'il est nécessaire d'arrester le cours de tels désordres et prévenir les maux qui pouroient s'en ensuivre s'il n'y estoit promptement pourveu ; S. M. estant en son Conseil a ordonné et ordonne qu'il luy sera envoyé au plus tost les motifs dudit arrest d'interdiction donné contre lesdits Advocats généraux, et cependant qu'ils continueront l'exercice et fonction de leurs charges, ainsy qu'ils faisoient avant l'interdiction, faisant S. M. deffenses aux officiers du Parlement de leur donner aucun trouble ny empeschement, leur enjoignant très expressément d'obéir audit arrest, et au duc d'Espernon Lieutenant général pour S. M. en Bourgogne et Bresse de tenir la main à l'exécution d'iceluy, et au Procureur général de la Cour de faire toutes les réquisitions nécessaires pour cest effect.

« Fait au Conseil d'Estat du Roy, S. M. y estant, tenu à Gien le 10 avril 1652. »

A cest arrest estoit jointe une commission au premier huissier requis pour le signiffier aux officiers du Parlement.

Cest arrest si rude et si crû ruinoit la Compagnie, sa dignité, sa réputation et la discipline du Palais. C'est pourquoy tous estoient résolus de périr en s'opposant à l'exécution qui auroit esté accompagnée de grandes violences et suivie d'horribles malheurs s'il n'eust pleu à Dieu de faire prendre des conseils prudens et modérés aux Advocats généraux qui estoient plus obligés à céder à l'ordre du Palais et à l'authorité de la Cour, qu'ils n'avoient sujet de croire qu'ils pouroient venir à bout d'une Compagnie que le Conseil n'avoit pas voulu choquer pour leurs intérests particuliers en une occasion peu importante, et ils jugèrent sagement que le Conseil ayant eu peine à se résoudre d'envoyer cest arrest ne feroit pas volontiers ce qu'il faudroit pour en obtenir l'exécution, outre qu'il n'y auroit pas prudence à la poursuivre, car il se tiendroit importuné.

Le vendredy 26 dudit mois, l'huissier envoyé à M. de la Vrillière suivant la résolution du 18 estant retourné, on leut les lettres qu'il avoit aportées, l'une du Roy au Parlement et l'autre de M. de Vrillière aux Syndics. Celle du Roy estoit conceue en termes un peu rascheux et aigres, blasmoit la Compagnie des délaiemens qu'elle aportoit à la déclaration contre M. le Prince, enjoignoit de l'enregistrer promptement à peine d'encourir son indignation et faisoit deffenses aux députés de partir. Celle des Syndics marquoit la passion qu'on avoit à la Cour pour cest enregistrement. Ces lettres furent aportées aux Chambres et leues. M. le Premier Président s'ouvrit sur ce sujet et dit qu'on verroit si ces lettres feroient changer la délibération et qu'on s'assembleroit pour cela une autre fois, qu'il ne falloit pas perdre l'audiance.

Le lendemain 27, Messieurs de la Tournelle ayans voulu quitter leur audiance pour s'assembler, M. le Premier Président s'estoit desjà retiré prévoyant bien que ces Messieurs pouroient demander l'assemblée; ceux de son party qui estoient au Palais trouvèrent tant de chicaneries et de fuites qu'on ne put s'assembler, et l'affaire fut remise au dernier jour du mois.

Le mardy 30 dudit mois, les Chambres assemblées, M. le Premier Président dit que le 18 du courant l'on avoit résolu d'envoyer un huissier à Auxerre pour sçavoir de M. de la Vrillière si le Roy feroit séjour en ceste Ville et s'il agréeroit que le Parlement luy envoyast faire compliment et l'asseurer de sa fidélité; que ce courier n'ayant pas trouvé S. M. à Auxerre avoit passé outre et avoit suivy la Cour jusqu'à Melun d'où il avoit raporté des lettres du Roy pour la Compagnie, une aux Syndics de M. de la Vrillière et une autre pour luy; qu'il ne sçait d'où il avoit l'ordre de passer Auxerre et qu'il ne croyoit pas qu'il passeroit outre, parce que la Compagnie n'estoit pas obligée d'aller saluer le Roy au-delà Auxerre; que l'huissier avoit fait grande diligence, car les lettres qu'il avoit aportées estoient escrites à Melun le 23 et qu'il arriva en son logis le 25 à six heures du matin; que le lendemain 26, elles avoient esté aportées aux Chambres; que le 27, n'estant pas d'un procès qui se jugeoit, il se retira et qu'il a appris que l'assemblée avoit esté remise à ce jour; qu'il falloit voir les lettres et adviser si l'on debvoit faire la députation ou délibérer de nouveau sur la déclaration sans s'arrester à la résolution du 17 du courant.

Ensuitte, les lettres du Roy à la Compagnie et de M. de la

Vrillière à Messieurs les Syndics ont esté leues et les opinions prises. M. Valon Syndic a dit que l'on avoit résolu une députation au Roy pour luy rendre raison des délaiemens aportés par la Compagnie à la vérification de la déclaration contre M. le Prince et pour l'asseurer de la fidélité de la Province; que S. M., ayant esté advertie de ceste députation mandoit qu'elle ne vouloit pas que les députés partissent; qu'elle tenoit ceste députation pour faite et enjoignoit si expressément de vériffier qu'il n'y avoit pas lieu de refuser, à moins que d'encourir son indignation et de s'attirer infailliblement une interdiction qui seroit fascheuse à la Compagnie, si elle estoit fulminée pour n'avoir pas obéi au Roy qui estoit le souverain et duquel nous despendions absolument; et fut d'advis de révoquer la députation et de dire sur les lettres de déclaration : leues, publiées, registrées de l'exprès commandement du Roy.

M. Perret qui estoit au bureau près de M. Valon dit qu'une députation ne se révoquoit pas sur une simple lettre de cachet; que le Roy n'avoit pas ouy nos raisons; qu'il estoit important à l'honneur de la Compagnie de l'exécuter, parce qu'elle estoit soubçonnée de favoriser M. le Prince; que l'on avoit donné au Roy de mauvaises impressions contre elle qu'il falloit lever; de sorte que, ne voyant rien de plus important que l'exécution de la députation, il estoit d'advis de confirmer la résolution de la faire, nonobstant ceste lettre de cachet.

M. le Doyen a dit que la députation estoit inutile et seroit mal receue, que c'estoit trop s'opiniastrer contre le maistre, qu'on seroit bien estonné lorsqu'on verroit une idterdiction; et fut d'advis de révoquer la députation.

M. Millière dit qu'il falloit exécuter ce qui avoit esté résolu, qu'il y avoit de bonnes raisons à représenter pour lesquelles on ne pouvoit vériffier, et fut de l'advis de M. Perret. M. Jaquot dit qu'il n'y avoit pas d'apparence de vériffier, lorsque le Parlement de Paris avoit sursis à l'exécution de ceste déclaration et approuvoit la conduitte de M. le Prince, et fut de mesme advis.

M. Massol fut de l'advis de M. Valon; M. de Villers dit qu'on ne pouvoit pas douter de la volonté du Roy si nettement exprimée par sa lettre, et que M. de la Vrillière tesmoignoit assés combien la conduitte de la Compagnie seroit désagréable au Roy si l'on différoit plus longtems; que si Messieurs eussent voulu faire partir Messieurs les députés au lieu d'envoyer un huissier, l'on auroit sceu par eux la volonté du Roy; mais que Messieurs ne le trouvèrent pas bon et voulurent y envoyer un huissier qui a poussé jusqu'à la Cour et qui a raporté une preuve de la volonté du Roy qui ne pouvoit estre contreditte; et fut de l'advis de M. Valon. M. Maillard a parlé de ce voyage de l'huissier comme M. de Villers avoit fait; sur quoy, le Président Desbarres a dit qu'il falloit sçavoir qui a donné l'ordre à l'huissier de passer au delà d'Auxerre, que c'estoit contre l'intention de la Compagnie, que cela méritoit une réprimande.

M. le Premier Président s'est meslé dans ce différend et a dit qu'il n'avoit tenu qu'aux députés de partir; M. le Président Fiot a dit qu'il n'avoit point tenu à luy; sur cela, grand bruit, tous quatre parloient avec chaleur. Le Premier Président et le Président Desbarres avoient dépit de ce qu'ayans envoyé cest huissier pour retarder tousjours la députation résolue le 17, il avoit raporté par hasard un ordre pour la révoquer et pour faire procéder à la vérification. M. Bretagne de Nansouthil dit qu'il falloit sçavoir qui avoit donné cest ordre. M. le Premier Président dit qu'il ne l'avoit pas donné. M. Valon Syndic dit que l'huissier luy ayant demandé, au cas que le Roy ne fust pas à Auxerre, s'il passeroit outre, il luy avoit dit que s'il n'estoit qu'à deux ou trois postes il pouroit piquer jusque là.

Cest ordre avoit esté donné à l'huissier par M. le Syndic de bonne foy; à la vérité s'il eust considéré le sujet de l'envoy de l'huissier, il ne luy auroit pas dit de passer Auxerre.

[Avril 1652]

Mais ce qu'il en fit ne fut pas de malice; néantmoins ces Messieurs crièrent beaucoup et deschargèrent leur colère sur M. le Syndic qui soufroit leur promptitude, particulièrement celle du Premier Président, avec une modération merveilleuse, se contentant de dire son advis, avouant ce qu'il avoit fait, et qu'il avoit commandé à l'huissier d'aller demander à M. le Premier Président ce qu'il luy sembloit sur ce doute; qu'il a creu qu'il l'avoit fait, et qu'il avoit suivy en cela l'ordre de M. le Premier Président, lequel répliqua que l'huissier ne luy avoit point parlé de cela et qu'il n'en sçavoit rien.

La grande chaleur s'estant évaporée, il ne resta que la mauvaise humeur causée par l'engagement où ils se voyoient d'opiner de nouveau sur ceste déclaration, et par le déplaisir que le moyen qu'ils avoient imaginé pour reculer l'affaire et le départ des députés servist à faire évanouir ceste députation et terminer l'affaire au fond. M. Maillard, ayant avec peine obtenu silence pour opiner, fut d'advis de vériffier par la considération de la lettre de cachet; et néantmoins si l'on vouloit députer au Roy pour lever les mauvaises impressions contre la Compagnie, qu'il en seroit d'advis. C'estoit le sentiment ouvert par M. de Villers. M. Bernard fut de mesme advis, M. du Bassin de l'advis de M. Perret.

M. de Nansouthil dit qu'il luy sembloit très important de continuer la députation pour l'honneur de la Compagnie; que c'estoit se condamner soi-mesme que de vériffier présentement, et puis députer; que la vériffication détruiroit l'effect de la députation qui alloit à se justiffier d'avoir différé, et en vériffiant l'on avoueroit que l'on a mal fait de différer; qu'une lettre de cachet ne suffisoit pas pour changer de résolution de faire des remonstrances, ny pour acquérir la preuve de la volonté du Roy telle qu'on la doit désirer, et fut de l'advis de M. Perret. M. Le Goux de mesme, et dit que ceste lettre de cachet venoit de la mesme source que l'arrest du Conseil obtenu par les gens du Roy. Il vouloit dire poursuivie par les ennemis de la Compagnie. Messieurs Catin, de Mongey, Berbisey l'aisné et puisné, de Thésut Lens et Ragy, Baillet, Baudinot, Pérard, Morisot, Fevret, Rigoley, Fleutelot, Bouhier puisné de l'advis de M. Perret; Messieurs Potet l'aisné et puisné, de Mucie, Bernard puisné, du May, Gagne, Richard, Guiet, Blanot, Perrenet, Duguay, de Migieux, Bourée de l'advis de M. Valon.

M. Malteste dit que la Compagnie avoit eu deux motifs pour résoudre une députation : le premier pour se justiffier auprès du Roy et pour lever les mauvaises impressions que l'on avoit données à S. M. contre le Parlement à cause des délaiemens aportés à la vérification des lettres contre M. le Prince, et le second pour sçavoir précisément la volonté de S M. sur ceste vérification laquelle, raportée à la Compagnie par les députés, elle obéiroit comme elle doit et comme elle a fait en toutes rencontres, mais qu'on ne parla point de faire des remonstrances à prendre ce mot dans le sens qu'on luy donne d'ordinaire, parce que personne n'a jusqu'icy tesmoigné qu'il falloit rebuter ceste déclaration et qu'on ne vouloit pas la vériffier; que si on avoit ordonné des remonstrances pour dire au Roy que l'on ne peut et ne doit la vériffier, sans doute la députation ne pouvoit estre retardée ou révoquée par une lettre de cachet; mais que ceste députation n'estant pas pour sçavoir la volonté du Roy et y obéir ensuitte peut-on encore douter, après deux lettres patentes et trois lettres de cachet confirmées par ceste dernière escrite d'un style d'authorité souveraine ? qu'il ne restoit donc qu'à vériffier et députer ensuitte, parce que le premier motif subsiste et que les raisons des delaiemens que Messieurs sçauroient bien déduire seroient fort bien receues après la vérification. M Lantin l'aisné dit qu'il ne falloit pas craindre de se condamner soi mesme en vériffiant, parce que l'on vériffioit pour obéir au Roy duquel la volonté sur ce sujet estoit connue pleinement par ceste dernière lettre et que les raisons des délaiemens ayant cessé présentement, l'on auroit raison de vériffier et de ne l'avoir pas fait auparavant; que si ceste députation estoit importante à l'honneur de la Compagnie, ce n'estoit que pour se justiffier, ce qui pouvoit estre fait après la vérification et avec plus d'effect. Messieurs de la Mare, Bossuet, de Chaumelis, Le Belin de mesme advis. M. Berbis a dit que la Reyne tesmoigna une grande passion pour ceste vérification, lorsqu'il eut l'honneur de luy parler à Poitiers avec Messieurs de Souvert et de Nansouthil, et mesme leur adjouta qu'elle sçavoit bien que la Ville de Dijon souhaittoit ceste vérification, de sorte que l'on voyoit que la Cour s'asseuroit de la fidélité de la Province et de la Ville et qu'elle avoit sujet de douter de celle du Parlement parce que l'on différoit cest enregistrement; qu'à la vérité, une députation seroit très utile pour détromper S. M., mais qu'il n'y avoit aucun moyen meilleur pour cest effect que de vériffier, ce qu'il estoit d'advis de faire, et après députer pour, en portant la vérification, se justiffier auprès du Roy.

M. Bouhier l'aisné a dit que l'affaire estoit importante, qu'il y voyoit grande difficulté et que plus on y songeroit, mieux feroit on, et partant estoit d'advis de remettre à la huitaine; Messieurs Milletot, Pouffier, de Souvert, Bernardon de l'advis de M. Valon; M. le Compasseur de l'advis de M. Perret; M. de Gand a dit qu'il trouvoit fort estrange que l'on citast pour exemple de ce que nous debvions faire ce qui se faisoit à Paris où l'on vouloit donner la loy au maistre et luy imposer la nécessité de chasser ses serviteurs; que Messieurs de Paris luy offroient l'entrée de la Ville, mais avec des conditions, et que c'estoit sans doute un bel exemple pour estre proposé en ceste Compagnie; qu'il croyoit qu'on debvoit suivre un chemin tout contraire et rendre en ceste saison une obéissance entière au Roy parce que les sujets de sa Ville capitale ne luy estoient pas fidèles, et que plus on voudroit abaisser son authorité, plus il seroit d'advis de luy rendre de soumissions; que Messieurs peuvent se souvenir que l'on avoit eu pitié de M. le Prince, tandis qu'il avoit esté prisonnier et qu'il estoit accablé par ses ennemis, et qu'à plus forte raison debvions nous estre touchés de l'injure que les sujets faisoient au Roy d'un âge innocent et qui est nostre souverain légitime, et a esté de l'advis de M. Valon; M. Brulart Président de mesme advis. M. le Président Joly a dit que la lettre du Roy estoit en la forme qu'elle debvoit estre, qu'il ne pouvoit sçavoir ses volontés que par escrit, et qu'une lettre de cachet suffisoit pour la faire sçavoir; et partant il fut d'advis de délibérer si on révoqueroit la députation, ce qui estoit à examiner avant que d'opiner sur la vérification; M. le Président Fremiot de l'advis de M. Valon.

M. le Président Desbarres dit que l'on ne debvoit avoir aucun égard aux lettres de cachet puisque l'ordonnance le deffendoit, que le Roy ne pouvoit pas suppléer nos raisons, et fut de l'advis de M. Perret. M. le Président Fiot au contraire soutint fortement que l'on debvoit ceste obéissance au Roy et qu'il vouloit la luy rendre parce qu'il estoit son sujet et son officier. J'oubliois de dire que le Président Desbarres dit qu'encore qu'on voulust différer la vérification de ceste déclaration, l'on n'estoit pourtant pas du party de M. le Prince; que chacun sçavoit ce que l'on debvoit au Roy; que pour luy, il estoit son serviteur (ce qui donna sujet de rire).

M. le Président Robelin fut de l'advis de M. Valon. M. le Premier Président fit une longue et ennuyeuse homélie sur le malheur de la Compagnie dont l'on décrioit la fidélité et puis sur le sien, raconta tout ce qui s'estoit passé touchant ceste affaire depuis trois mois en çà, qu'il avoit passé pour criminel d'avoir fait une proposition de demander la paix au Roy, et que par hasard il s'estoit rencontré que le mesme jour ceste proposition avoit esté faite au Parlement de Paris par M. Talon, Advocat général, lequel il n'avoit jamais veu ny connu et lequel ne passoit pas pourtant pour rebelle ny infidèle au Roy; et venant auxdites lettres de cachet, il dit que si l'huissier eust fait son debvoir ou que Messieurs les députés fussent partis, nous ne les aurions pas receues; qu'on sçavoit assés l'intention de la Compagnie en résolvant la députation et que M. Malteste l'avoit dite; que personne n'avoit esté d'advis de rebuter la déclaration et que les délaiemens avoient eu de bons motifs; que si la vérification debvoit donner la paix, il n'y a personne qui n'y consentist, mais qu'elle ne feroit pas grand mal à M. le Prince, ny ne porteroit pas un coup important aux affaires, et partant qu'il falloit continuer la résolution d'exécuter la députation; que l'advis d'un de Messieurs estoit fort prudent de remettre à la huitaine et cependant songer à ceste affaire; mais que quant à luy, il croyoit que la députation pouvant estre exécutée facilement, elle le debvoit estre incessamment.

Les opinions prises pour la seconde fois, M. Valon persistant en son advis, le Premier Président a dit que l'on confondoit deux propositions qui debvoient estre traittées séparément; qu'il n'estoit pas encore tems d'opiner sur la vérification, mais seulement sur la lettre de cachet, et de sçavoir si nonobstant icelle l'on exécuteroit la députation, ou si la tenant révoquée l'on auroit la liberté d'opiner sur l'enregistrement. Ceux de son party apuyoient ceste pensée; d'autres disoient que, les opinions estans ouvertes, il n'estoit plus libre d'insister à ceste proposition; que l'on avoit opiné sur les deux tout à la fois et qu'il falloit achever comme on avoit commencé. Le but du Premier Président estoit, en séparant ces propositions, de donner loisir aux plus zélés de son party de ramener ceux qu'il avoit ouy changer de sentiment aux assemblées précédentes. Ceux du party contraire, au contraire, avoient crainte de les perdre par ce moyen et vouloient achever l'affaire promptement, recognoissans qu'il passoit à l'advis de M. Valon. Néantmoins e Premier Président insistant au contraire, et M. Valon se relaschant, l'on sépara ces deux propositions. Il passa que la députation demeureroit révoquée pour obéir à la lettre de cachet du Roy, le Premier Président estant d'advis contraire et ceux que j'ay marqués cy dessus.

Ensuitte, les opinions prises sur la vérification, M. le Syndic fut d'advis de dire que c'estoit par le très exprès commandement du Roy. M. Perret dit que l'affaire estoit assés importante pour la remettre au premier jour après les féries. M. Jacotot fut de l'advis de M. Valon et d'y adjouter : *du très exprès commandement du Roy à plusieurs fois réitéré*. Ceux qui avoient suivy le premier advis suivirent encore le second. M. Lantin fut d'advis d'adjouter à l'advis de M. Valon : *sans que les confiscations puissent estre obtenues qu'après les procès faits et jugés au Parlement*. Il passa à l'advis de M. Valon, et, de soixante-quatre qui estoient présens, trente-sept furent de cest advis, et vingt-sept de l'autre. Le Premier Président, entre autres, et ces derniers tesmoignèrent grand déplaisir de ceste vérification. Le Premier Président, M. Bouhier et M. Le Goux estoient estourdis; Messieurs Jaquot, Berbisey, de Mongey, du Bassin, Nansouthil estoient moins retenus et faisoient cognoistre leur rage et leur attachement au party, et tous ensemble taschèrent par tous moyens de rompre ce coup. Premièrement l'on délibéra si l'on y mettroit ce qu'avoit dit M. Lantin. Quelques-uns d'eux estoient si furieux qu'ils abandonnoient l'intérest de ce party à poursuivre une boutade qui leur faisoit dire qu'il falloit vériffier purement : c'estoient Messieurs Jaquot, de Mongey et quelques autres. Il passa que l'on y mettroit ceste adjonction, et ceux qui estoient du party du Roy furent de cest advis. M. de Gand ne vouloit pas qu'on l'adjoutast, parce que cela estoit dans l'ordonnance; M. le Premier Président de mesme, quoiqu'il eust dit que ceste vérification se poursuivroit pour obtenir ces confiscations, et qu'il prouveroit bien par escrit qu'elles avoient esté demandées dez le mois de décembre;

il vouloit sans doute parler de ce billet dont j'ay parlé dans une autre diée.

Cela fait, l'on dit qu'il falloit adviser si l'on publieroit ceste déclaration à la première audiance. M. Valon en fut d'advis; M. Perret dit qu'il la falloit différer à la première audiance après les féries. M. Jaquot dit qu'il ne falloit rien retarder, que le Roy vouloit une obéissance prompte; il parloit en colère et dépité de voir où il passoit. M. du Bassin dit avec sa brutalité ordinaire qu'il falloit donner une audiance extraordinaire et qu'il estoit d'advis qu'on la donnast promptement. M. Le Goux fut de l'advis de M. Valon; le Premier Président aussy, et il y passoit sans qu'on eust besoin de sa voix. Quelqu'uns vouloient que l'effect de la publication sursist pendant deux mois, au lieu que la déclaration n'en donnoit qu'un. M. Berbisey l'aisné suivit cest advis, mais peu le suivirent.

Voilà quelle fut l'issue de ceste affaire qui tint les esprits divisés si longtems, qui estoit poursuivie avec tant de chaleur par la Cour, rebutée avec opiniastreté par les partisans de M. le Prince, désirée par les fidèles serviteurs du Roy; pour le succès de laquelle plusieurs pratiques et menées ont esté faites de part et d'autre, mais beaucoup plus du costé des partisans du Prince, qui cabaloient hardiment pour cela pour maintenir par ce moyen l'opinion d'un puissant party dans le Parlement de Dijon; aussy eurent-ils un déplaisir sensible lorsqu'ils virent l'affaire conclue. J'ai déjà dit quelques effects de leur passion qui se montra davantage et plus brutale en M. de Berbisey le jeune, qui estoit assis dans l'assemblée, près de M. de Mucie, lequel, ayant esté d'advis de différer aux premières assemblées, avoit pris celui de vériffier aux deux dernières, ce que M. de Berbisey ne put soufrir et le querella en pleine assemblée. M. de Mongey, son cousin, prit son party et enchérit sur sa brutalité; mais la modération de M. de Mucie apaisa le bruit. D'autre costé, M. Fleutelot, Conseiller aux requestes, querella M. de Migieux qui avoit pris l'advis de vériffier, ayant tousjours esté d'avis contraire auparavant, et, parce qu'il estoit Bressan, l'apela *Infidelis Allobrox,* ce qui émeut ledit sieur de Migieux, et si les voisins n'eussent mis les holas, la querelle eust éclaté. La consternation ne fut pas moindre parmy les partisans de la Ville, qui en tesmoignèrent leur mécontentement partout.

J'oubliois que M. Moisson, estant auprès de M. Bernard de Trouhans qui changea d'advis comme les autres que j'ay nommés, luy dit : « Eh bien, vous estes d'advis de vériffier, mais l'on bruslera vostre maison de Trouhans dans quatre jours. » M. Bernard luy répliqua : « Qu'importe, je prends le sentiment que je crois juste. » Ce qui redoubla leur colère fut qu'au sortir du palais l'on apprit que le courier ordinaire avoit aporté nouvelle qu'on parloit d'accommodement. Quelqu'uns d'entre eux vouloient qu'on proposast de différer la publication, mais il n'y avoit pas moyen de le faire sur des nouvelles de gazettes; aussy ne le fit on, et la déclaration fut publiée en audiance le jeudy 2 may.

Le 27 dudit mois, les Chambres assemblées, M. le Premier Président a dit que le courier qui arrive tous les samedis et qui a coustume d'aporter plusieurs lettres arriva samedy dernier 25 du courant, mais sans paquet; que chacun a sujet d'en estre estonné et que l'affaire est assés importante pour en chercher la vérité ; que si ces lettres sont perdues par malheur, les commis auront sujet de les éviter avec plus de soin une autre fois, mais que si elles ont esté surprises, c'est un crime punissable et qui offense la foy publique; et a demandé à M. Jacotot ce qu'il luy en sembloit, lequel a dit qu'il falloit mander Ponier, sçavoir de luy la vérité de ceste affaire et dresser procès-verbal de ses responses et de celles du courier. M. Millière a dit qu'il falloit informer de ceste affaire, que l'on disoit que Ponier avoit un certificat du commis d'Auxerre, qui asseuroit n'avoir receu aucune lettre pour Dijon, mais que c'estoit une pièce mendiée; M. Jaquot de mesme advis. M. Le Goux a dit que l'on voyoit assés clairement que ces lettres avoient esté enlevées; qu'il falloit sçavoir par qui, ce qui se cognoistroit par l'information. M. l'Intendant qui estoit entré au palais pour assister à l'audiance où l'on plaidoit une cause célèbre, et pour servir M. Bossuet qui avoit à demander une grâce à la Compagnie, dit qu'il suffisoit de dresser un procès-verbal M. le Premier Président a esté de mesme advis; il y a passé, et M. Valon Syndic chargé de ceste affaire.

Ensuitte, M. de Gand s'est mis au bureau et a dit que M. le Conseiller Bossuet pourveu d'un office de conseiller lay à la Cour avoit obtenu des provisions d'un office de conseiller clerc que possédoit M. Valon l'aisné, avec dispenses pour en jouir comme d'un office lay, et qu'il suplioit la Cour d'enteriner les lettres pour estre receu et jouir dudit office sans muer de place. L'on a dit qu'elles seroient communiquées au Procureur général.

Le mercredy 29 dudit mois, les Chambres assemblées, M. Valon a fait lecture du procès-verbal par luy dressé des responses de Ponier et du courier ordinaire, desquelles il résultoit que le courier de Dijon estant pour aller prendre à Auxerre les lettres qui se trouveroient de Paris pour Dijon arriva le jeudy 23; que le courier de Fontainebleau y arriva le 24, mais sans lettres pour Dijon, et que le courier ne voulut pas retourner à Dijon sans un certificat; qu'il en prit par-debvant notaire, lequel estoit joint avec une lettre du commis au bureau d'Auxerre à Ponier qui disoit qu'il ne pouvoit deviner la cause de ce manquement.

La lecture de ces pièces faite, l'on opina. M. Jacotot dit qu'il falloit attendre cinq ou six jours, et que peut-estre les lettres avoient esté portées à Lyon, dont nous aurions des nouvelles dimanche prochain; outre que Ponier avoit escrit au maistre du bureau de Paris pour sçavoir la cause de la perte des paquets, car il estoit constant par les lettres receues le mardy que l'on avoit escrit par le courier précédent qui arriva le samedy 25.

M. Millière fut d'advis d'informer. M. Le Goux, avec sa fierté naturelle, qui avoit tesmoigné beaucoup de chaleur à la première assemblée, continua en celle-cy et fut d'advis d'emprisonuer le courier. Le Premier Président dit qu'il falloit ordonner à Ponier de représenter le paquet dans huit ou dix jours et escrire à M. Guillon, Procureur général, qui estoit à Paris, qu'il mandast le commis de bureau de Paris et qu'il sceust de luy la vérité de ceste affaire. Il passa à cest advis.

La chaleur de M. Le Goux et de quelques autres provenoit de ce qu'ils croient que ces paquets avoient esté pris par l'ordre de M. d'Espernon, et que, par une information ou par l'emprisonnement du courier, l'on en sçauroit des nouvelles. Le tems nous descouvrira peut-estre qui les a pris; quant à présent, j'estime que ces Messieurs n'en sçavent rien que par de foibles conjectures fortiffiées par leur deffiance et par l'aversion qu'ils ont pour le gouvernement.

Depuis le 2 juin, l'on receut par la voye de Lyon le paquet de lettres que l'on croyoit perdu, et l'on reconnut que c'estoit un équivoque des couriers, et qu'il n'y avait en cela aucune participation de M d'Espernon.

Le mesme jour, les lettres de provision de l'office de conseiller clerc obtenues par M. Bossuet furent enterrinées, et ordonné qu'il jouiroit de cest office clerc sans changer de place. Il n'y eut personne d'advis contraire; mais plusieurs vouloient qu'on s'assemblast pour faire une loy générale et empescher qu'on obtinst des dispenses pareilles. Il fut ainsy résolu à la pluralité et que l'assemblée seroit indite au premier jour.

J'ay obmis en cest endroit quatre ou cinq assemblées de Chambres, assés importantes que plusieurs affaires survenues tout à coup m'ont empesché de retenir. Les résolutions s'en verront sur le registre. Quant aux particulières, je ne les ay pas présentes comme si j'avois mis la main à la plume le mesme jour au sortir du palais. Je puis dire que depuis le 27 may jusqu'à la fin de juin l'on a esté paisible, et l'on ne s'assembla que pour une affaire que l'on eut advis estre instruitte par le Lieutenant criminel. Voicy le sujet :

Cinq ou six particuliers de basse étoffe et autrefois domestiques de M. le Prince de Condé soupèrent ensemble un jour de feste et beurent à la santé du Prince leur maistre, adjoutèrent à ce que l'on disoit des paroles de mespris contre le Roy, la Reyne et le cardinal Mazarin. Des laquais de M. d'Espernon et quelques voisins de ces ivrognes sceurent ces discours, et l'ayans dit, l'on résolut d'en faire informer par le Lieutenant criminel. L'on croit que M. d'Espernon le voulut ainsy, et que ce fut par le conseil de l'Intendant et de Messieurs du Parlement qui estoient du conseil de M. le duc d'Espernon. Pour cela, l'on supposa un homme de paille nommé Parisot, mareschal vigneron à Dijon, qui dressa un intendit très élégant, où il dit qu'ayant l'honneur d'estre né François, attaché au service du Roy, duquel il ne se départira jamais, il ne peut dissimuler les paroles insolentes proférées contre le Roy et la Reyne jusqu'à révoquer en doute la naissance du Roy, et la hardiesse de ces méchans a esté telle que de mal parler non seulement du Roy, mais mesme de ses ministres, et de débiter des nouvelles fausses désadvantageuses au service du Roy et contraires à celles que l'on reçoit de la Cour par tous les ordinaires, qu'ils avoient beu à la santé du Prince de Condé leur maistre, et nargues des Mazarins et du Roy, qu'il n'avoit jamais esté leur maistre, et ensuitte beuvoient à la santé de Jean Bouchu. (C'est M. le Premier Président qu'ils apeloient le gouverneur de la Province, ne voulans recognoistre M. d'Espernon.)

Le juge ayant informé contre tous, entre lesquels estoit le curé de la paroisse de Saint-Philibert, les accusés donnèrent requeste à la grand-Chambre dont M. de Nansouthil estoit raporteur, par laquelle ils disoient que soupans ensemble. et se divertissans sans offenser personne, leurs voisins et ennemis avoient excité une sédition pour les assommer, les apelans traistres au Roy; et néantmoins, pour éviter la peine d'une telle calomnie, s'estoient adressés au lieutenant criminel et avoient fait informer, demandoient qu'il pleust à la Cour d'ordonner qu'il seroit informé sur les deux requestes.

Comme elle fut leue, quelqu'uns de Messieurs dirent que ceste affaire n'estoit pas de la cognoissance de la grand-Chambre. M. le Premier Président soutenant le contraire, on disoit qu'il falloit en consulter les Chambres. M. Bretagne de Nansouthil fut à la Tournelle et leur dit l'affaire. M. le président Robelin dit qu'elle estoit de la Tournelle; sur quoy M. de Nansouthil se retira.

Cependant, au bailliage, on décréta contre ces particuliers qui s'estoient pourveus par requeste à la Cour sur les charges résultantes contre une des informations; ce qui leur a donné sujet de donner une seconde requeste, par laquelle ils dirent que, s'estans pourveus à la Cour, ils croyoient qu'on ne feroit aucune poursuitte contre eux, et néantmoins qu'on les avoit décrétés; suplioient la Cour d'ordonner qu'il seroit informé sur l'intendit qu'ils avoient présenté.

Les Chambres assemblées, il y eut un grand bruit. M. de Nansouthil disoit qu'il avoit passé à la pluralité dans la grand-Chambre qu'il seroit informé sur l'intendit de ces particuliers par le lieutenant; que l'exécution en ayant esté retardée par le fait des Chambres qui ne s'estoient point assemblées pour terminer la contestation formée, il ne falloit point que les partis en souffrissent; que si l'information estoit faite, il n'y auroit pas eu décret contre eux, ou du moins ils n'auroient pas sujet de se plaindre; et partant estoit d'advis d'ordonner l'information, et cependant que le décret sursoieroit; et, comme il estoit important de voir le contenu en la procédure, il estoit d'advis d'ordonner qu'elle seroit aportée, parce que, s'il s'agissoit de crime d'Estat, le Parlement n'auroit pas bonne grâce de le laisser instruire par un juge subalterne.

L'on disoit, au contraire, que la requeste de ces particuliers debvoit estre présentée à la Tournelle ; qu'ils ne l'avoient donnée à la grand-Chambre que parce qu'ils croyoient avoir des juges plus favorables, et, pour en avoir l'occasion, ils avoient mis le mot de sédition dans leur plainte; que le moyen estoit ridicule, car l'on n'avoit jamais nommé l'assemblée de quelques voisins pour en battre d'autres une sédition ; que sans doute si c'en avoit esté une, elle avoit esté imperceptible au magistrat populaire, et mesme au Parlement qui n'en avoit eu cognoissance que par la plainte de quatre ou cinq personnes de basse étoffe ; que l'on ne pouvoit pas dire que la Ville avoit esté troublée par ceste émeute ny le magistrat offensé. Au contraire, l'on pouvoit louer le zèle de ces habitans qui n'avoient pu soufrir l'insolence de ces canailles que l'on sçavoit estre de la maison de M. le Prince, et par ces raisons l'on disoit qu'il falloit renvoyer à la Tournelle ; outre qu'il estoit extraordinaire de faire surseoir un décret sans apellation précédente, sans que la partie le demandast et sans avoir veu les informations; qu'il n'y avoit aucune apparence d'apuyer ces deux plaintes : l'une faite au bailly accusoit ces particuliers de crime de lèze majesté, et celle faite au Parlement par ces particuliers accusés contenoit plaintes d'injures qui leur avoient esté faites, et par ces raisons qu'il n'y avoit pas lieu d'ordonner l'information conjointement sur les deux intendits.

M. de Nansouthil soutenoit son advis fortement ; ceux du party des Princes le suivoient aveuglément, M. Millière entre autres, quoiqu'il ne pust s'empescher d'avouer que ce procédé estoit extraordinaire. Messieurs de Villers, Maillard, Malteste, Lantin, de Chaumelis, Le Belin, Berbis, de Gand, Bernardon, de Thésut, les présidens Brulart, Fiot et Robelin soutenoient le contraire.

M. le Premier Président estoit fortement de l'advis de M. de Nansouthil, et que, le titre de sédition estant dans la requeste, la grand Chambre en pouvoit cognoistre, et s'étendit sur le fond avec chaleur et véhémence. Il passa que les procédures seroient aportées.

Le lendemain, on vit ceste procédure : il ne se trouva rien de considérable ; il estoit vériffié seulement qu'ils avoient beu à la santé de M. le Prince et de Jean Bouchu et avoient dit nargue des Mazarins. L'un d'entre eux qui est mareschal de sa profession avoit dit : Le Roy n'a jamais esté mon maistre. Il n'y avoit qu'un tesmoin qui déposa de choses importantes, mais qui ne touchoient point ces particuliers, qui avoient soupé ensemble. J'en parleray à la fin de la diée.

L'on opina sur ce qui concernoit ceste affaire. M. de Nansouthil, raporteur, dit qu'il falloit la renvoyer et ordonner au lieutenant d'informer sur l'autre intendit, et pour après asseoir un décret sur l'une et sur l'autre des informations, et par ainsy il cassoit le décret. Et pour ce qui estoit du crime dont un seul tesmoin déposoit, commis par un marchand nommé Legrand, il estoit d'advis, quoique compris dans le mesme volume de l'information, d'en renvoyer l'instruction à la Tournelle comme très importante.

D'autres disoient que si l'on avoit ordonné que la procédure seroit aportée, ce n'avoit point esté à dessein de toucher au décret opposé par le juge, mais seulement pour cognoistre si la chose estoit de l'importance qu'on le disoit par la Ville et d'en retenir en ce cas la cognoissance ; qu'à la vérité, ce qui concernoit les particuliers nommés en l'intendit n'estoit que pure animosité de leurs ennemis et ne méritoit point que la Cour s'occupast à l'instruction du procès ; mais que ce qui touchoit Legrand estoit tel que la Cour en debvoit pénétrer la vérité et avec grand soin, de sorte que, par la raison de connexité et d'identité de procédure, il falloit retenir la première si l'on retenoit la seconde, ou si l'on renvoyoit l'une, renvoyer l'autre en mesme tems ; qu'il estoit indifférent lequel des deux on prist, pourveu qu'on ne séparast pas ce qui n'estoit qu'un mesme; qu'il n'y avoit pas grande injustice à suivre l'advis de M. le Raporteur en ce chef; mais en ce qui est de la prise de corps, qu'il ne pouvoit estre suivy sans blesser les formes, parce que la Cour ne peut réformer une sentence de laquelle il n'y a point d'apel si elle ne ruine la société ou si elle n'offense le repos public; car alors elle peut d'office en prendre cognoissance, quoique mesme en ce cas l'on ait coustume de se servir du Procureur général qui forme l'apel; mais qu'en une affaire de particuliers qui ne se plaignent pas d'une sentence, laquelle ne prononce que sur leurs intérests particuliers, et dont la partie publique n'émet point d'apel et ne seroit peut-estre pas recevable à le faire, il n'y a aucun fondement de réformer le jugement du juge; que l'affectation paroistra grande aux juges qui agiront de la sorte; que l'on ne peut prononcer sur une prise de corps qu'après la communication au Procureur général; qu'on voit assés que les particuliers ne veulent pas émettre apel de la sentence parce qu'ils seroient obligés de se mettre en estat pour la plaidoierie et que la prison est tout ce qu'ils veulent éviter, mais que leur condition n'est pas telle qu'on doive violer l'ordre du Palais en leur faveur, outre que sitost qu'ils auront émis apel ils pouront donner requeste à la Tournelle, sur laquelle on convertira la prise de corps en adjournement personnel, et par ce moyen l'ordre du Palais n'en sera point violé et ils auront satisfaction.

M. de Nansouthil, qui a l'esprit excellent, jugeoit fort bien la vérité de ces raisons, mais il vouloit favoriser ces gens là qui sont de son party, et sans doute plusieurs qui faisoient estat de luy s'estonnèrent de sa proposition. Le Premier Président soutint avec chaleur cest advis. Enfin, après beaucoup de bruit, il passa que l'affaire demeureroit renvoyée à la Tournelle où il seroit fait droit sur la requeste de ces particuliers, et touchant le crime de Legrand, que le procès

[Juillet 1652]

seroit instruit par un volume séparé, et néantmoins qu'il seroit auparavant escrit à M. le Garde des Sceaux pour sçavoir de luy s'il trouveroit à propos que l'on poursuivist l'instruction et le jugement de ce crime.

Il ne reste qu'à dire la déposition d'un tesmoin contre Legrand. Elle portoit que Legrand, jeune homme de trente ans, desbauché, ivrogne et sans conduitte, estant dans le cabaret, avoit dit, parlant du Roy, F... de ce bâtard, et de la Reyne, que c'estoit une p... et que le cardinal Mazarin la f...; qu'il avoit répété les premiers mots plusieurs fois. Depuis, d'autres tesmoins ayans esté ouys et le procès instruit entièrement, le Roy ayant escrit par deux fois qu'il vouloit qu'on fist justice de ceste affaire et M. de la Vrillière l'ayant mandé à M. le Président Robelin, Président à la Tournelle, ce malheureux fut condamné à estre pendu et bruslé avec la procédure faite contre luy et les cendres jettées au vent, ce qui fut exécuté (1). Ce malheureux estoit coupable et principalement au tems présent, mais quelqu'uns l'excusoient sur son ivrognerie et que plusieurs avoient tenu de pareils discours auxquels on ne disoit rien, et cela se croyoit, mais l'excuse n'estoit pas bonne. Telle fut la fin de ceste affaire, quant à Legrand; pour les autres, il n'en fut plus parlé.

Cecy est une suitte des assemblées que j'ay obmises. Le sujet en fut l'eslection du Syndic de la Ville pour lequel on nomma le Procureur Chevalier, homme taré et de mauvaise réputation. Il ne fut pas eslu que Pérard, Advocat au Parlement, son ennemy, émit apel de sa nomination qui fut intimé aux Maire et Eschevins, lesquels commirent pour faire la charge pendant l'apellation le Procureur David, et ordonnèrent que, sans préjudice de l'apel, le Procureur Chevalier presteroit le serment accoustumé sous le portail de Saint-

---

(1) Voir la note des pages 178 et 179 du Mémoire de Millotet où nous avons donné en entier l'arrêt rendu par la Tournelle contre Jacques Legrand le 16 juillet 1652.

Philibert, ce qui fut exécuté avec pompe et apareil. L'Advocat Pérard, qui ne pouvoit se pourveoir au Parlement à cause de l'évocation qui luy avoit esté signiffiée de la part du Procureur Chevalier, ne laissa pas de présenter requeste par laquelle il exposa ce qui avoit esté ordonné par la Chambre de Ville depuis l'apel. Le Premier Président, qui ne demandoit qu'un moyen de frapper coup, fit ordonner la communication de ceste requeste à M. Quarré, Advocat général, pour luy donner sujet d'émettre apel de cest attentat, et pour avoir par ce moyen l'occasion de casser tout ce qui s'estoit fait. Les ennemis de M. Quarré disoient qu'il estoit inutile de luy en ordonner la communication parce qu'il ne feroit rien contre M. Millotet son collègue. Ses amis au contraire disoient que M. Quarré estoit homme d honneur, qu'il n'abandonneroit pas l'honneur de la Compagnie et ses intérests, et qu'il ne manqueroit pas d'apeler de ce procédé comme d'un attentat à l'apel.

Il passa donc à la grand-Chambre que l'on communiqueroit à M. Quarré, ce qui fut fait. On luy porta la procédure ; il y travailla, et escrivoit les conclusions lorsque le Procureur Chevalier vint avec un huissier en son logis lui signiffier qu'il le prenoit à partie s'il concluoit en ceste affaire, et donna copie de ceste cédulle. Il ne fut pas sorty du logis de M. Quarré que le greffier de la Cour y entra qui venoit pour prendre les conclusions, auquel M. Quarré raconta ce qui s'estoit passé, et qu'apréhendant la prise à partie il n'osoit achever ses conclusions qu'il avoit commencé d'escrire et se contentoit de remettre l'affaire à la prudence de la Cour. Ces conclusions aportées à la Compagnie et veues, chacun jugea que M. Quarré avoit bien voulu que Chevalier luy fist signiffier ceste prise à partie, et je pense qu'il est vray, du moins j'y vois grande apparence. Cela n'empescha pas que le Parlement ne cassast tout ce qui avoit esté fait depuis l'apel, fist deffenses au Procureur David de faire la charge de Syndic et ordonnast que le Procureur Deschamps en feroit la charge jusqu'au jugement de l'apellation, que cest arrest seroit publié et affiché par les carrefours.

Cest arrest de la grand Chambre fut exécuté. L'on mit en teste à M. d'Espernon que cest arrest choquoit son authorité, ce qui l'obligea de faire une ordonnance par laquelle il disoit qu'estant important pour le service du Roy et le repos et seureté de la Ville que le nommé Deschamps, Procureur, n'ait aucune authorité sur les armes, il luy deffend de faire la patrouille à peine de la vie et aux habitans de le recognoistre en ceste qualité, enjoint au Maire de tenir la main à la publication et exécution, ce qu'il fit avec une telle insolence et à dessein de faire injure au Parlement qu'il ne put estre dissimulé, car le secrétaire monta à cheval avec sa robe pour faire ceste publication et marcha accompagné des sergens de Maire armés d'épées et de hallebardes, et des trompettes et tambours de la Ville.

Ceste publication donna lieu à une assemblée des Chambres où le Premier Président raconta l'affaire dez sa source. Il y fut résolu qu'on se plaindroit à M. le Gouverneur de son ordonnance et de la publication qui en avoit esté faite, et qu'après on pourvoieroit contre le Maire et les Eschevins. Or, sur l'exécution de l'arrest qui ordonnoit à Deschamps de continuer la charge de Syndic, et parce que M. d'Espernon estoit allé à Auxonne d'où peut estre il ne retourneroit pas sitost, l'on fut d'advis d'envoyer deux de Messieurs pour luy faire les plaintes de la Compagnie. Messieurs de Gand et de Villers furent chargés de ceste commission et de luy dire que la Compagnie l'avoit tousjours beaucoup honoré et avoit eu un soin particulier d'entretenir une bonne union avec luy, et néantmoins qu'il luy avoit fait une injure très sensible par son ordonnance, qu'il avoit cherché querelle en se meslant d'une affaire qui estoit de la cognoissance du seul Parlement; que la Compagnie ne pouvoit voir ce qui l'avoit pu choquer en l'arrest qu'elle avoit fait, ny par conséquent le sujet qu'il avoit eu de faire son ordonnance; que la personne de Deschamps n'avoit point esté affectée, qu'elle l'avoit nommé comme Syndic de l'année dernière ; que personne n'a sceu qu'il luy fust suspect parce qu'on le considéroit comme son Procureur et Syndic l'année passée ; qu'il n'y a personne qui eust voulu le choisir si on l'eust sceu suspect, de sorte qu'il n'avoit pu s'offenser de cest arrest ; qu'on ne croit pas qu'il veuille contester à la Compagnie le droit de confirmer les magistrats politiques, lesquels estans confirmés et establis ont authorité sur les armes et doivent estre agréés par Messieurs les Gouverneurs ; qu'un Syndic n'est pas officier de guerre, mais pour la justice et police dans la Ville ; que toutes deux appartiennent au Parlement qui a ordonné cent fois aux Syndics de faire des patrouilles et au Maire mesme de prendre les armes ; que la Compagnie a sujet de se plaindre de l'injure qu'il a voulu luy faire et qu'il s'est meslé de gayeté de cœur d'une affaire dont il ne debvoit pas s'embarrasser.

Les deux députés partirent le lendemain et allèrent à Auxonne où ils furent receus avec grande cérémonie. Il estoit adverty de leur voyage ; il les fit recevoir à la porte de la Ville, les logea par fouriers, les envoya visiter par son secrétaire et ensuitte par tous les gentilshommes ; il les traitta et leur fit en un mot une réception de cérémonie. M. de Gand estant de retour et la Compagnie assemblée, fit sa relation qui aboutit à la prière que M. d'Espernon avoit faite de différer de pourveoir sur ceste affaire jusqu'à son retour. L'on en fit difficulté, parce que l'on croyoit que ce retardement n'estoit que pour attendre un arrest du conseil qui confirmeroit l'eslection de Chevalier. L'on disoit qu'il falloit ordonner que l'arrest seroit exécuté ; il y passa, et néantmoins qu'au retour de M. d'Espernon l'on députeroit auprès de luy un Président et deux Conseillers pour luy demander satisfaction de l'injure faite à la Compagnie.

Depuis, Messieurs le Président Robelin, de Gand et Villers Conseillers ont esté députés, et M. de Gand, à cause de la maladie de M. Robelin, ayant fait sa relation, il a dit que M. d'Espernon avoit tesmoigné grand désir de vivre en bonne intelligence avec la Compagnie ; qu'il n'avoit eu aucun dessein de la choquer, qu'il n'avoit pu prendre confiance en Deschamps; qu'estant chef des armes, personne ne pouvoit prendre les armes sans son authorité; qu'il ne s'offensoit de l'arrest; et prioit Messieurs de ne se tenir offensés par son ordonnance. Sur ceste relation, les opinions prises, il a passé d'une voix que l'arrest seroit exécuté et que Deschamps iroit se présenter à la Chambre de Ville, où, si l'on le refusoit, la Cour sçauroit pourveoir sur ce refus.

Voicy une autre matière traittée en plusieurs assemblées en ce mois de juillet, que je raporteray confusément. Il y avoit à Pouilly, près de Seurre, deux régimens : l'un d'infanterie de Navarre, l'autre de chevau-légers de Cœuvres pour tenir en bride la garnison de Seurre. Ces troupes faisoient de grands désordres aux environs de leur quartier; entr'autres, elles vinrent jusqu'à Aiserey, où elles prirent les gerbes, firent battre le bled et en perdoient beaucoup. M. le Conseiller Millière, qui en est seigneur en partie, en ayant eu l'advis, en fit plainte au Palais, ce qui fit crier. L'on députa les Syndics pour prier M. d'Espernon d'y mettre ordre. Ils y furent, et l'on envoya un archer pour leur faire commandement de se retirer; mais ils n'obéirent pas, ce qui donna sujet à une nouvelle assemblée, où l'on renouvella les arrests faits contre les commandans, contre ceux qui achèteroient du bled des soldats ou qui leur donneroient retraitte.

Or, il faut sçavoir que les commandans de ces régimens avoient escrit une lettre au Parlement au sujet de ces premiers arrests, laquelle ils avoient adressée à M. Bernard l'aisné, par laquelle ils suplioient la Cour de considérer qu'ils ne touchoient rien, qu'ils n'avoient aucun moyen de faire subsister leurs troupes, ny par conséquent de les contenir, qu'ils prioient la Cour de faire en sorte qu'ils fussent payés, et jusqu'à ce, de surseoir l'exécution de l'arrest qui ordonne que les commandans seroient arrestés. Sur ceste lettre, on donna charge à M. Bernard de leur escrire que deux ou trois d'entr'eux pouvoient venir pour adviser avec M. d'Espernon et les Esleus aux moyens de leur subsistance. Ces cavaliers, qui ne sçavent pas ce que c'est qu'un parlement, désiroient que la Compagnie s'engageast à ne point exécuter l'arrest, et avoient peine à se fier à la parole de M. Bernard. Ils y vinrent; mais les envoyés ne furent point agréables à M. d'Espernon, qui les maltraitta parce qu'ils s'estoient pourveus au Parlement, en sorte qu'ils furent contraints de se retirer et d'en renvoyer d'autres, lesquels estans venus et le Parlement tesmoignant chaleur pour ceste affaire, M. d'Espernon et les Esleus trouvèrent un fond que l'on promit à ces troupes, dont les chefs promirent qu'elles ne feroient ny dégats ny désordres.

Ces assemblées ne se passèrent pas sans chaleur; le Premier Président harangua contre les voleries de ces soldats qui avoient pris tous les grains des habitans d'Aiserey, et ce que quelqu'uns de Messieurs avoient dit luy donna sujet de dire qu'il ne sçavoit pas si on avoit cherché dans Aiserey M. Millière, mais qu'il sçavoit bien qu'on l'y avoit trouvé, et qu'on avoit pillé et saccagé tous ses habitans; que M. Millière luy permettroit de dire qu'il manquoit de prudence aussy bien que son cousin-germain qui parloit, et que leur malheur estoit de ne pouvoir soufrir qu'on saccageast la Province; qu'il attendoit au premier jour le mesme traittement que M. Millière avoit receu; qu'il ne falloit point procurer du paiement à ces troupes qui estoient plus que payées; qu'il n'y avoit en France aucunes troupes qui receussent plus d'une demie montre (1) pendant la campagne, que celles-cy l'avoient receue; au surplus, qu'elles avoient eu un quar-

---

(1) Solde qui se payait ordinairement pendant la montre ou revue où l'on constatait la présence des soudoyés.

tier d'hiver de cinq ou six mois pendant lequel on vériffieroit qu'elles ont touché et exigé des communautés des sommes immenses; que si on les payoit, elles ne cesseroient pas leurs brigandages, de sorte qu'il n'y avoit qu'à soufrir, ou informer sévèrement et faire punir les premiers pris.

C'estoit là son advis en quelques assemblées. Il a tousjours esté seul lorsqu'il a proposé de soufrir. Tous ont esté d'advis d'informer; mais à la dernière assemblée, il prit un advis que plusieurs suivirent, mais il n'y passa pas. C'estoit de députer au Roy pour luy faire plaintes de ces désordres, et que c'estoit le seul remède qui restoit pour le soulagement de la Province. C'estoit un advis concerté, car les principaux de son party en furent; mais les plus sages jugèrent que le remède estoit lent et inutile; qu'il falloit procurer le paiement aux troupes sur la partie du Roy, quoiqu'il ne leur fust rien deu, pour nous garantir de leurs pilleries; que la députation déplaisoit au Roy; qu'elle pouvoit estre prise par les autres provinces comme un effect de nostre mécontentement et un commencement de division dans la Province. Cest advis prévalut, comme je l'ay dit.

Le ... dudit mois, un vagabond, habillé en capucin, fut arresté prisonnier et conduit en la prison de la maison de Ville, après avoir esté interrogé par M. d'Espernon. M. le Premier Président estant en sa place dit que le Maire avoit arresté un prisonnier d'Estat chargé de lettres importantes; qu'il estoit important pour la seureté de la Ville et le repos de l'Estat que l'on sceust qui estoit ce prisonnier; qu'en son particulier, il luy importoit que la Compagnie en sceust la vérité, et la prioit de nommer des commissaires pour l'ouyr. Messieurs y consentirent sans beaucoup de réflexion. M. Fiot nomma M. Bretagne de Nansouthil, et le Président Desbarres nomma à la Tournelle M. du Bassin, lesquels ouyrent ce prisonnier.

Il résulte de ses responses qu'il estoit fils d'un laboureur de Picardie, et se nomme Frère Henry, religieux lay de l'Ordre des Capucins ; qu'ayant esté soubçonné par ses supérieurs d'avoir commerce trop estroit avec une fille de mauvaise vie, il fut emprisonné ; qu'après y avoir beaucoup soufert, il fut mis en liberté ; mais pour avoir parlé trop librement de quelques supérieurs, il a tousjours esté haï, de telle sorte qu'il n'a pu vivre dans cest Ordre, et a résolu d'aller s'en plaindre au Général ; qu'estant à Paris, il y a quelque tems, il y trouva le Père Bernardin du mesme Ordre (c'est le frère du Premier Président), auquel ayant raconté ses misères et descouvert son dessein, il receut des promesses de l'assister auprès de leur Général, et que c'est le sujet qui l'a amené à Dijon pour le faire souvenir de ce qu'il luy a promis et luy demander son assistance ; mais que n'osant paroistre au couvent des Capucins, il avoit pris dessein le jour de son arrivée en ceste ville, après avoir disné aux Chartreux, de le chercher par la Ville ; qu'il en demanda des nouvelles à un Chartreux, qui luy dit l'avoir veu par la Ville le matin, et qu'il pouvoit sçavoir chés M. le Premier Président le lieu où seroit ce Père ; qu'il entra à la Ville sur les trois heures, et fut d'abord au logis dudit sieur Premier Président, où ayant trouvé le portier il s'informa s'il n'avoit point veu ce jour là le Père Bernardin, lequel luy dit que non ; qu'il pria ce portier ensuitte de luy donner du papier et de l'encre pour luy escrire, et de faire en sorte qu'un laquais portast sa lettre ; que le portier luy donna du papier et de l'encre ; qu'escrivant, il vit Mme la Première Présidente qui reconduisoit deux Jésuites ; qu'il alla luy faire la révérence, et l'ayant informée de sa misère et de son dessein, il la pria de vouloir permettre qu'un de ses laquais portast sa lettre aux Capucins, ce que luy ayant accordé, un laquais y alla, et cependant luy s'occupa à dire ses heures.

Le laquais estant de retour, et luy ayant dit que le Père Bernardin n'estoit pas au couvent, il s'informa où il le pouroit trouver. On luy dit qu'il seroit peut-estre au Petit Cisteaux, chés M. l'Abbé de Cisteaux, son frère, et tous deux frères utérins de M. le Premier Président. En dessein d'aller au Petit Cisteaux, il rencontra un homme à luy inconnu, lequel l'abordant luy demanda où il alloit, et luy ayant respondu qu'il alloit au Petit Cisteaux, cest homme luy dit qu'il n'en prenoit pas le chemin, et luy donna un laquais pour l'y conduire, à ce qu'il disoit; mais il s'en trouva fort esloigné, car entrant dans la maison où on le conduisit, il y rencontra M. d'Espernon et M. le Maire (c'est M. Millotet), et un autre homme qu'il ne connut pas, qui est M. de la Marguerie, Intendant, qui l'interrogèrent et le fouillèrent; n'ayans trouvé sur luy que des lettres au Père Bernardin et à Tromisot de la Perrière, M. d'Espernon luy commanda de sortir de la Ville le lendemain. Les autres vouloient qu'on le mist en prison. Il promit d'obéir au commandement de M. d'Espernon, et se retira le soir aux Cordeliers pour y coucher, où il fut suivy de l'œil par le tripotier de M. Millotet ; deux jours après, il fut emprisonné par des Sergens de la Mairie par l'ordre du garde des Evangiles, et n'avoit veu personne depuis ny aucun juge pour l'ouyr.

Voilà ce qui résulte de ses responses, après la lecture desquelles le Premier Président dit qu'il estoit bien malheureux et que la Compagnie venoit d'ouyr la quatrième supposition que ses ennemis luy avoient faite depuis le mois de novembre, sans parler d'une cinquième qu'on luy a dit avoir esté fabriquée par trois de Messieurs de la Compagnie, dont deux estoient cachés derrière une tapisserie; l'autre interrogeoit un coupable et luy promettoit l'impunité de ses crimes, s'il vouloit accuser le Premier Président; que ce criminel eut assés de cœur pour refuser de condescendre à ceste infâme et lasche trahison; que peut-estre l'on en sçauroit un jour la vérité et pourquoy cela s'estoit fait. Quant aux autres, il en donneroit sa requeste et prieroit Messieurs de luy en faire justice; et quant à présent, il informeroit Messieurs de ce qu'il sçavoit concernant ce capucin, affin qu'en procédant au jugement de son procès rien n'en fust ignoré par la Cour.

Il dit donc que le 22 juin estoit un vendredy, qu'il tenoit l'audiance de relevée pendant que le capucin estoit en son logis ; que le soir de ce jour, sur les huit heures, il vint en son logis un gentilhomme de M. d'Espernon qui luy dit fort civilement qu'il avoit ordre de M. d'Espernon de venir sçavoir de luy ce qu'il désiroit qu'on fist d'un certain religieux ou qui se disoit tel, que l'on avoit surpris ce jour-là ; « quant à moy, dit le Premier Président, je ne fus jamais plus surpris ; et ne sçachant pas l'affaire, car ma femme ne m'en avoit pas parlé, je respondis à ce gentilhomme que je ne sçavois ce qu'il me vouloit dire. » — « Néantmoins, me repartit-il, ce religieux a esté céant sur les trois heures et a parlé à Madame. » — « Je luy dis que je n'en sçavois rien et qu'il falloit le demander à ma femme. Je laissay alors ce gentilhomme en ma salle et ayant demandé à ma femme si un religieux estoit venu au logis, elle me dit ce que vous avés veu dans ses responses. Je retournay le dire au gentilhomme qui estoit en ma salle, lequel me dit : « Hé bien, Monsieur, quelle response feray-je à M. d'Espernon ? » — « Je n'ay rien à luy respondre, luy dis-je. » — « Mais encore, Monsieur, que luy diray-je de votre part ? » — « Hà, luy dis je, puisque vous voulés response, dites luy de ma part que s'il a du soubçon contre ce religieux, qui n'est pas religieux, qu'il peut le retenir prisonnier ; que s'il n'en a point, que je luy conseille de le chasser de la Ville, car nous avons assés de pauvres sans luy. Le lendemain, qui estoit samedy, je fus au logis du Roy, je dis à M. d'Espernon que je croyois que le gentilhomme qu'il m'avoit envoyé luy avoit raporté la response que j'avois faite, et affin qu'il ne l'ignorast pas je la luy dis encore une fois. Il me dit qu'il n'avoit aucun soubçon contre le capucin. Sur cela, je le quittay et m'en vins. Voilà, Messieurs, ce que j'ay creu vous debvoir dire, c'est à vous maintenant de faire justice à ce religieux, permettez-moy de me retirer. »

L'ayant fait, l'on délibéra s'il debvoit rentrer ; quelqu'uns en estoient d'advis sur ce qu'il n'estoit pas partie ny récusé, mais ses amis d'abvis qu'il n'en cognoistroit pas, et il y passa. L'on prit les voix sur ce qui restoit à faire. M. de Nansouthil raporteur dit qu'il falloit instruire le procès et qu'on ne pouvoit le faire que sur les mémoires qui seroient remis au Greffe par ceux qui l'avoient fait emprisonner, qu'il paroissoit assés que c'estoit M. Millotet; et partant fut d'advis d'ordonner à M. Millotet de donner ses mémoires. M. Moisson, second raporteur, fut d'advis de mander M. Millotet derrière le bureau pour les donner. Il passoit ainsy jusqu'à M. Malteste qui dit que ce capucin avoit esté emprisonné par l'ordre du garde des Evangiles et qu'il n'y avoit aucune preuve que M. Millotet fust sa partie; ainsy que ce capucin ayant donné une requeste pour estre eslargy, il falloit la communiquer au Procureur général et, si l'on vouloit, la montrer au Syndic de la Ville qui instruiroit la Compagnie des charges qui pouvoient estre contre le moine. M. Lantin dit qu'il suffisoit de la communiquer au Procureur général lequel, auroit soin de prendre du Syndic de la Ville et de tous autres les mémoires et instructions qui se trouveroient contre ce capucin. M. Le Belin dit que la requeste du capucin avoit esté aportée à La Tournelle et qu'il y avoit eu arrest à communiquer, et par ainsy, que nous n'avions qu'à renvoyer l'affaire à La Tournelle pour y estre pourveu. M. le Président Brulart de mesme advis. M. le Président Fiot dit que Messieurs les Commissaires ayans esté députés des deux Chambres avoient bien fait de raporter à toute la Compagnie ce qu'ils avoient fait, et qu'après l'avoir ouy, il jugeoit qu'il n'y avoit rien à faire que de renvoyer le tout à la Tournelle.

On reprit les voix. Les raporteurs et plusieurs autres persistèrent dans leur advis; l'on soutint l'advis contraire et particulièrement le renvoy à la Tournelle puisqu'il y avoit eu un arrest sur requeste. M. Moisson disoit que l'on avoit opiné sur la requeste et qu'il y avoit eu arrest, qu'il l'avoit portée au Greffier et qu'estant retourné quelque tems après pour sçavoir si elle avoit esté appointée, ayant veu que non, il la reprit et la présentoit, à ce qu'il dit, la mesme, sans appointement, d'où l'on inféroit que la Tournelle ayant prononcé sur ceste requeste qui avoit esté présentée à la grand-Chambre, raportée par M. de Nansouthil et renvoyée à la Tournelle par ordre de la grand-Chambre, il n'y avoit plus de doute que l'affaire debvoit estre traittée à la Tournelle. Il passa néantmoins que M. Millotet seroit mandé pour sçavoir de luy les mémoires qu'il avoit contre ce capucin, et que l'arrest de la Tournelle seroit mis sur la requeste du prisonnier pour pourveoir à son eslargissement.

L'on s'estonnera de ceste bizarre façon de prononcer, car il falloit ou retenir l'affaire aux Chambres assemblées et mesme la requeste pour l'eslargissement, ou renvoyer le tout à la Tournelle, et partager une mesme affaire en deux Chambres, c'est faire, ce semble, l'impossible moralement. M. Bretagne de Nansouthil avouoit que la requeste du capucin pour son eslargissement luy avoit esté donnée; qu'en ayant parlé à la grand-Chambre, on avoit dit qu'elle debvoit estre renvoyée à la Tournelle, qu'il l'y porta et la remit sur le bureau. M. Moisson du Bassin dit qu'il la raporta et qu'il y eust arrest à communiquer; qu'il la porta au Greffier pour l'appointer et que depuis, estant retourné au bureau du Greffier et ayant sceu de luy qu'il ne l'avoit pas appointée, il la retira parce que quelqu'uns de Messieurs dirent qu'il falloit en parler à la grand-Chambre. Or, comme ce discours prouvoit nettement que l'affaire debvoit estre renvoyée à la Tournelle, il le changea et dit qu'il n'y avoit point eu d'arrest, qu'elle estoit demeurée en sa poche et qu'il la présentoit sans appointement. On luy soutint le contraire et on luy opposoit ce qu'il venoit de dire, en sorte qu'il ne sçavoit par où échapper. M. Le Goux fournit à son amy, dans cesté extrémité, un moyen pour se sauver qui ne valoit rien du tout et qui fit qu'on les traitta de ridicules. M. de Nansouthil, quoiqu'homme d'esprit, ne pouvoit soutenir son advis, et néantmoins il y passa, parce que le Premier Président le vouloit, et il y a apparence que ceste requeste fut retirée du bureau de la Tournelle pour oster le moyen d'y faire renvoyer l'affaire. Mais il en resta assés de preuves qu'elle y avoit esté pour confondre ces Messieurs de la ligue.

J'ay ouy dire que la requeste raportée par M. Moisson à la Tournelle fut appointée par le Greffier et l'arrest mis en marge et que depuis elle avoit esté retirée et une nouvelle mise à sa place, qui estoit celle que M. Moisson présenta aux Chambres assemblées. Or ces injustices se faisoient par les dévoués au Premier Président et ennemis de M. Millotet, partie pour détruire ce qui pouvoit nuire au Premier Président en ceste affaire.

Le lendemain, M. Millotet mandé dit qu'il avoit fait mettre prisonnier ce capucin ayant esté surpris chargé de paquets; qu'il y avoit plusieurs raisons pour cela, mais que la principale fut pour recognoistre ceux qui s'intéressoient à sa liberté; que s'il plaisoit à la Cour de luy communiquer le procès verbal des responses de ce prisonnier, il donneroit de plus amples instructions pour ce qui le concerne et du sujet de son emprisonnement, et suplioit la Cour de luy communiquer les mémoires sur lesquels il avoit esté ouy. L'on ne fit point droit pour lors sur ses réquisitions. M. de Nansouthil pressa deux ou trois fois que l'on opinast pour ordonner à M. Millotet de donner ses mémoires, et, le dernier jour de la séance, M. du Bassin dit que les gens du Roy avoient donné des mémoires ridicules contre ce capucin, lequel demandoit son eslargissement. M. le Premier Président se mit au bureau et pria la Compagnie de faire justice à ce criminel et que M. Millotet avoit dit qu'on l'avoit mis prisonnier pour recognoistre qui s'intéressoit à sa liberté; qu'il trouvoit en luy une personne qui prioit la Compagnie qu'on fist le procès à ce capucin criminel; que M. Millotet luy avoit fait ceste supposition sous le nom de M. d'Espernon. S'estant retiré, on dit que c'estoit à Messieurs de la Tournelle de pourveoir sur l'eslargissement du prisonnier, ce qu'ils firent.

L'histoire dit que ce capucin se trouva chargé de quelques lettres, qu'il entra chés le Premier Président par la porte de devant et qu'il en sortit par la porte de derrière. Chacun s'est estonné des précautions dudit Premier Président, lequel, sans observer les formes, fit nommer des commissaires pour ouyr un prisonnier qui n'estoit pas en nos prisons. Ces réquisitions n'ont point esté pour s'acquitter de son debvoir, car il ne présida point et se retira tellement qu'il fut requérant. Depuis, il a demandé extrait des responses de ce prisonnier et de ce que M. Millotet dit derrière le bureau, ce qui luy fut accordé.

Le..... dudit mois, le courier ordinaire de Paris pour Dijon arriva sans lettres et dit qu'il avoit esté volé près de Saint Seine par quatre cavaliers. Il aporta un procès-verbal dressé par le juge de Saint Seine auquel il retourna en faire plainte et auquel il dépeignit les voleurs. Ce vol donna sujet à une assemblée de Chambres où le Premier Président dit le contenu au procès-verbal avec beaucoup de paroles et s'estendit à descrire les habits et les chevaux des voleurs; il n'oublia pas de remarquer que deux ou trois estoient montés sur des barbes, voulant qu'on induisist de là que c'estoient des gens de la maison de M. d'Espernon; car, quoique ce ne fut pas une conséquence nécessaire et qu'il ne dit autre chose que le contenu au procès-verbal, chacun jugea néantmoins que sa pensée estoit telle que je l'ay dite, et l'on s'y confirma quand M. Le Goux remarqua avec le mesme soin que les voleurs estoient montés sur des barbes; et on lisoit en leurs âmes une joye dans l'espérance de descouvrir que ce vol estoit fait par l'ordre et par les gens de M. le Gouverneur. Il s'est écoulé un si long tems depuis ceste diée que j'ay perdu toutes les espèces de détails. L'on sceut depuis que c'estoit des soldats de la garnison de Seurre et que le paquet avoit esté porté dans leur Ville, d'où ils renvoyèrent, à ce que l'on dit, celles du Premier Président et de l'abbé de Cisteaux son frère. Il est certain qu'ils envoyèrent au quartier de Pouilly celles qui se trouvèrent adressées aux commandans et cavaliers et qu'ils retenoient avec soin celles de M. d'Espernon et de l'Intendant, lesquels peu de jours auparavant en avoient surpris et retenu qui s'adressoient à Bouteville, commandant dans Seurre. Aucuns de Messieurs vouloient que le Parlement envoyast un courier à Seurre pour les répéter. D'autres disoient que cela debvoit estre fait par l'authorité de M. d'Espernon, ou du moins de son consentement. L'on manda Ponier, commis au bureau de la poste, et on luy enjoignit d'envoyer un courier à Seurre pour retirer ces paquets, ce qu'il fit ayant auparavant prié M. d'Espernon de le trouver bon et de luy donner un passeport, mais cela fut inutile et le courier retourna à vuide.

Le 5 aoust, les gens du Roy aportèrent à la Compagnie une déclaration du Roy contre ce qui s'estoit fait au Parlement de Paris touchant la lieutenance donnée à M. d'Orléans. M. le duc d'Espernon entra au Palais ce matin là, et les Chambres assemblées, la déclaration leue, M. le Premier Président prit les voix. Il passa à communiquer. L'on remarqua que M. le Premier Président ne demanda point à M. d'Espernon son opinion, chacun s'en estonna, et de la modération de M. d'Espernon qui soufrit ceste injure faite en public. Les Advocats généraux ne tardèrent guere à renvoyer ceste pièce avec leurs conclusions sur lesquelles on prit les voix. M. Valon Syndic fut d'advis d'enregistrer et de la publier à l'audiance. M. Jacotot Doyen fut d'advis de quelque addition qui répétoit le contenu en la déclaration. Messieurs Millière et Jaquot furent de l'advis de M. Valon, et il n'y eut point d'autre advis. L'on voyoit assés qu'ils avoient déplaisir de se trouver engagés, mais il n'y en eut pas un assés hardy pour ouvrir un advis contraire. La difficulté fut seulement si l'on suivroit l'advis de M. le Doyen ou celuy de M. Valon. Quelqu'uns, comme M. Valon, dirent que ceste déclaration estoit inutile en Bourgogne où tout estoit calme et où tout conspiroit pour le service du Roy.

Il passa donc jusqu'à M. d'Espernon, mais l'on fut bien esbahy lorsque le Premier Président, au lieu de luy demander son advis, passa de M. de Thésut, l'ancien des Conseillers du costé de M. le Gouverneur à M. le Président Brulart, obmettant de gayeté de cœur M. le Gouverneur qui s'en offensa à ce coup, mais foiblement, et se contenta de dire au Premier Président qu'il s'estonnoit fort de sa façon d'agir, s'il doutoit qu'il eust voix délibérative, qu'il l'avoit aussy bien que luy et qu'il estoit Conseiller né en tous les Parlemens de France. M. le Premier Président luy dit qu'il ne doutoit point de son droit et qu'il l'avoit fait par mégarde. M. d'Espernon luy respondit qu'il n'estoit pas de qualité à estre oublié et qu'il avoit autant de droit que luy d'opiner en ceste affaire qui concernoit le service du Roy et le bien de l'Estat. L'autre luy respondit : « Je ne conteste pas vostre droit, je vous demande pardon; donc, Monsieur, vostre advis, s'il vous plaist. » L'ayant dit et les Présidens ensuitte, il passa à celuy de M. le Doyen contre celuy du Premier Président qui ne pouvoit dissimuler que ceste déclaration ne luy plaisoit pas.

M. d'Espernon se retira et Messieurs de la grand-Chambre ayans donné audiance, on leut ceste déclaration avec l'enregistrement, tel qu'il se peut trouver facilement sur les registres. Quant à l'action du Premier Président, il n'y a personne de jugement qui ne l'ait blasmée, car quoique M. d'Espernon soit son ennemy, si est-ce qu'il falloit dissimuler et ne point laisser éclater son animosité en si bonne compagnie et dans une rencontre où il estoit injure de la tesmoigner, l'on vit bien qu'il vouloit faire injure de gayeté de cœur à M. le Gouverneur et luy tesmoigner qu'il ne se soucioit guère de sa malveillance. Les amis du Premier Président ont blasmé ceste action et ont dit qu'il avoit perdu le sens et qu'il donnoit en toutes occasions beau jeu à ses ennemis. Et, en effet, luy mesme reconnut sa faute, car aux assemblées suivantes il se plaignit de M. d'Espernon qui estoit venu au Palais pour assembler les Chambres sans luy en avoir parlé auparavant, comme il debvoit estre fait suivant les anciens concordats faits entre le Parlement et les Gouverneurs; et par ceste plainte croyoit adoucir l'injure qu'il avoit faite, marquant qu'il en avoit receu une auparavant, mais l'on se moquoit de ceste plainte, car l'assemblée n'avoit point esté demandée par M. d'Espernon ny la déclaration aportée par luy, comme je l'ay dit cy-dessus. Quant à M. d'Espernon, qui est homme de peu de sens, il ne ressentit ceste injure que le Premier Président luy avoit faite qu'après en avoir parlé à ses amis. Il croyoit s'estre vengé sur le champ et que ce qu'il avoit dit rejettoit l'affront au Premier Président, et se plaisoit à raconter ceste adventure à ses amis qui ne pouvoient assés admirer sa foiblesse voyans qu'il tiroit advantage de ceste affaire injurieuse au dernier point. Le bonhomme se flattoit, outre cela, d'avoir obtenu par sa présence l'enregistrement de ceste déclaration, et je puis asseurer au contraire qu'il n'y contribua rien; chacun s'y porta par d'autres motifs, les uns par l'inclination qu'ils ont tousjours tesmoignée à servir le Roy, les autres pour n'oser se déclarer, ce qu'il auroit fallu faire pour prendre un advis contraire.

Il ne sera pas inutile de remarquer que la cour avoit grande passion pour que ceste affaire passast et que la jugeant difficile ou du moins incertain si on l'obtiendroit, le secrétaire d'Estat avoit envoyé à M. d'Espernon ceste déclaration en forme avec un arrest du Conseil portant la mesme chose et des lettres de cachet à cest effect, affin de tenter toutes les voyes et faire en sorte que si l'une estoit rebutée l'autre passast, et j'ay appris qu'ils tesmoignoient grande inquiétude pour ce sujet par les lettres qu'ils avoient escrites à M. l'Intendant et aux gens du Roy. Ce fut adresse à eux de surprendre le Premier Président et ceux de son party, car s'ils avoient eu le loisir de se recognoistre et pour adviser ensemble au moyen d'arrester ceste vérification, peut-estre qu'elle n'auroit pas passé si facilement, quoique je ne voye pas les moyens et les voyes qu'on auroit pu tenir pour cela; mais l'animosité et la chaleur d'un party fournit les inventions et n'examine pas leur justice, mais seulement si elles seront apuyées par le plus grand nombre, auquel cas elle les propose et les soutient avec impudence et effronterie. Les exemples en ont pu estre remarqués cy-dessus. Ensuitte l'on délibéra, ce me semble, si l'on escriroit au secrétaire d'Estat touchant l'enregistrement de ces lettres; il y passa contre l'advis de plusieurs qui vouloient faire le moins qu'ils pouroient, crainte, disoient-ils, de déplaire au Parlement de Paris, mais plutost pour favoriser le party des Princes.

Le 7 dudit mois.... le long tems a effacé de mon esprit les espèces de ces narrations, et l'embarras des affaires ou des maladies pendant cest automne m'ont fait perdre le loisir de rédiger ces relations par escrit. Celle-cy concernoit, ce me semble, le restablissement de Deschamps pour Syndic, à quoy un chacun se porta et l'on délibéra ensuitte sur les publications de l'ordonnance de M. d'Espernon, dont j'ay parlé cy-dessus, injurieuse au Parlement. Tous demeuroient d'accord qu'il ne falloit pas la soufrir, mais s'en venger. Plusieurs craignoient une rupture ouverte qui auroit fait éclater la guerre dans la Province, de sorte que M. de Berbis ayant proposé de faire tirer des registres de la Chambre de ville ceste publication et ce qui concernoit ceste ordonnance et d'y faire consentir M. d'Espernon, chacun l'accepta, ce qui fut exécuté du consentement de M. d'Espernon pourveu que le Parlement ne retinst point sur ces registres aucun arrest qui pust offenser sa dignité, ce que l'on promit.

Le 9 dudit mois, le Premier Président donna sujet à ceste assemblée. Je tiens à grande perte de n'avoir pu retenir les longues homélies qu'il fit en l'assemblée précédente et les doléances sur ces malheurs. Icy, je raconteray le contenu en deux requestes qu'il présenta. On les nomme les requestes des quatre suppositions.

[Aoust 1652]

Par la première, il se plaignoit de ce que l'on avoit arresté son valet de chambre à la porte de la Ville au mois de novembre dernier et de ce que on l'avoit menné à M. l'Intendant, laquelle injure il attribuoit à M. le Conseiller Maillard et de laquelle j'ay fait mention cy-dessus. Il prétendoit que ses ennemis avoient pris dessein de luy rendre un mauvais office, arrestans ce valet et le mennans par la Ville prisonnier pour irriter le peuple contre luy et le faire passer pour suspect au service du Roy.

En second lieu, il se plaignoit, mais en termes couverts, des fausses impressions qu'on donnoit de luy à la Cour, dont il pouvoit, disoit il, justiffier par escrit si ceux qui en avoient la preuve vouloient la luy donner. Il entendoit par ce discours le billet dont j'ay parlé cy-dessus qui n'estoit sceu que de peu de personnes, d'où vient que la plupart n'entendoient pas le second chef de ceste plainte.

Le troisième concernoit une action fort noire si elle eust esté vraie, car il se plaignoit d'un Conseiller qui avoit mandé en sa maison un advocat nommé Pérard accusé d'avoir mal parlé du Roy, et luy avoit promis impunité de son crime de la part de M. d'Espernon, s'il vouloit déclarer que M. le Premier Président l'avoit obligé d'émettre apel de la nomination faite de la personne du Procureur Chevalier pour Syndic de la Ville et donner la promesse d'indemnité qui luy avoit esté faite par ledit Premier Président, ce qu'ayant esté demandé avec menaces et depuis avec promesses par ledit sieur Conseiller, un autre Conseiller et un Advocat général cachés derrière la tapisserie, cest Advocat avoit refusé de s'impliquer en une si noire calomnie; et parce que, disoit la requeste, il avoit desjà fait plainte de ceste imposture en sa place et que M. Millotet estoit venu derrière le bureau luy renouveler l'injure, il demandoit extrait de ce qui se trouveroit sur les registres concernant ces affaires pour luy servir au procès qu'il avoit à Rouen contre les Advocats généraux pour réparation d'injures. Il ne reste qu'à sçavoir que M. Millotet estant derrière le bureau dit avoir appris que des officiers de la Compagnie avoient commis une action digne de punition exemplaire, voulans suborner un criminel pour accuser M. le Premier Président; que ceste action estoit si criminelle qu'il avoit creu en debvoir poursuivre la vengeance et pour cest effect suplier la Cour d'ordonner à M. le Premier Président de nommer les coupables affin qu'il pust se déclarer leur partie. Sur ce discours, le Premier Président s'eschauffa et dit que peut estre il en estoit l'un, dont Millotet demanda depuis réparation par une requeste.

L'autre requeste du Premier Président contenoit la quatrième supposition que je raconteray au long. Il dit qu'au mois de décembre dernier un messager de Salins estant venu aporter des lettres en ceste Ville à des particuliers et s'en retournant passa par Auxonne, où il fut arresté et conduit au Maire qui, l'ayant interrogé en présence du Gouverneur, le voulut forcer à dire qu'il venoit de porter des lettres de M. le Prince à M. le Premier Président, ce que ce messager asseura moyenant quelques escus d'or qui luy furent donnés par le Maire, lequel avoit ensuitte dressé procès verbal remply de ces faussetés; demandoit que ce Maire qui se nommoit Borton fust assigné pour se voir condamner en vingt mille livres d'intérest et en une réparation proportionnée à l'offense faite à une personne de ceste qualité. Les parens du Premier Président retirés et l'affaire renvoyée à la Tournelle, il y eut arrest, ensuitte assignation donnée à Borton qui contesta pardevant M. Bernardon. Or, depuis, le sieur de Saint-Quentin, capitaine des gardes de M. d'Espernon et gouverneur d'Auxonne, ayant formé intervention en ceste instance, évoqua l'affaire dont je n'entends plus parler. Voicy ce que j'en ay ouy dire à Borton : qu'environ le tems marqué, un messager du comte fut amené en sa maison parce qu'un charetier qui estoit venu de Dijon à Auxonne avec luy avoit dit que ce messager avoit aporté des lettres

[Aoust 1652]

de M. le Prince à des Conseillers et Présidens de Dijon, sur quoy l'ayant enquis et le tout nié par luy, on l'avoit chassé de la Ville ; qu'à la vérité, il avoit dressé un procès-verbal de ses responses que personne n'avoit veu et lequel il avoit négligé comme de petite conséquence, et que l'on n'avoit plus parlé de ceste affaire.

Il y avoit longtems qu'un chacun attendoit ces requestes parce que le Premier Président en parloit souvent, et l'on croyoit qu'elles descouvriroient des choses horribles et fort inconnues, de sorte que l'on fut surpris de ce que c'estoit si peu de chose; on croit qu'elles ne sont présentées à autre fin que pour pouvoir justifier au conseil que M. d'Espernon est son ennemy, et pour détruire par ce moyen ce qu'il dira au Roy contre la conduitte du Premier Président, qui estoit jugé malheureux de se voir réduit à lutter contre des gens de si basse étoffe et de s'allarmer des moindres choses.

Les 12 et 13 dudit mois, il y eut des assemblées au sujet du refus que la Chambre de Ville faisoit de recevoir le Procureur Deschamps pour Syndic ; les résolutions s'en verront sur les registres de la Cour et j'en ay oublié le détail.

Icy se trouvent quatre ou cinq feuilles du présent journal qui paroissent avoir esté arrachées.

Au surplus, le journal cy-dessus a esté extrait sur l'original escrit de la main de l'auteur et communiqué par M. son fils, Conseiller en ce Parlement (1).

---

(1) Note du manuscrit.

SUITTE DU JOURNAL PRÉCÉDENT

Escrite par le mesme auteur sur des feuilles volantes, extraitte sur l'original.

(Novembre 1652 — Février 1653.)

J'ay dessein de continuer l'histoire secrette du Parlement; mais parce que la méthode que j'ay observée aux années précédentes est longue, et que j'ay moins de loisir que lorsque je m'en servois, j'en choisis une autre qui conservera en gros le souvenir de ce qui aura esté fait touchant les affaires publiques.

L'hyver s'est écoulé et je suis arrivé à Pasques sans avoir mis la main à la plume, ennuié des sottises qui se faisoient et croyant peu utile de remarquer l'impétuosité d'un party aveuglé de passion, et les laschetés d'un gouvernement efféminé; néantmoins, plusieurs circonstances m'ayans paru considérables, j'ay résolu de conserver pendant ces féries de Pasques ce qui me reste en la mémoire de l'histoire de nostre Compagnie depuis la Saint-Martin.

Les vacations de l'automne avoient esté assés longues pour fournir des sujets de plainte et d'homélies à la rentrée du Parlement. M. le Gouverneur avoit fait son voyage en Bresse, en Masconnois et au Charolois, où il avoit traité avec les Syndics du pays pour leur exemption de garnisons pendant le quartier de l'hyver moyenant des sommes considérables. Ceste manière d'obtenir descharge des soldats estant sceue par la Province, toutes les Villes tentèrent de l'obtenir pour de l'argent. Quelqu'unes l'obtinrent, d'autres non; mais il y en eut assés qui en vinrent à bout pour oster à M. le Gouverneur le moyen de pouvoir loger toutes les troupes dans les Villes, en sorte qu'il fut contraint d'en mettre dans les villages. Il choisit pour cela ceux qui appartenoient à ses ennemis, et entr'autres il en logea à Villotte où M. le Conseiller Catin avoit du bien et à Flavignerot dont il est seigneur. D'ailleurs, pendant les vacations, M. d'Espernon avoit délivré des commissions pour lever un régiment de cavalerie, ce qui se fit avec tant de désordre que s'il eust esté levé entièrement dans le ressort, la Province estoit ruinée; mais comme une partie se levoit au Masconnois et dans l'Auxerrois, nous ne portasmes qu'une partie de ces voleries extraordinaires et insuportables, mais elles furent telles qu'on ne put les dissimuler.

C'est pourquoy, dans les premiers jours après la Saint-Martin, M. Catin s'estant plaint de l'opression qu'il souffroit par le logement des gens de guerre dans ses terres, sans sujet et par la malice de ses ennemis (il vouloit dire M. Le Belin Conseiller, qui est son ennemy depuis quatre ou cinq ans), et ayant demandé à la Compagnie sa protection, l'on proposa d'envoyer Messieurs les Syndics à M. le Gouverneur pour le suplier d'oster ces garnisons et de conserver doresnavant les terres et les sujets de Messieurs, et M. Le Goux et ceux de son party qui crioient seulement pour la descharge de leur amy proposèrent de députer au Roy pour ce sujet. Ceux du party contraire qui croyoient leurs terres en seureté ne faisoient pas tant de bruit, mais ils ne rebuttoient pas la proposition d'obtenir une déclaration du Roy pour exempter les terres de Messieurs de logemens de gens de guerre, et disoient qu'un Conseiller mérite bien ceste faveur que l'on accorde aujourd'huy au moindre capitaine d'infanterie, et tous demeuroient d'accord de s'adresser auparavant à M. le Gouverneur, ce qui fut exécuté, mais avec peu de fruit; car il respondit qu'il faisoit grand estat de la Compagnie, qu'il respectoit Messieurs, qu'ils ne logeroient point de troupes dans leurs maisons, mais que pour leurs sujets, ils estoient sujets du Roy et debvoient porter les charges comme les autres; qu'il ne pouvoit accorder la demande de M. Catin, parce que les soldats n'estoient point dans ses maisons, mais dans celles des sujets du Roy.

Ceste response eschauffa les amis du sieur Catin et despleut à tous en général. On commença à crier contre le Gouverneur, que la fidélité de la Compagnie estoit bien récompensée, que ceste distinction faite par M. le Gouverneur estoit inouïe, que l'on n'avoit jamais révoqué en doute l'exemption pour les maisons de Messieurs soit à la Ville, soit à la campagne ; que Messieurs du Parlement de Provence avoient obtenu déclaration du Roy pour l'exemption de leurs terres et qu'il falloit poursuivre l'expédition d'une pareille (M. Le Goux fit voir une copie imprimée de celle du Parlement de Provence); que par ce moyen on s'affranchiroit de la violence des Gouverneurs qui intimident par ces verges et ces fléaux ; qu'il n'estoit pas juste qu'on despendist de leur bonne ou mauvaise humeur, ny des fausses impressions qui leur seroient données par les ennemis des uns ou des autres. Ce bruit ny mesme la résolution ne mettoient pas ordre aux désordres qui se faisoient chés M. Catin, et plusieurs jugeoient que le Conseil ne donneroit pas une déclaration si désadvantageuse aux Gouverneurs et au Conseil mesme qui perdroient par l'exécution de ceste déclaration un moyen de faire réussir dans le Parlement ce qu'ils vouloient faire passer; outre que l'exécution despendant du Gouverneur, l'on ne pourroit l'y contraindre et il ne craindroit pas d'y contrevenir estant bien à la Cour, comme le sont d'ordinaire les Gouverneurs.

Ainsy, l'on jugeoit ce remède foible et inutile, mais on vouloit bien le tenter pour ne pas paroistre ennemy des advantages de la Compagnie, quoique plusieurs jugeassent qu'il n'estoit proposé que pour faire davantage de bruit à la Cour contre M. d'Espernon. Quant à M. Catin, il fut conseillé de s'adresser à M. d'Espernon, et cela réussit, car M. d'Espernon agréa que M. Catin vinst luy demander ceste grâce, ce qu'il fit en luy promettant service en toutes occasions.

Ceste affaire terminée, il restoit de pourveoir aux désordres des gens de guerre qui ravageoient la Province. Le Premier Président en avoit tous les mémoires et les faisoit valoir, haranguant continuellement. A la fin, on résolut d'informer partout de ces désordres par commissaires de la Cour qui furent ensuitte nommés par M. le Premier Président auxquels il fut aussy enjoint de se faire représenter par les Maires des Villes les traittés qu'ils avoient faits pour la descharge des garnisons. Le sujet de ceste résolution estoit pour faire voir que les Villes donnans de grandes sommes pour estre deschargées, ces exemptions retomboient à la foule du plat pays et par conséquent à la ruine des Villes; et par, ainsy ces traittés estans ruineux, le Parlement debvoit en remonstrer au Roy l'importance et le suplier de ne les point authoriser, ce que l'on ne pouvoit, disoit on, qu'en justiffiant de ces traittés. Mais le but principal estoit de faire cognoistre à la Cour l'argent que M. d'Espernon exigeoit de la Province soit par ces traittés, soit par les concussions et voleries des gens de guerre et de son nouveau régiment de cavalcrie. Cest arrest fut exécuté par plusieurs des commissaires ; le mesme arrest portoit qu'il seroit informé des courses et des désordres commis par la garnison de Seurre, qui avoit depuis peu de tems pillé Cuizery, petite ville de la Bresse chalonnoise.

Cest arrest, qui fut fait peu de jours après la Saint-Martin, satisfit un peu la colère des ennemis de M. d'Espernon et le zèle de ceux qui suportoient avec déplaisir la désolation de la Province; mais il aporta peu de remède, car que peuvent des arrests sans exécution qu'en papier, et lorsque la force légitime qui doit assister les ministres de la justice est l'objet de sa colère et la cause générale de la ruine des peuples! Nous ne voyons à présent autre effet de cest arrest que des informations faites par les commissaires, chacun en son détroit, qui n'ont point encore paru, mais l'on croit que M. le Premier Président en a pris des copies pour justiffier au Roy et aux Ministres des désordres excessifs qui se commettent en ceste Province par les gens de guerre. Son premier dessein estoit de les envoyer au Roy par députés, que le Parlement avoit résolu d'envoyer pour faire remonstrances à S. M. sur plusieurs affaires dont nous avons parlé dans le journal des années précédentes et au sujet encore d'une contention pour la jurisdiction qui fut meue à la Tournelle au raport de M. Millière. Voicy quel est le fait :

M. d'Espernon avoit eu advis que le commandant dans Seurre entretenoit intelligence à Montbard pour surprendre le chasteau de Montfort. Il y pourveut, en sorte que l'entreprise fut descouverte, et ordonna ensuitte au Prévost d'Auxois d'en informer, ce qu'il fit, et ayant mis en prison ferme à Montbard les criminels, il instruisit leur procès entièrement. Or, parce qu'il se trouva que l'un d'entre eux estoit de la maison du Premier Président ou connu de luy, il fut conseillé de ne point soufrir que le prévost le jugeast, et présenta requeste au Parlement, dont M. Millière fut raporteur, lequel fit donner arrest par lequel il estoit enjoint au prévost d'envoyer la procédure. Ce ne fut pas sans émotion qu'il fit résoudre que l'on assembleroit les Chambres le 31 janvier 1653 pour pourveoir sur ceste requeste.

Messieurs Millière, Bretagne, de Nansouthil, Le Goux, Jaquot, etc., estoient d'advis d'ordonner que ces prisonniers seroient amenés à la conciergerie du Palais et de se plaindre au Roy de l'entreprise de M. le Gouverneur qui prétendoit jurisdiction contentieuse. Les autres disoient qu'il n'y avoit aucune entreprise, puisqu'il avoit simplement ordonné au prévost de faire sa charge en ceste occasion ; que le prévost seroit seul juge et non M. d'Espernon ; qu'il falloit donc traitter ceste affaire comme estant de la cognoissance du prévost, et partant qu'il falloit la renvoyer à Messieurs de la Tournelle pour y pourveoir et qu'ils debvoient estre asseurés que la Compagnie apuyeroit la résolution qu'ils prendroient. C'estoit l'advis de Messieurs Le Belin, Berbis, de Chaumelis, de La Mare, Malteste, etc. Mais M. de Gand dit que M. d'Es-

pernon luy avoit dit que ceste affaire estoit de sa jurisdiction et n'appartenoit point au Parlement. M. Berbis disoit au contraire que M. d'Espernon ne prétendoit aucune jurisdiction contentieuse. M. de Gand, opiniastrant le contraire, le persuada facilement à Messieurs Millière, Le Goux et autres du party contraire qui auroient esté bien marris que M. d'Espernon n'eust pas contesté, tellement que prenans fondement sur ce que disoit M. de Gand, ancien conseiller et confident de M. d'Espernon, ils emportèrent facilement qu'on s'en plaindroit au Roy, et c'est ce qu'ils vouloient pour faire du bruit, ce qui dépleut aux autres, tant par attachement à M. d'Espernon que parce qu'il n'estoit pas vray qu'il voulust prétendre aucune jurisdiction; outre qu'ils voyoient bien que la Compagnie perdroit sa cause au Conseil, et ainsy ils jugeoient qu'elle debvoit se faire droit et pourveoir sur la requeste à la Tournelle sans former une question qui n'estoit pas meue pour, par mesme moyen, sauver l'authorité de la Compagnie et l'intérest de M. le Gouverneur. Les autres, au contraire, ne songeoient qu'à décrier son gouvernement et ne se soucioient guère du reste. Et depuis, il arriva que le Conseil, par un arrest qui fut aporté ou signiffié aux gens du Roy, maintint la jurisdiction du prévost et fit deffenses au Parlement de prendre cognoissance de ceste affaire. Et voilà ce que produisit l'envie de nuire au Gouverneur qui consentoit que le Parlement fust juge de l'affaire jusqu'à ce qu'il eust esté poussé jusqu'où je viens de dire et engagé par nostre malice à se maintenir au préjudice de la Compagnie.

Or, comme le Premier Président faisoit profession ouverte d'inimitié avec M. d'Espernon, qu'il ne luy rendoit point de visite, qu'il crioit continuellement contre les désordres de la Province, qu'il supputoit sans cesse les contributions et les exactions des gens de guerre, et en un mot qu'il déclamoit comme un puissant zélateur du bien public et en effect comme un enragé ennemy du Gouverneur, celuy-cy, de son costé, escrivoit à la Cour contre le Premier Président et ne songeoit qu'à le perdre. Il avoit à ses costés des personnes de la Compagnie qui ne s'endormoient pas lorsqu'il s'agissoit de la ruine du Premier Président. Messieurs Millotet, Le Belin, Conseiller, homme droit et d'esprit subtil et malicieux, enfloient les moindres occasions et poussoient avec vigueur ceste animosité de M. le Gouverneur, dont le crédit estoit assés grand auprès du Cardinal Mazarin pour obtenir satisfaction sur ce point, mais l'humeur du Cardinal n'estoit pas de pousser les affaires à ceste extresmité.

Il considéroit le Premier Président pour estre très puissant auprès de M. le Prince et ne vouloit point ruiner celuy-là que son protecteur ne fust abattu, et en cela le bonhomme s'équivoquoit, car on n'estime pas que M. le Premier Président soit aimé de M. le Prince, lequel croit que M. le Premier Président debvoit se sacrifier pour son service.

La suitte fera cognoistre la vérité; tant est que le Cardinal soit par ceste raison, comme on le dit, soit qu'il ne jugeast pas le Premier Président coupable au point de perdre sa charge, soit qu'il ne voulust pas donner ceste satisfaction à M. d'Espernon et l'obliger par ce refus à rechercher son alliance, sçachant très bien qu'il ne souhaittoit rien tant que de perdre le Premier Président, il n'accorda à M. d'Espernon autre chose sinon qu'on feroit venir à Paris le Premier Président, et qu'y estant l'on adviseroit ce que l'on pouroit faire de luy.

A cest effect, le Secrétaire d'Estat luy envoya une lettre de cachet qui estoit en effect un *Veniat*, mais déguisé par des complimens indignes de celuy au nom duquel se font de telles lettres, par laquelle il estoit enjoint au Premier Président d'aller à Paris. Sitost qu'on le sceut par la Ville, ses ennemis publièrent avec joye qu'il avoit receu de la Cour un *Veniat*. Ses amis au contraire disoient que c'estoit une lettre de compliment par laquelle S. M. luy tesmoignoit la satisfaction de ses services et l'envie qu'elle avoit de l'entretenir sur des affaires importantes, et luy ordonnoit pour cela de venir à Paris. Il est vray que ceste lettre estoit conceue en des termes qui n'avoient rien d'aigre et qu'elle n'estoit pas du style des *Veniat;* mais en effect c'en estoit un déguisé, et la raison de ce déguisement estoit l'ignorance des Ministres qui ne sçavoient pas l'estat de la Province et du Parlement et qui craignoient de mouvoir ces deux corps en irritant le Premier Président; mais ils se trompoient, car, quant à la Province, elle ne prenoit aucune part à ce qui regardoit le Parlement, lequel, de son costé, désuni par les divisions qui le ruinoient depuis plusieurs années, seroit demeuré dans le silence, quoy que l'on eust fait au Premier Président, les uns pour estre ses ennemis, les autres pour n'estre ny assés hardis ny assés forts.

Ces deux sortes d'hommes composans le Parlement, la Cour n'avoit rien à craindre usant de son style ordinaire; mais la révolte des Provinces avoit esté si fréquente depuis peu d'années par le moyen des Parlemens qu'ils craignoient ceux mesme dont il n'y avoit rien à craindre, et leur apréhension estoit augmentée parce qu'ils sçavoient que plusieurs de la Province avoient inclination pour M. le Prince et que la Ville de Seurre pouvoit épauler les rebelles et les mécontens, et que d'ailleurs M. d'Espernon n'estoit pas assés authorisé ny assés vigoureux pour réprimer un soulèvement, et ce qui estoit arrivé en Guienne sous luy augmentoit la deffiance qu'ils en avoient avec raison.

Car c'est un homme mol, fainéant, ennemy des affaires et qui ne songe qu'à complaire et à badiner avec une jeune fille qu'il aimoit en Guienne et qu'il a amennée de ce pays là en ceste Ville et chés laquelle il est depuis le disner jusqu'à minuit à jouer ou à voir des joueurs, les affaires luy estans assés ennuieuses et autant déplaisantes que le seroient à un honneste homme ces divertissemens qui sont ridicules quand ils sont continus, et c'est néantmoins tout ce qui occupe M. nostre Gouverneur. Il l'avoit conduitte par la Province au voyage qu'il fit au mois d'octobre duquel j'ay parlé cy-dessus. Elle avoit tout pouvoir sur luy. Sa maison estoit divisée, les jeunes gens débauchés estoient du party des femmes, les sages estoient ennemis de ceste infasme lascheté, mais ils n'estoient pas les plus forts ny bien receus, car leur maistre estoit aveuglé d'amour pour ceste femme. Il se promenoit sans cesse avec elle, rien ne luy plaisoit tant que les civilités qu'on luy faisoit, il faisoit mesme ses dévotions avec elle. Enfin, il la traittoit en public comme sa femme qu'il auroit aimée passionnément.

Au reste, ceux qui vont jouer chés elle et qui y voient M. d'Espernon disent qu'il n'y a rien de si modeste ny de si retenu; que bien loin de voir aucune action deshonneste, l'on n'y entend pas une parole ambigue et équivoque. D'autres néantmoins disent qu'il ne tient qu'en luy qui est vieux et impuissant, et, s'il en faut juger suivant les règles ordinaires, il y a grande apparence, car de faire croire qu'il est seulement charmé de son esprit c'est moquerie, et quand cela seroit l'on n'en demeure pas là et l'union des corps suit de près celle des esprits entre un homme et une femme, particulièrement celle-cy estant d'une condition vulgaire et fille d'advocat de la ville d'Agen, qui ne subsiste qu'aux despens et sur la bourse de M. d'Espernon qui retranche d'autant la subsistance qu'il devroit donner à sa femme et à son fils le Duc de Candale qui enrage de ceste conduitte, et nostre Province en vaut pis, car la despense de ceste femme monte à dix mille escus. Elle ne loge pas au logis du Gouverneur et n'y va jamais, mais il est chés elle continuellement et prend soin de luy chercher des logemens commodes et paroist tout transporté de joye lorsqu'il la voit en son carosse lorsqu'elle vient entendre la messe à la Sainte-Chapelle.

Mais, puisque j'ay commencé le portrait de Monsieur d'Espernon, je l'achèveray. C'est un homme de 60 ans, de belle taille et bien fait, d'un visage qui n'est pas beau, mais qui est majestueux; il parle bien et sçait de belles choses pour un cavalier. Il est prompt extresmement et fort glorieux, mais déférant et civil à qui luy rend honneur. Les affaires l'embarassent, non pas qu'il ne les entende; mais il ne veut pas s'en donner la peine, et s'en remet ou sur l'Intendant ou sur M. Le Belin, Conseiller au Parlement. Sa fainéantise le décrédite à la Cour et le rend mesprisable dans la Province. Les gens de guerre se soucient fort peu de ses ordres et le Parlement ne redoute point sa force ny son authorité, et c'est pourquoy la Province a esté pillée par les soldats et c'est ce qui a excité les crieries du Parlement. Je ne dis rien de la vanité d'un Gascon et de la superbe d'un gentilhomme qui veut estre traitté d'Altesse et de Prince, ny de la rapacité d'un Gouverneur de Province, car deux choses semblent l'y porter : l'une qu'il ne jouit pas de ses revenus à cause de la guerre de Guienne, et l'autre qu'il a trouvé en Bourgogne le chemin des voleries si battu et les esprits si lasches et tellement accoustumés à la tyrannie qu'il n'a eu qu'à continuer ce qui se pratiquoit et à dire : *Je veux*, car la coustume de ce pays est d'obéir à ce seul mot. Si j'oublie quelque trait, il sera facile de l'adjouter par ses actions dont je parleray suivant les rencontres.

Il est tems que je reprenne le fil de nostre histoire, qui n'aura guère de suitte parce qu'elle est faite suivant ce qui me vient en mémoire et rédigée aux termes qui se trouvent au bout de ma plume laquelle se presse d'arriver à la fin de ceste narration.

Peu de temps avant que le Premier Président partist pour Paris, il eut une advanture qui fait partie de nos mémoires. Un samedy, après le disner, traversant la place Saint-Jean, il rencontra un gentilhomme nommé Roncerolles, amy du cardinal Mazarin et qui avoit employ dans les troupes de Bourgogne sous M. d'Espernon. Cest homme n'estant pas amy du Premier Président passa fort près de luy sans lever le chapeau, ce qui donna sujet de plainte au Premier Président, lequel le lundy suivant demanda l'assemblée des

Chambres où il raconta ceste advanture ; mais parce qu'il auroit eu peu d'apparence de se plaindre de l'incivilité de ce gentilhomme, et qu'elle n'est point punie par les loix non plus que l'ingratitude, il adjouta que Roncerolles luy avoit fait des grimaces qu'il révoquoit à injure. Or, parce que ses termes sont remarquables, je les ay conservés en ma mémoire.

Il dit donc que venant au Palais pour y servir le Roy et le public, ayant sa robe à l'ordinaire et estant devant le logis de M. le Président Joly, il vit de l'autre costé du ruisseau trois gentilshommes dont l'un s'apelle Roncerolles, l'autre Montmain et le troisième luy est inconnu ; qu'il reconnut que ces trois hommes l'ayans aperceu s'envinrent à luy et traversèrent le ruisseau, mais qu'entr'autres estoit remarquable le sieur de Roncerolles s'en venant à grands pas les mains sur le rognon, le chapeau relevé en fanfaron, et qu'il ne doute pas que si on visitoit le pavé, il se trouveroit enfoncé par la pesanteur et la force de ceste démarche ; qu'estant près de ces trois hommes, le sieur de Roncerolles passa fort près de luy sans lever le chapeau et luy faisoit une grimace afectée et injurieuse ; que par bonheur, il ne fut point heurté du coude par Roncerolles, et que, si cela fust arrivé, il auroit esté renversé par terre, puisqu'il alloit avec une telle fierté et force qu'il auroit abattu mesme les maisons voisines s'il les eust touchées ; que ceste injure ne le touchoit point en particulier parce qu'il n'avoit jamais eu rien à démesler avec Roncerolles, et partant qu'il ne s'en plaignoit pas, outre qu'il estoit accoustumé à souffrir des injures, mais qu'il la racontoit à la Compagnie parce qu'elle estoit faite au chef de la justice et en haine des arrests par lesquels on informoit contre les gens de guerre ; que, quant à luy, il maintiendroit l'honneur de sa charge autant qu'il pouroit, mais qu'il avoit besoin du secours de la Compagnie en plusieurs occasions, et qu'en celle-cy il laissoit à Messieurs d'adviser si ceste injure debvoit estre soufferte ou vengée ;

et, sortant de sa place, il se mit derrière le bureau où il pria la Compagnie de trouver bon qu'il ne demeurast pas juge, quoiqu'il ne voulust pas estre partie.

Les opinions prises, M. Jacotot, Doyen des Conseillers, dit qu'il falloit s'en plaindre à M. d'Espernon et luy en demander justice; que Roncerolles seroit obligé de déférer à ce qui seroit ordonné par M. le Gouverneur, lequel afectionnoit assés la Compagnie pour luy procurer satisfaction de ceste injure. M. Millière, cousin germain du Premier Président, fut d'advis de prise de corps contre M. de Roncerolles; M. Le Goux et d'autres d'adjournement personnel.

M. Malteste dit qu'il ne croyoit pas qu'on eust jamais décrété sur une simple plainte faite par aucun de Messieurs ou en sa place ou derrière le bureau et qu'il falloit un fondement aux arrests; partant estoit d'advis d'ordonner au Premier Président de dresser un procès-verbal contenant sa plainte, et que, s'il ne vouloit pas le faire, on ne pouvoit respondre sur sa demande. M. de Chaumelis soutint fortement ceste opinion, et dit qu'on n'hésiteroit point à demander un procès-verbal si la plainte estoit faite par un Conseiller et qu'il ne voit pas de raison de différence; que la parole d'un Conseiller valoit autant que celle d'un Premier Président qui debvoit par conséquent estre soumis aux règles communes.

M. le Président Brulart parla de l'affaire et justiffia Roncerolles, dit qu'il sçavoit bien qu'il n'avoit pas sujet d'estre amy du Premier Président et qu'il estoit homme d'honneur et de condition qui sçavoit le respect deu aux officiers d'un Parlement, et que s'il ne l'avoit rendu, c'estoit pour la haine personnelle qu'il avoit pour M. Bouchu; que ce n'estoit pas chose extraordinaire qu'un ennemy ne saluast pas son ennemy, qu'il estoit ridicule d'adjouter des grimaces pour augmenter l'injure et que ce seroit chose difficile à prouver, et fut de l'advis de M. le Doyen. Il passa que l'on ne toucheroit point à l'affaire qu'au cas que le Premier Président donnast un procès-verbal, et qu'en le donnant on pouroit décréter un adjournement personnel, lequel néantmoins ne seroit point poursuivy à cause de la qualité de lieutenant-général des armées du Roy en Bourgogne.

Les amis du Premier Président et ennemis de M. d'Espernon donnoient en ceste affaire avec une chaleur extraordinaire. Les personnes modérées ne purent s'empescher de seconder ceste ardeur, mais avec retenue, crainte qu'on ne dist qu'ils trahissoient l'honneur de la Compagnie et qu'ils n'avoient pas le cœur de venger l'injure faite à tout le corps en la personne du chef. Aucuns disoient qu'il falloit informer avant que de décréter, et les anciens adjoutoient que M. le Président Fremyot ayant esté offensé dans la Chambre des huissiers par le grand Prieur de Champagne et ayant fait ses plaintes on luy avoit dit qu'il donnast sa requeste. Cest exemple sembloit préjuger ce dernier, mais on dit que ce seroit rendre partie M. le Premier Président qui ne vouloit pas l'estre et qui ne se plaignoit pas, et que la Compagnie seule offensée vengeroit ceste injure sans partie sur l'advis qui luy en estoit donné par M. le Premier Président. Quant à moy, ayant fait réflexion sur l'arrest et en ayant ouy parler à des personnes de la Compaguie très sages, je crois que nous ne fismes pas bien, soit que l'on considère le sujet de la plainte qui est très léger, soit par la forme de procéder, car c'est se tromper à plaisir que de distinguer le Premier Président de M. Bouchu, outre que l'on sçait assés que la charge de Premier Président ne blesse personne et que l'injure n'a pu estre faite que pour celuy qui en est pourveu.

Or, M. le Premier Président estant adverty de l'arrest se plaignit en sa place de la proposition qui avoit esté faite de demander justice de ceste injure à M. le Gouverneur, lequel, dit-il, est mon ennemy déclaré et qui me persécute depuis un an. Et ensuitte, il adjouta qu'il s'estonnoit que ceux qui avoient donné à souper à Roncerolles la veille de l'assemblée fussent demeurés en leurs places pour estre juges.

Il vouloit parler du Président Brulart lequel estoit absent pour lors, et continuant il dit qu'il ne sçavoit pas si Roncerolles estoit de si bonne maison qu'on l'avoit dit, mais, à juger de sa naissance par son action, il n'estoit pas gentil homme. Ensuitte, il s'emporta à beaucoup de choses contre le Président Brulart, et ayant mis sur le bureau le procès-verbal dressé par luy, contenant ce qu'il avoit dit en l'assemblée précédente, il eut adjournement personnel. Or, comme on ne le signiffioit pas audit Roncerolles, M. d'Espernon manda le Greffier et en demanda copie et du procès-verbal. Comme la Compagnie n'estoit pas en séance ce jour là, le Greffier s'adressa à M. le Président Fiot qui luy dit qu'on pouvoit donner copie de l'arrest, mais non du procès-verbal, sans en parler à la Cour et qu'il ne fist rien qu'auparavant il n'eust parlé à M. le Premier Président. Ensuitte de quoy, le Premier Président l'ayant trouvé bon, l'on donna copie de cest arrest à M. d'Espernon, et quant au procès-verbal l'on assembla les Chambres pour ce sujet où il fut résolu qu'on ne pouvoit donner copie de ce procès-verbal, qui estoit une pièce secrette et sur laquelle on avoit décrété. Le Greffier ayant rendu ceste response à M. d'Espernon, il se trouva dans son cabinet deux notaires auxquels il demanda acte de ce refus fait par le Greffier, suivant l'ordre du Parlement, de luy délivrer copie de ce procès-verbal.

Ensuitte, M. le Premier Président prit congé de la Compagnie et estant derrière le bureau dit qu'il avoit receu ordre de la Reyne d'aller à Paris pour affaires importantes au service du Roy, qu'il n'avoit voulu obéir à cest ordre qu'auparavant il n'eust receu ceux de la Compagnie laquelle il serviroit très volontiers en général et en particulier. Il partit ensuitte le jour des Rois.

Le mesme jour, il arriva une affaire qui a fait grand bruit par toute la Province. J'en retiendray les circonstances qui me sont restées en la mémoire et qui feront cognoistre l'énormité de l'action pour juger de tout ce qui s'est fait.

M. le Conseiller de Mongey retournoit de Bresse où il avoit informé des désordres des gens de guerre. Estant arrivé près d'un village que l'on apelle Morey entre Nuys et Dijon, accompagné de la suitte ordinaire, d'un commissaire et de quelques plaideurs, estans en tout dix ou douze, quelques cavaliers les surprirent dans un détour, et ayans arresté M. de Mongey et sa suitte, ils commandèrent à ceste troupe bourgeoise de passer son chemin et dirent qu'ils n'en vouloient qu'audit sieur de Mongey, lequel fut saisy de peur se voyant environné de cavaliers armés qui luy apuyèrent le pistolet à la gorge. En cest estat, il fut obligé de les suivre et ils le mennèrent dans un bois au-dessus du grand chemin, à la distance d'un quart de lieue. Cependant, comme il avoit reconnu le commandant qui s'apelle Sarlabous, gentilhomme domestique de M. d'Espernon et capitaine en son régiment de cavalerie, ledit sieur de Mongey luy dit: « M. de Sarlabous, que désirés-vous de moy? » Lequel luy respondit qu'il vouloit avoir les informations qu'il avoit faites en Bresse. Ledit sieur de Mongey dit qu'il ne les avoit pas et qu'ayant sceu à Beaune qu'il estoit attendu sur le chemin, il les avoit laissées à M. de Migieux, Président aux Requestes, son beau-frère, lequel estoit pour lors à Beaune; ce que ledit sieur Sarlabous ne voulut croire et fit fouiller M. de Mongey et sa malle où, n'ayant rien trouvé, il le contraignit d'escrire à M. de Migieux qu'il donnast ces informations au porteur de ce billet parce qu'il vouloit les faire voir à M. le Premier Président avant son départ pour Paris. Moyenant ceste lettre, ils laissèrent aller M. de Mongey et mesme l'accompagnèrent hors du bois, et ledit sieur Sarlabous luy tesmoigna qu'il estoit son serviteur et qu'il avoit exécuté avec déplaisir l'ordre qu'il avoit receu de l'arrester et de le fouiller, et qu'il désiroit qu'il luy promist de n'en parler jamais, ce que fit le sieur de Mongey, et ensuitte se sépara de ces cavaliers.

Le bruit du commencement de ceste avanture fut répandu par Dijon avant que ledit sieur de Mongey y arrivast, et l'on sceut de luy la suitte. Il hésita s'il debvoit s'en plaindre à la Cour ou s'il debvoit dissimuler puisqu'il n'avoit receu aucun mauvais traittement et que les procédures estoient en seureté. Plusieurs de ses amis et des plus sages croyoient qu'il n'en debvoit rien dire; les plus estourdis l'emportèrent. Il fit donc ses plaintes aux Chambres assemblées et présenta un procès-verbal attesté de son valet, lequel contenoit ce qui s'estoit passé, mais ne nommoit personne. On luy demanda s'il cognoissoit ceux qui luy avoient fait ceste injure. Il dit qu'il en cognoissoit deux. On luy ordonna de les nommer et d'adjouter leurs noms au-dessous de son procès-verbal, ce qu'il fit, et signa seul ceste addition car son valet ne les cognoissoit pas. L'un s'apelloit Sarlabous et l'autre Lardenet, lieutenant dans le mesme régiment de cavalerie.

Sur ce procès-verbal, on décréta de prise de corps; ce ne fut pas sans grand bruit et jamais il n'y en eut plus de sujet. M. de Mongey demeura juge et raporteur de l'affaire avec M. de Bernardon et tesmoigna beaucoup de modération en apparence, mais en effect ses amis estoient tousjours très vigoureux. Messieurs Le Goux, Millière et les autres du mesme party, qui sont assés connus par les relations des autres parlemens précédens, ne cachoient pas leur chaleur, car ils croyoient que sa cause estoit légitime. Messieurs de Thésut, Bernardon et autres du party contraire marchoient avec froideur et circonspection, retenus par l'amitié de M. d'Espernon. Tous désaprouvoient ceste action et en blasmoient le dessein comme meschant et inutile, mais les esprits estoient différens en la poursuitte. Les premiers s'y portoient avec ardeur, animés par leur haine contre M. d'Espernon, et les autres avec tiédeur et peut estre connivence par le trop d'attachement à M. le Gouverneur ou par la haine qu'ils portoient à M. de Mongey et à son party. Les premiers n'hésitoient point sur les preuves, les autres croyoient qu'il n'y en avoit pas assés, puisque M. de Mongey nommoit seul les accusés et que les tesmoins ne les cognoissoient que pour les avoir ouy nommer à M. de Mongey. Je pense que les uns et les autres péchèrent, mais nous en jugerons mieux par la suitte. Après la prise de corps sur le procès-verbal et l'information faite de plusieurs tesmoins, l'on ordonna au Procureur général de faire ses diligences. Il n'y avoit alors au parquet que M. Quarré, Advocat général, lequel ayant eu advis de ceste action estoit venu demander copie du procès-verbal pour prendre ensuitte ses conclusions. On ne luy accorda pas ce qu'il demandoit parce qu'on se déffioit de luy, chacun sçachant qu'il estoit bon amy de M. d'Espernon.

La Compagnie ayant résolu de faire donner les assignations au dernier domicile qu'avoient eu les accusés dans Dijon et à Nuys et sur les lieux où le crime avoit esté commis, quelqu'uns dirent qu'il falloit les envoyer donner au quartier de Pouilly d'où ces cavaliers estoient sortis pour faire le coup. Les autres y trouvans de la difficulté parce qu'il y avoit peu d'apparence d'envoyer un huissier parmy des soldats, on dit que l'Advocat général seroit chargé de sçavoir de M. d'Espernon s'il agréeroit de prester main forte à l'huissier, lequel iroit faire perquisition des accusés dans le camp de Pouilly. Ceste demande faite à M. d'Espernon fut ensuitte des offres qu'il fit à la Compagnie, estant venu exprès au Palais le lendemain de la plainte de M. de Mongey l'asseurer qu'il avoit grand déplaisir de ceste action, qu'il se joindroit à la Cour pour en tirer raison et qu'il l'en venoit asseurer en toute sincérité, qu'il seroit venu souvent dans la Compagnie prendre sa place s'il n'en avoit esté diverty par la présence de M. le Premier Président qui s'estoit déclaré son ennemy gratuitement, et que craignant d'eschapper et d'offenser tant soit peu la Compagnie, il s'estoit privé de cest honneur qu'il tenoit cher de mesme que l'afection de si auguste corps auquel il venoit faire protestation de son service. A quoy M. le Président Fiot respondit fort bien, sans parler toutefois du Premier Président, ce qui luy fut reproché par les amis du Premier Président qui luy dirent qu'il auroit deu le deffendre.

Pour retourner à nostre histoire, M. Quarré ayant veu M. d'Espernon au sujet que j'ay dit, cedit sieur luy respondit qu'il ne jugeoit pas à propos d'aller faire perquisition dans Pouilly de ces criminels puisqu'ils n'y estoient pas, et qu'il prioit Messieurs de faire donner les assignations ailleurs, ce qui fut fait et ensuitte les briefs jours acquis.

Cependant Sarlabous s'estoit pourveu au Conseil où il obtint une commission par surprise pour faire assigner M. de Mongey au Parlement de Paris, où il disoit qu'estoient renvoyés tous les procès de M. d'Espernon et de ses domestiques et faisoit deffenses de passer outre, à la charge que Sarlabous seroit en estat dans les prisons de Dijon ou de Paris lors de la signiffication de ceste commission laquelle fut signiffiée par un sergent de Langres et requeste présentée au nom de Sarlabous qui disoit s'estre mis dans les prisons du chapitre de Langres et demandoit qu'il fust surcis. L'on ordonna que l'instruction du procès seroit parachevée nonobstant ceste commission, attendu que l'on n'avoit pas satisfait aux conditions, n'apparoissant point que l'accusé fust en estat, et l'on escrivit à M. le Premier Président à ce qu'il prist garde que M. le Garde des sceaux ne donnast point d'arrest d'évocation Quant à Lardenet, il présenta requeste et demanda tems pour comparoistre, désavouant les poursuittes dudit sieur Sarlabous, lequel sans charge avoit obtenu évocation en son nom et déclaroit qu'il se soumettroit à la juridiction du Parlement. Ensuitte, il se rendit dans les prisons de la maison de Ville où, Messieurs de Mongey et de Bernardon s'estans acheminés pour l'ouyr, il déclara qu'il ne pouvoit respondre par devant ledit sieur de Mongey, lequel il prenoit à partie, et demanda qu'il luy fust permis de lire un plaidé qui contenoit ses raisons dressé par son Procureur, attendu qu'il n'estoit pas homme de pratique. Les commissaires ayans dit qu'il seroit différé de recevoir ce plaidé jusqu'à ce qu'ils eussent consulté la Compagnie sur ce sujet, il déclara qu'il apeloit de leur prononcé et prenoit à partie M. de Mongey. L'affaire fut accrochée par ce moyen.

Or, parce que ce prisonnier disoit qu'il s'apeloit I ardenet et qu'il n'avoit pas esté présent à l'action, on demanda à M. de Mongey s'il l'avoit reconnu; il dit qu'il n'avoit pu parce que, lorsqu'il le vit dans ce bois, il se couvrit le visage de son manteau, et lorsqu'il le vit dans la prison, il estoit malade et dans le lit, et que, le voyant debout, il poura le recognoistre à une cicatrice qu'il a au visage. L'affaire changea de face en ce moment; car les commissaires se retirèrent et tous les parens de M. de Mongey pris à partie, lequel se trouvoit embarrassé et commença de craindre qu'il ne demeurast seul dans la nasse et que Lardenet ne l'évoquast sur ceste prise à partie; et ce qui l'inquiétoit davantage estoit que tous ceux qui demeuroient juges ou du moins le plus grand nombre estoient du party contraire au sien, de sorte qu'il croyoit estre exposé à la mercy de ses ennemis. C'est pourquoy il vint souvent dans la Chambre pendant la séance pour prier Messieurs d'ordonner qu'il recognoistroit si celuy qui estoit prisonnier estoit celuy dont il avoit entendu parler par son procès-verbal. Sa raison estoit qu'il estoit inutile de faire plaider son apellation s'il n'estoit pas l'accusé.

On voyoit bien la vérité de ceste raison, mais l'on ne sçavoit comment faire procéder à ceste recognoissance par M. de Mongey; car s'il y estoit envoyé comme commissaire, ce prisonnier ne voudroit point le recognoistre; si c'estoit sans ceste qualité, ce ne pouvoit estre que comme partie, ce qui ne debvoit pas estre puisqu'effectivement M. de Mongey ne l'estoit point; tellement qu'on donna arrest à venir plaider sur l'apellation et sur la prise à partie. M. Perret disoit qu'il falloit dire sans s'arrester à la prise à partie qu'on viendroit plaider sur l'apellation. M. Malteste disoit qu'il ne falloit pas juger la prise à partie sans ouyr les parties, mais que M. de Mongey ne seroit pas obligé de se deffendre et que M. l'Advocat général soutiendroit son procédé et le deffendroit. D'autres disoient que peut estre l'Advocat général ne prendroit pas en main la deffense de la procédure parce qu'elle avoit esté faite sans sa participation, car quoiqu'on mist aux arrests le nom du Procureur général, il estoit vray qu'on ne luy communiquoit rien et mesme on ne l'en advertissoit pas. Et en effect, M. Quarré avoit donné à entendre qu'il ne la soutiendroit pas et s'estoit plaint qu'on se servoit de son nom sans luy en parler.

Tout cest embarras n'estoit pas petit. D'ailleurs, Lardenet avoit recusé plusieurs de Messieurs comme parens au 5e degré de M. de Mongey, lesquels disoient n'estre qu'au 6e. Il falloit des preuves, l'on n'en n'avoit pas assés, de sorte que chacun s'en lassoit; la cause fut plaidée par l'advocat Valot, lequel n'obtint rien qui pust servir à sa cause et n'offensa point M. de Mongey. M. l'Advocat général ne soutint point le prononcé des commissaires et ne deffendit point M. de Mongey touchant la prise à partie parce que l'on posoit des faits particuliers attribués audit sieur de Mongey, lesquels néantmoins j'estime faux et controuvés, pour donner couleur à l'affaire, laquelle par arrest fut remise au Conseil.

Or, pour éviter le jugement, M. de Mongey proposant toujours ceste recognoissance, et Lardenet d'autre costé demandant d'estre mis en liberté, on commua les prisons aux arrests par la Ville et l'on ordonna que M. de Mongey s'achemineroit aux prisons avec M. de Gand pour recognoistre si ce prisonnier est l'accusé; qu'il n'en dresseroit aucun procès-verbal, mais qu'il diroit à la Compagnie si ce l'est ou si ce ne l'est pas. M. de Mongey qui estoit en colère de ce que l'on n'avoit pas jugé la prise à partie refusoit d'obéir; on luy commanda et il obéit; mais il n'a point dit encore si c'est l'accusé ou non. Depuis, ce prisonnier ayant demandé d'estre mis en liberté pour aller servir le Roy dans l'armée, quelqu'uns voulans qu'il fust ouy, sçavoir Messieurs Le Goux et Malteste, il passa au contraire, et on luy donna la liberté entière. Je remarque en passant qu'à ce dernier acte Messieurs Le Goux, Bouhier et de Thésut Ragy, beaux frères et recusés, se trouvèrent à ceste assemblée, quoique leur recusation ne fust point jugée, et on les y souffrit, car toutes choses se faisoient en ceste affaire extravagamment, et ce dernier coup estouffa le reste de chaleur et l'on n'en parle plus.

L'on n'a pu encore sçavoir si M. de Mongey a reconnu ou non cest accusé, lequel jure qu'il n'y estoit point et qu'il prouvera par cinquante tesmoins qu'il estoit dans ce moment là dans Pouilly où il crioit le Roy avec ses camarades. A dire vray, s'il eust esté coupable, il ne se seroit pas mis en prison volontairement comme il le fit; car quoiqu'il fust en celle de la maison de Ville, il auroit esté facile de l'amenner en celle de la conciergerie et l'on a peine de croire qu'il voulust se hasarder, pouvant fuir. L'on dit que M. de Mongey, qui ne cognoissoit point Lardenet, ayant remarqué dans le bois que celuy qui estoit le manteau sur le nez avoit une cicatrice au visage et le racontant à ses amis, ils luy dirent, que c'estoit asseurément un nommé Lardenet, qui estoit à Nuys peu de jours auparavant, ce qu'il creut et nomma ce coupable Lardenet sur ceste conjecture. Depuis, ayant reconnu que celuy qui s'apelle Lardenet n'est pas celuy dont il a entendu parler, l'affaire demeura sans poursuitte ; outre que pour la juger définitivement il n'y a point de preuve, sinon ce qui résulte de la bouche de M. de Mongey. J'ay ouy dire qu'on n'a pas voulu produire tous les tesmoins parce qu'ils n'oseroient présentement dire la vérité, et qu'on les réserve pour un autre tems auquel on prétend qu'ils nommeront Sarlabous.

Voilà en gros l'affaire qui a fait perdre tant de matinées depuis le commencement de janvier jusqu'à Pasques, et laquelle estant conduitte par mille détours est avortée et demeure sans vengeance. Les amis de M. d'Espernon se sont servis des moindres défauts pour sauver les coupables et, à dire vray, l'on n'en voit pas assés pour asseoir un jugement de mort. Et il y avoit tant de passions en l'esprit du party contraire et tant de propositions contre l'ordre que tous ont failly, mais il n'y a rien qui ne se puisse redresser, car les choses sont entières. Je ne sçais quand elles s'achèveront.

J'ay obmis que M. de Migieux dit qu'un paysan de Quincey luy avoit aporté la lettre de M. de Mongey, mais qu'il n'avoit pas voulu luy donner les procédures et qu'il les avoit aportées et remises dans Dijon entre les mains de M. de Mongey. J'ay ouy dire audit sieur de Migieux qu'il y avoit eu un garde de M. d'Espernon dans Beaune pendant quatre ou cinq jours qui attendoit l'arrivée de M. de Mongey, et que l'ayant sceu il estoit party vraisemblablement pour en advertir les cavaliers. M. de Mongey disoit que Sarlabous estoit suivy de douze cavaliers lorsqu'ils l'arrestèrent. J'ay ouy asseurer qu'ils n'estoient que cinq, et l'on dit que l'on creut que ledit sieur de Mongey seroit suivy seulement de son valet et d'un huissier, et que l'ordre estoit que Sarlabous montreroit à ses cavaliers ledit sieur de Mongey et ne paroistroit point parce qu'il estoit connu, mais que voyant à la suitte dudit sieur de Mongey une grosse troupe, ledit Sarlabous creut que les quatre cavaliers n'exécuteroient pas bien le commandement et que l'envie de ne pas manquer son coup l'emporta pour encourager ses soldats par sa présence. Quoy qu'il en soit, le dessein est inutile et ridicule comme je l ay dit; c'est pourquoy l'on a peine à croire qu'il vienne de M. d'Espernon, et d'ailleurs il a esté mal exécuté. L'on n'ostera pas néantmoins de la créance commune que M. d'Espernon en avoit donné l'ordre, parce que le coup fut fait par un gentilhomme, son domestique et capitaine de son régiment de cavalerie; c'est tout ce qui en peut donner du soubçon; car si l'on considère le fruit de ceste entreprise, il est si petit qu'il ne mérite pas d'engager un homme de condition dans un mauvais pas, d'où il n'a esté tiré qu'avec de grands efforts et au préjudice de l'authorité du Parlement, qui a bien voulu hasarder sa dignité pour sauver un gentilhomme et pour favoriser M. d'Espernon dans ceste rencontre.

Il ne reste qu'à raconter une autre promptitude criminelle de M. d'Espernon qui fera cognoistre son humeur. En retournant de son voyage par la Province au mois de novembre et estant arrivé à Beaune, l'on y marqua les logis pour luy et sa suitte. Les mareschaux des logis allèrent chés un trésorier de France lequel refusa de recevoir les hostes à cause de l'exemption que luy donnoit sa charge. Les fouriers voulans marquer ce logis et le trésorier résistant, il dit quelques paroles de colère, lesquelles raportées à M. d'Espernon il manda ce trésorier nommé de Mucie, lequel manda qu'il estoit malade. On luy envoya un second commandement de venir et ordre de l'amenner, s'il en faisoit refus, ce qui fut exécuté; et l'on dit qu'on luy donna force coups d'éperon dans les fesses en le conduisant par les rues la nuit. Estant arrivé en la chambre de M. d'Espernon, l'histoire dit qu'il se jetta sur ce malheureux trésorier et luy donna des coups de poing. Il en receut encore de quelques autres, et puis fut congédié sans autre discours.

L'on dit qu'il avoit parlé des femmes que M. d'Espernon entretient et qu'il en avoit assés dit pour les offenser, en quoy il fut imprudent, car encore qu'on puisse penser ce qu'il dit sans jugement téméraire, si est ce qu'il estoit peu judicieux de le dire, et en présence des domestiques de la personne offensée. Mais ceste sottise d'un homme qui a peu d'esprit ne debvoit pas estre traittée si rudement, et chacun a pris ceste action comme une marque de l'humeur hautaine, violente et tyrannique d'un Gascon, et elle a semblé d'autant moins excusable que la conduitte en triomphe par la Province d'une fille de ceste qualité est déshonneste et mal séante. Le juge de Beaune ne voulut pas en dresser procès-verbal. Ce trésorier eut dessein de s'en plaindre au Parlement, mais il n'osa

J'ay appris que M. Pérard, Conseiller aux Requestes et beau-frère de ce trésorier, dressa un procès verbal de plainte qu'il avoit dessein de faire signer par M. de Massol, Conseiller au Parlement et député pour informer à Beaune des désordres des gens de guerre, et que ce choix de M. Massol, homme peu sensé, fut fait par l'advis du Premier Président dans la créance qu'il signeroit estourdiment ce procès-verbal; mais il en arriva autrement, car M. Massol, l'ayant veu, mit au bas : *attendu que nous sommes parens, le sieur de Mucie se pourvoira*, ce qui ruina le dessein du Premier Président et du sieur Pérard. L'on dit que ledit sieur de Mucie en dressa depuis une requeste qu'il donna au Premier Président allant en Cour pour en faire du bruit. D'autres disent que M. le Conseiller Le Belin, par ordre du Conseil, en fit une information pour faire cognoistre que M. d'Espernon n'avoit pas tort et qu'il avoit esté insolenté par ce trésorier. A présent l'on ne parle plus de ceste affaire.

Il y a longtems que nous n'avons parlé du Premier Président qui estoit à Paris, où le cardinal Mazarin le retint jusqu'à la fin du mois d'avril pour mortiffier son impétuosité. M. d'Espernon n'avoit pas manqué d'envoyer de grands mémoires au Cardinal qui contenoient tout ce qu'avoit fait le Premier Président ou contre le service du Roy, c'est ainsy qu'on en parloit, ou contre le Cardinal. Le Président Brulart, le sieur de Roncerolles et M. Millotet, Advocat général et Vicomte Mayeur de la Ville, se rendirent en mesme tems à Paris sous divers prétextes, mais tous pour nuire au Premier Président leur ennemy. Ils n'eurent pourtant pas le crédit d'empescher qu'il ne fust bien receu du Cardinal, de la Reyne et du Roy qui ne voulurent point condescendre à la proposition de le reléguer. J'ay ouy dire que si M. de la Berchère, Premier Président à Grenoble, avoit voulu retourner en Bourgogne, l'on auroit contraint M. Bouchu de changer de charge pour complaire à M. d'Espernon; mais M. de la Berchère ayant refusé ceste eschange, le cardinal se contenta de tenir le Premier Président dans Paris pendant quatre mois, et à la fin, pressé par ses visites et mesme par ses larmes, à ce que l'on dit, il le renvoya après avoir prié M. d'Espernon de le trouver bon, à la charge que le Premier Président viendroit luy demander pardon de ce qui s'estoit passé et feroit protestation de vivre en bonne intelligence et de le servir, et que s'il retomboit dans la disgrâce de M. d'Espernon avec sujet, il en seroit puny sévèrement. Il retourna donc en Bourgogne, et estant arrivé à Montbard il escrivit à M. d'Espernon qu'il ne vouloit pas entrer dans Dijon qu'avec son agrément, le suplioit de le trouver bon, etc. M. d'Espernon luy fit sçavoir qu'il seroit bien aise de le voir, espérant qu'il tiendroit parole à M. le Cardinal et qu'il agiroit autrement qu'il n'avoit fait, et ensuitte plusieurs complimens. Ceste lettre receue, le Premier Président partit de Montbard et arriva à Dijon escorté d'un grand nombre d'amis qui estoient allés à sa rencontre. Le lendemain, il vint saluer M. d'Espernon qui le receut bien. Sa visite fut assés longue et assés froide. Le jour suivant, M. d'Espernon debvant partir pour le siége de Seurre, le Premier Président le vit encore et M. d'Espernon fut chés luy.

Or, le mesme jour, l'on entroit au Palais. Les amis de M. d'Espernon jugeoient qu'il falloit luy député puisqu'il alloit en expédition pour le salut de la Province, mais ils ne vouloient pas le proposer : les uns parce qu'ils ne croyoient pas debvoir paroistre attachés à ce party là si estroitement; les autres craignoient de faire une proposition désagréable; et les autres disoient que ce manquement seroit imputé au Premier Président, lequel et ses amis de mesme reconnurent bien que, s'ils ne faisoient pas la proposition, elle ne seroit pas faite et creurent qu'il falloit que ce fust par un amy du Premier Président affin qu'on luy en eust obligation et que ce fust une conjecture d'une vraie réconciliation. C'est pourquoy ils ne choisirent pas M. Bouhier Syndic de la Cour, car l'on auroit pu dire qu'il l'avoit fait d'office, mais ils en chargèrent M. Jaquot, homme attaché au Premier Président, lequel prenant sa place, après avoir concerté avec M. le Premier Président et M. Millière, dit qu'il estoit à propos de députer à M. d'Espernon pour l'asseurer du service de la Compagnie et luy souhaitter heureux voyage dans l'entreprise qu'il faisoit du siége de Seurre. A quoy le Premier Président respondit sans beaucoup d'empressement : « Hé bien, Monsieur, il faut en advertir Messieurs de la Tournelle, » qui agréèrent la proposition, et la députation fut faite d'un Président et de quelques Conseillers, suivant qu'il est retenu sur le registre. Voilà ce qui concerne le Premier Président.

Quant à M. Millotet, il estoit retourné de Paris longtems avant luy et en avoit raporté un brevet de 2,000 fr. de pension sur la recepte générale et des brevets pour les premiers canonicats vacans à la Sainte-Chapelle. Ceste pension fit mal au cœur à M. Quarré son collègue, lequel croyoit avoir rendu d'importans services à l'Estat aussy bien que M. Millotet, et partant il se plaignoit de l'injustice de la Cour, mais particulièrement de la perfidie de M. Millotet qui avoit promis à son départ de travailler pour la récompense commune et avoit tout pris pour soy. C'est intérest les divisa.

M. Bouchu, Premier Président du Parlement, ayant esté emporté d'une mort soudaine le jour de la Saint-Jean 27 décembre 1653, le Roy pourveut de ceste charge M. Laisné sieur de la Marguerie, que nous avons veu Intendant de justice dans la Province sous Messieurs de Vendosme et d'Espernon Gouverneurs ; ce fut en partie par la recommandation de ce dernier qu'il fut honoré de ceste charge ; outre qu'il s'estoit rendu recommandable auprès du cardinal Mazarin par le sacrifice de Berthaud, grand maistre des eaux et forests en Bourgogne, qui fut condamné à la roue par les commissaires de la Chambre ardente à son raport, pendant l'automne dernier. L'histoire publique dira celle de ce malheureux, et je remarque en passant ceste circonstance qui fait une partie considérable de la vie dudit sieur de la Marguerie, pour juger par là de son mérite. Car l'on peut dire avec certitude que celuy qui est choisy par commission extraordinaire pour raporteur d'une pareille affaire est homme affidé au ministre, et duquel on a toute sorte d'asseurance. L'on dit pourtant qu'avec toute sa faveur, il a esté contraint de donner de l'argent au Cardinal qui ne donne rien gratuitement; et cela, outre les quarante mille escus qu'il a fallu rendre aux héritiers de M. Bouchu, à cause du brevet que leur père en avoit obtenu de pareille somme lorsqu'il acheta la charge de M. de la Berchère.

Quoy qu'il en soit, ledit sieur de la Marguerie estant arrivé à Dijon après avoir veu tous Messieurs en leur logis présenta sa requeste le 25 février 1654 et ses provisions jointes. M. Jacotot, Doyen des Conseillers, en fut raporteur. L'on en ordonna la communication au Procureur général. M. l'Advocat général Quarré, qui estoit pour lors seul au parquet, concleut sur ceste requeste en ceste sorte : « Nous n'empeschons la réception du supliant en prestant le serment accoustumé et faisant profession de foy sans qu'il soit besoin d'information, les lettres de provision ne le requérans et nos registres marquans deux exemples, l'un de 1566 et l'autre de 1570, auxquels la Cour receut deux Premiers Présidens sans information précédente. »

Ces conclusions motivées parurent estranges et l'on trouva fort extraordinaire qu'un Advocat général, qui doit estre exact observateur des formalités prescrites par les ordonnances, fust le premier à s'en dispenser et ouvrist le pas à une grâce qui faisoit grande bresche à l'ordre du Palais et que M. de la Marguerie n'avoit osé demander par sa requeste ny en sollicitant. Il est vray que ses lettres de provision ne portoient pas la clause ordinaire : *Après qu'il aura esté informé de ses vie et mœurs*, et qu'il avoit dessein qu'on luy fist ceste grâce sans la demander, crainte d'un refus, ce qui parut assés et par les conclusions que M. Quarré n'auroit pas données s'il n'en avoit esté extresmement pressé, et par les préparatifs que l'on avoit mis sur le bureau pour faire passer ceste proposition, sçavoir : les registres des années 1566 et 1570 et le livre de la Rocheflavin où l'on avoit trouvé un passage, au chapitre de la réception des Premiers Présidens, favorable à l'intention de M. de la Marguerie. M. Millière, parent dudit sieur, avoit cherché ces passages et avoit fait des extraits de sa main qui firent assés cognoistre l'envie de M. de la Marguerie qui croyoit desjà tenir cest advantage et le faire valoir pour marquer le crédit qu'il avoit dans la Compagnie par le favorable accueil qu'on luy auroit fait.

L'on mit donc en délibération ce qu'il y avoit à faire sur ces conclusions de M. Quarré. M. Jacotot dit qu'ayant veu sur nos registres deux exemples qui pouvoient servir en ceste rencontre pour nous guider, il croyoit qu'on les debvoit voir : le premier de 1566, lorsque M. de la Guesle, Conseiller au Parlement de Paris, fut receu en la charge de Premier Président sans information ; le second en 1570, à l'égard de M. Brulart, Conseiller au Parlement de Paris, qui fut receu de mesme, sans information, en la charge de Premier Président. M. le Raporteur adjouta qu'on lisoit dans la Rocheflavin que M. de Verdun, Président à mortier au Parlement de Paris pourveu de la charge de Premier Président au Parlement de Toulouse, y fut receu sans information, par la raison qu'il avoit esté esleu par le Roy cognoissant sa probité ; que l'office du Premier Président n'estant point vénal debvoit estre considéré d'autre façon que les autres offices, et ainsy que, M. de la Marguerie ayant esté longtems maistre des requestes et n'ayant quitté ceste charge que pour entrer en ceste nouvelle dignité dont il avoit pleu à S. M. de l'honorer, et d'ailleurs estant connu dans la Province et dans la Compagnie depuis quelques années, l'on pouvoit le recevoir sans information précédente.

L'on voyoit assés par le discours et par le ton de voix de

M. le Raporteur qu'il donnoit ce sentiment à la prière qu'on luy avoit faite, car il l'apuya foiblement. M. Perret, qui s'estoit mis au bureau, suivit cest advis; M. Jaquot de mesme; M. de Villers dit qu'il estoit d'advis que l'on en usast comme l'on avoit fait à la réception de M. de la Berchère; M. Bernard fut de l'advis de M. le Doyen; M. Bretagne de Nansouthil dit qu'il falloit observer les formalités qui avoient esté inviolables et pratiquées dans les derniers actes.

M. Le Goux dit qu'en ces occurrences l'on avoit tousjours observé une distinction qu'il falloit suivre en ceste rencontre, sçavoir qu'au changement d'office d'un de Messieurs de la Compagnie l'on n'informoit point, mais qu'un officier d'une Compagnie estrangère prenant un office dans ce Parlement, l'on avoit tousjours fait information de ses vie et mœurs avant que de le recevoir; qu'on l'avoit pratiqué de la sorte en la personne de M. de la Berchère, Premier Président, qui entra de Conseiller au grand Conseil en ceste charge; que Messieurs de Chevrières et Bernard, Présidens céans et auparavant Conseillers à Grenoble, n'avoient esté receus qu'après information, et cita plusieurs autres ou Conseillers ou Présidens. Il dit que le mortier estoit indivisible et que ce qui s'estoit pratiqué pour Messieurs les Présidens debvoit l'estre pour le Premier; qu'on ne voyoit pas le sujet d'insister à ceste dispense puisqu'il ne s'agissoit que du retard d'un jour, et que M. de la Marguerie estant connu dans la Ville trouveroit facilement des tesmoins de sa prud'hommie. Quelqu'uns suivirent ce sentiment; plusieurs celuy de M. le Doyen, raporteur de la requeste.

M. Malteste dit qu'il auroit esté à souhaitter qu'ayant fait mettre sur le bureau les registres de la Compagnie et le livre des recueils de la Rocheflavin, l'on y vist en mesme tems le volume des ordonnances qui contiennent les règles de nos opinions; car, après y avoir pris les principes des décisions et avoir veu ensuitte dans les livres qui estoient sur le bureau les cas auxquels la loy a esté observée et ceux où on s'est dispensé de sa rigueur, l'on pouroit avec certitude décider, suivant les principes et la pratique, si l'on est au cas de l'observance de la loy ou de la dispense ; que pour donc ne rien oublier de ce qu'il jugeoit nécessaire, il diroit que les nouvelles religions s'estans répandues par toute l'Europe, et celle de Calvin particulièrement par la France, François Ier, et depuis, Henri II, cognoissans que les Compagnies souveraines estoient infectées de ce venin, firent des ordonnances en 1546 et 1556 par lesquelles ils ordonnèrent les informations de vie et de mœurs avant la réception dans les offices; mais que ceux qui avoit veu le tems auquel on n'observoit pas ceste formalité croyoient qu'il y avoit des cas où l'on pouvoit s'en dispenser, lesquels n'estoient point compris dans la deffense de la loy, comme par exemple quand le Roy nomme à un office; car, pour lors, il leur sembloit qu'il n'y avoit point d'information à faire. En effect, l'ordonnance d'Henri II marque assés que celle de François Ier n'estoit pas assés bien observée, comme aussy celle d'Henri III de l'an 1579, article 109, tesmoigne que celles de ses prédécesseurs avoient besoin d'apuy, et néantmoins, comme il estoit important qu'elles fussent en vigueur, il est dit encore par ceste dernière qu'elles seront observées, et comme elle est plus précise que les deux précédentes, elle a eu plus d'authorité et de bonheur dans ceste Compagnie où l'on voit la pratique inviolable depuis ce tems là; tellement que, de remonter en 1566 pour trouver ce qui peut nous servir en ceste rencontre, c'est remonter au-delà de la source qui n'est que de 1579, de sorte que l'ordonnance estant si formelle, il faudroit que les lettres en continssent dispense; que l'omission d'une clause n'est pas une dispense, et qu'en effect M. de la Marguerie ne la demande pas; et fut d'advis par ces raisons d'informer.

M. de Chaumelis dit qu'il n'y avoit pas raison de différence n'y de se dispenser de la règle observée inviolablement; que les Premiers Présidens des autres Parlemens ne prétendoient pas en estre exempts; qu'il sçavoit fort bien pour en avoir esté témoin que M. de la Berchère estant à Grenoble pour y prendre la place de Premier Président, la Compagnie luy fit offre de le recevoir sans information, quoique la coustume fust contraire, mais qu'il respondit qu'il ne vouloit point entrer en violant les loix et qu'il vouloit se soumettre à tout ce qui debvoit se pratiquer èn pareille occasion ; qu'il croit que ce seroit l'advantage de M. de la Marguerie d'en user de la sorte et de ne pas désirer une faveur extraordinaire qui luy seroit peu utile et qui feroit une bresche à l'ordre du Palais dont les inconvéniens ne sçauroient estre préveus ; que dans la suitte, un pourveu de l'office de Procureur général viendroit faire la mesme réquisition, et que ceste grâce se communiquant, ceste apparence qui reste de la vigueur ancienne s'évanouiroit entièrement et pouroit tirer après soy la ruine du Palais ; qu'un chacun sçait l'inconvénient de n'aller pas faire les informations aux lieux de la résidence du pourveu et qu'ils seroient bien plus grands de n'en point faire; et fut d'advis d'informer. M. Le Belin de mesme advis.

M. Berbis dit que pour luy, s'il estoit en la place de M. de la Marguerie, il auroit désiré que l'on informast, mais que puisqu'il le souhaittoit, il ne tiendroit pas à luy que l'on ne l'en dispensast. M. de Gand dit qu'il ne falloit pas discourir par dattes en ces affaires, ny rebuter des exemples pour estre plus anciens que l'ordonnance; que l'on en voyoit aux parlemens estrangers et chés les plus austères des exemples postérieurs; que le Premier Président estoit nommé et choisy par le Roy, que M. de la Marguerie estoit connu, que nous l'avions veu converser parmy nous fort souvent, qu'on sçavoit bien de quelle manière ces informations se faisoient, et que c'estoit de si petite conséquence qu'on pouvoit suivre les conclusions des gens du Roy.

M. de Thésut l'aisné dit que nous ne manquions pas d'exemples pour préjuger ceste affaire, puisque M. Bretagne, Premier Président à Metz, ayant obtenu ceste charge en

[Février 1654]

ce Parlement par commission, fut receu à Semur sans information ; qu'au reste, on ne pouvoit avoir plus de recommandation qu'en avoit M. de la Marguerie, car outre sa naissance et ses emplois, le Roy faisoit un éloge de sa personne par ses lettres de provisions, et par lettres de cachet séparées tesmoignoit la confiance qu'il avoit en sa suffisance.

Messieurs les Evesque de Chalon et l'abbé de Saint-Bénigne estoient venus au Parlement pour servir autant qu'ils pouroient ledit sieur, et furent de l'advis de M. Jacotot ; M. le Président Baillet de l'advis de M. de Villers.

M. le Président Brulart fit une longue harangue étudiée et prise pour la plupart dans le livre de la Rocheflavin au chapitre de l'examen des Conseillers. Il dit donc que les Rois, obligés par leur condition à rendre la justice à leurs peuples, s'en estoient deschargés sur quelqu'uns de leurs sujets par eux choisis pour ceste fonction, et comme il n'y en avoit point de plus importante dans l'Estat, il estoit aussy nécessaire que le choix de ces personnes fust fait avec soin. Il cita ensuitte des passages de l'Escriture et des histoires pris en celle de France, et particulièrement de Charles VIII, pour prouver le soin qu'on avoit eu de ne commettre que des personnes de grande probité qui, ne pouvans tousjours estre connues par les Rois, ils en avoient chargé et renvoyé l'examen et la preuve à ceux où les nouveaux pourveus d'offices debvoient rendre la justice, et c'est ce qu'on apelle informer des vie et mœurs, ce qui ne se pouvoit mieux faire que par les Compagnies qui ont grand intérest qu'aucun n'entre dans leurs corps qui ne soit reconnu homme d'honneur ; et en effect, quel désordre seroit-ce qu'un personnage noircy de voleries et de concussions, accoustumé à la proie et au larcin, élevé parmy les pilleries et les saccagemens, vinst dans une Compagnie et y eust entrée sous prétexte qu'il estoit nommé par le Roy lequel ne sçauroit cognoistre tous ses sujets ; qu'à la vérité, la vertu et le mérite de M. de la Marguerie estoient connus, mais que si on faisoit ceste bresche à l'ordre du Palais, il pouroit y entrer tel dont la Compagnie auroit grand déplaisir, et ensuitte maltraitta ledit sieur de la Marguerie par plusieurs autres figures qui n'estoient pas si obscures qu'on ne vist bien au travers à qui elles s'adressoient; après cela, il se servit des ordonnances, particulièrement de celle de 1579; et quant à la pratique, il dit qu'elle avoit esté générale par tout le royaume; que, depuis un an, on avoit veu recevoir trois Premiers Présidens en divers Parlemens, dont l'on avoit fait information précédente : M. de Pontac à Bourdeaux, M. de Fieubet à Toulouse et M. de Bellièvre à Paris, lequel avoit soufert que l'on informast de ses vie et mœurs, quoiqu'il fust Président à mortier au mesme Parlement; que, si nous n'estions pas si rigoureux que Messieurs de Paris d'informer des vie et mœurs à chaque changement d'office, nous ne debvions pas nous dispenser de la pratique inviolable depuis l'ordonnance d'informer lorsqu'on changeoit d'un Parlement à un autre; qu'il s'estonnoit que M. de la Marguerie apréhendast ceste information qui se faisoit avec une facilité que chacun sçavoit; et fut d'advis d'informer.

M. le Président Joly trouvoit ce sentiment juste, mais il avoit esté prié par ledit sieur de la Marguerie et par M. Bernardon son beau-père et parent dudit sieur de la Marguerie de dissimuler son sentiment et de faire ceste grâce audit sieur. Il avoit eu peine à s'y résoudre, et, en estant pressé, il avoit dit qu'il ne se trouveroit pas à l'assemblée. On luy dit que si les amis vouloient se retirer, il ne falloit pas que M. de la Marguerie songeast à obtenir ceste grâce, de sorte qu'il fut contraint de prendre sa place et de prendre l'advis de M. Jacotot. Ce fut un advis de complaisance qu'il rendit à M. son beau-père. M. le Président Fremyot fut du mesme sentiment par des raisons de complaisance. M. Desbarres fut d'advis contraire.

M. le Président Fiot dit qu'il sçavoit bien la rigueur de

l'ordonnance et la pratique du Palais, mais que nous ne voyions pas tous les jours des personnes recommandées avec tant d'éloges par S. M., laquelle avoit eu la bonté d'escrire à la Compagnie et à luy en faveur dudit sieur, dont la naissance illustre méritoit grâce; que Monsieur son père, vivant encore et Doyen du Conseil d'Estat, vivoit en resputation de sainteté; que nous sçavions tous le mérite du fils, et que les tesmoins que l'on pouroit produire ne serviroient qu'à son éloge et ne voudroient pas dire chose contraire à ce qui nous est demandé par le Roy dont le tesmoignage seul suffit; et fut de l'advis de M. Jacotot. L'on reprit les opinions une seconde fois. M. le Doyen persista à son advis, et ainsy jusqu'à M. Le Goux lequel dit qu'on ne pouvoit se servir de l'exemple de ce qui s'estoit fait à Semur en 1637 par un petit nombre de Messieurs restablis au préjudice du reste de la Compagnie et d'une façon qui doit estre oubliée. Le reste fut partagé, les uns d'un advis, les autres d'un autre. Cela vint jusqu'à M. de Thésut l'aisné qui voulut repasser sur ce qui avoit esté dit par M. Le Goux, et se servit de l'exemple de M. Bretagne; mais M. le Président Joly, qui jusque là n'avoit pas dit mot, s'eschauffa et dit qu'il ne pouvoit soufrir qu'on citast dans la Compagnie un exemple qui avoit esté tiré des registres par arrest du Conseil et ordonné qu'en la place le restablissement seroit inséré, et qu'on ne debvoit jamais parler dans la Compagnie de ce qui se fit à Semur. Ceste chaleur de M. le Président Joly imposa silence à M. de Thésut. Ensuitte, l'on continua à prendre les opinions. La question fut de sçavoir où il passoit; l'on voyoit bien que plus de la moitié consentoit à ceste grâce; mais comme il faut que tous les préparatoires des réceptions d'officiers passent et soient résolus par les deux tiers de la Compagnie, l'on ne pouvoit dire qu'il passoit des deux tiers; car pour cela il falloit déduire les voix des incompatibles, et celles de Messieurs l'Evesque de Chalon et l'Abbé de Saint-Bénigne qui ne sont point comptées pour faire partage, c'est-à-dire qu'on les prend par honneur seulement. Dans cest embarras, et pour éviter de faire cognoistre à ces deux estrangers que leurs suffrages estoient inutiles, ce que l'on observe tousjours par civilité, et d'ailleurs Messieurs les Présidens ne désirans pas qu'on fist à M. le Premier Président ceste grâce qui ne leur estoit point faite, M. le Président Fiot dit, sans examiner plus longuement à quoy il passoit, qu'il demeuroit donc résolu qu'on informeroit des vie et mœurs, ce qui fut approuvé, et chacun se leva satisfait : les uns qu'il eust passé à leur advis pour l'honneur de la Compagnie, et les autres qu'il eust passé contre leur advis de complaisance.

Il reste à remarquer les motifs qui vraisemblablement portèrent les opinans à prendre les advis que j'ay raportés. Plusieurs voyoient bien que ce n'estoit pas une demande juste, qu'elle estoit contre les formes et l'ordre qui est l'âme du Palais, mais vaincus par les prières se relaschoient, comme Messieurs les Présidens Fiot, Fremyot et Joly, Messieurs Jacotot raporteur, de Thésut, de Gand et quelques autres bons amis ou qui vouloient s'entretenir bien avec le Premier Président; d'autres ne voyoient pas l'importance d'estre exacts observateurs de l'ordre dans le Palais et se portoient avec facilité à ceste complaisance. C'estoit là le mouvement de la jeunesse; d'autres le faisoient par amour de la pratique comme Messieurs de Mucie et Perret, qui sont gens faciles à s'accommoder avec le premier venu pour le bien de leurs affaires.

Quant à ceux du sentiment contraire, ils avoient aussy divers mouvemens; M. le Président Brulart et M. Le Belin n'estoient pas amis de M. de la Marguerie, le premier parce qu'il avoit aspiré à la charge de Premier Président, et le déplaisir de ne l'avoir pas emporté sur M. de la Marguerie l'avoit irrité contre luy, outre qu'il avoit grand mespris pour ce personnage. Quant à M. Le Belin, c'est avec sujet qu'il n'est pas son amy; car ensuitte du procès de Berthaud dont j'ay parlé, il y eut décret de prise de corps au raport du mesme M. de la Marguerie contre le Prieur Le Belin, grand maistre des eaux et forests en Bourgogne et frère du Conseiller, sur la communication qu'il avoit par lettres avec Berthaud accusé de crime de lèze-majesté, dont ils ont eu assés de peine d'obtenir le renvoy, quoiqu'ils se disent fort innocens et que ledit arrest de prise de corps fust donné par M. de la Marguerie seul à l'insceu de M. le Chancelier, de M. le Garde des Sceaux et des autres commissaires; outre cela, ils avoient tous deux taschés de se débusquer auprès de M. d'Espernon et contesté à qui seroit ministre chés luy. Ceste source produisoit leur inimitié et d'autres affaires ensuitte. Quant à Messieurs Le Goux et de Nansouthil, ils n'estoient pas amis par les raisons de ce qui s'estoit passé les années précédentes lorsque M. Le Goux déclamoit sans cesse contre l'Intendant, et M. de Nansouthil ayant soufert un logement de troupes dans ses terres, ce qui ne se faisoit pas sans la participation de l'Intendant contre lequel il en avoit un grand chagrin. Pour Messieurs de Chaumelis, de La Mare, Malteste et Lantin, ils n'avoient aucun sujet d'inimitié contre ledit sieur; au contraire, ils avoient vécu avec luy avec tout respect et démonstration d'amitié, mais non pas telle qu'ils voulussent trahir leurs sentimens lorsqu'il s'agit de l'observance des formes et de vivre dans l'ordre du Palais; aussy passent-ils pour opiniastres.

J'avois oublié de dire que les gens des requestes du palais, à la réserve de deux, furent d'advis d'accorder au Premier Président la grâce qu'il désiroit par l'intérest qu'a leur chambre d'estre bien avec le Premier Président, qui peut beaucoup pour les maintenir en authorité et pour les rendre participans des affaires qui se traittent aux assemblées de Chambre.

Quant aux raisons qu'il a eues de souhaitter ceste grâce, il me semble qu'elles peuvent estre différentes : car premièrement n'est-il pas naturel de souhaitter quelque advantage et un privilége qui sépare du commun ? Chacun ne se flatte-t il pas de ces distinctions, et n'est-il pas important à un Premier Président de faire cognoistre qu'il est accrédité dans sa Compagnie ? Et quelle preuve meilleure que si en se présentant il est dispensé des formalités ordinaires ? Mais, outre ces raisons générales, M. de la Marguerie en avoit une particulière. Sa commission d'Intendant de justice en Bourgogne sous Messieurs de Vendosme et d'Espernon luy avoit donné plusieurs occasions d'exercer les qualités ordinaires aux Intendans et de faire plusieurs actions qui pouvoient servir de plaintes ou d'occasions de plaintes au Procureur général, et en effet il n'auroit pas été difficile de trouver des tesmoins et des pièces pour faire plus que d'arrester sa réception. Ceste crainte l'avoit obligé de faire escrire par M. d'Espernon à la pluspart de Messieurs en sa faveur, et luy mesme avoit escrit à plusieurs petits bourgeois qu'il avoit désobligés et avoit tesmoigné une peur extreme que ses ennemis ne s'unissent pour luy faire injure. C'est pourquoy il souhaittoit que sa réception fust la plus prompte qu'il se pouroit, mais il avoit mal enfourné son affaire et n'avoit daigné en parler qu'aux Présidens ses amis qui l'en avoient détourné par l'incertitude de l'événement. Mais il creut qu'il ne risquoit rien en ne demandant rien et faisant faire la proposition par M. l'Advocat général. Le succès fit voir que leur finesse n'estoit pas grande et son crédit encore moindre. Il ne put s'empescher de dire qu'il avoit reconnu en ceste rencontre ses amis et ceux qui ne l'estoient pas, d'où l'on inféra certainement qu'il avoit donc souhaité le succès de ceste proposition, quoiqu'il en eust tesmoigné de l'indifférence.

Voilà à peu près ce qui se passa en ceste assemblée que j'ay voulu remarquer d'autant qu'il ne reste rien sur nos registres qui puisse la rendre remarquable. L'on fit donc l'information, et le lendemain 26, avant l'audiance, l'information communiquée au Procureur général et puis leue Chambres assemblées, on fit entrer M. de la Marguerie derrière le bureau, le Greffier luy levant la tapisserie et n'ayant pas dit avant que de l'introduire, comme l'on fait à tous autres : *Vous plait-il qu'il entre ?* Et estant debout et descouvert derrière le bureau, M. le Président Fiot luy prononça l'arrest de réception, après quoy il prit sa place où estant il fit un compliment à la Compagnie aussy mal tissu qu'il puisse s'en faire, sans jugement, sans esprit, sans élégance et sans politesse, et ce qui estoit de meilleur, fort court. M. le Président Fiot y respondit par un discours assés long, bien séant à la place qu'il occupe et vraiment digne d'une Compagnie de gens sérieux. L'on alla ensuitte à l'audiance où il prit possession de sa place. Voilà ce que j'ay retenu d'une histoire qui est importante à sçavoir pour décider pareille question qui pouroit estre formée en un autre tems.

SUITTE DU MESME JOURNAL,

PAR LE MESME AUTEUR.

(Avril 1658)

J'avois quitté le dessein de retenir et de conserver par escrit ce qui se passe au Palais, parce que nous y vivons en repos depuis quelque tems, et qu'en tems de paix il ne se fait jamais rien de fort considérable ny qui puisse servir de matière à une relation curieuse. Tandis que Messieurs n'ont travaillé chacun à leur bureau qu'au jugement des procès et que les assemblées des Chambres ont esté fort rares ou pour choses de petite conséquence, j'ay pu, ce me semble, me dispenser d'en escrire le récit qui doit estre réservé pour les affaires dont la mémoire n'est point conservée fidèle ny entière sur nos registres, comme il arrive aux choses de grande importance, où les grands de la Province et les plus puissans du Palais se trouvent intéressés. Il seroit sans doute à souhaitter que le Palais fust tousjours dans un grand calme et que les juges qui le composent fussent tous également exacts observateurs de l'ordre et de la discipline. Mais estant presque impossible qu'un si grand corps, composé de parties si différentes et si opposées, subsiste sans émotion et sans désordres de tems à autre, il en est survenu un depuis peü de jours, qui est d'une telle suitte et d'une telle importance que j'ay creu debvoir reprendre la plume et retenir avec soin ce qui s'est passé dans une affaire qui a fait grand bruit au Palais et qui peut avoir des suittes, et qui sera peut-estre un jour renouvellée suivant les divers changemens de tems et de fortune.

Il n'y avoit qu'un an environ que nous avions pour Premier Président M. Laisné sieur de la Marguerie, l'objet du mespris du Parlement et de la Province, lequel ayant remis sa charge entre les mains du Roy, M. Brulart Président au mesme Parlement en a esté pourveu et en est en possession depuis ce tems là. Les honnestes gens ont tousjours apréhendé ce jeune homme fier et présomptueux, jugeans bien que si son prédécesseur estoit le jouet de la Compagnie, celuy cy pouroit bien devenir l'objet de sa colère et de son indignation par son humeur orgueilleuse et tyrannique qu'il n'a modérée et retenue, à ce qu'on croit, depuis sa réception audit office de Premier Président que pour luy lascher la bride dans les occasions, et la faire paroistre avec plus d'impétuosité au mespris de la compagnie à laquelle il a l'honneur de présider. Mais on cognoistra mieux son génie par le récit de toute l'histoire que par l'expression de son caractère en général, et je puis parler de ceste affaire avec d'autant plus de certitude que j'ay esté présent à tous les actes au Palais, et que si j'aime l'honneur du Parlement et la conservation de son authorité, j'ay esté jusqu'icy fort attaché d'inclination et de respect à M. le Premier Président.

Un gentilhomme de la Province, nommé Duval, avoit séduit et corrompu une jeune demoiselle de la maison de Vaudrey, sous promesse de mariage qu'il ne voulut point exécuter, quoiqu'elle fust enceinte de ses œuvres. Elle se pourveut contre luy comme contre un ravisseur, et par arrest de l'année 1654 il fut déclaré convaincu de rapt et condamné par contumace à la mort naturelle. Au mois de juillet 1657, le mesme Duval enleva proche de Flavigny en Auxois une demoiselle de Venarey par force et contre son gré et l'emmenna à Isaume où il l'épousa. Le prévost d'Auxois qu'on nomme Vi-Baillif informa promptement de ce rapt qui se trouva parfaitement prouvé, et mesme avec toutes les circonstances d'un rapt parfaitement qualiffié, car les tesmoins déposoient que Duval, accompagné de dix ou douze hommes à cheval, ayant rencontré ceste demoiselle à la campagne, qu'un gentilhomme son parent nommé Dufin emmennoit en croupe, commanda à l'un de ses cavaliers de piquer à toute bride pour arrester Dufin, lequel se voyant pressé par ce cavalier tira son pistolet dont le cavalier tomba mort par terre ; qu'après le coup, Dufin, voulant sauver sa cousine, pressa son cheval qui ne pouvant fournir à la course s'abattit, et par sa chute donna le loisir à Duval d'arrester Dufin et de luy enlever ceste demoiselle.

Ces preuves acquises et ensuitte les briefs jours, il se trouva des requestes dans la procédure présentée par ceste demoiselle de Venarey qui remonstre l'innocence de Duval son mary, et que son enlèvement a esté fait de son consentement, adjoutant que son mary a obtenu lettres d'abolition de son premier crime enterrinées par le grand prévost de l'hostel auquel l'adresse en a esté faite, et par ces raisons suplioit le juge de prononcer sur le renvoy de son mary. Sur ces procédures communiquées au Procureur du Roy qui concleut à la mort, les juges de Semur en Auxois assesseurs du prévost condamnèrent Duval seulement à trois cens francs d'amende et aux despens pour les charges résultantes des procédures et prononcèrent à la rigueur contre Dufin, lequel ayant obtenu des lettres de grâce avec adresse au Parlement, elles y furent enterrinées à l'audiance du jeudy 4 avril 1658, où M. Millotet Advocat général ayant raporté les charges de la procédure tant contre Dufin que contre Duval, et ayant fait le parallèle des actions de ces deux gentilshommes, loua fort celle de Dufin et blasma le crime de Duval. Il blasma aussy la connivence des officiers de Semur et soutint que la sentence estoit nulle, se réservant de se pourveoir à La Tournelle pour ce regard, après quoy il conclut à l'enterrinement des lettres de Dufin en l'audiance, ce qui fut fait, et l'arrest prononcé par M. le Premier Président.

Deux jours après ceste audiance où le crime de Duval avoit beaucoup éclaté, il parut en ceste ville avec l'asseurance et le front de l'homme du monde le plus innocent. On dit qu'il est amy du comte de Tavanes, cousin germain du Premier Président auquel il rendit visite en arrivant en ceste ville pour estre asseuré de sa protection contre ses ennemis et pour ainsy dire contre la justice mesme. Ce criminel sçavoit bien l'arrest de mort rendu contre luy pour son premier crime, il estoit informé du récit et de la déclaration du sieur Millotet, et ainsy il n'osoit paroistre au conspect de la justice sans précaution contre son authorité. Il ne pouvoit en espérer une meilleure que la parole de M. le Premier Président qui luy dit qu'il pouvoit aller par la Ville en toute seureté; et l'on asseure que Duval le dit de la sorte à M. d'Amanzé, Lieutenant général pour le Roy en Bourgogne, dez le dimanche matin, 7 du présent mois d'avril, avant qu'il fust arresté ny mesme qu'il s'en doutast ou en eust peur.

Mais ceste parole du Premier Président ne fut pas un asile asseuré pour Duval, car ledit jour 7 de ce mois, s'estant rencontré en l'église des Cordeliers avec Dufin, il le morgua, dont Dufin se sentant offensé va trouver M. Millotet, luy fait des plaintes sur la conduitte de Duval, qu'il ne peut plus souffrir son insolence; déclare qu'il veut se rendre sa partie pour luy faire faire son procès pour le rapt de ladite demoiselle de Venarey; et parce qu'il seroit à craindre qu'on ne pust le prendre si on différoit au lendemain pour le faire en vertu d'arrest, il s'offrit d'entrer en prison avec ledit Duval si ledit sieur Millotet agréoit qu'il le fist arrester prisonnier à sa requeste. M. Millotet ayant eu peine d'abord à consentir à cest emprisonnement renvoya ce gentilhomme à M. le Président Fiot, Président de la Tournelle, pour avoir de luy la permission de prendre au corps ce criminel. Ledit sieur Président Fiot ayant permis à l'huissier d'exécuter ladite prise de corps, il fit son debvoir, se saisit au milieu de la rue de Duval et l'emmena prisonnier en la conciergerie du Palais et le fit charger sur l'écrou; après quoy, Dufin s'y estant rendu volontairement, il fut écroué de la mesme sorte.

Ceste prise ne fut pas plutost faite que quelques gentils-

hommes en estans advertis coururent chés M. le Premier
Président pour se plaindre, à ce qu'on dit, de l'insolence des
huissiers du Parlement qui avoient eu la hardiesse de mettre
la main sur le collet à un gentilhomme. C'estoit, dit-on, le
langage du comte de Vienne, l'une des grosses bestes de sommes qui soit au monde. Ce concours de noblesse au logis de
M. le Premier Président charma la fierté du personnage
qui aime naturellement le faste et toutes les apparences de
grandeur, et qui de plus veut establir l'opinion de sa toute-
puissance dans le Palais et s'acquérir l'amitié de la noblesse
contre M. d'Espernon affin d'avoir un contrepoids dans les
Estats et d'y faire eslire à la prochaine tenue le comte de
Tavanes, ce qui seroit non seulement contre le gré de M. d'Espernon, mais encore de toute la Province qui verroit avec
peine en ceste place de protecteur du pays celuy qui l'a
persécutée pendant les troubles de Seurre, qui a soutenu un
siége contre son Prince, qui a bruslé des villages à nos portes et qui n'a jamais fait que du mal et du désordre dans la
Province.

C'est néantmoins dans la seule vue de faire eslire ce cher
cousin et pour avoir dans les Estats une puissance opposée
à M. d'Espernon que M. le Premier Président a voulu violer
les loix et la discipline, et s'acquérir les bonnes grâces de deux
ou trois gentilshommes au péril de son honneur et à la ruine de l'authorité de sa Compagnie. Car ayant pris cognoissance luy seul en son logis de l'emprisonnement de Duval à
la requeste de Dufin, les ayant fait amener tous deux de la
conciergerie et ayant pour assesseurs, outre plusieurs gentilshommes, Messieurs Bretagne de Nansouthil Consèiller et
Quarré Advocat général, il remonstra à ces deux gentilshommes prisonniers qu'ils debvoient vivre en bonne intelligence et qu'il falloit s'accorder. Duval y ayant consenty facilement et Dufin ne le voulant pas faire, parce qu'il n'avoit
point d'Advocat ny de Conseil auquel il pust communiquer
ses intérests, M. le Premier Président envoya chercher un

[Avril 1658]

Advocat et contraignit Dufin à s'accommoder moyenant cent pistolles ou environ qui luy furent données par Duval. Et, comme les formes auroient esté blessées si cest eslargissement s'estoit fait sans conclusions des gens du Roy, M. Quarré, qui estoit présent, consentit pour le Procureur général du Roy à la liberté de ce criminel qui luy fut donnée par l'advis de M. de Nansouthil et par l'authorité de M. le Premier Président lequel, pour ne rien omettre de tout ce qui se pratique en pareille occasion, fit aporter par le geolier le livre des écrous où il fit mettre en marge de son emprisonnement l'acte de son eslargissement consenty par Dufin. Cest acte estoit signé par Dufin et par les huissiers Jacotot et David, et portoit qu'ils l'ont eslargy en vertu d'un ordre du Palais sans dire de qui. Mais il estoit assés certain d'ailleurs.

On connoit par toutes ces formes combien M. le Premier Président chérit l'ordre du Palais, combien il est exact à maintenir l'authorité de la justice, et pour tout dire, combien il a l'esprit jeune et l'âme tyrannique.

Ceste entreprise fut sceue au Palais le lendemain matin et plusieurs en faisoient du bruit hors de leurs places. Mais M. le Président Fiot n'estant point entré de tout le jour et les gens du Roy n'ayans donné aucun advis à la Compagnie de ce qui s'estoit passé, le jour s'écoula sans bruit.

Le lendemain matin 9 d'avril, M. le Président Fiot estant en sa place fit un récit simple et naïf de l'affaire du dimanche précédent et ce qui en estoit de sa cognoissance. Il commença par l'histoire de l'emprisonnement conforme à ce que j'en ay dit, et adjouta qu'après son disner le secrétaire de M. le Premier Président vint en son logis et luy dit qu'il estoit là de la part de son maistre pour sçavoir de luy si c'estoit par son ordre que Duval avoit esté emprisonné, qu'il avoit respondu que Duval estoit prisonnier à la requeste de M. le Procureur général et à la poursuitte d'un gentilhomme, que ce secrétaire luy ayant demandé s'il prenoit part en ceste affaire et s'il y estoit intéressé, il luy dit qu'il n'y prenoit aucun intérest que celuy de la justice; que ledit secrétaire avoit répliqué que M. le Premier Président désiroit d'accommoder ceste affaire, attendu que ces deux gentilshommes avoient tous deux beaucoup de parens et d'amis qui couroient risque de s'égorger si l'on ne terminoit leurs différends par des voyes d'accommodement, mais qu'il ne vouloit pas l'entreprendre sans son agrément puisqu'il présidoit à la Tournelle; à quoy ledit sieur Fiot dit avoir fait response qu'il seroit tousjours très aisé que la paix fust maintenue parmy les gentilshommes; qu'il estoit de la dignité de M. le Premier Président de mettre la main à cest ouvrage, mais qu'estant sage et bien advisé il debvoit considérer que la nature de ceste affaire ne tomboit pas en accommodement entre les parties seules; que, s'il le croyoit, il différeroit au lendemain pour en parler à la Compagnie ou qu'il ne s'en mesleroit point du tout, et quant à luy, il ne vouloit point s'en mesler; que ce secrétaire l'ayant pressé de donner son consentement à la liberté de ce prisonnier, il avoit déclaré qu'il ne pouvoit le faire; que ledit secrétaire ayant adjouté que les gens du Roy y consentoient, il n'avoit pas laissé de demeurer ferme en sa première résolution de n'y point consentir et que ce secrétaire s'estoit retiré; que sur le soir, on l'avoit adverty que les deux gentilshommes désiroient de luy parler; qu'estant allé en sa salle, il y avoit trouvé le chevalier Quarré suivy de Dufin et Duval et de deux autres, lequel luy dit qu'il venoit par ordre de M. le Premier Président luy présenter ces deux gentilshommes, monstrant Dufin et Duval, qui avoient eu quelques démeslés ensemble, lesquels estoient à présent terminés par l'authorité de M. le Premier Président et qu'il ne doutoit pas que cest accommodement ne luy fust fort agréable parce qu'en toutes occasions il tesmoignoit beaucoup d'inclination pour la paix et l'union entre les gentilshommes; qu'il avoit respondu à ceste civilité en disant qu'il seroit tousjours très aise que la noblesse vécust en bonne intelligence entre elle; qu'il y contribueroit de sa part en tout ce qui seroit de son pouvoir dans ces rencontres; qu'il louoit beaucoup M. le Premier Président de prendre soin de terminer les démeslés des gentilshommes, mais que toutes les affaires ne tomboient pas en son accommodement, et celle de ces deux gentilshommes moins qu'aucune autre, puisqu'ils estoient en justice et dans les prisons du Parlement d'où ils ne pouvoient sortir sans arrests; qu'il se souvenoit d'avoir ouy parler de ce différend; qu'il avoit scellé, en qualité de garde des sceaux, des lettres de grâce pour ledit Dufin; qu'il l'avoit fait avec joye parce que son action luy avoit tousjours paru bonne et généreuse; qu'au contraire, celle de Duval luy avoit semblé très criminelle et punissable par toutes les loix divines et humaines; qu'il ne pouvoit consentir à l'accommodement d'un crime capital, lequel d'ailleurs n'avoit pu se faire sans le consentement de la partie publique; que, sur ces mots, le chevalier Quarré avoit respondu que Messieurs les gens du Roy y consentoient; qu'il avoit répliqué que quant à luy il n'y consentoit point; que ledit chevalier avoit répliqué que le sieur Duval avoit esté renvoyé absous de ce crime de rapt par le jugement du Vi-Baillif d'Auxois; à quoy il avoit dit que ceste raison auroit pu servir à Duval en la proposant à la Cour par requeste, mais qu'elle ne pouvoit justiffier leur conduitte puisqu'ils estoient prisonniers; outre que Duval estoit coupable d'un autre crime, pour réparation duquel il avoit esté condamné par contumace par arrest du Parlement, à quoy Duval repartit qu'il en avoit obtenu lettres d'abolition vériffiées par le grand prévost de l'hostel, mais qu'il luy avoit répliqué que, par ceste adresse de ces lettres à un juge irrégulier, il tesmoignoit assés la crainte qu'il avoit des juges ordinaires, et qu'après tout, il ne prenoit aucune part à l'accommodement qui avoit esté fait et qu'il en parleroit à la Compagnie, et avoit ainsy conduit ces gentilshommes à la porte de son logis; que sa santé ne luy ayant pas permis d'entrer au Palais le lendemain, il avoit esté contraint de différer jusqu'à ce jour d'en advertir la Compagnie affin qu'elle advisast à ce qui est à faire en l'occasion présente.

Et parce que ledit sieur Président Fiot avoit dit dans sa relation que ces gentilshommes l'avoient asseuré que leur accommodement avoit esté fait par M. le Premier Président en présence de quelqu'uns de Messieurs les Conseillers servans à la Tournelle, M. Bretagne de Nansouthil, Syndic de la Cour, creut estre obligé de se déclarer parce qu'on sçavoit bien que c'estoit luy qui s'estoit trouvé présent à ceste paix et de dire ce qui s'estoit passé en ceste journée. Il dit donc qu'il estoit vray qu'estant allé voir M. le Premier Président pour l'entretenir des économies du Palais, il luy dit qu'il avoit mandé deux gentilshommes qui avoient querelle pour les accommoder et que, s'il vouloit un peu attendre, il y seroit présent; que peu de tems après, deux gentilshommes, sçavoir Dufin et Duval, estans entrés et plusieurs autres gentilshommes de la Province s'y estans trouvés, M. le Premier Président s'informa de Dufin quel estoit le sujet qui l'avoit porté à faire arrester Duval, que Dufin avoit respondu que c'estoit pour le paiement des despens qu'il avoit fait en la poursuitte du procès du rapt de sa cousine de Venarey, et ledit sieur Duval s'estant soumis à les payer; que d'ailleurs la sentence du Vi baillif de Semur ayant esté leue qui contenoit le renvoy de ce crime en faveur de Duval, considérant que personne n'apeloit de ceste sentence, ny Dufin ny Messieurs les gens du Roy; que le juge avoit esté commis par le Conseil; que le Parlement n'avoit jamais eu cognoissance de l'affaire; qu'au contraire il en avoit renvoyé la juridiction au prévost; que l'affaire criminelle estant ainsy terminée, il ne s'agissoit plus que de despens pour le paiement desquels l'emprisonnement avoit esté fait, M. le Premier Président avoit creu pouvoir terminer un différend pécuniaire et mettre en liberté un gentilhomme prisonnier sans authorité de la Cour; qu'il ne croyoit pas qu'il y eust aucune entreprise sur l'authorité de la Compagnie et qu'on deust faire mouvement pour une affaire qui pouroit estre soutenue au Conseil par de bonnes raisons et qui mettroit la division dans la Compagnie; qu'elle ne tiroit point à conséquence et que l'intention de M. le Premier Président estant bonne et généreuse, il ne falloit pas la traitter d'entreprise et de violence.

Plusieurs de Messieurs ayans dit qu'il falloit opiner sur la relation de M. le Président Fiot et les opinions prises, M. de Gand fut d'advis d'ordonner que les procédures faites par le prévost d'Auxois touchant le rapt de la demoiselle de Venarey seroient remises entre les mains d'un commissaire pour en estre fait raport à la Cour et ensuitte y estre pourveu. Messieurs de Nansouthil, de Thésut et de Mucie furent de cest advis. M. Perreney dit qu'il falloit assembler les Chambres pour pourvoir sur ceste entreprise. Messieurs Morin et de Chorey furent de l'advis de M. de Gand.

Pour moy, je dis qu'il estoit facile de sçavoir si Duval n'avoit esté emprisonné que pour dettes en mandant M. l'Advocat général Millotet derrière le bureau et luy ordonnant de remettre au Greffe les mémoires que Dufin luy avoit donnés escrits et signés de sa main, que par là on verroit la cause de l'emprisonnement; que s'il estoit fait pour dettes, il y auroit lieu de s'estonner que M. Millotet eust voulu se mesler d'une affaire tout à fait pécuniaire et d'un intérest purement privé. M. Bouhier puisné adjouta qu'il ne falloit que voir le livre des écrous pour y recognoistre le sujet de l'emprisonnement. M. Baudinot de Célore fut d'advis de demander M. Millotet et parla fort contre l'action de Duval. M. de Chaumelis dit que le rapt de Duval estoit un rapt qualiffié; que si les procédures estoient représentées par celuy de Messieurs les Advocats généraux qui en avoit esté chargé, on cognoistroit la grandeur du crime, et que si Duval avoit esté renvoyé par la sentence, c'avoit esté sur des piéces fausses; que Dufin en avoit usé en homme d'honneur et qu'ayant fait emprisonner Duval, personne n'avoit pu l'eslargir que par l'authorité du Parlement, si ce n'est qu'il fust emprisonné pour dettes seulement, mais que si cela estoit, le procédé de M. Millotet auroit esté ridicule de participer à cest emprisonnement; que d'ailleurs Dufin ne se seroit pas constitué luy mesme prisonnier avec Duval; que ceste couleur recherchée pour excuser l'eslargissement de Duval estoit trop foible et trop mince pour estre receue.

M. de Nansouthil sur ce discours respondit qu'on ne pouvoit douter que l'emprisonnement n'eust esté fait que pour dettes seulement, parce qu'il pouvoit asseurer que Dufin dit chés M. le Premier Président qu'il n'avoit fait emprisonner Duval que pour seureté de ses dommages intérests et despens, et que M. le Premier Président le creut ainsy. Chacun se moqua de ceste défaite, et M. le Président Fiot continuant de prendre les voix, Messieurs Maillard et de Villers, qui sont bons amis et fort attachés à M. le Premier Président, estoient de l'advis de M. de Gand et ne croyoient pas qu'on deust mander M. Millotet, parce que ce seroit engager l'affaire et qu'on seroit contraint de la pousser contre M. le Premier Président. M. de Villers adjouta qu'il n'avoit rien fait qui ne fust très bien fait et d'un homme d'honneur mettant la paix entre deux gentilshommes, et que Duval n'estant point emprisonné par arrests, d'ailleurs son procès estant jugé par le prévost, il ne voyoit pas qu'on deust tant s'eschauffer ny pousser une affaire qui ne valoit pas le parler. M. le Président Jacob fut d'advis de mander M. Millotet. M. le Président Fiot dit qu'il estoit de l'advis de M. de Gand, mais que Messieurs désirans qu'on mandast le sieur Millotet, l'on ne pouvoit s'en dispenser.

Les opinions prises pour une seconde fois, M. de Gand dit qu'il n'estoit pas mal à propos qu'on mandast M. Millotet et de luy ordonner de remettre sur le bureau les mémoires qu'il avoit signés par Dufin. Plusieurs de Messieurs ayans pris ce sentiment, il y passa. Le greffier ayant esté au parquet n'y trouva pas M. Millotet; il envoya un huissier en sa maison lequel raporta qu'il ne l'avoit pas rencontré chés luy, de sorte qu'on fut obligé de se séparer sans l'ouyr et l'on ne dit point à quel jour il seroit mandé.

Le lendemain de relevée 10 du courant, après le jugement de quelques procès, Messieurs de Gand, Maillard et Bouhier s'estans retirés et neuf de Messieurs seulement estans restés en leurs places, chacun commença à parler de ceste affaire. On dit qu'il falloit sçavoir si M. Millotet viendroit ou non; qu'on sçavoit qu'il debvoit bientost partir pour Castres et que mesme il avoit desjà pris congé de la Compagnie; qu'il falloit l'envoyer quérir promptement et exécuter la résolution de la veille, et que, pour ne rien faire qui pust estre blasmé, il falloit mander Messieurs qui s'estoient retirés pour délibérer avec eux. L'on envoya des huissiers chés Messieurs de Gand et Bouhier qu'on ne trouva point chés eux; M. Maillard estoit encore dans l'enclos du Palais, mais ayant appris qu'on le rapeloit pour parler de l'affaire de Duval, il refusa d'entrer et s'en alla, de manière qu'on délibéra et l'on creut que l'on pouvoit le faire au nombre de neuf parce qu'il ne s'agissoit que de mander et d'ouyr M. Millotet en exécution de l'arrest du jour précédent. Tous Messieurs en furent d'advis et l'on envoya un huissier chés ledit sieur Millotet avec ordre de le trouver pendant le reste du jour, affin qu'il ne manquast pas de venir le lendemain rendre compte à la Compagnie de cest emprisonnement et de tout ce qui en estoit de sa cognoissance.

Je diray en cest endroit ce que j'ay appris de gens dignes de créance. Dez le lundy matin M. Millotet s'en venoit avec les procédures pour dire à la Tournelle ce qui s'estoit passé la veille; mais il rencontra M. le Premier Président auprès de la Chapelle, qui le retint et tascha de luy persuader que Duval avoit esté bien eslargy. M. Millotet ayant respondu qu'il estoit obligé de remettre les procédures, M. le Premier Président dit qu'il n'avoit qu'à les remettre à M. Quarré son collègue qui s'en chargeroit, ce que M. Quarré présent accepta, et par ce moyen l'on imposa silence à M. Millotet. Depuis, M. Quarré les remit luy mesme au Greffe dez le lendemain.

Le jeudy matin, M. Fiot estant entré au Palais, on fut advertir M. Millotet qui estoit au parquet de venir à la Tournelle. Il y vint et M. le Président Fiot luy ayant dit le sujet pour lequel il estoit mandé, il fit respondre que dimanche dernier Dufin luy ayant demandé permission d'arrester Duval, il l'avoit prié de différer au lendemain pour en avoir un arrest; que Dufin luy ayant remonstré que cependant Duval sortiroit de la Ville et s'estant soumis d'entrer en prison avec luy, il luy avoit dit d'en parler à M. le Président Fiot, et que luy ayant raporté que ledit sieur Fiot le trouvoit bon, il consentit que Dufin fist emprisonner Duval par deux huissiers etc..., et pour mettre les choses en bon estat, il concluoit à ce qu'il pleust à la Cour de décerner prise de corps contre Duval, et attendu la connivence du Vi-baillif et des officiers du bailliage d'Auxois en jugeant l'affaire du rapt de la demoiselle de Venarey, il requit adjournement personnel contre eux.

M. Millotet parla bien en ceste rencontre, sans néantmoins offenser M. le Premier Président ny qui que ce soit; ensuitte on opina. Mais M. de Nansouthil, interrompant les opinions, dit qu'il voyoit bien qu'on cherchoit quelqu'un en ceste affaire, qu'elle estoit poussée d'une manière extraordinaire, qu'il avoit reconnu depuis longtems que M. le Président Fiot luy en vouloit en toutes rencontres, qu'il l'avoit marqué dans le récit qu'il avoit fait il y a deux jours; et à propos d'inimitié, il dit qu'il se souvenoit qu'il y avoit trois ou quatre ans que ledit sieur Fiot avoit fait revoir en la Chambre des vacations au raport de M. de Courtivron une affaire desjà jugée en plein Parlement au raport dudit sieur de Nansouthil. Ceste plainte obligea M. Fiot de dire qu'il avoit tousjours estimé M. de Nansouthil lequel n'avoit pas sujet de parler comme il venoit de faire; mais, de parole à autre, M. de Nansouthil poussant M. Fiot qui s'eschauffoit aussy, enfin ledit sieur Fiot demanda justice. M. de Nansouthil retiré, il fut dit que tous deux seroient rapelés et qu'on diroit à M. Fiot la satisfaction que la Compagnie avoit de sa conduitte en ceste affaire, et à M. de Nansouthil qu'il n'avoit pas deu parler comme il avoit fait, ce qui fut fait et prononcé par M. le Président Jacob.

Après quoy, les parens des officiers au bailliage d'Auxois s'estans retirés parce que M. Millotet avoit conclu contre eux, M. de Gand raporteur fit récit de la procédure, et, quelques pièces veues, l'on renvoya quérir le livre des écrous où l'on vit ce que j'ay dit cy-dessus. Les opinions prises, l'on décerna prise de corps contre Duval et adjournement personnel contre le Vi-baillif et le lieutenant criminel d'Auxois; et quant aux huissiers Jacotot et David, ils furent mandés avec les autres huissiers en présence desquels on leur prononça que la Cour ayant veu sur le livre des écrous qu'ils avoient mis en liberté Duval sans arrest les avoit mandés pour leur dire qu'ils méritoient une punition corporelle, mais que de grâce elle la leur remettoit, qu'ils n'y retournassent plus à peine de punition exemplaire.

Ce fut une résolution prise par l'advis de tous Messieurs. Il est vray que plusieurs plus fermes parlèrent fortement contre l'entreprise du Premier Président, disans qu'il falloit dans les règles mander les huissiers Jacotot et David pour sçavoir d'eux de qui ils avoient eu cest ordre verbal pour l'eslargissement de Duval, mais qu'ils vouloient bien par respect pardonner à une personne d'une si haute condition, crainte de la jetter dans un embarras d'une plus grande conséquence, mais qu'il falloit luy marquer qu'il n'y retournast plus et qu'on ne seroit pas tousjours si indulgent qu'on vouloit l'estre. Quelqu'uns vouloient que les deux huissiers fussent chargés du restablissement de Duval dans les prisons et jusqu'à ce interdits. Un entr'autre dit que l'entreprise de M. le Premier Président estoit insolente et téméraire et que jamais homme de robe n'avoit eu une telle hardiesse. Tels estoient les sentimens de Messieurs de Chaumelis, Baudinot, de Thésut-Lens, Malteste et Bouhier, qui tous demeurèrent dans les termes d'une grande modération, si ce n'est M. Bouhier qui laissa échapper ce mot d'entreprise insolente et téméraire.

Enfin, il passa à ce que j'ay dit. La mercuriale fut faite aux deux huissiers. Ensuitte, lesdits officiers du bailliage d'Auxois estans venus en ceste Ville pour satisfaire audit adjournement personnel, M. le Premier Président les renvoya et les empescha de comparoistre, leur disant que c'estoit son affaire, et qu'ils s'en retournassent.

Depuis, le Premier Président s'est fait escrire une lettre de cachet par un Secrétaire d'Estat par laquelle le Roy luy tesmoigne satisfaction de l'accommodement qu'il a fait entre Duval et Dufin, et de ce qu'il avoit empesché que Duval ne fust traduit au Parlement, au préjudice de l'arrest du Conseil qui renvoye la cognoissance de ceste affaire au prévost d'Auxois, l'invitte à continuer etc. (1) Ceste lettre subreptice, obreptice, et qui plus est, escrite au grand mespris de l'authorité du Roy qu'un secrétaire d'Estat ne sçait point mesnager, a beaucoup couru la Ville. On en a débité des copies pour l'opposer à l'arrest du Parlement. On l'a monstrée à plusieurs personnes en disant : *Le Roy qui est le maistre approuve ma conduitte, que certains de Messieurs ont voulu*

---

(1) Nous avons vainement cherché dans le recueil de la correspondance de Brulart conservée à la Bibliothèque de la ville de Dijon (3 vol. in-fol., n° 311 des mss.) la lettre dont il est question ici, ce qui viendrait à l'appui de certaines assertions contemporaines, qu'elle était non seulement subreptice, comme le dit Malteste, mais même supposée; comment, en effet, croire que le Premier Président n'aurait pas mis tous ses soins à conserver une pièce aussi importante, et qu'il affectait de montrer pour se justifier? Ce qui confirmerait encore cette opinion, c'est que dans sa correspondance, non seulement on ne trouve point la prétendue lettre, mais on ne rencontre même aucune trace de l'affaire elle-même qui l'aurait motivée, lorsqu'on y voit pourtant à chaque page, au milieu des récits de ce qui se passe dans la province, ceux de la mésintelligence de Brulart avec Millotet, et particulièrement des efforts de conciliation faits par le Premier Président pour apaiser les querelles des gentilshommes.

blasmer. Mais les gens d'honneur et qui entendent les affaires cognoissent parfaitement et le blasme que mérite le Premier Président, et la modération de Messieurs qui se sont trouvés servans à la Tournelle en ce tems là. Peut estre qu'un jour on renouvellera ceste affaire et que je ne me repentiray pas d'en avoir conservé les circonstances. Je souhaitte qu'elle n'ait aucune suitte et qu'il n'en arrive jamais de pareille. Si ma peine est inutile pour l'avenir, au moins servira-t elle à me faire souvenir toute ma vie qu'en ceste occasion, je n'ay point manqué ny à l'honneur de ma charge, ny à ce que je dois à M. le Premier Président que je fais profession d'honorer.

TABLE CHRONOLOGIQUE ET ANALYTIQUE

DES MATIÈRES.

1649.

Décembre. — Lettres-patentes obtenues par Brulart pour sa réception en l'office de président, p. 1.

1650.

Juillet. — Les lettres obtenues par Brulart sont enregistrées, p. 1.
Octobre. — Elles sont vérifiées en temps de vacation, p. 2.
Novembre. — Elles sont reconnues subreptices, p. 2.
Décembre. — Le roi interdit Brulart, p. 3.

1651.

Janvier. — Résolution du Parlement en faveur de Brulart, p. 3.
Le duc de Vendôme, gouverneur, entre au Parlement pour prendre congé de lui, et sort sans vouloir entendre la réponse du premier président. La cour offensée délibère de ne lui point envoyer de députés pour le saluer à l'occasion de son départ, p. 3 et suiv.
Réflexions sur cette délibération, p. 7.
De la Marguerie, maître des requêtes, fait voir à la cour sa commission d'intendant en Bourgogne, p. 7.
Le comte de Beaumont, frère du comte de Tavanes, est emprisonné au château de Dijon, par l'intendant de la Marguerie, p. 8. — Impression produite par cette arrestation, p. 9. — La cour mande l'intendant. La mère du comte de Beaumont demande qu'il soit transféré à la Conciergerie, p. 11. — Récit et observations du conseiller de Saumaise au sujet de l'arrestation du comte de Beaumont et du fait qui lui était reproché. Ses fils compromis dans l'affaire, p. 11 et suiv. — Délibération et avis divers, emportement de Bouchu, p. 14 et suiv. — Réflexion sur la conduite du premier président en cette affaire, p. 16. — L'intendant vient au palais rendre raison dudit emprisonnement, p. 17. — L'avocat général Quarré demande que prise de corps soit décernée contre les complices du comte de Beaumont, p. 18. — Délibération et résolution de la compagnie d'attendre la volonté du roi, p. 19 et suiv. — Réflexions sur cette affaire, p. 22.
Février. — Privilége de noblesse pour une seule vie obtenue par Messieurs des Comptes. La cour, avant

d'en vérifier les lettres, ordonne que les qualités en seront réformées, p. 24.

Le maire fait défense d'aller par la ville, après neuf heures du soir, à toutes personnes de quelque qualité qu'elles soient. La cour mande le syndic et lui ordonne d'apporter la délibération relative à ces défenses et les procès-verbaux dressés au sujet de cadenas et barres de fer trouvés rompus aux portes de la ville et de brèches faites aux murailles, p. 25. — Discussion qui a lieu à propos de ladite délibération. Emportement des conseillers Le Goux et Perret et du premier président. Arrêt portant les mêmes défenses que celles faites par le maire, p. 26 et suiv.

Délibération au sujet de l'état des portes et murailles de la ville après lecture des procès-verbaux dont il a été ci-dessus parlé ; colère du premier président, p. 28 et suiv.

Avis de quelques assemblées faites auprès d'Autun contre le service du roi par le comte de Bussy et autres. Délibération, p. 30 et suiv. — Résolution d'informer desdites assemblées, p. 35.

Lettre du Parlement de Paris à la compagnie pour l'inviter à faire, comme lui, arrêt contre Mazarin, p. 35.

Arrêt après discussion portant que le comte de Beaumont sera tiré du château et amené en la conciergerie du palais, p. 35 et suiv.

Rapport des commissaires au sujet des assemblées faites par le comte de Bussy. Délibération, sentiments divers, animation du conseiller de Saumaise et du premier président, p. 40 et suiv. — Les échevins d'Autun, Roux et Vétu, sont décrétés d'ajournement, p. 45.

Rapport fait par MM. Valon et Baudinot touchant le logement à Norges de gens de guerre inconnus, p. 45. — L'information est jointe aux procès-verbaux pour être portée au roi, p. 46.

Proposition de députer en cour pour remercier le roi de l'élargissement des princes, p. 46. — Cette proposition est acceptée, et le premier président l'un des députés. Remarque du conseiller de Berbis à cet égard, p. 47.

Résolution de publier monitoire des propos injurieux tenus dans la ville et tendant à faire penser qu'il y avait des traîtres au roi, p. 47.

Avis donné par les habitants de Seurre et communiqué par le premier président d'une entreprise faite contre la ville par le sieur de Roncherolles. Il est décidé conformément aux réquisitions de l'avocat général Quarré qu'on y enverra deux commissaires et ledit avocat général, p. 48.

Lettres du prince de Condé pour le premier président et du Parlement de Paris pour la compagnie ; discussion relative à l'ouverture de ces lettres ; il passe qu'elles seront lues. C'est la condamnation de Mazarin et des siens à vider le royaume dans les quinze jours, p. 49. — Délibération au sujet de ces lettres, p. 50. — Il est décidé qu'il n'y sera fait aucune réponse.

Mars. — Autre délibération le 1er mars, concernant le cardinal Mazarin, p. 52 et suiv. — Il est différé de faire arrêt contre lui, p. 56.

Nouvelle délibération concernant Mazarin, le 2 mars ; discours du premier président contre le cardinal, p. 56 et suiv. — Lecture des lettres du prince de Condé demandant à la cour un arrêt semblable à celui du Parlement de Paris, p. 58. — Diversité d'opinions ; sentiments de MM. Arviset, de Gand, Bernard, Le Goux, Malteste, de Chasans, de Thésut, du premier président et autres, p. 59 et suiv. — Il passe enfin par 29 voix contre 26 à l'avis de M. Arviset de ne pas faire, quant à présent, d'arrêt et d'en écrire les raisons au prince de Condé, p. 62.— Réflexions sur cette délibération, p. 62 et suiv.

Vérification du bail des Gabelles; le procureur général Guillon demande à entrer, p. 64. — Il annonce que mandé par M. de la Vrillière, secrétaire d'Etat, il en a reçu une déclaration d'innocence des princes avec ordre de la faire enregistrer au Parlement. Il ajoute que le duc d'Orléans l'a également chargé de témoigner à la compagnie son désir d'un arrêt contre Mazarin, pareil à celui de Paris; enfin, que le prince lui a remis touchant ces deux choses une lettre pour le Parlement, p. 65. — Lecture de ces différentes lettres et déclaration. Les opinions prises, la déclaration d'innocence est enregistrée, et de plus il est ordonné que la lettre de cachet du 19 janvier 1650 pour la détention des princes et en marge de laquelle sera la déclaration d'innocence sera bâtonnée. Discussion relative à l'arrêt contre Mazarin, p. 68. — Avis divers de MM. Milletot, de Villers, Arviset, Jaquot, Le Goux, Saumaise, de Chasans, p. 69. — Soulèvement causé par les paroles de ce dernier, p. 70. — Opinion de MM. de Thésut et Robelin, p. 71.— Du premier président, p. 72. — Objections qui lui sont faites par le président Robelin; suite de son discours, p. 73. — Il passe de peu de voix qu'il sera fait arrêt, p. 74. — Cet arrêt est prononcé par le premier président après les conclusions du procureur général, p. 75. — Surprise de la ville, p. 76. — Lettre du prince à la compagnie pour la remercier de la décision qu'elle a prise de députer au roi et à la reine à l'occasion de sa mise en liberté, p. 77. — Lettre de M. Baudinot de Célore, conseiller, député à Paris, p. 78. — Insistance du prince de Condé pour obtenir l'arrêt contre le cardinal; la reine s'y opposait, p. 79. — Effet que la connaissance de ces faits produit sur les honnêtes gens de la compagnie; départ pour Paris du premier président et de M. de Gand, députés par la compagnie; nouvelles lettres du prince de Condé pour remercier la cour de l'arrêt contre Mazarin. Suite de l'affaire des échevins d'Autun, Roux et Vétu, p. 80.

Mai. — Rétablissement de Brulart dans sa charge de président, p. 81.

Délibération relative à la préséance à établir entre le sieur Bourée et le sieur Jacob, tous deux acquéreurs d'un office de conseiller, p. 82 et suiv.

Arrêt contre l'élection de M. Millotet comme maire, communiqué à la compagnie avec l'ordre de l'enregistrer et faire exécuter, p. 84. — Délibération à ce sujet; opinions de MM. Milletot, Millière, Le Goux, Lantin, Perret, de Berbis; entrée à l'audience de M. Millotet, p. 85, 86. — Il se démet de ses fonctions, p. 86 et suiv. — Il se retire; suite de la délibération, p. 88. — Avis de MM. Milletot syndic, Bretagne puiné, Le Goux, Joly président, Bernardon et autres; il passe que l'arrêt sera exécuté; M. Millotet est invité à reprendre pour le soir la magistrature; il se trouve le lendemain à l'audience où est publié l'arrêt, et où la cour lui interdit de parler; son attitude, p. 89.

Rétablissement des échevins de l'année précédente et élection de l'un d'eux comme maire pour la fin de celle-ci. Mauvaise harangue du conseiller Millière à cette occasion; l'avocat Bourelier est élu maire,

Fin de *cette tyrannique et violente comédie;* ses six principaux auteurs, tous lâches et vindicatifs, ennemis de M. Millotet. Son résultat contraire à celui qu'ils attendaient par suite du mépris qu'en fit M. Millotet et de sa générosité, p. 90.

Le premier président rend compte de son voyage à Paris, p. 91 et suiv. — Le président Robelin le remercie au nom de la compagnie. Réunion chez le premier président et communication d'une lettre du prince annonçant sa démission du gouvernement de Bourgogne pour prendre en échange celui de Guyenne, p. 93.

Juin. — Plaintes à la Tournelle des désordres et pillages commis par plusieurs compagnies du régiment de Conty aux environs de Bourbon-Lancy; délibération à ce sujet; incident survenu entre la grand-chambre et la Tournelle; remise forcée de la délibération, p. 94 et suiv.

Exécution demandée à la grand-chambre de l'arrêt du conseil relatif à l'élection d'un maire, autre toutefois que le sieur Millotet; principaux moteurs de cette demande, p. 96. — L'enregistrement de l'arrêt est ordonné; discours de M. Millotet à cette occasion; animation et tumulte qui s'en suivent lorsqu'il s'est retiré, p. 97. — Le premier président et le président Robelin s'emportent l'un contre l'autre au point que le premier président lève la main sur le président; plainte de ce dernier; le bruit est si grand qu'elle n'est pas entendue; fin de cette affaire, p. 98.

Autre sujet de tumulte; MM. Le Goux et Millière; inconvenante observation du premier président; il est hué; suite de cette délibération, p. 99.

M. Millière rend compte de la mission dont il avait été chargé de faire arrêter les turbulents et qu'il n'a pu remplir; MM. de la Tournelle se moquent de lui; grand bruit qui est fait à ce propos; véritable cause de sa conduite; son servilisme à l'égard de Bouchu; réflexions sur le malheur pour une compagnie d'avoir un chef tel que ce dernier, p. 100 et suiv.

Suite de la délibération relative à l'arrêt du conseil rendu contre M. Millotet. Le premier président l'empêche de parler. Opposition est formée audit arrêt par l'avocat Calon au nom des habitants intéressés, p. 102. — Calon est interrogé par le conseiller Jaquot sur la procuration dont il s'est dit porteur. Plaintes de M. Millotet. Dissentiment qui s'élève entre le premier président et MM. de la Tournelle. Ce dernier, après un grand bruit, l'emporte par son refus de faire délibérer. Le procureur général entre et demande qu'il soit informé des brigues faites par ceux qui aspirent à la magistrature; il est suivi de l'avocat général Quarré qui demande de son côté information des propos séditieux tenus par les soldats contre le roi; nouveau et violent tumulte tel que l'on ne songe point à opiner sur sa réquisition. Requête de M. Millotet contre le premier président. Proposition de rendre un arrêt excluant de la candidature à l'élection le sieur de Frasans comme en avait été exclu M. Millotet, p. 103. — Nouvelles propositions d'informer des brigues et paroles séditieuses; le conseiller Maillard demande l'assemblée des Chambres; refus du premier président; insistance de M. Maillard; le syndic de la Tournelle, au nom de cette Chambre, se joint à lui; nouveau refus du premier président; MM. de la Tournelle persistent et viennent à la grand-chambre prendre leurs places après avoir mandé

MM. des enquêtes, p. 104. — Désordre qui s'élève dans la compagnie; violente discussion pour savoir si M. de Frasans sera ou ne sera pas maire. Origine des deux partis de M. Millotet et de M. de Frasans, et des divisions de la ville, p. 105 et suiv. — Une lettre de cachet du roi vient décider la question en ordonnant l'élection du maire et l'exclusion de MM. Millotet et de Frasans; joie que cette lettre cause aux amis de M. Millotet. Quelques mots sur l'élection qui eut lieu de M. Malteste par dix huit cents votants et ses heureux résultats, p. 107. — Refroidissement qui se manifeste dans le parti de M. Millotet envers le maire qu'il trouve trop peu disposé à aider à ses desseins passionnés; affaire qui augmente encore sa défiance et qu'exploite habilement le premier président, p. 108. — Arrêt rendu à la suite d'un discours de ce dernier pour informer des propos séditieux et prise de corps contre le nommé Lejeune, p. 109.

Juillet. — Nouvelle du mécontentement du prince de Condé et de sa retraite à Saint-Maur; mauvais effet qu'elle produit à Dijon et que le premier président cherche à atténuer; manifeste contre la cour remis par Arnault, commandant au château pour le prince de Condé, adressé et lu à la compagnie. Information contre le sieur Thomas, élu recteur du Saint-Esprit de Dijon; question de compétence à laquelle elle donne lieu; l'affaire reste à la grand-chambre, p. 110 et suiv. — M. Milletot, syndic, pressé par le sieur Arnault, propose de répondre au manifeste du prince de Condé contre la cour. Discussion à laquelle prennent part MM. le premier président, Arviset, Millière, Maillard, Le Goux, Perret, Blanot, Lantin, Bretagne de Nansouthil, Malteste, Bouhier, Brulart, de Villers; il est décidé qu'on fera une réponse, mais que cette réponse ne contiendra qu'un compliment, p. 113 et suiv.

Règlement des chambres. Refus du premier président de le mettre en délibération; tumulte suscité par ce refus. Affaire de Philibert Lejeune; il est élargi; désordre que causa cette affaire et désagréments qu'elle valut aux commissaires, p. 115.

Chaleureuse délibération relative aux propos et blasphèmes prononcés par Des Roches chez Bassan; MM. le président Robelin, Pernet, du Bassin, Arviset, de Gand, Millière, Jacob, de Berbisey l'aîné, Bretagne de Nansouthil, Le Goux, Perret, Baudinot, Garnier, Bouhier l'aîné, de Mongey, de Berbis, le président Fyot et autres; il passe que ceux de messieurs qui seraient assignés pour déposer de ce qu'ils savent à cet égard iront le faire, p. 115 et suiv.

Délibération au sujet de la Chambre des vacations, p. 119.

Jussion relative aux lettres de noblesse de MM. des Comptes rejetée, p. 120.

Août. — Mésintelligence du prince de Condé avec le roi et la reine. Préparatifs faits par le commandant du château de Dijon. Perplexité de cette ville, embarras du maire; mesure de sûreté que ce dernier est obligé de prendre. Division dans le Parlement, p. 120 et suiv.

Les élus ont avis que Boutteville, commandant à Seurre, a réclamé des syndics les contributions; ils ordonnent au syndic du pays de présenter requête à la cour tendant à obtenir défense au gouverneur de lever aucune imposition; rapport du conseiller Milletot sur cette affaire, p. 122. — Opinions diverses de

MM. Arviset, doyen, de Gand, Millière, Jaquot, Berbisey l'aîné, Massol, de Villers, Bonnard, Bretagne de Nansouthil, du Bassin, Le Goux, Bouhier l'aîné et autres. Reprise des voix ; avis du président Fyot ; il passe de plus des deux tiers qu'il sera fait arrêt contre les gouverneurs de place pour leur interdire de faire aucune imposition, et qu'il en sera écrit au roi et à M. d'Epernon, p. 123 et suiv.

Lettre du roi au Parlement au sujet du prince de Condé, de ses brouilleries avec la cour et des mesures à prendre. Résolution d'écrire au secrétaire d'Etat et de pourvoir s'il se passe quelque chose dans la province, p. 125.

Septembre. — Lettres de compliment de MM. d'Epernon et de la Vrillière à la compagnie, lesquelles étant des réponses ne donnent lieu à aucune résolution, p. 126.

Lettre du prince de Condé au Parlement ; c'est une réponse à celle adressée contre lui par le roi ; la déclaration du duc d'Orléans faite pour la justification du prince y est jointe ; délibération sur ce qui sera fait, p. 126. — Avis de MM. de Gand, Millière, Pouffier, Milletot, Baudinot de Célore, Richard, Potet, du Bassin, Perret et autres, de Mongey, de Berbis, Maillard, Valon puîné, de Villers, les présidents Joly et Fyot Reprise des voix ; il passe à l'avis de M. de Gand d'écrire au roi en lui envoyant copie de la lettre du prince et d'écrire en même temps audit prince, p. 127 et suiv. — Réflexions sur cette délibération, p. 130.

Assemblée extraordinaire du Parlement pour l'ouverture des lettres du roi au sujet de sa majorité. M. Millotet profite de cette occasion pour faire connaître les inquiétudes des habitants en face des nouvelles fortifications et munitions du château. Le vicomte mayeur mandé rend compte des mesures qu'il a prises d'accord avec l'intendant. La cour le remercie de ses soins qu'elle l'engage à continuer. MM. Jacotot et de Thésut l'aîné sont ensuite députés pour aller au château voir et reconnaître l'état de la place, p. 130 et suiv. — Rapport de MM. Jacotot et de Thésut au sujet de leur mission ; ce qu'ils ont vu ; ce que leur a dit le commandant Arnault, p. 132 et suiv. — Délibération sur les mesures à prendre dans la circonstance pour sauvegarder la ville. Opinions ambiguës des rapporteurs et de MM. Millière, Jaquot, Berbisey l'aîné et Bernardon ; avis motivés de MM. Le Goux, Malteste et autres, et de l'intendant ; on suit le sentiment de ce dernier tendant à faire un arrêt général de défense aux gouverneurs de place de fortifier sans ordres du roi, et d'avertir en particulier Arnault d'avoir à ne plus donner d'inquiétudes à la ville, p. 134 et suiv.

Lettre du roi à la compagnie pour lui accuser réception et la remercier de l'envoi de celle du prince de Condé, p. 136.

Avis donné par l'intendant des ordres reçus par le vicomte mayeur de M. d'Epernon pour faire la garde ; délibération sur les mesures à prendre en cette circonstance dans l'intérêt de la ville ; le maire mandé s'explique ; opinions diverses. Examen de ce qui est à faire pour la sûreté des places. MM. Bernard et Millière sont désignés pour aller à Saint-Jean-de Losne ; MM. Bossuet, Bretagne et Quarré pour se rendre à Verdun. L'arrêt sera de plus envoyé au maire de Seurre pour y être publié, p. 136 et suiv.

Tumultueuse délibération au sujet de la garde de la ville et des soupçons pouvant s'élever contre certains capitaines des paroisses, notamment le sieur de Frasans; aucune décision n'est prise, p. 138.

Commission nommée pour pourvoir au service des affaires sans être obligé d'assembler la compagnie, p. 139.

Lettre du roi mandant à la compagnie de faire continuer la garde dans la ville et de se barricader contre le château; le marquis de Tavannes en reçoit une semblable; délibération sur ces lettres; avis divers de MM. Jaquot, Maillard et autres; il est décidé qu'on laissera le marquis de Tavannes juge de l'exécution plus ou moins prompte des barricades, et que MM. Jaquot et Berbisey iront porter au sieur Arnault l'ordre du roi et l'inviter à ne pas s'opposer à son exécution; orage soulevé dans cette délibération; emportement de M. Baudinot de Célore; conciliantes réflexions de M. Malteste; vives et aigres répliques données à M. Baudinot par MM. de Chaumelis, Le Belin, de Berbis, Bouhier l'aîné, Bernardon, de Thésut l'aîné, le président Brulart, qui *testonnent et traitent comme il le mérite ce petit homme*, vainement secouru par son parent le président Fyot, p. 139 et suiv.

Arrêt du conseil cassant les échevins de Dijon élus à la Saint-Jean dernière, et rétablissant à leur place ceux de l'année précédente, présenté par l'avocat général Quarré, p. 140.

Rapport de MM. Jaquot et Berbisey l'aîné sur leur mission au château et leur entrevue avec le commandant Arnault, p. 145. — Délibération qui s'ensuit, à laquelle n'assiste pas M. Baudinot de Célore, encore sous le coup de son échec de la veille, p. 146.

Discussion concernant l'arrêt du conseil relatif au changement des échevins, pour l'exécution duquel MM. de Berbis et Le Belin ont été députés commissaires par le roi; observations de MM. de Berbis, de Berbisey l'aîné, Maillard, du Bassin, de Mongey, Perret, Malteste, de Chaumelis, Desbarres, Fyot, dont l'opinion est adoptée, p. 146 et suiv.

Lettre du roi apportée par M. Bretagne puîné, la plus obligeante qu'un roi puisse écrire à ses sujets; lettres-patentes de continuation du Parlement pour les affaires publiques seulement, et lettre de créance du roi à M. Bretagne, qui fait récit de son voyage et des témoignages dont il a été chargé par le roi et la reine pour la compagnie; effet produit sur quelques-uns par la députation faite par MM. du conseil seuls, et en dehors du reste de la compagnie; réflexions sur la division existant dans la compagnie et dans la ville, p. 150 et suiv.

Octobre. — Délibération sur les honneurs à rendre à M. d'Epernon à son arrivée à Dijon, p. 152.

M. d'Epernon vient au palais saluer la compagnie, accompagné du marquis d'Uxelles et de l'intendant; il fait un compliment mal peigné, auquel répond élégamment le président Robelin, p. 152. — Délibération, avant son entrée, si on lui donnerait des carreaux, p. 153.

Relation par M. Millière de ce qu'il a fait à Saint-Jean-de-Losne pour le service du roi, p. 153.

Mort du commandant du château, Arnault; délibération sur ce qui devra être fait en cette occasion; audition du procureur Moreau, qui s'était trouvé au château à l'heure de la mort du sieur Arnault, p. 153. — MM. Maillard, Berbis et Quarré sont délégués pour se rendre au château, par suite d'une suggestion de M. d'Epernon, moins craintif de hasarder ainsi l'autorité du Parlement que la sienne ; l'entrée du château leur est refusée, p. 154. — Ils rendent compte de leur mission et des mesures de sûreté prises par le maire d'après l'ordre de M. d'Epernon, p. 155. — Discussion qui s'élève à la suite de cette communication, et à laquelle prennent part, avec plus ou moins de chaleur, MM. Jacotot, Millière, Maillard, Le Goux, de Mongey, Pérard, le président Robelin, de la Toison, de Migieux, de Thésut l'aîné, de Gand ; le président Robelin, blessé par les paroles de ce dernier, quitte sa place et l'audience ; il est suivi par M. Maillard, également irrité ; ils rentrent tous deux, p. 156 et suiv. — Reprise de la délibération : MM. de Gand, Millière, Le Goux, de Berbis, Malteste, de Mongey prennent successivement la parole ; brutalité de ce dernier, p. 159. — Il passe enfin au sentiment de MM. de Berbis, et le soir même, MM. le président Joly, de Thésut et de Gand vont trouver M. d'Epernon, p. 160.

Délibération relative aux honneurs à rendre à M. le duc de Candale, dont l'arrivée est attendue, p. 160. — Réunion de la compagnie qu'il désire saluer : compliments faits de part et d'autre ; mauvais effets produits par la facilité mise à rendre de si fréquents honneurs, et réflexions sur cette facilité, p. 161.

Novembre. — Ouverture du Parlement, le 14 novembre ; le duc d'Epernon y assiste, p. 162.

Mesures proposées pour la sûreté de la ville contre le château, dont le canon lui a déclaré la guerre ; grande diversité d'opinions : MM. le président Joly, Desbarres, de Gand, Robelin, Fyot, Jaquot et autres ; il est enfin résolu que la compagnie ira par députés à la garde, p. 162 et suiv. — Détail des faits qui donnèrent lieu à ces mesures et à cette garde extraordinaire, p. 164 et suiv.

Délibération sur les honneurs à rendre au duc d'Epernon, qui doit assister aux audiences ; il y arrive avant qu'une décision soit prise, p. 166 et suiv. — Réflexions sur la facilité de la compagnie à accorder tant d'honneurs au duc d'Epernon et les mobiles des différents partis, p. 168 et suiv. — Remise à la compagnie par l'avocat général Millotet, de la part de M. d'Epernon, de deux lettres de La Planchette, commandant au château, et adressées l'une au Parlement et l'autre audit sieur d'Epernon ; discussion qui a lieu à cette occasion ; MM. Robelin, Jacotot, Millière, Jaquot, Le Goux, de Gand, de Berbis, de la Mare, Fyot, p. 170 et suiv. — Ces lettres sont lues : ce sont des plaintes contre les mesures prises par la ville ; celle adressée au Parlement, portée à M. d'Epernon par MM. Fyot, Jacotot, de Thésut, de Gand et Millière, à ce commis, p. 173. — Suite de cette affaire ; plaintes du vicomte mayeur au Parlement sur la négligence de la garde de la ville ; le président Fyot rend compte de la visite faite par lui et les conseillers commis chez M. d'Epernon ; résolution est prise de faire dresser des procès-verbaux de ce qui s'est passé entre le château et la ville, pour instruire le procès de La Planchette conformément aux réquisitions des gens du roi, p. 173 et suiv.

Variété d'opinions relativement à la garde des portes par les membres de la compagnie, p. 174.

Le château tire le canon et lance des bombes sur la ville ; siége du château, p. 175.

Décembre. — Le château est réduit à l'obéissance ; assemblée du Parlement et attitude du premier président ; un président et trois conseillers anciens sont députés à M. d'Epernon pour le complimenter sur le succès du siége, p. 175. — Délibération sur le projet de demander la démolition du château; sur la question de savoir si l'on mandera les gens du roi pour avoir leurs conclusions; l'affaire est remise; le président Fyot rend compte de ce qui s'est passé en la députation envoyée auprès de M. d'Epernon pour le complimenter, p. 176.

Propositions faites par les échevins au Parlement de demander la démolition du château; délibération sur ce point; conclusion de l'avocat général Quarré; avis de MM. Jacotot, Millière, Berbisey, Moisson; *façon brutale et chevaline* de ce dernier; MM. Le Goux, Lantin, Desbarres, Fyot, Robelin, Bouchu; il passe que l'on suivra les conclusions des gens du roi, et que la démolition du château sera sollicitée, p. 177 et suiv.

Nomination des députés qui devront se trouver à la salle dorée avec ceux des autres compagnies; discussion qui s'élève à ce sujet, p. 181.

Communication du président Fyot relative à la mission dont il a été chargé à propos de la demande de la démolition du château; bruit sourd qui s'élève contre son discours, p. 182. — Il est entrepris et rudement traité par M. Bouhier l'aîné. Attitude du premier président, p. 183.

Le président Fyot rend compte le même jour de ce qui s'est passé dans la réunion relative à la demande de démolition du château et d'une difficulté qui s'est soulevée en cette réunion et sur laquelle il est délibéré, p. 183. — Il fait le lendemain le récit de l'entrevue qui a eu lieu au sujet de ladite démolition entre les délégués des compagnies et le duc d'Epernon, p. 184. — Chaleureuses délibérations en suite de ce récit sur la députation qui sera faite au roi; plein pouvoir est donné pour négocier cette affaire aux députés, qui sont MM. de Berbis, de Souvert et Bretagne de Nansouthil, p. 185,

Réception comme chevalier d'honneur au Parlement de M. de Naguenfant de neuf ans, p. 186.

Les avocats généraux demandent assemblée de la cour pour lui rendre deux lettres de cachet, l'une adressée à la compagnie et l'autre à M. Robelin. Discours envenimé de M. de Gand. Les lettres de cachet sont lues; elles ont pour but d'avertir la compagnie qu'elle ait à enregistrer la déclaration contre le prince de Condé, p. 187. — Première et deuxième assemblée à ce sujet, p. 188 et suiv.

1652.

Janvier. — Troisième assemblée relative à l'enregistrement de la déclaration contre les princes, p. 190. — Récit peu véridique de ce qui s'est passé aux assemblées précédentes, fait par le premier président; réflexions à cette occasion sur l'infidélité des registres dont est maître le premier président, p. 190 et suiv.

Les avocats généraux demandent à entrer. M. Millotet dépose sur le bureau un paquet pour la compagnie relatif à la déclaration contre les princes, et une ordonnance du duc d'Epernon concernant la taille à payer par les communautés, p. 192. — Réponses qui lui sont faites par le premier président et M. Le Goux. — Après délibération, il passe

23

[Février 1652]

qu'en ce qui concerne la déclaration, il sera communiqué aux gens du roi, et conséquemment différé de statuer ; réflexions sur cette décision, p. 193 et suiv.

Résolution d'assembler les compagnies de la ville à propos d'une délibération de la mairie touchant les pauvres et le nettoiement des boues, p. 196.

Lettre du roi apportée par les avocats généraux ; elle déclare inutile la députation pour la démolition du château ; délibération à ce sujet ; avis de MM. Millière, Le Goux, Perret, de Thésut-Ragy, Bretagne, Malteste, Lantin, de Chaumelis, de Gand, Fyot, du premier président ; il passe qu'il sera informé auprès des élus de l'état de la province, p. 196 et suiv.

Audition des syndics du pays au sujet des désordres commis dans la province, et délibération sur ce point. Le premier président, MM. Valon, Millière, Jaquot, Le Goux, de Gand, de Thésut et autres, p. 199 et suiv. — Disposition colérique et bilieuse du premier président qui le fait revenir sur tout ce qui s'est fait sous M. de Vendôme, p. 201. — Il est résolu que le Parlement usera de son autorité pour délivrer la province des désordres qui la ruinent, d'accord avec M. d'Epernon auquel sont députés MM. de Thésut, Millière et Valon, p. 202.

Lettre du roi à la compagnie relative à l'arrêt rendu contre Mazarin par le Parlement de Paris, et contenant défense à celui de Dijon de rien délibérer sur cette matière avant qu'il lui ait fait connaître ses intentions, p. 202.

Délibération sur la nourriture des pauvres, les lettres du roi qui sont relatives à la rentrée en cour du cardinal Mazarin et au retard apporté à l'enregistrement de la déclaration contre les princes. Pareilles lettres adressées aux avocats généraux et une autre écrite par les députés envoyés à Poitiers, p. 203 et suiv. — Avis divers concernant l'enregistrement de la déclaration contre les princes (4ᵉ assemblée); MM. Valon, Bouhier, Millière, Le Goux, Perret, de Gand, de Thésut, Desbarres et autres; le premier président ayant dit : *Il passe à communiquer*, est invité à compter les voix. M. Moisson opine *en grondant, qui est son langage ordinaire*; singularité de son discours. Vanité de M. Le Goux. Dialogue railleur du premier président et du président Robelin, p. 206 et suiv.

Délibération relative à la réponse faite par M. d'Epernon aux députés qui lui ont été envoyés au sujet des désordres commis dans la province. Prétentions de M. d'Epernon. — Récit du président Fyot, p. 209. — Les opinions sont prises : MM. Millière, Le Goux et autres; le premier président, p. 210. — Récit et plaintes de ce dernier. Réponse de M. Maillard, p. 211 et suiv.

Délibération relative à la nourriture des pauvres, p. 212.

Cinquième assemblée touchant l'enregistrement de la déclaration contre les princes, p. 213.

Sixième assemblée concernant ledit enregistrement ; avis de MM Valon, Milletot, Le Goux, de Gand, du premier président et autres ; mobiles des différentes opinions, p. 214 et suiv.

Nature de la réponse faite par M. d'Epernon aux plaintes des élus du pays, p. 216. — Vains discours, notamment de M. Le Goux, touchant l'administration des deniers du pays, p. 217.

Février. — Lettre de Messieurs députés à la cour qui témoigne du peu de succès de la demande de dé-

[Avril 1652]

molition du château et du mécontentement de la reine causé par le retard apporté à l'enregistrement de la déclaration contre les princes, p. 217.

Délibérations au sujet des prétentions de M. d'Epernon pour la juridiction sur les gens de guerre; différents avis. Déclamation du premier président contre les troupes du roi. Il passe qu'il sera informé des désordres commis par les gens de guerre, p. 217 et suiv.

Septième assemblée relative à l'enregistrement de la déclaration contre les princes. — Lettres de jussion du roi, p. 220.

Huitième assemblée au sujet de l'enregistrement. Lecture des lettres de jussion et délibération à leur sujet. Sentiments de MM. Valon, de Mongey, Jacotot, Millière, Jaquot, de Villers, Le Goux, de Berbis, de Gand, de l'intendant de la Marguerie, des présidents Desbarres et Fyot, du premier président, p. 220 et suiv. — Reprise des opinions pour une seconde et une troisième fois; il passe qu'il sera de nouveau différé, p. 228. — Réflexions sur cette délibération, p. 229 et suiv. — Manque de mémoire de M. de Mongey chargé d'*ouvrir le pas* dans la discussion. Fureur de M. Le Goux; portrait de ce dernier, p. 230. — Remarque sur l'avis du premier président. Fonction des Parlements, p. 231. — Caractère et mobile de ceux qui ont opiné contre l'enregistrement. Servilité de MM. Millière, Jaquot, Berbisey, Pouffier, de Mongey et autres; impudence et brutalité du dernier, p. 232. — Mobile de Messieurs qui étaient de l'avis de l'enregistrement, p. 233.

Lecture par M Valon du procès verbal dressé par lui des réponses du commis de la poste au sujet de paquets remis par lui à M. Millotet; résolution de mander ce dernier, p. 233. Délibération animée contre les avocats généraux à propos de ces paquets retenus par eux. Explications de M. Millotet. Avis de MM. Valon, Bretagne, Millière, Bernard l'aîné, Le Goux. Déclamation du premier président; colère que lui inspire la résolution prise par la compagnie, p. 234 et suiv.

Délibération sur les désordres des gens de guerre. Emportement du premier président. Récits exagérés de M. Le Goux; source de ses informations. Véritable motif de l'acharnement du premier président contre M. d'Epernon. Billet du duc d'Epernon trouvé dans la rue et dans lequel il qualifiait le premier président de mal intentionné pour le service du roi, p. 237.

Mars. — Liste publiée par un imprimeur de Messieurs qui ont été d'avis d'enregistrer et de ceux qui ont été d'avis de différer, p. 238.

Arrêt à exécuter contre les avocats généraux; ils sont mandés et refusent d'obéir; délibération sur leur désobéissance; il passe qu'ils seront interdits jusqu'à ce qu'ils aient obéi. Effronterie du premier président, p. 239.

Avril. — Lettre du roi à la compagnie au sujet de la vérification de la déclaration contre les princes p. 240. — Neuvième assemblée relative à cette vérification. Lecture de la lettre de cachet. Avis de MM. Valon, Perret, Le Goux, Malteste, Lantin, de Berbis, Desbarres et autres, du premier président. Reprise des opinions. M. de Villers combat la proposition faite par le premier président de député au roi pour savoir sa volonté. Soulèvement excité par le mot de *perfidie* lâché par M. de Thésut; il passe à l'avis du premier président, p. 240 et suiv.

Avis que le roi approche de Dijon; délibération sur ce qui est à faire en cette circonstance. Projet de députation; il avorte et il est résolu qu'un huissier sera envoyé à M. de la Vrillière pour savoir ce qui est à faire, p. 240.

Délibération au sujet des monnaies, p. 245.

Suite de l'affaire des avocats généraux; arrêt du conseil qui enjoint au Parlement d'envoyer les motifs de leur interdiction et les maintient dans l'exercice de leurs charges; ils renoncent à se servir de l'arrêt du conseil pour obtenir du Parlement leur rétablissement, procèdent par requête et réussissent; texte de l'arrêt du conseil; réflexions sur le peu d'effet qu'il aurait produit et ce qu'il a d'extraordinaire, p. 247 et suiv.

Lettre du roi à la compagnie dans laquelle il lui témoigne en termes fâcheux et aigres son mécontentement du retard apporté à l'enregistrement de la déclaration contre le prince de Condé, et lui enjoint de l'enregistrer promptement à peine d'encourir son indignation, p. 251.

Dixième assemblée au sujet de la déclaration contre le prince de Condé. Longue et chaleureuse discussion à laquelle prennent part MM. le premier président, Valon, Perret, Millière, Jaquot, Massol, de Villers, Maillard, Desbarres, de Nansouthil, Le Goux, Malteste, Lantin, de Berbis, Bouhier, de Gand, Fyot et autres; reprise des opinions après une longue et ennuyeuse homélie du premier président; il passe que la déclaration sera enregistrée, p. 252 et suiv. — Réflexions sur cette affaire, p. 261.

Mai. — Publication à l'audience de la déclaration contre le prince de Condé, p. 262.

Délibération sur le courrier de Paris à Dijon arrivé sans lettres ni paquets, p. 262.

M. Bossuet est pourvu d'un office de conseiller clerc, p. 263.

Lecture du procès-verbal dressé par M. Valon relativement à l'affaire du courrier de Paris; nouvelle délibération à ce sujet, p. 263.

Juin. — Entérinement des lettres de provision de M. Bossuet comme conseiller clerc.

Information contre plusieurs insolents ayant mal parlé du roi, de la reine et du cardinal Mazarin. Affaire Legrand. Question de compétence soulevée entre la grand-chambre et la Tournelle, p. 265 et suiv.

Juillet. — Legrand condamné à être pendu et brûlé; est exécuté, p. 270.

Difficultés nombreuses occasionnées par l'élection du syndic de la ville, Chevalier; appel de sa nomination par l'avocat Pérard; Chevalier prête serment, p. 270. — Conclusions de l'avocat général Quarré sur la requête présentée par Pérard; suite de cette affaire. Le Parlement casse ce qui a été fait depuis l'appel; fait défense au procureur David de faire la charge de syndic et ordonne que le procureur Deschamps la remplira provisoirement, p. 271. — Lutte avec M. d'Epernon auquel donne lieu cet arrêt; MM. de Gand et de Villers sont députés pour lui faire connaître le mécontentement de la compagnie, p. 272. — Résultat de leur mission, p. 273. — Suite de cette affaire, p. 274.

Plaintes au sujet des désordres commis par les troupes en garnison près de Seurre; assemblées à cette occasion, p. 274 et suiv.

Arrestation par le maire d'un homme habillé en capucin; détails relatifs à cette arrestation et à l'inculpation qui l'avait motivée; délibération; question de compétence; explication de M. Millotet; réflexions sur la conduite du premier président en cette circonstance, p. 276 et suiv.

Le courrier de Paris arrive de nouveau sans lettres pour Dijon et prétend avoir été volé près de Saint-Seine; efforts du premier président et de M. Le Goux pour faire croire que les voleurs étaient des gens de la maison de M. d'Epernon; c'étaient des soldats de la garnison de Seurre; mesures prises à ce sujet, p. 283.

Août. — Déclaration du roi contre le Parlement de Paris à propos de la lieutenance du royaume donnée à M. le duc d'Orléans, et délibération sur icelle, p. 284. — Injure faite à M. d'Epernon par le premier président qui affecte de ne pas lui demander son avis; il est blâmé de tous, même de ses amis, p. 285. — Le duc d'Epernon, homme de peu de sens, ne ressent d'ailleurs cette injure que lorsqu'on lui en montre la gravité. Réflexions sur l'importance que la cour attachait à obtenir du Parlement l'enregistrement de ces lettres de déclaration. Adresse que l'intendant et les gens du roi mirent à surprendre, pour y arriver, le premier président et ceux de son parti, p. 286.

Délibérations relatives au rétablissement de Deschamps comme syndic et publication de l'ordonnance du duc d'Epernon injurieuse pour le Parlement; cette ordonnance est, d'accord avec le gouverneur, retirée des registres de la Chambre de ville à condition qu'aucun arrêt ne sera retenu non plus qui puisse offenser le duc d'Epernon sur ceux du Parlement, p. 287.

Doléances du premier président et longues homélies sur ses malheurs, p. 287. — On les appelle les requêtes des quatre suppositions; elles portent sur: 1° l'arrestation de son valet de chambre qu'il attribue à M. le conseiller Maillard; 2° les fausses impressions qu'on donne de lui à la cour, dont il voit la preuve dans le billet dont il a été parlé ci-dessus qui, perdu par le confident de M. d'Epernon, avait été trouvé dans une rue et rendu public; 3° une odieuse tentative qu'il prétendait avoir été faite par un conseiller pour faire déclarer à l'avocat Pérard que ce n'était que forcé par le premier président qu'il avait émis appel de la nomination comme syndic de la ville du procureur Chevalier; 4° la fausse déclaration que le maire d'Auxonne aurait fait faire, moyennant quelques écus et en présence du gouverneur, à un messager de Salins arrêté dans cette ville, que ledit messager venait de porter des lettres de M. le prince à M. le premier président, p. 288 et suiv.

Assemblées au sujet du refus de la Chambre de ville de recevoir pour syndic le procureur Deschamps, p. 290.

Novembre. — Délibération concernant les gens de guerre et les garnisons de la province, p. 291.— Réclamation de M. Catin contre les logements qu'il était appelé à fournir; il passe que l'on demandera au roi l'exemption pour les terres de Messieurs, mais qu'on s'adressera d'abord à M. d'Epernon; réponse peu satisfaisante de ce dernier. Chaleur de M. Le Goux. M. Catin obtient du gouverneur l'exemption qu'il désirait, p. 292 et suiv. — Délibération au sujet des désordres des gens de guerre; il passe qu'il en sera fait informations par commissaires; faible résultat de cette mesure, p. 294.

1653.

Janvier. — Découverte de l'intelligence entretenue à Montbard par le commandant de Seurre pour surprendre le château de Montfort. Entreprise du duc d'Epernon qui instruit entièrement le procès criminel auquel il donne lieu sur la juridiction du Parlement; délibération sur cette entreprise; il est décidé que plainte sera portée au roi; arrêt du conseil qui maintient la juridiction du prévôt d'Auxois auquel le duc d'Epernon avait donné la connaissance de l'affaire, p. 295 et suiv.

Inimitié du premier président et du duc d'Epernon; membres du Parlement qui excitaient ce dernier contre M. Bouchu. Explication de la conduite du prince de Condé et du cardinal au milieu de leurs dissentiments, p. 297 et suiv.

Portrait du duc d'Epernon comme gouverneur et comme homme privé; ses relations avec Mlle d'Artigues; scandale qui résulte de sa conduite et douleur qu'elle cause à la duchesse d'Epernon et au duc de Candale; sa vanité de Gascon; sa superbe de gentilhomme et sa rapacité de gouverneur, p. 298 et suiv.

Aventure arrivée au premier président dans les rues de Dijon avec un gentilhomme nommé Roncherolles qui passe à côté de lui sans lui lever son chapeau; il en porte plainte et demande justice; détails de la délibération chaleureuse qui a lieu à cette occasion et après son récit. Opinions diverses de MM. Jacotot, Millière, Le Goux, Malteste, de Chaumelis, du président Brulart; il passe qu'on attendra pour agir un procès-verbal du premier président, p. 300 et suiv. Mécontentement que causent à ce dernier certaines des opinions émises et la décision prise et qu'il en témoigne avec colère à la compagnie; il s'emporte notamment contre le président Brulart qui s'est offert de justifie Roncherolles, et finit en déposant un procès verbal pour obtenir un ajournement personnel; communication de l'arrêt d'ajournement et du procès-verbal du premier président est demandée par M. d'Epernon; celle du procès-verbal lui est refusée, p. 303.

Le premier président prend congé de la compagnie pour se rendre à Paris où le mande la reine, p. 304.

Violences faites sur le grand chemin, près de Morey, à M. le conseiller de Mongey par le capitaine Sarlabous, gentilhomme du duc d'Epernon et plusieurs cavaliers; longs détails sur cette affaire et les procédures auxquelles elle donne lieu, p. 304 et suiv.

Février. — Caractère violent de M. d'Epernon; mauvais traitements qu'il fait subir au trésorier de Mucie, et pour quel motif réel, p. 313.

Avril. — Séjour du premier président à Paris; efforts faits contre lui par ses ennemis; accueil qui lui est fait par le roi, la reine et le cardinal; son retour en Bourgogne, p. 314.

Députation à M. d'Epernon au sujet du siége de Seurre qu'il allait entreprendre, p. 315.

Pension de 2,000 livres obtenue par M. Millotet à Paris; mauvais effet que produit sur l'esprit de son collègue, M. Quarré, cette récompense qu'il avait espéré partager et qui cause leur brouillerie, p. 316.

Décembre. — Mort du premier président Bouchu; il a pour successeur M. Laisné de la Marguerie; caractère de ce dernier; il doit sa nomination aux recommandations de M. d'Epernon et à la faveur de Mazarin auquel il a sacrifié Berthaud et auquel il passe d'ailleurs pour avoir donné de l'argent, p. 316 et suiv.

1654.

Février. — Arrivée à Dijon du premier président de la Marguerie. Conclusions extraordinaires données par l'avocat général Quarré au sujet de son installation; délibération sur ces conclusions tendant à ce qu'il fût reçu sans information de ses vie et mœurs. Opinions de la plupart de Messieurs; mobile de ces divers sentiments. Harangue étudiée et entachée de jalousie du président Brulart; il est résolu qu'il sera informé suivant l'usage, p. 317 et suiv.— Le lendemain la réception a lieu et l'arrêt en est prononcé par le président Fyot; discours bien séant de ce dernier en réponse au compliment *mal tissu* du nouveau chef de la compagnie, p. 328.

1658.

Avril. — Rien de considérable ne s'est passé au Parlement depuis quelque temps. Par suite, fidélité des registres qui ne sont altérés qu'en cas de choses de grande importance. Cependant nouvelle affaire qui fait grand bruit; détails complets de cette affaire relativement à l'enlèvement par un gentilhomme de la province nommé Duval d'une demoiselle de Venarey et rôle fâcheux que joue en cette circonstance le premier président Brulart, successeur de M. Laisné de la Marguerie, p. 329 et suiv.

APPENDICE.

EXTRAITS

DES REGISTRES DES DÉLIBÉRATIONS

DE LA

CHAMBRE DE VILLE DE DIJON.

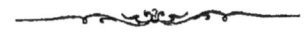

I

Au nom de Dieu, amen. L'an de grâce mil six cent cinquante-ung, le mardy vingtiesme juin, à neuf heures du matin, au couvent des Pères Jacobins, en la chapelle de Nostre-Dame-de-Bonne-Nouvelle, appellée à présent la Chapelle du Rosaire, estant à l'entrée dudict couvent, lieu accoustumé pour procéder à l'élection du sieur Vicomte maieur de ladicte Ville, suivant sa possession immémorialle et es priviléges anciens, proclamat ayant esté faict pour ladicte élection les trois jours précédens et consécutifs, à son de trompe par les carrefours, après la messe du Sainct-Esprit, célébrée et ouye devant le grand autel, où estoient nobles Nicolas Valon et Jean Maillard, Conseillers du Roy au Parlement de Bourgongne, et Gaspard Quarré, Conseiller du Roy et son Advocat général audict Parlement, ayant amené avec eux M. Estienne Donet, l'un des Commis au Greffe de la Cour, lesquels sieurs Valon, Maillard et Quarré auroient pris leurs séances au cœur à la main droicte, ledict sieur Quarré s'y estant treuvé, comme les quatre dernieres années, pour lever la difficulté qu'arriva en l'année mil six cent quarante-six, entre les sieurs Soyrot, Garde des Evangiles, et le sieur Bouvot de l'Isle, Substitut de Monsieur le Procureur général, equel, au préjudice de la possession immémorialle des sieurs Gardes des Evangiles. vouloit procéder tant à l'offerte que partout ailleurs ledict sieur Soyrot, Garde des Evangiles. Ceste préséance n'ayant poinct esté controversée audict sieur Advocat général, estant dans une charge plus éminente et qualiffiée que des Substitutz, lesquels ne s'y treuvent et peuvent treuver que par depputtation dudict sieur Procureur général, quand il est à la ville, et lesdicts Advocats généraux s'y treuvent de leur chef, et non poinct comme depputtés ; à la gauche, M. Robert, Conseiller du Roy, Auditeur en la Chambre des Comptes, au-dessoubs de M. Bourrelier, Commis à la magistrature, en une chaire entre lesdicts sieurs du Parlement et de la Chambre des Comptes, ayant les Evangiles devant eux pour recevoir les suffrages des habitans..............

Tous disposés et assis en la façon susdicte, lesdicts sieurs Conseillers Valon et Maillard ont faict représenter par ledict Donet un arrest de cejourd'huy, donné audict Parlement, les Chambres assemblées au subject de l'élection dudict sieur Vicomte maieur, duquel lecture a esté faicte par Me Philippes de Requeleyne, Secrétaire de la Chambre du Conseil de ladicte ville, de l'ordonnance dudict sieur Bourrelier, Commis au magistrat, en ladicte chapelle et au milieu de la rue, devant la grande porte dudict couvent des Jacobins, par le Greffier, fermier de la Mairie, dont la teneur en suit :

Extraict des Registres du Parlement.

La Cour, les Chambres assemblées sur les conclusions du Procureur général du Roy, a ordonné et ordonne qu'à l'élection qui sera faicte cejourd'huy du Vicomte maieur de ceste ville de Dijon, les habitans d'icelle qui ne seront de la qualité portée par l'arrest du Conseil du vingt-six juillet mil six cent unze, et de celuy du sixiesme du présent mois de juin, ne seront receuz à donner suffrages à ladicte élection. Et sy aucuns estoient reçeuz, ils ne seront comptés.

Et sera le présent arrest leu et publié tant en la chapelle des Jacobins qu'à la porte du couvent avant que recevoir aucuns desdicts suffrages, à ce qu'aucun n'en prétende cause d'ignorance. Faict à Dijon, en Parlement, les Chambres assemblées, le vingtiesme juin mil six cent cinquante-ung.

Ensuitte de quoy de l'ordonnance dudict sieur Commis à la magistrature, publication a esté faicte de la délibération du treiziesme du présent mois de juin, la trompette sonnée par Jean Dutreuil, Sergent, au milieu de la rue, devant la grande porte du couvent des Jacobins, de laquelle la teneur en suit :

Extraict des Registres de la Chambre du Conseil de la ville de Dijon.

La Chambre du Conseil de la ville de Dijon faict sçavoir à tous les habitans que mardy prochain vingtiesme du présent mois de juin, sera procédé à la nomination et élection de celuy qui debvra porter la charge de Vicomte maieur la présente année et la suivante, jusques à pareil jour, à huict heures du matin, au couvent des Jacobins en la chapelle de Nostre-Dame de Bonne-Nouvelle, lieu accoustumé pour telle élection. Ordonne ladicte Chambre à tous les habitans de ladicte ville, capables de donner suffrages, s'y treuver selon l'ordre qu'ils seront appelés, estant préalablement assemblés au son de la cloche, en l'église de leurs paroisses, pour après donner leurs suffrages à ladicte élection, suivant la forme portée par l'arrest du Conseil, sans confusion ny brigues et monopolles, et aussitost leurs suffrages donnés, se retirer sans séjourner audict lieu des Jacobins pendant ladicte élection, aux peines portées par les arrests de la Cour et délibérations de ladicte Chambre; ce qui sera publié à son de trompe et cry publicq, par les carrefours de ladicte ville, vendredy, sabmedy et lundy prochain, seize, dix-sept et dix-neufviesme du présent mois, à ce qu'aucun n'en prétende cause d'ignorance. Faict en ladicte Chambre le mardy treiziesme de juin mil six-cent cinquante-ung.

Après lesquelles publications, M. Jean Chipporée, Procureur Sindic, ayant requis qu'il fust procédé à ladicte élection suivant qu'il est accoustumé, et à la forme des arrests du Conseil des vingt-six juillet mil six cent unze, vingt-neuf avril dernier et sixiesme du présent mois de juin, et de celuy du Parlement de cejourd'huy; ledict sieur Bourrelier, Commis à la magistrature, ayant faict ung éloquent discours sur la quallité du Magistrat et invité les habitans de faire choix d'une personne de la quallité et condition requise pour porter ladicte charge, suivant que Monseigneur le duc d'Espernon Gouverneur de ceste province, la prescript par sa lettre du deuxiesme de ce mois, a esté leu l'arrest donné en la Chambre des Comptes le jour d'hier, apporté par ledict sieur Robert, Auditeur, suivant lequel, après avoir discouru à la louange de noble François Malteste, Advocat à la Cour, il a nommé, de la part du Roy, ledict sieur Malteste en ladicte charge de Vicomte maieur..........

Habitans de ladicte ville ayant presté le serment sur les saincts Evangiles de Dieu, qu'ils n'ont esté sollicités, brigués ny poursuivis à donner leurs suffrages pour l'élection dudict sieur Vicomte maieur.

Les paroisses de Sainct-Michel, Nostre-Dame, de Sainct-Philibert, sur les billets représentés par le Secrétaire de la Chambre du Conseil de ladicte ville, pliés l'un après l'autre, ballottés dans un chapeau, ont esté tirés par ledict sieur Conseiller Valon, à sçavoir celuy de la parroisse Sainct-Michel le premier; le second, celuy de la parroisse Nostre-Dame, et le troisiesme, celuy de la parroisse Sainct-Philibert, lesquels ont esté envoiés à l'instant, pour assembler les habitans au son de la cloche en leurs églises parroissialles, suivant la forme contenue ès arrests de la Cour, se sont représentés comme s'en suit.

A sçavoir ceux de la parroisse Sainct-Michel, comme ayant esté tirés les premiers par lesdicts billets ;

Habitans de la parroisse Nostre-Dame ;

Habitans de la parroisse Sainct-Philibert.

La trompette sonnée, ne s'estant présenté personne desdictes parroisses Sainct-Michel, Nostre-Dame et Sainct-Philibert, dénommés ès rolles, aïant droict de donner suffrages, ont comparu les habitans des parroisses Sainct-Médard et Sainct-Jean, convocqués au son de la cloche, estant lesdictes parroisses arrivées au sort des billets.

Des deux billets restans, celuy de la parroisse Sainct-Pierre est receu le premier, et celuy de la parroisse Sainct-Nicolas le second, et les habitans de ladicte parroisse Sainct-Pierre assemblés au son de la cloche, ont comparu et donné leurs suffrages comme s'en suit..........

Les habitans de la parroisse Sainct-Nicolas, dernier en ordre, convocqués au son de la cloche, se sont représentés et ont donné leurs suffrages comme s'en suit........

La trompette sonnée, a esté publié de l'ordonnance dudict sieur Commis à la magistrature et Eschevins, s'il restoit quelques habitans de ladicte parroisse Saint-Nicolas pour donner leurs suffrages, qu'ils eussent à comparoir présentement, et ne s'estant treuvé personne, ont esté à l'instant comptées et nombrées les voix et suffrages cy-dessus; sur les cayers et rolles du Secrétaire, en présence desdicts sieurs Valon et Maillard, et s'est treuvé que de dix-huict cent cinquante-trois suffrages, il n'y en a eu que trois donnés à Messieurs Marc-Anthoine Millotet, Conseiller du Roy, Advocat général au Parlement; Andoche Regnault, Advocat à la Cour, et Jacques Thomas, Conseiller au bailliage et chancellerie. Le surplus estant de dix-huit cent cinquante, ayant esté baillé à noble François Malteste, Advocat en Parlement, ce qui a esté au mesme instant dénoncé au peuple, la trompette sonnée.

Et pour faire sçavoir audict sieur Malteste ladicte élection, ont esté commis et depputtés les sieurs Cusenier, Gaudelet, Boyleau, Bourrelier, Genreau et Joly, Eschevins, lesquels, tost après retournés en ladicte chapelle avec ledict sieur Malteste, ledict sieur Bourrelier, Commis au Magistrat, luy a faict entendre ladicte élection et nomination pour porter ladicte charge de Vicomte maieur, dont il a promis s'acquitter le plus fidellement qu'il luy sera possible, et ce faict, a esté mené et conduit en sa maison par lesdicts Eschevins, Procureur Sindic, Secrétaire, Prudhommes, Capitaines et Lieutenans de la muraille, et par les Substituts du Procureur Sindic.

II

Extraordinaire. — Du mardy vingt-ung juin mil six cent cinquante-ung, à huit heures du matin, en la Chambre de Ville,

A esté délibéré que le Procureur Sindic, M. Jean Chipporée, Procureur Sindic, baillera requeste à la Cour, suivant la délibération de mardy dernier dix-neufviesme du présent mois de juin, pour avoir réparation des injures et calomnies contenues ès responses faictes par M. Millotet, Advocat général au Parlement, cy-devant Vicomte maieur, avec requestes présentées par Messieurs les Commis à la magistrature et Eschevins de ladicte ville, en exécution de l'arrest donné au Conseil privé du Roy le vingt-neufviesme avril de la présente année.

III

Extraordinaire. — Du vendredy vingt-troisiesme juin mil six cent cinquante-ung, veille de feste sainct Jean-

Baptiste, à une heure après midy, en la Chambre de Ville,
« Suivant les nominations des six anciens Eschevins, etc. »

Nomination des six anciens Eschevins par M. Malteste, Vicomte maieur.

Nomination et élection des quatorze nouveaux Eschevins par ordre des paroisses.

Ordre desdicts sieurs Vicomte maieur et Eschevins.

Prestation de serment de M. le Vicomte maieur en l'église Nostre-Dame, en présence de Messieurs les Eschevins, Procureur Sindic et autres y dénommés.

Confirmation par Messieurs les Officiers du bailliage de Dijon de M. le Vicomte maieur et des Eschevins.

Prise de possession de la Mairie par M. le Vicomte maieur, estant en l'auditoire de la Maison de Ville.

Prestation du serment de serment de Messieurs les Eschevins.

Prestation de serment du Secrétaire, du Greffier de la Mairie, du Receveur, des Capitaines et Lieutenans du guet, du Fourrier, du Geolier des prisons, des Clerceliers, Soldats des portes et des Sergents de la Mairie.

Délibération portant que Messieurs les Magistrats, cy-devant en charge, qui estoient obligés au remboursement des emprunts faicts par la Ville, demeureroient quittes et déchargés, ainsy que leurs veuves et héritiers, tant des principaux que des intérests, frais et dépens.

Articles concernant la charge de M. le Vicomte maieur, sur lesquels il avoit presté serment en l'église Nostre-Dame.

Articles sur lesquels Messieurs les Eschevins avoient presté serment.

Articles sur lesquels avoient presté serment le Secrétaire de la Chambre, le Greffier de la Mairie, le Receveur, le Capitaine du guet, le Fourrier, les Clerceliers et Commis à la garde des portes, le Geolier des prisons et les sergents de la Mairie.

IV

Du mardy vingt-septiesme juin mil six cent cinquante-ung.

Sur la démission faicte par M Jean Chipporée, Procureur en Parlement, Sindic de ceste ville de Dijon, de ladicte charge de Procureur Sindic, laquelle il a exercée depuis le unziesme may dernier, ensuitte de l'arrest donné au Conseil d'Estat le vingt-neuf avril précédent, et du procès-verbal d'exécution d'iceluy, faict par Messieurs les Commissaires depputtés par Sa Majesté, lesquels auroient restably les sieurs Magistrats de l'année précédente, après que ledict Chipporée a supplié la Chambre d'excuser ses deffaults et de faire poursuivre deux instances commencées au Parlement pour avoir réparation des injures qui ont esté faictes aux sieurs et précédens Magistrats, et que M. Malteste, Vicomte maieur, luy a faict remerciement de sa vigilance, et des soings particuliers qu'il a heu pour les affaires de la ville, a esté nommé d'une commune voix, M. Philippes Deschamps, aussy Procureur audict Parlement, pour porter ladicte charge de Procureur Sindic le reste de la présente année et la suivante, jusques à la veille de feste sainct Pierre, 1652; ce qui sera leu, publié et faict sçavoir à son de trompe et cry public par les carrefours, et que jeudy prochain vingt-neufviesme du présent mois de juin, à sept heures du matin, au cimetière Sainct Bénigne, luy sera passée la procuration de ladicte ville, après qu'il aura presté le serment, en tel cas requis, d'accomplir les articles concernants ladicte charge de Sindic, ainsi qu'il est accoustumé chacun an, affin que s'il y a quelque ung qui veuille s'opposer à sa réception et y remettre empeschement, il y soit receu.

V

Du mardy quatriesme juillet mil six cent cinquante-ung.

Monsieur Malteste, Vicomte maieur, a dit que M. Arnaud, Commandant au chasteau de ceste ville, luy rendant visite ce jour d'hier, luy avoit remis une lettre de Monseigneur le Prince pour Messieurs les Vicomte maieur et Eschevins, et dict en mesme tems que le subject de ladicte lettre estoit que S. A. luy avoit faict l'honneur de luy donner la charge de Capitaine et Gouverneur des ville et chasteau de Dijon, affin qu'en ceste qualité on eust à le recognoistre en ladicte ville, et qu'à son retour de Sainct-Jean-de-Losne et de Verdun, où il alloit pour trois ou quatre jours, il attendroit la response à ladicte lettre et à la résolution desdicts sieurs Maire et Eschevins. Sur le subject de laquelle proposition ledict sieur Vicomte maieur a dict avoir esté extrêmement surpris, pour estre chose nouvelle qui choque le plus noble et plus ancien privilége de ladicte ville, et qui tend à la ruine de l'autorité du Magistrat, puisqu'il n'y a personne qui ne sçache que le Vicomte maieur de Dijon est le chef des armes de ladicte ville, et qu'à luy, conjointement avec la Chambre, appartient la cognoissance et l'auctorité au faict des armes, en l'absence de Messieurs les Gouverneurs en chef et Lieutenants du Roy de la province dans ladicte ville, privativement à tous autres, et partant qu'il falloit promptement, toutes affaires cessantes, en délibérer. Sur quoy, veu ladicte lettre représentée par ledict sieur Vicomte maieur, cachetée en cire noire, avec de la soye du sceau de S. A., et superscripte à Messieurs les Vicomte maieur et Eschevins de la ville de Dijon, ouverture et lecture faicte d'icelle, dattée de Paris le vingt-neuviesme juin 1651, et soubzscripte : Vostre très affectionné amy, Louis DE BOURBON, par laquelle S. A. mande que ledict sieur Arnaud s'en allant prendre possession de la lieutenance des ville et chasteau de Dijon, dont elle l'a pourveu, elle avoit voulu les prier, par sa lettre, de l'assister en tout ce qu'il aura besoing d'eux, et de croire qu'elle recognoistra les faveurs qu'il recevoit d'eux en toutes les occasions qui se présenteroient de les servir. La Chambre du Conseil de la ville de Dijon, le Procureur Sindic ouy, a délibéré qu'encore qu'elle honore et respecte infiniment S. A. et tout ce qui vient de sa part, comme elle a tousjours faict du passé, et qu'elle proteste faire à l'advenir, néantmoings elle ne peult luy accorder ce qu'elle désire par ladicte lettre concernant la charge qu'elle dict avoir donnée audict sieur Arnaud de son Lieutenant de la ville de Dijon, pour estre chose directement contraire aux droicts et priviléges de ladicte ville, qui attribuent au sieur Vicomte maieur le tiltre et qualité de chef des armes de ladicte ville, et le droict d'y commander avec la Chambre en absence de Messieurs les Gouverneurs de la province et Lieutenant de Roy en chef, à l'exclusion de tous autres, notamment des Gouverneurs Lieutenants du chasteau, lesquels n'ont jamais entrepris de cognoistre du faict des armes ny de commander en ladicte ville, ains ledict sieur Vicomte maieur et la Chambre, qui sont en possession immémorialle d'en faire la fonction, sans y avoir jamais esté troublés par quelque personne que ce soit ; qu'il n'en fault point de preuve plus certaine que le propre tesmoignage de deffunct Monseigneur le Prince, lequel estant Gouverneur de la province et ayant obtenu lettres de provisions de Sa Majesté de la charge de Capitaine et Gouverneur des ville et chasteau de Dijon, fist présenter ses lettres à la Chambre le vingt sept novembre 1631 par le sieur Advocat Febvret, son conseil, pour estre registrées sur la déclaration que fist S. A.; qu'elle n'entendoit point que la qualité à elle attribuée par Sa Majesté de Capitaine et Gouverneur de la ville puisse estre donnée à autre qu'à sa personne ny mesme à son Lieutenant au Chasteau, et consentoit que les registres fussent revestus de telles protestations qui seroient jugées raisonnables pour empescher les conséquences et advantages que d'autres en voudroient prétendre; moyennant quoy la Chambre auroit ordonné l'enregistrement desdictes lettres, sans préjudice aux droicts dudict sieur Vicomte maieur en ladicte qualité de Chef des armes de la ville, et aux protestations que sy aucuns de Messieurs les Gouverneurs ou autres, qui n'auroient conjointement les qualités dudict Seigneur Prince, obtiendroient pareilles lettres de Capitaine et Gouverneur de ladicte ville, elles ne pourroient préjudicier aux droicts d'icelle, ny ceux qui en seroient pourveus se prévaloir dudict enregistrement, ainsy que le tout est plus amplement contenu en ladicte délibération dudict jour vingt-septiesme novembre 1631, qui fust appreuvée et aggréée par ledict Seigneur Prince par acte du deuxiesme décembre suivant.

La Chambre ayant résolu de maintenir les priviléges de la ville de tout son pouvoir, notamment la qualité de Chef des armes en la personne dudict sieur Vicomte maieur, à l'exclusion de tous autres en absence desdicts sieurs Gouverneurs et Lieutenants de Roy, a délibéré que l'on fera response à la lettre de mondict Seigneur pour supplier très humblement S. A. de dispenser la Chambre, sy elle ne peut obéir à ses commandements sur ce subject, pour les raisons cy-dessus qu'elle treuvera très justes, et ont esté commis et depputtés Messieurs Louis Jeannon, conseiller du Roy, Substitut de M. le Procureur général du Roy au Parlement, et Maurice David, Advocat à la Cour, Eschevins, pour et au retour dudict sieur Arnaud luy porter la lettre responsive à celle de S.-A., et luy faire entendre que la Chambre estime et honore beaucoup son mérite et voudroit s'en pouvoir servir en toute autre rencontre, mais que, par les mesmes raisons, l'on ne peut accorder sa demande ny le recognoistre en ladicte qualité de Lieutenant de la ville ; et pour faire veoir à Son Altesse la vérité de tout ce que dessus, luy seront envoyés des extraicts desdictes délibérations des vingt-sept novembre et deuxiesme décembre 1631.

Sera, la lettre de Monseigneur le Prince, registrée ensemble la response faicte à icelle par la Chambre.

Lettre de Monseigneur le Prince.

Messieurs les Maire et Eschevins de la ville de Dijon, M. Arnaud s'en allant prendre possession de la lieutenance des ville et chasteau de Dijon, dont je l'ay pourveu, j'ay voulu vous escrire ce mot pour vous prier de l'assister en tout ce qu'il aura besoing de vous, et de croire que je recognoistray les faveurs qu'il recevra de vous en touttes les occasions qui se présenteront de vous servir, et de vous tesmoigner que je suis, soubzscripte, Messieurs les Maire et Eschevins, Vostre très affectionné amy, Louis DE BOURBON. Dattée de Paris, ce XXIIII juin 1651, et superscripte à Messieurs les Vicomte maieur et Eschevins de la ville de Dijon.

Réponse faicte à la susdicte lettre.

MONSEIGNEUR,

Nous avons receu celles qu'il vous a pleu nous escrire par M. Arnaud, auxquelles faisant response, nous supplions très humblement Vostre Altesse de croire que nous ne perdrons jamais le souvenir des faveurs que la ville a receu d'elle, ny l'inclination que nous avions tousjours heu de vous servir, et honorer parfaitement tout ce qui vient de vostre part. Quant aux lettres de Vostre Altesse concernant la charge de Lieutenant des ville et chasteau de Dijon, dont elle dict avoir pourveu M. Arnaud, nous estimons qu'estant bien informée de l'affaire, elle jugera certainement que nous ne pouvons satisfaire à ce qu'elle désire en ce rencontre sans ruiner en mesme temps l'auctorité de nostre magistrature, qui est telle que le Maire de Dijon est seul chef des armes dans la ville, a droict d'y commander en absence de Messieurs les Gouverneurs ou Lieutenants de Roy de la province, privativement à tous autres, que la ville en est en possession de plusieurs siècles, n'ayant jamais recogneu Messieurs les Gouverneurs du chasteau au faict des armes en ladicte ville, s'ils n'ont eu conjointement la quallité de Gouverneur de la province. L'on ne sçauroit désirer ung tesmoignage plus certain et plus esclatant de ceste vérité, que les propres sentiments de deffunct Monseigneur le Prince vostre père, lequel estant nostre Gouverneur en l'an mil six cent trente ung, et ayant obtenu lettres de provisions du Roy de la charge de Capitaine et Gouverneur des ville et chasteau de Dijon, les fist présenter à la Chambre pour y estre registrées sur la déclaration que fist M. Febvret, son conseil, au nom de S. A., que la quallité qui luy estoit attribuée de Gouverneur de la ville ne pouvoit estre que pour sa personne seullement, et non autre, et qu'il n'empeschoit que la Chambre fist telles protestations qu'elle jugeroit raisonnables, pour éviter les conséquences et les advantages que d'autres en voudroient prétendre. Sur quoy, entrevint délibération du vingt-septiesme novembre de ladicte année, et une autre du deuxiesme décembre suivant, dont nous envoions des extraicts en bonne forme à Vostre Altesse, par lesquels elle recognoistra, s'il luy plaist, que ceste question est vuidée par le préjugé solennel prononcé par la propre bouche de Monseigneur vostre père. Nous avons faict entendre la mesme chose pour nos depputés à M. Arnaud, et que nous ne pouvons le recognoistre pour Lieutenant de ceste ville, puisque le Maire y est le chef des armes, et que c'est le plus noble et le plus important de nos priviléges, desquels Monseigneur vostre père et Vostre Altesse nous ayant par leurs bontés procuré la continuation, nous croions, Monseigneur, qu'elle aura subject de louer le zèle et la passion que nous avons à les maintenir.

Ce qui nous faict supplier instamment Vostre Altesse d'aggréer qu'en les conservant, comme nous debvons, soigneusement, nous conservions avec la mesme fidellité le tiltre et la quallité que nous ferons gloire de posséder à jamais de, Monseigneur, vos très humbles et très obéissants serviteurs, les Vicomtes maieur et Eschevins de la ville de Dijon. Signé par ordonnance : De Requeleyne.

VI

Du vendredy septiesme juillet mil six cent cinquante-ung.

A esté leue la délibération du quatriesme de ce mois au subject de la lettre escripte à la Chambre par Monseigneur le Prince, le vingt quatriesme juin, qui fust remise à M. le Vicomte maieur par M. Arnaud, Lieutenant au chasteau de Dijon, ensemble la response faicte à icelle, lesquelles ont esté appreuvées par ladicte Chambre, et délibéré qu'elles seront registrées, et que le Secrétaire délivrera extraict aux sieurs Jeannon et David, Eschevins, commis ledict jour quatriesme de ce mois pour veoir ledict sieur Arnaud à son retour de Sainct-Jean-de-Losne et de Seurre, tant des délibérations des vingt-septiesme novembre et deuxiesme décembre mil six cent trente ung que de la lettre de S. A., pour exécuter la commission qui leur a esté donnée.

Le Secrétaire a dict que le jour d'hier (7 juillet 1631) l'Huissier Champeau luy avoit signiffié ung arrest de la Cour du cinquiesme de ce mois, par lequel il est ordonné à Messieurs les Maire, Eschevins et Procureur Sindic de mettre par devers le Greffe dudict Parlement le procès-verbal de l'élection faicte dudict sieur Vicomte maieur à la sainct Jean dernière, et celuy de la recognoissance qui seroit par eux faicte de la quallité des habitans qui n'ont deus estre receus à donner suffrages à ladicte élection, suivant les arrests du

Conseil des vingt-sixiesme juillet 1611 et sixiesme juin dernier, et celuy du Parlement du vingtiesme dudict mois, pour après y estre pourveu par ladicte Cour, avec injonction au Secrétaire ainsy le faire incontinant après signification. Sur quoy, lecture faicte dudict arrest, a esté délibéré qu'il y sera incessamment satisfaict, auquel effect ledict Secrétaire fera procéder ausdicts extraicts, pour les mettre par devers le Greffe.

VII

Extraordinaire. — Du dimanche neufviesme juillet mil six cent cinquante-ung, à quatre heures après midy, en la Chambre du Conseil.

M. Malteste, Vicomte maieur.

Lecture a esté faicte du procès-verbal de ce qui se passa sabmedy dernier au subject des grains que l'on voulut enlever appartenant à Jean Chappon, marchand, à Nuys, et de l'assemblée faicte de quantité de femmes de vignerons et autres pauvres gens; lequel a esté veu et signé par Messieurs les Vicomte maieur et Eschevins dénommés en iceluy en pleine Chambre, et a esté délibéré qu'à la diligence du Procureur Sindic il sera informé du contenu audict procès-verbal pour les propos injurieux contre l'honneur du Magistrat, et autres discours tendants à sédition, ensemble des assemblées illicites qui se font dans ladicte ville par M⁰ Louis Jeannon, Conseiller du Roy, Substitut de M. le Procureur général Eschevin, à ce commis pour l'information faicte et communiquée audict Procureur Sindic, y estre pourveu, auquel effect il luy est enjoint de faire publier un monitoire à la forme des édicts et arrests.

Monsieur le Vicomte maieur a dict qu'à cause du bruit qu'arriva le jour d'hier, il a creu debvoir ordonner la garde la nuict dans la ville; que pour cest effect il avoit mandé au sieur de Frasans, Capitaine de la parroisse de Nostre-

Dame, de commencer, et que l'on avoit seullement posé quatre corps de garde.

Le Secrétaire a représenté l'extraict du procès-verbal de l'élection de M. le Vicomte maieur, faicte le vingtiesme juin dernier en quarante-trois feuilles de minuttes, ensemble procès-verbal des noms et surnoms de ceux qui ont donné leurs suffrages, lesquels ne sont imposés ès derniers rolles des tailles faictes sur les habitans à quarante sols, suivant la recognoissance faicte par Messieurs les Eschevins sur le procès-verbal de ladicte élection et le dernier rolle des tailles, quoyque de plus grandes sommes que de celle de huit mille livres, au pied de laquelle le règlement fust faict par arrest du Conseil du vingt-sixiesme juillet 1611, ledict procès-verbal en dix-sept feuilles de papier en minutte. Et a esté délibéré que suivant l'arrest du Parlement du cinquiesme du présent mois et la délibération du cinquiesme de ce mois, ledict Secrétaire les mettra incessamment au Greffe de la Cour.

VIII

Du vendredy quatriesme aoust mil six cent cinquante-ung.

M. Paule Mailley, Advocat en Parlement, Eschevin, a dict que suivant la commission qui fust donnée le vingt-huictiesme juillet dernier au sieur Cothenot et à luy, il s'estoit treuvé le mardy premier du présent mois d'aoust au couvent des Pères Cordeliers à l'assemblée des depputtés du bailliage de Dijon, pour la nomination des depputtés pour assister aux Estats généraux du Royaume, en laquelle ledict sieur Cothenot avoit présidé nonobstant l'empeschement que le sieur Maire de la ville de Beaune y avoit voulu apporter, prétendant y debvoir presider, lequel se seroit contenté de faire des protestations semblables à celles qui furent faictes en une pareille assemblée au mois de fébvrier 1649, et que l'on avoit nommé M. Malteste Vicomte maieur et M. Gaillard, Lieutenant général audict bailliage avec M. Joly, seigneur d'Escutigny, Greffier en chef des Estats de la province de Bourgongne, à condition que le sieur Malteste précédera ledict sieur Gaillard et portera la parolle.

IX

Du vendredy dix-huictiesme aoust mil six cent cinquante-ung.

M. Malteste, Vicomte maieur, ayant apporté à la Chambre une lettre de la Reyne superscripte à nos chers et bien amés les Maire et Eschevins de la ville de Dijon, cachetée du scel et armes de Sa Majesté avec de la soie et cire noire, qu'il a dict luy avoir esté remise par le Révérend Père Recteur du collége des Godrans de la Compagnie de Jésus, estably audict Dijon, icelle ouverte et leue par le Secrétaire, dattée à Paris le trente-uniesme juillet 1651, et signée ANNE, par laquelle Sa Majesté, advertie que quelques particuliers de cette ville demandent pour prédicateur de l'Advent et du Caresme un Père Dominicain, qui a esté autrefois Jésuiste, nommé Darcombat, tesmoigne par sa lettre qu'elle désire que l'on empesche qu'il n'y presche en aucun temps que ce soit, et que lesdicts sieurs Maire et Eschevins choisissent ung autre prédicateur tel qu'ils adviseront, dont il luy feront sçavoir le nom. Sur quoy a esté délibéré que l'on obéira aux ordres de la Reyne, portés par sa lettre; qu'il luy sera mandé que le Révérend Père Léon, carme, a esté destiné depuis le treiziesme juillet mil six cent quarante-neuf pour prescher en l'église de la Saincte-Chapelle du Roy de ceste ville l'Advent de la présente année et le Caresme mil six cent cinquante-deux; qu'ayant esté prié de s'y disposer, il a tesmoigné, par sa lettre du deuxiesme aoust de la mesme année mil six cent quarante-neuf, qu'il acceptoit l'employ qu'on luy voulloit donner; que Sa Majesté sera suppliée de l'aggréer, et qu'il sera escript au Révérend Père Léon de se préparer à faire le voiage en ceste ville pour lesdictes prédications pendant l'Advent et le Caresme prochain, et sera ladicte lettre de la Reyne registrée.

Chers et bien amés, ayant esté advertie que quelques particuliers de la ville de Dijon demandent pour prédicateur de l'Advent et du Caresme un Père Dominicain qui a esté autrefois Jésuiste, nommé Darcombat, et prévoyant que cela pourroit causer du trouble dans la ville, nous avons voulu vous tesmoigner par ceste lettre que nous désirons que vous empeschiés qu'il n'y presche en aucun temps que ce soit, et que vous choisissiés un autre prédicateur tel que vous adviserés, dont vous nous ferés sçavoir le nom. A quoy, nous asseurant que vous ne manquerés pas de satisfaire, nous prions Dieu qu'il vous ayt, chers et bien amés, en sa saincte garde. Escripte à Paris le trente-uniesme juillet 1651; signé ANNE; superscripte à nos chers et bien amés les Maire et Eschevins de la ville de Dijon.

La lettre escripte à la Reyne, suivant la délibération cydessus, a esté leue et expédiée de l'ordonnance de la Chambre, par le Secrétaire, le mardy vingt-deuxiesme du mois d'aoust, de laquelle il a retenu une minutte, ainsy qu'il est accoustumé.

X

Du mardy vingt-deuxiesme aoust mil six cent cinquante-ung.

Les sieurs Poussot et de la Croix, Eschevins, ont dict avoir veu diverses fois Messieurs les Sindicqs des Compagnies souveraines pour les supplier.de prendre jour, affin de résoudre un fond nécessaire pour achepter des pouldres et fournir aux réparations qui se doibvent faire en la saison présente ès portes, murailles et remparts de ladicte ville, et que Messieurs les Sindicqs du Parlement les remettoient de jour à autre, de quoy ils estimoient debvoir informer la Chambre. Sur ce, a esté délibéré que M. le Vicomte maieur et lesdicts sieurs Poussot et de la Croix verront encores aujourd'huy tant Messieurs les Conseillers de Villers et Milletot, Sindicqs de la Cour, que Messieurs les Sindicqs de la Chambre des Comptes et du Bureau des Finances, pour les prier d'assembler incessamment et donner jour et heure pour une conférence dans le Palais, ainsy qu'il est accoustumé, à laquelle Messieurs de l'église seront invités d'assister, sy bon leur semble, affin d'adviser promptement à faire un fond pour contribuer, ou autrement pour l'achapt des pouldres, et survenir aux frais des réparations nécessaires pour la seureté de la ville; à faute de quoy, il y sera pourveu par la Chambre, ainsy que de raison, soubs touttes deues protestations.

XI

Du lundy vingt-huictiesme aoust mil six cent cinquante-ung, veille de feste Décollation sainct Jean.

Sur les plainctes faictes par le Procureur Sindic de ce que sabmedy dernier, M. le Vicomte maieur ayant esté au Palais, accompagné de M⁰ˢ François Poussot, bourgeois, et Louis Jeannon, Conseiller du Roy, Substitut de M. le Procureur général du Roy au Parlement, Eschevins, pour assister à une assemblée que l'on y fist de Messieurs les Depputés de la Cour, de la Chambre des Comptes, du Bureau des Finances et des sieurs Ecclésiastiques, affin de résoudre, sur la proposition qui a esté faicte par Messieurs les Vicomte maieur et Eschevins, de faire promptement ung fond, tant pour achepter des pouldres, mesches, plomb et autres munitions de guerre pour la deffense de la ville, que pour subvenir aux frais et réparations, et fortiffications présentes et nécessaires. Pendant que ledict sieur Vicomte maieur estoit en ladicte assemblée, comme les Sergens de sa garde ordinaire avoient posé leurs hallebardes à la porte du Palais et l'attendoient dans la grande salle pour les reprendre lorsqu'il en sortiroit, un particulier, habitant de ceste ville, par dérision et au mespris du Magistrat, auroit osté lesdictes hallebardes du lieu où elles estoient et caché icelles entre les deux pillers qui sont sur le perron du Palais, en sorte qu'il estoit impossible de les veoir ; mesme non content de ce, auroit adverty ses voisins et tous ceux qui estoient devant le Palais de prendre garde lorsque ledict sieur Vicomte maieur et lesdicts Eschevins sortiroient du Palais. En effet, les Sergens de la Mairie n'ayant treuvé les hallebardes où ils les avoient mis, furent nécessités de le conduire sans porter les marques de la magistrature, ce qui mérite un chastiment exemplaire, requérant qu'il y soit pourveu. La Chambre du Conseil de la ville de Dijon a ordonné et ordonne que par M⁰ Estienne Brechillet, Advocat en Parlement, Eschevin, à ce commis, il sera informé de ce que dessus, circonstances et deppendances, à la dilligence dudict Procureur Sindic, pour ladicte information faicte, à luy communiquée, y estre pourveu ainsy que de raison.

XII

Du vendredy premier de septembre 1654.

M. Malteste, Vicomte maieur, a dict que le vingt-neufviesme aoust dernier, ayant heu advis que Michel Blondeau, maistre fondeur de ceste ville, travailloit en sa maison à faire deux moulles de canon par le commandement du sieur Arnaud, Gouverneur du chasteau, et ensuitte d'un marchef faict avec luy sans qu'il en eust aucune permission du Roy pour ce faire, il s'achemina, accompagné des sieurs Jeannon, Perrin et David, Eschevins, et du Procureur Sindic, en la maison dudict Blondeau, où ayant treuvé le sieur de la Planchette, Lieutenant audict chasteau, et un ouvrier au fond de la maison dudict Blondeau, il vit deux moulles de canon faicts d'argille, de la longueur de quatre pieds, et de six livres de balles, ce qui l'obligea de faire deffence audict Blondeau, et autres ouvriers qui travailloient avec luy ausdicts moulles, de s'en désaisir ny permettre qu'ils soient tirés et transportés du lieu où ils estoient et de sa maison, comme encore de passer oultre à l'exécution dudict marchef faict par ledict Blondeau avec le sieur Arnaud, à peine de la vie et jusques à ce qu'autrement par Sa Majesté en ayt esté ordonné. De quoy il a dressé procès-verbal par luy mis sur le bureau, signé desdicts sieurs Eschevins, du Procureur Sindic, dudict Blondeau et de Lambert de Sainct-Amand, l'un desdicts ouvriers. Lecture faicte d'iceluy, la Chambre du Conseil de la ville de Dijon a déclaré et déclare qu'elle advoue le procédé dudict sieur Vicomte maieur, et que le procès-verbal sera registré, dont la teneur en suit :

Cejourd'huy vingt-neufviesme d'aoust mil six cent cinquante-ung, sur les neuf heures du matin, nous, François Malteste, Advocat au Parlement, Maistre des Requestes de Monseigneur le duc d'Orléans, Vicomte maieur de la ville et commune de Dijon, accompagné des sieurs Jeannon et David, Advocats, et Perrin, bourgeois, Eschevins de ladicte ville, et de M⁰ Philippes Deschamps, Procureur au Parlement, Sindic des Estats et de ladicte ville; sur l'advis à nous donné que Michel Blondeau, maistre fondeur de ladicte ville, travailloit en sa maison à faire deux moulles de canon pour le chasteau, en vertu de marchef faict avec le sieur Arnault, Gouverneur dudict chasteau, sans qu'il y eust aucune permission du Roy pour ce faire ; contre les ordonnances qui deffendent à touttes personnes, de quelque qualité et condition qu'elles soient, de faire canons sans lettres patentes de Sa Majesté, adressées au grand Maistre de l'artillerie avec son attaché et deument controllées par le Controlleur général de l'artillerie, nous nous serions acheminés en la maison dudict Blondeau, rue du Viel Marchef au bled ; où estant avons treuvé en icelle le sieur de la Planchette, Lieutenant audict chasteau, et ung ouvrier au fond de la maison dudict Blondeau ; auquel lieu avons veu deux moulles de canon faicts d'argille, tout freschement moullés et fasonnez de longueur de quatre pieds, et de six livres de balles ; auquel Blondeau ayant demandé de quelle auctorité il avoit entrepris de travailler audict canon, il a faict responce que c'estoit par marchef et convention par escript faicts avec ledict sieur Arnault, receu Maufou, Notaire royal, duquel il nous avoit délivré extraict ; en suitte de quoy, après luy avoir faict entendre qu'il n'avoit put ny dheu entreprendre, ny faire ledict marchef pour fassonner des canons que par permission du Roy et sans nous en avoir donné advis, nous ayant faict response que ledict sieur Arnault luy avoit dit avoir ordre du Roy pour ce faire ; de quoy ne nous ayant apparu, et ledict sieur de la Planchette ayant déclaré n'avoir ordre dudict sieur Arnault pour respondre à ce que dessus, et que c'est à luy qu'il se failloit adresser pour ce regard, nous avons, sur les réquisitions dudict Sindic, faict inhibitions et deffences audict Blondeau et autres ouvriers travaillant avec luy ausdicts moulles de s'en désaisir, ny permettre qu'ils en soient tirés ny transportés hors du lieu où ils sont à présent et de sa maison, comme encore de passer oultre à l'exécution dudict marchef, à peine de la vie, et jusques à ce qu'autrement par Sa Majesté en ayt esté pourveu et ordonné. De quoy, nous avons faict dresser le présent procès-verbal, et iceluy signé avec lesdicts sieurs Eschevins et le Syndic, et faict signer audict

Blondeau et à Lambert de Sainct-Amand, l'un desdicts ouvriers, et quant à Pierre de la Haye, aussy ouvrier, a dict ne sçavoir signer enquis. Signé : Malteste, Jeannon, Perrin, David, Deschamps, Blondeau et Lambert de Sainct-Amand.

Ledict Vicomte maieur a encore représenté ung autre procès-verbal par luy dressé ce jour vingt-neufviesme aoust en présence de M⁰ Philippes Deschamps, Procureur Sindic, contre Anne Guyot, imprimeur, au subject de l'entreprise par luy faicte d'imprimer sans permission deux exemplaires envoyés de Paris, l'un contenant la response de Monseigneur le Prince au discours de la Reyne faict aux Compagnies souveraines et aux Officiers de l'Hostel de Ville de Paris ; l'autre, une déclaration de Monseigneur le duc d'Orléans en faveur de Monseigneur le Prince ; duquel procès-verbal lecture ayant esté faicte, iceluy a esté appreuvé par la Chambre, et ordonné qu'il sera registré pour y avoir recours quand besoing sera, duquel la teneur en suit :

François Malteste, Advocat en Parlement, Maistre des Requestes de Monseigneur le duc d'Orléans, Vicomte maieur de la ville et commune de Dijon, sçavoir faisons que cejourd'hui vingt-neufviesme du mois d'aoust mil six cent cinquante-ung, sur l'advis à nous donné que Guy Anne Guyot, imprimeur de la ville, avoit entrepris d'imprimer deux exemplaires envoiés de Paris, l'un contenant la responce de Monseigneur le Prince au discours de la Reyne, et l'autre une déclaration de Monseigneur le duc d'Orléans en faveur de mondit seigneur le Prince, sans que ledict Guyot ayt demandé pour ce faire nostre permission et licence, ainsy qu'il est obligé, comme imprimeur de la ville ; nous aurions à l'instant mandé ledict Guyot, auquel aurions faict entendre s'il sçavoit bien qu'il luy estoit deffendu d'imprimer aucune chose concernant le service et les affaires du Roy et de l'Estat sans permission de nous ou de la Chambre, et de quelle auctorité il avoit entrepris de travailler à l'impression desdicts escripts; lequel nous auroit faict responce qu'ayant esté plusieurs fois en nostre logis pour nous en demander la permission, ne nous ayant peu rencontrer, il avoit travaillé à ladicte impression par l'ordre de Berthelemy Moreau, Procureur au Parlement, et qu'il n'avoit encore parachevé d'imprimer la responce de mondit Seigneur le Prince; et à l'instant, après avoir surpris ledict Guyot en deux ou trois mensonges qualifiés, qu'il n'est pas besoing d'exprimer, nous nous sommes acheminés en son logis, assisté de Me Philippes Deschamps, Sindic, et de nos Sergens, où nous aurions treuvé dans la chambre basse la déclaration de mondit Seigneur le duc d'Orléans entièrement imprimée en une feuille, et plusieurs feuillets sortant de la presse de la responce de mondit Seigneur le Prince, que ledict Guyot nous a dict n'estre entièrement imprimée, desquels feuillets et déclaration nous nous serions saisi et faict emporter icelles par nos Sergens, pour la contravention dudict Guyot d'en avoir entrepris l'impression sans nostre permission et licence, luy ayant remis l'amande qu'il avoit encourue, et pour ceste fois avec deffences de parachever ladicte impression, et à luy et à tous autres imprimeurs de la ville, ny d'entreprendre cy-après d'imprimer aucune chose concernant les affaires du Roy, de la Cour et du temps sans permission du Magistrat de ladicte ville, à peine d'estre procédé contre eux extraordinairement. De quoy, nous avons dressé le procès verbal et faict signer iceluy audict Sindic, ausdicts Sergens et audict Guyot; signé Malteste, Deschamps et Guy Anne Guyot.

XIII

Du mardy cinquiesme septembre 1651.
. Veu l'information faicte par le Commissaire de la Chambre les vingt-huitiesme, vingt-neuf et trentiesme aoust dernier,

suivant la délibération dudict vingt-huitiesme aoust de ce que, par dérision et au mespris du magistrat, l'on avoi osté le sabmedy précédent les hallebardes qui se portent par deux sergens au-devant de M. le Vicomte maieur, servants de marques de la magistrature, du lieu où elles avoient esté posées devant le Palais par lesdicts sergens, pendant que ledict sieur Vicomte maieur y estoit avec des Eschevins en une assemblée de Messieurs les Compagnies souveraines, pour résoudre sur des affaires importantes au service du Roy et à la seureté de ladicte Ville. Ladicte délibération et les conclusions du Procureur Sindic au bas de ladicte information, requeste présentée à la Chambre le premier du présent mois de septembre par François Moreau, marchant à Dijon, et Nicolas Simon, maistre tailleur d'habits au mesme lieu, contenant que comme ils estoient devant le portail du Palais le vingt-sixiesme dudict mois d'aoust, dans lequel estoit entré ledict sieur Vicomte maieur et les sergens de sa garde qui portent devant luy les hallebardes, marques de la magistrature de ceste Ville, aiant laissé lesdictes hallebardes entre les deux pilliers qui soustiennent le dôme dudict portail, ils virent que des enffans, qui estoient sous le portail, touschoient lesdictes hallebardes, en sorte qu'elles estoient en péril d'estre rompues ; pour esviter lequel inconvénient, les sergens qui les avoient porté et lesquels en debvoient avoir la garde estants absents, ils avoient pris lesdictes hallebardes et les joignèrent au coing des pilliers en des places où elles ne courroient plus de risque, et où d'ailleurs elles estoient moings exposées en veu ; et quoy que ce qu'ils fissent fust sans mauvaise intention, et au contraire à bon desseing, sur l'advis qui leur fust donné que l'on informoit dudict faict, ils s'acheminèrent en la maison dudict sieur Vicomte maieur, auquel ils déclarèrent qu'ils avoient tousché lesdictes hallebardes, et mis icelles au lieu où elles avoient esté treuvées ; qu'ils l'avoient faict ny par mauvaise intention, ny par raillerie ; qu'ils respectoient lesdictes marques et honnoroient encores plus sa qualité et sa personne ; le supplièrent de croire qu'ils n'avoient esté poussés d'aucungs mauvais esprits pour faire ce qu'ils avoient faict ; et mesme que sy ceste action pouvoit recevoir quelques interprétations moings conformes à leur desseing, ils l'auroient supplié de la leur pardonner et d'asseurer la Chambre de leur respect et de leur intention. Laquelle prière ils luy ont faict réitérer par des personnes d'honneur et de considération ; mais comme ils croient que ceste satisffaction particulière pourroit estre deffectueuse, en ce qu'elle n'est poinct parvenue jusques en la Chambre, et ne s'est poinct encores rendue publicque, requeroient qui luy pleu recevoir leur déclaration pour interpréter ladicte action, non seulement comme indifférente dans leur desseing, mais encores comme provenir d'ung bon motif, tel qu'ils l'exprimoient par ladicte requeste et soubz le bénéfice d'icelle qui contient la recognoissance de leurs debvoirs et de leurs respects, tant envers ledict sieur Vicomte que envers ladicte Chambre, faire cesser la procédure extraordinaire et les mettre hors de cour et de procès, délibération en marge de ladicte requeste qu'elle seroit communiquée au Procureur Sindic, mise en sac. Conclusions dudict Procureur Sindic, la Chambre du Conseil de la Ville de Dijon a ordonné et ordonne que lesdicts Moreau et Simon seront pris au corps et amenés soubz bonnes et seures gardes ès prisons de ladicte Ville, pour estre ouys et répétés sur les charges résultants desdictes procédures, et néantmoings aiant esgard à leur requeste, a délibéré que l'exécution de ladicte prise de corps sursoira jusques à jeudi prochain où lesdicts Moreau et Simon comparoîtront en personne, heure et terme d'icelle, pour faire la déclaration qui leur sera or donnée ; sur laquelle il sera procédé au jugement deffinitif du procès ainsy qu'il appartiendra.

XIV

Extraordinaire. — Du mercredy sixiesme septembre 1651 à une heure après midi en la Chambre de Ville.

Monsieur Malteste, Vicomte maieur, a dict que cejourd'hui Messieurs les Vénérables de la Saincte-Chapelle ont faict dire une messe solennelle pour rendre grâce à Dieu de ce qu'il luy a pleu à faire la grâce au Roy de parvenir à sa majorité; qu'il y a assisté avec aucungs de Messieurs les Eschevins, le Procureur Sindic, le Secrétaire et quelques prudhommes; qu'il avoit creu debvoir assembler extraordinairement la Chambre pour délibérer sy l'on ne debvoit pas faire quelques réjouissances publicques. Sur quoy l'affaire mise en délibération, a esté résolu que ce soir à l'entrée de la nuict le canon de la tour Sainct Nicolas sera tiré; que l'on fera ung feu de joye sur la terrasse du logis du Roy, sur laquelle l'on fera monter les joueurs de haultboys pour y jouer avant et après le feu, et que les Capitaine et Chevaliers du jeu de l'Arquebuse seront advertis par le sieur Tisserand, Eschevin à ce commis, de se préparer avec leurs armes, de monter sur ladicte terrasse après le feu tiré pour faire leur descharge; ce qui a esté faict ledict jour à l'entrée de la nuict.

XV

Du jeudy septiesme septembre 1651, veille de feste nativité Nostre-Dame.

M. Malteste, Vicomte maieur.......

Veu la délibération du vingt huitiesme aoust dernier, par laquelle sur les plainctes faictes par M⁰ Philippes Deschamps, Procureur Sindic, de ce que le sabmedy vingt-sixiesme du mesme mois, par dérision et au mespris du Magistrat, l'on auroit osté les hallebardes servants de marques de la magistrature, lesquelles se portent par deux sergens pour la garde de M. le Vicomte maieur, du lieu où elles avoient esté posées devant le Palais par lesdicts sergens pendant que ledict sieur Vicomte maieur y estoit avec deux Eschevins à une assemblée de Messieurs des Compagnies souveraines, pour résoudre sur des affaires importantes au service du Roy et à la seureté de la Ville, auroit esté ordonné qu'il en seroit informé par Me Estienne Brechillet, Advocat en Parlement, Eschevin à ce commis. Information faicte, ledict Commissaire, les vingt-huict, vingt-neuf et trentiesme dudict mois d'aoust, requeste présentée à la Chambre par François Moreau, marchant, et Nicolas Simon, tailleur d'habits, le premier du présent mois de septembre, décret de prise de corps décerné contre lesdicts Moreau et Simon, le cinquiesme dudict mois, l'exécution de laquelle sursoiroit jusques à cejourd'huy, où ils comparoîtroient en personne pour la déclaration qui leur seroit ordonnée, sur laquelle il seroit procédé au jugement deffinitif du procès ainsy qu'il appartiendra, exploict de Monginot, sergent, l'ayant signiffiée le sixiesme dudict mois. Lesdicts Moreau et Simon s'estants présentés en personnes à la Chambre, sur la déclaration par eux faicte, que mal, témérairement et indiscrettement, ils ont caché les hallebardes pendant que ledict sieur Vicomte maieur estoit dans le Palais pour les affaires publicques; qu'ils l'ont faict sans desseing d'offenser le Magistrat ny la Chambre, et leur en demandant pardon. Iceux retirés, la Chambre du Conseil de la Ville de Dijon, ledict Procureur Sindic ouy, les a mis hors de cour et de procès; leur faict néantmoings inhibitions et deffenses et à tous autres habitans de ladicte Ville, de touscher lesdictes marques de la magistrature, ny de les oster du lieu où les sergens de la garde dudict sieur Vicomte maieur les auront mis, à peine de punition exemplaire, et ausdicts sergens de quitter ou abandonner lesdictes hallebardes, à peine de l'amande arbitrairement, et que le manteau leur sera levé ; condamne en oultre lesdicts sieurs Moreau et Simon aux dépens des procédures. Faict et prononcé ausdicts Moreau et Simon en la Chambre du Conseil de la Ville de Dijon, le jeudy septiesme septembre 1651. Signé Malteste et Brechillet.

XVI

Du jeudy septiesme septembre 1651, veille de feste Nativité Nostre-Dame.

Sur l'advis donné que M. Arnault, Commandant au chasteau de Dijon, faict de nouvelles fortiffications, quantité d'embrasures du costé de la ville et des cures dans le fossé, jusques au pied de la muraille que l'on faict construire pour réparer la bresche qui est entre la porte Guillaume et le chasteau ; ont esté commis et depputtés les sieurs Poussot et de La Croix, Eschevins, pour recognoistre ce qui se faict de nouveau, tant dans les tours du chasteau qu'au fossé du costé de la ville, pour, sur le procès-verbal, qui sera par eux dressé, y estre délibéré par la Chambre de ce que de raison.

XVII

Du jeudy septiesme septembre 1651, veille de feste Nativité Nostre-Dame.

Monsieur Malteste, Vicomte maieur, ayant apporté à la Chambre un procès-verbal qu'il a cejourd'huy dressé avec le Procureur Sindic, contenant quelques déclarations d'Avoye Lenoir, femme de Cristofle Dimanche et d'Avoye Dimanche, femme de Jean Pignallet, au subject d'un nommé La Tour, envoyé de Seurre en ceste ville, lequel avoit tenu quelque discours au lieu d'Aiserey, que l'on jettoit quantité de Suisses dans la ville de Seurre et que l'on debvoit faire entrer des gens de guerre dans le chasteau de Dijon, lecture faicte dudict procès-verbal, a esté délibéré que Mᵉ Louis Gacon, Substitut du Procureur Sindic, à ce commis, s'acheminera présentement audict village d'Aiserey pour en sçavoir la vérité, affin d'adviser ce qui se pourra faire promptement en ce rencontre pour le service du Roy, le repos de la province et la seureté particulière de ceste ville, auquel effect ledict procès-verbal luy a esté mis en main.

XVIII

Extraordinaire. — Du sabmedy neufviesme septembre 1651, à huict heures du matin, en la Chambre.

Le sieur Poussot, Eschevin, a représenté qu'il avoit faict assembler extraordinairement la Chambre au subject du décheds de la dame femme de M. Malteste, Vicomte maieur, pour adviser sy l'on ne doibt pas luy tesmoigner, par une depputation de tel nombre de Messieurs les Eschevins, qui sera réglé, le déplaisir qu'a la Chambre de la perte par luy faicte et de son affliction. Sur quoy, l'affaire mise en délibération et veu le registre de l'année 1613, dans lequel il ne s'est rien treuvé de retenu de ce qui fust lorsque la dame femme de deffunct M. Bossuet, Conseiller au Parlement, Vicomte maieur, décedda, a esté résolu que ledict sieur Vicomte maieur sera présentement visitté, de la part de la Chambre, par les sieurs Poussot, Jeannon, Cothenot, Perrin, Boyleau et Joly, Eschevins, à ce commis, et que l'on envoiera six flambeaux du poids de deux livres chacun, ausquels seront mis les escussons des armes de la ville, et qu'ils seront portés par six Sergens de la Mairie autour du corps de ladicte dame Malteste, et a esté commis et depputté le sieur Marchant, Eschevin, pour en faire l'achapt.

XIX

Extraordinaire. — Du mardy douziesme septembre 1651, au logis de M. le Vicomte maieur, à huict heures du matin.

M. Malteste, Vicomte maieur, a dict avoir receu lettre de M. le duc d'Espernon, Gouverneur de ceste province, par laquelle il luy donne advis de la majorité du Roy; que Sa Majesté fust au Parlement de Paris jeudy dernier septiesme du présent mois de septembre, où il a siégé en son lict de justice; que la ville de Dijon, capitalle de la province, debvoit tesmoigner par des feux de joye sa réjouissance d'une action sy célèbre et désirée depuis si longtemps par toutte la France, affin qu'à son exemple les autres villes de Bourgongne en facent de mesme. Sur quoy, a esté deliberé que, oultre ce qui fust faict le sixiesme du présent mois, dimanche prochain sera faict un théâtre et feu de joye artificiel de poudre en la place de la Saincte-Chapelle, suivant le desseing qui en sera dressé par Me Estienne Brechillet, Advocat en Parlement, Eschevin, et ont esté commis et depputtés les sieurs Poussot, Perrin, Boyleau, de La Croix et Marchant, Eschevins, pour faire travailler incessamment audict feu d'artifice, lesquels emploieront tels ouvriers que bon leur semblera et à la meilleure condition que faire se pourra.

XX

Extraordinaire. — Du mardy douziesme septembre 1651, au logis de M. le Vicomte maieur, à huict heures du matin.

Sur ce qui a esté remonstré par le Procureur Sindic, que divers ouvriers ont donné advis à M. le Vicomte maieur et à luy, que l'on faict plusieurs fortiffications nouvelles au chasteau, notamment des embrasures, dont les ouvertures sont du costé de la ville, qui est une nouveauté suspecte et préjudiciable au repos et seureté des habitans, et que l'on ne doibt point souffrir qu'aucune nouveauté ny fortiffication soit faicte au chasteau, particulièrement du costé de la ville, sans ordre exprès de Sa Majesté ; veu le procès-verbal dressé par les Commissaires députtés le septiesme du présent mois, et ouy ledict sieur Vicomte maieur, qui a dict avoir esté asseuré par un masson ayant esté requis de travailler audict chasteau, que l'on avoit faict deux ouvertures, en deux tours, pour y faire des embrasures, et que le desseing de ceux qui commandent estoit d'en faire jusques à six ou sept, pour battre du costé de la ville et le long des courtines des murailles de part et d'autre, qui est une entreprise, laquelle ne se peult souffrir, et à quoy il importe de pourveoir incessamment, et, s'il est besoing, d'en advertir le Roy. La Chambre du Conseil de la ville de Dijon a faict et faict inhibitions et deffences a tous massons et autres ouvriers et artisans de ladicte ville de travailler ausdictes embrasures et ouvrages de fortifications de massonnerie que l'on voudroit faire audict chasteau du costé de la ville ; aux pierriers qui tiennent les carrières estans dans la banlieue de ladicte ville, de fournir, vendre ny livrer aucunes pierres, moings souffrir qu'il en soit vendu ou livré aucunes pour ledict chasteau sans la permission du Magistrat, et à tous charretiers d'y en conduire, à peine de punition exemplaire ; ce qui sera signiffié ausdicts massons et pierriers à la diligence dudict Procureur Sindic, et publié à son de trompe et cry publicq par les carrefours, à ce que personne n'en prétende cause d'ignorance.

XXI

Le jeudy quatorziesme septembre mil six cent cinquante-ung, sur les unze heures du matin, en l'église de la Saincte-

Chapelle du Roy à Dijon, a esté chanté le *Te Deum* en musique par les Chanoines et Chantres d'icelle église, en action de grâce de la majorité du Roy, où estoient Messieurs de la Cour, du Parlement, à main droicte, aux haults siéges, ainsy qu'il est accoustumé ; Messieurs de la Chambre des Comptes et Trésoriers, à la gauche ; Messieurs les Lieutenants du Bailliage, Vicomte maieur, Officiers dudict Bailliage et de la Chancellerie, Eschevins et Officiers de Ville ; à la suitte duquel *Te Deum* a esté chanté l'*Exaudiat*, le sieur Chanoine Boullier l'aisné ayant officié.

XXII

Du vendredy quinziesme septembre 1651.

Monsieur Malteste, Vicomte maieur, a dict que ce matin il a esté mandé, de la part de la Cour, par un Huissier, de venir au Palais, sans que ledict Huissier luy en ayt peu dire le subject, ce qui l'auroit obligé, se voyant pressé, estimant que c'estoit pour chose pressante, et l'heure estant tardive, demander ceux de Messieurs les Eschevins que l'on auroit peu treuver ; que les sieurs Jeannon, Perrin et Deschamps, Procureur Sindic, s'estans rencontrés, se seroient tous acheminés au Palais, où ayans esté mandés par le sieur Joly, Greffier de la Tournelle, et entrés derrière le bureau, M. le Président Robelin luy auroit dict que la Cour l'avoit mandé pour sçavoir l'estat des affaires de la ville, et ce qu'il sçavoit des nouveautés et fortiffications qui se faisoient au chasteau et à Seurre, affin d'y pourveoir ; à quoy ledict sieur Vicomte maieur auroit dict que la Cour estoit bien informée de l'état des affaires de la ville et de ce qui se passe au chasteau ; que, sur l'advis à luy donné que un fondeur de la ville avoit faict marchef avec le sieur Arnault, Commandant audict chasteau, pour fondre des canons, il avoit arresté deux moulles chés un nommé Blondeau, fondeur, et qu'ayant esté adverty que l'on faisoit audict chasteau des embrasures dans les tours du costé de la ville, la Chambre, par délibération du jour d'hier, y avoit pourveu par les deffences faictes à tous massons d'y travailler, aux pierriers de fournir des pierres, et à touttes personnes d'y contribuer en aucune façon que ce soit. Bref, ledict sieur Vicomte maieur auroit déclaré tout ce qui s'estoit passé et dont il pouvoit estre adverty au subject desdictes nouveautés et fortifications, tant dudict chasteau que de Seurre, et des grands préparatifs de guerre qui s'y faisoient; lesquelles nouveautés ne pouvant estre par luy empeschées, il auroit dict que c'estoit à la Cour, par son auctorité, d'y pourveoir; et qu'en tout ce qui seroit de sa charge et des sieurs Eschevins, ils rapporteroient tous les soings et la vigilance possible pour maintenir touttes choses dans la ville, pour le service du Roy et pour le bien et repos des habitans, comme il espéroit que la Cour feroit de sa part en sorte que, par un soing commung, la ville et les habitans fussent maintenus et conservés dans une parfaite tranquillité. A quoy, par ledict sieur Président Robelin, auroit esté dict que la Cour estoit parfaitement satisfaite de sa conduitte et de celle desdicts sieurs Eschevins en l'administration de leurs charges, et les auroit invités de continuer leurs soings, comme du passé, pour le bien de la ville et des habitans, et pour le service du Roy. Ce faict, il s'estoit retiré avec lesdicts sieurs Jeannon, Perrin, Eschevins, et Deschamps, Procureur Sindic; de quoy ledict sieur Vicomte maieur croyoit estre obligé d'advertir la Chambre, affin de rendre raison de son procédé et l'approuver, et parce qu'il avoit appris que lorsque la Cour mande le Maire pour venir au Palais, ce doibt estre par un Greffier et non par un Huissier; ce qui fust faict néantmoings hier matin. C'est pour ce, que l'heure tardive et l'empressement avec lequel il fust invité de se treuver au Palais l'auroit empesché de s'informer de ce qui se debvoit faire en ce rencontre, et qu'il avoit reffusé d'entrer, soubz prétexte de ceste formalité : cela auroit peu causer du bruict et du retardement aux affaires importantes qui s'estoient proposées. Sur quoy, la Chambre du Conseil de la ville de Dijon a appreuvé le procédé dudict sieur Vicomte maieur, et proteste, après la lecture de ce qui fust faict pendant la magistrature de M. Moreau, le deuxiesme septembre 1636, et le 24 janvier 1650, soubz la magistrature de M. le Conseiller de Mongey, que ce qu'il avoit esté mandé par un Huissier ne puisse préjudicier à ce qui s'est faict cy-devant en pareil subject, et ce qui se doibt faire, qui est que ledict sieur Vicomte maieur ne doibt point aller au Palais de la part de la Cour, s'il n'est invité par le Greffier de ladicte Cour, et non par un Huissier ; ce qui sera retenu, pour servir à l'advenir ce qu'il appartiendra.

XXIII

Du vendredy quinziesme septembre 1651.

La Chambre du Conseil de la ville de Dijon ayant résolu de faire dimanche prochain un feu de joye en la place de la Saincte Chapelle au subject de la majorité du Roy, pour tesmoigner la réjouissance publicque et particulière que doibvent avoir tous les habitans de ce que Sa Majesté est parvenue à sa majorité, désirée sy longtemps par toutte la France, a ordonné et ordonne aux habitans de ladicte ville, de quelque qualité et condition qu'ils soient, de faire, ledict jour de dimanche prochain, des feux de boys de fagots ou de pouldres au-devant de leurs maisons, et de mettre des chandelles et lumières aux fenestres desdictes maisons, à peyne de cinquante livres d'amande contre chacun des contrevenants, au paiement de laquelle ils seront contraincts et exécutés, nonobstant opposition ou appellation quelconques, et sans préjudice d'icelle, pour lesquelles ne sera différé à la forme des arrests donnés sur la police; ce qui sera publié à son de trompe et cry publicq par les carrefours, à ce qu'aucun n'en prétende cause d'ignorance.

XXIV

Du vendredy quinziesme septembre 1651.

M. Philippes Deschamps, Procureur Sindic, a représenté à la Chambre un procès-verbal dressé par M. le Vicomte maieur et par luy, le XIIIe du présent mois de septembre, de quelques déclarations qui ont esté faictes par Michel Blondeau, Lambert de Sainct-Amand et Pierre de la Haye, gendre dudict Blondeau, fondeur, en suitte du procès-verbal cy-devant dressé de la saisie faicte de quelques moulles de canons au subject du marchef par eux faict avec M. Arnault, Gouverneur du chasteau de Dijon, de fondre et fabriquer six pièces de canons.

XXV

Du vendredy quinziesme septembre 1651.

Jean Mongey, Sergent de la Mairie et Sindic desdicts Sergents, mandé à la Chambre, luy a esté enjoinct de faire retreuver un Sergent en chacune porte de la ville la veille et le jour des marchefs, pour exécuter les ordres qui leur seront donnés par Messieurs les Eschevins, et faire conduire aux halles les grains qui seront amenés pour estre distribués aux habitans, comme encores de pourveoir à ce que les Sergents se retreuvent au marchef; que tous lesdicts Sergents se treuvent pareillement aux assemblées du corps de ville, obéissent à ce qui leur sera commandé par lesdicts sieurs Eschevins, et ne quitteront les hallebardes de M. le

Vicomte maieur lorsqu'ils seront en garde et de service, à peine que le manteau leur sera levé et de l'amende arbitrairement. Luy ayant esté ordonné de le faire sçavoir à ses compagnons, à ce qu'ils n'y contreviennent, à peine d'en respondre en son propre et privé nom.

XXVI

Du vendredy quinziesme septembre 1651.

Les sieurs Poussot et Jeannon, Eschevins, ont dict qu'ils avoient esté, mardy dernier, au Palais en l'assemblée de Messieurs les députés du Parlement de la Chambre des Comptes et du Bureau des Finances, que M. le Vicomte maieur n'avoit peu s'y treuver à cause de la mort de la dame sa femme, et qu'il fust résolu qu'on feroit ung emprunct de seize mille livres, dont douze seroient employés en achapt de pouldres, et les quatre autres à faire les réparations pressantes des murailles de ladicte ville; que l'on avoit délibéré que deux de chacun corps s'obligeroient personnellement et solidairement audict emprunct; que l'on poursuivra de nouveaux octroys sur le fer et sur les vins estrangers, les revenus desquels serviroient d'assignat spécial aux créanciers, et jusques à ce que l'on assignera le paiement desdicts deniers sur les octroys de ladicte ville; qu'il y a heu délibération retenue pour ce regard par le sieur Saumaise, Greffier, lequel en délivrera un extraict audict sieur Vicomte maieur. Sur quoy, a esté délibéré que l'on ne se peult obliger qu'en qualité de Magistrats, et que lorsque l'acte de la résolution prise en ladicte assemblée sera représenté, il y sera plus amplement pourveu.

XXVII

Extraordinaire. — Du sabmedy seiziesme septembre 1651, à dix heures du matin, en la Chambre de Ville.

M. Malteste, Vicomte maieur, a faict entendre que le sieur Saumaise, Greffier au Parlement, aiant sa robbe, venoit de son logis pour luy dire de la part de la Cour que Messieurs du Parlement assemblés le mandoient d'aller au Palais, ne sçachant ce que l'on désiroit de luy; qu'à l'heure mesme il avoit faict assembler la Chambre pour luy en donner advis et faire veoir une lettre de Monseigneur le duc d'Espernon, Gouverneur de Bourgongne, que M. de la Marguerie, Intendant, luy a remis cejourd'huy, superscripte à Messieurs les Vicomte maieur et Eschevins de la Ville de Dijon, de laquelle ouverture aiant esté faicte, dattée le XIIe septembre 1651, et soubscripte vostre très affectionné à vous rendre service : Le duc d'ESPERNON, il mande par icelle, qu'estimant nécessaire pour le bien du service du Roy et le repos et tranquillité de la ville, que l'on face garde bourgeoise aux portes de la ville. Il prie, aussitost sa lettre rendue, de donner pour cela les ordres nécessaires et de continuer jusques à ce que l'on en reçoive de nouveaux de luy. Sur quoy, a esté délibéré que ledict sieur Vicomte maieur s'acheminera présentement au Palais avec les sieurs Jeannon, Cothenot, Perrin et Joly, Eschevins, pour ouir et recevoir les advis et mémoires qui leur seront donnés par la Cour concernant le service du Roy, et que les Capitaines, Lieutenants et Enseignes des parroisses seront advertis de se retreuver cejourd'huy, à une heure après midy, en la Chambre du Conseil, pour résoudre et régler de leur advis la garde ordonnée par ledict Seigneur duc d'Espernon.

XXVIII

Extraordinaire.— Dudict jour seiziesme septembre 1651, à une heure après midy, en la Chambre du Conseil.

M. Malteste, Vicomte maieur, a dict que l'ordre donné à la Chambre par Monseigneur le duc d'Espernon, par sa lettre du XIIe de ce mois, l'a obligé d'assembler lesdicts sieurs Capitaines, Lieutenants et Enseignes ; que cejourd'huy matin aiant esté adverty par le sieur Saumaise, Greffier du Parlement, d'aller au Palais, il s'y estoit acheminé avec quatre de Messieurs les Eschevins et le Procureur Sindic, où le Greffier luy aiant dict d'entrer en la grande Chambre du Parlement, il y avoit treuvé touttes les Chambres assemblées, et après que luy et lesdicts sieurs Eschevins députtés ont esté couverts, M. le Président Robelin leur a dict que la Cour avoit esté advertie d'un ordre donné par M. le duc d'Espernon pour la garde des portes de la ville, et qu'elle désiroit sçavoir ce que l'on avoit faict pour cela. A quoy, ledict sieur Vicomte maieur auroit respondu qu'à l'heure mesme qu'on luy avoit cejourd'huy donné les lettres dudict Seigneur duc d'Espernon, il les avoit portées à la Chambre, où elles ont esté ouvertes, et que l'on a faict advertir les sieurs Capitaines, Lieutenants et Enseignes des parroisses de se treuver à une heure après midy, pour y pourveoir de leur advis et régler la forme de ladicte garde. Ce faict, ladicte lettre leue, la Chambre du Conseil de la ville de Dijon, de l'advis desdicts Capitaines, Lieutenants et Enseignes des parroisses, a délibéré que l'on fera garde de jour et de nuict, ainsy qu'il est accoustumé ; qu'ès rolles des dixaines qui seront faictes, les mesmes Officiers y seront compris pour y aller, conformément aux règlements cy-devant faicts pour le faict de la garde ; que ladicte garde sera commencée demain matin à l'ouverture des portes par la parroisse Nostre-Dame ; que la nuict, oultre la garde ordinaire, qui sera faicte sur les murailles et remparts, tant par les habitans qui seront compris ès rolles et dixaines de Capitaines, Lieutenants et Enseignes des parroisses, que de ceux du guet assis des Capitaines et Lieutenants de la muraille, les Capitaine et Lieutenants dudict guet assis mettront une dixaine de gens raisonnables sur la tour de la Trimouille; que les Officiers des parroisses et dudict guet assis seront tenus de représenter à la Chambre les rolles de leurs dixaines, et que le Procureur Sindic apportera pareillement le rolle de son guet, lequel ne pourra estre composé que de trente personnes.

Lesdicts Capitaines, Lieutenants et Enseignes des parroisses retirés, a esté délibéré que l'on fera response à Monseigneur le duc d'Espernon pour luy faire sçavoir la résolution prise de garder les portes de la ville, de jour et de nuict, à commencer demain matin; que l'on espère que touttes choses se pacifieront à la Cour, et que la garde ne sera pas de durée; que l'on a receu ses ordres avec satisfaction et sans s'estonner, dans le désir extrême qu'ont les habitans de luy obéir, et de servir le Roy en veillant à leur conservation.

XXIX

Extraordinaire. — Desseing du feu de joye érigé en la ville de Dijon à l'honneur du Roy pour son heureuse majorité le dimanche XVIIIe septembre 1651.

Sy nous avons jamais recogneu que le ciel prend la France en sa singulière protection, et qu'il travaille continuellement à sa durée et à sa conservation, c'est lorsqu'il l'a favorisée de la naissance de nostre grand monarque, lequel, à guise d'un aultre Juppiter, est né au milieu des combats et parmy le bruict des armes qui ont honoré son berceau des trophées et victoires remportées sur ses ennemys.

Que sy ceste heureuse naissance a jetté les fondements de son bonheur, il a esté consommé dans la joye universelle qu'elle reçoit de veoir ce grand Roy estre heureusement parvenu jusques à la majorité, et qu'après que ses vertus prévenants son aage ont commancé par anticipation de régner sur ses mœurs, son pouvoir à présent leur succède pour régner sur ses peuples.

En quoy nous sommes grandement redevables à ceste auguste Reyne, qui a emploié tous ses soings à son éducation, et qui a fortiffié dès son enfance sa piété naturelle par ses bons conseils et instructions.

Reyne dont le mérite égalle sa puissance, sur laquelle touttes celles qui l'ont précédée n'ont autre advantage que la priorité du temps, et dont les actions pourroient servir d'exemple et de règle à l'antiquité, sy l'ordre de la nature et des siècles le pouvoient permettre.

Ce fust en ceste heureuse occurrence, et si advantageuse à la France, que Monseigneur le duc d'Espernon, donné à nos besoins par la judicieuse bonté du Roy pour gouverneur en ceste province, honora la ville de ses lettres.

Par lesquelles aiant adverty les Magistrats d'en rendre des actions de grâces à Dieu et en tesmoignage de leurs debvoirs à Sa Majesté.

Ils receurent ce commandement avec un contentement extrême, comme ses très fidelles et très obéissants subjects, et ordonnèrent qu'un feu de joye seroit dressé à cest effect.

En sorte que la charge de ce desseing aiant esté donnée à M. Estienne Brechillet, Advocat en Parlement et Eschevin, après qu'il l'eût communiqué à M. Malteste, très digne Vicomte maieur, qui l'appreuva par son jugement, et que le tout eust esté arresté et exécuté en moings de deux jours.

Le théâtre de ce feu de joye fust dressé le dimanche dix-septiesme du mois de septembre au milieu de la place de la Saincte-Chapelle. Les figures et feux d'artifices posés, et à l'instant on entendit touttes les rues retentir des acclamations de Vive le Roi, des résonnements des haultzbois et du bruict des canons.

Sur le quadre, dressé à cest effect, se voyoit en plein relief, ainsy que touttes les autres figures, la statue du Roy en son trosne et des trophées d'armes à ses pieds avec ceste inscription à la frize :

In melius gaudens convertere fata.

A costé estoit l'effigie de la ville de Dijon à genoux, accompagnée de part et d'autre de deux petits Amours qui, avec elle, présentoient leurs cœurs au Roy, auquel elle a tousjours esté très fidelle, et aussy remarquable par sa fidellité comme la province dont elle est capitale par sa préminence, estant la Bourgongne la première province et pairie de France.

On sçait que Dijon est vulgairement appellé la Ville des Dieux, par ceste raison qu'Aurélian, qui en a esté le fondateur, la fist bastir des ruines de la ville du mesme nom, qu'il donna à la nouvelle pour expier sa faute de l'avoir démollie, et pour y restablir le culte des dieux.

C'estoit par ceste raison qu'elle fust accompagnée des quatre dieux principaux qui y estoient autrefois adorés, qui venoient rendre hommage au Roy et luy faire présent de leurs plus belles et divines qualités, et dont les effigies estoient posées aux quatre coings du théâtre.

Ils estoient en nombre de quatre, d'aultant que ce nombre est parfait et réputé par les pitagoriciens, notamment par Philon, juif, pour fondamental de toute génération, dont, suivant Jamblique, il faict la baze tetragone et le fondement cubique.

Par où nous voulions désigner que la majorité du Roy debvoit opérer la perfection et l'accomplissement de nostre bonheur.

La première de ces statues représentoit Juppiter, que les platoniciens prenoient pour l'âme du monde et pour cest esprit divin qui gouverne, remplit et maintient l'univers.

Il présentoit au Roy un foudre, sur lequel estoit une branche d'olive et un sceptre, indice de puissance souveraine, attribuée à Juppiter et aux Roys, pour monstrer que celle du Roy seroit tempérée par la clémence, désignée par l'olivier, à l'exemple des anciennes médailles d'Anthonin et de Nerva, où l'on voyoit un foudre posé sur un lict, et un aigle dessus avec une branche d'olivier.

Nous avons encore représenté ceste déité, pour ce qu'on assigne à son planette ce qui est de la paix et de la concorde, et que, suivant Homère, Juppiter est estimé présider aux Amitiés, pour monstrer que soubz le règne de ce grand Roy nous devons bientost jouir du bonheur de la paix.

En l'une des faces du piedestal, où estoit posée ceste figure, se lisoit cest hémistiche :

INNOCUUM REDDIT CLEMENTIA FULMEN.

Et en l'autre :

A QUO LIBRATA POTESTAS,

comme estant l'équité, selon Plutarque, la mesure du Roy, à laquelle ils veuillent régler et soubmettre leur pouvoir.

La seconde figure représentoit Mars, symbole de force et de courage, qui offroit des palmes et des lauriers au Roy, signiffians les victoires qu'il a obtenues sur ses ennemis, et qu'il doibt remporter cy-après par sa valleur héréditaire, avec ceste inscription :

PALMAS AUGEBIT AVITAS
ET PATRIAS LAURUS.

La troisiesme représentoit Minerve, indice de sagesse et de science, et que les poëtes feignent estre sortie au moment de sa naissance, en un aage parfaict, du cerveau de Juppiter, et présider aux artz, sciences et disciplines, pour insinuer que la vertu de nostre divin monarque advance son aage, et qu'elle l'a d'abord rendu parfaict accomply. Elle luy présentoit sa lance, qui signiffie la force de la sapience, pour faire veoir que les armes ne servent en rien sans prudence.

Aux deux faces du piedestal estoient ces deux inscriptions ; l'une :

Consilio regitur Mavors.

Aussy est-il vray que la force et la générosité prend sa conduitte et son adresse des sciences, suivant que le remarque Isocrate, quand il dit qu'Hercule a plus surmonté les hommes des siècles passés par les lettres et par la justice que par les forces du corps.

Et l'autre :

Surgite, sopitæ quas ambitus obruit artes,

pour tesmoigner que soubz le règne de ce grand Roy, comme soubs un autre François premier, l'honneur des sciences et des artz doibt refleurir et reprendre sa première vigueur.

La quatriesme représentoit Mercure, symbole d'éloquence, de vigilance et de prudence, lequel luy présentoit son caducée entouré de serpens, qui, en son hiérogliphe, avec ceste inscription en l'une des faces du piedestal :

Sic ætas animo cessit,

pour désigner celle qui reluit en nostre grand monarque au-delà des forces de son aage.

Et en l'autre :

Dubiis lucet prudentia rebus.

Ce qui a faict dire à un bon autheur que la prudence est la maistresse des choses, et qui s'instruict et se perfectionne par la remarque exacte des mœurs et des événements.

Au derrier du théâtre estoit l'effigie de la discorde enchevelée de couleuvres, qui signiffient les trois mouvements et affections principalles qui portent les hommes à la guerre, et laquelle sembloit finie.

Pour faire entendre qu'elle s'esloignera de la France pour faire place à l'union et à la concorde, et que la douceur de nostre grand Roy, autant clément qu'il est généreux, aura le mesme effect que le caducée de Mercure qui, jetté au milieu de deux serpens qui sembloient se combattre, eut pouvoir de les escarter.

En une table d'attente, au bas de la corniche, se lisoit l'inscription suivante :

Ludovico XIV Galliarum Imperatori christianissimo, victoriosissimo, antheac ætatis tantum injuria minori, nunc magis virtutis merito quam legis placito majori, omnium judicio maximo, justitiæ, clementiæ, prudentiæ, sapientiæ, fortitudinis cœlesti miraculo, quod post transactos legitimæ ætatis annos, felicibus auspiciis regnum legibus et armis regendum et tuendum susceperit, et temporibus felicitatem, moribus sinceritatem, civibus securitatem, omnibus tranquillitatem, redditurus sit.

Prævia fidelis gratitudinis et lari obsequii epinicia, devota divorum urbe.

P. C.

Aux arcades soustenants le théastre estoient escripts ces vers :

  Donc les heureuses destinées
Ont accomply le cours des royalles années
  Jusques au poinct tant souhaité :
Louis dans son estat rend tout paisible et ferme,
  Et avec sa majorité
Nos maux évanouis sont venus à leur terme.

  Desjà la Discorde estonnée
A son auguste aspect s'enfuit abandonnée ;
  Tout se reduit soubs le debvoir,
Et ce que sa douceur n'a vaincu par ses charmes,
  Ores son absolu pouvoir
Le va ranger soubs luy, par l'effort de ses armes.

  Permettés, premier des monarques,
Que Dijon et ses dieux donnent premiers des marques
  De leur humble submission ;
Et dans le premier rang, acquis à la province,
  Que sa fidelle ambition
Rende aussy son devoir la première à son prince.

Recevés ce Dieu du tonnerre,
Qui soubmet à vos pieds son pouvoir sur la terre,
Et confesse qu'à l'advenir
Il n'appartient qu'à vous de justement résoudre
S'il faut pardonner ou punir,
Et que vostre bras seul peult manier ce foudre.

Ce redoutable Dieu de Thrace,
Relevé des héros de vostre auguste race,
Et sa martialle chaleur
Qui terrasse soubs eux les forces adversaires,
Vient offrir à vostre valeur
Ses palmes et lauriers qui vous sont tributaires.

Devant vous toute la prudence
Et les charmes vainqueurs de la douce éloquence
De l'accort messager des Dieux,
Perdent en un moment leur force et leur usage,
Et un seul regard de vos yeux
Persuade bien mieux que ne faict son langage.

Ceste fille sage et divine,
Qui du chef paternel sans l'ayde de Lucine
Sortit les armes à la main,
Ouvrage merveilleux d'une estrange naissance,
Voyant vostre esprit plus qu'humain,
Voudroit naistre aujourd'huy de vostre intelligence.

Ces dieux prédisent que la guerre
Quittera les confins de ceste heureuse terre,
Que tout fléchira soubs vos lois ;
Et, qu'unissant bientost la Seine avec le Tage,
L'univers qu'ils eurent pour trois
Doit estre destiné à vous seul pour partage.

Nous devons espérer de jouir bientost des fruicts de ceste heureuse majorité, et qu'elle mettra la France en son plus hault lustre.

Que sy autrefois les Macédoniens, travaillés de guerres continuelles par les Illyriens, obtindrent la victoire sur eux par le conseil qu'ils preindrent de porter dans leurs armes leur Roy estant encore au berceau, la présence duquel eust ce pouvoir d'imprimer la crainte dans le cœur des ennemis et de les mettre en fuite et en desroute,

Qui peult douter que la France ne doive subjuguer les siens, aiant ung Roy qui a franchy les bornes de l'enfance, et qui est parvenu à une juste majorité, et orné d'ailleurs, de touttes les qualités royalles, nécessaires pour bien et heureusement régir et gouverner ung Estat, et qui le rendent l'amour du ciel et la merveille de la terre.

Ainsy, de mesme qu'aultrefois dans la mer Ægée, l'isle de Delle, auparavant flottante, fust rendue ferme et stable par la naissance d'Apollon, de mesme aussy ce grand Roy, par sa majorité, fera cesser les mouvements et agitations de la guerre pour affermir son estat dans la paix et dans le repos soubz son heureux règne.

XXX

Du mardy dix-neuviesme septembre 1651.

Le Procureur Sindic a représenté un arrest du seiziesme du présent mois, publié à son de trompe et affiché aux carrefours de ceste ville, par lequel la Cour, les Chambres extraordinairement assemblées, a faict deffences à touttes les troupes des gens de guerre d'entrer en ceste province, marcher ny tenir la campagne sans ordre exprès de Sa Majesté, et attachés de ceux qui commandent en icelle; aux Maire, Eschevins et habitans des villes, bourgs et villages, de les recevoir, ny leur fournir logement et subsistance qu'il ne leur apparoisse desdicts ordres ; aux Gouverneurs, Capitaines, Lieutenants et autres Commandants ès villes et places fortes, esquelles il y a garnisons establies, d'augmenter icelles garnisons de plus grand nombre de soldats que ceux qui y sont à présent, et d'y recevoir aucungs estrangiers ny soldats de troupes qui se trouveront licentiées ; à touttes personnes de prendre ny s'enroller soubz aucungs Capitaines, Officiers desdictes garnisons et autres, jusques autrement par Sa Majesté y ayt esté pourveu, et encore ausdicts Maire, Eschevins et habitans des villes, bourgs et villages de fournir aucungs logements et subsistances aux recrues desdictes garnisons, à peine d'estre procédé contre les contrevenants comme perturbateurs du repos publicq; enjoinct ausdicts Maire, Eschevins et habitans des villes, bourgs et villages où sont lesdictes garnisons, de s'opposer par touttes voies à ce qu'il n'entre en icelles autres soldats que ceux qui y sont à présent; ausdicts Gouverneurs, Capitaines, Lieutenants et autres Commandants esdictes garnisons, de licentier d'icelles lesdicts estrangiers, et aux Lieutenants du Rŏy, Baillifs et Prévosts des Mareschaux, de tenir la main, chacun en son ressort, à ce qu'il ny entre et passe aucunes trouppes de gens de guerre, à pied ou à cheval, sans les ordres de Sa majesté, et attachés de ceux qui commandent, se saisir des contrevenants, et, à cest effect, s'il est besoing, assembler la noblesse et les communes pour leur courir sus et les tailler en pièces.

XXXI

Du mardy dix-neuviesme septembre 1651.

Michel Blondeau, fondeur à Dijon, s'estant présenté à la Chambre et l'ayant suppliée qu'il luy fust permis de faire parachever deux moulles de canon qu'il a commencés, lesquels ont esté saisis, par M. le Vicomte maieur, le vingt-neufviesme aoust dernier, en présence du Procureur Sindic, veu le procès-verbal dudict jour et ouy le Procureur Sindic, la Chambre du Conseil de la ville de Dijon a permis et permet audict Blondeau de parachever lesdicts deux moulles de canon, luy faict néantmoings inhibitions et deffences de s'en désaisir après qu'ils auront esté parachevés, ny permettre qu'ils soient tirés ny transportés hors de sa maison sans le consentement du Magistrat, à peine de la vie.

XXXII

Extraordinaire. — Du sabmedy vingt-troisiesme septembre 1651, à dix heures du matin, au logis de M. le Vicomte maieur, indisposé.

Sur ce que M. le Vicomte maieur a remonstré qu'il reçoit journellement des plainctes des désordres qui arrivent à la garde des portes par le déffault, mespris et désobéissance des habitans, lesquels, soubs divers prétextes, faux ou affectés, se prétendent exempts de ladicte garde ou ne veuillent obéir à leurs Capitaines et Dixeniers, et qu'en plusieurs dixaines il ny a poinct d'Officier pour y commander; que la garde estant posée la nuict, la pluspart se retirent en leurs maisons et abandonnent le corps de garde; que ce qui cause en partie les désordres vient de plusieurs qui ne veuillent point aller à la garde, et qu'il importe au service du Roy et à la seureté de la ville, dans la nécessité présente, d'y pourveoir incessamment soubs telle peyne, chacun ayt subject d'obéir. La Chambre du Conseil de la ville de Dijon, le Procureur Sindic ouy, a ordonné et ordonne à tous bourgeois, habitans et Officiers subjects à la garde des portes suivant les anciens règlements, d'aller à la garde et obéir aux Capitaines, Dixeniers et Officiers, soubs la conduitte desquels ils doivent marcher selon les ordres establis par les Capitaines des paroisses, à peine, contre chacun des contrevenants, de cinquante livres d'amende, pour laquelle ils seront contraincts par touttes voies; faict inhibitions et deffences à tous Dixéniers, Sergents, Soldats et autres de la garde de quitter le corps de garde ny désemparer sans congé, qui ne pourra estre octroyé sinon pour cause légitime, à mesme peyne; ordonne ladicte Chambre que la garde sera faicte par touttes les dixaines assemblées, sçavoir le jour aux quatre portes de ladicte ville, et la nuict tant aux corps de garde qui sont sur lesdictes portes qu'aux lieux qui leur seront désignés par l'ordre dudict sieur Vicomte maieur et des Officiers entrants en garde, et affin que les portes et les murailles ne soient dégarnies le jour ny la nuict; que cy-après, à commancer cejourd'huy par les habitans de la parroisse Sainct-Médard, l'on entrera en garde premièrement à quatre heures après midy pour y demeurer pendant vingt-quatre heures, et sans en pouvoir sortir ny désemparer avant que d'estre relevé par ceux qui entreront en garde le lendemain, aussy à peyne de cinquante livres d'amande et de chastiment, s'il y eschet, et pour ce que plusieurs habitans se veuillent dispenser d'aller à la garde soubs prétexte de maladies, il est enjoinct ausdicts habitans indisposés d'y envoier un homme de service; et affin que les dixaines soient toujours remplies du nombre dont elles sont composées et que la garde se fasse exactement, ladicte Chambre a permis et permet aux Capitaines, Dixeniers et autres Commandants de mettre tels que bon leur semblera au lieu desdicts absents pour y servir aux frais desdicts absents. Ordonne, en oultre, ladicte Chambre à tous les hostes de ladicte ville ou autres habitans qui logent en chambre garnie, pension ou autrement, de porter en personne chacun jour, un quart d'heure après les portes fermées, le rolle de ceux qui seront logés en leurs maisons, revestu de leurs noms, surnoms, qualité et demeurance, à peyne de cent livres d'amande, pour laquelle ils tiendront prison, et de chastiment exemplaire; enjoinct encores aux portiers et soldats commis à la garde des portes de tenir un controlle de ceux qui entreront en ladicte ville et du lieu où ils iront loger, qu'ils seront tenus de bailler tous les soirs audict sieur Vicomte maieur, à peyne de privation de leurs charges; ce qui sera publié à son de trompe et cry public par les carrefours et affixé aux portes de ladicte ville, à ce qu'aucun n'en prétende cause d'ignorance.

XXX

Extraordinaire. — Du lundy vingt-cinquiesme septembre 1651, à une heure après midy, au logis de M. le Vicomte maieur, indisposé.

M. Malteste, Vicomte maieur, ayant faict entendre avoir heu advis que Monseigneur le duc d'Espernon, Gouverneur de la province, estoit party de Paris pour venir en Bourgongne, et qu'il pouvoit arriver en ceste ville ung jour de sepmaine, pour ne point estre prévenu et honorer son entrée, a esté délibéré :

Que les sieurs Joly, Brechillet, Marc, advocat, et Saget, Eschevins, s'achemineront à Chanceaux où ailleurs, à la couchée dudict seigneur duc d'Espernon, pour luy rendre les honneurs et debvoirs de la part de la Chambre et luy offrir son service et obéissance, et que ledict sieur Brechillet portera la parolle.

Que les Vicomte maieur, Eschevins, Procureur Sindic, Secrétaire et autres Officiers de la ville, avec le plus grand nombre d'habitans que faire se pourra, tous à cheval iront au-devant dudict seigneur duc d'Espernon, jusques à une lieue de la ville et plus, pour luy rendre les honneurs et debvoirs qui luy sont deubs, et que, où ledict sieur Vicomte maieur ny pourroit pas aller à cause de son indisposition, le sieur Jeannon, à ce commis, luy fera le compliment de la part de la ville; en son absence, le sieur Poussot aussy, Eschevins.

Que les Capitaines, Lieutenants et Enseignes des parroisses se prépareront pour aller en armes au-devant dudict seigneur duc d'Espernon, et border les rues jusques à la porte du logis du Roy, la saison présente que l'on faict garde par les ordres dudict seigneur duc d'Espernon ne permettant pas aux habitans de quitter la ville.

Ledict seigneur, arrivé en ceste ville, sera visitté par

toutte le Chambre, et sy ledict sieur Vicomte maieur est tousjours indisposé, ledict sieur Brechillet, Eschevin, est chargé de préparer le discours qui luy sera faict.

Le mesme jour, sera présenté du vin audict seigneur duc d'Espernon et aux seigneurs de sa suitte par les sieurs Eschevins, à ce commis, qui en feront l'achapt.

Et pour obliger les habitants de se mettre en leur debvoir, a esté faict la délibération cy-après :

La Chambre du Conseil de la ville de Dijon pour honorer la venue de Monseigneur le duc d'Espernon, Gouverneur de la province de Bourgongne, le Procureur Sindic ouy, a ordonné et ordonne à tous les habitans de ladicte ville, de quelque qualité et condition qu'ils soient, de l'aage de dix-huict ans et au-dessus, jusques à soixante ans, autres que ceux qui monteront à cheval pour aller au-devant dudict seigneur, de se préparer le mieux et plus convenablement qu'il leur sera possible pour marcher à son entrée avec telles armes qu'il leur sera commandé par les Capitaines, Lieutenants et Enseignes des parroisses, pour border les rues, depuis la porte du logis jusques hors la ville, leur obéir et se treuver en armes le jour de ladicte entrée, à peyne de cinquante livres d'amande, pour laquelle ils seront contraincts, nonobstant opposition ou appellations quelconques, et sans préjudice d'icelles pour lesquelles ne sera différé, et d'estre procédé contre eux ainsy qu'il appartiendra. Ce qui sera publié à son de trompe et cry public par les carrefours trois jours consécutifs, à ce qu'aucun n'en prétende cause d'ignorance.

XXXIV

Extraordinaire. — Du mardy vingt-sixiesme septembre 1651, pendant les féries des vendanges à huict heures du matin.

Les sieurs Brechillet et Marchand, Eschevins, aiant esté députtés pour visiter, de la part de la Chambre, M. le Vicomte maieur, indisposé, luy tesmoigner le déplaisir qu'elle a de sa maladie et luy faire entendre le contenu en la cédulle du sieur Moreau, Lieutenant en la parroisse Sainct-Médard, et sçavoir de luy sy santé luy permet que l'on face assembler chez luy les sieurs Capitaines, Lieutenants et Enseignes des parroisses, pour leur donner l'ordre nécessaire pour la venue de Monseigneur le Duc d'Espernon, suivant la délibération du jour d'hier, les dicts sieurs Brechillet et Marchand, retournés peu de temps après, ont dict que ledict sieur Vicomte maieur remercioit la Chambre de l'honneur de son souvenir, et treuvoit bon que lesdicts Capitaines soient assemblés cejourd'huy à la Chambre, surquoy a esté délibéré qu'ils seront advertis de se retreuver à la Chambre cejourd'hui à une heure après midy.

Honorable Isaac Saget, marchant et Eschevin de la Ville, estant sorty de la Chambre et retourné peu de temps après, a dict qu'il venoit de son logis où sa femme l'avoit adverty que M. d'Arnault, Commandant au Chasteau de Dijon, le prioit de l'aller treuver, qu'il l'a veu quelque fois, et néantmoings ne le cognoist qu'en qualité d'Eschevin; que, quand il luy a parlé, ledict sieur d'Arnault luy a faict espérer qu'il le manderoit pour luy dire ce qu'il feroit dans le Chasteau, comme pareillement il le prioit de l'advertir de se qui se passeroit dans la Ville, qu'il a creu ne debvoir aller au Chasteau sans en advertir la Chambre pour sçavoir sy elle le treuveroit bon; surquoy, l'affaire mise en délibération, a esté résolu que ledict sieur Saget pourra voir ledict Arnault; mais auparavant il verra M. de Tavannes, Lieutenant du Roy, pour luy faire entendre ce que dessus et prendre ses ordres.

XXXV

Extraordinaire. — Cejourd'huy, vingt-septiesme septembre mil six cent cinquante-ung, sur environ les quatre heures après-midy, en la Chambre du Conseil de la Ville de Dijon où estoient en la place de M. le Vicomte maieur, MM. les Conseillers Berbis et Lebelin, et M. l'Advocat général Carré, et sur les sièges ordinaires où se mettent Messieurs les Eschevins, les sieurs Buisson, Bouchardet, Galloche, de Guignan, Duboys, Clavin et Calon, et M. Philippes Deschamps, Procureur Sindicq, en présence de grand nombre d'habitans qui estoient en ladicte Chambre, M. l'Advocat général a faict un beau discours et représenté un arrest du Conseil du vingtiesme du présent mois de septembre qui contient le restablissement de Messieurs les Eschevins faictz le vingt-uniesme jour de juillet mil six cent cinquante et de M. Jean Thibert cy devant secrétaire de ladicte Ville, en ladicte charge de secrétaire, au lieu de M. Philippes de Requeleyne, duquel il a demandé l'effect. M. le Conseiller Berbis ayant aussy faict un beau discours, et ledict Procureur Sindicq ayant protesté que ledict arrest ne peut préjudicier aux droicts et priviléges de la Ville, particulièrement en ce qui concernoit ladicte charge de secrétaire dont la Ville avoit droict de nommer, lesdicts sieurs Commissaires luy ont donné acte de sa remonstrance et ordonné que, suyvant ledict arrest, lesdicts anciens Eschevins et ledict Thibert demeuroient restablys en leurs charges, auquel effect qu'il seroit registré avec ordonnance audict de Requeleyne de remettre ès mains dudict Thibert tous les registres, sceau et autres papiers qu'il a de ladicte Ville, et que les clefs représentées pour l'ouverture de la Chambre luy demeureroient entre les mains; duquel arrest ils ont faict faire lecture à haute voix par ledict Donet, M. Buisson leur ayant faict un compliment de remerciement sur ce subject et ayant faict retirer le peuple, lesdicts sieurs Commissaires ont ordonné ausdicts Eschevins présens de nommer d'autres Eschevins que les sieurs Malpoy, Jaquinot, Perruchot, Lagrange, Vittier, Garnier, Crestiennot et Soyrot, attendu l'incompatibilité dudict sieur Malpoy avec ledict sieur de Guignan. L'absence et excuse des autres, à quoy ayant satisfaict ils ont nommé, au lieu desdicts Malpoy et Jaquinot, les sieurs Petit et Saget, au lieu dudict sieur Perruchot, le sieur Brechillet, au lieu du sieur Vittier, le sieur advocat David fils, au lieu des sieurs Garnier et Crestiennot, les sieurs Clerc et Carrelet, au lieu du sieur de Lagrange decedé, qui estoit en la parroisse Sainct-Pierre avec le sieur Calon, qui demeure à présent en la parroisse Sainct-Médard, et qui y est Eschevin avec le sieur advocat Grusot, les sieurs Forestier et Nicaise. Et en la parroisse Sainct-Philibert, au lieu du sieur Soyrot, le sieur Despringle, lequel avec les autres Eschevins restablys et ledict arrest feront lesdictes charges, et presteront le serment à la prochaine Chambre suyvant qu'il est plus amplement raporté par le procès-verbal dressé par ledict Donet, qui sera aussy cy-après inséré avec ledict arrest du Conseil et Commission attachée à iceluy.

En suit la teneur dudict arrest du Conseil.

Extraict des registres du Conseil d'Estat.

Sur ce qui a esté représenté au Roy en son Conseil, qu'il est très important à son service dans les occurences présentes de restablir, en la Ville de Dijon, les choses au mesme estat qu'elles estoient au mois de febvrier dernier, à la réserve du sieur Millotet, Conseiller de Sa Majesté en ses Conseils et son Advocat général en son Parlement de Bourgongne, dont Sadicte Majesté désire se servir en d'autres employs plus importans à son service ; et s'estant faict représenter l'arrest de son Conseil du 29 apvril dernier portant, entre autres choses, deffences aux anciens Eschevins faicts en ladicte Ville le 21ᵉ juillet 1650, d'exercer lesdictes charges d'Eschevins, et que les autres Eschevins de la précédente année seroient restablys en l'exercice de leurs charges pour les continuer jusques à la feste Sainct-Jean-Baptiste, auquel temps ont esté esleus d'autres Eschevins. Arrest dudict Parlement du dixiesme may en suyvant rendu en exécution d'iceluy Conseil ; autre arrest d'iceluy dudict jour 29 apvril dernier, portant entre autres choses que de Requeleyne continuera l'exercice de sa charge de secrétaire de ladicte Ville, jusqu'à ce que l'apel par luy interjetté et relevé au Parlement pour raison de sa destitution de ladicte charge fust jugé. Tout considéré, le Roy estant en son Conseil, sans avoir esgard aux arrests dudict jour 29 apvril dernier, a ordonné et ordonne que lesdicts anciens Eschevins de ladicte Ville de Dijon et faicts le 21ᵉ jour de juillet, ensemble, M. Jean Thibert, cy-devant secrétaire de ladicte Ville, entreront en l'exercice de leurs charges au lieu de ceux qui ont esté esleus au mois de juin dernier, jusques à ce que autrement en ayt esté ordonné par Sa Majesté, laquelle faict très expresses inhibitions et deffences ausdicts Eschevins et à de Requeleyne de les y troubler, ny s'immiscer à l'exercice desdictes charges, à peyne de désobéissance, à l'installation desquels anciens Eschevins et Thibert sera procédé en présence du sieur de Malteste, Maire de ladicte Ville ; enjoinct Sadicte Majesté aux Gouverneurs et Intendant de Justice en ladicte province de Bourgongne et à tous autres qu'il apartiendra, de tenir la main à l'exécution du présent arrest, que Sadicte Majesté veult estre exécutté, nonobstant opposition ou apppellation quelconque, et dont sy aucuns interviennent, elle s'en a réservé la cognoissance, et icelle interdit à tous autres Juges. Faict au Conseil d'Estat du Roy, Sa Majesté y estant ; tenu à Paris le vingtiesme de septembre mil six cent cinquante-un. Signé : Louis et par le Roy Phelipeaux.

Louis, par la grâce de Dieu, Roy de France et de Navarre, à nos amés et féaux Conseillers en nostre Parlement de Dijon, les sieurs Berbis et Lebelin, Salut. Nous vous mandons et ordonnons par ces présentes, signées de nostre main, que l'arrest de nostre Conseil d'Estat, dont l'extraict est cy-attaché soubz le contrescel de nostre Chancellerie, vous ayés à mettre à deue et entière exécution selon sa forme et teneur, et de ce faire nous vous donnons pouvoir, commission et mandement spécial; commandons au premier nostre huissier ou sergent sur ce requis signiffier ledict arrest aux Eschevins de nostre Ville de Dijon, esleus au mois de juin dernier; à de Requeleyne, secrétaire de la Maison de Ville, et à tous autres qu'il apartiendra, à ce qu'ils n'en prétendent cause d'ignorance et ayent à y defférer et obéyr, leur faisant les deffences y contenues sur les peynes y déclarées, ensemble tous autres actes et exploicts requis et nécessaires, sans demander autre permission; enjoignant aux Gouverneur, Lieutenans, Généraux et Intendans de Justice en Bourgongne, et à tous autres qu'il apartiendra, tenir la main à l'exécution dudict arrest, car tel est nostre plaisir. Donné à Paris, le vingtiesme de septembre, l'an de grâce 1651, et de nostre règne le neufviesme. Signé : Louys, et de par le Roy, Phelipeaux.

En suit la teneur du procès-verbal, dressé par Messieurs les Commissaires, députtés pour l'exécution dudict arrest du Conseil.

Bénigne Berbis et Pierre Lebelin, Conseillers du Roy, en sa cour de Parlement de Bourgongne, Commissaires députtés, ceste part par arrest du Conseil d'Estat du vingtiesme du présent mois de septembre, sçavoir faisons que pour l'exécution dudict arrest par lequel, sur ce qui auroit esté représenté à Sa Majesté, qu'il estoit important à son service, dans les occurences présentes, de restablyr en ceste Ville de Dijon les choses aux mesmes estats qu'elles estoient au mois de febvrier dernier, à la réserve du sieur Millotet, Conseiller de Sadicte Majesté en ses Conseils, et son Advocat général en ladicte cour de Parlement, dont Sadicte Majesté désiroit se servir en d'autres employs plus importans à sondict service, et s'estant faict représenter l'arrest dudict Conseil du vingt-neufviesme d'apvril suyvant portant entre autres choses deffences aux anciens Eschevins faicts en ladicte Ville, le vingtiesme juillet mil six cent cinquante, d'exercer lesdictes charges d'Eschevins, et que les autres Eschevins de la présente année seront restablys en l'exercice de leurs charges pour les continuer jusques à la feste Sainct-Jean-Baptiste, auquel temps auroient esté esleuz d'autres Eschevins. L'arrest dudict Parlement du dixiesme de may suyvant, rendu en exécution de celuy dudict Conseil; autre arrest d'iceluy dudict jour vingt-neufviesme d'apvril dernier portant, entre autres choses, que de Requeleyne continueroit l'exercice de sa charge de secrétaire de ladicte Ville, jusques à ce que l'apel par luy interjetté et relevé audict Parlement pour raison de sa destitution de ladicte charge de secrétaire. Sadicte Majesté, sans avoir esgard audict arrest du Conseil dudict jour 29ᵉ apvril, que les anciens Eschevins de cestedicte Ville de Dijon, faicts ledict jour vingt-uniesme juillet mil six cent cinquante. Ensemble, M. Jean Thibert, cy-devant secrétaire de la maison de ladicte Ville rentreroient en l'exercice de leurs charges, au lieu de ceux esleuz au mois de juing dernier, jusqu'à ce qu'autrement en eust esté ordonné par Sadicte Majesté, avec deffences très expresses ausdicts Eschevins et audict de Requeleyne de les y troubler, ny s'immiscer en l'exercice desdictes charges, à peyne de désobéyssance, et qu'à l'instalation desdicts anciens Eschevins et Thibert seroit procédé en présence du sieur de Malteste, Maire de ladicte Ville, et du sieur Deschamps, Procureur Sindicq d'icelle, par nous lesdictz Commissaires. Le tout sans tirer à conséquence, ny préjudicier aux priviléges de ladicte Ville. Et enjoinct aux Gouverneur et Intendant de Justice en ceste province de Bourgongne et à tous autres qu'il apartiendra de tenir la main à l'exécution dudict arrest, que Sadicte Majesté voulloit estre faicte nonobstant oppositions ou appellations quelconques, dont sy aucuns intervenoient elle se réservoit la cognoissance et icelle interdisoit à tous autres Juges. Nous, lesdicts Commissaires ayans cejourd'huy mercredy vingt-septiesme dudict mois de septembre mil six cent cinquante-un, environ midy, faict advertyr ledict Deschamps, Procureur Syndicq, de se treuver au logis de nous, ledict Berbis, l'un desdicts Commissaires et y estant iceluy Deschamps incontinant arrivé, avons faict voir ledict arrest et enjoinct à iceluy de faire sçavoir audict sieur Malteste, Maire, et ausdicts anciens Eschevins et Thibert, restablys par iceluy, de se treuver en la Chambre du Conseil de ladicte Ville, à quatre heures de cedict jour et qu'à ladicte heure nous nous acheminerons pour procéder à l'exécution dudict arrest. Ce qu'ayant ledict Deschamps promis de faire, nous lesdicts Commissaires, nous sommes retreuvés audict logis de nous ledict Berbis à ladicte heure, de quatre heures après midy, avec M. Quarré, Conseiller de Sa Majesté, Advocat général d'icelle audict Parlement, où peu de temps après ledict Deschamps, Syndicq, seroit arrivé et nous auroit dict que suyvant nos ordres il avoit adverty ledict sieur Malteste, Maire, et faict advertyr les sieurs Buisson, Mailley, Galloche, Bouhardet, de Guignan, Dubois, greffier du bailliage, Calon, Clavin, Malpoy, Jaquinot, Vittier, Perruchot, Joly, Garnier, Grussot et Champregnant, anciens Eschevins, nommés ledict jour vingt-uniesme juillet 1650, restablys par ledict arrest du vingtiesme de ce mois, de se treuver à la présente heure en la Chambre de Ville, à quoy ledict sieur Malteste, Maire, auroit faict responce qu'il luy estoit impossible de sortyr à cause de sa maladie notoire, et chargeoit ledict Syndicq nous suplier de sa part recevoir ses excuses ; et quant ausdicts Eschevins restablys, une partye estoient dans ladicte Chambre de Ville, qui nous attendoient, les autres absens, sur laquelle relation sommes sortys dudict logis avec ledict sieur Quarré, Advocat général, appellé pour greffier, Etienne Donet, commis au greffe dudict Parlement et estant arrivé au-devant de la grande porte de ladicte Maison de Ville, sont sortys d'icelle lesdicts Buisson, Galoche, Bouhardet, de Guignan, Dubois, Calon et Clavin, lesquels par ledict Buisson ont dict qu'ils attendoient nostre arrivée pour nous recepvoir, rendre leurs hommages et submissions, et obéyr à ce qui leur seroit ordonné. A quoy leur avons resparty que nous nous acheminions en ladicte Chambre de Ville, ainsy que ledict Syndicq leur avoit faict sçavoir, pour l'exécution de l'arrest du Conseil et des volontés du Roy, et en mesme temps sommes montés avec lesdicts Eschevins en icelle Chambre, où estant les séances prises, ledict sieur Quarré a faict entendre la teneur dudict arrest du Conseil et requis la lecture et exécution d'iceluy. Ce faisant, que lesdicts anciens eschevins et ledict Thibert fussent restablys et installés esdictes charges et d'autant que aucuns d'iceux Eschevins estoient absens, le sieur de Lagrange décedé, d'autres s'estoient excusés de faires lesdictes charges, et d'autres nommés ne les auroient voullu faire, et qu'il se rencontroit encore des incompatibles à ce que le sieur advocat général estoit memoryé il fust ainsy présentement procedé par lesdicts eschevins présens à la nomination des personnes capables, au lieu desdicts absens, in-incompatibles et decedé, et d'autres s'estant excusés et refusés et ce attendu la nécessité pressante des affaires et enjoinct audict de Requeleyne cy-devant secrétaire, de remettre promptement ès mains dudict Thibert, les clefs, sceaux, registres et papiers de ladicte chambre de ville. Sur ce ledict Deschamps, procureur sindicq a dict qu'il doibt estre obéy à l'arrest du Conseil et à la volonté du Roy, mais requiert acte de ses protestations, que tout ce qui se fera ne puisse préjudicier aux droicts et priviléges de ladicte ville, confirmés par les rois, ny mesme le restablissement dudict Thibert en ladicte charge de secrétaire, attendu qu'icelle ville a droict d'en nommer un.

M. Guillaume de Vandenesse, procureur audict parlement, substitut dudict sindicq présent, a représenté les clefs de ladicte chambre de ville, qu'il a dict luy avoir esté remises par iceluy de Requeleyne, dont il requéroit acte.

Et nous lesdicts commissaires avons, en premier lieu, faict faire lecture, par ledict Donet greffier, dudict arrest du Conseil du vingtiesme de ce mois et ensuitte donné acte audict sindicq de ses protestations cy-dessus, et audict de Vandenesse de la représentation desdites clefs, lesquelles demeureront entre les mains dudict Thibert, jusqu'autrement soit dict, et faisant droict sur les conclusions dudict sieur Advocat général, exécutant ledict arrest du Conseil selon sa forme et teneur, restably et installé, restablissons et installons lesdicts Galoche, Bouhardet, Buisson, de Guignan, Duboys, Calon, Clavin, anciens eschevins présens, comme aussy lesdicts Joly, Mailley, Grusot et Champregnault, n'ayant peu comparoir à cause de leurs empeschements; et ledict Thibert, secrétaire ès dictes charges, et faict deffenses aux eschevins esleus au mois de juin dernier, et audict de Requeleyne de les troubler ny s'immiscer en l'exercice d'icelles, aux peines portées par ledict arrest du Conseil, ce qui sera faict sçavoir ausdicts eschevins absens, à la dilligence du procureur sindicq. Et par ce que le sieur de Lagrange, l'un desdicts anciens eschevins est décedé, que d'autres ont refusé de faire lesdictes charges, d'autres s'en sont excusés, d'autres sont absens, et d'autres sont incompatibles, faisant aussy droict sur les conclusions dudict sieur Advocat général, avons ordonné et ordonnons ausdicts anciens eschevins restablys présens de procédder présentement à l'eslection et nomination d'autres eschevins au lieu dudict sieur de Lagrange, des absens refusants, et autres s'estant excusés, et des incompatibles.

Pour à quoy satisfaire, le rolle desdicts eschevins nommés ledict jour vingt-uniesme de juillet 1650, ayant été représenté et s'estant recogneu pour iceluy que des six nommés pour la parroisse Nostre-Dame, qui sont lesdicts Buisson, Bouhardet, de Guignan, Joly, trésorier et payeur de la Cour, Malpoy et Jacquinot advocats ; ledit Malpoy est incompatible avec ledict de Guignan, son neveu, et ledict Jaquinot absent.

Que le sieur Vittier, aussi nommé pour ladite parroisse Sainct Jean, n'avait voulu faire la charge, ni entrer dans ladite chambre de ville.

Que le sieur Perruchot, nommé pour la parroisse Sainct-Michel, s'en est excusé.

Que ledict sieur Calon, qui demeuroit, lors de ladicte nomination, en la parroisse Sainct-Pierre, demeure à présent en celle de Saint-Médard, où il se rencontroit à présent trois eschevins, scavoir : ledict sieur Calon, et les sieurs Baudot et Grusot, advocat ; et néantmoings il n'y en pouvoit avoir que deux en ladicte parroisse.

Que le sieur Garnier, nommé pour la parroisse Sainct-Nicolas s'excusoit sur son aage et incommodité, et que le sieur Cretiennot, restably, n'estoit aussy entre ladicte Chambre depuis sa nomination, ny voullu faire exercice de ladicte charge.

Que le sieur de Lagrange, l'un desdicts eschevins restablys pour la parroisse Sainct-Pierre, est décedé, et ledict sieur Calon passé depuis ladicte nomination, comme il a esté dict, en ladicte paroisse Sainct Médard.

Et finallement, que des sieurs Soyrot et Champregnault, eschevins pour ladicte paroisse Sainct Philibert, aussy restablys, il ne restoit que ledict Champregnault, iceluy sieur Soyrot s'estant excusé.

Nous lesdicts commissaires ayant esgard à la nécessité du nombre ordinaire de tous les eschevins de ladicte ville au temps présent à cause des bruicts de guerre, avons ordonné ausdicts Buisson, Galoche, de Guignan, Dubios, Calon et Clavin, eschevins réstablys présens, de nommer promptement d'autres eschevins, au lieu desdicts Malpoy et Jacquinot en ladicte parroisse Nostre-Dame, dudict Vittier, en la parroisse Sainct-Jean, dudit Perruchot, en celle de Sainct-Michel, desdicts Garnier et Cretiennot, en celle de Sainct-Nicolas, dudict feu de la Grange et dudict Calon en la parroisse Saint-Pierre et dudict Soyrot en celle de Sainct-Philibert.

A quoy lesdicts eschevins anciens restablys présens, ont satisfaict et nommé au lieu desdicts Malpoy et Jacquinot, en la dicte parroisse Nostre-Dame, Michel Petit et Isaac Saget, marchans, pour faire lesdictes charges avec lesdicts Buisson, Bouhardet, de Guignan et Joly, restablys.

En ladicte parroisse Sainct-Jean au lieu dudict Vittier, le sieur David, advocat, pour faire aussy ladicte charge avec lesdicts Mailley et Clavin, restablys.

En celle de Sainct-Michel, au lieu dudict sieur Perruchot, le sieur Brechillet, advocat, pour faire de mesme ladicte charge, avec lesdits Galoche et Duboys, restablys.

En celle de Sainct-Médard, ledict Calon, pour faire semblablement ladicte charge avec le sieur Grisot, advocat.

En celle de Sainct-Nicolas, au lieu dudict Garnier et Cretiennot, les sieurs Clerc et Carrelet, marchans.

En celle de Sainct-Pierre au lieu dudict feu de Lagrange et dudict Calon, les sieurs Forestier et Nicaise.

Et en celle de Saint-Philibert, le sieur Despringle pour faire semblablement ladicte charge avec ledict Champregnault restably.

Ce faict, nous lesdicts commissaires ayant ordonné audict procureur sindicq de faire sçavoir ausdicts Petit et Saget, David, Brechillet, Clerc et Carrelet, Forestier et Nicaise, et audict Despringle, leurs nominations cy dessus, et qu'ils ayent à s'acheminer promptement en ladicte chambre de ville afin de prester le serment accoustumé, ledict scindicq estant sorti et peu de temps après rentré, a dict avoir satisfaict à nos ordonnances cy-dessus; et néantmoings desdicts eschevins nommés présentement ne comparissoit que ledict Despringle, duquel il requéroit le serment estre pris en tel cas accoustumé ; et au regard des autres non comparans, a déclaré qu'il les feroit encore advertyr de se treuver à la prochaine chambre pour prester ledict serment.

Ouy sur ce, ledict Despringle qui a dict qu'il estoit prest d'obéyr et prester le serment en luy donnant la séance qu'il doibt avoir, ouy aussy ledict sieur advocat général,

Nous, lesdicts commissaires, sans préjudice de la séance de tous lesdicts eschevins sur laquelle renvoyons à ladicte Chambre, pour y pourveoir, avons pris et receu le serment dudict Despringle, sur les sainctes Evangiles de Dieu, moyennant lequel y a promis de fidellement exercer ladicte charge et observer le contenu ès articles du serment desdicts eschevins, dont lecture luy a esté faicte ; et à l'esgard des autres eschevins présentement esleus, ils seront advertys, à la dilligence dudict sindicq, de se treuver à la prochaine chambre pour prester le serment accoustumé.

Ordonnons, au surplus, audict de Requeleyne, de remettre incessamment ès mains dudict Thibert, les sceaux, registres et autres pièces de ladicte ville, qui sont en sa puissance, à peyne d'y estre contrainct par touttes voyes, et sera ledict arrest du Conseil registré ès registres de ladicte chambre de ville pour y avoir recours.

En tesmoings de quoy nous avons signé le présent procès-verbal avec ledict sieur Quarré, et faict signer audict Donet, greffier, les an et jour susdicts. Signé : Berbis, Lebelin, Quarré et Donet.

XXXVI

Du jeudy vingt-huictiesme septembre mil six cent cinquante un, en la Chambre.

Les sieurs Clavin et Saget, Eschevins, ont esté commis et

députtés pour faire tirer du magasin les boullets et pièces d'artillerie qui y sont, affin de les faire charger avec les canons de la tour Sainct-Nicolas, et les tenir en estat pour tirer lors de l'entrée de Monseigneur le duc d'Espernon, Gouverneur de ceste province.

La Chambre du Conseil de la Ville de Dijon a députté pour aller jusque à Chanceau, et plus loin, s'il est jugé à propos, au-devant de Monseigneur le duc d'Espernon, Gouverneur de la province, les sieurs Brechillet, Calon, de Guignan et Saget, Eschevins, ayans esté aussy délibéré que ce sera le sieur advocat Brechillet qui portera la parolle où il sera rencontré, et au Logis du Roy, après son arrivée.

XXXVII

Du dimanche premier octobre 1651, sur les neuf heures, en l'hostel de M. le Vicomte maieur.

Sur l'advis donné de l'arrivée en ceste Ville, demain prochain deuxiesme du présent mois, de Monseigneur le duc d'Espernon, Gouverneur de ceste province, la Chambre du Conseil de la Ville de Dijon a ordonné et ordonne à tous les habitans de ladicte Ville, capables de monter à cheval, de se treuver ledict jour de demain à cheval au-devant de l'hostel de M. le Vicomte maieur pour accompagner Messieurs de ladicte Chambre allans au-devant de mondict Seigneur le duc d'Espernon, ce qui sera publié par les carrefours à ce qu'aucun n'en prétende cause d'ignorance.

Messieurs Brechillet, de Guignan, Saget, et, au lieu du sieur advocat Calon, députtés, pour aller jusque à Chanceau au-devant de Monseigneur le duc d'Espernon, attendu ses empeschements, le sieur Despringle demeure députté, et partiront incessamment et prendront deux sergens de la Mayrie pour les suyvre.

XXXVIII

Du lundy deuxiesme octobre 1651, en l'hostel de M. le Vicomte maieur.

La Chambre du Conseil de la Ville de Dijon a ordonné et ordonne à tous les habitans de ladicte Ville de prendre les armes et se rendre sous la conduitte de leurs officiers pour l'entrée cejourd'huy de Monseigneur le duc d'Espernon, Gouverneur de ceste province, et se tenir au meilleur estat et équipage que faire se pourroient, et aux capitaines, lieutenans et enseignes de tenir la main; encore à tous lesdicts habitans de faire faire des feux devant leurs maisons, ce soir, de bois ou d'artifice, en resjouissance de ladicte entrée.

Comme aussy ordonne ladicte Chambre à tous lesdicts habitants, depuis la porte d'Ouche jusque au logis du Roy, de passer par la place Sainct-Jean, par la rue de la Magdelaine et par la grand'rue de Sainct-Estienne; de nettoyer lesdictes rues et les tenir nettes incessamment, le tout à peyne, contre les contrevenants, de cinquantes livres d'amande, ce qui sera publié.

Ledict jour sur le midy, Messieurs de la Chambre, à la réserve de M. le Vicomte maieur qui est indisposé, assistés du Sindicq, du secrétaire, de quatre sergens et de plusieurs habitans, sont montés à cheval au-devant de l'hostel de M. le Vicomte maieur, et la trompette en teste, sont sortys de la Ville et allés au-devant de Monseigneur le duc d'Espernon, Gouverneur de la province. Et ayans esté jusque auprès de Daroy et attendu jusque à prochant la nuit, sur l'advis qu'ils ont heu que ledict Seigneur d'Espernon n'arrivoit que le lendemain, sont retournés en la Ville où tous les habitants des parroisses estoient soubs les armes et bordoient les rues jusque au logis du Roy.

Le lendemain mardy, troisiesme dudict mois d'octobre,

Messieurs de la Chambre assistés de grand nombre d'habitans, du Sindicq, du secrétaire, des substituds, des prud'hommes et des sergens, sont montés à cheval sur les neuf heures du matin, et sont allés au-devant de Monseigneur le duc d'Espernon, lequel ayant esté rencontré auprès de Daroy, Messieurs estans descendus de cheval, M. Mailley, advocat eschevin, l'ayant abordé avec Messieurs de sa trouppe, luy a faict un fort beau et éloquent discours sur la resjouissance publique de son arrivée qui nous faisoit espérer la dissipation de nos maux. A quoy ledict Seigneur luy auroit réparty des remercîmens d'amour et d'affection, et qu'il s'employroit de tout son possible pour le soulagement de la province, particullièrement pour la Ville de Dijon dont il serviroit le général et le particulier, puisqu'il les treuvoit entièrement disposés pour le service du Roy, auquel il les invitoit de continuer tousjours, ce qu'il espéroit d'eux. Et ensuitte avec ceux de sa Compagnie, Messieurs de la Ville l'ont suivy jusque au Logis du Roy où il est entré sur les deux heures ; ayans treuvé despuis la porte d'Ouche par laquelle il est entré, au subject que la porte Guillaume estoit fermée à cause du pond levy que l'on refesoit. Tous les habitans en armes sous la conduitte des officiers qui bordoient les rues de ladicte porte jusque au Logis du Roy, à passer par la place Sainct-Jean, par la rue Pouïllalerie, par la rue de la Magdelaine, par celle Sainct-Estiennne et par la place de la Saincte-Chapelle, et pendant qu'il marchoit l'on a fait tirer plusieurs coups de canons, tant de la tour de la porte Sainct-Nicolas que sur le bastion de la porte d'Ouche, avec des mortiers et des arquebuzes à crocq, qui ont faict une escarmouche admirable.

Messieurs, descendus de cheval, se sont rendus en l'hostel de M. le Vicomte maieur; de là avec ledict Sindicq, le Secrétaire, les Prud'hommes et substituds en robe, ceux qui sont de la qualité sont allés au Logis du Roy où estans,

M. Brechillet a faict, de la part de la Chambre, un grand et éloquent discours à Monseigneur le Gouverneur, dont il a remercié la Compagnie par un compliment digne d'un Seigneur de ceste condition et tout remply de bonté et d'affection.

XXXIX

Du mardy dix-septiesme octobre 1651.

Sur ce que M. Malteste, Vicomte maieur, a remonstré que le peu d'artillerie qui reste à la Ville, est en si mauvais estat, qu'en cas de besoing, il sera presque impossible de s'en pouvoir servir, et néantmoings il estoit très important pour la seureté de la Ville de la tenir au meilleur estat qu'il se pourroit, la Chambre du Conseil de la ville de Dijon a commis et commet les sieurs Duboys, Clavin et Saget, Eschevins, pour prendre soing de faire mettre en bon estat incessamment touttes les pièces d'artillerie qui sont ès magasins de ladicte ville, auquel effect ils serviront des vieux ferremens qui sont aux magasins de ladicte ville, et feront en sorte que toutes lesdictes pièces soient en estat de servir en cas de besoing, leur donnant ladicte Chambre tous pouvoirs de passer contractz pour le prix qu'ils jugeront raisonnable pour les affuts des canons et autres choses à faire esdictes pièces d'artillerie, qu'elle apreuve dez à présent, sans qu'il soit besoing d'autre délibération que la présente; lesquels marchefs ils raporteront néantmoings à la Chambre.

XL

Du vendredy vingtiesme octobre 1651, en la Chambre.

Sur ce que M. de Malteste, Vicomte maieur, a remonstré qu'il est nécessaire de faire faire deux mortiers de fonte de fer, propres à jetter bombes, pour la deffence de la ville, la Chambre du Conseil de la ville de Dijon, le Procureur ouy, a délibéré qu'il sera faict marchef avec Michel Blondeau, maistre fondeur à Dijon, ou tel autre qui sera advisé pour faire faire lesdicts deux mortiers incessamment, moyennant cent livres pour la façon, et pour la fonte au prix qu'il sera convenu par les Commissaires qui seront députtés; auquel effect ladicte Chambre a commis et députté Messieurs les Vicomte maieur et Clavin, advocat eschevin, qui passeront marchef avec ledict Blondeau aux conditions qui seront jugées les plus utiles pour ladicte Chambre, lequel marchef icelle a dez à présent apreuvé et ratiffié.

LXI

Du vendredy vingtiesme octobre 1651.

Sur ce que M. de Malteste, Vicomte maieur, a remonstré que les sieurs Poussot et Jeannon, cy-devant Eschevins, ayans assisté avec luy à la délibération du quatriesme septembre dernier, prise au Palais avec Messieurs des Compagnies souveraines, par laquelle l'on se doibt pourveoir au Roy pour avoir des lettres d'octroy pour la levée de quatre livres sur chacun tonneau ou pipe de muscat d'augmentation, de quarante sols aussy d'augmentation sur chaque quene de vin du Maconnois, Arbois, Forest, Baujolois et autres vins d'en bas, venant dehors du ressort du Parlement, avec dix sols sur chaque millier de fer aussy d'augmentation, pour estre employée la levée desdicts deniers en achapt de poudre, boullets de calybre, bombes, mortiers, grenades, fontes de canons et réparations de murailles de ladicte ville, et qu'il sera empruncté une somme de seize mille livres à cest effect, pour asseurance de laquelle lesdicts octroys seroient donnés en assignat spécial aux créanciers qui feront ledict prest, et que lesdicts sieurs Poussot et Jeannon n'estant plus en charge, il importoit de députter quelqu'un de Messieurs les à présent Eschevins avec luy pour s'obliger en qualité de Magistrats avec Messieurs les députtés du Parlement, Chambre des Comptes, et du Trésor, pour emprunct de ladicte somme. La Chambre du Conseil de la ville de Dijon a commis et députté, commet et députte les sieurs Buisson et Champregnault, Eschevins, pour, avec ledict sieur Vicomte maieur, s'obliger en ladicte qualité de Maire et Eschevins avec Messieurs les députtés de ladicte Compagnie, pour l'emprunt de ladicte somme de seize mille livres et engager en assignat spécial lesdicts octroys pour le payement.

XLII

Du mardy vingt-quatriesme octobre mil six cent cinquante ung.

Sur la plaincte faicte à la Chambre par M. de Malteste, Vicomte maieur, que sabmedy dernier, Jean Monginot, sergent, estant de garde en sa maison se seroit absenté d'icelle et quitté son service une bonne partie de la journée sans aucune permission et seroit arrivé le soir en son hostel, conduisant la garde avec son tambour, sans s'excuser ni dire pourquoi il s'estoit absenté, ce qui est fort coustumier à tous les sergens, lesquels négligent entièrement leur debvoir, ledict sieur Vicomte maieur ayant esté plusieurs fois contrainct, sortant de la Chambre des esleus et d'autres lieux de s'en retourner seul, sans marque de magistrature, dont il seroit mesme arrivé des difficultés, les hallebardes ayans esté cachées, parce que les sergens de garde les abandonnoient, ce qui auroit donné subject à plusieurs délibérations, et particulièrement à celle du septiesme septembre dernier par laquelle la Chambre a faict deffence aux ser gens de quitter ét abandonner les hallebardes, lorsquelles seront posées au-devant des maisons et autres lieux, où sera ledict sieur Vicomte maieur; outre que tous les jours il reçoit de grandes plainctes de ce que lesdicts sergens ne font leur debvoir et n'obéyssent tant aux sieurs eschevins qu'au sieur procureur sindicq et à ses substituds, ne se treuvans aux marchefs, ny aux assemblées où la Chambre marche en corps. Ainsy c'est à la Chambre d'adviser et pourveoir à telle contravention et mespris; considéré mesme qu'au dernier marchef, les sergens de garde quy devoient assister, n'y estoient point; ouy le Procureur Scindicq en ses conclusions, qui s'est aussy plainct de la désobéissance desdicts sergens, la Chambre du Conseil de la Ville de Dijon pour le mespris et contravention faicte par ledict Monginot, a ordonné et ordonne que le manteau lui sera levé pour trois mois, pendant lequel temps ladicte Chambre l'interdict de la fonction de sa charge de sergent, luy faict inhibition et deffence d'exploiter pendant ledict temps, à peyne de faux et de porter les marques de sergent, le condamne en outre à dix livres d'amande envers la Ville, pour laquelle il tiendra prison; et à l'esgard des autres sergens, ordonne ladicte Chambre à iceux de faire leur garde en l'hostel de M. le Vicomte maieur, ainsy qu'il est accoustumé, sans désemparer ny quitter son hostel sans congé, ni abandonner les hallebardes ès maisons ou autres lieux où il ira, à peyne que le manteau leur sera levé et à cinquante livres d'amande; leur enjoinct en outre ladicte Chambre de se treuver en touttes les assemblées où elle sera en corps, à tous les jours de marchefs et aux portes, suyvant l'ordre qui en a esté dressé par leur Scindicq et qui sera affixé en la Chambre, et leur faict deffence de quitter et abandonner les maisons où les garnisons leur seront commises que par l'ordre dudict Procureur Scindicq ou de ses subtituds. Et leur ordonne d'obéyr génerallement à tous les commandemens qui leur seront faicts tant par le sieur Vicomte maieur, les sieurs Eschevins, que ledict Scindicq et autres officiers de ladicte Chambre pour les affaires d'icelle Chambre, aux peynes cy-dessus. Condamne en outre ladicte Chambre les autres sergens qui n'ont assisté aux marchefs précédents et aux portes, chacun à vingt sols d'amande. Et ayant faict entrer ledict Monginot et lesdicts sergens en la Chambre, la présente délibération leur a esté prononcée, et a esté retenu le manteau dudict Monginot, qui est demeuré en ladicte Chambre.

XLIII

Du mardy dernier octobre mil six cent cinquante-un.

Sur ce que M. de Malteste, Vicomte maieur a faict entendre à la Chambre qu'il a heu advis que Monseigneur le duc de Candalle gouverneur de ceste province, conjoinctement avec Monseigneur le duc d'Espernon son père, debvoit arriver en ceste ville l'un des jours de ceste sebmaine ; pour ne point estre prévenu et honorer son entrée, a esté délibéré que les sieurs Calen, Champregnant, de Guignan et Petit s'achemiront à Chanceau ou ailleurs, à la couchée dudict Seigneur duc de Candalle, pour lui rendre les honneurs et debvoirs de la part de la Chambre, auquel effect ledict sieur Calon portera la parolle, et seront lesdicts sieurs assistés de deux sergens de la Mairye.

Que les Vicomte maieur, Eschevins, Procureur Scindicq, Secrétaire, Prud'hommes, Substituds du Procureur Scindicq et autres officiers de la Chambre, avec le plus grand nombre d'habitants que faire se pourra, tous à cheval, iront au devant dudict sieur duc de Candalle jusque à une lieue de la Ville, ou plus, pour luy rendre les debvoirs et honneurs qui lui sont deus, et qu'à sa rencontre, M. le Vicomte maieur luy fera pareillement compliment et luy présentera les services et obéyssances de la Chambre.

Que les Capitatnes, Lieutenans et Enseignes des paroisses se prépareront pour aller au-devant dudict Seigneur duc de Candalle, et borderont les rues depuis la porte Guillaume jusque à celle du Logis du Roy, attendu que l'on faict garde, ne pouvant les habitants à ce subject quitter la Ville.

Ledict Seigneur, arrivé en ceste Ville, sera visitté par toutte la Chambre et luy sera encore faict compliment par ledict sieur Vicomte maieur.

Le mesme jour sera présenté du vin audict Seigneur de Candalle et aux Seigneurs qui seront à sa suitte, par les Eschevins qui seront commis.

Et affin d'obliger tous les habitans de se mettre en leur debvoir, a esté faict la délibération cy-après.

La Chambre du Conseil de la Ville de Dijon, pour honorer la venue de Monseigneur le duc de Candalle, gouverneur de la province de Bourgongne, conjoinctement avec Monseigneur le duc d'Espernon, son père, le Procureur Sindicq ouy, a ordonné et ordonne à tous les habitants de ladicte Ville de quelque qualité et condition qu'ils soyent, de l'aage de dix-huict ans et au dessus jusque à soixante ans, autres que ceux qui monteront à cheval pour aller au-devant du dict Seigneur de Candalle, de se préparer le mieux et plus convenablement qu'il leur sera possible pour marcher à son entrée, avec telles armes qu'il leur sera commandé par les Capitaines, Lieutenans et Enseignes des parroisses pour border les rues depuis la porte Guillaume jusque au Logis du Roy, leur obéyr, et se treuver en armes le jour de ladicte entrée, à peyne de cinquante livres d'amande, pour laquelle ils seront contraincts, nonobstant oppositions ou appellations quelconques et sans préjudice d'icelles pour lesquelles ne sera différé, et d'estre procedé contre eux ainsy qu'il appartiendra; ce qui sera publié à son de trompe et cry publicq par les carrefours trois jours consécutifs, à ce qu'aucun n'en prétende cause d'ignorance.

XLIV

Du mardy dernier octobre mil six cent cinquante-un.

Sur ce que M. le Vicomte maieur a remonstré qu'il est très important de treuver de l'argent pour appaiser les créanciers de la Ville et empescher qu'elle ne succombe en de grands frais, la Chambre du Conseil de la Ville de Dijon, le Procureur Scindicq ouy, a ordonné et ordonne que la charge de secrétaire de ladicte Chambre de ville sera publiée en délivrance à faculté de rachapt perpétuel à la dilligence dudict Procureur Sindicq par trois dimanches ès églises, parroissialles de ceste ville, pour estre délivrée au plus offrant dernier enchérisseur et suyvant le reiglement qui sera faict des droicts d'icelle.

XLV

Cejourd'huy deuxieme de novembre mil six cent cinquante-un, sur environ le midy, Messieurs les Vicomte maieur, Eschevins, Procureur Scindicq et secrétaires de la Chambre, les Substituds du Procureur Sindic, les Prud'hommes, deux Sergens de la Mairye et plusieurs habitans se sont treuvés à cheval au devant de l'hostel dudict sieur Vicomte maieur qui les auroit conduicts au devant de Monseigneur le duc de Candalle, gouverneur conjoinctement de ceste province avec Monseigneur le duc d'Espernon, son père, et estans à une grande lieue hors la Ville, ils ont faict rencontre dudict Seigneur de Candalle, et en mesme temps ledict sieur Vicomte maieur estant descendu de cheval avec tous ceux de sa suitte, ils ont abordé ledict Seigneur et luy ont faict la révérence, et ledict sieur Vicomte maieur luy a faict un discours des plus éloquens, où il l'a asseuré des bonnes volontés de tous les habitans au service du Roy, et de la joye qu'ils recepvoient de son arrivée, qui leur faisoit espérer la dissipation de tous les maux qui les menaçoient. A quoy ledict Seigneur luy auroit réparty qu'il le remercioit de tout son cœur des affections que l'on luy tesmoignoit, et serviroit le général et le particulier en toutte occasion. Et estans tous Messieurs remontés à cheval, ont suivy ledict Seigneur avec sa compagnie jusque en l'hostel de M. Berthet, recepveur, où il a mis pied à terre, et comme il entroit par la porte Guillaume, il a treuvé touttes les rues jusque en l'hostel dudict sieur Berthet, bordées à droicte et à gauche des habitans qui estoient en armes. M. Maillard l'ayant receu à ladicte porte, comme capitaine de la paroisse Nostre-Dame, qui luy auroit faict un compliment, pendant lequel l'artillerie de la Ville auroit tiré pour saluer ledict Seigneur, et les canons de la tour Sainct-Nicolas, ceux du Chasteau ayans aussy tiré quatre vollées de canons. Quoy faict, nous, Messieurs de la Chambre, se sont treuvés en l'hostel dudict sieur Vicomte maieur avec leur robe, ceux qui sont de la condition et sont allés en l'hostel dudict sieur Berthet, où ils ont encore faict la révérence audict Seigneur, et auquel ledict sieur Vicomte maieur auroit faict un discours très beau et éloquent sur le subject de son arrivée et sur l'affection qu'il attiroit de tout le peuple dijonnois, ce qui a esté admiré de tout le monde et dont ledict Seigneur l'auroit remercié.

Et sur le soupé dudict jour, Messieurs les Eschevins commis luy ont faict porter le vin de ladicte Ville.

XLVI

Du vendredy troisiesme novembre mil six cent cinquante-un.

Sur ce qui a esté remonstré à la Chambre par le Procureur Sindicq que les grands debts où la Ville se treuve engagée, ne peuvent estre payées que par empruncts ou par augmentation de taille, ce qui ne se peut faire, quant à présent, et comme il craint que l'on ne face plusieurs frais à la Ville, il a invité la Chambre de chercher des moyens les moins préjudiciables au public pour treuver du fond, affin d'appaiser les créanciers de ladicte Ville. La Chambre du Conseil de la ville de Dijon a ordonné et ordonne que le Greffe de la Mairye apartenant à ladicte Ville avec le logement en dépendant, sera publié en délivrance à faculté de rachapt perpétuel par trois dimanches consécutifs ès prosnes des églises de ceste Ville, pour estre procéddé à la délivrance au plus offrant et dernier enchérisseur.

Comme encore ordonne ladicte Chambre qu'il sera publié en délivrance à mesme faculté de rachapt perpétuel, les cens apartenans à ladicte Ville, affectés sur les maisons et héritages assys en icelle et banlieue, pour en estre faict pareillement la délivrance au plus offrant et dernier enchérisseur.

XLVII

Du lundy treiziesme novembre mil six cent cinquante-un, en l'hostel de M. le Maire.

Sur ce qui a esté remonstré par M. le Procureur Scindicq que ceux du Chasteau ont tiré le canon sur la ville, qui a abbattu des cheminées et plusieurs thuilles des maisons des sieurs advocats Febvret, Fleutelot, marchand, du logis du Lyon d'Or et en plusieurs autres endroits, ce qui met tous lesdicts habitants en allarme, la Chambre du Conseil de la ville de Dijon a ordonné et ordonne auxdicts habitans de tenir leurs armes en estat pour se rendre en cas d'allarme aux logis des commandans pour y recepvoir les ordres, suyvant le reiglement faict par lesdicts sieurs Vicomte Maieur et Eschevins, ce qui sera publié à son de trompe par les carrefours, à ce qu'aucun n'en prétendé cause d'ignorance, comme aussi de tenir des chandelles allumées dans des lanternes et préparer des eaux au-devant des maisons pendant la nuict et des tines ou poinsons pour servir en cas de feu.

XLVIII

Du mardy quatorziesme novembre mil six cent cinquante-ung.

La Chambre du Conseil de la ville de Dijon, le Procureur Sindicq ouy, attendu l'estat présent des affaires, a ordonné et ordonne à tous les habitans de ladicte ville, de quelque qualités et conditions qu'ils soyent, d'aller à la garde de jour et de nuict, soubz les dixaines où ils seront compris, tenir leurs armes prestes et en estat, porter l'espée au costé, et tenir devant leurs maisons de jour et de nuict des rondeaux, tonneaux ou tines pleines d'eau, et de nuict des lumières devant leurs maisons; leur faict deffence de sortir de nuict sans lumière, sinon en cas d'allarme, auquel cas ils se rendront, avec leurs armes, au-devant du logis de leur officier commandant, pour se rendre au rendez-vous à eux ordonné par le reiglement faict pour ce subject, le tout à peyne de cinquante livres d'amande contre les contrevenans; ce qui sera publié par les carrefours de ladicte ville à son de trompe et cry publicq, à ce qu'aucun n'en prétende cause d'ignorance, et affixé par tous les carrefours de la ville par le Secrétaire.

La Chambre du Conseil de la ville de Dijon a ordonné et ordonne, suyvant les précédentes délibérations à M. de Requeleyne, Capitaine des murailles, du guet assis, de mettre entre les mains de M. le Vicomte maïeur incessamment touttes les clefs des bastions et corps de garde qu'il a en sa puissance, à peyne qu'il y sera contrainct par touttes voyes.

Attendu l'estat présent des affaires, et qu'il est très important de tenir en estat touttes les choses qui peuvent estre utilles pour la seureté de ladicte ville, la Chambre du Conseil de la ville de Dijon a commis et commet les sieurs Galoche et Brechillet, Eschevins, pour tenir en estat et faire raccommoder les eschelles et crochets de ladicte ville;

Le sieur Buisson, pour faire visitter les seaux de cuir bouilly de ladicte ville, et les tenir en estat;

Les sieurs Petit et Carrelet, pour visitter les chaisnes de fer qui sont par la ville et les mettre aussy en estat de servir;

Ledict sieur Buisson, pour faire exécutter la délibération qui ordonne de faire murer les portes, jardins et autres lieux qui ont leurs issues et advenues du costé du chasteau;

Les sieurs Bouhardet et Clavin, pour faire plancher la tour de Sainct-Nicolas;

Le sieur Petit, pour faire retenir les cuirs de bœufs en poil des bouchers, affin d'éteindre les bombes;

Les sieurs Duboys et Clerc, pour visitter les grenades qui sont en magasin de ladicte ville, les faire nettoyer et tenir en estat de servir;

Le sieur Despringle, pour faire nettoyer autour des murailles, affin de faciliter le passage des rondes;

Et tous Messieurs les Eschevins, chacun en leur parroisse, pour recognoistre et adviser ce qui est nécessaire à faire pour la seureté de la ville.

La Chambre du Conseil de la ville de Dijon a ordonné et ordonne qu'il sera faict un corps de garde en la place Sainct-Jean, du costé du Coing du Miroir, et un du costé de Nostre-Dame, d'augmentation à ceux qui se font la nuict et endroicts qui seront jugés les plus à propos par les Capitaines desdictes parroisses, et sera à cest effect choisy des maisons ou chambres les moings incommodes pour faire lesdicts corps de garde; Messieurs Clavin et David, Eschevins, commis par la Chambre pour cest effect, pour recognoistre lesdictes chambres ou maisons.

XLIX

Règlement pour le faict de la garde des habitans de la ville de Dijon.

Du mardy quatorziesme novembre mil six cent cinquante-ung.

Les Vicomte maieur et Eschevins de la ville de Dijon, de l'advis des capitaines, lieutenans et enseignes des parroisses de ladicte ville, pour remédier aux désordres de la garde qui se faict en ladite ville tant de jour que de nuict, ont délibéré soubz le bon voulloir et plaisir de Monseigneur le duc d'Espernon, gouverneur de ceste province de Bourgongne :

Que tous les habitans de ladicte ville, de quelque qualité et condition qu'ils soient, privilégiés ou non privilégiés, seront tenus et obligés d'aller en garde de jour et de nuict, soubz les dixaines esquelles ils seront compris, suyvant l'ordre estably par lesdicts capitaines, lieutenants et enseignes.

Sauf en cas d'absence, maladie ou empeschements légitimes recognus par les officiers commandans la dixaine, auquel cas les absens ou malades seront tenus d'envoyer hommes de service pour faire ladicte garde jour et nuict, ainsy que les autres habitans aux mesmes peynes.

Que cy-après, pour faire la garde, l'on ne fera plus qu'un corps de tous les habitans qui seront mis soubz dixaines, ausquelles seront compris ceux qui estoient du guet assiz et de celuy du Sindicq, suyvant le département qui en sera faict par les sieurs officiers.

Que pour le guet dudit Sindicq, lui seront donnés trente hommes, tels qu'ils seront choisys entres lesdicts officiers et ledict Sindicq, de les prendre dans les parroisses, ainsy qu'il sera treuvé à propos, lesquels habitans nommés pour estre du guet, ne seront compris dans lesdictes dixaines.

Seront aussy donnés ès capitaines des murailles trente hommes à les prendre dans les dixaines des parroisses dont ils seront distraicts pour ayder à faire la ronde majeure, ce qui sera faict et arresté entre les officiers et ledict capitaine qui, moyennant ce, ne sera tenu de faire aucun corps de garde de guet assiz.

Soubz les dixaines seront compris les capitaines, lieutenans, enseignes et dixeniers qui ont esté révocqués.

Que la taxe pour la fourniture de la chandelle et du charbon des corps de garde de nuict sera faicte par les officiers, à laquelle taxe ne seront compris que les vesves, de quelque qualité qu'elles soient, et les hommes aagés et décrépités.

Qu'en l'imposition desdicts charbons et chandelles seront comprises les vesves de Messieurs des compagnies cy dessus nommés, lorsqu'ils envoyeront à la garde; laquelle imposition cessera, lorsqu'ils cesseront d'y envoyer.

Que les soldats des dixaines subjects à la garde se treuveront dans la maison de leur dixenier, ou de celuy qui debvra commander en sa place, précisément à trois heures du soir en l'hyver, et à cinq heures en l'esté, pour aller prendre l'officier qui doibt monter à la garde, et de là se rendre en la maison du sieur Vicomte maieur pour y recepvoir les ordres, à peyne de dix livres contre les deffaillans; au payement desquelles ils seront contraincts par touttes voyes.

Quant au retour de la garde, ils seront obligés de conduire le commandant jusques en son logis, à mesme peyne.

Que les deffaults seront reiglés à vingt sols pour le jour et vingt sols pour la nuict, sauf d'estre augmentés en cas de récidives et contumaces, par les sieurs officiers, ainsy qu'ils le jugeront à propos.

Que deffenses soyent faictes à touttes personnes de quitter ni désemparer le corps de garde, soit de jour ou de nuict, sans congé du commandant, qui ne sera donné qu'à cognoissance de cause.

Comme aussy deffences à ceux des corps de garde de lever la garde, ny ouvrir les portes avant le jour, à peyne contre le commandant de cinquante livres d'amande.

Que ceux qui sortiront de la garde avec congé, seront tenus de retourner à l'heure qui leur sera désignée, à peyne de deffault acquis contre les contrevenans, et de plus grande peyne, s'il y eschoit.

Ne pourront les dixeniers s'exempter de la garde sans congé de leur capitaine et sans cause légitime où ils en seroient dispensés; sera mis en leur place tels que lesdicts sieurs capitaines et autres officiers commandans voudront choisir.

Qu'en cas d'absence, mort ou changement de parroisse d'aucuns dixeniers, il y sera pourveu d'une personne capable par lesdicts officiers, qui sera obligée d'accepter la charge et qui tiendra le dernier rang parmy les dixeniers de la parroisse, et en cas que les dixeniers et sergens ne s'acquitteroient de leur debvoir, sera permis ausdicts officiers de les changer et en subroger d'autres en leurs places.

Et où aucuns des officiers, capitaines, lieutenans et enseignes viendroient à mourir, changer de parroisse ou quitter la charge par quelque moyen que ce soit; sy c'est le capitaine, le lieutenant succède, et sy c'est l'enseigne, le plus ancien dixenier de la parroisse sera mis et subrogé en sa place; et en celle du dixenier, un autre qui sera choisy comme dessus.

Que les rondes se feront exactement et d'heure en heure au moings, lesquelles seront reiglées selon l'horloge de Nostre-Dame, sy faire se peut, ou autres plus proches du corps de garde.

Et affin que lesdictes rondes soyent bien faictes, seront donnés des Méraux à ceux qui les debvront faire en pareil nombre qu'il y aura de corps de garde establys, pour estre lesdits méraux donnés aux commandans desdicts corps de garde, qui seront obligés de les envoyer audict sieur Vicomte maieur, incontinant que la garde de la muraille sera levée, afin de recognoistre sy lesdictes rondes auront esté faictes exactement à l'heure portée par lesdicts méraux, et suyvant le nombre desdicts corps de garde.

L

Extraordinaire. — Du jeudy seiziesme novembre mil six cent cinquante-ung, en l'hostel de M. le Vicomte maieur.

Sur ce que M. le Vicomte maieur a faict entendre à la Chambre, qu'il avoit heu ordre de Monseigneur le duc d'Espernon, Gouverneur de ceste province, et de M. l'Intendant, de pourveoir à avoir du boys pour le chauffage des soldats destinés pour le siége du chasteau, la Chambre du Conseil de la ville de Dijon, le Procureur Sindicq ouy, a ordonné et ordonne que tous les habitans retrayans de ladicte ville seront invittés par des billets qui seront faicts à ce subject, d'amener chacun incessamment en ceste ville, en la cour du couvent des Cordeliers telle quantité de boys qui sera jugé à propos, pour estre employée au chauffage desdicts soldats, suyvant le reiglement qui sera faict pour ce subject sur tous lesdicts habitans par M. le Vicomte maieur et par le sieur Calon, Eschevin, lesquels billets seront signés du Secrétaire commis, qui seront envoyés ausdicts habitans, lesquels seront obligés de prendre acquist de la livraison qu'ils feront dudict boys, dudict sieur Calon, Eschevin à ce commis, et ont esté en mesme temps lesdicts billets faicts et envoyés par ledict Secrétaire aux habitans cy-après. Suit la liste.

LI

Du vendredy dix-septiesme novembre mil six cent cinquante ung, à huict heures du matin, en l'hostel de M. le Maire.

Sur ce que M. le Vicomte maieur a faict entendre à la Chambre qu'il heust hier au soir ordre de M. l'Intendant de pourveoir à faire fournir l'estappe aux gens de guerre qui doibvént arriver ce soir ou demain pour le siége du chasteau de la ville, pour une ration seullément; ainsy, c'estoit à la Chambre d'adviser ce qui estoit à faire en ce rencontre, puisque François Mouflet, dict Labasme, marchand à Dijon, estoit à terme de l'estappe et ne voulloit plus fournir icelle. L'affaire mise en délibération, attendu que l'affaire presse et qu'il ne se peut treuver personne qui veuille entreprendre la fourniture de ladicte estappe, ledict sieur Vicomte maieur s'en estant informé, comme aussy plusieurs desdicts sieurs Eschevins, a esté délibéré que l'on traitera avec ledict Labasme pour la fourniture de ladicte estappe; lequel Labasme mandé estant entré après plusieurs invitations et proparlers, ladicte Chambre a convenu avec luy pour la fourniture de ladicte estappe à raison de dix-huict sols pour chaque ration, et seize sols pour chaque cheval, y compris les ustansils pour les effectifs seullement, suyvant la reveue qui en sera faicte par les sieurs Bouhardet et Clavin, Eschevins à ce commis, sur le pied de laquelle sera faict payement audict Labasme par ladicte ville incessamment à la susdicte raison de la fourniture de ladicte estappe, dont sera dressé acte séparé, qui sera signé dudict Labasme et du Secrétaire de ladicte Chambre; ce qui a esté faict et contient ledict acte ces mots :

« Cejourd'huy dix septiesme de novembre 1651, suyvant la délibération de la Chambre du Conseil de la ville de Dijon de cejourd'huy, les Vicomte maieur et Eschevins de ladicte ville ont faict la convention suyvante avec François Mouflet, dict Labasme, à sçavoir que ledict Labasme, cy-présent, a promis et promet à nous lesdicts Vicomte maieur et Eschevins de fournir à nostre descharge l'estappe qui sera à la charge de ladicte ville aux soldats qui arriveront en icelle pour le siége du chasteau, pour une ration d'un jour et d'une nuict seullement, suyvant le reiglement du Roy, à raison de dix-huict sols pour chaque ration et seize sols pour chaque cheval; y compris les ustansils, et ce pour les effectifs seullement, suyvant la reveue qui en sera faicte par les sieurs Eschevins à ce commis, et qui sera signée d'eux ; sur laquelle sera faict compte avec ledict Labasme, qui a promis fournir ladicte estappe en sorte qu'il n'en arrive plaincte, et luy sera fourny incessamment argent d'advance, dont il donnera quittance sur, et en tant moings de la présente convention. Signé F. MOUFLET, dict Labasme. »

LII

Du mercredy vingt deuxiesme de novembre mil six cent cinquante-ung, en l'hostel de M. le Vicomte maieur, à huict heures du matin.

M. le Vicomte maieur a faict entendre à la Compagnie que Monseigneur le duc d'Espernon, Gouverneur de ceste province, l'avoit faict advertir de se rendre au logis du Roy sur les deux heures de cejourd'huy avec Messieurs de la Chambre, invitoit la Compagnie de se treuver en son hostel pour ce subject. La Chambre du Conseil de la ville de Dijon a délibéré que tous Messieurs de la Chambre se treuveront cejourd'huy à deux heures en l'hostel de M. le Vicomte maieur, pour accompagner ledict sieur Vicomte maieur au Logis du Roy et sçavoir ce que Monseigneur le Gouverneur désire d'eux.

Ledict jour, sur les deux heures, Messieurs les Eschevins, le Procureur Scindicq et le Secrétaire s'estant treuvés en l'hostel de M. le Vicomte maieur, ils ont accompagné ledict Vicomte maieur au Logis du Roy, où estans Monseigneur le Gouverneur et M. l'Intendant sont venus à l'ordre. Lesdicts sieurs. Monseigneur le Gouverneur leur ayant dict qu'il avoit receu une lettre à eux adressante de la part de La Planchette, qui commandoit au chasteau, et qu'encore qu'elle vinst de la part des ennemis du Roy, il ne les veuloit suspecter d'aucune intelligence, et à l'instant auroit faict ouvrir ladicte lettre par M. l'Intendant, qui auroit leu icelle et après l'auroit remise entre les mains dudict sieur Vicomte maieur, et auroit dict que dans peu de jours il chastieroit les rebelles et en feroit faire un exemple à la postérité, puisqu'ils estoient sy osés que de tirer le canon sur la ville, et que ledict La Planchette n'esvitteroit pas le gibet et ne le vouloit entendre qu'il ne se fust mis en prison, et rendu la place entre ses mains sans aucune capitulation. La Chambre a remercié ledict seigneur de son affection et bonne vollonté; et contenoit ladicte lettre ces mots :

« Du Chasteau de Dijon, 25 novembre 1651.

« MESSIEURS,

« Je n'aurois pas esté sy longtemps sans vous escrire sy j'avois treuvé les occasions asseurées pour le faire. Le seul moyen qui me reste maintenant pour vous apprendre de mes nouvelles est bien extraordinaire, se sentant plustost de la guerre que d'une paix dans laquelle nous viverions encore, sy vous aviés continué, suyvant l'escript de vostre Sindicq, de faire fournir les vivres nécessaires pour nostre garnison. Je vous les ay faict demander plusieurs fois sans en avoir heu aucune satisfaction, et la patience dont j'ay usé sy longtemps n'a pas deheu, ce me semble, vous obliger à rompre tout commerce avec nous sans vous donner la peyne de m'en mander le subject. Je crains que vostre manquement de parolle ne nous cause, aux uns et aux autres, beaucoup de désordres, ausquels vous aurés peyne de porter remède. Songés, je vous prie, de ne pas allumer un feu que vous aurés peyne d'esteindre. Je ne souhaicte de vous, Messieurs, que des choses raisonnables, estant en estat, par un ordre exprès en cas de refus, de m'en faire donner; faictes-moy doncq la grâce de me croire, et cherchóns ensemble les moyens de vivre en bonne intelligence, puisque je désire estre, Messieurs, vostre très humble serviteur : LA PLANCHETTE. »

Superscripte à Messieurs les Maire et Eschevins de la ville de Dijon. L'original de laquelle lettre, cachettée avec de la soye rouge, a esté laissé audict sieur Vicomte maieur.

LIII

Du vendredy vingt quatriesme novembre 1651, en l'hostel de M. le Vicomte maieur, à deux heures.

La Chambre du Conseil de la ville de Dijon a ordonné et ordonne à tous les habitans de ladicte ville de tenir leurs armes prestes et en estat, de l'eau devant leurs maisons, et des chandelles et lumières à touttes les fenestres, à peyne de cinquante livres d'amande contre chacun des contrevenans; ce qui sera publié incessamment par les carrefours de ladicte ville à son de trompe et cry publicq, à ce qu'aucun n'en prétende cause d'ignorance.

M. le Vicomte maieur a dict que l'on venoit de luy donner advis que ceux du chasteau ont tiré deux bombes, l'une qui s'est conduicte devant la maison de l'huissier Grillot? et l'autre vers la maison de la Balme, qui n'ont blessé personne.

LIV

Du dimanche vingt-sixiesme de novembre mil six cent-cinquante-un, heure de midy, en l'hostel de M. le Vicomte maieur.

Sur ce que M. le Vicomte maieur a remonstré que monseigneur le duc d'Espernon, gouverneur de ceste province luy vient d'envoyer présentement une ordonnance par laquelle il luy ordonne de délivrer incessamment au sieur de Chasilly, commandant en l'artillerie du Roy, la quantité de trois milliers de poudre grosse et menue grenée, un millier de meiches et deux milliers de plomb de touttes sortes de calibres, et qu'en rapportant ladicte ordonnance, lesdictes quantités seront remplacées incessamment par son ordre. Lecture faicte de ladicte ordonnance ; la Chambre du Conseil de la ville de Dijon, le Procureur sindicq ouy, a ordonné et ordonne qu'il sera satisfait à ladicte ordonnance incessamment, et qu'il sera tiré des magasins de ladicte ville ladicte quantité de poudre, plomb et mesches, et délivrée audict sieur de Chasilly ou sur ses ordres, pour estre employée au siége du chasteau, et que monseigneur le duc d'Espernon sera supplié de la part de la Chambre de remplacer ladicte quantité de poudre, plomb et mesches, et sera ladicte ordonnance registrée dont la teneur en suit :

Le duc d'Espernon, de la Valette et de Candalle, pair et colonel général de France, chevalier des ordres du Roy et de la Jarretière, gouverneur et lieutenant général pour sa Majesté en ses pays de Bourgongne et Bresse.

Il est ordonné au sieur Malteste, Vicomte maieur de la ville de Dijon, de délivrer incessamment au sieur de Chasilly, commandant l'artillerie des armées du Roy, la quantité de trois milliers de poudre grosse et menue grenée, un millier de meiches, et deux milliers de plomb de touttes sortes de calibres. Et rapportant le présent ordre avec le receu dudict sieur de Chasilly de ladicte quantité de trois milliers de poudre, un millier de meiches et deux milliers de plomb, nous promettons de faire remplacer le tout incessamment. Signé, par commandement dudict seigneur d'Espernon, de Puymorin, secrétaire.

LV

Du vingt-six novembre mil six cent cinquante et un.

De la part des Vicomte maieur et eschevins de la ville de Dijon, il est ordonné à toutes personnes et à tous officiers privilégiés et non privilégiés, de quelques quallités et condition qu'ils soient, d'aller à la garde de jour et de nuict soubs les dixeniers des paroisses auxquelles ils seront compris à peyne contre les deffaillants, de vingt livres d'amande sauf en cas d'absence, malladie ou autres empeschemens deheument recogneus, que lesdicts déffaillans seront tenus et obligés d'y envoyer hommes de service à mesme peyne. Comme encore il est ordonné à tous les habitants, chacun en son quartier, d'establir une ou plusieurs personnes pour veiller et observer les bombes tirées du chasteau et en advertir les voisins, qui seront obligés de proche en proche, d'accourir où la bombe sera tombée, pour donner ordre au feu et empescher les désordres et pillages qui pourroient arriver. Deffense à touttes personnes de sortir de son quartier en assemblée soit en armes ou autrement, sans ordonnance du magistrat et de leurs capitaines et officiers des parroisses ; faire aucun bruit où esmotion, ny tenir propos tendant à sédition, à peyne de la vye. Et encore faict déffence à touttes personnes, de quelques qualités quelles soient, de marcher en carrosse soit de jour ou de nuit par la ville. Ce qui sera publié par les carrefours à son de trompe et cris publicqs à ce qu'aucun n'en prétende cause d'ignorance.

LVI

Du sabmedy deuxiesme de décembre 1651, en l'hostel de M. le Vicomte maieur, à une heure après midy.

La Chambre du Conseil de la ville de Dijon a délibéré que les prédications de l'Avent, que l'on avoit accoustumé de faire en l'église la Saincte-Chapelle, se feront en l'église de Saint Pierre de ceste ville, à cause du siége du chasteau et de la crainte des bombes; ladicte église Saint-Pierre estant la plus éloignée et la moins dangereuse, et en sera faict des billets par le secrétaire pour faire publier demain.

LVII

Du sabmedy deuxiesme décembre 1651.

Le secrétaire a dict qu'il a sollicité M. l'Intendant, en sorte qu'il a obtenu de luy un ordre adressant au sieur Vauvillers, ayant la garde des munitions de l'armée où il luy ordonne de restituer à la ville la poudre, le plomb et la meiche qui a esté tirée du magasin de la tour Sainct-Nicolas par l'ordre de monseigneur le duc d'Espernon, et que ledict Vauvillers luy auroit restitué la poudre et la meiche en espeisse qui est aux halles; mais que pour le plomb, comme il n'en avait de façonné, il luy restitua en lingot qui est aussy auxdictes halles. La Chambre a député les sieurs Bouchardet, Clavin, Calon et Forestier, pour aller faire remettre aux magasins de la tour Sainct-Nicolas, lesdictes munitions, dont sera dressé procès-verbal sur le lieu et inventaire desdictes munitions.

LVIII

Extraordinaire. — Du jeudy, septiesme de décembre 1651.

Sur ce que Chicollier, portier servant à la Porte-Guillaume, a demandé à entrer pour donner un advis à la Chambre, icelluy entré a dict qu'un coup de canon tiré présentement du chasteau, venoit présentement d'abattre la fleiche du pont-levis de ladicte Porte-Guillaume et les armes de M. l'amiral Chabot, qui estoient en pierre contre ladicte porte, et qu'il estoit très important de faire travailler à restablir ledict pont-levis, et l'estansonner pour y pouvoir passer affin d'aller aux tranchées, la Chambre du Conseil de la ville de Dijon a ordonné qu'il sera incessamment à faire estansonner ledict pont-levis, restablir la fleiche et en faire une neusve et mettre ledict pont-levis en estat que l'on y puisse passer, et a esté commis M. Guillaume de Vandenesse, substitud du procureur sindicq pour y aller présentement faire travailler ; ce qu'il a promis de faire.

LIX

Du vendredy huitiesme de décembre 1651, en l'hostel de M. le Vicomte maieur.

M. le Vicomte maieur a remonstré qu'ayant pleu à Dieu, par les prières de la saincte Vierge, délivrer la ville du siége du chasteau, par la réduction qui a esté faicte cejourd'huy de ceste place rebelle soubz l'obéissance du Roy, entre les mains de monseigneur le duc d'Espernon, gouverneur de la province ; qui en faict rendre grâce à Dieu et qu'il estime que la Chambre doibt aller en corps voir ledict Seigneur pour le remercier des soins qu'il a pris de nostre protection au siége et à la réduction dudict chasteau. La Chambre du Conseil de la ville de Dijon a délibéré que, demain matin, messieurs les eschevins se treuveront en la maison dudict sieur Vicomte maieur avec le procureur sindicq, pour aller en corps faire remerciement audict seigneur.

LX

Extraordinaire. — Du sabmedy, neufviesme de décembre 1651, en l'hostel de M. le Vicomte maieur.

La Chambre, assemblée en corps en l'hostel de M. le Vicomte maieur, suivant la délibération du jour d'hier, lesdicts sieurs sont sortis avec les sieurs procureur sindicq et le secrétaire, les sergens devant eux, et sont allés au logis du Roy, où estans, après avoir salué monseigneur le duc d'Espernon, gouverneur de ceste province, ledict sieur Vicomte maieur, prenant la parolle, a dict que la Chambre de ville estoit là en corps pour le remercier des soins que son Altesse avoit tesmoigné au bien et conservation des habitans au siége du chasteau et d'avoir délivré la ville par une heureuse réduction de ceste place rebelle, du malheur, et des inquiétudes continuelles où ils étoient réduits depuis un mois par le tonnerre des bombes et des canonnades qui avoient foudroyé les maisons des habitants jour et nuict, avec des frayeurs et des ruines extraordinaires ; et que les ennemis s'estans rendus à son Altesse à discrétion et sans autres conditions que celle de son bon plaisir, estoit une marque extrême de la desroute et malice de leur party, aussi bien qu'une preuve évidente de la clémence et générosité de son Altesse et du bonheur et de la justice des armes du Roy. Il supplioit Son Altesse de continuer à la ville et ausdicts habitants, l'honneur de sa bienveillance et de sa protection en touttes autres rencontres, comme de leur party ils protestoint de contribuer leurs prières pour sa santé et enlever sa prospérité, en quallité de ses très humbles serviteurs. A quoy ledict seigneur duc d'Espernon auroit réparty : Qu'il auroit toujours un soin particulier de la ville de Dijon, et que messieurs de la Chambre en pouvoient donner touttes asseurances aux habitants, avec autres parolles de douceur et de civillité. Quoy faict, M. le Vicomte maieur a esté reconduit en son hostel : la Chambre l'ayant remercié du discours qu'il avoit faict à Monseigneur le Gouverneur, et a esté délibéré que, demain, la Chambre assistera en corps en une procession qui se doibt faire pour rendre grâce à Dieu de la réduction du chasteau.

LXI

Extraordinaire. — Du dimanche dixiesme de décembre 1651, en l'hostel de M. le Vicomte maieur.

Messieurs de la Chambre avec le secrétaire, s'estans treuvés au logis de M. le Vicomte maieur, ont assisté en corps, les sergents de la ville marchant devant eux, en une procession qui se fit après vespres dudict jour par messieurs de l'église Nostre Dame, en action de grâce de la réduction du chasteau, à laquelle procession fut portée l'image de Nostre-Dâme-de-Bon-Espoir, et fut ladicte procession faire le tour soubs la porte au Lyon et au-dessus du Bourg, qui estoit l'endroict de la ville le plus endommagé par les bombes du chasteau et des canons. Et de là on fit station aux Jacobins. Ayant dict ledict sieur Vicomte maieur que le jour Nostre Dame, que le chasteau fut réduit, il avait proposé à M. d'Espernon, de chanter un *Te Deum* en la Saincte-Chapelle, mais qu'il avoit respondu qu'il n'estoit pas à propos, s'agissant d'une place réduite et conservée en l'obéissance du Roy.

XLII

Extraordinaire. — Du lundy unziesme de décembre 1651, en l'hostel de M. le Vicomte maieur.

La Chambre du Conseil de la ville de Dijon, a délibéré suivant qu'il a esté pratiqué en l'année 1650, lorsque le chasteau fut réduit par M. Comeau à M. le duc de Vandosme, commis au gouvernement de la province, ensuitte de la réduction de M. le Prince, que l'on députtera quatre de MM. les eschevins pour aller voir incessamment M. le premier président du Parlement, pour le supplier de proposer au pallais de demander au Roy la démolition du chasteau, soubz l'agréément de monseigneur le duc d'Espernon, gouverneur de la province, ou de treuver bon que les eschevins qui seront députtés, en iront faire d'eux-mesmes la proposition au pallais. Auquel estant, ont esté nommés et députtés MM. Galoche, Callon, Brechillet et Grusot advocat et eschevins, que la chambre a encore chargés de voir M. le premier Président de la Chambre des comptes, MM. les trésoriers et MM. les esleus du pays et MM. du clergé, pour les prier de se joindre tous ensemble pour poursuivre auprès du Roy la démolition du chasteau, ensuitte de quoy ledicts sieurs eschevins députtés s'estans acheminés en l'hostel de M. le premier Président; retournés, on rapporte que les dict sieur premier Président leur avoit dict qu'ils pourroient faire ce qu'ils voudroient au subject de leur proposition.

M. le Vicomte maieur a dict que par l'advis de Monseigneur le duc d'Espernon, gouverneur de ceste province, il a levé la garde des portes que les habitants fesoient cejourd'huy, puisqu'elle n'estoit plus nécessaire, attendu la prise du chasteau.

LXIII

Du mardy douziesme de décembre 1651.

M. Galoche, eschevin, a dit que le jour d'hier, peu de temps après que messieurs les eschevins se furent retirés du logis de M. le Vicomte maieur, Messieurs du Parlement avoient fait advertir tant luy que lesdicts sieurs Callon, Brechillet et Grusot, pour se trouver incessamment au pallais : ce qu'ils avoient faict. Où estant en l'assemblée des chambres. M. le premier Président leur dit : Eschevins de ville, que voulez-vous ? distes à la compagnie ce que vous me proposâtes hier de la part de la Chambre. A quoy ledict sieur Galoche, prenant la parolle, dict que le subject de leur députation estoit pour supplier très humblement touttes les compagnies de se joindre à ladicte chambre pour ensemblement demander au Roy la démolition du chasteau soubs le bon vouloir et plaisir de M. le duc d'Espernon, gouverneur de la province ; que les désordres que la ville et tous les habitants avoient souffert de la garnison dudict chasteau, qui tenoient le party de M. le Prince, particullièrement depuis un mois, et l'horreur des bombes et canonnades qui avoient foudroyé la ville, obligeoient un chacun, notamment les compagnies, de contribuer ses soins et son pouvoir, a chercher les moyens de ruiner une place sy funeste au repos et à la liberté des habitants et de toutte la province ; que la Cour en estoit suffisamment informée, puisque tous Messieurs de la compagnie avoient veu ces désordres et particippé à ceste effroyable confusion ; que la Chambre avoit subject de remercier la Cour au nom de tous les habitants, de n'avoir poinct abandonné la ville pendant le siége ; d'avoir quitté les affaires du pallais pour prendre les armes pour la déffence commune ; maintenir touttes choses dans le seul debvoir et l'obéissance du Roy, soubs la conduite de M. le duc d'Espernon. Qu'ils supplioient incessamment la Cour de délibérer sur la proposition par lui faicte et de leur accorder leur demande. Sur quoy M. le premier Président a dict que la cour en déliberoit, et se seroient lesdicts eschevins retirés. A quoy ledict sieur Vicomte maieur a dict que ce matin, Messieurs du Parlement l'avoient faict advertir de faire treuver lesdicts eschevins députés à neuf heures, au pallais, où se treuveroient les députtés des compagnies, pour délibérer sur le faict de la desmolition du chasteau et qu'il a appris que le jour d'hier, après que MM. les eschevins députtés se furent retirés du pallais, la Cour, sur les conclusions de M. Quarré, advocat général, avait faict arrest par lequel, conformément ausdictes conclusions, la Cour a ordonné : Attendu qu'il est important, pour le service du Roy, la seccurité de la ville et pour le repos des habitants et de la province que le chasteau de Dijon soit desmoly ; que très humbles remontrances seroient faictes au Roy pour accorder la desmolition, et que M. d'Espernon seroit prié d'appuier de son crédit ceste poursuite auprès de Sa Majesté, et que pour treuver les moyens nécessaires pour y parvenir, Messieurs de la Chambre des comptes, trésoriers, esleus du pays, Chambre de ville et du clergé, seront invités de se treuver ce jourd'hui, au pallais, en la salle de l'audience, pour y délibérer et partant quil estoit à propos de députter promptement de Messieurs de la compagnie, pour se trouver à l'assemblée qui a esté assignée à dix heures du matin. Sur quoy la Chambre, conformément audict arrest et à la résolution de la Cour, a délibéré que très humbles remonstrances seroient faictes au Roy pour la desmolition dudict chasteau soubs l'agrément de monseigneur le duc d'Espernon ; et a députté ladicte Chambre, MM. le Vicomte maieur, Galoche, Callon, Grusot et Brechillet, advocats eschevins, pour se treuver à l'assemblée des compagnies et y faire rapport de la présente délibération et pour chercher avec Messieurs desdictes compagnies, tous moyens convenables pour parvenir à ladicte desmolition.

LXIV

Extraordinaire. Du mercredy treiziesme de décembre 1651 en l'hostel de M. le Maire, dix heures du matin.

M. le Vicomte maieur a remonstré qu'ensuitte de sa députation du jour d'hier, Messieurs Galoche, Brechillet, Calon et Grusot s'estans treuvés au pallais avec Messieurs les députtés des autres compagnies, il avoit esté résolu d'une commune voix, que le Roy seroit très humblement supplié d'accorder la desmolition du chasteau, et M. d'Espernon prié de l'appuyer par son crédit, et quant au moyen d'y pourveoir, qu'il falloit attendre que les conditions en fussent proposées par Sa Majesté pour leur octroyer ceste demande, et que messieurs du clergé seroient invittés de se treuver au pallais cejourd'hui, à deux heures de relevée, pour aller tous ensemble voir M. d'Espernon, pour luy faire entendre la résolution des compagnies et luy demander son appuy; que Messieurs du clergé avoient esté invittés à ce subject; que le sieur Darlay, religieux de Sainct Bénigne, un des Péres réformés et le sieur Bouillier, puisné chanoine en la saincte Chapelle, l'estoient venu treuver pour luy faire entendre qu'ils ne pouvoient assister à l'assemblée à cause des séances, mais que leurs résolutions estoient de contribuer de tout leur pouvoir à la desmollition du chasteau. Qu'ensuitte de ceste résolution, les députtés desdictes compagnies s'estant assemblés au pallais le jour d'hier, ils avoient résolu d'aller en corps au Logis du Roy, pour veoir M. d'Espernon sur ce subject; où, s'estant tous acheminés, sur les cinq heures du soir, au flambeau, M. le président Fyot portant la parolle pour touttes les compagnies, auroit dict audict seigneur d'Espernon en substance : Que la ville de Dijon et toutte la province le recognoissoient pour restaurateur de leur repos et de leur liberté; les divers tesmoignages que l'un et l'autre avoient receu de sa bonté et générosité despuis son advénement en Bourgogne, en donnoient des preuves très évidentes ; que les compagnies et le peuple le publioient partout ; que l'on en avoit receu une preuve très sensible en ceste dernière occasion, par les soings qu'il avoit apporté au siége et à la réduction du chasteau ; que l'on attendoit encore de sa générosité une chose beaucoup plus considérable et plus importante au repos et à la seureté de la ville et de toutte la province, qui est son agréement à la desmolition du chasteau ; que toutes les compagnies assemblées avoient résolu de la demander au Roy, après avoir imploré son secours et faveur auprès de Sa Majesté ; que c'estoit le subject de ceste députation solennelle à tous les corps pour lesquels il portoit la parolle, asçavoir du Parlement, de la Chambre des Comptes, des trésoriers, du Clergé et de la ville, qui estoient présens ; par leurs députtés qui lui demandoient instamment et justement sa faveur et aucthorité en ce rencontre ; qu'il sçavoit bien le subject que la ville et province avoient de poursuivre ceste desmollition comme importante au service du Roy, à celui de Son Altesse, au bien et soulagement de la ville et de la province ; que le souvenir des maux et des désordres que les habitans avoient souffert despuis un mois et pendant le siége, par le tonnerre des bombes et des canonnades qui avoient réduit la pluspart des habitants à se retirer dans des voutes et lieux soubsterrains avec leurs familles et ce qu'ils avoient de plus précieux, au péril de leur santé et de leur vie ; la cessation de la justice et du commerce ordinaire de tous les habitants, et la garde continuelle qu'ils estoient obligés de faire de jour et de nuict, estoient des puissants motifs pour demander au Roy ceste grâce de faire desmollir un chasteau qui a servy de retraicte par deux diverses fois despuis deux ans, et soubz Henry quatriesme, en quatre-vingt et quinze, aux ennemis de l'Estat et à ceux du party contraire au service du Roy, et qui, en temps de paix, ne sert qu'à retirer les coulpables et à les garantir des mains de la justice ; que le zèle et la fidélité des habitants de la ville de Dijon et de toutte la province, debvoient servir de places fortes à Sa Majesté, plustost que des tours et des citadelles insensibles ; que la force et la grandeur des Roys ne consistoient point aux remparts et aux murailles des villes et citadelles, mais dans l'affection de ses subjects ; que Son Altesse ne pouvoit mieux gagner les cœurs et l'inclination des habitans, qu'en agréeant la ruine et desmolition d'une place sy préjudiciable et contraire à leur repos et à leur liberté, et singulièrement à ce qui est de l'exercice et administration de la justice dans touttes les compagnies, qui supplioient Son Altesse de considérer tous ceux dont elles sont composées pour ses serviteurs et leur accorder leurs demandes. Quoy faisant, que les habitants seroient obligés de prier Dieu pour sa prospérité et de l'asseurer comme ils faisoient par sa bouche, de leurs affections à son service. A quoy par Monseigneur d'Espernon fut respondu en un mot, qu'il voudroit bien pouvoir servir les compagnies, la ville et les habitants en ce rencontre, mais qu'il avoit ordre particulier de Sa Majesté de conserver ceste place en son entier ; que la demande qui seroit faicte de la desmolition d'icelle, ne seroit bien receue à la Cour, attendu l'estat présent des affaires, et que les frais qu'ils feroient pour la desputtation proposée, seroient inutiles. Après quoy lesdicts sieurs desputtés se sont retirés.

LXV

Extraordinaire. — Du mercredy treiziesme de décembre mil six cent cinquante un, quatre heures après midy en l'hostel de M le maire.

M. le Vicomte maieur a remonstré que ce mattin, la Cour, les Chambres assemblées, a députté pour aller en Cour demander la desmolition du chasteau : MM. les président

Fremyot, conseillers de Souvert et Nansouty, et qu'il estoit expédient de faire présentement pareille députtation de deux de MM. les eschevins de la Chambre, ce qu'ayant été treuvé très juste et raisonnable, la Chambre du Conseil de la ville de Dijon a choisy, nommé et esleu MM. les advocats Grusot et David, eschevins, pour avec les députtés des autres compagnies aller au roi demander la desmolition du chasteau.

La Chambre du Conseil de la ville de Dijon a délibéré qu'il sera faict une lettre circulaire qui sera envoyée à touttes les villes de la province pour les advertir des poursuittes que la ville faict pour obtenir de Sa Majesté, la desmollition du chasteau de ceste ville où il sera exprimé l'affection avec laquelle touies les compagnies de ceste ville se portent à favoriser ladicte desmolition, affin que s'ils pouvoient nous ayder et servir en ce rencontre ils le fassent, et a esté chargé le secrétaire de faire ladicte lettre et l'envoyer incessamment.

LXVI

Extraordinaire. — Du vendredy quinziesme décembre mil six cent cinquante-un, cinq heures après midy en l'hostel de M. le Maire.

M. de Malteste, Vicomte Maieur, a dict qu'il avoit remercié ce mattin Messieurs les Esleus de la députtation qu'ils avoient faicte auprès de la personne de Monseigneur le duc d'Espernon au subject de la desmollition du Chasteau, et que les ayant invittés ensuite de députter quelqu'un de leurs compagnies pour faire le voyage avec ceux des autres compagnies, ils avaient à l'instant députté le sieur Le Foux, esleu du Tiers-Estat, contre l'avis de M. de Bielle, esleu de la noblesse, qui, voullant faire retenir les protestations qu'il faisoit que ce n'estoit pas son sentiment, et que telle députtation ne pourroit préjudicier à la province, ledict sieur Vicomte Maieur et les autres esleus auroient maintenu que la chose ayant passé à la pluralité, la délibération ne debvoit tenir sans recepvoir telles protestations, comme chose extraordinaire, qu'en quelques compagnies que ce soit, après une délibération prise et arrestée à la pluralité, ceux qui auroient esté d'advis contraire puissent faire des protestations contraires, ny les faire retenir sur le registre ; adjoustant ledict sieur Vicomte maieur que ledict sieur Le Foux s'estant excusé de ceste députtation par des raisons particuliéres qu'il a dict avoir : Nonobstant lequel refus, lesdicts sieurs Esleus ont délibéré que ladicte députtation tiendroit, et que néantmoings sy ledict sieur Le Foux n'accepte la dicte députtation, il ne voit pas qu'aucuns autres de la compagnie desdicts sieurs esleus le veuillent faire; que M. Baillet l'auroit faict vollontiers, n'estoit son aage, ses incommodités et les rigueurs de la saison, que lesdicts sieurs Esleus avoient invitté ledict sieur Vicomte maieur de prendre ceste commission, mais qu'il s'en estoit excusé par la considération aussy de son aage et de la prière que la Chambre luy avoit faict l'honneur de luy faire, de luy voulloir donner cest employ pour la Ville pour aller au Roy avec les autres députtés des compagnies pour poursuivre ladicte desmollition ; pour les raisons qu'il en avoit desduictes, que la Chambre légitime, il n'avoit peu accepter la députtation desdicts sieurs esleus, puisqu'il n'avoit entrée en leur Chambre qu'en ladicte qualité de Maire pour là veiller aux interests de la Ville particuliérement, et, partant, qu'il estoit impossible d'accepter leur députtation, après s'estre excusé de l'autre.

LXVII

Extraordinaire. — Du lundy dix-huitiesme décembre mil six cent cinquante-un en l'hostel de M. le Maire, huict heures du mattin.

La Chambre du Conseil de la Ville de Dijon, ensuitte de la députtation faicte vendredy quinziesme du présent mois des sieurs Grusot et Forestier, advocats Eschevins, pour avec Messieurs les députtés des compagnies, aller en cour poursuyvre auprès de Sa Majesté la desmollition du chasteau, a donné et donne pouvoir ausdicts sieurs Grusot et Forestier, tel et semblable que celuy donné aux députtés des autres compagnies pour traiter et négocier du faict de ladicte desmollition avec promesse d'agréer comme dez à présent ladicte Chambre agréée tout ce qui sera par eux faict, géré et négocié à ce subject, de fournir aux frais de leur voyage et les indemniser de tous despens et intérests qui pourroient estre par eux supportés en conséquence de leur députtation.

Sera expédié mandement aux sieurs Grusot et Forestier, advocats, de la somme de six cents livres pour subvenir aux frais de leur voyage pour aller en cour pour poursuivre la desmollition du chasteau.

LXVIII

Du vendredy douziesme janvier mil six cent cinquante-deux.

La Chambre du Conseil de la ville de Dijon a ordonné et ordonne que les portes qui entrent sur les bastions seront murées de murailles à sec, sur l'advis que l'on a heu que l'on desrobe les serrures et les portes desdicts bastions, et que par une échelle l'on monte facillement à la ville; et seront les portes de boys et les serrures qui se treuveront ès portes desdicts bastions ostées et serrées, pour s'en servir en temps et lieu; et ont esté commis pour l'exécution de la présente délibération les sieurs Buisson et Joly, Eschevins, et ordonné que les deniers nécessaires pour ce subject seront pris sur les deniers estans ès mains de Geny et Dupont, commis à la recepte des nouveaux octroys délibérés estre levés sur les vins estrangers et sur le fer.

LXIX

Du vendredy vingt-troisiesme febvrier mil six cent cinquante-deux.

Sur ce que Messieurs Grusot et Forestier, advocats Eschevins ont remonstré par la voye dudict sieur Grusot, que, suyvant la députtation qui fut faicte par la Chambre de leurs personnes pour aller en cour, avec Messieurs les députés des compagnies souveraines, pour demander au Roy la desmollition du chasteau de ceste Ville, ils arrivèrent à Poitiers le seiziesme de janvier dernier où estoit la Cour et où ils ont négocié et faict leur possible pour obtenir ladicte desmollition, laquelle néantmoings ils n'ont peu obtenir, le roy et la Reyne leur ayant tesmoigné une grande bonté et affection pour la province et particullièrement pour ceste ville, à laquelle, par la conjoncture des affaires, ils ne pouvoient accorder ce qu'ils leurs demandoient : Que lorsqu'ils furent ouys en leur ordre, le Roy estoit assisté de la Reyne régente sa mère auprès de luy, et que Messieurs le Garde des sceaux de Chasteauneuf, les Secrétaires d'Estat et plusieurs autres Seigneurs y estoient présens; que Sa Majesté leur avoit faict un fort beau discours, leur ayant dict que M. le Garde des Sceaux leur feroit entendre ses intentions, et que M. le Garde des Sceaux leur avoit faict ensuitte une très belle et très éloquente harangue. La Chambre du Conseil de la ville de Dijon, par la voix de M. le Vicomte maieur, a remercié lesdicts sieurs Grusot et Forestier de leur négociation et du soing qu'ils ont pris pour obtenir ladicte desmollition et les a invittés de la part de la Chambre, de dresser une relation au vray, tant du discours qu'ils ont faict au Roy, que de la res pouse qui leur fut faicte par Sa Majesté et par M. le Garde des Scēaux, et de tout ce qui s'est passé dans leur voyage, pour estre registré au présent registre pour servir de mémoire à la postérité, de l'intention que la Chambre a heu d'obtenir ladicte desmollition, qu'il a creu et croit estre au repos et soullagement de ceste Ville et de toute la province; et a ledict sieur Grusot promis de dresser ladicte relation et la représenter à la prochaine Chambre pour estre registrée.

LXX

Du Mardy trentiesme de janvier mil six cent cinquante-deux.

Suyvant les précédentes délibérations sur les conclusions du Procureur Sindicq, la Chambre |du Conseil de la ville de Dijon a ordonné et ordonne aux portiers et aux clerceliers de ladicte Ville de tenir aux corps de garde d'icelle chacung une hallebarde et une arme à feu, pour servir en cas de besoing et nécessité; leur ordonne de veiller et prendre garde qu'il n'entre aucun estranger, pauvres et mandians par les portes de ladicte ville; et à cest effect, affin de les obliger à y veiller plus soigneusement, ladicte Chambre leur faict inhibitions et deffenses de travailler d'aucun art ny mestier ausdicts corps de garde, à peyne qu'il sera procedé contre eux comme il appartiendra, et d'estre desmis de leurs charges. Ordonne ladicte Chambre que de quinzaine en quinzaine par les Eschevins des parroises, à tour de roolle, quatre à chaque fois, lesdicts corps de garde seront visittés et informés y lesdicts portiers et clerceliers ont satisfaict à la présente délibération et de la contravention, qui pourra estre faicte à icelle, laquelle leue, sera signifiée et affixée aux quatre portes, affin que lesdicts portiers ayent à y obéir.

LXXI

Du mardy vingt-septiesme febvrier 1652.

M. le Vicomte maieur a représenté à la Chambre la relation de ce qui s'est passé au voyage faict en cour par Messieurs Grusot et Forestier, Eschevins députtés par la Chambre pour demander au Roy la desmolition du chasteau, qu'il a dict luy avoir esté mise en main par ledict sieur Grusot qui l'a dressée. La Chambre du Conseil de la ville de Dijon a délibéré que ladicte relation sera insérée cy-après, de la quelle la teneur en suit :

Après la réduction du chasteau de Dijon dans l'obéissance du Roy, M. le Vicomte maieur ayant mis en délibération de députter à Sa Majesté pour luy en demander la desmolition, la proposition ayant passé par les sentimens de toutte la Compagnie sans aucune contradiction, les sieurs Grusot et Forestier, Eschevins, furent nommés pour aller à la cour avec Messieurs les députtés des autres compagnies, et tous de concert, demander à Sa Majesté la desmolition de ladicte place. Ils partyrent le vingt-troisiesme décembre et prirent la route de Paris dans le dessein qu'ils avoient de négocier auprès de M. le Garde des Sceaux, qui estoit encore à Paris, et de quelques autres personnes puissantes, la desmolition de ladicte place. De Paris, ils prirent le chemin de Poitiers, où ils appriront que Sa Majesté debvoit encore faire séjour; ils y arrivèrent le seiziesme janvier mil six cent cinquante-deux, et furent logés par les fourriers du Roy le dix-sept, par ordre exprès que la Reyne avoit donné ausdicts fourriers. Le dix-huict du mesme mois de janvier, M. de la Vrillière, Secrétaire d'Estat, auquel lesdicts sieurs députtés furent rendre leurs respects, prist soing de demander à la Reyne le jour et l'heure qu'ils pourroient estre entendus de Sa Majesté. L'audiance leur ayant esté donnée pour le dix-neuf, entre les quatre et cinq heures du soir, lesdicts sieurs députtés furent tous ensemble au Louvre pour porter chacun la parolle dont ils estoient chargés de leurs Compagnies. L'audiance leur fut donnée dans la chambre de la Reyne, entre les cinq et six heures du soir : le Roy et la Reyne présens, M. de Chasteauneuf, grand Ministre de France, à la droicte du Roy, debout et descouvert; M. le Garde des Sceaux, debout et descouvert; M. le Mareschal de Villeroy, derrier la chaise du Roy; Messieurs les Secrétaires d'Estat, debouts dans le parquet où le Roy estoit assis. Lesdicts sieurs députtés furent appellés par le sieur de Sainctot, Lieutenant des cérémonies de France, suyvant l'ordre qu'ils debvoient parler, sçavoir : Messieurs du Parlement les premiers, Messieurs de la Chambre des Comptes, Messieurs du Trésor, Messieurs les Esleus de la province et lesdits sieurs Eschevins, desquels ledict sieur Grusot porta la parolle, un genouil à terre, et dict :

« Sire, sy nostre fidélité vous estoit moings cogneue, et sy vous n'en aviés heu autant de preuves qu'il s'est présenté d'occasions de vous les donner, nous ne viendrions pas, fortiffiés de ceste belle qualité, vous demander sy hardyment la desmolition d'une place qui semble n'avoir esté construite que pour l'essayer. Sy Vostre Majesté, Sire, voulloit s'informer du passé et cognoistre, par les derniers siècles et par celuy où nous sommes, les désordres que ceste place ennemye de vostre aucthorité a causé dans vostre province de Bourgongne, et particulièrement dans la ville de Dijon, elle apprendroit, Sire, que du règne d'Henry quatriesme, vostre ayeul, ce Prince qui debvoit régner dans le cœur de ses subjects, autant par le tiltre glorieux de leur Roy que par les divines qualités qu'il possédoit, vist ceste place tant de fois rebelle dans une province entièrement soubsmise soubs ses loix, lorsque les troubles et les divisions des guerres civiles partageoient cest Estat; ouy, Sire, ce grand Prince, à qui tout ceddoit, vist telle résistance de ceste place, et ce qui est de plus horrible, c'est qu'encore que tout ce qui tousche et environne la sacrée Majesté des Roys soit sainct comme leurs personnes, le Démon, qui gouvernoit ceste place, vinst à ce point de rebellion que de pointer son artillerie contre le palais du Roy, qui nous envoya le boullet que nous conservons encore comme des marques éternelles de l'adversion et de la hayne que nous avons conçuë contre cest azile de rebelles; et, Sire, de vos jours Vostre Majesté ne se souvient-elle pas qu'elle hazarda sa personne aux fatigues et aux travaux d'un long et pénible voyage pour nous procurer le repos que le chasteau de Dijon et la ville de Seurre nous avoient osté? Nous n'aurions pas bonne grâce, Sire, de nous plaindre de nos pertes ny des maux que nous souffrismes, puisque Vostre Majesté ne feignist point de s'incommoder pour nous rendre le calme d'où nous estions sortys; mais, Sire, les playes nous en seignoient encore, et nous commencions à nous essuyer du naufrage et de la tempeste que nous avions esvittées, lorsque nous nous sommes veus battus d'une plus forte et d'une plus furieuse que les premières. Nous avons veu, Sire, une troupe de rebelles qui s'estoient cantonnés dans ceste place, fatalle à vostre grandeur, vomir contre une ville qui ne respiroit que vostre service, tout ce qu'on employroit pour ramener en son debvoir une place qui s'en seroit séparée par une désobéissance punissable. Nous avons veu, Sire, nos maisons battues à coups de canon, nous les avons veues enlevées par des bombes, qui ont ensevely d'un mesme coup dans leurs ruynes et les mères et les enfans. Nous avons veu nos concitoyens quitter leurs demeures, abandonner la ville pour mettre du moings leurs personnes en seureté, sy leurs biens n'y estoient pas. Enfin, Sire, nous avons esté à la veille de voir d'une grande ville un grand buscher. Après tous ces périls, Vostre Majesté ne treuvera-t-elle pas les humbles prières que nous luy faisons au nom de toutte la ville de Dijon, pour la desmolition du chasteau, très justes et très légitimes. Ne vous représentés pas, Sire, ceste place comme une forteresse capable de soubstenir un long siége : c'est plustost une retraicte pour les impies, un refuge pour les rebelles, une prison pour tenir une ville captive soubs la tyrannie de ceux qui y tiendront contre vostre service, qu'un secours pour la deffendre d'un long siége. Nous espérons, Sire, que Vostre Majesté, touschée des périls que nous avons courus, persuadée par les conseils d'une sy sage et vertueuse Princesse, inspirée par les sentimens de ses Ministres, sy fermes, si courageux et sy incorruptils, accordera aux prières de son Parlement, aux supplications des autres Compagnies, à la voix de tout le peuple, ce que nous luy demandons avec touttes les submissions, tous les respects et touttes les obéissances que nous luy debvons. »

Les discours achevés, le Roy se levant tant soit peu de dessus son siége, son chappeau à la main, dict à Messieurs les députtés qu'on avoit rassemblés pour ouyr la response : « Messieurs, je vous remercie de tous les tesmoignages de vostre fidélité. M. le Garde des Sceaux vous fera entendre mes intentions. » M. le Garde des Sceaux prist la parolle, et dict :

« Messieurs, vous avés faict en ceste occasion une action digne du Roy et digne de vous : digne du Roy, en ce qu'il est bien ayse d'escoutter les plainctes de son peuple et luy rendre justice; digne de vous, en ce qu'il est du debvoir de bons subjects de porter leurs plainctes à leur Roy et à leur Souverain. Vous demandés la desmolition du chasteau de Dijon. Certes, il seroit à souhaitter qu'il ny heust aucunes places dans le Royaume, sinon dans les villes frontières. C'est un desseing que l'on a pris il y a longtemps, mais dont l'exécution a esté différée par des considérations très importantes. Et quant à vostre chasteau, le Roy y a desjà pourveu, et vous a faict sçavoir ses intentions par une lettre de cachet qu'il a envoyée au Parlement. Ce n'est pas que le Roy ne soit très satisfaict de vostre conduicte et des marques de fidélité que vous luy avés données. Il espère que vous continuerés dans la mesme fidelité et obéissance, et il donnera des preuves de ses bonnes vollontez.

Après ceste audiance publique et solennelle, Messieurs les députtés heurent une conférence particulière avec la Reyne, qui leur tesmoigna les satisfactions particulières que Sa Majesté et elle avoient de la conduite de la province, et principallement de la ville de Dijon. Elle leur dict ce qu'elle avoit asseuré en trois ou quatre rencontres mesme dans le cercle, le jour mesme que l'audiance fut donnée ausdicts sieurs députtés, qu'il n'y avoit point de province qui luy fut plus chère que la Bourgongne, qu'elle la portoit dans son sein, qu'elle estoit bourguignotte, et qu'elle feroit un jour valloir auprès du Roy les services qu'on luy avoit rendus; que M. le Garde des sceaux, dans la responce qu'il leur avoit faicte, avoit oublié de leur dire que le Roy ne pourveoiroit point au gouvernement du chasteau de Dijon, et que le calme estant plus grand dans le Royaume, on pourveoiroit sur leurs demandes.

Les raisons que lesdicts sieurs députtés remarquèrent dans l'esprit de Messieurs les Ministres pour leur refuser ladicte desmolition (outre les secrets qu'ils pouvoient avoir) furent que Dijon estoit une place frontière qui n'estoit couverte d'aucune autre du costé de Gray; que ce n'estoit pas pendant la guerre qu'on desmolissoit les places fortes; qu'il y avoit d'autres villes qui estoient aux escouttes, et qui attendoient le succès de ceste députtation pour demander le razement de leurs chasteaux; qu'ainsy ceste affaire avoit grand suitte, et que pour le présent on n'y pouvoit pas touscher. Comme lesdicts sieurs députtés virent que leur séjour d'un plus long temps à Poitiers eust esté inutile, ils s'en revinrent par la mesme voye qu'ils avoient treuvé, et arrivèrent le vingtiesme febvrier 1652.

LXXII (1)

Au nom de Dieu, amen. L'an mil six cent cinquante-deux, jeudy vingtiesme du mois de juin, à neuf heures du matin, au couvent des Pères Jacobins en la chapelle de Nostre-Dame-de-Bonne-Nouvelle, appelée à présent la chapelle du Rosaire, estant à l'entrée dudict couvent, lieu accoustumé pour procéder à l'eslection de M. le Vicomte maieur de ladicte ville, suyvant la possession immémorialle et les priviléges anciens ensuitte des proclamatz faicts pour ladicte eslection où se sont trouvés :

Monsieur Me Jean Bouchardet, Advocat à la Cour, garde des Evangiles, les Echevins et M. Philippes Deschamps, Procureur Sindicq.

Prudhommes.

Honorable Pierre Moullée, marchant, M. Estienne Beruchot, honorable Symon Jobert.

Capitaine et lieutenant de la muraille.

Guillaume de Requeleyne, capitaine,
Jean Gault, lieutenant.

Substitudz du procureur syndicq.

MM. Louis Gacon, Procureur en Parlement.
Guillaume de Vandenesse.
Claude Guichardet.
Anthoine Thielley.
Jean Desvarennes, puisné.

Lesquelz ayans attendu les députtés de Messieurs en Parlement, qui ont esté invittés d'estre présens à ladicte eslection, Messieurs les Conseillers Bernard et Berbis, députtés,

---

(1) Il existe ici une lacune dans les registres de la chambre de ville. Nous n'avons retrouvé aucune des délibérations qui ont eu lieu du 27 février au 20 juin 1662.

sont arrivés en ladicte église avec M. Quarré, Advocat général audict Parlement, ayans devant eux deux huissiers, lesquelz ont esté receus à la porte de ladicte église par quatre de Messieurs les Eschevins qui ont esté députtés pour les recepvoir, et sont tous entrés au chœur de ladicte église pour entendre la messe du Sainct Esprict, qui se doibt célébrer au grand autel auparavant ladicte eslection, Messieurs les Conseillers députtés du Parlement et ledict sieur Quarré ayans séance au chœur aux hautz sièges à main droicte, et M. de la Garde des Evangiles aux hautz sièges à la gauche, et au-dessoubs de luy M. Claude Rafaud, conseiller du Roy, auditeur en la Chambre des Comptes et Messieurs de la Chambre par ordre de leur séance, la messe ayant esté commencée, Messieurs les députtés du Parlement ont prétendu que M. le Garde des Evangiles debvoit laisser la première place vuide du costé où il estoit et n'occuper que la seconde; tellement que sur cette difficulté, Messieurs du Parlement et Messieurs de la Chambre sont entrés en la Chapelle proche le réfectoire pour en délibérer, Messieurs les Conseillers du Parlement ont dict qu'il se treuvoit sur leur registre que M. le Garde des Evangiles debvoit laisser la première place vuide au costé gauche, où il prenoit sa place pendant la célébration de la messe, et demandoient qu'il heu à le faire. A quoy Messieurs de la Chambre ayans répliqué qu'ils estoient en possession immémorialle et s'estoit observé de tous temps que le Garde des Evangiles de ladicte Ville occupoit la première place à main gauche aux hautz siéges en telle cérémonie et solemnité et ne leur avoit esté jamais dispputé; ce qui se recognoissoit par les registres de ladicte Chambre, lesquelz des quatre dernières années ont esté représentés, ce que d'ailleurs estoit confirmé par ladicte déclaration des sieurs Brechillet et Despringles, eschevins ayans porté la mesme charge de Garde des Evangiles par la mesme déclaration des prudhommes de ladicte Ville, et par celle des sieurs advocats Regnault et Cuisenier, marchand, ayans pareillement porté ladicte charge de Garde des Evangiles et Eschevins, s'estant treuvés en ladicte église, qui ont asseuré que jamais ladicte première place n'avoit esté contestée ny contreversée audict sieur Garde des Evangiles, Messieurs de la Chambre ont délibéré que ledict sieur Bouchardet se maintiendra en la possession dudict droict. Et ayans Messieurs du Parlement esté invittés de rentrer en l'église pour ouyr le reste de la messe, se sont retirés, la messe parachevée, où Messieurs de la Chambre ont assisté avec ledict sieur Rafaud, ledict sieur Bouchardet ayant occupé la première place au siége à gauche. La messe finye, ladicte Chambre a députté le Procureur Scindicq avec ses substitudz pour aller advertir Messieurs les députtés du Parlement que l'on leur a dict estre entrés en la maison de M. David l'aisné, advocat, pour les invitter de venir assister à ladicte eslection; et au mesme instant est arrivé audict couvent des Jacobins, M. l'Intendant, Messieurs de Sainct-Quantin, Beauroche et Symonin, capitaine des gardes, escuyer et secrétaire de Monseigneur le duc d'Espernon, gouverneur de la province, qui ont faict entendre à la Chambre qu'ils avaient veu Messieurs du Parlement sur le subject de la difficulté présentée et en avoient conféré avec Monseigneur le duc d'Espernon, qui invittoit la Chambre de faire recommencer une messe au grand autel, où Messieurs du Parlement assisteroient comme lz l'avoient promis, et que tout se passeroit comme à l'ornaire, ce que leur ayans esté accordé, Messieurs du Parlement estans rentrés en l'église, s'est célébrée une grande messe au grand autel de ladicte église, Messieurs les députtés du Parlement ayans pris leur place à droicte aux hautz siéges avec M. d'Alligny, M. le Garde la sienne au premier siége à gauche; au dessoubz de luy, ledict sieur Rafaud, et tous Messieurs de la Chambre chacun suyvant leur ordre, l'offerte ayant esté faicte à la manière accoustumée, et, la messe parachevée, se sont tous treuvés en ladicte chapelle Nostre Dame-de-Bonne Nouvelle, M. le Garde estant assiz en une chaire ayant les Evangiles devant luy pour recepvoir les suffrages des habitans, et à ses costés, à droicte, en trois chaires estoient assiz Messieurs les députtés du Parlement et M. d'Alligny, à la gauche ledict sieur Rafaud, et des deux costés, Messieurs de la Chambre, suyvant leur ordre, sur des siéges préparés pour ce subject.

Tous disposés de la sorte, M. Philippes Deschamps, Procureur Sindicq, a faict un excellent discours sur l'eslection du magistrat et des qualités qu'un bon magistrat doibt avoir, lequel finy, de l'ordonnance de M. le Garde a esté faict lecture, par le Secrétaire, d'un arrest du Parlement représenté par ledict Procureur Sindicq, qu'il a dict que le greffier de la Cour luy avoit mis en main en datte du septiesme du présent mois.

Laquelle faicte, M. Jullien Chevallier, Procureur à la Cour, a dict que Monseigneur le duc d'Espernon luy avoit mis en main un arrest du Conseil d'en haut de Sa Majesté pour le représenter, en demandoit la lecture et l'enregistrement, qui rétablissoit les priviléges des habitants de ladicte Ville touschant les suffrages et révoquoit les arrests des années mil six cent onze et mil six cent cinquante-un. Et attendu la grande multitude de peuple qui estoit en ladicte chapelle, Messieurs de la Chambre n'ayant peu opiner sur ce subject, sont entrés au réfectoire dudict couvent et ont délibéré que la lecture dudict arrest, dont la requisition a esté faicte par ledict huissier, seroit faicte à haute voix par le Secrétaire en ladicte chapelle, et qu'il sera ordonné audict Chevallier de représenter iceluy. Messieurs de la Chambre, rentrés en icelle chapelle avec Messieurs les députtés du Parlement et M. d'Alligny, qui s'estoient retirés avec ledict sieur Rafaud, ont repris leur séance, comme cy dessus est dict. M. le Garde ayant prononcé la présente délibération audict Chevallier, luy a ordonné de représenter ledict arrest du Conseil et le mettre entre les mains du secrétaire de ladicte Chambre pour en faire la lecture ; à quoy ledict Chevallier a dict qu'il avoit remis ledict arrest entre les mains de Monseigneur le duc d'Espernon qui luy avoit dict qu'il estimoit que tout se passeroit à la douceur, et que la lecture n'en estoit nécessaire. Sur quoy la Chambre a délibéré qu'il sera passé outre à l'eslection dudict sieur Vicomte maieur, sans préjudice des priviléges de ladicte Ville et desdictz arrestz.

Ledict sieur Bouchardet a dict : Messieurs, s'il est vray que Dieu qui a hu en sa sagesse le modelle de touttes choses, et en sa volonté les décretz de leurs événements, soit assiz et préside au milieu des assemblées légitimes, et donne la balance et le poidz aux délibérations qui s'y prennent, il n'y a point de doutes qu'en cette assemblée publique faicte pour l'eslection du magistrat, il ne conduise les voix et suffrages du peuple pour porter ses affections à faire le choix d'une personne capable de pouvoir par ses soings, et, par son entremise, tenir la ville en repos.

Aussy sy nous voullons remonter par la réflexion de nos pensées sur les siècles passés, nous n'en treuverons point qui ayt esté traversé de tant de troubles, menacé de tant de périlz, ny affligé de tant de misères publiques que celuy auquel nous sommes.

C'est ce qui faict que cette ville, qui est la capitale de la province, requiert un magistrat en qui on voye reluire une prudence et une force d'esprit toutte particulière, pour, ainsy qu'une forte digue, pouvoir s'opposer aux torrentz de tant de maux ; et de mesme que Pompée estoit appelé le fléau des pirates, aussy doibt estre la poincte et le rocher où se brisent touttes les entreprises des perturbateurs du repos publicq.

C'est ce que nous debvons espérer de ceste eslection, et que je lis sur le visage du peuple, lequel j'invitte de porter ses intentions et faire un sy bon choix, que le service du Roy et le bien de tous les habitans soient inviolablement maintenus.

Ledict sieur Garde des évangiles ayant ordonné la lecture

de la délibération du quatorziesme du présent mois de juin, faicte au subject de l'eslection dudict sieur Vicomte maieur, icelle a esté leue à haute voix par le secrétaire et publiée au devant de la grande porte du couvent des Jacobins, la trompette ayant esté sonnée par Estienne Chaudois, marchand boullanger, à cause de l'indisposition de Jean Dutreuil, trompette ordinaire de ladicte ville.

Ledict sieur Rafaud a représenté l'arrest donné en la Chambre des comptes le jour d'hier, signé Miette, duquel lecture a esté faicte à haute et intelligible voix par le secrétaire, et annoncé de la part du Roy M. Marc-Anthoine Millotet, conseiller du Roy en ses conseilz, et son advocat général au Parlement, pour porter ladicte charge de Vicomte maieur la présente année.

Habitans de ladicte ville ayans prestés le serment sur les saincts évangiles de Dieu, qu'ilz n'ont esté sollicités, brigués ny poursuivys, à donner leurs suffrages pour ladicte eslection;

Le secrétaire ayant représenté les billetz des parroisses, plyés iceux l'un après l'autre, ont esté tirés d'un chapeau, où ilz ont esté mis par ledict sieur conseiller Bernard après avoir esté ballottés,

As sçavoir celuy de la parroisse Sainct-Philibert, le premier,

Le second, celuy de la parroisse Sainct-Médard,

Le troisiesme, celuy de le parroisse Sainct-Michel,

Le quatriesme, celuy de la parroisse Sainct Jean,

Le cinquiesme, celui de la parroisse Sainct-Nicolas,

Le sixiesme, celuy de la parroisse Sainct-Pierre,

Et le septiesme, celuy de la parroisse Nostre-Dame ;

Lesquelz à l'instant ont esté mis entre les mains de trois sergens de maire qui les ont portés esdictes parroisses pour les délivrer aux marguilliers affin d'assembler les habitans d'icelles, au son de la cloche, aux églises parroissialles, suyvant la forme contenue aux arrestz de la Cour et délibérations de la Chambre, et lesdicts habitans, appelés à haute et intelligible voix au-devant de ladicte chapelle Nostre-Dame, par Pinard et Chicheret, sergens, sur les roolles qui ont esté faictz et vériffiés, se sont représentés comme s'en suyt :

A sçavoir ceux de ladicte parroisse Sainct-Philibert,

Ceux de la parroisse Sainct-Médard,

Ceux de la parroisse Sainct-Michel,

Ceux de la parroisse Sainct-Jean,

Ceux de la parroisse Sainct-Nicolas,

Ceux de la parroisse Sainct-Pierre,

Ceux de la parroisse Nostre-Dame.

La trompette sonnée par ledict Chaudois, a esté publié de l'ordonnance de ladicte Chambre, s'il restoit encore quelques habitans des parroisses de ladicte ville qui n'eussent pas donnés leurs suffrages, qu'ilz heussent à comparoir présentement pour le faire, et n'ayant comparu personne, ont esté à l'instant comptés et nombrés les voix et suffrages cy-dessus, en présence desdictz sieurs Bernard et Berbis, et dudict sieur Garde des évangiles et eschevins, et se sont treuvés mil quatre suffrages, et qu'il n'y a heu que deux donnés à M. Malteste, antique maieur, le surplus ayant esté donné à M. Millotet, advocat général au Parlement, ce qui a esté à l'instant dénoncé au peuple au son de la trompette.

Et pour faire sçavoir audict sieur Millotet ladicte eslection, ont esté commis et députtés quatre des Messieurs les eschevins, lesquels estans tost après retournés en ladicte chapelle avec luy, ledict sieur Garde des évangiles luy a faict entendre ladicte eslection et nomination pour porter ladicte charge de Vicomte maieur, dont il a promis s'acquitter le plus fidellement qu'il luy sera possible, et a faict remerciement du choix que le peuple avoit faict de sa personne par un docte et éloquent discours, lequel finy, a esté ledict sieur Millotet conduit et mené en sa maison par lesdicts sieurs garde des évangiles, procureur sindicq, prudhommes et substitudz.

LXXIII

Du dimanche vingt-troisiesme de juin mil six cent cinquante-deux, veille de feste de sainct Jean-Baptiste.

Ont esté commis et députtés les sieurs Galoche et David, advocatz, Nicaise, procureur, et Saget, marchand Eschevin, pour aller en l'hostel de M. Millotet esleu Vicomte maieur, l'invitter de venir en la Chambre faire la présentation et nomination de six Eschevins pour estre retenus à la pluralité des suffrages, et continuer lesdictes charges d'Eschevins le reste de la présente année, et la suyvante jusques à pareil jour; lesquelz retournés avec ledict sieur Millotet, iceluy a pris sa place audessoubz de M. Bouchardet, Garde des évangiles, lequel luy a faict entendre le droict qu'il avoit de faire ladicte nomination, et a esté procédé à icelle comme s'ensuyt.

Ledict sieur Millotet esleu, a invitté en premier lieu ledict sieur Bouchardet, garde des évangiles, de servir avec luy pendant l'année courante, premier Eschevin, et l'a nommé à la Compagnie, lequel tout d'une voix a esté nommé et esleu.

En second lieu, il a nommé ledict sieur Galoche, lequel, retiré en la galerie, a esté esleu par la pluralité des suffrages, et rentré, accepté, a pris sa place.

En troisiesme lieu, a nommé ledict sieur Joly, lequel s'est retiré en la galerie, et a esté aussy esleu, et rentré, accepté, a pris sa place.

En quatriesme lieu, a nommé ledict sieur Calon, lequel s'est retiré en la galerie, et a esté aussy esleu, et rentré, accepté, a pris sa place.

En cinquiesme lieu, a nommé ledict sieur Clavin, lequel s'est retiré en la galerie, a esté aussy esleu, et rentré, accepté, a pris sa place.

Et en sixiesme lieu, a nommé ledict sieur David, lequel retiré de la galerie, a esté aussy esleu, et nommé, et rentré, accepté, a pris sa place.

Laquelle nomination desdictz six anciens Eschevins ainsy faicte, a esté procédé à l'eslection des quatorze pour faire le nombre des vingt par ordre des parroisses, ainsy qu'il est accoustumé, en présence dudict sieur Millotet, esleu Vicomte maieur.

Premièrement, à Nostre-Dame, six : lesdictz sieurs Bouchardet et Joly; M. Claude Marc, advocat; M. Estienne Malpoy, advocat; honorable Claude Pelletier, marchand; et honorable Nicolas Foucher, aussy marchand.

A Sainct-Jean, trois : lesdictz sieurs Clavin et David; Godran, advocat.

A Sainct-Michel, trois : ledict sieur Galoche; M. Claude d'Orge, advocat; et M. Blaise Languet, cy-devant procureur à la Cour, greffier de Sainct-Bénigne.

A Sainct-Médard, deux : ledict sieur Calon; et M. Jean Archer, garde de la Monnoye.

A Sainct-Nicolas, deux : M. Claude Bonnard, advocat; et honnorable Pierre Colle, marchand.

A Sainct-Pierre, deux : M. Claude David, procureur; et M. Pierre Marc, bourgeois.

A Sainct-Philibert, deux.

Voullant procéder à la nomination des deux Eschevins de la parroisse Sainct-Philibert, le sieur Saget a parlé d'une requeste, qu'il a dict que M. Anthoine Constant lui avoit mis en main pour rapporter. Le sindicq ouy, la Chambre à délibéré, attendu qu'elle est assemblée pour l'eslection des Eschevins, qu'il sera passé outre à ladicte eslection, et a esté esleu par la pluralité des suffrages honorable Nicolas Louis, marchand; après quoy lecture a esté faicte de ladicte requeste par ledict Saget, et a esté ordonné qu'il seroit passé outre à la nomination d'un Eschevin qui reste à eslire, et a esté nommé et esleu M. Claude Chavansot, bourgeois.

LXXIV

Le lundy vingt-quatriesme jour de juin mil six cent cinquante-deux, jour de la Nativité sainct Jean-Baptiste, les sieurs Eschevins cy-dessus dénommés s'estant rendus en l'hostel de M. Millotet, Vicomte maieur, où ils ont esté conduictz par ledict sieur Bouchardet, garde des évangiles, et avec eux ledict procureur sindicq, les prudhommes, le capitaine de la muraille, le lieutenant de ladicte muraille et les substitudz dudict procureur scindicq se sont tous rendus au couvent des Jacobins, marchans devant eux les tambourgs et les sergents de main avec leurs hallebardes, et après avoir ouy la messe célébrée à l'aultel de la très Saincte-Trinité, se sont tous acheminés et rendus soubz le portail de l'église Sainct-Philibert, ne s'estant peu arrester au cimetière de Sainct-Bénigne à cause de la trop grande chaleur, et tous assiz en leur ordre, ledict sieur Bouchardet, garde des évangiles, a représenté les marques de la magistrature qui luy avoient esté déposées, et les ayant remis ès mains dudict procureur sindicq qui l'a remercié pour le général et pour le particulier de ladicte ville, ledict sieur Bouchardet ayant faict un très beau discours sur le subject de l'eslection faicte dudict sieur Millotet pour Vicomte maieur ; ledict procureur scindicq ayant aussy parlé des vertus et advantages dudict sieur Millotet, et du légitime choix que le peuple a faict de son eslection ; ledict sieur Millotet a fait un très docte et éloquent discours sur le subject de sa nomination et eslection, et a remercié le peuple aux personnes d'un grand nombre d'habitans assemblés soubz ledict portail, de son choix, et a aussy parlé à l'advantage dudict sieur Bouchardet, et a pris et receu dudict sieur Bouchardet, et a pris et receu dudict procureur sindicq les évangiles et sceaux de ladicte ville, qu'il a promis représenter avec les autres marques de la magistrature à jour accoustumé.

Quoy faict, lesdicts sieurs sont entrés à l'instant au parquet préparé pour Messieurs les officiers du Roy au bailliage de Dijon, où estoient assis M. Gaillard, lieutenant général; M. Lucotte, lieutenant particulier; et M. Isaacq Quarré, advocat à la Cour, substitud de M. le procureur du Roy. Ledict procureur sindicq ayant représenté les évangiles et sceaux, M. Nicolas, advocat à la Cour, a présenté ledict sieur Millotet, Vicomte maieur, et a faict un très docte et éloquent discours sur les vertus, prudence et bonne qualité dudict sieur Millotet. Ledict sieur Quarré pour le procureur du Roy ayant aussy faict un beau discours sur le subject de ladicte eslection, les prudhommes, par honnorable Pierre Mollée, l'un d'iceux, ont dict n'avoir rien à proposer contre lesdictes eslections, le tambourg ayant esté battu, attendu la maladie de Dubreuil, trompette ordinaire de ladicte ville, ne s'estant treuvé personne pour y mettre empeschement, a esté pris le serment dudict sieur Millotet, lequel a esté confirmé en ladicte charge de Vicomte maieur, ainsy qu'il est porté par l'acte que le greffier dudict bailliage en a dressé.

Ladicte confirmation ainsi faicte, lesdictz sieurs Vicomte maieur, Eschevins et procureur sindicq, secrétaire, receveur, prudhommes, capitaines et lieutenans de la muraille, et les substitudz dudict procureur sindicq sont allés en l'église Nostre Dame, tous les sergens ayant leurs espées aux costés, le tambourg battant, et l'enseigne desployée; où ledict sieur Vicomte maieur estant à genoux devant le grand autel, le prestre tenant eslevée la sacrée saincte hostie, luy a esté faict lecture par le procureur scindicq à haute et intelligible voix des articles concernant sa charge de Vicomte maieur, en présence dudict sieur procureur du Roy, à la réquisition duquel ledict sieur Vicomte maieur a promis l'accomplissement desdicts articles dont la teneur ensuyt.

Suivent le serment presté en l'église Nostre-Dame, devant le grand autel par M. le Vicomte maieur, et ceux prestés en l'hostel de Ville, de Messieurs les Eschevins, du secrétaire de la Chambre, du greffier de la mairie, du geolier et garde des prisons, des clerceliers et commis à la garde des portes et des sergens de la mairie.

LXXV

Du vendredy cinquiesme de juillet mil six cent cinquante deux.

Veu par la Chambre du Conseil de la ville de Dijon l'ordonnance qui luy a esté envoyée par Monseigneur le duc d'Espernon, gouverneur et lieutenant général des armées de Sa Majesté en Bourgongne et Bresse du quatriesme du présent mois, contenant qu'estant nécessaire pour certaines considérations qui regardent le bien du service du Roy, et le repos et tranquilité de ceste ville, que le nommé Philippe Deschamps, procureur au parlement de Dijon, n'y face aucune fonction concernant le faict de la guerre, il luy en faict très expresse inhibition et deffence soubz quelque cause et prétexte que ce puisse estre, de faire prendre les armes, faire aucune patrouille, ny aucune autre fonction de guerre dans ladicte ville de Dijon, et à tous les autres de le faire par les ordres dudict Deschamps, sur peyne audict Deschamps de la vie, et aux autres de désobéissance, ce qui seroit publié et affiché par tous les carrefours de la ville à la manière accoustumée, avec injonction ausdicts sieurs Vicomte maieur, et Eschevins d'y tenir la main. Ladicte Chambre a ordonné et ordonne que par le secrétaire d'icelle, suyvant la volonté dudict seigneur, ladicte ordonnance sera publiée par les carrefours de ladicte ville, affixée à iceux, icelle leue, à ce qu'aucun n'en prétende cause d'ignorance et ayt à y obéyr; laquelle sera registrée au registre de ladicte Chambre de ville à la manière accoustumée dont la teneur ensuyt.

Le duc d'Espernon de Lavallette et de Candale, pair et colonel général de France, chevalier des Ordres du Roy et de la Jartière, gouverneur et général de l'armée de Sa Majesté en Bourgongne et Bresse.

Estant nécessaire pour certaines considérations qui regardent le bien du service du Roy et le repos et tranquilité de ceste ville, que le nommé Deschamps, procureur au Parlement de Dijon, n'y fasse aucune fonction concernant le faict de la guerre, nous luy faisons très expresses inhibitions et deffences soubz quelque cause et prétexte que ce puisse estre, de faire prendre les armes, faire aucune patrouille, ny autre fonction de guerre dans ladicte ville de Dijon, et à tous autres de le faire par les ordres dudict Deschamps, sur peyne audict Deschamps de la vie, et aux autres de désobéissance; et affin que personne n'en prétende cause d'ignorance, nous ordonnons que notre présente ordonnance sera leüe, publiée et affichée par tous les carrefours de la ville à la forme et manière accoustumée; enjoignons aux Vicomte maieur et Eschevins d'y tenir la main. Fait à Dijon ce quatriesme juillet mil six cent cinquante-deux. Signé, le duc d'Espernon, et plus bas, par Monseigneur, Symon.

LXXVI

Du lundy huictiesme juillet mil six cent cinquante-deux, deux heures après midy, en l'hostel de M. le Vicomte maieur.

Monsieur le Vicomte maieur a représenté une coppie d'arrest du cinquiesme du présent mois à luy signiffiée ce jourd'huy par Bassand, huissier, par lequel la Cour ordonne aux Maire et Eschevins de ladicte ville de remettre entre les mains du Secrétaire de la Chambre les rolles des tailles des trois dernières années, pour estre par luy représentés par-devant les Commissaires députtés par la Cour, affin de recognoistre si ceux qui ont donnés suffrages à l'eslection de M. le Vicomte maieur sont aux termes des arrestz. Lecture faicte de la coppie dudict arrest, ledict sieur Vicomte maieur a dict que l'huissier Roydot luy avoit encore signiffié un arrest cejourdhuy, duquel il n'a point de coppie, et qu'il a appris qu'il ordonne que M. Philippes Deschamps, cy-devant scindicq, fera la charge de scindicq jusques après l'appellation esmise de l'eslection pour scindicq de M. Julien Chevalier, jugée, avec deffences à M. Claude David, Procureur, Eschevin nommé pour faire les fonctions de ladicte charge pendant ledict appel, de s'entremettre à faire ladicte fonction, invittoit la Chambre de délibérer sur le tout.

La Chambre a délibéré, en ce qui concerne la représentation demandée des rolles des tailles par-devant Messieurs les Commissaires députtés par la Cour, que M. le Vicomte maieur fera responce pour toutte la Chambre en ces termes. Les Vicomte maieur et Eschevins de la ville de Dijon, assemblés en l'hostel dudict sieur Vicomte maieur, ayans veu les deux arrestz des cinq et sixiesme de juillet présent mois, signiffiés de la part de Messieurs de la Cour de Parlement, à ce qui leur a esté dict par les huissiers Bassand et Roydot, et l'avoir ainsy appris du sieur greffier Saumaize, disent qu'ilz supplient très humblement Messieurs de la Cour de treuver bon qu'ilz se maintiennent dans les priviléges qu'il a pleu à Sa Majesté de leur accorder, tant à l'esgard de la nomination du magistrat qu'au pouvoir qu'ilz ont de nommer les officiers de la Chambre, ne pouvans donner les rolles des tailles pour la légitimation des suffrages, puisqu'il a pleu au Roy, par arrest de son conseil du 5 septembre 1631, permettre à tous les habitans de donner leur voix pour l'eslection du magistrat, conformément à leur tiltre primordial, qui n'excepte personne. cassant et révocant les arrestz des 26ᵉ juillet 1611 et 6 janvier 1631, confirmés par autre arrest du Conseil du second de may 1632; et, pour le regard du droict que la Chambre a de nommer ses officiers, comme ilz en sont en possession immémorialle, ilz supplient très humblement la Cour de treuver bon qu'ilz ne soient pas enfrainctz, puisqu'ilz sont émanés du Roy et que sa vollonté est qu'ilz en jouissent; et a esté ladicte responce signée par le Secrétaire de la Chambre du Conseil d'icelle.

LXXVII

Du vendredy neufviesme aoust mil six cent cinquantedeux, en la Chambre, deux heures après midy.

Les Vicomte maieur et Eschevins de la ville de Dijon, assemblés en la Chambre du Conseil de ladicte ville pour délibérer de leur affaire, ayans heu advis qu'il venoit en ladicte Chambre deux de Messieurs les Conseillers du Parlement, Commissaires députtés par la Cour, lesdictz sieurs ont députtés pour les aller recevoir jusques à la première porte, ainsy qu'il est accoustumé, les sieurs Malpoy et Calon, advocat, Foucher et Louis Marchand, Eschevins, qui sont en mesme temps sortys et ont rentrés avec Messieurs les Conseillers Jaquotot et de Thésut l'aisné, ayans devant eux trois huissiers de ladicte Cour, et estoient suyvis par M. Jacques Pelletier, commis au Greffe de la Cour, et de M. Philippes Deschamps, Procureur à ladicte Cour; Messieurs les Commissaires ayans pris leur séance au ban de M. le Vicomte maieur, au-dessoubz d'iceluy à gauche; M. Jaquotot ayant faict entendre à ladicte Chambre le subject de leur députtation, et ont lesdictz sieurs Commissaires ordonné la lecture de l'arrest donné par la Cour, les Chambres assemblées le septiesme du présent mois d'aoust; laquelle faicte par ledict Pelletier, M. le Vicomte maieur a dict qu'il avoit charge de ladicte Chambre de ville de représenter à Messieurs du Parlement; qu'ilz ne se départiront jamais des respectz qu'ilz doibvent à la Cour; mais qu'ilz sont obligés, par les charges qu'ilz portent et par le serment solennel qu'ilz ont presté, de ne poinct permettre que les droictz de la ville soient altérés ny diminués ; c'est pourquoy ilz estiment que vous n'aurés pas désagréables les protestations qu'ilz font que tous lesdictz arrestz ny l'exécution qui s'en faict ne leur puissent nuire ny préjudicier, ny aux priviléges qu'ilz ont de nommer leur Scindicq comme tout le reste d'officiers qui sont en ladicte Chambre de ville, et pour raison de quoy ilz se sont pourveus au Conseil et entendent d'y continuer leurs poursuittes, pour les raisons qu'ilz déduiront. Desquelles protestations ilz ont supplié Messieurs les députtés leur voulloir donner acte et faire délivrer coppie des arrestz obtenus par ledict Deschamps, attendu qu'ilz n'en ont heu jusques à présent aucune cognoissance. Sur quoy, lesdictz sieurs Commissaires ont reçeu et admis ledict Deschamps à continuer l'exercice de la charge de Procureur Scindicq, conformément aux arrestz précédans et jusques à ce que l'appellation esmise de l'eslection de M. Julien Chevallier pour Scindicq par M. Benigne Pérard soit jugée ; et ont faict deffences audict Chevallier et à tous autres procureurs de s'entremettre en l'exercice de ladicte charge et procureur scindicq, à peyne de faux et de l'amande arbitrairement, ny prendre quallité de substitut d'iceluy qu'il n'ayt esté présenté à ladicte Chambre par ledict Deschamps, et ont ordonné que ledict arrest seroit registré au Registre de ladicte Chambre ; l'original duquel arrest ilz ont laissé sur le bureau de ladicte Chambre, et ont donné acte audict sieur Vicomte maieur de ses remonstrances.

Ce faict, Messieurs les Commissaires de ladicte Cour se sont levés et ont esté reconduitz par quatre de Messieurs les Eschevins, et par ledict Deschamps, qui est rentré en ladicte Chambre avec lesdictz sieurs Eschevins.

Ensuit la teneur dudict arrest.

Extraict des Registres du Parlement.

Veu par la Cour, les Chambres assemblées, les arrestz des trois, neuf et trente-uniesme juillet dernier, par lesquelz auroit esté ordonné que M. Philippes Deschamps, Procureur à la Cour, ancien Scindicq de ceste ville de Dijon, continueroit ladicte charge jusques à ce que l'appellation esmise par M. Benigne Pérard, advocat, de la nomination faicte en icelle, au mois de juin dernier, de la personne de M. Jullien Chevallier fust jugée ; que les Maire et Eschevins admettroient ledict Deschamps à faire ladicte charge, et que les habitans le recognoistroient en ladicte quallité ; procès-verbal audict Deschamps du deuxiesme du mois d'aoust, contenant la responce à luy faicte par le Vicomte maieur sur la représentation desdictz arrestz, qu'il en parleroit à la Chambre, mais que l'on ne pouvoit donner un procureur à une partye contre son gré ; que s'estant ledict Deschamps acheminé ledict jour sur environ une heure après midy qu'estoit l'heure de l'entrée de ladicte Chambre de ville, il auroit treuvé les portes d'en bas de ladicte Chambre fermées, et que y estant séjourné jusques à deux heures et demye, voyant que personne ne se présentoit et qu'il luy auroit esté dict que l'assemblée se faisoit au logis du Vicomte maieur, il se seroit retiré. Arrest du cinquiesme du présent mois d'aoust, par lequel auroit esté ordonné audict Vicomte maieur et aux Eschevins de s'assembler le lendemain sixiesme du présent mois, en ladicte Chambre de ville, à l'heure accoustumée, pour admettre ledict Deschamps en la continuation de l'exercice de ladicte charge de Procureur Scindicq ; deffence à eux de faire assemblée ailleurs qu'en ladicte Chambre de ville, à peyne de nullité de leurs délibérations et jugementz, et de tous despens, dommages et interestz des partyes, en leurs propres et privés noms, et deffence aussy à tous autres Procureurs de s'entremettre en ladicte charge de Procureur Scindicq, ny prendre quallité de Substitutz d'iceluy que par l'ordre dudict Deschamps, à peyne de l'amande arbitrairement et d'estre procédé contre eux, ainsy qu'il appartiendroit; signiffication dudict arrest audict Vicomte maieur. Procès-verbal du nommé Vellain, clerc à la Mairie, dudict jour cinquiesme dudict mois, par lequel, sur l'advis donné audict Vicomte maieur du décedz d'Anthoinette Rady, veuvé de Hugues Despèche, de la parroisse Sainct Michel; ledict Vicomte maieur, suyvant la délibération de ladicte Chambre de ville du troisiesme dudict présent mois, que les Eschevins de ladicte ville en chacune de leurs parroisses apposeroient les sceaux ès maisons des décédés, par faute de Scindicq et de Substitudz, auroit nommé M. Guillaume Galloche, advocat, Eschevin de ladicte parroisse Sainct Michel, lequel ensuitte se seroit acheminé en la maison de ladicte Rady, il auroit apposé les sceaux, emporté la clef, et laissé la garde et garnison au nommé Mestanier, sergent en ladicte Mairie. Autre procès verbal dudict procureur Deschamps du sixiesme dudict présent mois, que s'estant présenté ledict jour à la porte de ladicte Chambre de ville avec lesdictz arrestz, à l'heure de l'entrée d'icelle, et faict appeller le Secrétaire de ladicte Chambre, seroit venu à luy ledict Vicomte maieur, lequel luy ayant demandé ce qu'il désiroit, il luy auroit faict responce qu'il se présentoit audict lieu pour avoir l'effect desdictz arrestz; à quoy ledict Vicomte maieur luy auroit repliqué que la Chambre estoit levée et qu'il s'y pourveu vendredy prochain. La Cour, lesdictes Chambres assemblées, a ordonné et ordonne ausdictz Vicomte maieur et Eschevins de s'assembler en ladicte Chambre de ville vendredy prochain neufviesme du présent mois d'aoust, à l'heure accoustumée, en laquelle s'achemineront Messieurs Nicolas Jaquotot et Charles Benigne de Thésut, conseillers du Roy à ladicte Cour, à ce commis, pour en leur présence estre ledict Deschamps receu et admis à continuer l'exercice de ladicté charge de Procureur Scindicq, conformément ausdictz arrestz et jusques à ce que ladicte appellation soit jugée, a faict et faict ladicte Cour inhibition et deffence audict Chevallier et à tous autres Procureurs de s'entremettre en l'exercice de ladicte charge de Procureur Scindicq, à peyne de faux et de l'amande arbitrairement, ny prendre qualité de substitudz d'iceluy qu'il n'ayt esté présenté à ladicte Chambre par ledict Deschamps; et en ce qui concerne la délibération de ladicte Chambre du troisième du présent mois, par laquelle les Eschevins auroient esté commis en chacune parroisse pour apposer les sceaux ès maisons des décédés, ladicte Cour a cassé, révocqué et annullé, casse, révocque et annulle ladicte délibération, et procès-verbal d'apposition des sceaux ensuitte par ledict Galoche en la maison de ladicte Rady, en qualité d'Eschevin, et aussy tous autres procès-verbaux qui se treuveront faictz en ladicte qualité par d'autres Eschevins de ladicte ville, comme de personnes sans pouvoir, et ausquelz ladicte Cour enjoinct de rendre audict Deschamps les droitz et proffictz qu'ilz ont receus de l'apposition desdictz sceaux, et faict inhibition et deffence audict Galoche et à tous autres Eschevins de s'entremettre cy-après en la fonction de ladicte charge de Scindicq, à peyne de nullité des proceddures, de l'amande arbitrairement, et d'estre procédé contre eux ainsy qu'il appartiendra, ordonné et ordonne que le présent arrest sera registré ès Registres de ladicte Chambre de ville de Dijon. Faict en Parlement à Dijon, lesdictes Chambres assemblées, le septiesme aoust mil six cent cinquante-deux; signé : JOLY.

Au bas est escript : Le neufviesme jour du mois d'aoust mil six cent cinquante-deux, par moy Benigne Bassand, huissier à la Cour, le présent arrest a esté dheument signiffié à noble Marc-Anthoine Millotet, Conseiller du Roy et son advocat général audict Parlement, Vicomte maieur de ladicte ville de Dijon, en son hostel, parlant à sa personne, qui a dict que ce n'est la forme de signiffier audict Vicomte maieur, et qu'il en délibérera à la Chambre, et donné coppie du présent arrest signé Bassand, huissier.

La Chambre du Conseil de la ville de Dijon a ordonné et ordonne à M. Philippes Deschamps, Scindicq de ladicte ville, nommé par la Cour, de représenter incessamment à la Chambre les arrestz par luy obtenus contre ladicte Chambre, ou coppies d'iceux signés de sa main, ensemble les procès-verbaux ou coppies d'iceux qu'il a dressés, esnoncés ausdictz arrestz ; ce qu'ayant esté prononcé audict Deschamps, qui s'estoit retiré en la gallerie, icelluy a dict qu'il ne pouvoit sy promptement obéyr, et qu'il les représenteroit à la prochaine Chambre.

LXXVIII

Du vendredy vingtroisiesme aoust mil six cent cinquante deux.

Sur ce qui a esté proposé de nommer et eslire un conseil de ville au lieu et en la place de feu M. Pierre de Villers, advocat décedé en ladicte charge, l'affaire mise en délibération, attendu que les conseils sont à charge à la ville, par les gages qui leur sont payés, et par la moityé de leurs tailles qui leur sont remises quoy qu'ils soient payés de tout ce qu'ils font pour ladicte ville ; d'ailleurs, que d'ordinaire il se treuve dans la chambre quantité d'advocats qui peuvent servir ladicte ville, comme il a esté faict cy-devant, sans prendre aucuns droictz : ayant la Chambre recogneu qu'il luy est plus advantageux de choisir tel advocat que bon lui semble quand il en sera besoin, que d'estre astreincte à se servir par nécessité qui sont esté nommés conseilz de ladicte ville, la chambre du Conseil de la ville de Dijon a supprimé et supprime les conseilz de ladicte ville pour l'advenir, ordonne qu'ilz seront compriz aux rooles des tailles sans qu'il leur soit faict cy-après aucune diminution au subject de ladicte qualité, fait inhibitions et deffences ladicte chambre au sieur Parisot, recepveur de ladicte ville, de leur payer cy-après aucuns gages, à peine qu'ilz seront rayés en son compte, ce qui sera signifié.

LXXIX

Du vendredy trentiesme aoust mil six cent cinquante deux.

La chambre du Conseil de ladicte ville de Dijon, ayant demandé à M. Philippes Deschamps, procureur à la Cour, commis pour faire la charge de procureur scindicq par ladicte Cour, la représentation des arrestz par lui obtenus, contenant son restablissement à ladicte charge, ensemble les procès-verbaux par luy dressés ou coppies d'iceux esnoncés ausdictz arrestz, suyvant qu'il luy a esté ordonné par délibération des neuf et vingt-septiesme du présent mois d'aoust, ledict Deschamps a représenté un plaidé duquel il a faict lecture et qui sera cy-après inséré ; après quoy s'estant retiré dans la gallerie, ladicte Chambre a ordonné et ordonne d'abondant audict Deschamps de satisfaire ausdictes délibérations, et jusques à ce qu'il y ayt satisfaict, qu'il s'abstiendra de l'entrée de ladicte Chambre, laquelle lui sera refusée ; ce que luy ayant esté prononcé, il a protesté se pourveoir.

En suit la teneur dudict plaidé : Deschamps, ancien syndicq de la ville, nommé par la Cour pour la continuation de ladicte charge, jusques après le jugement de l'appellation esmise de l'eslection audict syndicat, de la personne de M. Jullien Chevalier, dict qu'il a pleu à la Chambre, ordonner qu'il représentera les arrestz de la Cour, qui contiennent sa nomination pour ladicte continuation, à quoy il n'a peu satisfaire. Supplie humblement la Chambre de les excuser, parce que depuis qu'il les eust remis devers la Cour et sur lesquelz un dernier arrest a esté donné, exécutté par deux de Nosseigneurs plus anciens de ladicte Cour en cette Chambre, qui contient la mise en possession dudict Deschamps audict scindicat, il n'a veu ny peu retirer lesdicts arrestz qui sont ès mains de Joly, greffier en chef du parlement, auquel il en a faict la demande pour satisfaire à la délibération de ceste Chambre, qui luy a faict responce ne les pouvoir rendre que de l'ordonnance de ladicte Cour, qui n'est pas en séance et faut attendre l'entrée de la Chambre des vacations et se pourveoir pour les demander ; mais que par le dernier arrest executté par nosdictz seigneur du parlement, tous les précédents y sont énoncés et rapportés tout au long ; et ce qui s'est faict en conséquence qui a esté délaissé au secrétaire de la Chambre pour le registrer, sur lequel la Chambre peut délibérer aussi valablement que sur les originaux ; de plus, ledict Deschamps s'estant adressé au logis d'Horry, clerc au greffe, qui a la liasse des préparatoires, pour lever les coppies sur les minuttes desdictz arrestz, lequel est absent hors la ville et ne retournera qu'à la vacation, et partant, ne peut avoir des extraictz avant le temps de ladicte vacation et entrée d'icelle.

LXXV

Du mardy dix-septiesme septembre mil six cent cinquante deux,

M. Philippes Deschamps, procureur à la Cour, faisant la charge de scindicq de la ville, comme nommé par la Cour, ayant demandé d'entrer et estant entré, a remonstré que les soupçons que l'on a heu de sa personne par des prétendues intelligences avec les adverses partyes de la Chambre, notamment en la cause contre le sieur advocat Perard, et l'interdiction qui lui a esté faicte par la Chambre de l'entrée en icelle, faisant tort à son aage et à son honneur, cela l'aurait obligé de se pourveoir à la Cour, laquelle ayant treuvé ses plaintes de justice, a donné arrest dont il auroit parlé ce matin à M. le Vicomte maieur, pour ne point user des significations, sçachant le respect qu'il doibt à la Chambre, lequel contient son rétablissement et lequel ledict sieur Vicomte maieur avoit treuvé bon qu'il représentast à la Chambre, ce qu'il faisoit, et l'auroit mis sur le bureau.

Ensuitte de quoy M. le Vicomte maieur a demandé audict Deschamps pourquoy il ne représentoit pas les précédents arrestz qui contiennent sa nomination en ladicte charge ainsy qu'il lui a esté ordonné par la Chambre.

A quoy ledict Deschamps a dict qu'il ne les avoit point en sa puissance, et ne les a peu retirer; qu'il les avoit demandé, mais qu'on ne les luy avoit pas voulu rendre.

Interrogé pourquoy il ne s'estoit pas pourveu par requeste à la Cour ou autrement pour les avoir,

A dict qu'il ne s'estoit point pourveu par requeste à la Cour, parce qu'on luy avoit dict qu'on les luy refuseroit.

Ledict sieur Vicomte maieur, luy ayant encore dict pourquoy il ne représentoit pas les procès-verbaux par luy dressés, esnoncés ausdictz arrestz, et sur lesquelz lesdicts arrestz ont esté donnés.

A dict que ce n'estoit des procès-verbaux mais seullement des certiffications qui n'estoient signées que de luy, lesquelz sont joinctz ausdictz arrestz. Surquoy ledict Deschamps s'estant retiré de l'ordonnance de la Chambre, a esté délibéré que l'on pourvoiera sur ce qui est à faire au subject de la représentation dudict arrest.

LXXXI

Du vendredy unziesme octobre mil six cent cinquante deux.

Sur ce qui a esté remonstré à la Chambre, que, au mépris des déffences faictes d'avoir aucun commerce ny intelligences avec les ennemis du Roy et de l'Estat, plusieurs particuliers, habitants de ceste ville et autres de banlieue, practiquent avec ceux de Seurre, ont intelligence avec eux, leur aydent et fournissent des vivres, argent et munition, leur donnent advis de ce qui se passe, mesme de ceux qui vont et viennent en leurs maisons et domaines pour les faire prendre et mettre en rançon, vont audict lieu de Seurre sans aucthorité, permission, ny passeport de Monseigneur le Gouverneur, ny du magistrat; mesme qu'aucuns retirent en leurs maisons des soldats dudict Seurre, en sçavent où ils sont, et leur portent à boire et à manger en attendant qu'ils ayent treuvé l'occasion de surprendre des prisonniers, ce qui va directement contre la seureté publicque, à quoy il estoit très expédient de remédier. La Chambre du Conseil de la ville de Dijon a ordonné et ordonne, que par les sieurs David et Malpoy, eschevins, il sera informé en l'exposé cy-dessus, circonstances et dépendances; et que pour en avoir révélation, monitoire sera obtenu incessamment soubz le nom des Vicomte maieur et eschevins de ladicte ville, à la forme des edictz et arrestz, pour estre publiée par les sept parroisses, dimanche prochain.

LXXXII

Du jeudy dix-septiesme octobre mil six cent cinquante deux, en la Chambre, veille de feste sainct Luc.

M. Jean Thibert, secrétaire de la Chambre, a dict que

suivant l'ordre qu'il a receu d'icelle, il a obtenu le monitoire pour avoir révélation de ceux qui ont intelligence avec ceux de Seurre, qu'il a envoyé en toutes les parroisses et qui a esté publié. La Chambre du Conseil de la ville de Dijon a délibéré qu'il sera adjousté audict monitoire le faict cy-après : de ceux et celles qui ont voullu traicter et vendre pour donner des passeports moyennant dix pistolles au commandant de Seurre, pour empescher que leurs maisons ne fussent pas pillées et bruslées, et pour avoir la liberté d'aller et venir par la campagne sans estre pris prisonniers de ceux dudict Seurre. Et sur ce que le sieur advocat David, commis pour informer avec le sieur advocat Malpoy, des faictz contenus audict monitoire, s'est excusé de travailler à ladicte information, à cause qu'il est contrainct d'aller à la campagne, dez lundy prochain, la Chambre, en son lieu et place, a députté le sieur advocat Calon.

LXXXIII

Du mardy, vingt-sixiesme de novembre mil six cent cinquante deux.

Sur ce que M. le Vicomte maieur a remonstré à la Chambre qu'il avoit appris que les habitans de la ville de Langres ayant heu advis que l'armée des Espagnols, commandée par M. le prince de Condé, advançoit et prenoit sa marche de leur costé, avoient pourveu à la seureté de ladicte ville et avoient levé une milice de trois mille hommes qu'ils avoient logés en icelle, pour se déffendre en cas d'attaque. Et comme cela estoit fort proche de ceste ville, où l'on manquoit de munitions de guerre, particulièrement de poudres à canon, affin que rien ne leur fust imputté, puisque l'on n'avoit point encore heu de responce de messieurs des compagnies souveraines, aux scindiqz desquelles la Chambre avoit députté, pour le mesme subject, et pour contribuer à faire fond pour tenir la ville nette et faire oster les boues, qui causent les maladies du temps et peuvent en donner de plus grandes, ainsi que les médecins l'ont rapportés ; d'ailleurs qu'il avoit appris que pour desfournir entièrement la ville de poudres, l'on enarroit touttes celles que l'on pouvoit treuver à achepter ès maisons de ceux qui en vendent, invittoit la Chambre d'adviser et délibérer sur touttes lesdictes propositions, ce qu'elle jugeroit estre affaire, mesme si l'on desputtera de nouveau à Messieurs du Parlement sur ce subject, lesquels il a appris se debvoir demain assembler. La Chambre du Conseil de la ville de Dijon a délibéré que les sieurs eschevins d'icelle, chacun en leur parroisse s'informeront des poudres qui sont ès maisons de ceux qui en vendent et débittent, quelle quantité ils en peuvent avoir à présent et à qui ils en ont vendu depuis peu, dont ils dresseront procès-verbal qu'ils répresenteront à la Chambre, laquelle a aussi délibéré que M. le Vicomte maieur avec six de messieurs les anciens eschevins, iront demain au pallais pendant l'assemblée des Chambres, demanderont à entrer, pour invitter messieurs du Parlement à contribuer de leur part pour faire incessamment un fond, affin de faire achapt de poudres et munitions de guerre, et pour nettoyer, chacun an, les boues de ladicte ville, en sorte que cy-après il n'en puisse arriver accident.

LXXXIV

Du vendredy dixiesme de janvier mil six cent cinquante trois.

M. Millotet, Vicomte maieur, etc. Sur ce qui a esté remonstré qu'il estoit très important de députter en cour quelqu'un de messieurs de la Chambre, affin de poursuyvre les affaires que la ville a au conseil privé du Roy, et particulièrement pour obtenir la confirmation et continuation des octroys dont le terme est finy ; faire restablir plusieurs partyes qui ont esté rayées au compte des octroys, rendu l'année dernière par M. Pierre Parisot, recepveur de la ville, par-devant messieurs de la Chambre des comptes, et obtenir arrest du Conseil pour ledict restablissement; faire debouter le maire et eschevins de la ville de Chalon de l'exemption par eux prétendue au faict de l'imposition du pont Aubryot et pour autres affaires concernant les droictz et priviléges de ladicte ville, dont les mémoires seront donnés et mis ès mains de celuy qui sera députté : la Chambre du Conseil de la ville de Dijon a délibéré que présentement il sera procédé à ladicte députtation, et à l'instant a esté nommé et choisy à la pluralité des suffrages M. le Vicomte maieur. Lequel ayant esté invitté par la Chambre d'accepter ladicte nomination, a dict que quoy que la saison fut très fascheuse, néantmoings par l'affection qu'il portoit au publicq il acceptoit volontiers icelle, et s'y emploiroit avec tout le soing et l'affection qu'il lui seroit possible, luy ayant esté mis en main les mémoires dressés à ce subject et ayant esté invitté de partir incessamment, il a promis de le faire. Ladicte Chambre ayant encore délibéré, qu'au cas qu'il heut besoing de l'assistance du sieur Archer, aussy eschevin, qui est en la ville de Paris pour ses affaires, et qui doibt retourner bientost il pourra l'arrester pour l'assister ausdictes affaires, et sera expédié mandement audict sieur Vicomte Maieur, de la somme de trois cens livres pour survenir audict voyage, et sur et en tant moings d'iceluy.

LXXXV

Du mardy quatorziesme de janvier 1653.

M. Clavin, commis à la magistrature, a dict que Messieurs

du Parlement l'ont faict advertir ce mattin par un huissier d'aller au Palais avec six de Messieurs les Eschevins, où la Cour, qui estoit assemblée, les attendoit. La Chambre du Conseil de la ville de Dijon a délibéré que l'on députtera présentement quatre de Messieurs les Eschevins pour aller au Palais entendre les propositions de la Cour, laquelle sera suppliée, lorsqu'elle désirera que le magistrat aille au Palais, de le faire advertir par un des commis de la Cour, sy mieux il ne luy plaisoit, suyvant l'usance ancienne, de députter deux de Messieurs d'entre eux pour porter et faire entendre les vollontés de la Cour. Et à l'instant ont esté choisis, nommés et esleus les sieurs Joly, payeur des gages de la Cour ; Calon, David et Marc, advocatz eschevins, lesquelz estans sortys de la Chambre, et allés au Palais, retournés ont dict qu'estans arrivés en la chambre des huissiers, le sieur Joly, greffier, servant en la grande Chambre, seroit venu à eux et leur auroit dict de la part de la Cour pourquoy le commis à la magistrature n'estoit point venu au Palais avec eux. A quoy ilz auroient respondu qu'ilz venoient, comme députtés de la Chambre, représenter à la Cour que l'usance avoit esté de tout temps d'envoyer advertir le magistrat par un greffier de la Cour ou l'un des commis, et qu'ilz voulloient prier la Cour de conserver ladicte usance, à laquelle sy quelques magistratz y avoient desrogés par complaisance ou autrement, cela ne changeoit point leur droict. Quoy ouy par ledict Joly, il seroit entré pour faire entendre à la Cour ce que dessus, et retourné auroit dict ausdictz sieurs Eschevins que l'on n'avoit rien à leur dire, ce qui les a obligé de se retirer et retourner.

LXXXVI

Du mardy dix-huictiesme de febvrier mil six cent cinquante-trois.

Mᵉ Jullien Chevallier, Procureur à la Cour, esleu Scindicq la présente année, entré en la Chambre a dict que icelle estoit souvenante de son eslection en ladicte charge de Scindicq, de laquelle il avoit promis de s'acquitter le moings mal qu'il luy seroit possible, et néantmoings il avoit esté privé de l'exercice de ladicte charge, par l'appellation interjettée par M. Benigne Pérard, advocat à la Cour, de son eslection; ce qui avoit donné subject à ladicte Cour de donner arrest qui luy deffendoit d'exercer ladicte charge; et comme il avoit pleu au Roy et à Nosseigneurs de son conseil donner arrest le quatriesme du présent mois, par lequel il estoit ordonné qu'il feroit ladicte charge de Scindicq de ceste ville par forme de provision, il représentoit ledict arrest en toutte révérence à la Chambre et la supplioit ordonner qu'il auroit l'effect d'iceluy. Iceluy retiré en la gallerie, lecture faicte dudict arrest du Conseil par le Secrétaire, la Chambre du Conseil de la ville de Dijon a ordonné et ordonne qu'iceluy et la commission y joincte seront registrés au Registre à ce destiné, et que ledict Chevallier jouira du fruict et effect d'iceluy; auquel effect il prestera le serment d'effectuer les articles concernans icelle. Lequel rentré, la présente délibération luy a esté prononcée, dont il a remercié la Chambre. A l'instant lecture luy a esté faicte par le Secrétaire des articles concernant ladicte charge, desquelz il a promis et juré l'accomplissement, et luy a esté mis en main présentement par M. le commis à la magistrature le mémoire des procès et affaires de la ville, qui a esté dressé par Mᵉ Philippes Deschamps, et qui estoit sur le bureau affin d'en faire poursuitte.

Ouverture et lecture faicte de la lettre escripte à la Chambre par Mᵉ l'Advocat général Millotet, Vicomte maieur, en datte du unziesme du présent mois, la Chambre du Conseil de la ville de Dijon a délibéré que le Secrétaire luy escripra de la part d'icelle par le prochain ordinaire; que l'on le remercie de ses soings et affections et que l'on l'invitte de ne point retourner qu'il n'ayt obtenu quelque arrest pour les affaires de la ville, suyvant les pièces et mémoires qui luy ont esté envoyés.

LXXXVII

Extraordinaire. — Du mercredy cinquiesme de mars mil six cent cinquante-trois, en la Chambre.

M. Millotet, Vicomte maieur,

Les officiers des parroisses présens,

M. Millotet, Vicomte maieur, a dict qu'il retourna hier au soir sur la minuict de son voyage de Paris, et entra par le chasteau, a remercié la Chambre des tesmoignages qu'elle luy a rendu de son affection pendant son séjour audict Paris, et que, lorsque ses papiers seroient arrivés, qu'il leur rendroit un compte plus exact de son voyage.

Messire Marc-Anthoine Millotet, consciller ordinaire du Roy en ses conseilz d'Estat et privé, Advocat général au Parlement de Bourgongne, Vicomte maieur de la ville de Dijon, a remonstré à la Chambre qu'il avoit receu ordre de Son Altesse M. le duc d'Espernon, Gouverneur de ceste province, de faire faire la garde au faubourg d'Ousche pour empescher que les ennemys de l'Estat, qui tiennent Seurre, ne viennent piller ledict faubourg d'Ousche et les Chartreux, et brusler les moullins qui sont audict faubourg ; ce qui avoit donné subject à la convocation en ceste Chambre des sieurs officiers des parroisses, affin de délibérer de l'ordre que l'on tiendra pour ladicte garde. Ce qu'ayant esté mis en proposition, la Chambre du Conseil de la ville de Dijon, de l'advis des sieurs capitaines, lieutenans et enseignes des parroisses cy-présens, a délibéré que la garde sera faicte de nuit, seullement audict faubourg d'Ousche, par quatre dixaines, qui monteront en garde à quatre heures après midy chacun jour, pour y demeurer jusques à sept heures du matin du lendemain, à commencer demain prochain sixiesme du présent mois par la parroisse Nostre-Dame, et qu'il sera posé des corps de garde ès lieux qui seront jugés les plus nécessaires par les Eschevins et officiers qui seront députtés par M. le Vicomte maieur; et comme le premier corps de garde après le pont levy servira de l'un d'iceux, le guichet de la porte d'Ousche demeurera ouvert; et en cas que les ennemys viendroient à paroistre, sera sonné la cloche estant sur la gueritte dudict pont levy, au son de laquelle les habitans de la parroisse Sainct-Philibert seront prestz et en armes pour aller secourir ladicte porte et lesdictz corps de garde; et affin que les habitans qui feront la garde puissent estre plus facillement à seureté, ordonne ladicte Chambre que les advenues dudict faubourg seront mises incessamment en estat de déffence, et y sera faict avec des tonneaux, vuidanges ou charriotz remplis de fumier, et gabions pour empescher l'entrée de la cavalerie. Ordonne aussy ladicte Chambre à tous les habitans de tenir leurs armes prestes et en estat, affin qu'en cas d'allarmes ilz se puissent secourir et deffendre. Et ont esté commis et députtés pour recognoistre ce qui est à faire audict faubourg, et le faire faire, et le lieu où seront posés les corps de garde, les sieurs David et Godrand, Eschevins; Dorge et Baudot, lieutenans de Sainct-Michel et Sainct-Jean, dont ilz dresseront procès-verbal qu'ils représenteront à la Chambre; ce qui sera publié à son de trompe et cry publicq par les carrefours, à ce qu'aucun n'en prétende cause d'ignorance.

LXXXVIII

Du mercredy cinquiesme de mars mil six cent cinquante-trois.

Sur les propositions faictes qu'il est très important, attendu le temps présent, de remplir touttes les charges de capitaines, lieutenans et enseignes des parroisses, et qu'il y en a plusieurs qui se veuillent exempter de continuer l'exercice desdictes charges, et d'autres qui reffusent les accepter, à quoy il estoit nécessaire de pourveoir, puisque tous les habitans sont obligés d'obéyr aux ordres de la Chambre quand ilz sont esleus, mais encore de droict à porter les charges publicques quand ilz y sont appellez; l'affaire mise en délibération, la Chambre du Conseil de la ville de Dijon, de l'advis des capitaines, lieutenans et enseignes des parroisses cy-présens, et pour un reiglement à l'advenir, a délibéré que tous lesdictz capitaines, lieutenans et enseignes des parroisses qui ont esté nommés par ladicte Chambre, et sont en l'exercice desdictes charges, et ceux qui seront nommés cy après, continueront icelles et les feront, à peyne contre chacun des contrevenans de trois cens livres d'amande, moytié applicable au profict de la confrairie des capitaines, et l'autre moytié à ladicte ville, et qu'ilz demeureront descheuz et déclarez indignes, comme dès à présent ladicte Chambre les déclare descheuz et indignes de jouyr des priviléges dont jouissent les habitans, sauf néantmoings en cas d'excuses légitimes, auquel cas ilz seront tenus et obligez de venir en personne, où ilz ne seroient indisposez et allictés, remercier ladicte Chambre de l'honneur qu'elle leur a faict de les choisir pour porter lesdictes charges, et dire les raisons qu'ilz ont pour s'exempter de les continuer ou de les accepter, et après d'estre pourveu par ladicte Chambre comme elle advisera estre par raison, sans qu'ilz puissent estre receuz à faire sçavoir aucune démission par cedulle ou autrement à ladicte Chambre ou au Procureur Scindicq; ce qui sera faict sçavoir à ceux qui reffusent d'accepter et continuer lesdictes charges, affin que leurs responces sceues, ladicte Chambre y pourvoye par son aucthorité, laquelle ordonne que ceux choisis et esleuz seront advertys de venir prester serment d'exercer fidellement les dictes charges à la prochaine Chambre, et sera la présente délibération leue à tous ceux qui seront nommés et choisis esdictes charges par ladicte Chambre cy-après.

Messieurs les officiers des parroisses retirez, la Chambre a continué sa séance.

LXXXIX

Du vendredy septiesme de mars 1653, en la Chambre.

M. Millotet, Vicomte maieur.

M. Jullien Chevallier, Procureur Scindicq.

M. Millotet, Vicomte maieur, a dict que S. A. l'a mandé ce mattin, qui luy a dict que le siége de Seurre estoit résolu, et que pour l'advancer chaque ville estoit obligée de fournir des pycz et des pelles, et que ceste ville, comme la capitalle, debvoit profficter le plus à la prise de ceste ville rebelle; et qu'il désiroit qu'elle advançasse et fournisse douze cents pycz et douze cents pelles, dont il promettoit faire faire le remboursement et recouvrement sur deniers de la crue du sel et autres deniers destinés par Sa Majesté pour ledict siége de Seurre, invittoit la Chambre de délibérer sur ladicte proposition. La Chambre du Conseil de la ville de Dijon, le Procureur Scindicq ouy, a délibéré que l'on fera achapt incessamment desdictz douze cents pyez et douze cents pelles aux frais de ladicte ville pour servir audict siége, sauf à faire le recouvrement de ce qu'ilz cousteront sur les deniers destinés par Sa Majesté pour ledict siége de Seurre; et ont esté commis pour faire ledict achapt les sieurs Malpoy et Foucher, Chavansot et Louis, qui dresseront procès-verbaux de ce que le tout aura cousté, qui demeurera entre les mains du Secrétaire pour poursuivre les recouvrements.

XC

Du vendredy septiesme de mars 1653, en la Chambre.

M. Millotet, Vicomte maieur, a faict rapport à la Chambre de son voyage de Paris, et a dict qu'il avoit obtenu l'arrest du restablissement du Procureur Scindicq, le restablissement des sommes rayées au compte des octroys des farines, avec lettres patentes signées en commandement de passer lesdictes partyes ; qu'ayant faict compliment à la Reyne de la part de la ville, et l'ayant asseurée de l'affection d'icelle au service du Roy, elle en auroit tesmoigné de grands ressentimens d'affection; que, comme M. le Garde des Sceaux estoit présent, elle luy commanda de sceller tout ce que ledict sieur Millotet désireroit, ledict sieur Garde des Sceaux, en ceste considération, ayant faict grâce des droictz du sceau pour le surplus des affaires de ladicte ville. Il y avoit faict son possible, et espéroit que touttes choses iroient à la satisfaction de ladicte ville, et a déclaré que quoyque son voyage luy couste plus de huict cents livres, néantmoings il se contentoit de trois cents livres, qui luy furent données en mandement lors de sa députtation. La Chambre a remercié ledict sieur Millotet de ses soings et affections, dont toutte la ville luy resteroit éternellement obligée, et encore de ce qu'il se contente de sy peu de chose pour son voyage.

XCI

Extraordinaire. — Du lundy dixiesme mars mil six cent cinquantre-trois, en la Chambre de ville, à deux heures après midy.

M. Millotet, Vicomte maieur.

ESCHEVINS. — MM. Bouhardet, Marc, advocat, Dorge,

Bonnard, Chavansot, Joly, David, Pelletier, Galloche, Malpoy, Collé, Clavin, Louis, Marc, Foucher.

PRUDHOMMES. — MM. Estienne Beruchot et Symon Jobard.

M. Jullien Chevallier, procureur scindicq.

SUBSTITUDZ DU PROCUREUR SCINDICQ. — MM. Jean de Desvarenne, Anthoine Thielley, Claude-Noël Verruot, Parisot, receveur,

Et quatre à cinq cents habitans des parroisses qu'il a esté impossible au secrétaire d'escripre, parcé que M. le maire commença à parler, et dont a esté dressé le procès-verbal cy-après.

Les Vicomte maieur et Eschevins de la ville de Dijon, à tous qu'il appartiendra, sçavoir faisons que, suyvant la délibération du septiesme du présent mois de mars mil six cent cinquante-trois, publiée aux prosnes des églises, et par les carrefours; nous estans treuvés en la Chambre du Conseil de ladicte ville, cejourd'huy lundy dixiesme de mars mil six cent cinquante-trois, ou estoient plusieurs habitans de toutes conditions, en nombre de plus de quatre et cinq cens, la Chambre du Conseil de ladicte ville estant entièrement pleine, adyertys par le son de la cloche de leur parroisse, M. Millotet, Vicomte maieur, a faict entendre à la Compagnie que l'on s'estonneroit peut-estre sy la convocation n'avoit esté faicte à l'ordinaire, que l'on avoit accoustumé de faire une liste de tous ceux que l'on désiroit faire treuver aux assemblées génerailes que l'on appelle de nottables; mais que la Chambre avoit creu, puisque les listes et le choix de personnes particulières pouvoient causer des jalousies, de faire publier par les églises des parroisses et par les carrefours, à son de trompe et cry publicq, que tous les habitans de ladicte ville de quelques qualitté et condition qu'ilz fussent, eussent à s'y treuver pour délibérer et donner leurs opinions sur les affaires qui concernoient l'utilité et le bien publicq dont il s'agissoit en ce rencontre, et puisque le magistrat avoit esté choisy par tout le peuple, et debvoit esclairer un chacun, il avoit esté treuvé à propos d'advertir la ville de l'estat des affaires d'icelle, ce qui le faschoit estoit de ne la pas représenter en un estat plus fleurissant, puisque s'il y avoit du mal, sans taxer personne en particulier, il ne pouvoit provenir de son temps, et n'en estoit la cause ; mais comme il falloit s'arrester à ce qui pressoit le plus, que la convocation faicte de tous les habitans estoit pour adviser à qui estoit à faire par leur conseil, affin qu'à l'advenir le publicq fut soullagé, et que rien ne se puisse faire ny entreprendre sans luy en donner une cognoissance particulière pour l'establissement d'un meilleur ordre. Qu'il s'estoit recogneu dans les comptes rendus par le sieur Nicolardot, cy-devant receveur, que l'on paye des arrérages de plusieurs rentes dont l'on a faict aucun employ en recepte au proffict de ladicte ville des principaux d'icelle ; que la ville estoit grandement chargée de debtz, laquelle n'avoit que trois sortes de natures de deniers, sçavoir l'ancien patrimoine, les tailles et les octroys, que chacque nature de deniers doibt porter ses charges, que les octroys peuvent porter leurs charges, mais que pour le patrimoine et les tailles, ilz n'estoient suffisans, puisque le patrimoine qui n'est d'environ que de trois mil livres, est chargé de despance de près de neuf mil livres, et les tailles qu'il s'est treuvé prez de dix huict cens livres de diminution ensuitte d'arrest de deffences obtenu par plusieurs particuliers de les contraindre, outre quantité de mauvais deniers qui reviennent par an à quinze à dix huict cens livres, et par conséquent comme il manque par an pour fournir à la despance qui est nécessaire à faire de touttes sortes de natures plus de dix sept mil livres, quelques ménages que l'on ayt peu faire, et qu'il est deu des années précédentes près de vingt mil livres de tailles royalles, il estoit impossible de faire ledict payement sans treuver un fond certain ; outre qu'il estoit très nécessaire de faire fermer le fauxbourg d'Ousche, affin qu'en cas d'entreprise sur les moullins par les ennemys de l'Estat, les habitans faisant la garde audict

fauxbourg d'Ousche soyent à couvert, et ne pas souffrir le
reproche que l'on pourroit faire à ce sujet, faute de quelques
menues réparations qui ne conserveront pas seullement le
fauxbourg, mais encore l'hospital, qui estoit un si bel ouvrage; que s'il s'estoit faict des changemens depuis peu,
c'estoit pour treuver du soulagement à l'advantage de la
ville, le secretariat n'ayant esté publié de délivrance à faculté
de reachapt perpétuel, que pour treuver un moyen facille
d'en tirer quelque chose pour parvenir à l'acquittement des
debtz de ladicte ville, et en diminuer les esmolumens; au lieu
que ceux qui l'ont posseddez cy-devant le voulloient rendre
héréditaire en leur famille par les grands proffictz qu'ilz en
tiroient; que sy l'on avoit supprimé les conseilz, cela avoit
esté jugé à propos par la Chambre, puisque comme les plus
riches de la ville qui debvoient porter et payer de grandes
tailles, ilz estoient par ce moyen deschargés et soulagés de
la moytié, outre que l'on tiroit d'eux, des advis de nottables,
sommes de deniers par an inutillement et à la foule du publicq; mesme s'en treuvoit un qui avoit tiré jusques à mil livres pour un an, puisqu'il y avoit toujours à présent dans la
Chambre quantité d'advocatz qui donnoient leur peyne et
leur travail sans aucunes récompenses, et que s'il se treuvoit
quelque chose de difficile, l'on pourroit advertir les principaux advocatz de la ville, qui ne refuseroient pas leur secours et bon conseil. Néantmoings quoyque le receveur pressast tous lez jours la Chambre d'augmenter le fonds des
tailles ou faire emprunct, affin de satisfaire au payement de
ce qui est deu des tailles royalles du passé, et esvitter les
frais dont il estoit menacé et pour payer l'estappier des
advances qu'il faict aux gens de guerre qui passent en ceste
ville, la Chambre n'a voullu faire aucun emprunct ny allié-
nation que par l'advis de tous les habitans convocquez pour
ce subject; lesquelz estoient encore advertys qu'il y avoit
plusieurs choses qui regardoient la seureté publicque estant
nécessaire de faire plusieurs réparations sur les rempartz et

murailles, la ville ayant besoing de poudres, mesches et autres munitions de guerre, attendu le temps présent, et que les ennemys de l'Estat, jaloux de la gloire des armées du Roy, pouvoient venir au secours de Seurre que Sa Majesté estoit résolue de faire assiéger dans peu de temps, quoyque Sadicte Majesté et ses ministres eussent prévu par leur prudence de mettre des trouppes sur la frontière, pour les en empescher; à quoy il ne seroit pas temps de remédier, si les ennemys parroissoient, ceste ville debvant toujours estre munye comme la capitale; qu'il y avoit encore à pourveoir au nettoyement de la ville où chacun estoit interessé pour la santé publicque. Touttes ces choses ne se pouvant faire sans frais, ainsy c'estoit à eux d'adviser sy l'on augmenteroit les tailles, sy l'on feroit empruncter ou sy l'on aliéneroit du patrimoine de ladicte ville et sy l'on convocqueroit tous Messieurs les privillégiés, pour les obliger de contribuer pour leur part et portion chacun comme ilz sont tenus, à la construction d'une muraille neufve qu'il faut faire pour fermer le fauxbourg d'Ousche, à réparer les murailles, à achepter des munitions de guerre, et à faire un fond pour le nettoyement des boues de ladicte ville, ce qui estoit très nécessaire, puisque les médecins de ceste ville attestoient que les boues avoient causés les malladies du temps les années passées qui ont tant ruynés et désolez de familles, tous les habitans ayant esté jusques à présent refractaires, pour l'obéyssance aux délibérations de ceste Chambre qui leur ordonnoient de nettoyer chacun en droict soy, la police estant tellement mesprisée au subject des appellations que l'on interjette et par le grand temps qu'il faut pour les instruire et faire juger, que quelquefois l'on est contrainct de tout abandonner, invittoit à ce moyen tous les habitans de donner leurs advis pour délibérer sur ce qui estoit à faire en ce rencontre. La Chambre du Conseil de la ville de Dijon, de l'advis de tous les habitans présens en ladicte Chambre et du procureur sindicq, a délibéré que Messieurs du Parlement de la Chambre des comptes, du clergé et du trésor seront invittés d'entrer en conférence et s'assembler avec M. le Vicomte maieur et quatre Eschevins qui seront députtés par ladicte Chambre pour adviser et treuver les moyens d'avoir un fond certain affin de faire fermer le fauxbourg d'Ousche, réparer les murailles de ladicte ville, achepter des poudres et autres munitions de guerre nécessaires pour la conservation et deffence d'icelle, et pour nettoyer ladicte ville, et ce, le plus promptement que faire se pourra, pour esvitter aux accidentz qui en pourroient arriver.

Que cy après Messieurs les Vicomte maieur et Eschevins ne pourront faire aucun emprunct pour quelque cause et raison que ce soit, ny aliéner aucune chose des biens et patrimoines de ladicte ville, que premièrement le peuple n'ayt esté convocqué pour y donner consentement, et que l'on ne sçache le subject de l'emprunct ou aliénation qui pourroit estre faicte, et qu'ilz n'en ayent un pouvoir particulier par délibération de tout le peuple convocqué à la forme de la présente assemblée, à peyne d'en respondre en leur propre et privé nom.

Que cy après, chacune nature de deniers portera ses charges, et ne pourra estre divertye qu'en la restablissant d'autre nature dont le fond sera certain.

Qu'il ne sera payé aucuns arrérages de rentes cy-après aux prétendus créanciers de la ville, qu'au préalable lesdictz créanciers n'ayant donné coppie de leur contrat au receveur de ladicte ville pour recognoistre sy leur rente est bien et légitimement d'eue, et s'il y a poinct de garantie à exercer au proffict de ladicte ville avec deffences au recepveur de cy-après en payer aucunes qu'il n'ayt eu coppie desdictz contractz, à peyne de radiation en son compte.

Que ceux qui ont touschés les deniers des rentes dont l'employ en recepte ne se treuve dans les comptes de la ville, et n'est entré à son utilité, seront poursuyvis à faire descharger ladicte ville du principal, et restituer les intéretz des sommes qu'on a peu payer par erreur avec intérestz et despens.

Que Messieurs les Vicomte maieur et Eschevins pourront alliéner à faculté de rachapt perpétuel le secrétariat de la dicte Chambre, sy l'on le juge à propos, à telle personne et pour telle somme qu'ilz jugeront capables et treuveront bon, sans pouvoir aller au contraire.

Que la délibération faicte par la Chambre le cinquiesme du présent mois, de l'advis des sieurs officiers des parroisses, contre ceux qui refuseront d'obéyr aux délibérations de la Chambre, quand ilz seront choisys et esleuz pour porter les charges de capitaines, lieutenans et enseignes des parroisses, sera exécutée sans pouvoir estre revocquée ny modérée.

Que la délibération faicte par la Chambre, par laquelle les conseilz de la ville ont esté supprimés et a esté permis à ladicte Chambre de se servir en cas de nécessité de tel advocat qu'elle adviseroit, sera exécuté.

Que pour le payement des tailles et autres debtz deus par la ville des années passées, la taille sera augmentée de telle somme qu'il sera jugé à propos par la Chambre de ville, à commencer au prochain département qui sera faict d'icelle.

Que pour corriger les abus qui se sont glisséz du passé en faisant la taille, ou il a esté recogneu que par faveur ou autrement les habitans cottisables n'ont pas esté imposéz à proportion de leurs facultéz, les riches s'estans visiblement deschargés et les pauvres surchargés, que la taille qui doibt estre faicte au mois de mars prochain par Messieurs les Eschevins de ladicte ville, se fera au grand bureau de ladicte Chambre en présence des prudhommes qui y seront appelés sy la Chambre le juge à propos, et pour cette fois seullement, affin de régler la taille que chacque habitant doibt porter, payer, et estre imposé selon ses facultés, sans que l'on se puisse arrester aux trois derniers rooles pour cotter aucun sur taux; auquel effect la Cour sera très humblement suppliée à la dilligence du procureur scindicq d'homologuer la présente délibération pour esvitter les difficultés qui pourroient naistre à ce subject. Quoy faict, M le Vicomte maieur a invitté tous les habitans d'obéyr à leurs officiers de paroisses pour la garde, affin que par une bonne union et obéissance au service du Roy et au bien publicq, touttes choses aillent comme elles doibvent, et la ville soit en seureté.

Et a esté octroyé acte à M. Pierre Monnin, advocat, à sa réquisition de ce qu'il a dict qu'il n'avoit pas tenu en luy qu'il n'eusse effectué les offres qu'il avoit faictes au subject du secrétariat.

XCII

Du lundy cinquiesme may mil six cent cinquante-trois.

M. Millotet, Vicomte maieur;

M. Jullien Chevallier, Procureur Scindicq;

Monseigneur le duc d'Espernon, Gouverneur de ceste province, est sorty de ceste ville cejourd'huy à unze heures du mattin pour aller assiéger Seurre par ordre du Roy.

Sera remarqué que le jour d'hier quatriesme du présent mois, Messieurs de la Chambre furent en corps au Logis du Roy dire adieu à Son Altesse et l'asseurer de l'obéissance, le remercier de sa protection et des faveurs qu'il a faictes à la ville, laquelle il a faict descharger de trois mil livres à laquelle il avoit esté imposé pour le quartier de Pouilly et de ceux de pionniers que l'on debvoit fournir pour aller travailler au siége de Seurre; M. Millotet ayant porté la parolle, luy a faict un très éloquent discours sur ce subject dont il l'a remercié, et toutte la Chambre ayant tesmoigné qu'il ne pouvoit rien refuser au méritte de M. Millotet, Vicomte maieur.

XCIII

Du mardy treiziesme may mil six cent cinquante trois.

M. Millotet, Vicomte maieur;

M. Jullien Chevallier, Procureur Scindicq;

M. Millotet, Vicomte maieur, a dict à la Chambre qu'ayant receu lettre de Son Altesse par laquelle il luy mandoit de luy envoyer sans retard un millier de poudre, trois milliers de plomb et trois de mesches qu'il promettoit faire restituer et restablir au magasin de la ville, pour avoir besoing de ladicte munition au subjet du siége de Seurre, il assembla le plus qu'il peust de Messieurs les Eschevins comme cela estoit pressé; et ensuitte a faict conduire par le sieur Clavin, Eschevin, à Son Altesse estant devant Seurre, mil trois cent quatre-vingts et quinze livres de plomb, neuf cent vingt-cinq livres de mesches et sept cent soixante et dix livres de poudre qui ont esté livrées suivant le procés verbal de la réception du sieur Berthier? que ledict sieur Clavin représentoit. A dict aussy que Son Altesse luy a escript que l'on ayt à luy faire faire incessamment quatre vingts mantelets pour servir audict siége, et d'avancer le prix dont il promettoit le remboursement et en respondoit; que sy la Chambre ne vouloit advancer l'argent pour ce faire, qu'il offroit de le faire en son particulier; cela ne luy devant estre refusé, invittoit la Chambre de délibérer sur lesdictes propositions. La Chambre du Conseil de la ville de Dijon a appreuvé et appreuve l'envoy et prest faict par ledit sieur Millotet desdictes poudres, plomb et mesches, puisque c'est pour le service du Roy, bien et utillité de ladicte ville, et que Son Altesse l'a désiré. A délibéré que par le sieur Parisot, Receveur de ladicte ville, il sera fourny et mis entre les mains de M. le Vicomte maieur la somme qu'il faudra pour payer les mantelets que demande Son Altesse, et ausquels ledict sieur Vicomte maieur a commencé de faire travailler, suivant les marchefs qui en seront par luy faicts, lequel sieur Vicomte maieur ladicte Chambre a chargé de faire son possible auprès de Son Altesse pour procurer la restitution desdictes poudres, plomb et mesches, et le remboursement de ce qui aura esté payé pour les mantelets, puisque ledict Seigneur le promet par ses lettres.

XCIV

Du vendredy seiziesme may mil six cent cinquante-trois.
M. Millotet, Vicomte Maieur;
M. Jullien Chevallier, Procureur Scindicq;
La Chambre du Conseil de la ville de Dijon a ordonné et ordonne que maistre Parisot, Receveur de ceste ville, retiendra par ses mains des deniers de sa recepte la somme de trois cens quatre-vingt-douze livres d'un costé, et quarante-huit livres d'aultre par luy payées par ordre de ladicte Chambre, sçavoir : à Nicolas Delorme, maistre charpentier, ladicte somme de trois cens quatre-vingt-douze livres pour avoir faict et fourni quarante-neuf mantelets pour servir au siége de Seurre, à raison de huict livres pour chacun; et à François Gendrot, quarante huict livres pour six mantelets par luy faicts et fasonnés pour servir audict siége, à ladicte raison de huict livres pour chacun, et lesquels ont esté envoyés par l'ordre de Son Altesse, Monseigneur le duc d'Espernon suivant le marchef, et faict par M. le Vicomte maieur qui en a receu ordre dudict Seigneur duc d'Espernon, et raportant ceste et quittance desdicts Delorme et Gendrot lesdictes deux sommes convenantes à celle de quatre cens quarante livres vous seront passées au compte que rendrés à ladicte ville.

Autre mandement à Jean Baillon, artilleur à Dijon, de la somme de quarante-cinq livres pour dix-huict hallebardes qu'il a vendues et livrées pour servir au siége de Seurre, à raison de cinquante solz chacune.

Sera expédié mandement à Jean Piransy, marchant, de la somme de quarante-deux livres pour quatorze hallebardes acheptées de luy pour envoyer au siége de Seurre.

XCV

Extraordinaire. — Du dimanche dix-huictiesme may mil six cent cinquante-trois.

Messieurs Joly et Marc, advocats eschevins, députtés par délibération de vendredy dernier pour visiter M. le Doyen Baillet, ont dict avoir veu iceluy et l'avoir invitté de la part de la Chambre d'assembler le clergé pour délibérer des prières publicques pour la prospérité des armes de Sa Majesté et pour la prise de Seurre, lequel leur a dict avoir escript à Son Altesse Monseigneur le duc d'Espernon, Gouverneur de ceste province, commandant l'armée devant Seurre. Sur ce, la Chambre du Conseil de la ville de Dijon a délibéré que lesdicts sieurs Joly et Marc verront encore ledict sieur Baillet et le prieront de la part de la Chambre, d'invitter Messieurs du clergé de commencer incessamment des prières publicques, de faire exposer par touttes les églises le Sainct-Sacrement, affin de prier la divine Majesté pour la prospérité des armes de Sa Majesté et pour la prise de Seurre, ausquelles prières tous Messieurs de Chambre assisteront en corps.

XCVI

Extraordinaire. — Du dimanche dix-huictiesme may mil six cent cinquante-trois.

La Chambre du Conseil de la ville de Dijon a délibéré

qu'il sera achepté six fillettes de vin pour envoyer par présent à Son Altesse Monseigneur le duc d'Espernon, estant au siége de Seurre, et quelques pâtés de venaisons et jambons de Mayance; deux fillettes pour présenter à M. l'Intendant, et deux à M. de Sainct Quantin; que M. le Maire députtera quelqu'un pour les conduire et les aller présenter; auquel effect il leur sera escript de la part de la Chambre par le secrétaire, de l'avoir pour agréable; et ont esté commis et députtés les sieurs Dorge et Chavansot pour aller présenter lesdicts vins et pâtés.

XCVII

Du sabmedy vingt-quatriesme may mil six cent cinquante-trois.

M. Dorge a dict que suivant l'ordre et députation qui luy fut faicte de sa personne et de celle du sieur Chavansot aussy eschevin, par M. le Vicomte maieur, suivant la délibération de dimanche dernier, ils se sont acheminés à Pagny, où est le quartier de Son Altesse au camp devant Seurre, et luy ont présenté de la part de la ville six fillettes de vin et six pâtés, à M. de Saint-Quantin deux fillettes de vin et à M. l'Intendant deux fillettes, lesquels avoient tesmoigné grande satisfaction de ce resouvenir, les avoient chargés d'en remercier la Chambre de leur part, ce qu'ils faisoient pour satisfaire à leur debvoir. La Chambre du Conseil de la ville de Dijon a remercié lesdictz sieurs Dorge et Chavansot de la peyne qu'ils ont prise, et a esté délibéré qu'il sera pourveu à un mandement pour les dédommager des frais de leur voyage, et pour payer lesdictz six pâtés et dix fillettes de vin.

XCVIII

Extraordinaire. — Du sabmedy vingt-quatriesme may mil six cent cinquante trois.

De la part des Vicomte maieur et Eschevins de la ville de Dijon il est faict sçavoir à tous les habitans de ladicte ville que demain dimanche vingt-cinquiesme du présent mois de may, les prières de quarante heures se commenceront à la Saincte-Chapelle, où la sacrée et très saincte miraculeuse Hostie sera exposée pendant trois jours, ordonné à tous les habitans de la ville de fréquenter ladicte église et s'y rendre sur les six et huict heures du soir de chacque jour où les prières se feront affin d'obtenir de sa divine Majesté qu'il luy plaise de faire prospérer les armes de nostre Roy, obtenir une prompte réduction de la ville de Seurre assiégée à son obéissance, nous donner la paix et la tranquillité dans la province, ce qui sera publié à son de trompe et cry publicq par les carrefours, à ce qu'aucun n'en prétende cause d'ignorance et ayt à faire son debvoir.

XCXIX

Du mercredy quatriesme de juin mil six cent cinquante-trois.

M. Millotet, Vicomte maieur, a dict à la Chambre qu'il a receu lettre de Son Altesse Monseigneur le duc d'Espernon, gouverneur de ceste province, du camp de Seurre, qui luy mande d'avoir créance à ce que luy escript M. l'Intendant, lequel luy mande que Son Altesse, au retour de la prise de Seurre, désire faire son entrée de Gouverneur de la province en ceste ville deans le quinziesme du courant, ce qui l'a obligé d'assembler la Chambre et de faire advertir les capitaines, lieutenans et enseignes des parroisses pour se disposer à ladicte entrée, affin de la rendre la plus célèbre et solennelle que faire se pourra et treuver moyen pour en faire la despence. Et que les officiers des parroisses disposent de bonne heure les habitans de les tenir en estat pour ce subject, estant impossible de recognoistre les obligations que l'on a à Son Altesse, par les grands soings qu'il prend de délivrer la province d'une ville rebelle qui la perd et qu'il espère bientost de réduire à l'obéissance de son Roy.

La Chambre du Conseil de la ville de Dijon, de l'advis des capitaines, lieutenants et enseignes des parroisses, a délibéré qu'il sera travaillé incessamment aux desseins de ladicte entrée, pour faire icelle quand il plaira à Son Altesse, où tous les habitants de ladicte ville, depuis l'âge de seize ans jusques à cinquante, marcheront en armes et se tiendront au meilleur esquipage que faire se pourra, affin de rendre le plus d'honneur que l'on pourra à Son Altesse, et qu'il y sera plus amplement délibéré après que l'on en aura receu des nouvelles. M. le Vicomte maieur demeurant chargé de luy escripre de la part de la Chambre et luy tesmoigner que la ville ne peult recevoir une plus grande joye que celle de son retour, et le voir faire son entrée en icelle.

C

Du mardy dixiesme juin mil six cent cinquante trois,

M. Millotet, Vicomte maieur, M. Arviset, escuyer, curé et trésorier de Sainct-Estienne, et le sieur Filz Jean, chanoine de ladicte église, ayans demandé d'entrer en la Chambre, ce que leur ayant esté accordé et de prendre place au dessus du premier Eschevin, ils ont invité la Chambre d'assister ce jourd'huy à une grande messe qu'ils veuillent célébrer en leur église pour rendre grâce à Dieu de la prise de Seurre. M. le Vicomte maieur les a remercié de leur affection et leur a dict qu'à la mesme heure ils estoient invittés d'assister au *Te Deum* que Messieurs de la Saincte-Chapelle doibvent chanter pour ce subject, tellement qu'il a esté délibéré que ladicte grande messe ne seroit commencée qu'après le *Te Deum* chanté en ladicte Saincte Chapelle et que tous Messieurs de la Chambre assisteront tant audict *Te Deum*, en la Saincte-Chapelle, qu'à ladicte grande messe en ladicte église Sainct-Estienne.

CI

Du mardy dixiesme juin mil six cent cinquante trois.

Sera faict délibération pour l'entrée de Son Altesse Monseigneur le duc d'Espernon, affin que chacun se tienne prest pour le vingt-cinq ou vingt-sixiesme de ce mois.

La Chambre du Conseil de la ville de Dijon a délibéré que les sieurs Galoche et Archer, Eschevins qu'elle à commis, emprunteront à cours de rente jusques à la somme de dix mil livres pour subvenir aux frais de l'entrée de Son Altesse, auquel effet engageront spécialement le revenant bon de l'octroy du redoublement des farines, qui ne pourra estre diverty cy-après ny employé à autre chose qu'au payement des arrérages.

CII

Du mardy dixiesme juin mil six cent cinquante-trois.

Messieurs de la Chambre ayans esté advertis que l'on les attendoit à la Saincte Chapelle, y sont tous allés en corps où ils ont assisté au *Te Deum*; lequel finy, se sont rendus en l'église Sainct-Estienne, où ils ont entendu une grande messe qui a esté chantée en musique, à la fin de laquelle il a esté chanté un *Exaudiat*, aussy en musique, pour remercier Dieu de la prise de Seurre par Son Altesse Monseigueur le duc d'Espernon, qui a réduit ceste ville rebelle à l'obéissance du Roy, et ont esté tirés les canons.

CIII

Du mardy dixiesme juin mil six cent cinquante trois.

M. Millotet, Vicomte maieur, a dict que le voyage qu'il a faict auprès de Son Altesse au camp de Seurre, n'a pas esté inutile, ayant obtenu le divertissement de huict régiments, tant de cavalerie que d'infanterie, qui debvoient venir loger en ceste ville, Son Altesse lui ayant promis touttes assistances et faveurs pour ceste ville, dont la Chambre lui estoit obligée. La Chambre du Conseil de la ville de Dijon a remercié ledict sieur Vicomte maieur de ses soings et affections, et l'a prié de les continuer auprès de Son Altesse.

CIV

Du vendredy treiziesme juin mil six cent cinquante trois.
M. Millotet, Vicomte Maieur.

Représentation faicte par le secrétaire, d'une lettre de Son Altesse, Monseigneur le duc d'Espernon, gouverneur de ceste province, ouverture et lecture faicte d'icelle, par laquelle Son Altesse escript comme il a réduit Seurre à l'obéissance du Roy. La Chambre du Conseil de la ville de Dijon a délibéré qu'il sera rendu grâce à Dieu de ceste réduction, que l'on fera chanter une grande messe à Nostre-

Dame, après l'octave, et que le secrétaire luy fera responce sur le subject de ladicte lettre.

Ledict jour il a esté procédé en l'auditoire de la mairie, à la délivrance de la menuiserie et charpenterie nécessaires pour servir à l'entrée de Son Altesse, suivant le devis représenté par M. Godran.

CV

Du sabmedy quatorziesme juin mil six cent cinquante trois.

M. Millotet, Vicomte maieur, a dict qu'il a faict encore assembler la Chambre et les sieurs officiers, pour délibérer sur le faict de l'entrée de Son Altesse, et treuver moyen de treuver deniers à cours de rente pour subvenir aux frais d'icelle. La Chambre du Conseil de la ville de Dijon, de l'advis des capitaines, lieutenans et enseignes des parroisses, a délibéré qu'il sera rendu à Son Altesse les mesmes honneurs qu'à Messieurs les cy devant gouverneurs et davantage sy faire se peult, et qu'il sera pris à cours de rente deniers pour subvenir aux frais d'icelle par les sieurs eschevins députtés, ausquels sera délivré extraict de la présente délibération.

CVI

Le dimanche quinziesme de juin mil six cent cinquante trois.

Messieurs les Vicomte maieur, garde des évangilles, eschevins, scindicqs, secrétaire, prudhommes et substituts, après avoir ouy la messe en l'église des pères Jacobins, célébrée devant l'aultel de la Saincte-Trinité, tous les sergents de la mairie, avec les trompettes et les tambours devant eux, seront rendus devant le portail de Sainct-Philibert et ayant pris place aux siéges à eux préparés pour ce subject, M. le Vicomte maieur a remercié le peuple et la Chambre du choix de sa personne, pour porter la charge de Vicomte maieur, l'année dernière et la présente, de laquelle il s'estoit acquitté avec tous les soings, affection et amour qu'il luy avoit esté possible. A remercié messieurs les eschevins de leur bon conseil et assistance, et loué le choix qu'ils ont faict de M. Galloche pour garde des évangilles, ce qu'il a faict avec un discours très docte et éloquent à son ordinaire et a remis les marques de la magistrature, qui lui avoient esté déposées entre les mains du procureur scindicq dont il a requis acte. Ledict procureur scindicq a remercié ledict sieur Vicomte maieur de sa bonne conduite avec laquelle il s'est gouverné pendant l'année en ladicte charge, a tesmoigné la joye qu'il avoit de la nomination de M. Galloche pour garde des évangilles. A parlé des vertus de Son Altesse, et de l'obligation que le peuple avoit au Roy de nous l'avoir donné pour gouverneur, avec monseigneur de Candalle, son fils, et a remis les marques de la magistrature entre les mains du sieur Galloche, garde des évangiles, pour les représenter et remettre en celle d'y celui qui sera esleu Vicomte maieur, lesquelles il a acceptées ausdictes conditions. Ayant ledict sieur Galloche, remercié messieurs de la Chambre de leurs affections de l'avoir esleu en ladicte charge, et souhaité de pouvoir, comme Epaminondas, administrer icelle sy dignement, qu'il en put estre loué du peuple. Ayant protesté publiquement que pendant le temps qu'il exerceroit icelle, de ne souffrir aucune altération aux priviléges de ladicte ville, et a promis de représenter et remettre les marques entre les mains de celuy qui sera esleu Vicomte maieur. Le secrétaire n'ayant peu retenir le discours desdicts sieurs de mot et aultre, à cause de la grande foule du peuple qui l'empeschoit d'escripre. Lesquels discours finis, le sieur Galloche a esté reconduict en son hostel.

CVII

Du dimanche quinziesme juin mil six cent cinquante trois, trois heures après midy.

Monsieur Galloche, garde des Evangilles.

A esté délibéré que messieurs les eschevins se treuveront en la Chambre des peintres, les uns après les austres, à une heure qu'ils choisiront, pour les veoir et faire travailler, et commenceront demain depuis les six heures jusques à midy, qu'il sera relevé par le second aussi subsécutivement.

Sur ce que Jean Perrenet, maistre charpentier à Dijon, a remonstré que les maistres charpentiers de ceste ville refusent de luy fournir des hommes pour travailler aux ouvrages de l'entrée de Son Altesse, la Chambre du Conseil de la ville de Dijon a ordonné et ordonne à tous les maistres charpentiers de ceste ville, de fournir des compagnons audict Perrenet, pour travailler avec luy à ce qui est nécessaire dudict mestier pour ladicte entrée, en leur payant leur journée, à peine de cinquante livres d'amande, et qu'ils y seroient contraints par corps, ce qui sera publié à son de trompe et cry publicq, par les carrefours, à ce que aulcun n'en prétende cause d'ignorance.

CVIII

Du mardy dix-septiesme juin mil six cent cinquante-trois.

M. Galloche, garde des évangilles.

M. Jullien Chevallier, procureur scindicq.

Sur les conclusions du procureur scindicq, la Chambre du

Conseil de la ville de Dijon a délibéré que l'eslection de M. le Vicomte maieur se fera jeudy à la manière accoustumée, ce qui sera faict sçavoir aux habitans, et publié demain, aujourdhuy et jeudy matin.

Mandement à Jean Fagot, Bernard Devenet et Jacques Odmet, porteurs de hottes, pour avoir porté six pâtés et deux jambons de Mayance à Seurre pour présenter à Son Altesse et à M. l'Intendant;

Aultre aux sieurs Dorge et Chavansot, eschevins, de la somme de vingt livres pour le voyage par eux faict au camp de Seurre pour présenter le vin et les pâtés envoyés à Son Altesse;

Aultre à Montpinot, tonnelier, de la somme de quatre livres pour la recherche et reliage du vin envoyé à Son Altesse;

Aultre à Jean Nettement, voiturier, de la somme de vingt-quatre livres pour le charoy par luy faict au camp de Seurre, du vin présenté à S. A. et à M. l'Intendant;

Aultre mandement à Claudine Regnault, vesve de Jean Loison, de la somme de soixante et dix livres pour six pâtés et deux jambons de Mayance acheptés d'elle pour présenter à S. A. et à M. l'Intendant;

Aultre à Mademoiselle Bernard, de la somme de six-vingt livres pour deux queues de vin acheptées d'elle et données à Son Altesse et à M. l'Intendant, et conduictes au camp de Seurre.

CIX

Du jeudy dix-neufviesme juin mil six cent cinquante-trois.

M. Galloche, garde des évangilles.

M. Jullien Chevallier, procureur scindicq.

M. Galloche, garde des évangilles, a dict qu'il fut hier adverty par Piron, huissier à la Cour, de se treuver demain au Pallais, suivant l'ordre que ledict Piron luy dict qu'il en avoit de la Cour, et qu'il avoit faict responce audict Piron, que ce n'estoit pas la coustume d'envoyer advertir le magistrat par un huissier, mais bien par un greffier ou commis de la Cour, et qu'il assembleroit aujourdhuy la Chambre pour en conférer; et que ce matin le mesme huissier luy avoit dict qu'il eusse à obéir, et se rendre au Pallais incessamment pour entendre les ordres de la Cour; à quoy il avoit encore faict responce qu'il avoit charge de la Cour de lui dire assembler la Chambre pour délibérer sur ce subject : ce qui avoit donné lieu à ceste assemblée affin de conserver l'honneur et aucthorité du magistrat, veu le registre de l'année 1636 et 1637, par laquelle il s'est recogneu que M. le Vicomte maieur pour lors ayant refusé d'aller au pallais où il fut mandé par un huissier, il luy fut envoyé le greffier Saumaise. La Chambre du Conseil de la ville de Dijon, le procureur scindicq ouy, a délibéré que deux des sieurs eschevins seront présentement députtés pour aller au Pallais sçavoir de Messieurs du Parlement ce qu'ils désirent de M. le Garde des évangilles, et les suplier de conserver l'honneur et l'aucthorité du magistrat, et le faire advertir par l'un de leurs greffiers ou commis, ainsy qu'il se practique lorsque l'on désire le mander au Pallais. Et ont esté commis et députtés à l'instant les sieurs David et Marc, advocatz eschevins, lesquels sont allés au Pallais pour s'acquitter de la commission cy-dessus; et quelque temps après retournés, ledict sieur David a dict qu'il avoit faict entendre à la Cour le subject de sa députation, et que M. le Premier Président leur avoit dict qu'ils eussent à se retirer dans la chambre des huissiers, ce que la Cour délibéreroit, et luy feroit sçavoir son intention; et après avoir attendu quelque temps l'on les a faict entrer en la Chambre, où ledict seigneur Premier Président leur a dict que M. le Garde avoit tort de n'avoir pas obéy aux ordres de la Cour, et qu'elle désiroit luy parler; et jusque à ce qu'il eusse receu les ordres de ladicte Cour en personne, icelle leur faisoit deffence de passer oultre à l'eslection de M. le Vicomte maieur. Quoy ouy, par la Chambre a esté délibéré, attendu l'heure qui presse, de procéder à l'eslection dudict sieur Vicomte maieur, publiée à cejourdhuy, que ledict sieur Garde des évangilles ira présentement au Pallais pour recevoir les ordres de la Cour sans tirer néantmoings à conséquence pour l'advenir, et qu'il sera assisté des sieurs Bouhardet, Calon, Clavin, David, Dorge et Marc, advocats eschevins commis. Lesquels avec ledict sieur Garde des évangilles s'estans rendus au Pallais, retournés, ledict sieur Garde a dict que la Cour avoit désiré de sçavoir par sa bouche le subject pourquoy l'on avoit faict publier l'eslection dudict sieur Vicomte maieur à cejourdhuy, puisque d'ordinaire elle ne se faict que trois jours francs devant la sainct Jean, et que c'estoit demain le jour de procéder à ladicte eslection. A quoy ledict sieur Garde avoit dit que au subject des affaires qu'avoit la Chambre demain toutte la journée, tant pour l'entrée de S. A. que pour la délivrance du huictiesme, ladicte eslection avoit esté advancée, cela n'estant pas nouveau, et s'estoit practiqué plusieurs fois en ceste Chambre, les registres estans remplis de plusieurs exemples, ladicte Cour leur auroit faict deffence de passer oultre à ladicte eslection et différer jusques à demain de faire icelle : ainsy c'estoit à la Chambre d'adviser ce que l'on feroit en ce rencontre. Les opinions prises, la Chambre du Conseil de la ville de Dijon a délibéré, attendu les affaires qui sont survenues à l'heure tardive, qu'il sera faict délibération pour faire publier l'eslection de M. le Vicomte maieur à demain sept heures du matin, avec ordonnance à tous les habitans d'y assister et s'assembler au son de la cloche, chacun en leur parroisse, pour de là se rendre aux Pères Jacobins, affin de donner leur suffrage pour ladicte eslection, ainsy qu'il est accoustumée ; ce qui sera publié à son de trompe et cry publicq par les carrefours, à ce qu'aulcun n'en prétende cause d'ignorance.

CX

Au nom de dieu. — L'an de grâce mil six cent cinquante-trois, le vendredy vingtiesme jour du mois de juin, neuf heures du matin, au couvent des pères Jacobins de cette Ville de Dijon, en la chapelle de Nostre-Dame de-Bonnes-Nouvelles appellée à présent la chappelle du Rosaire estant à l'entrée dudict couvent, lieu accoustumé pour procéder à l'eslection de M. le Vicomte maieur de ladicte Ville, suyvant la possession immémorialle et priviléges anciens d'icelle, ensuitte des proclamats faicts pour ladicte eslection, les dix-sept, diy-huict et dix-neufviesme du présent mois, publiés par les carrefours à son de trompe et cry publicq, se sont treuvés audict couvent des pères Jacobins, noble Guillaume Galloche, conseiller du Roy, référendaire en la grande chancellerie de Bourgongne, Garde des évangiles.

MM. Jean Bouhardet, advocat, Claude Joly, conseiller du Roy trésorier et payeur des gages de la Cour, Anthoine Calon, advocat, François Clavin, advocat, Maurice David, advocat, Claude Marc, advocat, Nicolas Bonnard, advocat, Claude Dorge, advocat, honorable Pierre Collé, marchand, Jean Godrand, advocat, Jean Archer, garde de la monnoye, Pierre Marc, controlleur des rentes, Blaise Languet, procureur à la Cour, greffier de Sainct-Bénigne, honorable Claude Pelletier, marchand, Claude Chavausot, bourgeois, honorable Nicolas Foucher, marchand, tous eschevins.

M. Jullien Chevallier, procureur à la Cour, scindicq de ceste Ville.

Prudhommes. — MM. Beruchot, notaire royal, honorable Simon Jobart, marchand.

Capitaine du guet assis la nuit sur les murailles et rempartz, Guillaume de Requeleyne.

Les substituds du procureur scindicq.

Ledict procureur scindicq ayant esté depputté avec ses substituds pour aller advertir Messieurs du Parlement, affin d'envoyer Messieurs leurs deputtés pour assister à ladicte eslection et entendre la messe auparavant icelle, ainsy qu'il s'estoit practiqué cy devant, ledict scindicq retourné, a rapporté ausdicts sieurs magistrats qu'il avoit adverty Messieurs les scindicqs de la Cour, que l'on attendoit audict couvent Messieurs les députtés de la Cour et M. l'advocat général pour commancer la messe et assister à ladicte eslection, et qu'après avoir attendu quelque temps en la Chambre des huissiers, la Cour lui auroit faict dire par le sieur Joly, commis au greffe de ladicte Cour, que la Cour, pour cette fois, avoit treuvé bon de ne point députter. S'est treuvé aussy audict couvent noble Fyacre Quarré, conseiller du Roy, auditeur en la Chambre des Comptes, députté par icelle pour représenter l'arrest de ladicte Chambre. La messe ayant esté célébrée au chœur de ladicte église, au grand autel d'icelle ainsy qu'il est accoustumé auparavant ladicte eslection, M. le Garde ayant pris sa place à gauche au premier hault siége, au-dessoubs de lui ledict sieur Quarré, auditeur, et Messieurs de la Chambre en leur ordre du mesme costé.

La messe finye, tous lesdicts sieurs cy-dessus nommés se sont rendus en ladicte chappelle de Nostre-Dame-de-Bonnes-Nouvelles, M. le Garde ayant pris sa place dans une chaire au milieu de ladicte chappelle, ayant les évangilles devant luy pour recepvoir les suffrages des habitans, et à ses costés à droicte lesdicts sieurs eschevins, prudhommes et substituds suyvant leur ordre. A la gauche ledict sieur Quarré aussy dans une chaire et auprès de lui quelques-uns de Messieurs de la Chambre sur des siéges préparés pour le subject, les billets des sept parroisses ayans esté mis dans un chappeau par le secrétaire, pliés et ballottés, tirés d'iceluy se sont rencontrés comme s'en suit :

A sçavoir celuy de la parroisse Sainct-Jean le premier.
Le second celuy de la parroisse Sainct-Michel.

Le troisième celuy de la parroisse Sainct-Philibert.
Le quatrième celuy de la parroisse Sainct-Médard.
Le cinquième celuy de la parroisse Sainct-Nicolas.
Le sixième celuy de la parroisse Sainct-Pierre.
Et le septième celuy de la parroisse Nostre-Dame.

Lesquels ont esté mis à l'instant entre les mains des sept sergens de maire pour les aller porter ès parroisses, y faire sonner suyvant l'ordre desdictes parroisses, affin de venir procedder à ladicte eslection.

Ledict sieur garde des évangilles a ordonné la lecture des délibérations des dix-sept, dix-huict et dix neufviesme du présent mois de juin publiées par les carrefours, concernant l'eslection dudict sieur Vicomte maieur, laquelle ayant esté faicte par le secrétaire, la trompette sonnée par Philippe Blondelle, trompette ordinaire de ladicte Ville, ledict M. Jullien Chevallier, procureur scindicq a faict un excellent discours sur le subject de l'eslection des magistrats, de la considération du lieu où elles se faisoient, des bonnes qualités qu'il doibt avoir, qui se rencontroient en la personne de M. Millotet, conseiller ordinaire du Roy en ses conseils d'estat et privé, advocat général au Parlement de cette province, antique Vicomte maieur de cette Ville, et a représenté une lettre de Sa Majesté qu'il a dict inviter le peuple de l'eslire, et continuer pour cette année Vicomte maieur de cette Ville, de laquelle il requéroit l'ouverture, lecture et enregistrement affin que chacun heust à sçavoir et recognoistre la volonté du Roy en ce rencontre. Laquelle lettre a esté ouverte par le secrétaire et lecture faicte par iceluy de l'ordonnance de ladicte Chambre a esté ordonné par ladicte Chambre qu'elle seroit enregistrée, et dont la teneur en suit :

DE PAR LE ROY. — Très chers et bien aimez. Sçachant que vous debvés bientost procedder à l'eslection des maire et eschevins de nostre ville de Dijon, et considérant combien il importe à vostre repos que la charge de maire soit remplie d'une personne de probité et dont la fidélité et affection à nostre service nous soit cogneue, nous vous faisons cette lettre pour vous dire qu'estant bien informés que le sieur Millotet, conseiller en nos conseils, et nostre advocat général en nostre Cour de Parlement de Dijon, qui exerce à présent ladicte charge de maire, a touttes les qualités susdictes et s'en est acquitté sy dignement, que nous en avons satisfaction. Nostre intention est que vous ayés à le continuer en icelle charge à ladicte prochaine eslection, pour en faire les fonctions jusqu'à la Sainct-Jean de l'année prochaine 1654 seullement. Ce que nous vous mandons et ordonnons de faire sans y apporter difficulté, ny tirer à conséquence pour l'advenir et préjudicier à vos privilléges, dans lesquels nous désirons vous maintenir et conserver; et nous promettant que vous ne manquerez de satisfaire à ce qui est de nostre vollonté, nous ne vous en ferons plus expres commandement. Donné à Paris, le vingt-unième jour de may mil six cent cinquante-trois, signé Louis, et plus bas, Philippeaux ; superscrite : A nos très chers et bien amés les eschevins et habitans de nostre ville de Dijon, et cachetée du sceau et armes de Sa Majesté.

Quoy faict, ledict sieur Galloche, garde des évangilles, a faict un docte et éloquent discours sur les bonnes qualités que doibt avoir celui qui doibt porter la charge de Vicomte maieur, dont l'eslection estoit importante, puisque elle apportoit le fruict et l'utilité au général et au particulier, et leqùel discours est cy après plus amplement rapporté et contenoit ses mots :

Que dira-t-on de moy, qui ne faisant qu'entrer en ce navire, je veux entreprendre de marquer les fautes qui se font à la rame et au thimon au péril de cette navigation, mais comme je me treuve encore au jour naissant et au plus faible commencement de l'expérience qui est la conduitte asseurée des conseils et des plus célèbres actions, je doute que l'on ne fasse le mesme jugement de moy, que fist Budamidas d'un philosophe, lequel n'ayant jamais veu drapeau arboré en campagne, discouroit des marques d'un grand capitaine. Ce propos, dict-il, est merveilleux, mais celuy qui le dict n'en sçait rien, car il n'ouyt jamais en un camp le son de la trompette; ou bien celuy que fist le Lacedémonien de son oyseau, quand il luy dict : tu n'es qu'une voix, et rien plus. Je demeurerois volontiers aux termes de celuy de ce Lacédémonien, puisque mon intention est de n'estre aujourd'huy qu'une voix qui, donnant dans l'air de vos pensées, vous fasse ressouvenir que ce n'est pas la riche beauté des saisons, ny l'abondance plantureuse des moissons qui rend l'année heureuse ; que le sage gouvernement des magistrats contribue beaucoup à ce bonheur, puisque la justice et la paix sont les fruicts qui en naissent, et que c'est par cette raison que l'eslection des magistrats est grandement importante d'autant qu'elle tient la bonne et mauvaise fortune des citez attachées à leur gouvernement; aussy le choix que l'on en faict est l'œuvre des sçavans, car il est bien difficile des mœurs et humeurs d'une personne qui n'a jamais paru en publicq. J'estime, Messieurs, que vous avés suffisamment expérimenté les effets du sage gouvernement de M. Millotet. Vous l'avez veu dans l'exercice de la magistrature estre tantost au Sénat, comme un autre Caton, travailler pour le publicq, ou comme un Périclès à la police, et en toutes les actions qu'il a faictes, n'avoir jamais eu qu'une seule volonté; bref, c'est un homme qui se réserve des vœux et affections libres et entiers pour le service du Roy et le bien publicq, chose rare en ce siècle, où chacun court au son de ce métail comme les abeilles à celuy de l'airain. Aussy le Roy, pour marque de sa fidélité à son service, a, par ses lettres à nous envoyées, qu'il heust à continuer la magistrature pour cette année. Cette considération, Messieurs, m'invitte à vous prier et supplier de peser et considérer la qualité de celuy que vous vous proposez de promouvoir à cette charge. Que ce soient au mérite et à la vérité que ces suffrages soient donnés, affin que cette Ville se réjouysse de veoir son bonheur et son repos consigné entre les mains d'un de ses plus capables citoyens ; et que se treuvant régie et gouvernée par un magistrat orné d'excellentes vertus, touttes sortes de biens découllent sur nous ; enfin que cette année rende un signallé tesmoignage de l'affection que nous avons contribué à l'advancement du bien publicq et au service de Sa Majesté par l'eslection du magistrat que nous debvons faire. C'est à quoy, Messieurs, je vous invitte.

Lequel discours finy, ledict sieur Quarré, auditeur en la Chambre des Comptes, a dict quelque chose que le secrétaire n'a peu entendre ny retenir à cause du bruict et meurmure que l'on faisoit en ladicte chappelle, et a représenté l'arrest donné en la Chambre des Comptes, le dix-huictième du présent mois, signé Legrand, duquel lecture a esté faicte à haute et intelligible voix, par le secrétaire, de l'ordonnance dudict sieur Garde des évangilles, parlequel ladicte Chambre a nommé pour le suffrage du Roy M. Hector Joly, conseiller du Roy, maistre en ladicte Chambre, seigneur de la Grange du Puy pour porter la charge de Vicomte maieur la présente année, et a esté ordonné par ladicte Chambre qu'il seroit registrée, dont la teneur suit :

La Chambre, advertye par le procureur scindicq de la ville de Dijon, du jour, lieu et heure de l'eslection du Vicomte maieur de ladicte ville affin de donner le suffrage du Roy ainsy qu'il est accoustumé, a nommé et nomme M. Hector Joly conseiller du Roy, maistre en ladicte Chambre, seigneur de la Grange du Puy pour porter ladicte charge la présente année. Faict à Dijon en la Chambre des Comptes, le huictième juin 1653, signé Legrand.

Ledict Chevallier, procureur scindicq, ayant ouy la lecture dudict arrest, a requis acte des protestations qu'il sa faicte que la voix du Roy donnée par ledict arrest audict sieur Joly ne puisse préjudicier à la volonté de Sadicte Majesté, contenue en la lettre qu'il a représentée et dont lecture a esté faicte.

Ledict sieur Quarré, auditeur, a requis publication de l'arrest de ladicte Chambre au-devant du couvent des pères Jacobins à son de trompe et cry publicq. La Chambre du Conseil de la ville de Dijon a ordonné, ainsy qu'il s'est practiqué cy devant, qu'elle se contentera de la lecture qui a esté faicte à haute et intelligible voix par le secrétaire dudict arrest.

Suffrages de Messieurs de la Chambre donnez à celuy qui doibt porter ladicte charge de Vicomte maieur.

(Ils sont tous pour M. Millotet).

Habitans de ladicte ville ayans donnez leurs suffrages suyant l'ordre qu'elles ont esté tirez et jurez sur les sainctes évangilles de Dieu, qu'ils n'ont esté practiqués, brigués, ny sollicités à donner leursdicts suffrages pour l'eslection dudict sieur Vicomte maieur.

A sçavoir les habitans de la parroisse Sainct-Jean.

Les habitans de la parroisse Sainct-Michel.

Les habitans de la parroisse Sainct-Philibert.

Les habitans de la parroisse Sainct-Médard.

Les habitans de la parroisse Sainct-Nicolas.

Les habitans de la parroisse Sainct-Pierre.

Les habitans de la parroisse Nostre-Dame.

La trompette sonnée par ledict Blondelle, a esté publié de l'ordonnance de ladicte Chambre s'il restoit encore quelques habitans des parroisses de ladicte ville qui n'heussent pas donnés leurs suffrages ou qui fussent esté empeschés de ce faire, qu'ils eussent à comparoir présentement pour ce subject; et n'ayant comparu personne, ont esté comptées et nombrées les voix et suffrages cy dessus, de l'ordonnance dudict sieur Garde des évangiles en présence des eschevins de ladicte ville, s'en estant treuvé jusques à huict cent soixante et dix-neuf pour ledict sieur Millotet, trois à Monsieur le maistre des comptes Joly, deux à Monsieur de la

Garde, et une à Monsieur le conseiller Sayve ; ce qui a esté à l'instant dénoncé au peuple au son de la trompette.

Et, pour advertir ledict sieur Millotet de ladicte eslection, ont esté depputtés les sieurs Calon, Clavin, David, Marc, advocat, Dorge et Godrand, eschevins, lesquels tost après retournés avec ledict sieur Millotet en ladicte chappelle, M. de la Garde lui a dict : Monsieur, les grands personnages formés et façonnés comme vous sur le modelle de ceux qui sont dans l'employ des grandes dignités sont les dignes instruments d'un siècle d'or ; c'est le bien que chacun se promet dans la promotion à la charge de magistrat où vous avez esté esleu par les suffrages du peuple en nombre de huict cent soixante et dix-neuf. Ceste ville toutte glorieuse de l'honneur de ceste promotion reçoit aujourd'huy une nouvelle matière de joye meslée d'un esgal contentement, et ceste joye ne tousche pas seullement ceste ville : ceste compagnie, qui a heu part aux fruicts de vos sages conseils et généreux travaux soufferts toutte l'année, participe à ceste lyesse commune. Pour moy qui ay de particulières inclinations à l'honneur de vostre service et aussy de particuliers mouvements de joye en ceste allégresse publicque, agréés, Monsieur, que ma bouche, au nom de toutte la compagnie, vous fasse part de ses ressentimens que mon cœur tout entr'ouvert d'ayse ne peut retenir. Ne m'accusez poinct de témérité en ceste entreprise, puisqu'elle n'a poinct d'autre but que de joindre ses vœux à l'applaudissement du général.

Lequel discours finy, ledict sieur Millotet a remercié le peuple et la Chambre et particulièrement M. de la Garde, et a esté reconduit en sa maison par ledict sieur de la Garde, les sieurs eschevins, le scindicq, le secrétaire, les prudhommes, le capitaine des murailles et les substituds, la trompette, les sergens de la mairye et les tambourgs battans devant eux, ainsy qu'il est accoustumé.

CXI

Extraordinaire. — Le mardy vingt-quatriesme jour du mois de juin mil six cent cinquante-trois, jour de feste nativité sainct Jean-Baptiste, six heures du mattin, lesdicts sieurs eschevins cy-dessus nommés s'estans rendus en la maison de M. Galoche, Garde des évangilles, avec M. Jullien Chevallier, procureur scindicq, le secrétaire de la Chambre, M. Estienne Beruchot, honorable Simon Jobert et honorable Claude Pelletier, prudhommes, Guillaume de Requeleyne, capitaine de la muraille, et les substituds du procureur scindicq, ont esté tous conduits en l'hostel de M. Millotet esleu Vicomte maieur, et s'estans tous rendus au couvent des Jacobins, marchants devant eux les tambourgs et les sergens de la mairye armés d'espée et hallebardes, ont ouy la messe célébrée à l'autel de la très saincte et sacrée Trinité, et après se sont tous acheminéz et rendus soubz le portail de l'église Sainct-Philibert, ne s'estans peu arrester au cymetière Sainct Bénigne à cause de la trop grande challeur; et tous assiz en leur ordre sur des siéges préparés pour ce subject, ledit sieur Galloche, Garde des évangilles, a représenté les marques de la magistrature qui luy avoient esté desposées, il a remis icelles entre les mains du procureur scindicq, et, par un excellent discours, s'est excusé sy pendant le peu de temps qu'il avoit esté le dépositaire desdictes marques il n'avoit pas faict tout ce qu'il auroit bien voullu pour le bien et utilité des habitans; dont il n'avoit pas tenu en luy, mais que sa course avoit esté de trop peu de durée, et qu'il se réjouissoit du bon choix que tous les habitans avoient faict dudict sieur Millotet pour Vicomte maieur, les vertus et mérites duquel estoient assez cogneus pour faire espérer au peuple touttes sorte de satisfactions pendant sa magistrature; invittoit tout le peuple de vivre en bonne union et amityé, la discorde estant cause des désordres et des malheurs. A loué Son Altesse de sa promotion au gouvernement de ceste province, qui nous a garantye de tant de désordres, estant venu pour establyr la paix ; et a remercié Messieurs les eschevins de leur bon conseil et assistance. Ledict scindicq a remercié ledict sieur Galloche pour le général et le particulier de ladicte ville, de l'affection qu'il avoit tousjours tesmoignée pour le peuple en touttes rencontres et particullièrement en ces derniers jours qu'il avoit porté la charge de Garde de évangilles ; a loué aussy M. Millotet et toutte sa maison qui ont tousjours heu de grandes affections au service du Roy et au bien publicq, dont il se voyoit aujourdhuy recogneu et récompensé par les affections du peuple; a loué l'affection de Messieurs les eschevins de l'année dernière, et faict un beau discours sur le subject de ladicte eslection.

Ledict sieur Millotet, Vicomte maieur, à son ordinaire a faict un docte discours sur le subject de son eslection, qu'il a esté impossible au secrétaire de retenir à cause de la foulle du peuple. A loué les bonnes qualités de M. Galoche, comme M. le scindicq de sa vigilance et diligence, et a pris et receu dudict procureur sindicq les évangilles et sceaux de ladicte ville, qu'il a promis de représenter avec les autres marques de la magistrature au jour accoustumé.

Quoy faict, lesdicts sieurs sont entrés à l'instant au parquet préparé soubz ledict portail pour Messieurs les officiers du Roy au bailliage de Dijon, où estoient assis M. de Clugny, lieutenant général, M. Lucotte, lieutenant particulier, et M. Cothenot, advocat du Roy. Les évangilles et sceaux ayans esté représentés par ledict procureur scindicq, le sieur advocat Nicolas a présenté ledict sieur Millotet, Vicomte maieur, ausdicts sieurs, officiers affin d'estre receu à prester le serment, et a faict un très docte et éloquent discours sur le subject de son eslection, des bonnes qualités qu'il possédoit et de sa générosité au bien publicq. Lequel finy, ledict sieur Cothenot a aussy faict un éloquent discours sur le mesme subject. Les prudhommes, par ledict Jobert, l'un d'iceux, qui a aussy faict un discours sur le subject de ladicte eslection, ont dict n'avoir rien à proposer contre icelle, laquelle ils ont louée sur les bonnes qualités qui se rencontroient audict sieur Millotet, et sur l'affection qu'il a pour le bien publicq et pour le service du Roy, dont il avoit donné des preuves les années passées. La trompette sonnée par Philippes Blondelle, trompette ordinaire de ladicte ville, et ne s'estant treuvé personne qui ayt formé empeschement, a esté pris le serment dudict sieur Millotet, lequel a esté confirmé en ladicte charge de Vicomte maieur, ainsy qu'il est plus amplement rapporté au procès-verbal qui en a esté dressé par le sieur Duboys, greffier audict bailliage.

Ladicte confirmation ainsy faicte, lesdicts sieurs Vicomte maieur, eschevins, procureur scindicq, secrétaire, prudhommes, capitaine de la muraille et substituds dudict procureur scindicq, sont allés en l'église Nostre-Dame de ladicte ville, tous les sergens ayant leur espée au costé, avec leur hallebarde, le tambourg battant et l'enseigne desployée marchants devant Messieurs de la Chambre. Entrés en ladicte église, ledict sieur Millotet, Vicomte maieur, s'est mis à genoux devant le grand autel sur un carreau préparé pour ce subject, et le prestre, tenant la sacrée hostie eslevée, luy a esté faict lecture par le procureur scindicq à haute, et intelligible voix, des articles concernant sa charge de Vicomte maieur cy après rapportés, en présence de l'advocat du Roy, qui a pris sa place aux hauts siéges à droicte en ladicte église. A la réquisition duquel sieur advocat du Roy, ledict sieur Millotet, Vicomte maieur, a promis l'accomplissement desdicts articles.

. . . .

De ladicte église Nostre-Dame, après le serment presté par ledict sieur Vicomte maieur, il a esté, avec lesdicts sieurs eschevins et officiers de ladicte ville, en la Chambre du Conseil d'icelle, où il a pris possession de ladicte charge de Vicomte maieur, n'ayant peu siéger en l'auditoire de la maison de ville, lieu accoustumé à prendre possession, à cause que ledict auditoire estoit plein de figures préparées pour servir à l'entrée de Monseigneur le duc d'Espernon. Ledict sieur Millotet ayant pris sa place avec Messieurs les eschevins, chacun suyvant leur ordre, a esté leue par le secrétaire la délibération par laquelle tous Messieurs les eschevins avec ledict sieur Vicomte maieur se sont soubmis et obligés au payement des debts de la ville à la descharge des cy devant magistrats, ainsy qu'il est accoustumé; duquel acte et délibération la teneur en suit :

Veu les précédentes délibérations faictes en la Chambre du Conseil de la ville de Dijon, par lesquelles par forme de subrogation Messieurs les Vicomte maieur et eschevins qui estoient pour lors en charge, se seroient soubmis et obligés, à la descharge de ceux qui les avoient preceddés, à l'acquittement des deniers pris à cours de rente pour employer à l'utilité des affaires de ladicte ville, lesdicts sieurs Vicomte maieur et eschevins, esleus la présente année, ont consenty et accordé, consentent et accordent que ceux qui sont hors de charge à présent obligés ausdicts emprunets pour ladicte ville, tant par subrogation qu'autrement, leurs vesves et héritiers en demeurent pleinement quittes et deschargés, tant en principal, intérets, frais que despens; et que lesdicts sieurs à présent Vicomte maieur et eschevins soyent subrogés comme il se subrogent par ces présentes en leur lieu et place, et demeurent obligés envers les créanciers de ladicte ville, consentent et accordent que les contrats passés pour ce regard et jugement de condamnation, sy aucuns ont esté donnés, et qui pourroient intervenir, soyent exécutoires contre eux jusque au parfaict et entier acquittement desdictes debts tant en principal, intérests que despens, à condition que ceux qui seront cy après appellés et esleus esdictes charges de Vicomte maieur et eschevins, avant que prester le serment accoustumé, seront tenus de se soubsmettre ausdictes conditions et obligations, et autres coutumes et délibérations de la Chambre, et aux peynes portées pour seureté et accomplissement desquelles conditions et obligations cy dessus. Lesdicts sieurs Vicomte maieur et eschevins ont obligés et obligent tous et un chacun leurs biens meubles et immeubles présens et advenir, et tous les biens, revenus et patrimoine de ladicte ville, par la cour et juridiction de la mairye, pardevant moy Jean Thibert, procureur à la Cour, secrétaire de la Chambre du Conseil de ladicte ville cejourd'huy mardy, vingt-quatriesme juin mil six cent cinquante-trois, avant midy, en la Chambre du Conseil de ladicte ville, où lesdicts Vicomte maieur et eschevins estoient en séance, n'ayans peu prendre icelle en l'auditoire de ladicte maison de ville, où s'expédie les plaids de la mairye, ès présence de Claude Artheriet et François Laureau, clercs à Dijon, tesmoings requis soubssignés avec lesdicts Vicomte maieur et eschevins, et procureur scindicq. Signé sur la minutte : Millotet, Galloche, M. David, Marc, Archer, Ch. Guillaume, Desgand, J. Chesne, Godrand, Desvarennes, Lesné, J. Beruchot, de Requeleyne, Collin, Le Moyne, F. Saclier, Artheriet, Laureau et Thibert, secrétaire.

Ensuitte, en présence de tout le peuple qui estoit entré en ladicte Chambre, ont esté leus les articles du serment desdicts sieurs eschevins, qu'ils ont jurés sur les sainctes évangilles de Dieu d'accomplir, comme aussy ont esté leus les articles concernant le secrétaire, le capitaine de la muraille, le greffier de la mairye, le geollier des prisons, les clerceliers et soldats des portes, et les sergens de la mairye, lesquels tous ont promis et juré pareillement d'observer et accomplir lesdicts articles suyvant qu'il sont cy après rapportés; et à l'esgard de ceux concernant le recepveur, n'ayant comparu à cause de son indisposition, a esté délibéré qu'il comparoistra à ladicte prochaine Chambre pour prester ledict serment.

Quoy faict, maistre Jullien Chevallier, procureur scindicq, a dict que les sergens de la mairye ou du moins la plupart d'iceux abusoient des articles de leurs serments en ce qu'ils n'effectuoient le contenu ausdicts articles, et n'obéissoient aux commandements qui leur estoient faicts par Messieurs de la Chambre et par luy, invittoit ladicte Chambre d'y pourveoir, et qu'il leur fust ordonné de mieux faire que du passé. La Chambre du Conseil de la ville de Dijon, faisant droict sur les conclusions dudict procureur scindicq, a ordonné et ordonne ausdicts sergens de la mairie d'obéir aux commandements qu'ils recevroient des Messieurs les magistrats et dudict procureur scindicq, et de s'employer dilligemment à l'exercice de leurs charges, à peyne de suspension d'icelles et de plus grandes peynes, s'il y eschet; ce qu'ils ont promis faire.

La cérémonie finie le peuple s'estant retiré, a esté délibéré ce que s'en suit :

M. Millotet, Vicomte maieur, a dict qu'il a receu plusieurs plaintes du désordre que font les gens de guerre estans logés en ceste ville chez les hostelliers et cabaretiers ; à quoy il estoit très important de pourveoir, et à recognoistre en chaque parroisse quels sont les hosteliers et cabaretiers, quel nombre il y en a, et l'estat de leurs logements, affin, comme il doibt passer plusieurs soldats, l'on en donne à chacun ce qu'il en pourra suporter sans les fouller ny incommoder. La Chambre du Conseil de la ville de Dijon, le procureur scindicq ouy, a ordonné et ordonne que par Messieurs les eschevins, chacun en leur parroisse, il sera dressé ung rolle des hosteliers et cabaretiers, de l'estat de leurs logis ; lequel ils remettront entre les mains du secrétaire de ladicte ville, affin que lorsqu'il arrivera des gens de guerre, l'on puisse loger iceux commodément, et en donner ausdicts hosteliers et cabaretiers à proportion qu'ils en pourront recevoir et loger commodément, affin de les soulager; à quoy lesdicts sieurs eschevins prendront garde.

CXII

Du vendredy vingt-septiesme juin mil six cent cinquante-trois.

Ont esté commis et députtés M. le Vicomte maieur et le sieur advocat Chesne pour cheminer incessamment en la ville d'Auxonne, affin d'employer l'aucthorité de Son Altesse pour faire restituer à la ville les poudres qui ont esté prestées par son ordre pour le siége de Seurre, auquel effect le procès-verbal de la livraison estant entre les mains du sieur advocat Clavin leur sera remis.

CXIII

Du vendredy vingt-septiesme juin mil six cent cinquante-trois.

Sur ce qui a esté remonstré que l'on a apris que Son Altesse Monseigneur le duc d'Espernon doibt faire son entrée comme gouverneur en ceste ville le quatriesme du prochain mois de juillet, la Chambre du Conseil de la ville de Dijon a ordonné et ordonne à tous les habitans d'icelle depuis l'aage de seize ans jusques à soixante de se tenir au meilleur équipage qu'ils pourront et prests avec leurs armes pour aller au devant, affin d'honorer son entrée, et obéir aux ordres qu'ils recevront de leurs officiers pour ce subject; ordonne ladicte Chambre à tous les habitans des rues ou ledict seigneur passera depuis la porte d'Ouche jusqu'au Logis du Roy, de tapisser devant leurs maisons à peyne contre chacun des contrevenans à la présente délibération de cinquante livres d'amende; ce qui sera publié à son de trompe et cry publicq par les carrefours de ceste ville, affin que personne n'en prétende cause d'ignorance.

De plus, le Chambre du Conseil de la ville de Dijon a ordonné et ordonne qu'il sera escrit par le secrétaire de la Chambre à touttes les villes pour les inviter d'envoyer des tambours en ceste ville pour servir à l'entrée que l'on prépare à Son Altesse Monseigneur le duc d'Espernon, gouverneur de ceste province.

CXIV

Du vendredy vingt-septiesme juin mil six cent cinquante-trois.

Maistre Jullien Chevallier, procureur à la Cour, scindicq de ceste ville, a remonstré à la Chambre qu'il estoit obligé de luy faire entendre que c'estoit la coustume de procéder chacun an, à pareil jour, à une nouvelle eslection et nomination d'un procureur scindicq de ladicte ville, et que auparavant il se debvoit desmettre de ladicte charge; ce qu'il faisoit entre les mains de la Chambre, laquelle il invittoit de procéder à une nouvelle eslection, et l'excuser sy, pendant le temps qu'il avoit porté ladicte charge, il ne s'en estoit pas acquitté comme il debvoit; que ce n'avoit pas esté manque d'affection au bien publicq, sa maladie et les traverses que l'on luy avoit apportées dans l'exercice de ladicte charge l'ayant empesché et détourné de beaucoup de choses utiles qu'il eust peu faire; remercioit très humblement la Chambre des bontés et affections que tous Messieurs luy avoient tesmoignés, qu'il prioit de luy continuer soubs les protestations qu'il faisoit de s'employer toutte sa vie à leur rendre service tant en général qu'en particulier. M. le Vicomte maieur, de la part de ladicte Chambre, a remercié ledict Chevallier des soings et affections qu'il avoit tesmoigné par sa diligence, bonne conduicte et par son expérience aux affaires du bien publicq pendant le temps qu'il a porté ladicte charge, dont la Chambre aura ung perpétuel souvenir. Et s'estant ledict Chevallier retiré en la gallerie, la Chambre du Conseil de la ville de Dijon a choisy, nommé et esleu tout d'une voix ledict maistre Jullien Chevallier, procureur à la Cour, pour porter la charge de procureur scindicq de ladicte ville le reste de la présente année, et jusque à pareil jour de l'année prochaine, ce qui sera publié et faict sçavoir au peuple à son de trompe et cry publicq par les carrefours, et que dimanche prochain vingt-neufviesme du présent mois, jour de feste Sainct-Pierre, à sept heures du matin au cimetière Sainct-Bénigne, luy sera passé la procuration de la ville après qu'il aura presté le serment, en tel cas requis, d'accomplir les articles concernans ladicte charge de scindicq, ainsy qu'il est accoustumé.

Ce faict, ledict Chevallier rentré, M. le Vicomte maieur luy a faict entendre ladicte eslection, laquelle il a acceptée, et remercié la Chambre de ses affections, et a esté reconduict en sa maison par les sieurs Vicomte maieur, eschevins, secrétaire et substituds.

CXV

Extraordinaire. — Du sabmedy vingthuitiesme juin mil six cent cinquante-trois, midy, en l'hostel de M. le maire.

M. Estienne Beruchot, notaire royal à Dijon, prudhomme en ceste ville, a remonstré à la Chambre que le sieur advocat Pérard lui a faict signiffier ung arrest de la Cour du Parlement par lequel ladicte Cour reçoit l'appellation que ledict sieur Pérard a esmise de l'élection faicte par ladicte Chambre en la charge de scindicq pour la présente année, de la personne de maistre Jullien Chevallier, procureur à la Cour, et faict deffense de passer oultre à l'installation dudict Chevallier en ladicte charge. Lecture faicte de la copie dudict arrest, la Chambre du Conseil de la ville de Dijon a délibéré qu'elle différera de mettre en possession ledict Chevallier de ladicte charge et de luy passer la procuration ordinaire ; et cependant ladicte Chambre a commis maistre François Pernot, substitut du procureur sindicq, pour faire les fonctions de scindicq jusque autrement y ayt esté pourveu, affin que les affaires ne cessent et n'y arrive point d'inconvénient.

CXVI

Du vendredy quatriesme juillet mil six cent cinquante-trois.

M. Millotet, Vicomte maieur. Sur ce que maistre Jean Thibert, procureur à la Cour, secrétaire de cette Chambre, a supplié icelle affin d'éviter l'exécution de la prise de corps contre luy décernée par arrest, faute d'avoir produict au greffe de la Cour le registre des délibérations de ladicte Chambre de l'année commencée à la sainct Jean mil six cent cinquante deux et jusque à pareil jour de l'année mil six cent cinquante-trois, lequel n'est en sa puissance, mais en celle de Messieurs les magistrats, de luy remettre entre les mains ledict registre, pour obéir audict arrest ou faire lever ladicte prise de corps, puisqu'il n'osoit aller au palais par la crainte d'estre constitué prisonnier, ayant esté contrainct de quitter et abandonner l'exercice de sa charge de procureur, et ne peut point fréquenter le palais, pour s'exempter de la prison. Les huissiers, saisis de ladicte prise de corps, l'ayant cherchés en son domicile, et heu ordre de ladicte cour, s'il le rencontroient, de l'emprisonner, invitoit très humblement ladicte Chambre d'y pourvoir et remédier. La Chambre du Conseil de la ville de Dijon, le procureur scindicq ouy, a délibéré qu'il sera présentement dépputé quatre des sieurs eschevins, pour aller au Parlement supplier Messieurs de révocquer la prise de corps donnée contre ledict Thibert, secrétaire, puisque ledict registre n'est en sa puissance, mais sous clefs en ladicte Chambre dont la clef n'est en son pouvoir; et que lesdicts députtés suppliront ladicte Cour, sy elle désire voir les registres de ladicte Chambre, de députter en icelle quelqu'un de Messieurs en leurs corps ausquels l'on les fera voir, affin de ne rien desroger aux priviléges de ladicte ville, et à la possession à laquelle ladicte Chambre est, et de ne porter ny produire leurs registres au greffe de ladicte Cour; et ont esté à l'instant commis et députtés les sieurs David, Marc, Guillaume, advocats, et de Requeleyne, apothicaire, eschevins; lesquels, sortis de la Chambre, sont allés au palais, et quelque temps après retournés, ledict sieur David ayant porté la parolle a dict et rapporté qu'ayant faict sçavoir leur députation à ladicte Cour, et ayant esté introduits à la grand Chambre où estoit M. le premier Président, qui leur auroit dict de se couvrir. Ledict sieur David auroit dict que les Maire et Eschevins ayant esté advertis que l'on avoit donné arrest de prise de corps contre le secrétaire de la Chambre, par faute de représenter et remettre au greffe de la Cour le registre de l'année dernière, la Chambre de ville les avoit députté pour représenter à la Cour, premièrement : que ledict secrétaire estoit sans faute s'il ne représentoit pas ledict registre, parce qu'il ne l'avoit pas, et qu'il estoit en la Chambre de ville et soubs clef; de conséquent, dans l'impossibilité de le représenter puisqu'il n'en estoit pas saisi; mais, quant au surplus, la Cour estoit très humblement supliée d'agréer qu'on luy représentast, en toute humilité et révérence, que sy les Maire et eschevins ne pouvoient satisfaire au désir de la Cour, leur honneur et leur conscience en estoit la cause, parce que estant obligés par serment solennel de maintenir les droicts, priviléges et libertés de la ville, ils ne pouvoient pas, sans enfreindre le mesme serment, abandonner les registres ny les autres papiers de la ville, desquels comme ils ne sont que dépositaires, et qu'ils appartiennent au publicq, c'est la raison pour laquelle ils ne peuvent s'en désaisir que par le consentement du peuple à qui ils appartiennent : et affin que la Cour recogneust que ce qu'on en faisoit n'estoit pas par opiniastreté, elle estoit suppliée de considérer qu'on en avoit perpétuellement usé de la sorte, non seullement despuis l'establissement du parlement en ceste province, mais encore du temps des ducs de Bourgongne, et qu'en ung mot autant de fois que les ducs et le Parlement avoient désiré de veoir les registres ou aultres papiers, ils avoient esté suppliés de députter telles personnes que bonleur sembleroit pour les veoir en la Chambre de ville par les mains des maires et eschevins, et en prendre des extraits sans les tirer et distraire de la Chambre, ausquelles remonstrances les ducs et le Parlement avoient perpétuellement acquiescés; qu'ainsy, en l'année mil trois cent quatre-vingt six, Madame de Bourgongne, gouvernante du pays, ayant désiré de veoir le jet et le cayer de la taille de la ville, elle fust suppliée de députter deux ou trois de son conseil pour les veoir avec les maire et eschevins, attendu la conséquence et sans préjudice des droicts et privilléges de la ville, par délibération du jeudy après la feste sainct Martin d'hyver aux Jacobins, prise en l'assemblée de la commune à la forme ancienne. Que depuis l'establissement du parlement en ceste province, ceste difficulté s'estant la première fois présentée en mil cinq cent nonante cinq, incontinant après la guerre de la Ligue, et la Cour ayant formé arrest sur la requeste de M. le procureur général de remettre au greffe les registres de la ville, il y eust délibération prise les dix huict et vingt deuxiesme d'aoust de ladicte année, par laquelle deux eschevins furent commis pour remonstrer à la Cour et audict sieur procureur général, qu'il luy estoit permis de les veoir en la Chambre, mais qu'on ne pouvoit accorder qu'ils en fussent distraicts; que depuis encore, en l'année mil six cent, y ayant heu arrest ensuitte des ordres du Roy, de tirer des registres de touttes les juridictions, les mémoires, arrests et jugements inscrits ausdicts registres estans contre l'honneur de Henry III et d'Henry IV lors régnant. La forme que l'on y tinst estoit fort remarquable, parce que les registres ne furent point représentés par-devant les commissaires députtés de la cour pour les veoir et examiner, quoyque l'affaire fust extrêmement importante à l'Estat. Mais, par délibération du unziesme janvier, des commissaires furent députtés de la Chambre pour veoir et visitter les registres depuis l'année mil cinq cent quatre-vingt cinq que la Ligue commença, jusqu'en mil cinq cent nonante cinq, pour rayer et trasser tout ce qui se trouveroit en iceux contre l'honneur de ces deux Roys, pour en après représenter lesdicts registres trassés, et jurer et affirmer par-devant lesdicts commissaires de la Cour, qu'ils n'avoient treuvé autre chose, dans ledicts registres, que ce qui avoit esté par eux trassé. Qu'autre difficulté s'estant représentée en mil six cent trente deux, et la Cour ayant formé arrest pour remettre au greffe de ladicte Cour les comptes de la ville et les roolles des tailles depuis l'année mil six cent vingt quatre, et justice de l'administration des deniers commungs et patrimoniaux d'octroy, et des deniers des tailles de ladicte ville, suivant et conformément à l'arrest donné en mil six cent vingt cinq, ensuitte des propositions faictes par maistre Blaize de Jurebert et Sigismond Bernard, attendu la conséquence de l'affaire, M. le maire, qui estoit pour lors M. de Frasans, et les eschevins, ayans jugés à propos d'assembler le conseil de la ville le jeudy douziesme de febvrier mil six cent trente deux, lesdicts sieurs conseils, par leur advis, résolurent que la Cour seroit très humblement suppliée de ne point désirer que les comptes et autres papiers de la ville fussent tirés et distraicts de la Chambre, attendu la conséquence, et quelle se contentast d'un estat au vray de l'administration des biens et revenus de la ville, sy mieux elle n'aimoit députer telles personnes qu'elle jugeroit à propos pour veoir en la Chambre les comptes de ladicte ville, en laquelle il offroit de les leur représenter; et qu'enfin le mesme arrest ayant esté renouvellé en mil six cent trente six, il y eust délibération prise le vingt uniesme de janvier, par laquelle il fust résolu qu'on demeureroit audicts termes dudict advis de conseil. Ce que lesdicts sieurs députtés ayans remonstré et à l'instant mis sur le bureau les délibérations cy dessus énoncées, vérification de leurs remonstrances, ils auroient, dans l'occasion présente, supplié la Cour que lesdicts Maire et eschevins en usassent de la mesme façon que ceux qui les avoient précédés en avoient usé, et qu'ils espéroient de sa bonté et de sa justice qu'elle se contenteroit de leurs remonstrances ainsi qu'elle avoit faict du passé, soubz offres que les Maire et eschevins faisoient de représenter en la Chambre de ville lesdicts registres, et en donner tous extraicts que la Cour désiroit. Après quoy s'estant retirés en la Chambre des huissiers quelque temps après, il leur auroit esté dict par le greffier qu'ils se pouvoient retirer, et que la Cour leur feroit entendre ses intentions; sur quoy la Chambre du Conseil de la ville de Dijon a délibéré qu'après que la Cour leur aura faict sçavoir son intention, il y sera plus amplement pourveu.

CXVII

Du vendredy quatriesme juillet mil six cent cinquante-trois.

M. Millotet, Vicomte maieur, a dict à la Chambre que s'estant rendu à Auxonne auprès de Son Altesse, il l'a suppliée de faire restituer à la ville les poudres et munitions qui luy furent envoyées par son ordre pour servir au siége de Seurre ; lequel luy a dict qu'il avoit ordonné au sieur de Sainct Hilaire, Commissaire de l'artillerie, auparavant que de sortir de la province, de les restituer ; et puisqu'il ne l'avoit pas faict, qu'il rendroit plustost des siennes et de celles qui sont à Auxonne. La Chambre du Conseil de la ville de Dijon a commis et députté les sieurs advocats Chesne et Lemoyne, eschevins, pour s'acheminer incessamment dans la ville d'Auxonne avec les charetiers pour répéter les munitions et supplier Son Altesse de faire restituer à la ville les poudres et munitions suivant le mémoire qui leur a esté mis en main.

CXVIII

Du vendredy unziesme juillet mil six cent cinquante-trois.

Le sieur advocat Chesne, eschevin, a dict que suivant la commission qu'il a receu de ceste Chambre, il s'est acheminé en la ville d'Auxonne où il a veu Son Altesse, laquelle luy a faict rendre touttes les poudres, mesches et plomb que l'on avoit donné pour servir au siége de Seurre par ordre de Son Altesse, lesquels mesches, poudres et plomb il a faict ramener et les a laissé en la puissance des sieurs Degand et Berthault, eschevins, qui les ont faict serrer au magasin de la tour Sainct-Nicolas. La Chambre du Conseil de la ville de Dijon a remercié ledict sieur Chesne et lesdicts sieurs Degand et Berthault de leurs soings et a ordonné qu'ils dresseront procès-verbal de ce qu'ils ont mis aux magasins des poudres, mesches et plomb pour estre registré au registre à ce destiné de l'inventaire des poudres et munitions et y avoir recours.

CXIX

Du mardy quinziesme juillet mil six cent cinquante-trois.

La Chambre du Conseil de la ville de Dijon a délibéré que le Procureur scindicq fera signiffier aux sieurs advoats Vallot, Rousseau et autres cy devant conseils de la ville, la délibération qui supprime lesdicts conseils, comme aussy celle prise en la dernière assemblée des notables, qui confirme ladicte suppression et permet aux sieurs magistrats de se servir de tels advocats que bon leur semblera, comme aussy que ledict scindicq fera sçavoir par cedulle ausdicts sieurs cy devant conseils s'ils entendent se servir de l'arrest donné par la Cour le jour d'hier sur leurs remonstrances et plaider les causes de la ville, à l'exclusion des advocats que la Chambre entend choisir aux occasions qui se présenteront pour la demande et deffence des intérests de ladicte ville, laquelle cedulle contiendra leur parent — et qui sera aussy signiffiée au Procureur de Requeleyne, pour après leurs responces veues y estre plus amplement délibéré.

CXX

Du vendredy dix-huictiesme juillet mil six cent cinquante-trois, neuf heures du matin, en l'hostel de M. le Vicomte maieur.

Sur ce que M. Millotet, Vicomte maieur, a remonstré à la Chambre qu'il a appris que Son Altesse Monseigneur le duc d'Espernon, gouverneur de ceste province, doibt arriver en ceste ville lundy prochain et qu'il ne désire à présent faire son entrée de gouverneur, et comme il retourne de la prise de Seurre, il est à propos d'adviser comme l'on yra à sa rencontre, extimant que l'on doibt aller à cheval en grand nombre, et que les habitans marchent en armes pour tesmoigner la joye que chacun avoit de son heureux succés et de ses expéditions; ledict seigneur luy ayant faict entendre que puisqu'il avoit différé de faire son entrée, l'on mis à bas les porticques et arcs triomphaux dressés et destinés pour ladicte entrée. La Chambre du Conseil de la ville de Dijon a délibéré que les capitaines, lieutenans et enseignes des parroisses seront advertis de se treuver à deux heures après midy en la Chambre du Conseil de ladicte ville pour recevoir les ordres qui leur seront donnés pour ce subject, affin de l'exécuter et faire exécuter et faire délibérer avec eux ce qui se doibt faire pour la marche des armes, et que par ladicte Chambre il sera advisé et délibéré comme l'on se gouvernera en ce rencontre.

CXXI

Du vendredy dix-huictiesme juillet mil six cent cinquante-trois, deux heures après midy, en la Chambre du Conseil de la ville de Dijon.

Monsieur le Vicomte maieur a dict que chacun sçayt les obligations que ceste province a à Son Altesse, particulièrement ceste ville, ce qui debvoit obliger la compagnie à se disposer à son retour en ceste ville pour lundy que l'on luy a faict entendre qu'il doibt venir, à luy rendre tous les honneurs possibles, puisqu'il nous avoit délivré de la rébellion et désobéissance de Seurre, dont nous recevions de grands maux, oultre d'aultres particulières obligations que l'on luy avoit pour la protection qu'il avoit accordée à ceste Chambre et à tous ceux qui la composent ; Monsieur Galloche, qui retourna hyer au soir d'auprès de Son Altesse, luy ayant faict entendre qu'il ne désiroit faire son entrée de ce voyage, seullement que le corps de la ville allast à cheval au plus grand nombre que faire se pourroit à une lieue ou demye lieue de la ville et le reste en armes, invitoit la Chambre de délibérer sur ce subject, et de l'ordre que l'on tiendra. Ledict sieur Galloche a dict qu'il est vray qu'il retournast hyer au soir d'Auxonne où il avoit veu Son Altesse qui lui avoit faict cognoistre qu'il seroit lundy en ceste ville, et ne désiroit à présent faire son entrée ; mesme luy auroit dict que l'on fist abattre les arcs triomphaux qui seroient à sa rencontre depuis la porte Sainct-Pierre où il voulloit entrer jusques au Logis du Roy. La Chambre du Conseil de la ville de Dijon, de l'advis des capitaines, lieutenans et enseignes, des parroisses, a délibéré que Messieurs de ceste Chambre, avec le plus grand nombre des habitans que faire se pourra, iront à cheval au devant de Son Altesse jusques à une lieue ou deux de la ville lundy prochain qu'il doibt arriver.

Que tout le reste des habitants de ladicte ville iront en armes soubs la conduite de leurs officiers au meilleur équipage que faire se pourra; à peyne de cinquante livres d'amande contre chacun des contrevenans. Que l'assemblée de toutte l'infanterie se fera en la place Sainct Michel de ladicte ville, pour de là prendre sa marche du costé de la porte Sainct-Pierre, et que l'on sçaura de Son Altesse s'il désire que l'infanterie sorte de la ville pour le recevoir, auquel cas elle sera conduite par les officiers jusque au lieu qui leur sera destiné, sinon que l'infanterie bordera à droite et à gauche touttes les rues depuis la porte Sainct-Pierre jusque au Logis du Roy.

Que l'on fera conduire tout le canon de la ville qui est au magasin et autre pièce d'artillerie sur le bastion de la porte Sainct-Pierre pour saluer ledit seigneur lors de son entrée.

Que l'on donnera des livrées et rubans de soye aux officiers des parroisses et aux tambourgs aux frais de la ville lors de ladicte entrée. Que le jour de l'entrée il sera faict, érigé et bruslé un feu de joye en la place de la Saincte-Chapelle, dont l'ordre et disposition demeure commis au sieur Godrand, eschevin.

Qu'il sera faict sçavoir aux habitans le jour de l'entrée par une délibération particulière dont la teneur en suit :

La Chambre du Conseil de la ville de Dijon, pour honorer l'arrivée lundy prochain en ceste ville de Son Altesse Monseigneur le duc d'Espernon à son retour de la prise de Seurre, a ordonné et ordonne à tous les habitans de ladicte ville, de quelque qualité et condition qu'ils soyent, depuis l'aage de dix-huict ans jusque à soixante, aultres que ceux qui monteront à cheval et seront à la suite de Messieurs les Vicomte maieur et eschevins, de se tenir au meilleur estat qu'ils pourront, affin de marcher en armes ledict jour de lundy soubs les officiers de leur parroisse ausquels ladicte Chambre ordonne de les obéir, et aux dixeniers desdictes parroisses de les conduire soubs lesdicts officiers et obéyr aux ordres qui leur seront donnés pour ce subject, à peyne contre chacun des contrevenans et deffaillans de cinquante livres d'amande, pour laquelle ils seront contraincts par touttes voyes; ordonne en oultre ladicte Chambre à tous les habitans de ladicte ville de tenir les rues nettes et oster incessamment les salletés et immondices qui peuvent estre en icelle, particulièrement depuis la porte Sainct-Pierre jusque au Logis du Roy, par lesquelles ledict seigneur doibt passer à mesme, ce qui sera publié à son de trompe et cry publicq par les carrefours, à ce qu'aulcungs n'en prétendent cause d'ignorance.

Les sieurs officiers des parroisses retirés, la Chambre a continué sa séance.

Ont esté commis et députtés les sieurs Degand et Berthault, eschevins, pour faire tirer du magasin de la ville les canons et les pièces d'artillerie y estans et les faire conduire sur le boulevart de la porte Sainct-Pierre pour servir à l'entrée de Son Altesse.

Le sieur Saclier, eschevin, a esté députté par la Chambre pour faire boucher les trous estans au pavé dans les rues par lesquelles Son Altesse doibt passer.

CXXII

Du dimanche vingtième juillet mil six cent cinquante-trois, en l'hostel de M. le Maire, cinq heures du matin.

M. le Maire a dict qu'il aprit que son Altesse, M. le duc d'Espernon, gouverneur de ceste province, qui est à Auxonne depuis la prise de la ville de Seurre, doibt arriver demain en ceste ville. Ainsy il est à propos de faire sçavoir aux habitants ladicte entrée affin de luy rendre tous honneurs possibles, puisqu'il nous a délivré de ceste ville rebelle qui nous a causé tant de maux. La Chambre du Conseil de la ville de Dijon a ordonné que la délibération suivante seroit publiée cejourd'huy, affin que chacun ayt à se préparer pour ladicte entrée, et qu'ensuitte de la déliberation du quinzieme du présent mois, il sera procédé à la prestation du serment du procureur scindicq et la procuration ordinaire luy sera passée.

La Chambre du Conseil de la ville de Dijon, suivant et conformément à la délibération du dix huictième du présent mois, publiée par les carrefours le jour d'hyer, a ordonné et ordonne à tous les habitants de ladicte ville de se treuver en armes lundy prochain vingt-unième du présent mois, à six heures du matin, au meilleur équipage et les mieux armés qu'ils pourront, au-devant des loges de leurs dixeniers, pour estre conduicts par iceux dixeniers aux officiers de leurs parroisses et obéyr aux commandements qui leur seront faicts par iceux pour aller recevoir Son Altesse Monseigneur le duc d'Espernon, gouverneur de ceste province, qui retourne de la prise de la ville de Seurre et doibt arriver en ceste ville sur les neuf heures du matin, à peyne de cinquante livres d'amande contre chacun des contrevenans; comme encore faict sçavoir ladicte Chambre que ledict jour de demain, sur les six heures, Messieurs les Vicomte maieur et eschevins et officiers de ladicte ville monteront à cheval pour aller au-devant de sadicte Altesse, affin que chacun ayt à se tenir prest de ceux qui y doibvent aller, ce qui sera publié par les carrefours à son de trompe et cry public, à ce que aulcun n'en pretende cause d'ignorance.

CXXIII

Du dimanche vingtième juillet mil-six cent cinquante-trois, soubs le portail de l'église Sainct-Philibert, sept heures du matin.

M. Millotet, Vicomte maieur.

Le dimanche vingtième jour du mois de juillet mil six cent cinquante trois, sept heures du matin, après la messe ouye au couvent des Pères Jacobins, devant l'hostel de la Très-saincte-Trinité par messieurs les Vicomte maieur et eschevins, procureur scindicq, secrétaire, prudhommes et substituds de ladicte ville cy dessus, nommés iceux se sont rendus soubs le portail de l'église Sainct-Philibert, aux siéges qui leur ont esté préparés pour ce subject, suivant la délibération du quinzième dudict mois, n'ayant peu prendre leur séance au cimetière Sainct-Bénigne à cause du soleil, lesquels sieurs ainsy disposés et assis, M. Jullien Chevallier, esleu scindicq, a faict un excellent discours sur le subject de son eslection et des persécutions qui lui ont été faictes par l'appellation interjettée d'icelle par maistre Bénigne Pérard, advocat, à quoy il avait pleu au Roy de pourvoir par son arrest, qu'il avoit représenté à la Chambre et qui ordonnoit que par forme de provision il seroit passé oultre à sa réception et installation en ladicte charge de procureur scindicq de ceste ville, en laquelle il fust esleu le vingt septième de juin dernier, ce qu'il prioit et invitoit la Chambre de faire.

M. Millotet, Vicomte maieur, a aussy faict un docte et éloquent discours sur le subject de la charge de procureur scindicq, des bonnes qualités comme ung scindicq doibt avoir de sa diligence aux affaires publicques, de sa fidélité au service du Roy, et du changement du jour ; que la Chambre avoit jetté l'œil sur ledict Chevallier et l'avoit esleu scindicq, dans la croyance qu'il continueroit de s'acquitter dignement, comme il avoit faict l'année passée, de ladicte charge; que sy la cérémonie qui se faisoit chacun an le jour de la sainct-Pierre avoit esté différée, c'estoit au subject de l'appellation interjettée de l'eslection dudict Chevallier par maistre Bénigne Pérard. Mais puisque le Roy avoit donné arrest en son conseil qui ordonnoit le restablissement dudict Chevallier par forme de provision en ladicte charge qu'il y seroit installé, il y failloit obéyr. Lesdicts discours finys, la Chambre du Conseil de la ville de Dijon à ordonné au secrétaire de ladicte Chambre de faire lecture dudict arrest du Conseil; laquelle ayant esté faicte à haulte et intelligible voix, a esté pris et receu le serment dudict Chevallier sur les sainctes Evangiles de Dieu, par lequel il a promis et juré de suivre et effectuer les articles concernants ladicte charge, desquels lecture lui a esté faicte par le secrétaire, et de l'ordonnance de ladicte Chambre luy a esté aussy passé la procuration de ladicte ville par les prudhommes d'icelle, par devant le secrétaire et à la forme ordinaire, et dont lecture a esté aussy faicte, dont la teneur ensuit :

A tous ceux qui ces présentes verront, Messieurs les Vicomte maieur et eschevins de la ville de Dijon, maistre Estienne Beruchot, notaire royal, Simon Jobert et Claude Pelletier, marchands, prudhommes de ladicte ville, en présence de plusieurs habitants assemblés, soubs le portail de l'église Sainct-Philibert d'icelle, suivant les délibérations des vingt-septième juin dernier et quinzième du présent mois, ont créés, nommés et constitués leur procureur général spécial et comme scindicq de ladicte ville maistre Jullien Chevallier, procureur à la Cour, esleu en cette qualité et charge ledict jour vingt-septième de juin par la Chambre du Conseil de ladicte ville, l'exécution de laquelle auroit esté différée par l'appellation interjettée de l'eslection dudict Chevallier par maistre Bénigne Pérard, advocat à la Cour, et suivant l'arrest donné au Conseil privé du Roy le quatrième du présent mois, et la délibération dudict jour quinzième de juillet, auquel Chevallier lesdicts sieurs constituans ont donné et donnent plain pouvoir, puissance et aucthorité et mandement spécial de comparoir pour eux et en leurs noms et jugement et dehors en touttes leurs causes meues et à mouvoir, tant en demandant que en déffendant contre touttes personnes, pardevant tous juges, entamer plaids, opposer à tous cas et à touttes fins, poser et articuler faicts, faire respondre les parties adverses, bailler reproches salvations tant de faict que de droict, produire et exhiber touttes lettres, tesmoings, documents et aultres loyaux enseignements, contredire ceux des parties adverses, nommer et présenter adjoints aux enquestes et procès par escrit, conclure et renoncer sy besoin est, substituer ung ou deux tels qu'il lui plaira ausdicts sieurs Vicomte maieur et eschevins, les révocquer, sy besoing faict, demander et obtenir despens, les veoir adjurer, déclarer et taxer iceux, recepvoir et en donner quittance, eslire domicille suivant l'ordonnance, faire venir en bourse les deniers, droicts, rentes, censes et autres redevances deues à ladicte ville, poursuivre les debteurs au payement, demander la recréance de tous habitants de ladicte ville qui pourroient, contre les privilléges, aucthorité et justice d'icelle, estre destenus, arrestes et emprisonnes les advouher hommes et habitans de ladicte ville et demander leur renvoy par-devant lesdicts sieurs Vicomte maieur et eschevins, et générallement faire, dire, procurer et exercer ce que dessus et tout ce qu'un bon et loyal procureur est tenu de faire, et aultant que lesdicts sieurs constituants feroient ou faire pourroient, cy présens en leurs personnes ils y estoient promettans iceux sieurs constituans en bonne foy et par leur serment faict à ladicte ville et soubs les biens patrimoniaux d'icelle présens et advenir qu'ils ont submis et obligé par la Cour de la Mairie et touttes autres, avoir pour agréable tout ce que par leur dict procureur sera faict en ce que dessus et ce qui en despend; le relever de touttes charges, estre à droict et payer l'adjugé, si mestier est. Faict et passé audict Dijon, au lieu que dessus, par-devant Jean Thibert, procureur à la Cour, secrétaire de la Chambre du Conseil de ladicte ville, cejourdhuy dimanche vingtième de juillet 1653, en présence de maistre Jacques Lemulier, advocat en parlement, demeurant à Semur, Jean Naulin, laboureur à Couternon, tesmoings requis soubsignés avec lesdicts prudhommes et secrétaire, signé Chevallier, Beruchot, Jobert, J. Lemulier, Jean Naulin et dudict Thibert. Secrétaire, Thibert.

Suit le serment du procureur scindicq.

Quoy faict, ledict Chevallier a esté conduit en sa maison. La compagnie ayant passé par les églises Sainct-Jean et Sainct-Pierre, marchants devant eux les sergents et les tambourgs, et l'enseigne et ledict Chevallier au millieu de messieurs les Vicomte maieur et premier eschevin.

CXXIV

Le lundy vingt-uniesme de juillet mil six cent cinquante-trois, sur les sept heures du matin, Messieurs les Vicomte maieur, eschevins, procureur scindicq, secrétaire, prudhommés et substituds, avec un grand nombre d'habitans, montés à cheval, sont allés au-devant de Son Altesse Monseigneur le duc d'Espernon, gouverneur de ceste province, qui retourne du voyage de la prise de Seurre, et ayans devant eux deux trompettes avec les sergens de la mairye, ont pris leur marche par la ville, et sont sortis par la porte Sainct-Pierre, et s'estans rendus jusque auprès de Genlis, ils ont rencontré Son Altesse à cheval. Monsieur le Vicomte maieur et tous ceux de sa suitte ayant mis pied à terre, ledict sieur Vicomte maieur a faict ung docte et éloquent discours à Son Altesse sur les obligations que non seullement ceste ville, mais encore toute la province, luy avoient de les avoir délivré de la rebellion de Seurre, réduict ceste ville rebelle à l'obéissance de son souverain, et par sa sage conduite rendu le calme à ses subjects, et sur les tesmoignages d'affection que toutte la ville venoit luy rendre par la présence des magistrats et des bons habitants qui estoient avec luy, laquelle estoit supliée de leur continuer ses bontés. A quoy ledict seigneur auroit replicqué par des tesmoignages d'amour et d'affection ; qu'il recevoit de bonne part les civillités de la ville par la bouche des magistrats qui en représentoient le corps, et s'emploiroit tousjours avec amour pour le bien, repos et utillité de la province. Les discours finis, que le secrétaire n'a peu rédiger mot à mot au subject de la grande affluance de peuple, chacun auroit suivy Son Altesse à cheval. Monsieur le Vicomte maieur s'estant advancé, auroit mis pied à terre près la Belle Croix, auroit pris ung hausse-col, ung chapeau garny de plumes, et la canne à la main, auroit marché à la teste de toute l'infanterie de la ville, qui estoit soubs les armes et bordoit à droicte et à gauche depuis la Belle-Croix jusque au-delà de la porte Sainct-Pierre, et à la rencontre de Son Altesse luy auroit présenté les armes de la ville, offert icelles pour le service du Roy soubs son obéissance, faict cognoistre la joye que la bourgeoisie recepvoit de veoir son libérateur retourné du triomphe et de la destruction des ennemis de Sa Majesté, qui leur apportoit ung soulagement très particulier, et assuré que toutte la ville graveroit éternellement en sa memoire le ressouvenir de ses obligations ; de quoy ledict seigneur d'Espernon auroit tesmoigné estre satisffaict. Ledict sieur Vicomte maieur, avec tous ceux de sa suitte, estans remontés à cheval, auroient reconduict Son Altesse, accompagnée d'un grand nombre de seigneurs et de noblesse, jusqu'au Logis du Roy. L'artillerie de la ville qui estoit sur le bastion de la porte Sainct-Pierre auroit tiré et faict grand feu pendant qu'il passoit, et tous les habitans en armes auroient faict une descharge de mousquetade pour apreuver le sentiment dudict sieur Vicomte maieur et la joye de ce retour, dont ledict seigneur auroit tesmoigné une grande satisfaction, et pendant le chemin auroit embrassé plusieurs fois ledict sieur Vicomte maieur. Ledict seigneur arrivé au Logis du Roy, chacun se seroit retiré. Monsieur le Vicomte maieur ayant invitté la Chambre à se retreuver en son hostel à midy pressisement, pour aller faire la révérence à Son Altesse, et s'estans lesdicts sieurs Vicomte maieur, eschevins, procureur scindicq, secrétaire et substituds rendus au Logis du Roy avec leurs robes pour asseurer Son Altesse de son obéissance et respects, on leur auroit faict entendre qu'il estoit indisposé, et qu'il avoit remis à recepvoir Messieurs des compagnies souveraines sur les quatre heures dudict jour. Laquelle heure advenue, Messieurs de la Chambre s'estans rendus en l'hostel dudict sieur Vicomte maieur, ils l'auroient suivy au Logis du Roy; et après que Messieurs du Parlement, des Comptes, du Trésor et du Bailliage eurent faict à Son Altesse leur harangue, Monsieur le Vicomte maieur lui auroit encore faict ung docte et éloquent discours sur les bontés et affections que la ville recognoissoit qu'il avoit pour elle; le suplioit de les continuer, soubs les protestations de luy en estre eternellement obligés, et l'auroit suplié de prendre les intérests de la ville en sa protection; ce qu'il auroit promis en embrassant ledict sieur Vicomte maieur.

Ledict jour, sur les sept heures du soir, Messieurs les Vicomte maieur, eschevins, procureur scindicq, secrétaire, prudhommes et substituds s'estans rendus en la Chambre du

Conseil de ladicte ville, tous les habitans de la parroisse Saint-Nicolas s'y estans aussy rendus en armes conduicts par le sieur Camus, leur enseigne, seroient sortis tambourg battant. Messieurs les magistrats, ayans tous des flambeaux allumés en la main, ils se seroient rendus au Logis du Roy sur les neuf heures du soir. Son Altesse, avec ung grand nombre de noblesse, les ayant receus à la première cour, Monsieur de la Marguerie, Intendant, auprès d'elle, luy ayant esté présenté ung flambeau de cire blanche, il l'auroit accepté et faict porter iceluy par le sieur Beroche, son escuier; comme pareillement fust donné un flambeau de cire jaulne à Monsieur l'Intendant. Son Altesse se seroit rendue, marchant devant elle tant son escuier, ses capitaines des gardes, ses gentilshommes, ses gardes du corps, celles de la ville, et tous ses principaux officiers avec grand nombre de noblesse, les tambours battans et les trompettes sonnantes, en la place de la Saincte-Chapelle. Son Altesse auroit mis le feu au feu de joye qui estoit préparé pour ce subject, pendant le feu duquel il y auroit heu grande acclamation de : vive le Roy! Le feu consommé, la compagnie auroit reconduict Son Altesse au Logis du Roy, qui auroit tesmoigné avoir receu grande joye de toutte la ville, et le tesmoignage d'affection que l'on faisoit cognoistre de la prosperité des armes du Roy soubs sa conduicte.

Sera remarqué que Son Altesse arrivée au logis du Roy, fust commis et députté les sieurs Galloche, David, Archer et Chesne, eschevins, pour présenter à Son Altesse douze cimaises de vin de la part de la ville.

CXXV

Du mercredy vingt troisième juillet mil six cent cinquante-trois, une heure après midy.

M. Millotet, Vicomte maieur, a dict qu'il a faict assembler

extraordinairement la Chambre et faict advertir les sieurs officiers des parroisses de la ville de s'y treuver par la cognoissance que luy a donnée Son Altesse Monseigneur le duc d'Espernon, gouverneur de ceste province qu'il désiroit venir en icelle cejourdhuy, ce qu'il a aussy donné charge de faire sçavoir aux principaux habitans, affin de rendre à Son Altesse tous les honneurs qu'il se pourra, et entendre ses vollontés, et que ledict Seigneur lui a dict que lorsque ladicte Chambre seroit en séance, en estant adverty, il s'y rendroit. La Chambre du Conseil de la ville de Dijon, sur que l'on luy a faict entendre que Son Altesse estoit prest de venir, a commis et députté les sieurs David, Godran, Colin, notaire, Desgand et Archer, eschevins, pour aller au Logis du Roÿ treuver Son Altesse et luy tesmoigner la joye que la Chambre recevoit de le veoir prendre la peyne d'y venir, et a esté délibéré que l'on sçaura que ledict Seigneur arrivera, toutte la Chambre en corps l'ira recevoir à la première porte d'icelle, et à l'instant sont sortys lesdicts sieurs députtés pour aller treuver Son Altesse.

L'advis donné que ledict Seigneur arrivoit, toutte la Chambre l'est allé recevoir à la première porte d'icelle ; et estant entrés avec un nombre de noblesse et seigneurs marchans devant luy, ses officiers, des gardes, son escuier et M. de la Marguerie, Intendant de la justice auprès de luy, ledict Seigneur auroit pris sa place seul au banc qu'occupe d'ordinaire M. le Vicomte maieur, lequel estoit paré d'un beau tapis, avec des carreaux de velours devant luy, sur le bureau et soubs ses pieds. M. le Vicomte maieur auroit pris sa séance en place du premier eschevin, et monsieur l'Intendant la première place au banc du costé de la Cour, où se met d'ordinaire le second eschevin, derrière ledict siége ; du costé de la cheminée estoit toutte sa suite, son capitaine derriere luy immédiatement, et la chambre, pleine de touttes sortes de personnes et de condition.

Son Altesse a dict (suyvant que l'a peu retenir le secrétaire) que, à son arrivée en ceste province, il avoit treuvé beaucoup de trouppes de rebellion au service du Roy, ce qui l'avoit obligé de travailler à restablir l'aucthorité de Sa Majesté et soulager la province des maux que les villes rebelles lui causoient; et comme il avoit désiré de faire cognoistre ses intentions par le pouvoir que le Roy lui avoit donné, il avoit, par ses actions, faict veoir comme il s'estoit employé à abattre l'orgueil des ennemis de cet estat, auroit réduit Bellegarde à l'obéissance de son souverain, par l'affection particulière qu'il avoit prise de libérer la province, et particulièrement cette ville de la tyrannie et des maux qu'icelle lui causoit; et comme Dieu luy avoit faict la grâce de faire sortir de ce nid malheureux ceux qui l'habitoient, et qu'il voyeoit tout calme en ceste province, il avoit voullu entrer dans la Chambre pour veoir la ville auparavant son départ qui debvoit estre bientost, pour rendre compte au Roy de ses ordres et qui seroit néantmoings pour peu de jours. Remercioit tout le peuple de l'affection qu'il avoit tesmoigné au service du Roy et en son endroict, et qu'il s'emploiroit tousjours très vollontiers à déffendre les intérests de la ville et les priviléges d'icelle; que sy ceux qui composoient ceste Chambre estoient persécutés, il s'oposeroit généreusement par l'aucthorité que le Roy luy a mis en main pour l'empescher de cœur et d'affection.

Monsieur le Maire a dict qu'il remercioit son Altesse, au nom de tout le peuple, de ses faveurs; que l'on n'oubliroit jamais les grandes bontés qu'il avoit tesmoigné à la province, ayant déterminé les passages par icelle des gens de guerre, refusé de prendre de l'argent pour laisser passer des bleds, déffendu les priviléges de la ville, et faict tant de biens qu'on ne les peult exprimer, ce qui faisoit que l'on luy protestoit de l'honnorer, chérir et aymer, puisque par son bras il avoit réduit le chasteau de ceste ville, esteïnt la rebellion de Seurre, et faict plusieurs autres beaux exploicts que la bienséance lui faisoit citer en sa présence, dont le peuple ne pouvoit luy rendre aultre preuve ny tesmoignage que de porter ses vœux au Ciel pour la prospérité de Son Altesse et de sa noble maison.

Son Altesse auroit invitté de prendre l'intérest de M. le Maire et que sy l'on l'oprimoit, il le déffenderoit, et se treuveroit toujours auprès de luy au moindre moment qu'il en auroit advis; que l'on avoit faict courir bruict qu'il voulloit s'élloigner de ce gouvernement, qu'il n'en avoit aulcune vollonté, et que c'estoit des personnes mal intentionnées qui n'aymoient que le changement et la division.

Les discours finys, ledict Seigneur duc d'Espernon s'est retiré au logis du Roy où il a esté accompagné par M. le Vicomte maieur et six de messieurs de la Chambre avec Messieurs les officiers des parroisses.

CXXVI

Du mercredy vingt troisième juillet mil six cent cinquante trois, en la Chambre, quatre heures après midy.

M. Millotet, Vicomte maieur.

Sur ce que le sieur advocat Galloche, eschevin, garde des Evangilles à l'eslection dernière de M. le Vicomte maieur, et Me Jullien Chevallier, procureur à la Cour, scindicq de ceste ville, ont remonstré que messieurs de la Chambre des comptes les ont faict assigner au conseil privé du Roy, au subject de ce que ledict sieur Galloche n'auroit prononcé, le jour de ladicte eslection de M. le Vicomte maieur, l'arrest de ladicte Chambre des comptes, qui donnoit la voye du Roy, fust publié au devant du couvent des Jacobins, lieu accoustumé à procéder à l'eslection, et se contenter de l'advis de messieurs de la Chambre, d'en ordonner la lecture en la Chapelle où la compagnie estoit assemblée; parce que sy ledict arrest fusse esté publié, il eusse esté aussy nécessaire de faire publier la lettre escripte par Sa Majesté aux eschevins et habitants de ceste ville, par laquelle le Roy désiroit que l'on nomma pour maire M. Millotet, conseiller d'Estat ordinaire de sadicte Majesté, et son advocat général au parlement de ceste province, et l'arrest de ladicte Chambre des Comptes, nommoit M. Joly, conseiller du Roy, maistre ordinaire en sa Chambre des Comptes, ce qui pouvoit apporter du désordre par la contrariété qui se treuvoit à ladicte nomination, et de ce que ledict Chevallier, scindicq, après la lecture dudict arrest de la Chambre des Comptes, auroit protesté que la voix du Roy, portée par ledict arrest de la Chambre des Comptes, ne put préjudicier à celle rapportée et contenue en la lettre du Roy, qui nommoit ledict sieur Millotet, ce que ladicte Chambre des comptes ne pouvoit ignorer, puisque M. le premier Président de leur compagnie en avoit esté adverty par Son Altesse Monseigneur le duc d'Espernon, gouverneur de ceste province; laquelle luy avoit faict entendre l'intention qu'elle avoit que ledict sieur Millotet fust continué Vicomte maieur ceste année, requéroient, comme cette affaire ne les regardoit singulièrement, que la Chambre usse à y pourvoir. La Chambre du Conseil de la ville de Dijon a délibéré qu'elle prendra le faict et cause en main pour lesdicts sieurs Galloche et Chevallier en ceste affaire, et que leurs copies d'assignation seront envoyées à l'advocat du Conseil qui occuppe pour ladicte ville, avec la présente délibération, pour déffendre pour eux audict Conseil et que l'on fera signiffier incessamment cedulle à Messieurs des Comptes, pour les inviter de se départir desdictes assignations et de la poursuitte de ladicte affaire, sinon que l'on se déffendra.

CXXVII

Du lundy quatrième aoust mil six cent cinquante trois, quatre heures après midy, en la Chambre.

M. Millotet, Vicomte maieur, dit que Roidot, huissier au Parlement, estoit venu en son logis l'advertyr, de la part de la Cour, d'aller au pallais ; et luy ayant demandé sy c'estoit en qualité d'advocat général ou de maire qu'il estoit mandé, ledict Roidot, huissier, luy auroit dict que c'estoit comme maire et qu'il amena de messieurs les eschevins avec luy, ce qui l'avoit obligé d'assembler la Chambre à l'instant pour adviser ce qui se doibt faire en ce rencontre. La Chambre du Conseil de la ville de Dijon, le procureur scindicq ouy, a délibéré que pour obéyr aux ordres de la Cour et sçavoir sa vollonté, il sera présentement députté quatre de messieurs les Eschevins pour aller au Parlement sçavoir ce qu'on désire dire à M. le Vicomte maieur ; et que la Cour, supliée, lorsqu'elle envoira quérir ledict sieur Vicomte maieur pour aller au pallais en ladicte qualité, de le faire advertir par un commis au greffe de la Cour, ainsy qu'il s'est praticqué, et non point par un huissier ; et ont esté commis et députtés pour aller présentement au pallais, les sieurs Chesne, Desvarennes, Lemoyne et Saclier, lesquels, quelque temps après retournés, ont dict qu'ils ont treuvé que Messieurs du Parlement estoient levés quant ils ont entrés au pallais, et néantmoings qu'ils estoient entrés en la grande chambre et auroient dict au sieur greffier Joly qu'ils venoient comme députtés de la Chambre pour recevoir les ordres de ladicte Cour.

CXXVIII

Du mardy cinquième aoust mil six cent cinquante-trois.
M. Millotet, Vicomte maieur.

L'huissier Champeau ayans demandé de parler à la Chambre de la part de la Cour, estant entré, a dict que Messieurs du Parlement mandoient les Vicomte maieur et eschevins pour aller au pallais. Iceluy retiré, la Chambre a délibéré que l'on dira audict Champeau que Messieurs du Parlement ont accoustumé de tout temps d'envoyer le greffier de la Cour ou ung commis du greffe d'icelle advertir les Vicomte maieur et eschevins pour aller au pallais, l'invitation d'y aller ne se devant point faire par ung huissier, et que la Cour estoit très humblement supliée d'en user de la sorte. Ledict Champeau rentré, M. le Vicomte maieur lui a faict entendre ladicte délibération pour la rapporter à la Cour.

Quelque temps après, ledict Champeau, huissier, retourné, ayant demandé entrée en ladicte Chambre, iceluy entré, il a dict que la Cour mandoit le Vicomte maieur et quelques eschevins pour recevoir ses commandements. Lequel retiré, la Chambre du Conseil de la ville de Dijon a délibéré que l'on dira audict Champeau que lorsqu'il plaira à la cour demander les Vicomte maieur et eschevins par le greffier ou ung commis du greffe de ladicte Cour, suyvant les formes ordinaires, la Chambre rendroit toujours à icelle tous les honneurs et respects qu'elle lui doibt, laquelle estoit supliée de ne point abaisser ny mépriser lesdictes charges de Vicomte maieur et eschevins en leurs personnes, ce que Monsieur le Vicomte maieur a faict entendre audict Champeau, et luy a dict s'il se souviendroit bien de ce que dessus, aultrement l'on luy donneroit par escript. Icelluy Champeau auroit dict qu'il s'en souviendroit fort bien et en feroit rapport de la mesme sorte.

CXXIX

Du vendredy huictième aoust mil six cent cinquante-trois, en l'hostel de M. le Maire, à cause de son indisposition.

M. Millotet, Vicomte maieur, a dict que la Cour luy à faict signiffier le septiesme de ce mois trois arrests, des quatre, cinquième dudict mois, dont il représentoit les copies, par lesquelles, par celuy du quatrième la Cour, les chambres assemblées, a ordonné que par Monsieur le conseiller Bouhier, commissaire députté, il sera informé des rebellions prétendues commises à Champeau et Bassant, huissiers, le vingtième juillet précédent, à l'exécution de l'arrest de prise de corps décernée contre Boivot, sergent à la mairye, ensemble sur la responce d'iceluy, et cependant auroit enjoint au sieur Millotet, s'estant chargé dudict Boivot, de représenter iceluy, pour estre ladicte prise de corps exécutée par aultre qui est dudict jour quatrième du présent mois, la Cour auroit cassé la délibération prise en cette Chambre le vingt-troisième juin dernier comme injurieuse, délibérée et prise par attentat à l'authorité de la Cour, et auroit ordonné aux Vicomte maieur et eschevins de ladicte ville de remettre entre les mains de maître Jean Thibert, secrétaire de cette Chambre, les registres depuis le treizième juin mil six cent cinquante-deux, pour estre par luy au greffe de la Cour, suyvant qu'il estoit obligé par sa promesse par escript du vingt-unième aoust dernier ; à faulte de quoy qu'il y soit pourveu et que le sieur Vicomte maieur seroit mandé à la Cour pour luy estre ledict arrest prononcé, à ce qu'il n'en prétende cause d'ignorance ; et par celuy du cinquiesme dudict mois a esté ordonné que ledict arrest du quatrième dudict mois seroit signiffié aux Vicomte maieur et eschevins de ladicte villle, et qu'ils représenteront pardevant Monsieur Bouhier, conseiller à le Cour, commissaire députté, les registres de ladicte Chambre de ville dudict jour vingt-troisième juin, pour estre ladicte délibération biffée et rayée, ledict arrest aussy en marge d'icelle ; et jusqu'à ce qu'il ayt satisffaict, interdict ledict sieur Millotet de l'exercice de sa charge d'advocat général à la Cour, et lesdicts eschevins et procureur scindicq qui se treuveront au nombre des advocats et procureurs receus à ladicte Chambre, de la postulation d'icelle avec deffence de s'y entremettre, à peyne qu'il y sera pourveu, et pour leur désobéissance les a déclarés descheus du rang qu'ils ont par la matricule, et ordonne que leurs noms seroient tirés d'icelle, remis au dernier ordre et affichés à la porte du pallais, et que la prise de corps décernée contre ledict Thibert, secrétaire, pour n'avoir produict au greffe de la Cour lesdicts registres seroit exécutée. Invitoit la Chambre d'adviser ce qui estoit à faire en ce rencontre et quelle délibération l'on pouvoit prendre pour ce subject. La Chambre du Conseil de la ville de Dijon, le procureur scindicq ouy, a délibéré que l'on se pourvoira incessamment au Roy et à Nosseigneurs de son Conseil pour faire révocquer lesdicts arrests, et obtenir des deffences de les faire mettre à exécution; que l'on poursuiveroit une évocation générale de tous les procès de ladicte ville, tant civils que criminels, pour tous ceux qui composent cette Chambre et pour les habitans qui adhérer le voudront pour tel temps qu'il plaira à Sa Majesté, et que l'on obtiendra commission audict Conseil du Roy, affin de faire assigner Messieurs du Parlement pour estre reiglé audict Conseil avec eux au subject des entreprises qu'ils fout journellement sur les priviléges de cette ville, et sera présentement députté en cour pour ce subject et pour demander à Son Altesse Monseigneur le duc d'Espernon, gouverneur de cette province, sa protection pour la conservation des priviléges de cette ville.

CXXX

Du mardy dix-neufviesme aoust mil six cent cinquante-trois.

Monsieur Millotet, Vicomte maieur.

Lecture faicte d'une requeste dressée pour présenter au Roy et à Nosseigneurs de son Conseil affin d'obtenir évocation générale des affaires de ladicte ville, pour celles des magistrats qui composent la Chambre en leur particulier, le pouvoir de juger souverainement pour la police jusque à la somme de cinquante livres, un reiglement avec Messieurs du Parlement pour ce qui concerne les priviléges de ladicte ville et la police, faire casser les arrests par eux donnés les quatre et cinquième du présent mois, faire restablir les advocats et procureurs d'icelle interdicts par l'un desdicts arrests, et empescher que la prise de corps décernée contre le secrétaire de cette Chambre, faulte de représenter et produire au greffe de la Cour les registres de ladicte Chambre demandés par Messieurs du Parlement, ne soit exécutée. La Chambre du Conseil de la ville de Dijon, le procureur scindicq ouy, a délibéré que l'on verra ladicte requeste plus amplement et que l'on travaillera incessamment à la faire mettre au net pour la présenter au Roy et à Nosseigneurs de son Conseil, et qu'icelle sera signée de Messieurs les Vicomte maieur, eschevins et procureur scindicq, comme aussy que l'on poursuivra incessamment au Conseil privé du Roy l'évocation généralle en un aultre Parlement des causes de ladicte ville et de celle des officiers d'icelle, tant civiles que criminelles, la cassation des arrests donnés par ladite Cour contre Messieurs les Vicomte maieur, eschevins, procureur scindicq et secrétaire, leur rétablissement en leurs charges d'advocats et procureurs, au rang de leur matricule, et ung reiglement avec Messieurs du Parlement pour juger sommairement pour la police jusque à cinquante livres pour une fois, et pour empescher qu'ils ne détruisent les priviléges de ladicte ville, auquel effect qu'il sera député en Cour incessamment pour solliciter au Conseil et pour voir Son Altesse Monseigneur le duc d'Espernon, gouverneur de cette province, et lui demander sa protection pour l'obtention desdicts arrests, et luy en sera escript par le secrétaire.

CXXXI

Du mardy dix-neufvième aoust mil six cent cinquante-trois.

La Chambre, pour solliciter les affaires que ladicte ville à au conseil privé du Roy, obtenir la révocation des arrests donnés par la Cour contre Messieurs les Vicomte maieur, eschevins, procureur scindicq et secrétaire de la Chambre, et poursuivre les aultres affaires de la ville pour l'évocation généralle des causes d'icelle et des particuliers de la Chambre en ung aultre Parlement qu'en celuy de cette province, au subject des difficultés qui sont entre cette Chambre et Messieurs de la Cour, et pour se faire regler avec eux au faict de la police et des contributions qu'ils doibvent supporter pour les tailles négocialles et aultres affaires, à quoy les privilégiés sont tenus, a commis et députté tout d'une voix M. Millotet, vicomte maieur, la compagnie l'ayant prié d'agréer ladicte députtation puisqu'il a une cognoissance parfaite de touttes ses affaires, et que Son Altesse a créance en luy; ce qu'il a accepté et promis de partir incessamment, et en mesme temps ladicte Chambre a choisy, nommé et esleu pour commis à la magistrature et en faire les fonctions, le sieur Galoche, eschevin, lequel a accepté ladicte commission et promis de s'en acquitter fidellement, dont la compagnie l'a remercié.

Sera expédié mandement à Monsieur le Vicomte maieur de la somme de trois cents livres pour survenir aux frais du voyage qu'il doibt faire en Cour pour les affaires de la ville, et sur en tant moings d'iceluy.

CXXXII

Du mardy dix-neufvième aoust mil six cent cinquante-trois, deux heures après midy.

M. Millotet, Vicomte maieur, a dict que puisque la Chambre luy a faict l'honneur de prendre créance en luy et le députter en Cour pour les affaires de la ville contre Messieurs du Parlement, ayant rencontré la commodité d'aller en la compagnie de Monsieur de la Marguerie, Intendant de cette province, qui part demain prochain, il désire de se servir de cette occasion et s'en aller avec luy, ce qui l'a obligé à faire advertir la Chambre pour prendre congé de Messieurs les eschevins, lesquels il invitte de vivre tousjours en bonne union, et de l'excuser s'il ne peut aller au logis de tous en particulier pour recevoir leurs commandements. La Chambre du Conseil de la ville de Dijon, par la voix du sieur Galoche, a remercié ledict sieur Vicomte maieur de ses affections, l'a invitté de continuer ses soings et bonne vollonté au bien publicq, et délibéré que, puisqu'il est contrainct de partir demain matin, il sera incessamment faict extrait par le secrétaire des délibérations nécessaires pour servir aux affaires de ladicte ville audict Conseil du Roy, M. David, eschevin, ayant une entière cognoissance de ce qui peult servir par les soings et la peyne qu'il a prise d'y travailler, ayant esté invité de s'y employer, ce qu'il a promis, dont la Chambre l'a remercié.

CXXXIII

Du mardy vingt-troisième septembre mil six cent cinquante trois.

M. Galoche, commis à la Magistrature;

M. Jullien Chevalier, procureur scindicq.

Le sieur procureur scindicq a dict qu'il a receu lettre de Son Altesse par laquelle il tesmoigne qu'il ne pense pas que personne soit capable d'ajouter foy aux impostures que l'on publie contre luy en cette Chambre, après les assurances qu'il luy a données à son départ, et les preuves qu'elle reçoit de luy de son affection. La Chambre de la ville de Dijon a délibéré que comme c'est une supposition et une perfidie des ennemis de la Chambre qui ont peu faire inscrire faux à Son Altesse, attendu que la Chambre n'a subject que de louer ses bontés et affections, et que le secrétaire luy escrira de la part de la Chambre pour lever cette supposition et le prier de croire que personne de la Chambre n'a jamais eu aultre intention de l'honorer et respecter, et que tous ceux de la Chambre se sacrifiront pour son service.

CXXXIV

Du mardy septième d'octobre mil six cent cinquante-trois, en l'hostel de M. Galoche, cinq heures du soir.

M. Galoche, commis à la Magistrature.

Maistre Jullien Chevalier, procureur à la Cour, scindicq de cette ville, a dict qu'ayant faict signiffier l'arrest du Conseil d'Estat donné en faveur de cette Chambre, contenant la levée de l'interdiction des sieurs eschevins de cette Chambre, et l'évocation des affaires de la ville au Parlement de Grenoble, tant à Monsieur le scindicq du Parlement qu'à un substitut de Messieurs les gens du Roy, pour leur absence, il se seroit présenté à Monsieur le conseiller Bernard, seigneur de Trouhan, pour le suivre en une commission, à Arc-en-Barois, où il procureur pour un nommé d'Hoiet, lequel l'auroit rebutté, et lui ayant représenté que Sa Majesté, par ledict arrest, l'auroit restably en l'exercice de la charge de procureur, ledict sieur Bernard luy auroit dict que ledict arrest estoit faux, que la Cour n'y défereroit, que le premier qui se pourvoiroit à Grenoble l'on le mettroit en un fond de fosse ; que Monsieur Millotet, Vicomte maieur, qui est à Paris, a obtenu ledict arrest, avoit deschiré le Parlement, mais qu'il s'en vengeroit ; et luy ayant encore remonstré, avec tout respect, qu'il le supplioit de ne poinct obliger à le prendre à partie, ledict sieur Bernard avoit dressé un procès-verbal sur lequel la Cour a decretté prise de corps contre luy cejourd'huy, et ensuitte six huissiers seroient venus en sa maison pour le mettre à exécution et le constituer prisonnier, et ne l'ayant treuvé, ils ont anotté ses biens et l'ont assigné à trois briefs jours, sans que l'on ayt voullu donner copie à sa femme dudict arrest ; et comme il n'a rien faict que pour la deffence et maintien dudict arrest du Conseil d'Estat, il inyittoit la Chambre d'y pourvoir. La Chambre du Conseil de la ville de Dijon a délibéré que l'on prendra le faict et cause en main pour ledict Chevalier pour la deffence de cette affaire, et qu'il sera envoyé un courrier exprès incessamment à M. Millotet, en la ville de Paris, pour obtenir un arrest de deffence au Conseil du Roy, de passer oultre à l'exécution de ladicte prise de corps et instruction dudict procès, et qu'à ce subject l'on implorera le secours de Son Altesse Monseigneur le duc d'Espernon, gouverneur de cette province, auquel le secrétaire escrira de la part de la Chambre.

CXXXV

Du vingt-unième d'octobre mil six cent cinquante-trois, en l'hostel de M. le Maire.

M. Millotet, Vicomte maieur.

M. le Vicomte maieur a dict qu'il retourna hier en poste de Paris avec Pelletret, que la Chambre avoit envoyé ; qu'il avoit envoyé à la Chambre les arrests qu'il avoit obtenu ; que comme il avoit recogneu qu'il ne faisoit rien à Paris, il avoit pris congé de Son Altesse, de Monseigneur le Chancelier et de Monsieur le Garde des Sceaux; assuroit la Chambre qu'il n'avoit espargné ny soing ny peyne pour faire son possible pour avoir l'obtention des arrests qu'il avoit charge de la Chambre de poursuivre, qu'il avoit esté ouy avec Messieurs les députtés du Parlement devant Monseigneur le duc d'Espernon, lequel avoit remis à terminer quelqu'ns des différens à son retour, ayant ledict seigneur déclaré qu'il ne vouloit cognoistre de celui concernant le faict des armes, parce qu'il y avoit intérest. La compagnie l'a remercié par la bouche de M. Galoche de ses soings, et tous en particulier luy ont faict compliment et remerciement des grands soings et affections qu'il a tesmoigné pour la deffence des intérests et priviléges de la ville, qu'il a esté invitté de continuer.

CXXXVI

Du vingt-unième d'octobre mil six cent cinquante-trois, en l'hostel de M. le Maire.

M. Millotet, Vicomte maieur.

Sur l'affaire de Monsieur Jullien Chevalier, procureur scindicq, prisonnier au chasteau, sera esnoncé par délibération ce qui s'y est passé, suivant le rapport en faict par le dict Chevalier, de la délibération du septième de ce mois, et a esté délibéré qu'au cas qu'au préjudice des deffences portées par les arrests du Conseil, l'on voudroit constituer prisonnier ledict Chevalier, que l'on fera valoir l'aucthorité desdicts arrests du Conseil et que M. le Vicomte maieur prendra la peine d'en escrire à Son Altesse, auquel sera envoyé la présente délibération; et ont esté députtés les sieurs Godran et Le Moyne eschevins, pour aller au chasteau advertir ledict Chevalier de la présente délibération.

CXXXVII

Du mardy dix-huictième novembre mil six cent cinquante-trois, en la Chambre.

M. Galoche, commis à la magistrature.

M. Chesne a dict que pour obtenir son restablissement au Parlement, la Cour auroit désiré de luy, après sa requeste donnée, de déclarer s'il entendoit avouer les injures contenues dans un billet, que l'on prétendoit avoir esté proférées par M. Millotel, Vicomte maieur; qu'après en avoir parlé à M. Galoche, commis à la magistrature, et ceux de Messieurs qui estoient à ladicte Chambre des pauvres, et à l'issue d'icelle, il fust résolu qu'il feroit leur déclaration suivant qu'il leur proposera de la faire par effect. Il a esté en l'hostel de M. le conseiller Jacotot qui luy a représenté un billet ou une feuille de papier contenant environ quarante articles, trois desquels luy ont esté leus, assçavoir le six, le dix-sept et le vingt-un, où il est parlé des injustices et violences de la Cour, le dernier desquels porte en termes généraux le mot qu'il n'y a sorte d'injustice et de violence qui n'aye esté practiquées par la Cour envers les magistrats et officiers de ladicte ville et leurs domestiques; et ayant esté enquis s'il vouloit advouer lesdictes parolles injurieuses, il auroit déclaré qu'il ne sçavoit pas ce que M. Millotet pouvoit avoir dict en la conférence avec Messieurs les députés en présence de M. d'Espernon, mais qu'il estoit à présumer qu'il n'avoit rien dict contre le respect qui est deu à la Cour; et quant auxdictes parolles injurieuses dont lecture lui a esté faicte qu'il ne sçavoit ce que c'estoit, et n'en avoit jamais ouy parler; que depuis qu'il est eschevin qu'il avoit toujours treuvé la Chambre dans des sentimens d'honneur et de respect pour la Cour, et estimoit que c'estoit à ladicte Chambre à qui l'on debvoit demander ladicte déclaration, parce que c'estoit elle qui avoit députté ledict sieur Millotet; et quant à luy il n'avoit donné aucune charge de dire des injures, et qu'il ne s'estoit jamais départy du respect qu'il doibt à la Cour; qu'il la supplioit de le croire; et comme il avoit esté plus de six semaines tant absent que malade, il n'avoit appris qu'il se fust passé aucune chose à la Chambre contre le respect de la Cour, dont M. le conseiller Jacotot auroit dressé son procès-verbal qu'il a signé le jour d'hier, la Cour luy envoya un huissier pour luy dire qu'il vint à l'audience où il fust. A quoy ledict sieur Galoche a dict qu'en présence de Messieurs Guillaume et de Requeleyne, Marc et Colin, advocats, eschevins assemblés en la cour de la maison de ville à l'issue de la chambre de charité dimanche dernier, ledict sieur Chesne leur auroit dict qu'il avoit eu ordre de se trouver en l'hostel de M. le conseiller Jacotot pour faire déclaration demandée par la Cour pour le restablir au subject de certains propos injurieux prétendus proférés contre l honneur de Messieurs du Parlement par M. le Vicomte maieur en la conférence qu'il eut avec Messieurs les députtés du Parlement pardevant M. le gouverneur, et fust arresté que s'il vouloit il feroit sa déclaration, et que jamais en la Chambre l'on n'avoit blasmé Messieurs du Parlement de concussion et malversation en leur charge. La Chambre du Conseil de la ville de Dijon a donné et octroyé acte audict procureur scindicq desdictes déclarations pour valloir ce qu'il appartiendra.

CXXXVIII

Extraordinaire. Du mercredy vingt quatrième décembre mil six cent cinquante trois.

M. Millotet, Vicomte maieur.

La Chambre du Conseil de la ville de Dijon a délibéré qu'il sera faict achapt de quatre fillettes de vin, qui seront envoyées à Paris, pour délivrer sçavoir : deux à M. de Candale, à cause de son mariage, et les deux autres fillettes pour distribuer à plusieurs personnes qui ont servy la ville.

Monsieur le Vicomte maieur a dict qu'il a réceu lettre de Son Altesse et de M. l'Intendant qui luy mande qu'il faut qu'il alle à Paris en diligence ou que l'on députe quelques autres de la compagnie pour terminer les affaires de la ville avec Messieurs du parlement qui y ont toujours leurs députés; invitoit la Chambre, attendu qu'il est indisposé d'une défluction, de députter quelqu'un. Le procureur scindicq ouy, la Chambre du Conseil de la ville de Dijon a député tout d'une voix ledict sieur Vicomte maieur pour s'acheminer incessamment en la ville de Paris auprès de Son Altesse monseigneur le duc d'Espernon, affin d'entendre les propositions qui lui seront faictes pour terminer les affaires que la Ville a avec Messieurs du Parlement, à l'amiable ou autrement, auquel effect ladicte Chambre lui donne tout pouvoir et promet avoir pour agréable ce qui sera par luy faict et négocié. Ladicte Chambre ayant prié ledict sieur Millotet de ne poinct refuser son secours à la ville en ce rencontre ny la présente députation, laquelle il a acceptée et promis de partir le plus tost qu'il lui sera possible.

La Chambre a ordonné et ordonne qu'il sera faict extrait des délibérations des seizième janvier mil cinq cent quatre vingt-neuf, et de plusieurs autres marquées par le sieur David pour délivrer à M. le Vicomte maieur pour les emporter, et qui serviront pour monstrer qu'au faict des armes, en absence de M. le Gouverneur, c'est à M. le Vicomte maieur de commander.

Attendu la députation faicte en Cour, de la personne de M. le vicomte maieur pour les affaires de la ville, la Chambre toute d'une voix, le procureur scindicq ouy, a choisy, nommé et esleu pour faire les fonctions de magistrat et commis en son absence le sieur advocat Galoche eschevin, que ladicte Chambre a invitté d'accepter cette charge ; ce qu'il a faict.

Sera expédié mandement sur M. Parisot, receveur, au proffict de M. le Vicomte maieur, de la somme de quatre cent livres ainsi qu'il est accoustumé chacun an pour ses jettons affin de les faire faire pour les distribuer aux eschevins et autres officiers de la Chambre.

Sera expédié mandement à madame la mairesse, de quinze livres, ainsi qu'il est accoustumé pour ses droicts.

CXXXIX

Dudict jour trentiesme de décembre mil six cent cinquante trois, en l'hostel de M. Galoche, quatre heures après midy.

M. Galoche, commis à la magistrature.

Sur ce qui a esté remonstré que l'on a appris l'arrivée de madame Bouchu, laquelle avoit esté visittée par députation de tous les corps de cette ville, pour luy tesmoigner le ressentiment de la mort de M. le premier président Bouchu, son mary, arrivée subitement la nuict du vandredy, en son absence; la Chambre du Conseil de la ville de Dijon a délibéré que cinq de Messieurs avec le secrétaire s'achemineront présentement en son hostel pour lui faire compliment sur le subject de sa perte, et que demain matin sur les dix heures, la Chambre s'assemblera en l'hostel de M. le Commis, pour se rendre en corps aux Carmes où il a esté enterré, affin d'assister au service et à l'oraison funèbre qui sy doibt faire; et s'estant lesdicts sieurs rendus en l'hostel dudict seigneur premier président, entrés en la chambre de madame, ledict sieur Galoche luy a dict : Madame, l'on aisgrit les playes présentes en les touchant, et la raison opposée à la passion de la douleur qui ne faict que naistre, luy redonne de nouvelles forces au lieu d'estre diminué. Ce n'est pas mon desseing, madame, de vous l'augmenter. Je sçay quelle est très grande et que toute la ville en a un très grand ressentiment. Le corps de la Chambre de ville vous en vient tesmoigner le mesme et vous asseurer de son très humble service.

A quoy ladicte dame, qui estoit au lict, auroit reparty, d'une voix entrecouppée de sanglots, que la mort lui faisoit grand tort de luy avoir ravy le support de sa maison, et un cher mary qui estoit bien zellé au service du Roy et au bien publicq, remercioit messieurs de la Chambre de leur resouvenir et estoit leur très-humble servante.

Sera remarqué que M. Millière, conseiller, a prié la Chambre par la personne de M. le commis, d'assister au service.

CXL

Dudict jour vingtroisième de febvrier mil six cent cinquante quatre, en l'hostel de M. le commis.

M. Galoche, commis à la magistrature.

M. Galoche, commis, a dict qu'il venoit d'aprendre par le portier, que M. Lesné, premier président, pourveu de ladicte charge, estoit arrivé et estoit allé descendre à Sainct-Bénigne, ce qui l'a obligé de convocquer la Chambre pour adviser ce qui est à faire en ce rencontre. La Chambre du Conseil de la ville de Dijon a délibéré qu'elle ira en corps visiter ledict seigneur premier président et l'asseurer des obéissances de la ville et de ceux qui composent ladicte Chambre, et que ce soir il luy sera présenté par les sieurs Marc et Colin, advocats, eschevins, quelle a commis, douze cimaises du meilleur vin qui se pourra treuver ; et à l'instant lesdicts sieurs, le procureur scindicq et le secrétaire se sont rendus en l'abaye Sainct Bénigne de ladicte ville, où ils ont treuvé ledict seigneur premier président. M. Galoche, commis, ayant porté la parolle luy a dict :

Monseigneur, entre tous les biens que cette ville reçoit de

Sa Majesté votre promotion à la charge de premier président au Parlement de Bourgongne est l'une de ses faveurs plus remarquables, c'est le commun sentiment des gens de biens et bons serviteurs du Roy, qui conçoivent une ferme espérance que soubs le règne d'un prince sy auguste et soubs l'aucthorité qu'il vous a donnée, chaque chose qui nous avoient esté interdictes reprendront les traicts de leurs beaux usages; ainsy il n'y a poinct d'augure plus véritable dont nous devions attendre les effects que de vostre sage conduicte. Vous avez tousjours cogneu l'affection et la bonne volonté des peuples, et vous estiez déjà assez dans leurs cœurs, et que vous êtes à présent à leurs yeux. Chacun vous reverroit pour marque de vostre bonheur, et nous marquions ce jour du mesme burin que vostre nom y demeure gravé. Mais comme nous avons tousjours honoré vos mérites avec un respect tout particulier, nous vous supplions, Monseigneur, nous vouloir continuer les effects de vos bontés, volontés, comme nous vous asseurons de la continuation de nos très humbles services.

CXLI

Du lundy treizième d'avril mil six cent cinquante quatre, en l'hostel de M. le Vicomte maieur, quatre heures après midy.

M. Millotet, Vicomte maieur.

Sur l'advis donné à la Chambre que madame la première présidente estoit arrivée, la Chambre a déliberé qu'il luy sera présenté de la part de la Chambre, trois douzaines de boittes de confitures sèches, et messieurs Galoche et Colin, notaire, commis pour les présenter.

CXLII

Du vendredy vingt quatrième d'avril mil six cent cinquante quatre.

M. Millotet, vicomte maieur.

Le samedy vingt cinquième avril mil six cent cinquante quatre, M. d'Amanzé a esté pourveu à la charge de lieutenant du Roy en lieu et place de feu M. de Tavannes, est arrivé en cette ville avec Madame, a esté visitté par la Chambre, M. le Vicomte maieur porte la parolle, et lui a esté envoyé huict cimaises de vin et trois douzaines de boittes de confitures à Madame. Messieurs Chesne et Desvarennes ayant représenté le vin, et M. Louis et le secrétaire, les confitures.

CXLIII

Du lundy quatriesme may mil six cent cinquante quatre; en l'hostel de M. le Vicomte maieur, huict heures.

M. Millotet, Vicomte maieur.

Sur ce qui a esté remonstré qu'il se commet plusieurs désordres, querelles et meurtres dans la ville par des personnes qui courent avec armes la nuict, à quoy il est très important de pourvoir, la Chambre du Conseil de la ville de Dijon, le procureur scindicq ouy, a faict et faict inhibition et deffence à tous les habitans de ladicte ville, de quelque qualité et condition qu'il soient, escoliers, compagnons, apprentifs, lacquets, vallets et estrangers qui ne sont de condition, de porter espée ny de jour ny de nuict, ny aucun armes à feu ny autres sortes d'armes, à peine de punition corporelle et de cent livres d'amande, dont les pères et maistres demeureront responsables pour leurs fils et domestiques, pour le payement de laquelle amande ils seront emprisonnés sur le champs; ordonne ladicte Chambre que pour la seureté des habitans de ladicte ville, le procureur scindicq et ses substituds feront des patrouilles sans discontinuation pour se saisir de ceux qui se treuveront en contravention à la présente et les constitueront prisonniers pour leur estre faict et parfaict leur procès; faict inhibition et deffence ladicte Chambre à toutes personnes de se treuver sur le pavé passé les neuf heures du soir, ny vaquer par la ville à mesme peine, ordonnant ladicte Chambre à tous les habitans en cas de bruict et sortir de leurs maisons avec armes pour assister les officiers de ladicte ville qui feront patrouille, affin de se saisir des contrevenants et leur prester main forte, en sorte que la justice soit rendue la plus forte, ce qui sera publié.

CXLIV

Du vendredy quinzième de may mil six cent cinquante-quatre.

M. Millotet, vicomte maieur.

La Chambre du Conseil de la ville de Dijon tout d'une voix a député M. le Vicomte maieur pour faire voyage en Cour, affin de se pourvoir au Roy et à Nosseigneurs de son conseil, pour obtenir le restablissement des officiers interdicts de la Chambre, que Messieurs du Parlement n'ont voulu restablir et pour faire régler avec eux les difficultés qui ne sont terminées, dont sera dressé délibération plus amplement.

CXLV

Du mardy seizième de may mil six cent cinquante-quatre, en l'hostel de M. le Vicomte maieur, huict heures du matin.

M. Millotet, Vicomte maieur.

M. Millotet, Vicomte maieur, a dict qu'il a faict advertir la Chambre sur ce que M. d'Amanzé, lieutenant du Roy en cette province l'estant venu visitter luy avoit dict que Messieurs du Parlement avoient encore pris résolution de s'assembler le jour d'hyer de relevée où il avoit esté invitté de se treuver, ce qu'il avoit faict et qu'ils avoient traicté de l'affaire qui concerne le restablissement des officiers de cette chambre interdicts à ce qu'ils vouloient faire au subject de la représentation des registres de cette chambre. Après plusieurs contestations, quoyque M. le conseiller Berbisey l'aisné, qui estoit député pour eux avec M. le président Bernard en Cour, eust faict entendre qu'il avoit esté convenu en présence de Son Altesse qu'il ne seroit rien escript de part ny d'autre de ladicte représentation desdicts registres qui debvoit estre faicte en la maison dudict seigneur d'Amanzé, en présence de l'un desdicts sieurs députés ou de Messieurs leurs scindicqs pour faire voir qu'en iceux il n'y avoit rien d'injurieux contre l'acquit de la Cour ny contre aucun particulier, et que lesdicts registres veus ils seroient remportés par les sieurs eschevins, qui les reporteroient sans y rien altérer, néanmoins ils avoient résolu que Messieurs les scindicqs de la Cour dresseroient un procès-verbal de la représentation desdicts registres, et que sy les eschevins qui avoient monstré lesdicts registres à Messieurs les scindicqs, vouloient signer ledict procès-verbal, ou que la Chambre ordonne au secrétaire de le signer, ils procéderoient au restablissement desdicts interdicts, autrement ils n'y vouloient toucher ; l'affaire mise en délibération, le procureur scindicq ouy, attendu qu'il a esté convenu en présence de Son Altesse qu'il ne seroit rien retenu de la représentation et que ce qu'ils en font, Messieurs du Parlement, n'est que pour s'acquérir un titre contre la Chambre, icelle a délibéré que ledict procès verbal ne sera signé ny desdicts eschevins ny du secrétaire, et qu'il en sera dressé un procès verbal par les sieurs eschevins qui ont faict ladicte présentation de ce qui s'est passé, affin de l'envoyer à Son Altesse pour luy faire connoistre comme la Chambre a obéy ponctuellement à ce qui a esté convenu devant luy avec Messieurs les députés du Parlement, et que mesme pour faire en sorte que tout se paciffia à l'amiable, ladicte Chambre s'estoit advancée à plus qu'il n'estoit convenu, et que l'on fera sçavoir à M. d'Amanzé l'intention de ladicte Chambre et seroit supplié de continuer à icelle ses faveurs et assistance pour la deffence des priviléges de la ville, et M. le Vicomte maieur partira incessamment pour demander au Roy et à Nosseigneurs de son Conseil ledict restablissement et faire terminer par arrest, sy faire se peu, les difficultés qui se sont treuvées avec Messieurs du Parlement; et à l'instant tout Messieurs cy-dessus se sont acheminés en l'hostel de M. d'Amanzé; M. le vicomte maieur luy ayant faict entendre la délibération cy dessus, lequel a remercié la Chambre de son affection, et luy a tesmoigné qu'il s'emploiroit toujours volontiers à servir icelle et paciffier le tout à l'amiable s'il pouvoit.

CLXVI

Du vendredy cinquiesme de juin mil six cent cinquante quatre.

M. Galoche, commis à la magistrature.

Sur l'advis que la Chambre a heu que Messieurs du Parlement ont formé arrest le troisième du présent mois, les chambres assemblées, par lequel les advocats et procureurs de ladicte Chambre interdicts par autre arrest du cinquiesme aoust dernier ont esté restablis, et que dans ledict arrest la Cour a esnoncé que c'est ensuitte du procès verbal dressé par Messieurs les scindicqs de ladicte Cour qui esnonce la représentation des registres de cette Chambre ausdicts procureurs scindicqs de la Cour, tellement que par le moyen de cette esnonciation Messieurs du Parlement prétendent s'acquérir un titre contre ladicte Chambre, ainsy est à propos de délibérer ce qui estoit à faire en cette matière. La Chambre du Conseil de la ville de Dijon, le procureur sindicq ouy, a protesté que ledict arrest ne luy puisse nuire ny préjudicier, déclare qu'elle ne s'en veut point servir ny accepter iceluy et qu'elle ne peut demeurer d'accord du procès verbal de ladicte représentation de registre à la forme dudict arrest, que au contraire, elle entend se maintenir au droict et en la possession en laquelle elle est de ne pouvoir estre contraincte de représenter ses registres à Messieurs du Parlement soit à la personne de leur scindicq ou au greffe de ladicte Cour, sauf à Messieurs du Parlement de se prévaloir des offres contenues en la délibération du quatrième de juillet dernier, et en cas que ledict arrest soit signiffié à ladicte Chambre à la personne de M. le commis au magistrat ou autre, il y sera faict responce conformément et aux termes de la délibération cy dessus, de laquelle ensemble dudict arrest sera donné advis incessamment à Son Altesse Monseigneur le duc d'Espernon, gouverneur de cette province, et M. Millotet, Vicomte maieur, estans en la ville de Paris, affin d'adviser ce qui sera à faire sur ce subject, puisque Messieurs du Parlement sont allés au contraire des choses convenues en présence de Son Altesse avec Messieurs les députés de ladicte Cour, et ledict sieur Millotet député de cette Chambre.

CXLVII

Du samedi treizième juin mil six cent cinquante quatre, en la Chambre, de deux heures après midy.

M. Millotet; vicomte maieur.

Lecture faicte des lettres escriptes à la Chambre par Son Altesse et M. d'Amanzé, au subject de l'entrée que ledict sieur d'Amanzé veut faire en cette ville jeudy prochain. Veu les registres des années 1614 et 1636, et les délibérations y estant des vingt neuf juillet et vingt cinq janvier, la Chambre du Conseil de la Ville de Dijon, de l'advis de capitaines, lieutenans, et enseignes des parroisses présens, a délibéré que l'on rendra au sieur D'Amanzé, lieutenant du Roy en cette province, tous les mesmes honneurs qui ont esté rendus à messieurs de Mirebeau et de Tavanne ; auquel effect, que le jour de l'entrée l'on fera faire deux porticques de buis, l'un à la Porte-d'Ouche, où il entrera, l'autre devant son hostel ; que les habitants de ladicte ville iront en armes en grand nombre et au meilleur équipage que faire se pourra ; lesquels borderont en haye depuis ladicte porte d'Ouche, jusqu'en l'hostel où il logera, dont il sera faict délibération pour publier par les carrefours, portant ordonnance aux habitans d'obéir aux ordres qu'ils recevront de leurs officiers pour ce subject, à peine de dix livres d'amande contre chacun des contrevenans; que quatre de messieurs les eschevins seront députtés pour l'aller saluer de la part de la ville à la Bussière, où la Chambre a eu advis qu'il debvoit séjourner ; et que ledict jour de l'entrée messieurs les Vicomte maieur et eschevins, capitaines, lieutenans et enseignes des parroisses monteront à cheval pour aller aux Chartreux avec le plus grand nombre des principaux habitans que faire se pourra, et luy faire les compliments de ladicte ville, et offre d'obéissance au service du Roy.

CXLVIII

Le dimanche quatorzième de juin mil six cent cinquante quatre, soubs le portail de l'église Sainct-Philibert, sept heures du matin, après avoir ouy la messe devant l'autel de Saincte-Trinité, au couvent des Jacobins, messieurs les Vicomte maieur, garde des Evangilles, eschevins, procureur scindicq, secrétaire, prud'hommes et substituts, M. Millotet, vicomte maieur, a faict un éloquent et beau discours sur les termes de sa magistrature, des obligations que la Ville a à Son Altesse, d'avoir appaisé en la province la rébellion des ennemis de l'Estat, soulagé la ville des passages des gens de guerre et faict son possible auprès de Sa Majesté pour la conservation des priviléges; a remercié le peuple et a remis les Evangiles et sceaux de la ville entre les mains du procureur scindicq, dont il a requis acte, ayant loué le choix que la Chambre a faict de M. Godran pour garde des Evangiles, dont la vertu et la naissance estoient assez cogneues; a remercié M. le scindicq de ses soings et de sa vigilance contre les assaux qu'il a soubstenu. Le scindicq ayant pris les marques de la main de M. Millotet, a discouru sur les vertus et bonnes conduictes de M. Millotet, qu'il a soubstenu plusieurs assaux et plusieurs disgrâces, que Sa Majesté en avoit recogneu les effects, et que pendant les deux dernières années, il a faict quatre voyages en Cour pour deffendre les intérests et les priviléges de la ville. Les séditieux qui ont publié de porter le flambeau de division à la ville, ont esté étouffés par ce prudent magistrat, qui ne s'est jamais fasché contre la fortune, a receu tout de bonne part, et, avec les bons conseils de messieurs les eschevins, a conservé les marques de la magistrature entières et sans corruption, et l'a remercié; a parlé sur les vertus de M. Godran, dont il espère les mesmes fidéllités que ce qu'il a tesmoigné du passé.

M. Godran a remercié la Chambre de son choix, a accepté les marques, et après un beau et éloquent discours, a esté reconduict en sa maison par la Chambre.

CXLIX

Du mardy seizieme juin mil six cent cinquante quatre.

La Chambre a commis et député les sieurs David et Chesne, pour retirer de M. Millotet tous les papiers qu'il a concernant les affaires que la ville a eues contre messieurs du parlement, affin de les mettre par ordre et en dresser un inventaire raisonné qui sera mis au trésor et dont l'on fera plusieurs copies.

CL

Du mardy seizième juin mil six cent cinquante quatre.
M. Godran, garde des Evangilles.

La Chambre du Conseil de la Ville de Dijon a ordonné et ordonne que l'eslection de M. Vicomte maieur sera publiée pendant trois jours, faire sçavoir qu'il y sera procédé samedy prochain au couvent des Jacobins ainsy qu'il est accoustumé.

CLI

Du mardy seizième jour desdicts mois et an (juin 1654) quatre heures après midy, en l'hostel de M. de la Garde.
M. Godran, garde des Evangilles.

Messieurs Galoche, Louis, Desgrand et Lemoyne ont dict qu'ils ont veu M. d'Amanzé à la Bussière dont ils sont retournés ce jourd'huy ; lequel leur a tesmoigné qu'il coucheroit demain à Plombières, attendroit le corps de la ville audict lieu, pour recevoir les complimens. La Chambre du Conseil de la ville de Dijon a délibéré que l'on ira demain jusques à Plombière, jeudy, à cheval, qu'il sera tiré le canon qui est sur le bastion d'Ouche à son arrivée, comme aussy celuy de la tour Sainct-Nicolas, et le soir, sur son couché, qu'il lui sera présenté douze cimaises de vin, messieurs Louis et Lemoyne députtés.

Sera faict délibération pour publier contenant ordonnance aux habitants qui ne marcheront en armes, d'assister et suivre Messieurs de la Chambre, jeudy, à cheval sur les onze heures jusques à Plombières, pour l'entrée de M. D'Amanzé.

Sera expédié mandement à M. Galoche, Louis Desguand et Lemoyne, chacun de douze livres pour deux jours employés par eux à cheval pour aller visiter M. D'Amanzé, lieutenant de Roy, à la Bussière par ordre de la Chambre qui sont pour les quatre quarante huit livres.

CLII

Le jeudy dix huitième de juin mil six cent cinquante quatre, sur les onze heures avant midy, Messieurs de la Chambre et plusieurs autres habitants se sont rendus à cheval devant l'hostel de M. de la Garde, et ont esté conduicts par luy, deux sergents devant eux et deux trompettes, jusques à Plombières, où estant devant le logis du Lyon d'or, ils sont descendus, ont salué M. D'Amanzé qui les attendoit en la cour dudict logis, qui estoit accompagné d'un grand nombre de noblesse. M. de la Garde lui ayant faict un docte et éloquent discours sur ses vertus et sur le bon choix de Sa Majesté par l'agréément de Son Altesse, à la lieutenance de Roy en cette province ; lequel finy, il a remercié la Chambre de son affection, est monté à cheval, et toutte la compagnie en ayant faict de mesme, il a esté conduict jusques à Dijon, en son hostel grand'rue Sainct-Estienne. M. de la Garde, toujours auprès de luy, la compagnie est passée par les Chartreux et par la Porte d'Ouche et entre les deux portes il y avait un portique de bois de buis orné des armes du Roy, de la ville, de Son Altesse, et dudict seigneur. L'infanterie bordoit depuis ladicte Porte-d'Ouche jusques à son hostel, laquelle estoit conduicte par le sieur Marc, capitaine de Sainct-Pierre, qui estoit en tour de conduire les armes suivant la délibération de l'année 1636 ; arrivé en son logis, le canon de la tour Sainct-Nicolas l'a salué et toute l'infanterie, le canon et autres pièces d'artilleries estant sur le boulevard d'Ouche, ayant tirés un peu après qu'il seroit entré en la ville et quelques temps après tous Messieurs de la Chambre se sont rendus chez M. de la Garde, les gradués en robe, et sont allés visitter ledict seigneur en son hostel auquel ledict sieur garde des Evangiles a encore faict un beau discours sur la joye que la ville recevoit de se voir gouvernée par ses ordres, et l'auroit invité de prendre protection de ses intérests ; ce qu'il auroit promis, et reconduict la compagnie jusques à la dernière porte de la rue. Sur le soir, le canon de la tour Sainct-Nicolas auroit retiré, et lui a esté envoyé douze cimaises de vin.

CLIII

Du vendredy dix neufvième juin mil six cinquante quatre.
M. Godran, garde des Evangilles.

Sera donné aux officiers de la maison de M. D'Amanzé quarante livres, que le receveur mettra entre les mains de M. de la Garde, pour leur distribuer.

TABLE DE L'APPENDICE.

1651

I. — Procès-verbal d'élection de Malteste, avocat au Parlement, comme Vicomte maieur de la Ville p. 363.

II. — Requête de la Chambre de ville au Parlement, pour avoir réparation des injures contenues dans les réponses de Millotet aux requêtes précédemment présentées, p. 368.

III. — Nomination et prestation de serment des officiers municipaux, p. 368.

IV. — Nomination de Philippe Deschamps comme procureur syndic, p. 370.

V. — Refus par la Chambre de ville de reconnaître Arnault, commandant du château, en qualité de lieutenant du roi ; — Lettre du prince de Condé à ce sujet et réponse de la Ville, p. 371.

VI. — Injonction faite par le Parlement à la Chambre de ville, de produire au greffe le procès verbal de l'élection du Vicomte maieur, p. 376.

VII. Sédition dans la ville à l'occasion des grains et envoi au Greffe du Parlement, du procès-verbal de l'élection du Vicomte maieur, p. 377.

VIII. Signification à la Chambre de Ville, de l'élection de MM. Malteste, Gaillard et Joly, comme députés aux Etats généraux du royaume, p. 378.

IX. Enregistrement par la Chambre de Ville d'une lettre close qui défend d'accepter comme prédicateur du carême, le R. P. Dominicain Darcombat, ancien jésuite, p. 379.

X. Délibération portant qu'il sera fait une assemblée des privilégiés pour l'achat des poudres et munitions de la mairie et les travaux des fortifications, p. 380.

XI. — Ordre d'informer sur la soustraction des hallebardes des sergents de la ville, commise aux portes du palais, p. 381.

XII. Opposition de la mairie à la fonte de canons, ordonnée par le commandant du château, et saisie de la réponse du prince de Condé au discours de la reine et de la déclaration du duc d'Orléans, imprimées à Dijon, p. 382.

XIII. Ordre d'arrestation des deux habitants coupables de la soustraction des hallebardes des sergents de la mairie, p. 386.

XIV. — Réjouissances publiques à l'occasion de la majorité du roi, p. 389.

XV. — Condamnation de deux habitants coupables de l'enlèvement de hallebardes, p. 389.

XVI. — Commission nommée pour reconnaître les travaux de défense commencés au château, p. 391.

XVII. Ordres d'informer sur des bruits qui circulent relativement à la ville de Seurre et au château de Dijon, p. 391.

XVIII. — Obsèques de Mme Malteste, femme du Vicomte maieur, p 392.

XIX. — Avis donné par le duc d'Epernon, de la majorité du roi, p. 393.

XX. — Défenses faites par la mairie à tout ouvrier, de travailler aux fortifications du château, p. 393.

XXI. — Te Deum à la Saint-Chapelle, à l'occasion de la majorité du Roi, p. 394.

XXII. Approbation par la Chambre de Ville de la communication faite par le maire, au Parlement touchant les affaires publiques, p. 395.

XXIII. Ordonnance de la mairie au sujet des réjouissances qui doivent avoir lieu pour la majorité du Roi, p. 397.

XXIV. — Dépôt sur le bureau de la Chambre, des procès-verbaux relatifs à la fonte des canons commandés par Arnault, p. 398.

XXV. — Règlement par la Chambre du service des sergents de la mairie, p. 398.

XXVI. — Ratification par la Chambre d'un emprunt pour l'achat des munitions de la ville, p. 399.

XXVII. — Communication à la Chambre d'une ordonnance du duc d'Espernon, relative à la garde des portes de la ville, p. 400.

XXVIII. — Ordonnance de la Chambre à ce sujet, p. 401.

XXIX. — Desseing du feu de joye érigé en la ville de Dijon, en l'honneur du Roy pour son heureuse majorité, p. 402.

XXX. Communication à la Chambre de l'arrêt du Parlement relatif aux troupes et garnisons de la province, p. 409.

XXXI. — Autorisation aux fondeurs d'achever la fonte des canons, p. 410.

XXXII. — Règlement pour la garde des portes, p. 411.

XXXIII — Délibération relative à la réception du duc d'Epernon, gouverneur de Bourgogne, p. 413.

XXXIV. — Dénonciation à la Chambre des menées d'Arnault, commandant du château, p. 414.

XXXV Rétablissement des anciens Echevins ; — Enregistrement de l'arrêt du conseil qui ordonne ce rétablissement, p. 416.

XXXVI. Armement de la tour Saint Nicolas pour l'entrée du duc d'Epernon, p. 426.

XXXVII. — Députation nommée pour aller au devant du duc d'Epernon, p 427.

XXXVIII. — Réception du duc d'Epernon, p. 428.

XXXIX. — Délibération qui ordonne la réparation des pièces d'artillerie de la Ville, p. 430.

XL. Commande, par la Chambre de Ville, de deux mortiers de fer, p. 430.

XLI. — Commission nommée pour poursuivre l'emprunt destiné aux munitions, p. 431.

XLII. — Destitution de Monginot, sergent de la mairie, pour désobéissance envers le maire, p. 432.

XLIII. Délibération relative à la réception du duc de Candale, gouverneur de Bourgogne, conjointement avec le duc d'Epernon, p. 434.

XLIV. — Délibération qui ordonne l'amodiation de la charge de secrétaire de la Ville, p. 436.

XLV. — Réception du duc de Candale, p. 436.

XLVI. — Délibération qui ordonne l'amodiation du greffe de la Ville, p. 437.

XLVII. — Mesures de sûreté à l'occasion des attaques du château contre la ville, p. 438.

XLVIII. Autre délibération sur le même sujet, p. 439.

XLIX. — Règlement pour la garde faite par les habitants, p. 441.

L. Réquisition de bois faite à la Ville pour le chauffage des troupes, p. 444.

LI. — Autre réquisition relative aux étapes, p. 444.

LII. — Communication au duc d'Epernon d'une lettre de la Planchette, commandant du Château, p. 446.

LIII. — Ordre aux habitans d'avoir de l'eau devant leur maison, p. 448.

LIV. — Réquisition de poudre et de munition faite à la ville à l'occasion du siége du Château, p. 448.

LV. Règlement prescrit par la Chambre pour la garde de la Ville, à propos des bombes tirées du Château, p. 450.

LVI. — Délibération portant que les prédications qui devaient se faire à la Sainte-Chapelle, se feront à l'église Saint-Pierre, à cause du siége du Château, p. 451.

LVII. — Restitution à la Ville des poudres et munitions fournies pour le siége, p. 451.

LVIII. — Ordre de réparer le pont-levis de la Porte-Guillaume, abattu par l'artillerie du Château, p. 452.

LXI. — Délibération de la Chambre portant qu'on ira féliciter le duc d'Epernon, à l'occasion de la réduction du Château, p 452.

LX. — Félicitations adressés au duc d'Epernon à ce sujet, p. 453.

LXI. Procession d'action de grâces au sujet de la réduction du Château, p. 454.

LXII. Députation envoyée par la Chambre de ville au Parlement pour demander la démolition du Château, p. 455.

LXIII. Rapport de ladite députation, p. 456.

LXIV. Communication du Maire au sujet de la demande de démolition du Château, p. 458.

LXV. Députation de la Chambre de ville nommée pour accompagner en cour les membres du Parlement pour la démolition du Château, p. 460.

LXVI. Opposition d'une partie des élus à cette députation, p. 461.

LXVII. Pouvoirs donnés par la Chambre à ses députés, p. 462.

1652.

LXVIII. Ordonnance de la Chambre relative à la clôture des bastions, p. 462.

LXIX. Rapport fait par les députés en Cour sur l'objet de leur message, p. 464.

LXX. Ordonnance de la Chambre au sujet de la garde des portes de la ville, p. 465.

LXXI. Relation du voyage en Cour fait par les députés de la Chambre, p. 466.

LXXII. Procès-verbal d'élection de Millotet comme Vicomte mayeur, p. 471.

LXXIII. Nomination des échevins, p. 478.

LXXIV. Procès-verbal de réception et de prestation de serment du Maire, p. 480.

LXXV. Enregistrement de l'ordonnance du duc d'Epernon qui enjoint au procureur-syndic Deschamps de ne faire aucune fonction concernant le fait de la guerre, p. 482.

LXXVI. Refus de la Chambre de communiquer au Parlement les rôles d'impôts, p. 483.

LXXVII. Procès verbal d'exécution par les commissaires du Parlement, de l'arrêt qui maintient le procureur-syndic Deschamps dans ses fonctions, p. 485.

LXXVIII. Délibération de la Chambre qui supprime les Conseils de la Ville, p. 490.

LXXIX. Refus par la Chambre de laisser le procureur-syndic Deschamps exercer son office, jusqu'à ce qu'il ait justifié des arrêts de son rétablissement, p. 491.

LXXX. Nouveau refus de la Chambre à cet égard, p. 492.

LXXXI. Dénonciation à la Chambre des intelligences de certains habitants avec la ville de Seurre, p. 494.

LXXXII. Communication à la Chambre d'un monitoire obtenu pour faire enquête sur cet objet, p. 494.

LXXXIII. Délibération de la Chambre pour, sur le bruit de la marche du prince de Condé, faire un approvisionnement de munitions de guerre, p. 495.

1653

LXXXIV. Délibération qui charge Millotet d'un voyage en Cour pour les affaires de la Ville, p. 496.

LXXXV. Refus de la Chambre de se rendre au palais sur le motif que le commis à la magistrature n'y a pas été invité par un greffier, p. 497.

LXXXVI. Réception de Julien Chevalier comme procureur syndic, p. 498.

LXXXVII. Délibération prescrivant des mesures de sûreté, par suite de la rébellion de la ville de Seurre, p. 500.

LXXXVIII. Autre délibération enjoignant aux officiers de paroisses de remplir leurs charges, p. 501.

LXXXIX. Fournitures de pics et de pelles faites par la Ville pour le siège de Seurre, p. 503.

XC. Compte rendu par le Maire de son voyage en cour, p. 504.

XCI. Assemblée générale des habitants pour le règlement des dettes de la Ville et la confirmation des mesures prises pour sa sûreté, p. 504.

XCII. Départ du duc d'Epernon pour le siège de Seurre, p. 511.

XCIII. Envoi de munitions d'artillerie fait par la mairie pour le siège de Seurre, p. 512.

XCIV. Autre envoi de mantelets et de hallebardes pour le même siège, p. 513.

XCV. Prières publiques à l'occasion de ce siège, p. 514.

XCVI. Envoi de vin et de pâtés au duc d'Epernon devant Seurre, p. 514.

XCVII. Rapport de la Commmission chargée de cet envoi, p. 515.

XCVIII. Injonction aux habitants de se rendre aux prières publiques pour le succès des armes du duc d'Epernon, p. 516.

XCIX. Délibération concernant les préparatifs de la rentrée du duc d'Epernon, p. 516.

C. Célébration en l'église Saint-Etienne d'une grand-messe à l'occasion de la prise de Seurre, p. 517.

CI. Vote d'un emprunt pour subvenir aux frais de la rentrée du duc d'Epernon, p. 518.

CII. Te Deum chanté à la Sainte-Chapelle à l'occasion de la prise de Seurre, p. 518.

CIII. Rapport de Millotet au sujet de son voyage à Seurre auprès du duc d'Epernon, p. 519.

CIV. Messe solennelle célébrée à l'église Notre-Dame à l'occasion de la prise de Seurre, p. 519.

CV. Délibération relative à l'emprunt voté précédemment, p. 520.

CVI. Remise des pouvoirs municipaux par Millotet, et nomination du garde des Evangiles, p. 520.

CVII. Préparatifs pour l'entrée du duc d'Epernon, p. 522.

CVIII. Fixation du jour de l'élection du Maire et règlement de divers comptes, p. 522.

CIX. Adhésion donnée par la Chambre au refus du garde des Evangiles, de se rendre au palais sur l'invitation d'un huissier. — Députation de la Chambre à cet effet, et défense du Parlement de procéder à l'élection du Maire, p. 523.

CX. Procès-verbal de l'élection de Millotet comme Vicomte mayeur, p. 526.

CXI. Procès-verbal de son installation, p. 534.

CXII. Réclamation des munitions et poudres prêtées pour le siège de Seurre, p. 540.

CXIII. Ordonnance de la Chambre concernant l'entrée du duc d'Epernon, p. 540.

CXIV. Délibération qui continue Chevalier dans ses fonctions de procureur syndic, p. 541.

CXV. Opposition à cette délibération faite par l'avocat Pérard, p. 542.

CXVI. Refus de la Chambre de communiquer au Parlement les registres de la ville, p. 543.

CXVII. Nouvelle réclamation des poudres et munitions de la Ville, p. 547.

CXVIII. Réintégration de ces munitions dans l'arsenal de la Ville, p. 548.

CXIX. Signification aux anciens conseils de la Ville de la délibération qui supprime leur institution, p. 548.

CXX. Délibération au sujet de l'entrée privée du duc d'Epernon, p. 549.

CXXI. Ordonnance relative à cette entrée, p. 550.

CXXII. Autre ordonnance sur le même sujet, p. 553.

CXXIII. Installation de Chevalier comme procureur-syndic, p. 554.

CXXIV. Relation de l'entrée du duc d'Epernon, p. 557.

CXXV. — Séance de la Chambre de ville, présidée par le duc d'Epernon, p. 560.

CXXVI. — Intervention de la Chambre dans l'instance suscitée par la Chambre des comptes au garde des évangiles Galoche, au sujet de l'élection du Maire, p. 561.

CXXVII. — Commission de la Chambre pour accompagner le Maire au palais, p. 564.

CXXVIII. — Refus de la Chambre de se rendre au Parlement à moins d'y être invitée par un greffier, p. 565.

CXXIX. — Délibération de la Chambre portant qu'on se pourvoira au Conseil contre les arrêts du Parlement qui somment la Chambre de lui remettre ses registres, et interdisent Millotet de sa charge d'avocat général, p. 566.

CXXX. — Délibération sur le même sujet, p. 568.

CXXXI. — Commission donnée à Millotet, Vicomte mayeur, pour suivre cette affaire en cour, p. 570.

CXXXII. — Adieux faits par la Chambre au Vicomte mayeur, p. 571.

CXXXIII. — Justification de la Chambre des calomnies qu'on lui impute d'avoir tenues contre le duc d'Epernon, p. 571.

CXXXIV. — Intervention de la Chambre en faveur du procureur-syndic Chevalier, contre Bernard, conseiller au Parlement, p. 572.

CXXXV. — Compte-rendu par Millotet de son voyage en cour, p. 573.

CXXXVI. — Opposition formée par la Chambre contre l'emprisonnement du procureur syndic Chevalier, p, 574.

CXXXVII. — Acte donné par la Chambre au procureur syndic Chevalier de ses déclarations au Parlement, p. 575.

CXXXVIII. — Vote d'un présent de vin au duc de Candale, et députation en cour pour terminer les débats avec le Parlement, p. 576.

CXXXIX. — Compliment de condoléance adressé par la Chambre à la veuve du premier président Bouchu, p. 578.

1654.

CXL. — Félicitations adressées par la Chambre au premier président Lesné de la Marguerie, p. 579.

CXLI. — Présent de confitures offert par la Chambre à la première présidente, p. 580.

CXLII. — Félicitations et présents de vin et de confitures au lieutenant du roi d'Amanzé, p. 581.

CXLIII. — Ordonnance de police qui defend de porter des armes et de vaguer dans les rues après neuf heures du soir, p, 581.

CXLIV. — Députation en cour du vicomte mayeur pour solliciter le rétablissement des officiers interdits, p. 582.

CXLV. — Intervention du lieutenant du Roi d'Amanzé dans le débat survenu entre la Chambre de ville et le Parlement, p. 583.

CXLVI. — Protestation de la Chambre contre l'arrêt du Parlement qui énonce faussement la communication des registres, p. 584.

CXLVII. — Ordonnance de la Chambre concernant l'entrée du lieutenaut général d'Amanzé, p. 586.

CXLVIII. — Remise des pouvoirs municipaux par Millotet, Vicomte mayeur, p. 587.

CXLIX. — Commission nommée pour recevoir de Millotet les papiers de la ville, p. 588.

CL. — Fixation du jour de l'élection du Maire, p. 588.

CLI. — Nouvelle ordonnance concernant l'entrée du lieutenant général d'Amanzé, p. 588.

CLII. — Relation de ladite entrée, p. 589.

CLIII. — Gratification donnée aux officiers du lieutenant général d'Amanzé, p. 590.

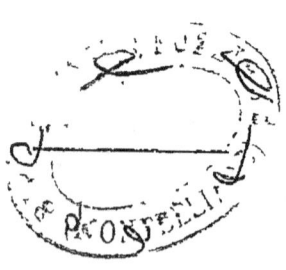

TABLE GÉNÉRALE

DES

MATIÈRES CONTENUES DANS CE VOLUME.

Introduction : Malteste, sa famille, sa vie, ses œuvres, sommaire de son journal 1
Anecdotes du Parlement de Dijon, par Me Claude Malteste, seiller audit Parlement (octobre 1650, aoust 1652) 1
Suitte du journal précédent escrite par le mesme auteur sur des feuilles volantes, extraitte de l'original (novembre 1652, février 1654). 291
Suite du mesme journal par le mesme auteur (avril 1658) 329
Table chronologique et analytique des matières du journal de Claude Malteste. 345
Appendice. Extraits des registres des délibérations de la Chambre de ville de Dijon (1651-1654). 361
Table de l'appendice. 591
Table générale des matières contenues dans ce volume. 597

Dijon, imprimerie J.-E. RABUTÔT.

LA PUBLICATION

DES

ANALECTA DIVIONENSIA

EST FAITE SOUS LES AUSPICES

DE L'ADMINISTRATION MUNICIPALE DE DIJON

www.ingramcontent.com/pod-product-compliance
Lightning Source LLC
Chambersburg PA
CBHW060400230426
43663CB00008B/1342